Anonymus

De Haeredibvs

Anonymus

De Haeredibvs

ISBN/EAN: 9783742809964

Manufactured in Europe, USA, Canada, Australia, Japa

Cover: Foto ©Andreas Hilbeck / pixelio.de

Manufactured and distributed by brebook publishing software
(www.brebook.com)

Anonymus

De Haeredibvs

DE HÆREDIBVS;
ILLISQVE DIVERSIS TRACTATVS
NOVISSIMVS, ET SINGVLARIS,

In quo, & si mole exiguo, pondere tamen & ingenij industria magno tractatur

DE

Hærede in genere.	Hærede ab intestato.
Hærede sanguinis.	Hærede ex repræsentatione.
Hærede adoptiuo, adrogato, & putatiuo.	Hærede ex transmissione.
Hærede dubio.	Hærede ex pacto.
Hærede ex testamento.	Hærede ex iure accrescendi, & cum beneficio.

AVTHORE

ALBERTO ALDERISIO I.C.

Liber perutilis, & necessarius nedùm causidicis, & in foro versantibus, & decidentibus, sed etiam & ijs, qui iuris subtilitates percallent.

CVM INDICE, ET SVMMARIIS.

NEAPOLI, Ex Typographia Caroli Porsile MDCLXXXIII.

Superiorum Licentia.

ILLVSTRISSIMO, ET EXCELLENTISSIMO DOMINO

D. GASPARI
DE HARO ET GVZMAN,
MARHIONI CARPII, ET HELICIÆ,

COMITI DVCI OLIVARENSIVM, DVCIQVE MONTORII, Comiti Morentis, Domino Status de Soruas. &c. apud Summum Pontificem Innocentium Vndecimum Oratori Maximo, Neapolisque, totiusque eiusdem Regni Proregi, & Capitaneo Generali.

HÆres, Excellentissime Domine, est animi corporis, fortunæque successor, animi, & corporis sanguinis, fortunæ verò hæreditatis iura consequitur. Tu quidem & sanguinis, & fortunæ magnus hæres, secundùm virtutem optimam, perfectissimamque in tua vita perfectã vtrãq; successionem in splendidissima Arantium domo nactus auxisti, & nõ plus vltrà cumulasti, dixi Arantium, ab Aro, ex quo fecundissimus Aratri sulcus est tui, cuius non est aranti terram aquam subtrahere, nec flumina, quæ non indigent irrigare, sed prorsus sterilem studiosorum campum fertilem reddere, & augere, proùt verè conuenit terræ sorti, glutinosæ, & adulterinis herbis repletæ radicitus filices exbarbare, vrticas exiccare, sulcosque æqualitèr ferre, nè si vitiorum virgultis aucta, lateant in ea Lupi feroces, quando tuo candido, & apertissimo mansueti, feracesque spatiantur in Campo. Quo fit quod si tàm magnus hæres, tàm maximus cultor es tu, tibi proculdubio debetur opusculum hoc de Hæredibus, illisque diuersis, diuersos in alios, te solùm vnicum, & singularem virtutum complectens, cultoremque Regna, Prouincias, & totum denique Mundum appellans: quid mirum si veniens ceù Moyses Sanctus splendoribus plenus è legatione Apostolica missus à Domino nostro Rege Carolo Secundo, quem Deus seruet, & fęcundet, recturus hanc Partenopeam, totiusque Regni quasi deuastatam gentem cum omni facilitate, summaque dexteritate id ages, quando gubernandi artes non edoctus, sed ab incunabulis, immo ab vberibus Excellentissimæ Matris tuæ subsisti, & ab Aratro prosapiæ tuæ hæreditasti? Excipe igitur Excellentissimo Macenas hilari animo munusculum hoc, quod tibi submisso pectore do,

dico,

dico, & consacro, sicuti excepit Imperatòr ille à muliercula quadam munus exile; fusum scilicèt filo inuolutum, rediens Magnanimus Princeps muneranti mulieri tantùm territorij spatium, quantùm mensuratum à filo fuso inuoluto; abstinui libentèr à narratione tuorum Heroum, quorum encomia, stigmata, & trophęa hic memorari si voluissem, fuisset, Solem facella illustrare, vastisimumque Oceanum aqua irrigare, vltrò sciens te velle me, ne sim Blatero, & vnico verbo dicam, quid est, quod me velis, ad hoc vt secundùm Menandrum.

Impudentes sermones hoc solo iuuantur,
Si fiant breues, & opportunè proferantur,
Orationi breui multum inest sapientiæ.

Cum tutiùs sit tacere de te, tuoque magno nominè non loqui, quàm alicui dicere, te talem esse, quem ipse nouit, & scit. Vale Princeps magnanime, tibique Deus Nestoreos annos indulgeat. Neapoli Kalendas Ianuarij MDCLXXXIII.

Excellentiæ Vestræ

Humillimus, & Addictissimus Seruus

Albertus Alderisius.

LECTORI BENEVOLO.

ANTONIVS ALDERISIVS AVTHORIS FILIVS S.D.

ECCE tertiò venit tibi Albertus Alderisius genitor meus. Si Primò cum *Assistentia* necessè fuit promissis sistere. Secundò cum *Symbolicis contractibus*, & nùnc demùm Tertiò cum *Hæredibus, illisq; diuersis*, tertiò eiusmodi aduentu excipies tu, Lector beneuole, quot lucubrationes, quot vigilias, quot deniq; labores in inueniendo, excogitando, perficiendoq; nouissimos tractatus, vt tibi, si prout non potuit, saltèm vt voluisset, satisfacere, substinuit Author. *De symbolicis contractibus* dicant qui illum legerint, & ponderauerint, dicant Vltromontani, quid dico? dicant, dixerunt iàm, fuisse, & esse singularem, nouam, & perutilem materiam, imò subito sub prælo tradiderunt Geneuæ cura, & studio doctissimi Cæsarei Senatoris Philippi Andrei Vleimburgeri cum eius præfatione ad lectorem, & reformatione corporis Iuris. Materiæ excerptæ ab oscuro, imò abyssoso iuris Oceano, non inter vulgares, & quæ quotidiè præbentur Tyronibus, sed quæ ponderandæ sunt à prouectis. Proindè quod maximo iudicio actum est, nè despicies tu lector, editisq; fruere operibus: cum tibi, & non sibi tanquàm Bos Antelli labores substinuit, & non ingrato animo, sed benigno, laudabilique sermone vocifera dicens, Authorem pro communi vtilitate laborasse, & in literarum campo modestè, & sinè alicuius animi læsione certasse, meque tibi commendo, vt tanquàm pars Patris beneuolentiam indiuisam à tua benignitate consequar. Expecta quartum *de Hæreditarijs actionibus*, tu tuo iudicio errata, si qua sint, corrige, & castiga, interim Vale.

IN Congregatione habita coram Eminentissimo Domino Cardinali Caracciolo Archiepiscopo Neapolitano sub 2. Nouembris 1679. fuit dictum, quod Reu. P. Antonius Rossi Soc. Iesu reuideat, & in scriptis referat eidem Congregationi.

S. Menattus Vic. Gen.

Ioseph Imperialis Soc. Iesu Theol. Emin.

IVssu Eminentissimi Domini mei sedulò cōsideraui opera Alberti Alderisij de Hæredibus, ac Hæreditarijs actionibus, atque in eis nihil inueni sanctę doctrinæ, aut bonis moribus repugnans; sed multa egregiè pertractata, ac magistralitèr, vt aiunt, discussa; ideò dignum censeo, quod Typis imprimantur, sub censura tamen eiusdem Eminentissimi. Neap. ex Coll. S. Ioseph Soc. Iesu die 21. Maij 1682.

Antonius Rossi Soc. Ies.

In Congregatione habita coram Eminentissimo Domino Cardinali Caracciolo Archiepiscopo Neapolitano sub die 20. Iunij 1682. fuit dictum, quod stante relatione suprascriptæ reuisionis Imprimatur.

S. Menattus Vic. Gen.

Ioseph Imperialis Soc. Iesu Theol. Emin.

ECCELLENTISSIMO SIGNORE.

IL Dottor Alberto Alderisio supplicando fà intendere à V.E. come hà composto vn Trattato legale *De Hæredibus, & Hæreditarijs actionibus ipsis competentibus*, e perche desidera farlo stampare, supplica V.E. degnarsi commettere la reuisione di detto Trattato à chi meglio parerà à V.E. e l'hauerà à gratia vt Deus.

Magnificus V.I.D. Æmilius Gaudiosus videat, & in scriptis Suæ Excellentiæ referat.

Calcota Reg. Carrillo Reg. Calà Reg.

Prouisum per S. E. Neap. die 24. mensis Maij 1678.

Scoppa.

EXCELLENTISSIME DOMINE.

TRactatum de Hæredibus, & hæreditarijs actionibus ipsis competentibus elucubratum à celeberrimo, solertissimoq; V.I.D. Alberto Alderisio, perlegi maximo animi oblectamento, iucunditate, et [illegible]. Quippe qui vir prudentissimus ipse Albertus, saluo semper Regia Iurisdictione [illegible] præfert parentem, prout diudicatum fuit vno [illegible] Authore compositis, nempè vno de Symbolicis contractibus, altero verò de [illegible], siuè continuatione ad Horatium Barbatum de [illegible]. Ideòque ad communem studiosorum vtilitatem æternis mandari monumentis, [illegible] Excellentia Vestra mea fert opinio. Neap. die primo mensis Martij 1680.

Excellentiæ Vestræ

Seruus Humillimus

Æmilius Antonius Gaudiosus.

Visa supradicta relatione Imprimatur, & in publicatione seruetur Regia Pragmatica.

Carrillo Reg. Florillus Reg.

Prouisum per S.E. Neap. die 16. Octobris 1682.

Masellonus.

ALBERTI ALDERISII
TRACTATVS
DE
HÆREDIBVS
ILLISQVE DIVERSIS.

DE HÆREDE IN GENERE.

SVMMARIVM.

1 HÆRES denominatus ab
hero, secundum aliquos.
2 *Hæres apud antiquos*
prò Domino tenebatur.
3 *Hæres denominatus ab*
hæreo.
4 *Hæres denominatus ab*
ære.
5 *Hæredis denominationis ab hero, & ære repugnantia notatur.*
6 *Hæreditas non omne dici potest, quod capitur, vel adipiscitur.*
7 *Verbum* creſcere *debet scribi absq; dipthongo, & eius significatio.*
8 *Hæres qui, & an habeat unde componatur, vel deriuetur.*
9 *Declinatio nominis non est perpetuò curanda.*
10 *Hæredis prima diuisio quæ.*
11 *Hæres necessarius, & hæres suus, & necessarius in quo differant. & nu. 18. 19.*
12 *Hæres necessarius cur ità dicatur.*
13 Franciscus Barij *confutatur* ab Authore *in non cognoscendo hæredem necessarium.*
14 *Hæres extraneus dicitur voluntarius, qui nullatenus cogitur esse talis inuitus.*
15 *Hæres alius est hæreditatis, alius sanguinis, & eorum differentia nu. 16.*
17 *Hæredes, qui sunt in prima causa institutionis, sunt sui, & necessarij.*
20 *Hæredes necessarij, & sui, & necessarij in quo sunt symboli nu. 21. 22. 23. 24. 25. 26. 27.*
28 *Suitatis nomen apud veteres Iurisconsultos incognitum.*
29 *Hæredes sui sunt liberi, qui in potestate morientis fuerint, & quos mortis illius tempore uno proximiori gradu antecessit, secundùm aliquos.*
30 *Hæredes sui non omnes dicuntur, qui in potestate sunt.*
31 *Hæres suus dicitur quasi sui ipsius hæres, secundùm aliorum sententiam.*
32 *Suitas vt in aliquem operetur, quæ concurrere debeant.*
33 Text. in l. qui aliena §. interdictum ff. de acq. hæred. *in quo reperitur priuilegiatus. & nu. 36. 37. & 38.*
34 *Hæres suus quando sit nepos Aui.*
35 *Nepos institutus in testamento Aui non adiens hæreditatem an confirmet tabulas exhæredationis filij.*
39 *Hæres ad hoc vt dici possit suus, & necessarius, quæ requirantur.*
40 *Posthumus an dici possit hæres suus, & necessarius.*
41 *Filius in vtero existens habetur prò nato in fauorabilibus.*
42 *Monachus an amittat suitatem per ingressum religionis.*

43 *Filius adoptiuus an habeat iura suitatis.*
44 *Filius pupillariter substitutus fratri suo impuberi an dicatur suus, & necessarius.*
45 *Filius exiens à Patria potestate per dignitatis apicem an amittat suitatem.*
46 *Filij cur respectu Matris non dicuntur sui, & necessarij.*
47 *Pater, & filius vna persona reputantur, & quomodò.*
48 *Dominium est quadam plenitudo, qua plures non capit in solidum.*
49 *Filij sui dicuntur pars Patris.*
50 *Pater in procreatione filiorum præbet formam, & mater materiam.*
51 *Mater cur magis diligit filium, quàm Pater.*
52 *Mater vnde dicta.*
53 *Filius summoperè dicitur Matri obligatus.*
54 *Pater, & Mater æquè principaliter concurrunt ad generandum filium. & nu. 55.*
56 *Hæres suus cur ità dicatur, secundùm Anthorem.*
57 *Pater cur teneatur præcisè filium suum heredem instituere, & de forma institutionis.*
58 *Institutio filij heredis an concipi possit per verbum* relinquo. *& nu.* 59. 60. 61. 62. 63. 64. 65. 66. *quid si per verbum* lego *n.* 67. 68. 69. 70. 71. 72.
73 *Verbum* instituo *non semper importat institutionem.*
74 *Hæres potiùs instituendus magnus Dominus, quàm vilis seruus.*
75 *Heredes & si liberi sint, tamen statim, quo nati sunt, in potestate parentum non sunt.*
76 *Filiorum naturalium legitimatio quæ olim frequentabatur.*
77 Colonia in quam locum ducebantur.
78 *Colonia dicta à colendo, & quomodò instructa. nu.* 79.
80 *Decurionatus an sit dignitas.*
81 *Romulus populum Romanum in tres dignitates diuisit.*
82 *Decuriones quomodò olim erant Romæ.*
83 *Decuriones quomodò in municipijs.*
84 *Ordo præcipuus debet esse semper plenus.*
85 *Decurionatus officium an sit necessarium.*
86 *Decuriones quando excusentur ab onere administrandi. & nu.* 87 *&* 88.
89 *Decuriones poterant filios legitimare, & cur hodiè non habeant talem legitimandi potestatem. nu* 90.
91 *Hæres legitimatus quando erit.*
92 *Filij per legitimationem ad suorum instar redigantur.*
93 *Filius naturalis prius natus, & legitimatus per subsequens matrimonium post nationem filij legitimi, & naturalis, an præferatur in maioratu dicto filio legitimo, & naturali.*
94 *Hæres legitimatus in quo differat, data existentia filiorum legitimorum, & naturalium, vel ea adempta*
95 *Instrumenta dotalia quando necessaria in nuptijs, & quid de iure Canonico nu.* 96.
97 *Hæres ratione Iurispatronatus qui.*
98 *Libertus tenetur præstare Patrono honorem, reuerentiam.*
99 *Patronus potest castigare libertum.*
100 *Libertus tenetur operas Patrono præstare.*
101 *Libertus tenetur alere Patronum egenum.*
102 *Patronus quando succedit liberto, & quomodò nu.* 103. *&* 104.
105 *Heredes anomoli qui, remissiuè.*
106 *Heredes adscitij qui, remissiuè.*

TITVLVS PRIMVS.

1 HÆRES, iuxtà aliquorum placitum, denominatur ab hero, Domino, scilicet, sic ex textu in l. *cum Mela*, ibique glos. *ff. ad l. Aquiliam*, & ex textu in *l. ob id ff. eodem*: ij excipiunt, successor, hæres. Dominus vocatur, quia heredibus institutis, si ipsi velint, dominium rerum hereditariarum ad illos transit, vel ipsiusmet hereditatis, *l. cum heredem ff. de acqu. possess.* & prò herede se gerere, prò Domino appellari videtur §. *item extraneis, &* §. *fin. Instit. de heredum qualitate, & differentia*, & secundùm *Sextum*
2 *Pomponium de verbor. signific.* heres apud antiquos prò Domino tenebatur *Cassan. Consuet. Burg. rub.* 7. §. 2. *col.* 909. *vers. & admerte, Guglielm. de Breuad. in repetit. cap. Raynut. verbo mortuo itaque nu.* 5. *fol. mihi* 112. & est, qui principalia bona alicuius percipit, non verò qui munuscula eius capit. *Diu. Thom. super Epist. Pauli ad Romanos* 8. *lib.* 3. *col.* 4.
3 Alij verò dixerunt, heredis verbum deriuari ab hærendo, eo quod rebus defuncti inhæret, vt locum defuncti teneat; hoc est arctè insidendo, scilicet proximus est ei, cui inhæret, & hæres, & hereditas repræsentant defunctum, *l. hereditas ff. de acq. rer. dominio.*
4 Alij insisterunt, heredem denominari ab ære, quod hereditas sit pecunia defuncti, quæ ad nos peruenit. Alij statuerunt nomen illud deriuari à verbo *erisco*, quod est capio, adipiscor, & occupo: cùm tunc verè dicatur hæres, quando fuit adita, & nacta hereditas, *l. prò herede ff. de acq. heredit.*
5 Primam, & vltimam significationem reiiquam repugnantes ortographiæ heredis, cùm in prima absit diphtongus, in posteriore deficit h. respuit *Petrus Greg. Tholosanus syntagm. iuris vniuersi lib.* 41. *cap.* 1.
6 *in fine*. Ità etiam in vltima, quia non omne quod capitur, adipiscitur, & accipitur dici potest hæreditas, quæ est nomen vniuersale, quemadmodùm, & possessio, & vsus, & cætera, quæ capi possunt, & tamen non dicuntur, quod sit hæreditas, sed possessio adepta, vsucapio, & deinceps, pater in sotus.

7 *tit. de acq. poſſ. & vſucap.* vltrà quod verbum, *herciſcor*, debet ſcribi abſque diphthongo, & cum aſpiratione, & idem ſignificat, quod diuidere, partiri, *Cic. orat.* 115 *lib.* 3. *quiſquis verbis herciſci oporteat, neſcit idem herciſcundæ familiæ cauſam agere non poteſt, pro Cec.* 288. *nomine hæredis arbitrium familiæ herciſcundæ poſtulauit*, & apud nos habemus remedium familiæ herciſcundæ; hoc eſt hæreditatis diuidundæ, vt pleniùs ſuo loco dicemus, quod quidem verbum *herciſcor*, nō refertur ad nomen hæreditatis, ſed ad verbum diuidundæ; & proindè non audienda talis interpretatio tanquàm extranea, erronea, & aliena.

8 Quicquid ſit, ſcimus, hæredem eſſe vniuerſalem ſucceſſorem defuncti, prout eſt hæreditas, quæ dicitur ſucceſſio in vniuerſum ius, quod defunctus habuit tempore ſuæ mortis, *d. l. nihil aliud eſt hæreditas ff. de verbor. ſignif.* Vndè cùm ſit nomen ſimplex non habet vndè cōponatur, & deriuetur; ſed à verbo hæredito, quod idem eſt, quod ſuccedo defuncto, à quo ſumitur hæreditarius, hæreditaria, hæreditarium: *cùm eſſet hæc actio hæreditaria conſtituta Cic. prò Cec.* 287. *lit. A.* & proindè non eſt perperuò curandum de nominum declinatione, vel ſi hæres

9 debeat ſcribi cum diphthongo, vel ſine, de qua fuit controuerſia inter *DD.* ex etymologia vocabuli exorta, vt apud *Picard. in rub. de hæredib. inſtit. in fine inſtitut.* placuit benè verò nobis hæredem ſcribere cum diphthongo, prout apud probos authores frequentatur; licèt apud cæteros inſcribatur abſq; eo, ab *hæres* fit cohæres, qui ſimul hæres inſtitutus eſt, diuerſus ab exhærede extrà hæreditatem exiſtente, & *hæredipeta*, qui turpibus machinationibus ſubuertit morituros, vt ipſe hæres inſtituatur.

10 Hæres primam bimembrem diſtinctionem naciſcitur, vt alter ſit neceſſarius, alter verò extraneus, ſiuè voluntarius. Neceſſarius hæres, qui tempore mortis teſtatoris reperitur in patria, vel Dominica poteſtate illius; Primus ratione ſuitatis. Secundus ratione ſubiectæ Dominicæ poteſtatis, ſecundùm *gloſ. in* §. *verſus Inſtit. de act.* & §. *neceſſarius hæres inſtitut. de hæredum qualit. & diff.* §. *licèt quibus ex cauſa manumittere non licet, l. ſed etſi plures* §. *quia poſſum ff. de vulg.* cum

11 concordantibus, cum alia tamen diſtinctione, nam hæres ſuus neceſſitate ſuitatis eſt talis ſiuè ex teſtamento, ſiuè ab inteſtato, licèt habeat beneficium prætorium abſtinendi, vt infrà fuſius ſuo dicemus loco. Hæres verò neceſſarius ratione ſubiectæ Dominicæ poteſtatis; prout eſt ſeruus, non niſi teſtamento creatur, & dari poteſt ea præcipua ratione, maximè quando nullus alius futurus hæres ſpectatur, nè aliàs defuncti bona à lapide emerentur, quod valdè ignominioſum reputabatur, vt patet apud eundem *Cic. prò Publio Quint.* & *Eraſmo in adagijs chiliade* 2. *cent.* 10. *adagio* 77. *chiliade* 3. *cent.* 1. *adag.* 67. & is ab inteſtato nunquàm hæres eſſe poteſt, quia legitima hæreditas ab inteſtato defertur de Iure Ciuili, & quod ad id attinet ſeruus eſt incapax, *l. quod attinet ff. de reg. iuris.*

12 Talis poſtremò hæres ideò dicitur neceſſarius, quia quando reperitur in teſtamento Domini inſtitutus, ſiuè ſcriptus, ſiuè velit, ſiuè nolit de neceſſitate coactus dicitur eſſe hæres, adeò quod inuitus tenetur acceptare Dominicam, & oneroſam hæreditatem, quo enim caſu non parceretur ei, ſi hæreditatem Domini repudiare velit, cùm in eius damnum præmium occurrit, nempè conſequutiuè libertas *tex. in* §. 1. *Inſtit. qui dari tut. teſtam. poſſ.*

13 Vndè non rectè neceſſarios hæredes appellauit noſtros libertos *Franciſcus Barij de ſucc. teſt. & inteſt. lib.* 2. *tit. de inſtit. ſub num.* 2. abſq; adiuncto, *ſuos*, quia alij ſunt hæredes neceſſarij ſimpliciter, alij hæredes neceſſarij, ſecundùm quid, ideſt ſui, vt infrà dicemus.

14 Hæres extraneus dicitur voluntarius, qui nullatenus cogitur eſſe; niſi ipſe velit, *l. ne ęmere C. de iure delib.*

15 Alia diuiſio hæredis eſt bimembris, vt alter dicatur hæres hæreditatis, alter hæres ſanguinis, vt aduertit *Innoc. in rub. de Iure patronat.* & poſt eum *Bald. in cap.* 1 *in tit. quib. ſibi. & hæred. ſuis maſc. & fœmin.* inter quos ea eſt differentia, quia in hærede ſanguinis nomen *hæres* habet ſignificare qualitatem ſucceſſoris, & in alijs debet ſignificare qua-

16 litatem ſucceſſionis. Item iura ſanguinis attribuuntur cuilibet ſucceſſori prò virili, ſed iura hæreditaria pro portione hæreditaria, prout nos ſuo loco dicemus.

17 Hæredes, qui ſunt in prima cauſa Inſtitutionis, ſunt ſui, & neceſſarij cum ea differentia quoad hæredes neceſſarios dumtaxat, quia teſtator Pater dando cohæredem extraneum filio ſuo, facit eum de ſuo, & neceſſario hæredem voluntarium; cùm per dationem cohæredis extranei tollatur ſuitas in filio, iuxtà communem ſententiam, de qua *in l. apud Iulianum* §. *idem Iuliani ff. ad Trebell.* vt dicemus infrà *in tit. de hærede ex traſmiſſione*, tamen ſi Dominus adiungat ſeruo ſuo hæredi cohæredem extraneum, per dationem talis cohæredis non tollitur neceſſitas, quia ſeruus etiam ignorans efficitur hæres, vt per *DD. in l. ex parte ff. de acq. hæred.* rationem differentiæ inter filium ſuū hæredem, & ſeruum hæredem neceſſarium adducit *Guglièl. de Bened. loc. cit. ſub tit.* 8. quia filius eſt capax beneficij abſtentionis,

seruus verò nequaquam secundùm *Bald. in d. l. cum col. 2.*

18 Item differt necessarius hæres à suo, & necessario, quia hæres necessarius prout est seruus, siuè velit, siuè nolit omninò hæres existere debet, *§. necessarij autem Instit. de hæred. qualit. & differ.* sui verò, & necessarij, si velint dumtaxàt, & ad diuersos effectus patriæ potestatis, & Dominicæ potestatis, suus enim hæres ratione habitus suitatis est necessarius nō positiuè, siuè passiuè, vt scilicèt necessario positiuè, & passiuè hæres existere habeat: nàm in suo arbitrio manet velle nè esse hæres immixtus ratione beneficij abstentionis sibi à Iustiniano elargiti, quod quidem beneficium non habet seruus institutus.

19 Rursùs differt necessarius hæres à suo, & necessario, quia hæres necessarius prout est seruus, siuè Dominus ei expressè relinquat libertatem, siuè tacitè, instituendo dumtaxàt, semper sui iuris efficitur, liberq; erit tamen impubes subest tutelæ legitimæ patroni, *§. seruus autem, qui testam. tut. dari poss.* melidis *in princ. de leg. patr. tut. instit. & in l. tutela ff. de legit. tut.* Secùs autem, & suus hæres si impubes fuerit emancipatus erit totaliter liberatus à patria potestate, adeò quod Pater non est eius legitimus administrator, vel tutor, ex quo ei non succedit ex dispositione legis duodecim tabularum, sed per beneficium Tertulliani, benè verò erit exemplaris tutor dumtaxat *tot. tit. de legit. parent. tut. instit.*

20 Sunt verò symboli aliquando isti hæredes. Primò, nàm circumscripto beneficio abstentionis in suo, & necessario, is omninò etiam ratione subiectæ patriæ potestatis est symbolus hæredi necessario ratione subiectæ Dominicæ potestatis, *§. sui Instit. de hæred. qualit. & differ.* quo sumpsit argumentum Diuus Paulus quando dixit, *Itaq; iam non es seruus, sed filius, quod si filius, & hæres Dei per Christum:* nempè per adoptionem in Christo sumus filij Dei, & hæredes, vt infrà dicemus de hærede adoptiuo.

21 Secundò sunt symboli hæredes sui, & necessarij, & hæredes necessarij tantùm, quia quemadmodū hæres suus ignorans est hæres, *§. sui autem instit. tit. de hæredit. quæ ab intest. & in l. 1. §. qui sunt in potestate ff. si quis omis. caus. l. intestato §. est autem ff. de suis, & legit.* sic etiam hæres necessarius fit etiam ignorans, *arg. l. fin. C. de necessar. ser. hæred.* dummodò præcedat institutio, cùm ab intestato non capiat hæreditatem.

22 Tertiò sunt symboli hæredes sui, & necessarij, & hæredes necessarij tantùm, quia quemadmodùm sui, & necessarij per emancipationem efficiuntur voluntarij, vt supra diximus, sic necessarij per manumissionem etiam voluntarij efficiuntur, *§. seruus autem à Domino instit. de hæred. instit. l. sed etsi conditioni. §. si seruum ff. eod. tit. de hæred. instit. l. seruus communis, l. si seruum ff. quib. ex caus. manum.*

23 Quartò sunt symboli hæredes sui, & necessarij, & necessarij tantùm, quia quemadmodùm suus, & necessarius hæres ab extraneo institui potest, sic etiam seruus alienus ab extraneo hæres institui potest, *§. alienus quoq; instit. de hæred. instit.* cum eadem declaratione, quod si suus, & necessarius emancipetur sibi, & non Patri acquirit, & fit hæres voluntarius, sic si seruus à Domino manumittetur, sibi, & non Domino quærit hæreditatem, aliàs requiritur iussus Domini, *l. si seruus ff. de hæred. instit. l. Aristius §. fin. iuncta l. si quis mihi bona §. iussum cum seq. ff. de acq. hæred. l. 3. §. fin. ff. de bonor. possess. secund. tab.* prout in suo iussus Patris *l. si quis mihi bona. §. iussum ff. de acq. hæred.*

24 Quintò sunt symboli eiusmodi hæredes, quia quemadmodùm suus, & necessarius per potentiam suitatis transmittit hæreditatem adhùc non aditam, vel agnitam ad eius hæredes, vt latè dicemus infrà de hærede ex transmissione, sic etiam necessarius ex potentia necessitatis transmittit hæreditatem ad eius hæredem.

25 Sextò sunt symboli, quia quemadmodùm suus, & necessarius ex vitio ingratitudinis exhæredari potest à Patre, vt per *glos. in cap. Quamuis pactum de iure iurando. & §. aliud quoq; capitulum auth. vt cum de appell. cogn.* sic etiā seruus proprius hæres institutus, veluti si adulterij crimine maculatus à Domina eiusdem criminis rea postulata manumittatur, aut hæres scribatur, nec consequetur hæreditatem, minusq; libertatem, *§. est tamen casus de hæred. instit. instit. l. his verbis. §. interdum ff. eod. l. 2. C. de colluf. deteg.*

26 Septimò sunt symboli, quod sicut suus, & necessarius hæres institui potest, etsi in ventre Matris sit, quemadmodùm, & venter mittendus in possessionem bonorum, *vt tot. tit. de ventr. in possess. mitt.* sic etiam seruus eius, qui in vtero est institui potest, *§. seruus etiam Instit. de hæred. instit. l. non minus vers. hæreditarium, l. seruus hæreditarius, l. eius seruum ff. eod.*

27 Octauò sunt symboli quoàd necessitatem licèt differentes quoàd suitatem, cùm suitas in filio dumtaxàt inspiciatur, non autem in seruo, & cùr hoc difficilis est cognitionis, quia etsi talis omninò à Parente institui debeat filius in potestate constitutus, aliàs testamentum esset irritum, nullum, & cassum, attamen consideratus autò est difficilis cognitionis, quod interrogante Mariano Soccino seniore Angelum Perusinum, qui dùm senex iactaret se glossantibus iuris

ciui-

ciuilis non solùm Accursio successurum, verùm etiam illum superaturũ, quis suus hæres esset, infeliciter obmutuit, teste *Andrea Alciato lib. 5. de verb. signif. circà finem*, nihil mirùm, quia hæc suitas nonnisi ex Romanæ iuris prudentiæ libris explicari potest: cùm nullæ aliæ gentes fuerint, apud quas hoc inter suum, & necessarium hæredem discrimen agnitum fuerit, & apud Iurisconsultos veteres hoc nomen sit incognitum:
28 Nàm *Vlpianus* pro suitate vsurpat verbum illud, *ius sui*, in *l. 1. §. vlt. ff. de lib. agnosc.* & suitatis nomen à nostratibus adinuentum ad instar probatorum scriptorum; cùm apud *Ciceronem lentulitatem*, & *appietatem* scriptum inuenimus, & *Asinius Pollio Patauinitatem* reddere *Liuius* censuit, & *Vlpianus* aliàs dixit *Peregrinitatem in l. sed etsi §. liberos circà princ. ff. de in ius vocand.* & *suitas* verbum nouum, & inauditum *Laurentio Vallæ*
29 sic etiam suos ciuiliter intelligimus, & sui hæredes sunt liberi, qui in potestate morientis fuerunt, & quos mortis illius tempore nemo proximiori gradu antecessit, vt dicit Iustinianus *in d. §. sui*, quam diffinitionem sigillatim collexit *Piccardus in d. §. sui sub num. 12. ad 16.* adeò quod *Petrus Gregor. Tholos. syntagm. iur. ciuil. Vniu. lib. 42. cap. 35. sub nu. 23.* dicit, quod ipse non Ciceronem, Liuium, aut quemlibet extra facit, quàm nostros Iurisconsultos in terminis nostræ professionis, & subdit, illos esse heres suos, qui in potestate Parentis sunt mortis tempore, & proximiores, allegat *tex. in l. scripto ff. si tabul. testam. nulla extab.* cùm non om-
30 nes, qui in potestate sunt, sui dicantur hæredes, sed qui primum locum obtinent dumtaxat. Putantes aliqui, vxores lege *Romuli*, vt ait *Dionis. Halicarnasseus lib. 2.* inter suos heredes connumerari, & vnà succedere cum liberis, lex illa ab omni ratione aliena videtur, quia non eo Mater dici potest sub viri potestate ceù vxor sua, quia transit in eius manum, sed benè ex eo dicitur sub obsequio viri, & de iure communi remanet sub patria potestate, & sic non potest esse sua Patri, & Marito; Ideò non pares in causa liberorum esse possunt, & quoad ius actiuum, mulieres quia filios non habent in potestate, *§. fœminæ Instit. de adopt. l. nulla fœmina ff. de suis, & legit. hæred.* suos habere hæredes non possunt, *§. cæteri vers. quia de causa Instit. de hæred. qualit. & differ.*

31 Cæterum frequentiùs est, vt suus hæres quis dicatur quasi sui ipsius hæres, quia cùm in vita Patris quodammodò sit Dominus, & eo mortuo non tàm alienarum rerum, quàm suarum dominium cõsequatur, sui ipsius hæres esse videtur, secundùm *Cust. Ioann. in l. qui se Patris num. 2. C. vnde liber. Alciat. d. lib. 4. de verb. signif. Viglius in d. §. sui in princ. Ioan. Coras. lib. 3. Miscell. cap. 16.* quo sensu aduersarium suum, dixit *Seneca lib. 3. de benefic. cap. 7.* confirmatur talis opinio ex textu in *l. in suis ff. de liber. & posth.* ibi: *Qui etiam viuo Patre, quodammodò Domini existimantur*, & ibi, *Itaque post mortem Patris non hæreditatem percipere videntur, sed magis liberam bonorum administrationem consequuntur*; ex quibus suum hæredem deduxisse Iustinianus videtur *in d. §. sui*, ibi: *Sed sui hæredes ideò appellantur, quia domestici hæredes sunt, & viuo Patre, quodammodò Domini existimantur*, & *Vlpian. in d. l. 1. §. largius ff. de success. edict.* ibi: *Quia arcendi non erant, qui penè ad propria bona veniunt. Ant. Fab. de error. pragm. decad. 3. error. 1.*

32 Ideò duo de essentia suitatis, vt in aliquo operentur sua priuilegia, adnotare compellimur. Primum, quod quis teneat primum locum, & nemo eum præcedat in gradu, *d. §. sui, & in l. 1. §. generaliter ff. de suis, & legit. hæred.* quod indubitantèr est semper, cùm agitur de success. ab intest., vel si testamentum est factum, tractetur contrà voluntatem defuncti testatoris: Verùm in quantum spectat de succedendo ex testamento, secundùm voluntatem defuncti, &
33 sic ex institutione testamentaria nepos licèt primus non existat tanquàm hæres suus succedit Auo, si filius fuerit exhæredatus, etiam nepotem præcedat in gradu, *Ioan. Fab. d. §. sui per text. in l. qui alienæ §. interdum in 3. oppos. ff. de acqu. hæred.* qui textus est in hoc singularis, secundùm *Guyl. de Benedict. in d. verbo mortuo itaq; testatore el 2. sub nu. 12.* sed
34 veriorem istic opinionem, asserimus, quam adduxit *Piccardus in d. §. itâ demùm de hæredit. quæ ab intest. defer. num. 41.* quia scilicet nepos ideò Auo suo hæres efficitur, quia mortuo Patre, statim filius exhæredatus fuit exclusus ab hæreditate, & consequentèr à suitate per *text. in l. 3. §. filius ff. de liber. & posth. Bart. in l. 3. nu. 13. ff. de legat. 1.* Ideò filio exhæredato, nepos in hæreditate succedit, & Auo fit suus hæres, quia etsi post mortem testatoris succedat, satis est, nepotem ipsum in eius fuisse potestate tempore mortis, & eam hæreditatem propter exhæredationem filij, qui nepotem præcedebat, nunquàm fuisse delatam, *l. scripto ff. Vnde liberi*, vt benè decidit *Dominus Borgia in resp. iur. lib. 9. cap. 20.*

35 Quod extenditur ad alium mirabilem effectum, & est, quod tametsi vt valeat exhæredatio filij, oporteat, quod hæreditas Patris adeatur per hæredem testamento scriptum, per quam aditionem confirmatur illa exhæredatio, sicuti confirmantur cætera in testamento relicta, vt habetur in *l. filium §. 1. ff. de contract. & in l. Papinianus §. si conditionis ff. de inoffic. testam.* tamen

per

per tex. in d. §. interdum decidimr, quod si nepos fuerit in testamento Aui institutus, cùm sit suus, & necessarius hæres, ideò illa suitas operatur confirmationem exhæredationis filij absque alia aditione.

36 Item excipitur alius mirabilis effectus ex illo textu, quod licet nepos, mortuo Auo, reincidat in potestatem sui Patris, & sic adire nó possit aliquam hæreditatem absq; iussu Patris, in cuius potestate est *L. si quis mihi bona §. iussum ff. de acqu. hered.* verùm si
37 nepos fuerit ab Auo hæres institutus, filio exhæredato, absque sui Patris iussu efficitur Auo suus hæres, *Cyng. de Bened. loc. cit. sub nu. 13.*

38 Alius mirabilis effectus ex hoc elicitur, scilicèt, quod filius exhæredatus efficitur suus, & necessarius hæres Patris exhæredantis, mediãte persona nepotis, & ideò *Baldus in d. §. iussum* dixit, illum *textum* ad hoc esse mirabilem, cui est symbolus *textus in L. filius Patroni ff. de bon. libert.*

39 Secundò requiritur, vt quis dicatur hæres suus, & necessarius, quod sit in potestate illius Parentis, de cuius successione agitur tempore suæ mortis, prout sunt filij ex legitimo matrimonio procreati, aut naturales tãtùm tempore mortis Patris naturalis, quia tales etiam iura retinent suitatis, & veros effectus habent, licèt verè legitimi non sint, secũdùm *Bald.* singulariter *in l. cum quis col. 1. C. de fideicom.* ex quo quantumcumque filius primum teneat locum, nisi esset in eius potestate non diceretur suus, nec gaudere posset priuilegio suitatis, nisi in infrascriptis aliquibus casibus.

40 Primò in postumo, qui licèt in tempore mortis Patris non esset in eius potestate, veluti nó natus, sed in vtero existens, *L. fin. ff. de collat. bonor.* tamen nascendo est suus, & acquirit iura suitatis. *l. postumorum ff. de iniust. rupt. testam. L. Gallus ff. de liber. & post.* Ratio
41 est, quia qui in vtero est quoad ea, quæ suum concernunt commodum habetur pro iam nato, *L. qui in vtero ff. de statu homin.* quod intellige fictione iuris in commodum postumi *Afflict. clem. de effect. Patr. potest. effectu 14. nu. 15.* aliàs non sic esset, per ea, quæ notat *Pinellus de bonis matern. rubr. part. 3. sub nu. 37.* & sequitur *Andr. Tiraq. in repet. L. 1. si vnquàm verbo suscepit liberos sub nu. 14. & seq.* qua fictione cessante, nec posset Pater pupillariter ei substituere, quod benè permittitur Patri ex illa fictione, quæ excipitur d. d. *L. qui in vtero, Clement. loc. cit. sub nu. 16.*

42 Secundò fallit in Monacho, qui licèt exisstat in Patris potestate per transitum in potestatem sui Abbatis, *gl. in l. si ex causa §. 1. ff. de minorib.* tamen est suus, *l. Deo nobis C. de Episc. & Cleric. Dec. in l. sub conditione ff. de liber. & post. & in l. maximum vitium in fin. C. de suis, & legit. heredib.* ex qua suitate conseruatur in Monacho nobilitas ob immutationem iurium sanguinis.

43 Tertiò fallit in filio adoptiuo, quia licèt non sit in filio adoptiuo patria potestas, §. 1. *Instit. de adopt.* tamen est hæres suus Patri adoptanti *l. cùm in adoptiuis §. 1. in fin. C. de adopt.* & dicemus *in tit. de herede adoptiuo*, ex quo etiam notes quartam speciem hæredum, qui sunt sui non tamen necessarij, in qua quidem specie dixit *Bald. in d. l. cùm adoptiuis §. 1.* esse Monachos, & Clericos, hi enim desinunt in potestate esse Patris, & tamen non desinunt esse sui *l. ex causa §. Papinianus ff. de minorib. D. Hieronymus Borgia lib. 19. inuestig. iur. sinè ad Fabr. cap. 10. sub nu. 7.*

44 Quartò fallit in filio pupillariter substituto fratri suo impuberi, quia efficitur suus hæres, & necessarius fratri suo impuberi, in cuius potestate nullatenùs esse potest, *L. sed etsi plures §. quos possum ff. de vulg. & pupill. L. Iulianus*, aliàs incipit *L. pupillus §. 1.* ibi: *Sine dubio necessarius heres existet, ff. de acqu. hered.*

45 Quintò fallit in exeuntibus patriam potestatem per dignitatis apicem, de quibus *in § filiusfam. instit. quib. mod. ius patr. potest. soluit.* quia nihilominùs remanent sui in quantum ad ea, quæ prosunt *tex. in §. 1 auth. const. qua dign. liber. à patria potest.* Ideò ex iure suitatis paternam transmittunt hæreditatem, ac si in Patris potestate essent, quod regulariter non est in Monacho, vt de magis commune opinione testatur *Nicolaus Nailis de transm. casu vltimo sub nu. 78. vers. Vndè conclusio est.*

Quibus exceptis casibus, nisi hæres primum descendentium locum tenens fuerit
46 tempore mortis testatoris in eius potestate, non dicitur hæres suus, & necessarius, ex quo sequitur, quod liberi emancipati tàm descendentes, & collaterales, vel filij respectu Matris non dicuntur sui, & necessarij, *Angel. in d. §. sui*, & ideò eius Mater pupillariter substituere non potest, vt est *text. express. in l. 2. ff. de vulg. & pupill.*

47 Et prædicti alio modo etiam dicuntur sui hæredes, quia in potestate testatoris sunt, ad cuius causam Pater, & filius eadem persona reputantur, *L. fin. C. de impub. & alijs subst.* & ratione domesticitatis sunt quodammodò, viuo quoque Patre, Domini paternæ hæreditatis, *d. L. in suis ff. de liber. & post.* nota dictionem, *quodammodò*, impropriè ad ostẽdendum dominium illud, quod, viuente Patre, habet filius in paterna hæreditate, esse dominium interpretatiuum, & intellectuale, ex eo quia interpretatur, filium esse eandem personam cum Patre, nostro iure lectioni declaratur, illum scilicèt filium

illum esse Dominũ, & Patrem: secùs quoad
48 dominium verè, & intellectuale, quoniam
dominium est quædam plenitudo, quæ plu-
res non capit insolidum, *l. vt certo §. si duo-*
bus vehiculum ff. commod. & cap. licet de probat.
quam plenitudinem non habet filius, viuen-
te Patre, cùm ei desit administratio, & fa-
cultas disponendi, quam posteà adipisci-
tur, & in ipsum transit ipso facto iure sui-
tatis, Patre mortuo, adeò quod si quis de-
cesserit intestatus, prima causa est libero-
rum suorum hæredum, qui ipso iure fiunt
tales etiam ignorantes, quamuis furiosi
sint, vt suo loco dicemus.
49 Dicuntur isti sui portio paterna transfusa
in liberorum procreatione, secundùm *Phi-*
losoph. in 5. & 6. de gener. effect. & concordat
tex. in l. cum fratres C. de agric. & censit. lib. 11.
vbi filius dicitur pars Patris, quæ quidem
portio licèt non sit in verum hominem
propter nouam, & diuersam animam, ne-
gari tamen haud potest, quin in filium tran-
50 seat vera caro, & corpus Patris, qui secun-
dùm naturam præbet formam in procrea-
tione filiorum, & Mater materiam, secun-
dùm *Philosophum de generatione animalium:*
verùm quia Mater præbet materiam in
51 procreatione liberorum, & sic maiorem
portionem, hinc est, quod maior in ea cau-
satur affectio ergà filium, quàm in Patre,
52 cùm naturalitèr illam rem magis diliga-
mus, in qua maius scimus nos habere in-
teresse. Propterea dicitur Mater materia in
generatione, vel Mamma, quia Mammillas
terit, de quo Matris amore *Virgilius 1. Æneid.*
sic cecinit.

Hæc plura quærentem
Passa venus medio sic interfata dolore est.

53 Et proindè filius summoperè dicitur Matri
obligatus: cùm Matri sit antè partum one-
rosus, in partu dolorosus, & post partum
laboriosus, vt habetur *in cap. fin. de conuers.*
infid. licèt ipsa adepta non sit patriam pote-
statem ob minorem curam, & gubernium
filiorum, quæ in talibus magis inest Patri,
quàm Matri, iuxtà illud *Virgilij 1. Æneid.*

Omnis in Ascanio chari stat cura Parentis.

Vndè non benè dicunt aliqui, quod solus
Pater concurrit ad generandum filium, non
verò Mater, habita nominatione ab agente,
[illegible] à patiente, quia iuxtà *Pauli* sententiam
54 [illegible] *Canadis inter.* æquè principalitèr ge-
ne[illegible] sicùt Vir: cùm generatio haud
fieri p[illegible] absque vtroque.

Super[illegible] dubitandum ex su-
prapositis de [illegible] ex quo sententiæ
suprapositæ ad pro[illegible] filium sui talem
esse, vel quia est hæres sui ipsius, vel quia vna
eademq; persona reputatur cũ Patre nõ in-
hæreo: nam quoad subiectionem patriæ po-
testatis non est suus, sed benè necessarius

symbolus subiectæ Dominicæ potestati, &
sic, dempto necessario, de quo parum inqui-
rendum tanquàm cognitum à iure ciuili,
remanet in dubio *suus*, ratio maioris dubi-
tationis est, quia hic suus nunquàm potest
dici, quod sit hæres sui ipsius, quia contrà
naturam est, vt quis sit hæres sui ipsius, ex
quo hæreditas non datur in seipso, nec ex
illa sola ratione iuris familiaritatis possi-
dendi in vita Patris potest sumi argumen-
tum, quod ille filius ita dicatur suus, quia
etiam hoc habere debuisset est, cùm in bo-
nis maternis, ex quo etiam filius cohabi-
tando cum Matre dicitur quasi possidere
bona materna iure familiaritatis, in hoc
non potest assignari dispar ratio, & tamen
in Matre non dicitur suus ex illa facultate
possidendi iure familiaritatis circumscrip-
ta patria potestate, quæ effectum duntaxàt
necessarietatis parere poterat, non autem
suitatis, vt supra diximus.
55 Præterea, melius excogitando, dicerem,
suum ideò filium respectu Patris appellari,
non verò respectu Matris, non ratione sci-
licet subiectæ patriæ potestatis, cuius effe-
ctus est necessarietas, non verò suitas,
non ratione iuris familiaritatis possidendi,
ex quo idem esse deberet in bonis mater-
nis, nec etiam quia filius, & Pater vna, ea-
demque persona reputatur, quia idem esset
in Matre ratione maioris portionis adhibi-
56 tæ in carne filij, sed quia *suus*, ratione fa-
mosioris subiectæ materiæ, ex quo adiecti-
uum *suus* debet habere substantiuum *cuius*,
prout dicimus, suus est liber, *cuius*, scilicet
Sempronij, verbi gratia, & sic dicitur suus
Patris, quia ratione famosioris subiectæ
materiæ Pater est causa efficiens filij, Mater
verò causa materialis, & quemadmodùm
causa efficiens est nobilior causa materiali,
sicut agens est nobilior passo, sic filius effi-
citur totus suus Patris, & consequentèr pro-
prius hæres, nè contrà naturam videatur à
pluribus insolidum possideri. *l. ex facto §. ex*
contrario ff. de acq. possess. & proindè tanquàm
totalitèr Patris dicitur esse similitèr totali-
tèr proprius eius suus hæres.

Nec obstat argumentum obstare s. ratio-
nem iuris sanguinis, quæ eadem esse debet
etiam in emancipato, in quo per emanci-
pationem tale ius non mutatur, & conse-
quentèr etiam ex illo iure suus esse debet,
quia respondetur, quod habitus ille suita-
tis à natura insitus tanquàm effectus, & non
substantia iuris sanguinis potest vt accì-
dens tolli per consensum vtriusque, Patris,
scilicet & filij per emancipationem, & sic
remanet ius sanguinis, & aufertur eius ef-
fectus per emancipationem, immò suitas
illa faciliùs tollitur, quàm necessarietas, ex
quo necessarietas tollitur solùm per eman-
cipa-

cipationem, soluta verò per alios effectus, vt
infrà dicemus in suo loco.

Et illud est, quod significat bimembris
diuisio desuper posita hæredis, nempè alter
suus, & alter extraneus, idest alter proprius,
alter improprius, cum extraneus hæres di-
catur sine proprietate, iuxtà illud, *Pax con-*
cordia extraneis iunctura sicut iam domesti-
cis non asidens, maximè in successione, in
qua inspicitur proximitas defuncti, quæ su-
mitur pro propriore, iuxtà illud *Com. Alt.*
234. *ubi proprior sine medio est*, & *pro Plato*
264. *lit. B. qui est cum illo maximis vinculis,*
& propinquitatis, & affinitatis coniunctus.

Et ideò ex ista proprietate ille hæres de-
bet à Patre necessario talis institui, aliàs si
exhæredatetur, vel præteriretur in testa-
mento, erit testamentum nullum, & contrà
officium Pietatis, supple *charitatis*, ordina-
rum, quod etiam fuit extensum ad omnes
descendentes, & ascendentes, vel saltim ali-
quod ei relinquatur titulo honorabili insti-
tutionis, nec sufficit titulos legati, vel fidei-
commissi, vt patet ex textu in §. *aliud quoque*
capitulum auth. vt cum de appell. cogn. auth. li-
cet C. de liber. præt. cap. Quintauallis de iure-
iurand. quicquid dicat *gl. in l. fumus §. cum*
autem in verbo colorari C. de inoffic. testam. te-
nens, quod sufficiat, filium honorari per
viam fideicommissi, quia contrà eam stant
communitèr Doctores, & esse eam repro-
batam testatur *Alex. in l. inter cætera ff. de lib.*
& post. Ias. in auth. nouissima nu. 13. C. de in-
offic. testam. Iulius Clar. recept. sent. §. testa-
mentum quæst. 38. Hippol. de Marsil. sing. 597.
Vin. commun. opin. 130. 133. & 135.

58 Cœperunt propterea ex hac necessitate
dubitare Doctores de forma instituendi, &
primam assignauerunt formam per verbum
relinquo adiectum rei certæ, & particulari,
vt si testator dixerat in suo testamento, *re-*
linquo filio meo centum aureos, *vel relinquo fi-*
lio meo fundum Tusculanum, hanc disponen-
di formam non importare institutionem,
voluerunt communitèr *Clar. d. §. testamen-*
tum quæst. 38. Crass. §. institutio quæst. 12. quæ
opinio canonizatur ab vtroque iure, Cano-
nico, scilicet, & ciuili, *Alex. cons. 177. nu. 10.*
lib. 2. qui etiam dicit, vt procedat, si dictum
sit, quod nihil amplius petere possit, *Vasq.*
de success. creat. lib. 2. §. 10. num. 148. quid si
fuerit dictum ad consilium Sapientis, vide
Franc. Barij de success. test. & intest. lib. 2. sub
nu. 2. vbi habebis etiam de clausulis codi-
cillaribus, & omni meliori modo. Et per di-
uisionem factam à Patre inter liberos an di-
catur introducta institutio titulo honorifi-
co, & quando vide *Mariam summa success.*
legali part. 4. quæst. 7. art. 2. per tot.

59 Et quid si Pater dixerat, *relinquo filio meo*
centum aureos pro legitima, *vel pro falcidia*,
vel pro parte sua, communis opinio est,
quod valeat talis institutio, quicquid dicat
Ioan. Philest. de arte testandi tit. 3. causa 1. in
princ. Facch. contr. iur. lib. 4. cap. 35. voluit
Clarus d. §. testamentum quæst. 38. Crass. quæst.
33. nu. 10. Mantica de coniect. vltim. volunt.
lib. 4. tit. 3. num. 22. Peregr. de Fideicom. art. 26.
nu. 29. Mascard. de probat. concl. 929. nu. 14.
Vasq. de success. creat. lib. 2. §. 10. nu. 234. Barij
loc. cit. sub num. 3. qui respondet *Molineo ad*
Alex. cons. 50. lib. 7. prout similitèr illum
reijcit in alio, quod perperam extendit;
nempè quod quando testator dixerit, *relin-*
quo filiæ meæ centum aureos pro dote, non im-
portare institutionem, & si in alio testamen-
to dos relicta fuerit titulo institutionis,
quia ille titulus non censetur repetitus in
secundo, nisi testator expressè retulerit se
ad primum.

60 Contraria communis opinio recepta est
pro institutione vnico etiam testamento, se-
cundùm Doctores desuper allegatos *Maie-*
nec de testam. success. lib. 3. tit. 1. qui id etiam
extendit ad dotem, in qua nepos Matri suc-
cesserit, & ad dotem ante institutionem so-
61 lutam *Marsil. sing. 36. & 647.* etiam si testa-
tor dixerit, *relinquo filiæ meæ dotem*, non cum
verbo *institutionis*, sed cum verbo *restitutio-*
nis, *Mantica. & Vasq. locis citat.* ac etiam si
62 peculium fuerit sic relictum, aut obsigna-
tū, subintelligitur titulo institutionis, quia
peculium, & dos dicuntur iura vniuersalia,
prout etiam si verbum sit cruciatum habeat
in relicto vniuersali haberi pro titulo ho-
norabili institutionis.

63 Quod non militat, si illud verbum *relin-*
quo adijceretur quotæ bonorum, non quo-
tæ hæreditatis, quia bona non continent in
se iura vniuersalia actiua, & passiua, prout
è contrà verbum singulare *relinquo* adie-
ctum vniuersitati iuris trahitur ad institu-
tionem in liberis, licèt alius sit vniuersalis
hæres institutus, secundùm *Crass. d. quæst. 14.*
nempè si dixerit, *relinquo omnia bona mea*,
64 quia his verbis continetur vniuersitas iu-
ris, eaque vis trahitur ad institutionem,
in omni testamento, tàm inter extraneos,
quàm inter liberos: modò alius non [illegible]
co vniuersalis hæres institutus, & si [illegible]
65 tor dixerit, *Titium hæredem instituo* [illegible]
pronio verò relinquo bona mea, quod [illegible]
Sempronius venit ad bona iure fideicom-
missi, non iure directæ institutionis, *Peregr.*
de fideicom. art. 34. nu. 83. Quod aliter [illegible]
66 testator dixisset, *Titium hæredem instituo in*
semisse hæreditatis, & aliam hæreditatis semis-
sem relinquo Sempronio, quia tunc verbum
illud *relinquo* tanquàm adiectum quotæ hæ-
reditatis, non quotæ bonorum continet in
se ius vniuersale, & dicetur Sempronius hæ-
res insolidum cum Titio, qui fuit institutus

per

per verbum *instituo*, quia hæc verba *instituo*,
& *relinquo*, sunt symbola, vt excipere pote-
ris *ab eod. Peregr. d. art. 43.* & post eum con-
sensit *Barij loc. cit. sub nu. 3. in fine.*
67 Ad arctiorem verbi significationem assi-
gno verbum *lego*, vtrum per tale verbum
possit dici facta institutio in suo hærede,
secundùm iuris censuram, & regulariter est
dicendum, quod si Pater testator diceret, *lego*
filio meo, non valeret testamentum, nisi adiun-
gat, iure institutionis, vt fuit celeberrimè di-
sputatum apud *Doctores in L. 1. ff. de legat. 1.*
68 qua disputatione circumscripta, sit pro re-
gula, quod verbum *lego* non importat insti-
tutionem hæredis, *DD.* communiter *in l. his*
verbis, ff. de hæred. instit. & in l. Centurio, ff. de
vulg. & pupill. nisi adijciatur in testamento,
69 quod omni modo meliori testamentum va-
leat, tunc, stante tali clausula, dictum relictū
pro institutione in personis eorum, quorum
præteritione infirmantur testamenta, nō im-
portaret nisi fideicommissum, cum declara-
tione tamen secundum *Crass. in d. §. institutio*
quæst. 15. dato tamen hærede vniuersali; sed
quando nullus alius hæres est institutus, affir-
mat, quæstionem esse dubitabilem: Vnde ex
ista dubietate resultare debet aliqua indubie-
tas in casibus, in quibus absque scrupulo ta-
le verbum *lego* non significat dispositionem
Constant. in l. quoniam indignum, C. de testam. sic
dicit *Vas. ad Vasan. lib. 4. de lec. 55. n. 2.*
70 Secundò procedit absque dubio, quando
est institutus hæres, rationem adduco, quia
nihil opponitur in ista institutione, quo co-
gamur trahere hanc significationem verbi *le-*
go, ad hæredis institutionem ad hoc vt actus
subsistentur: cum sit alius hæres institutus,
qui actum sustinet, & tali modo procedit
tex. in l. Mulier, §. fin. ff. ad Trebell. & in l. si ex
filio, ff. de vulg. & pupill.
Insuper satis communis opinio procedit,
quoties appareret ex coniecturata mente te-
71 statoris, quod vult legata facere, non autem
hæredis institutionem, ex ea ratione, quia
in vltimis voluntatibus testatoris voluntas est
Domina, eiusq; imperio obediendum, *l. quo-*
niam indignum, C. de testam. l. Pater Seuerinam
§. fin. ff. de condit. & demonstrat §. disponat auth.
de nupt. quod etiam si testator, conuocatis quin-
que testibus, solùm diceret se legare velle
omnia bona sua, quia apparet, illum velle fa-
cere codicillos, in quibus directè non possit
hæredes instituere, *l. 1. C. de iure codicill.* quod se-
cùs esset in terris Ecclesiæ, in quibus sufficit
in ordinando testamentum minus quam
quinque testes, *cap. relatum de testam.* Verum
sola illa coniectura adhibitionis quinque te-
stium absq; alia concurrente coniectura, non
sufficit: cùm etiam donatio fieri possit coram
quinque testibus, vt plenè diximus *in tract.*
de Symbolic. contract. par. 4. cap. 4. vers. Septima
adducitur ratio.

72 Limitanda est suprapofita conclusio, quæ
est, vt in dubio verbum *lego* non importet
hæredis institutionem, vt non procedat quā-
do constat de mente testatoris, nempè quan-
do vult hæredem per illud verbum *lego* insti-
tuere, ex quo mens testatoris est regina regu-
lans suam dispositionem per quodcunque
verbum prolatum, *l. 3. C. de liber. præter.* & col-
ligeretur, si testator rogaret testes opportu-
nos ad ordinandum testamentum, & Nota-
rius in initio diceret, hoc est testamentum T.
& deindè in corpore scribatur, *lego omnia bo-*
na mea, vel partem, vt colligitur *ex l. hæres pa-*
làm, §. in testamentis, ff. de testam. & in l. fin. C. de
codicill. vel quando in testamento esset appo-
sita clausula, *omni meliori modo*, quia clausula
illa hoc operatur, vt quæ relicta sunt intelli-
gantur relicta iure institutionis, si alio modo
inutilia, & infructuosa redderentur *DD. in*
auth. nouissima, C. de inoffic. testam. Marsil. sing.
36. Paris cons. 13. in princ. part. 3. Crass. §. testa-
mentum quæst. 35. n. 8. quæ clausula in dubio
censetur apposita de mente testatoris, non
verò de stylo Notariorum, ex quo in hoc ve-
rificatur illud, quod dicunt, Notarium scili-
cet rogatū esse apponere clausulas in instru-
mento appositas, *Bald. in L. plerumq; C. de iure*
codicill. Alex. cons. 52. lib. 4. Abb. in cap. cùm con-
tingat vers. Nouus casus de iuram. Bald. in l. quo-
ties, C. de hæred. instit. & quod dictum est de
verbo *lego*, intelligendum est etiam de verbo
dono, quotiescunque apparuerit testatorem
voluisse per illud verbum facere institutionē,
Mayn. de test. successi. lib. 1. tit. 5. nu. 14. Barij loc.
cit. sub n. 4. in fin. apud nos *de Symbolic. contract.*
lib. 4. cap. 3. nu. 7. vers. & prima fol. 427.
73 Et aliquando verbum *instituo* secundùm
subiectam materiam, in qua ponitur, non sē-
per importat institutionem, & facit testamen-
tum Patris nullum; tamen si regulariter im-
portet institutionem, vt videre poteris apud
Barij loc. cit. sub n. 5. qui dicit, non liceret si fiat
institutio in legitima duntaxat, vt in n. 8.
Quo verò ad hæredem necessarium non
sunt hodie verba multiplicanda, quia cùm
simus in charitate christiana, debet recedere
illa institutio in persona serui tanquàm indi-
gni succedere suo Patrono Christiano, proinde
è contra debet cessare inter nos titulus de ser-
74 uili cognatione, & occurrēte casu debet po-
tiùs institui Magnus Dominus, quàm vilis
seruus honoris defuncti causa, & multoties
vidi ego institui hæredem S. II. C. Et de hæc re-
de suo sic intelligendus. *Dom. Praes. Merl. con-*
trou. c. fror. cap. 77. cent. 2. & signanter sub n. 33.
& 35. quia per emancipationem etsi rema-
neat habitus suitatis aufertur tamen eius ef-
fectus, vt supra diximus, & suo loco dicemus.
Sunt & alij hæredes, qui etsi liberi sunt, ta-
men statim quo nati sunt in potestate paren-
tum non sunt, sed in eam postea rediguntur,

prout

75 prout sunt illi, qui à muliere libera sunt pro-
creati, cuius matrimonium minimè legibus
interdictum fuerat, sed ad quam Pater con-
suetudinem habuerat, talibus posteà instru-
mentis conceptis, in potestate Patris efficiũ-
tur, & suorum hæredum iura nanciscuntur, vt
in §. *quibus connumerari Instit. de hæred. quæ ab
intest. defer. §. si quis autem, quib. mod. natur. effic.
legit.*
76 Contingebat talis filiorum naturalium le-
gitimatio, vel à Patre, vel à se ipso Curiæ
oblato, & statim in eius redigebantur pote-
statem, sui eidem fiebant, ab intestato legi-
tima successionis iura habebant cum alijs le-
gitimis liberis, eisq; vicissim Pater quoque
succedebat, *d. §. quibus connumerari*, occasio
77 fuit fauore Reipublicæ; cùm olim aliquod
Oppidum incolis erat destitutum Triumui-
ri Colonias eo ducebant, & decimum quem-
que Concilio, seù Curiæ adscribebant, ex hoc
dicti Decuriones *l. Pupillus, §. Decuriones, ff. de*
78 *verb. signif.* Coloniæ à colendo, inhabitando-
que dictæ; erant quidem quasi quædam exa-
mina Populorum, qui ad minores Vrbes ha-
bitandas ex maioribus Vrbibus velut domi-
natricibus deducebantur, mittebanturue de-
predatores minores à maioribus Vrbibus, &
fuit verus legendarum Primo Curialium
mos, siue ritus; Ceterùm non ferentes magna
onera, quibus subijciebantur Decuriones,
multi Decurialia effugiebant munera, *Brison.
lib. 4. select. antiq.*
79 Istæ Coloniæ exemplo Reipublicæ Roma-
næ, eiusque imitatione instructæ fuerunt, vt
ait *Gell. lib. 6. cap. 13. Maiest. & amplitud. pop.
Roman.* vt etiam explicat *Iustin. in nouell. const.*
38. qui nobis olim constituerunt Rempubli-
cam, ij ex casu ferè rati sunt, si ad imitatio-
nem Regiæ Vrbis per singula municipia no-
biliores congregarent, & formam quandam
Senatoriæ Curiæ constituerent, per quam, &
publica tractarentur, & omnia ordine, recteq;
80 que fierent; ilicet Decurionatus sit dignitas
municipalis, secundum *Papin. in l. spurijs, ff. de
Decur. & honor. l. Decurionatus, ff. de vacat. mun.*
vocat hos *Plinius lib. 10. epist. 10.* consilij cau-
sa delectos, de quibus statuit *Augustus*, vt ad
subeunda Patriæ munera dignissimi meritis,
& facultatibus Curiales eligantur, *l. ad subeũ-
da. C. de Decur. lib.* 10. nàm cum Populũ Ro-
manum ordine, & dignitate diuiserat Romu-
81 lus; Ordines in tres partes, quas tribus vo-
cauit, qui illis præerant vocabantur Tribuni,
deinde tribus singulis in decẽ diuisit partes,
quas Curias dixit, quarum Præfecti Curio-
nes. Curias iterùm in decem diuisit, quarum
Præfecti Decuriones dicti *Dionys. Halicarn.
lib. 2.* Itaque primi singularum decuriarum,
secundum *Varronem lib. 4. de lingua latina.* De-
curiones dicti, & Decuria à Decurio Honio
Marcello, vt à Cẽturia Centurio. Placuit au-
tem hoc Decurionis nomen pro honoribus
minoribus vsurpare, non habita ratione nu-
meri, & proindè decuria accipitur pro Classe,
& ordine quolibet, neglecto numero dena-
rio, teste *Vegetio de re militari lib. 2. cap. 14.* &
secundum *Ciceronem pro Sexto Roscio, & pro
Cluentio*, Decuriones municipiorũ, pro Se-
natoribus eorum, & proindè pro Iudicibus
etiam vsurpantur, secundũ *Plin. lib. 33. cap. 1.*
82 Traditur Decurionum fuisse olim Classem,
& ordinem à decies centenis Iudicibus ap-
pellatũ, qui in singulis Curijs sedebant. Hinc-
que erat Decuriatio in Curia descriptio, &
Decuriatus in Curia descriptus, erant & in
Palatio Principis Decuriones, & Curia, &
inter Senatores eius silentiarios, de quibus in
toto titulo *C. de silent. & Decur. lib.* 12.
83 Itaque Decuriones erant in municipijs,
qui adlecti sunt in ordinem ex pluribus ido-
neos ad munera, & honores, de quibus lex
municipalis disponit, numero non quidem
denario considerato; verùm alio constituto,
determinatoque, qui vbi plenus non est, alij
in locum deficientium subrogantur, *l. 2. ff. de*
84 *Decur.* Quia illud est ordinis præcipuum, vt
semper is plenus habeatur *l. 3. §. spurius, ff.
eodem.*
Itemque secundum ordinem, quo adlecti
sunt: nisi quod aliud impediat, deferuntur
Decurionibus honores, *l. rescripto, ff. de mun.*
85 *et l. vt gradatim, ff. eod.* ijque inuiti illa subi-
re munera exemplo tutorum coguntur, *l. si
quis Magistratus, ff. eod. l. item & quod, ff. ad
Trebell. l. filios, C. de Decurion. l. 3. C. de suspect.
Tutorib.* & eo nomine recusantes ad damnũ
Reipublicæ tenentur, *l. Lucius Titius, ff. ad mu-
nicipal.*
86 Excusantur benemeritùm à tali Decurional-
tus honore, & alijs muneribus non tantùm
infantes, & maiores in dignitate, *l. honor, ff.
de honor. & oner.* sed etiam propter vacationem
87 cùm ab honoribus ad honores eosdem
quinquennij detur vacatio, biennij verò ad
alios, legatione autem perfunctis biennij va-
catio concessa est, *Gardian. in l. ab honoribus, C.
de honor. & onerib. non continuandis lib. 10.* Nec
volens quidem continuare, vel repetere ho-
nores temporarios potest, *l. honor municipalis
§. gerendorum, ff. de muner.* alias de ambitu te-
neretur: cum publicam disciplinam semel
gessisse sufficiat, *l. vnica, C. ad leg. Iuliam de
ambitu lib. 11.* Ne scilicet ambitione, & fre-
quentia ordinationis, & continuatione curæ,
& per quandam machinationem munus re-
nouando, fiat aliquibus infinita gubernatio
§. fin. de defens. Ciuit. in auth. collat. 3. quod no-
ta ad intellectum *Regia Pragmatica* 1. §. 2. &
pragm. 2. §. 3. *de officio Iudic.* & vtinam sic ser-
uaretur, nàm non sic conquassarentur Regna,
& Respublicæ. Dumodò gubernij mutatio
non sit alicuius publici detrimẽti, quia solent

offi-

officiales publici disperdere res, cum se recessuros agnoscerent, quia breue regimen populis non parcit, *Gl. in cap. hinc est 16. quæst. 1.* absit hodie animi moderationes, prout fertur de moderatione Fabij maximi de Fabiæ gente, qui septinquies à se, Patre, Auo, Proauo, & deinceps septenum consularum gestum agnosceret, in conuiuijs, quibus filius suus summo consensu consul creabatur, constanter cum populo egit, vt aliquando vacationem huius honoris Fabiæ genti maximum Imperium in sua familia constituerent, nè filius, & si aptissimus, consul crearetur *Valer. Max. lib. 4. tit. de moderat. animi.* Absit turpis quæstus vendendi officia, prout sic abhibuit Doctiss. Barbantiæ ad consilium *D. Thoma, Rosella in sua summ. in verb. restitutio, §. 4.* Emètes enim honores sunt stulti, nescientes habere anneka onera, incomoda & pericula inseparabiliter honoribus, & sic tenêt sibi capistrum cum campanula aurea, vt magis turpiter audiantur incedere; Est illis sola, quæ animum moribus exornat, *cap. venerab. de præb.*

89 Coram istis Decurionibus, siuè Curijs Ciuitatum naturales liberos natos fieri legitimos, statuit *Theodosius Imperator in l. si quis, & Imperator Leo, & Anthemius in l. quoniam C. de natur. liber.* vt tali præmio plures allicerentur ad gubernandam Rempublicam, & etiam ex eadem causa spurij suscipiebantur, & huiusmodi Theodosij Constitutionem non despexit Iustinianus, immò illam expressè approbauit in d. §. *si quis igitur, auth. quib. mod. natur. effic. legit.* multa quæ addidit, quæ eo pertinebant, præsertim accessoria ad iura successionis, quod & in fœminis sequendum erat, vt si naturalis filia Curiali exordaretur ius filiæ familias adipisceretur, *l. si quis C. de naturalib. liber.*

90 Sed vt male Decurionum munus, quod oneris, & quodammodò dedecoris erat, honoris haberetur, pluresque Decurionatus imperandi causa dignitatem ambirent, legitimandi facultas fuit largita, talis legitimandi naturales filios modus paulatim in desuetudinem abijt, atque ab vsu recessit, successitque eius loco alter, quo nûnc, & quotidiè vtimur, Principis scilicèt authoritas, rescriptum, & priuilegium, cuius tanta est vis, & potestas, vt filij legitimi de cætero habeantur acsi ab initio ex iustis nuptijs essent procreati, vt habetur *in auth. præterea, & in auth. itam sine C. de naturalib. liber.* latius *in §. si quis sane, collat. 6. in auth. quib. mod. nat. effic. legit.*

91 Vndè naturalis legitimatus, quando nullus extat filius legitimus, & naturalis de iure nouissimo præcipuè, patre intestato defuncto, reliquos omnes agnatos, & cognatos excludit, ipsique Patri legitimus hæres sit, itam & Pater eidem non autem alijs Patris ascendentibus, aut cognatis, sicuti nec ij legitimato succedere poterunt, *l. communium C. de natur. liber. auth. quib. mod. nat. effic. sui §. filium verò, collat. 7.* Si verò alij extarent filij nati ex iustis nuptijs succedet cum eis, *Bald. in l. si te. Parens C. de suis, & legit. & in l. Imperialis n. 3. C. de nupt. & in l. cum in adopt. n. 5. C. de adopt. Bart. in l. ex facto num. 5. C. de vulg.* adeò quod si filij legitimi non extant, tûnc naturales legitimati ex testamento, & ab intestato ad

92 parentum suorum bona admittuntur, quia per legitimationem ad suorum instar rediguntur, *l. Diui C. de naturalib.* & à parentibus præteriti testamentum rumpunt, & infirmant. Et an excludant agnatos in medietate bonorum antiquorum iuxta consuetudinem huius fidelissimæ Ciuitatis Neapolis, vidde *D. Pres. Merl. contr. forens. cap. 89 cent. 1.*

93 Sed quæstio est, verum filius naturalis legitimatus nô per Curia oblationem, aut Principis rescriptum, sed per subsequens matrimonium, quia scilicèt Pater cum ea, ad quam consuetudinem habuerat, matrimonium côtraxit, præferatur filio legitimo nato ex iustis nuptijs posteriori legitimato, anteriori vero legitimo, verbi gratia, Pater genuit filium naturalem cum ea, cum qua rem habuit, contraxit posteà matrimonium cum altera, cum qua genuit filium legitimum, & naturalem mortua ipsa vxore, duxit in vxorem illam, cum qua genuerat filium naturalem, qui per subsequens matrimonium effectus est legitimus, an iste vltimus legitimatus, & prius natus præferatur in successione Maioratus, & Primogenituræ filio illi vltimo nato licèt priùs legitimo, & naturali, hanc quæstionem disputat *Io. Matth. in l. decima §. 8. num. 7. lib. 5. recopilat.*, quem non allegat *Capanus loc. mox citandus*, vbi post disputatam quæstionem concludit, filium legitimum, & naturalem ex iustis nuptijs procreatum, licèt minor natus sit, præferri filio posteà legitimato, licèt maior natus sit, quia talis legitimatio quantumuis fauorabilis in alicuius præiudicium effectum non sortitur, quoniam sic legitimatus verè legitimus est à die contracti matrimonij sicuti à tempore natiuitatis. *Capanus* verò *in tract. de vita, & militia q. 9. in allez.* tenet totum oppositû, quod vltimo præferrur primònatus, licèt vltimò legitimatus per subsequens matrimonium,

94 Est discrimen inter hæredem legitimum existentibus legitimis, & naturalibus alijs liberis, & illis non existentibus; nam in primo casu cum effectu nuptialia instrumenta conficere debet, *§. fin. auth. de instr. nupt. cum contrahunt.* In secundo verò casu instrumenta nô sunt necessaria, *auth. quib. mod. natur. effic. legit. §. illud quoque,* nisi maximis dignitatibus decorati essent parentes, quibus absque decali-

bus instrumentis nuptias contrahere non licet, d. §. illud, *& auth. licent Matri*, *& Auiae §. quia verò*. Iure tamen Canonico indistinctè

6 talia instrumenta necessaria non sunt, sed solo matrimonio legitimi efficiuntur, qui ante naturales erant, suique hæredes Patri ex testamento, & ab intestato fiunt *rap. tamen de nupt. Conarr. in quarta 2. partis cap. 8. §. 2. n. 8.*

97 Rursùs sunt, & alij hæredes ratione Iurispatronatus succedentes in hæreditate libertorum, est enim libertus seruus manumissus, vt notat *text. in princ. de libert. instit.* qui in statu miserrimo existens nempè in seruitute ad optimum libertatis per manumissionem ducitur, quo beneficio à Patrono consequuto, naturali, & ciuili iure fit eius obsequius, & gratus, & loco filij habetur *tex. in princ. de legit. patr. tut. instit. & in l. 2. & per tot. tit. ff. & C. de obseq. libert. præst.* Proindè iure optimo maiores nostri manumissoris Iuspatronatus cócesserunt, quo Patrono, eiusque liberis in libertum, eiusque bona, & successionem prospectum est ob tanti beneficij consequuti cómodum à Patrono, vt scilicet.

98 Primò teneatur libertus obsequium, honorem, & reuerentiá præstare Patrono, & is propria authoritate capere libertum, si ab eo sufficienter non coleretur. Cultum autem dicit, vt singulis mensibus teneatur venire ad domum Patroni, seque offerre, vt ostendat paratum facere eius iussu, quicquid honestum, possibileque ei sit, deindè, quicquid de Patrimonio suo Déo videbitur, faciat, *Petrus Gregor. Tholos. syntagm. iur. vniu. lib. 14. cap. 8. sub num. 3. vers. Primum*, & ex ista obseruantia symbola paterna non potest lis à liberto moueri aduersus Patronum, saltim quia venia à Prætore petatur, nec potest eundem actione famosa in ius vocare, *l. veniam C. de in ius vocand.*

99 Secundò ex hoc patronatu Patronus ius castigandi libertos sibi reseruatum habet, & contumaces, & ingratos reuocandi in seruitutem, *l. 2. C. de ingrat. libert. l. 2. & 3. C. de libert.* nempè si obsequia debita non præstiterint, & qui filiorum Patroni tutelam, & curam deserant, *l. ingratus ff. de iure patr.*

100 Tertiò libertus operas præstare tenetur, qualia sunt. Officium diuturnum, *l. 1. & 3. ff. de oper. libert.* Officij præstatio ad nutum Patroni *Caius Lucius Patronus ff. eod.* & sunt vel Officiales, vel obsequiales, vel fabriles, ad illas naturaliter, veluti in remunerationem acceptæ libertatis, tenetur *l. si non fuerit §. libertus ff. de condict. indeb.* Fabriles tamen arbitrio Iudicis *l. 1. ff. de oper. libert. l. 1. C. eod.* dummodò non sit Patronus vagabundus, *Menoch. de arbitr. Iudic. lib. 2. cent. 6. casu 531. sub nu. 6.* prout nec vxor Marito vagabundo, *Peregrin. in suis tractat. cap. 3. num. 11.* Operæ obsequiales non transeunt ad alios, prout fabriles, *l. fabriles, & l. operæ ff. de oper. libert.* in quo differunt singulari iure, sicùt in eo, quod Officiales libertus tenetur suo victu, & vestitu subministrare Patrono, nisi valdè inops sit, non autê fabriles ex stipulatione debitas, prout sunt conciliandi, *text. in l. tempus l. pen. l. suo victu ff. eod.* & obsequiales ità repetendæ erunt, vt petantur per Patronum à liberto tantùm, quas liberti ætas, institutum, vitæ dignitas, necessitas, valetudo pariter, *l. cui artificij cum l. seq. ff. eod.* & operæ fabriles non semper imponi possunt ob manumissionem, veluti in manumissione necessaria, quia sit grauatus, vel pecuniam accipiens Dominus, vel alio modo manumittat *l. si quis hac lege ff. de oper. libert. l. 2. & 3. C. eod.*

101 Quartò libertus tenetur alere patronum egenum, *l. 1. & fin. C. eod.* & è contrà Patronus libertum inopem sub pœna amissionis iuris Patronatus *l. Diuus Claudius §. fin. ff. de iure patr. l. si quis à liberis §. solent Iudices, l. alimenta, & l. fin. ff. de liber. agnosc. cum concord.*

102 Quintò ex hoc patronatu pendet ius Patroni succedendi liberto locupleti, idest qui plus, quám centum aureos habet in facultate, adhibita etiam actione clausiana, qua reuocantur alienata in fraudem istius successionis, *l. si libertus minore ff. de iure patr. l. si dolo testatur, l. sint liberi ff. eod. & tot. tit. de fort. libert.*

103 Antiquitùs enim ex duodecim tabulis à lege Patronus ad liberti hæreditatem nisi cú intestato, & sine suis hæredibus decessisset, non admittebatur, vt patet *in princ. tit. de succ. libert. instit. & in l. si autem ff. de iure patr. & in l. liberto ff. de bon. liber. l. intestato ff. de suis, & legitim.* quod licebat liberto impunè patronum suum testamento præterire, qui non tantùm à liberis naturalibus, & legitimis, idest ex iustis nuptijs procreatis à liberto: verùm etiá, & à legitimis tantùm, scilicet adoptiuis ab intestato excludebatur, ac etiam ab vxore, à qua ex prœcitata *l. duodecim tabularum* excludebatur; nempè ab ea, quæ in viri manum conuenicbat, secùdum *Petrum Valerz de Guanara ad Topica Cancer. §. 3. num. 3.* quæ quidè vxor inter suos connumerabatur hæres *ex l. Romuli*, prout adnotauit *Antonius Restius Papiensis lib. 3. memorab. cap. 2. num. 3.* cuius hodiè vsum non habemus.

104 Verùm quia rarò contingebat casus, quo Patronus ad liberti hæreditatem admitteretur; Item quia Iniquum erat eos ab adoptiuis filijs excludi, prætorio iure, duodecim tabularum lege antiquata, semis bonorum liberti siué testati, siue ab intestato Patrono tributa fuit, liberi dumtaxat naturales id, & emancipati obstabant, & si nihil, aut minus dimidia parte libertus Patronus reliquerat, dabatur ei contrà tabulas bonorum possessio, *l. 1. & l. 3. §. tantum & in tot. tit. ff. de bon. libert.* & si ei quocumque titulo esset etiam legi-

tiam portio relicta non [illegible] *d.l.* §. *si debita portio*: quod si nullos liberos liberorum habuisset, Patronus insolidum bona, illo intestato defuncto, occupabat *d.l. liberto ff. de bon. libert.* lege tamen Papia Patronorum successiones redactae fuerunt, si locupletiores essent liberti, & cautum fuit vt in bonis illius, qui sestertiorum centum millium reliquisset Patrimonium, virilis portionem Patronus haberet, siue libertus testatus, siue intestatus decessisset, dummodò pauciores: quam tres liberos haberet, quibus relictis, Patronus excludebatur: Verum noua *Iustiniani Constitutione de §. sed nostra Instit. de succ. libert.* aliter se habet successio Patroni liberto, vt ab eo accipere poterit, cui non tantum patronus, sed etiam eius liberi, & descendentes in infinitum succedunt; transuersales verò vsque ad quintum gradum *l. 1. ff. de iure patronatus, & in §. multis Instit. d. tit. de succ. libert. cum concord.*

105 Insuper sunt alij hæredes, qui dicuntur anomoli, vt puta Mater in medio existens excludens substitutum dicitur hæres anomolus. Item dantur hæredes addictitij, qui pro
106 conseruanda libertate in testamento relicta possunt hæreditatem adire, prout *in toto tit. de hæred. instit. vbi Puttard.* hæredes notorij, &c. aliæque eorum species subalternæ, quæ principaliter non pertinent ad nostram materiam, sed quatenus incidenter, & substitutos pupillariter licet extraneus dicitur heres necessarius in proprio tamen *Gugl. de Bened. in verbo mortuo testatore el. 2. in fin.*

DE HÆREDE SANGVINIS.

SVMMARIVM.

1 *Hæres sanguinis dicitur hæres absque qualitate hæreditaria.*
2 *Mundi tota machina ex sanguine constat.*
3 *Vita est in sanguine.*
4 *Anima tamen datur per sanguinem.*
5 *Regis filius, viuente Patre, quodammodò dicitur Rex, & traditur historia Senecæ.*
6 *Mores trahuntur à sanguine.*
7 *Primogenitura fundata in sanguine absque qualitate hæreditaria.*
8 *Filius Regis habet primam dignitatem, & in quibus ea consistat n. 9.*
10 *Papatus dir ab vno regendus.*
11 *Reges multi fuerunt, qui nec Deo, nec generi, nec amoris [illegible].*
12 *Principatus ambitus odiosa miseratio est.*
13 *Amicitia rara inter Reges.*
14 *Primogenitura est prima dignitas post paternam.*
15 *Iacob dictus supplantator.*
16 *Nobilitas ex iure sanguinis.*
17 *Agnatio ex iure sanguinis.*
18 *Filius oriundus dicitur vnde fuit Pater, & sequitur nationem Patris n. 19. & 20.*
21 *Felicitas prima est in Ciuitate nasci, & quare num. 21.*
23 Hydalghi à quo dicti.
24 *Patritij Neapolitani sunt nobilissimi inter ceteras nationes.*
25 *Nobilitas Venetorum est excellentior ceteris.*
26 *Principium actiuum in generatione est à Patre.*
27 *Peccatum originale à Patre, non à Matre trahitur.*
28 *Iura sanguinis non amittuntur per statum monasticum.*
29 *Monachus non amittit iura sanguinis per ingressum religionis.*
30 *Patria potestas oritur à iure sanguinis.*
31 *Mater etsi non habeat iuris potestatem in filijs, licet filij secundum ius humanum sint Patris, & Matris, maximè ex aliquo Priuilegio Matris, & non Patris originem sequuntur, n. 32.*
33 *Consuetudo, vel statutum an valeat, quod quis censeatur nobilis ex progenie materna, & n. 34*
35 *Filius quando sequitur conditionem Matris, & non Patris, & nu. 36. 37. 38. 39.*
40 *Fœtus quamdiù est in vtero Matris sequitur eius conditionem, & effecta Matre martyre propter Christi fidem, efficitur & ipse Martyr. nu. 41.*
42 *Mater innocentis si fuisset aliqua necata in confessione innocentiam, an effecta fuisset martyr.*
43 *Angelus Matris Custos est Angelus fœtus in vtero.*
44 *Pater non habet filium in potestate in vtero Matris existentem.*
45 *Filius si nascatur mortuus Patri non succedit.*
46 *Ostenta monstris nisi vitalis, ordine quæstio.*
47 *Partus humanus circulo nouem mensium editur in lucem regulariter.*
48 *Planetæ quomodò operantur in fœtu.*
49 *Deus facit omnia non planeta, quæ demonstrantur fabulosa per authorem, num. 50. 51. & 52.*
53 *Legentibus historias licet oporteat credere, non tamen sic credendum vt inde deueniatur ad stultitiam.*
54 D. de Luca enumerat signa partus vltimestris probatur ab authore, nu. 55. 56. 57. & 58.
59 Text. in l. quod certum est C. de posthum. hæred. instit. *delucidatur.*
60 *Natus in octauo mense an sit aliquid prodigiosum, & num. 61.* 61, Fi-

61 Filij naturales sunt iure sanguinis procreati, & enumerantur species. nu. 62. & 63. & 64.
65 Conditio liberorum tacita non includit bastardos.
66 Filius est caro de carne parentum.
67 Filius quis dicatur ciuili modo.
68 Filij illegitimi feudali.
69 Filij bastardi quamplurimi satisfaciunt Parentibus.
70 Diuus Augustinus hoc unum cupiebat intueri in Deum, cur scilicet natus ex damnato coitu, & sic ex peccato iustificetur aliquando, & natus ex iustis nuptijs aliquando damnatur.
71 Concubina dignitas Viri non communicatur, nec titulus nobilitatis, nec mutat domicilium ex persona Viri.
72 Statuto cauente, quod de legatis factis filio non soluatur gabella, non comprehenditur legatum filio bastardo relictum, de quo solui debet gabella.
73 Bastardi non succedunt in feudis.
74 Bastardi non comprehenduntur in emphyteusi, quod secus esset in legitimatis per subsequens matrimonium, nu. 75.
76 Filius bastardus habere semper ignominiosum fuit, & è contrà nu. 77.
78 Iustinian filiationis turpes cenditur.
79 Pharaonis prudentia notatur.
80 Gordius, & eius nodus notatur.
81 Alexander Macenas infamia notatur ob legitimam filiationem.
82 Antonius Alderisius Pater Authoris modestè laudatur.
83 Author uxorem duxit Pontiacam Caldora de gente Iacobi Caldora, & notatur eius familia.
84 Filij naturales quales esse debeant, vt tales sint, nu. 85. & 86.
87 Matrimonium quod.
88 Concubinatus est extrà Sacramentum.
89 Matrimonium facit miraculum, secùs concubitus nu 90.
91 Matrimonium, & concubitus aliquando symbola.
92 Hali Farronis dictum circà uxorem, & concubinam.
93 Naturales filij qui casti dicantur.
94 Naturales filij qui contrà Matris testamentum querelam mouere possunt.
95 Naturali quando succedat Patri remissiue.
96 Naturalis an comprehendatur in legato pro maritandis virginibus.
97 Vasallus an teneatur contribuere pro maritanda filia naturali remissiue.
98 Filio naturali an competat ius accusandi necem defuncti.
99 Familia, stirps, generatio, Agnatio, Cognatio, Domus, Casata, Prosapia, Posteritas, Coniunctio, Proximitas, Consanguinitas, Descendentia, Proles, Linea, Attinentia, Parentatus, & Tribus descendunt à iure sanguinis.
100 Familiæ nomen est comprehensiuum, & duplex nu. 101. Et enumerantur species num. 102. & 104.
103 Dom. de Luca in suo tract. de Linea cap. 23. sub num. 15. vers. præterea, non benè dixit domum, familiam, & agnationem non habere lineam.
105 Familia quatenus in personam dirigitur, comprendit plures diuersos.
106 Episcopus ordinare potest non suum subditum iure familiaritatis, & quomodò nu. 107.
108 Familiæ nomen esse æquiuocum secundùm aliquos.
109 Æquiuocum idem est dicere prout homonymicè.
110 Poligamia quæ.
111 Familia potestatiua triplex, & quæ nu. 112.
113 Familiæ nomen esse potest analogum.
114 Familiæ nomen quando æquiuocè, & quando analogicè capiatur.
115 Familiæ appellatione venit agnatio.
116 Familiæ appellatione veniunt descendentes dumtaxat naturaliter.
117 Testator vocans agnationem intellexit de familia sua.
118 Familiæ nomen quatenus formiter est collatiuè, habet multa synonima.
119 Familiæ appellatione veniunt etiam filij naturales.
120 Filij naturales veniunt appellatione filiorum in conditione positorum, & quarè nu. 121.
122 Dominus noster Iesus Christus dignatus fuit nasci ex alienigenis.
123 Spurij in aliquibus regionibus filij nobilium sunt nobiles.
124 Naturales non succedunt in emphyteusi Ecclesiastica.
125 Stirps est verbum collectiuum.
126 Generatio, siuè genus complectitur tantummodò descendentes, licèt aliquando generationis nomen sumatur pro gradu descendentium n. 127.
128 Liberorum nomen comprehendit descendentes.
129 Generatio quomodò computetur, & dictum sit vsque ad quartam, & quintam generationem remissiuè.
130 Agnatio denotat coniunctos per virilem sexum
131 Testator habens considerationem familiæ, & non personarum, tùnc non solùm veniunt descendentes, sed etiam collaterales.
132 Agnatio est triplex.
133 Agnatio limitata quæ.
134 Agnatio artificiosa quæ.
135 Masculis vocatis de agnatione, an admittatur fœmina remissiuè, & nu. 136. & 137.
138 Domus idem est, ac si diceretur de domo, vel de agnatione.
139 Domo vocata, qui veniant, & nu. 140. 142 & 143.
143 Cognationis nomen comprehendit specialiter coniunctos per fœminas, licèt generaliter etiam qui per masculos, & qui veniant, nu. 144.
145 Casata veniunt ij, qui sunt de domo, & agnatione.

146

146 *Dominus domus dicitur il ceppo, seù la casata.*

147 *Prosapia significat omnes illos, qui sunt de generatione.*

148 *Posteritas continet descendentes.*

149 *Coniunctorum appellatione qui veniant.*

150 *Proximior prædicatur de agnatis, & cognatis.*

151 *Proximorum appellatione regulariter veniunt fœmina.*

152 *Consanguinei propriè dicuntur agnati.*

153 *Linea quatenus consideratur in communi vocabulo est nomen æquiuocum.*

154 *Linea mathematica quæ.*

155 *Linea an habeat in se aliquid existitatis, quod nullatenus secari possit.*

156 *Aliud est authoritati credere, aliud rationi assentiri.*

157 *Authoritati credere magnum compendium est, nullius laboris.*

158 *Authoritati tùnc credendum, quando aliundè ratio non est.*

159 *Cratiche tela quomodò inspici debeat.*

160 *Linea legalis, quam vocant Doctores, nullam de per se potest constituere figuram.*

161 *Pater, & filius non constituunt lineam, sed bene formam, & principium lineæ.*

162 *Linea vt rectè formetur, quæ requirantur.*

163 *Linea vt formare possit figurã, quæ requirãtur.*

164 *Linea quatenùs consistit in consanguinitate, non potest dici simpliciter, & absolutè linea legalis, & quare.*

165 *Affinitas non habet neque lineam, neque gradũ.*

166 *Gradus propriè accipiunt rationem consanguinitatis.*

167 *Pater generans duos filios vnum masculum, & alterum fœminam constituit duas lineas incipientes à filijs, vnam, quæ dicitur masculina, alteram, quæ fœminina.*

168 *Linea, & gradus differunt vtì continens, & contentum.*

169 *Linea duplex effectiua, & contentiua.*

170 *Fœmina non potest esse causa efficiens lineæ.*

171 *Auunculus quando contineatur sub linea materna.*

172 *Linea in materia statutaria quæ comprehendat.*

173 *Linea vna est ciuilis, altera canonica, & quomodò computetur, n. 174. 175. 176. 177. 178. 179. & 180.*

181 *Tribulus qui remisserit.*

182 *Gradus computationis differentia inter ius canonicum, & ciuile in materia matrimoniali statutaria, & remissionis mortis defuncti, & qui comprehendantur.*

183 *Ius prothomiseos, siue congrui procedit à iure sanguinis, prout etiam feuda, iurepatronatus, & similia.*

TITVLVS SECVNDVS.

1 Hæredem sanguinis dicimus, qui non succedit cum qualitate hæreditaria, verùm cùm qualitate sanguinis dumtaxat, diciturq; propriè hæres generationis; nàm secundùm *Bald. in cap. quæ in Ecclesiarum 19. de constit.* dicitur filius nomen naturæ; genitiuè scilicet, caro ex carne parentis decisa, & ex lumbis eius transfusa per vias seminales: nàm secundùm Philosophum in semine hominis est quædam vis impressiua, & actiua deriuatiua ab anima generantis, & alijs suis parentibus remotis, & ideò est identitas articularis naturæ Patris, & filij, secundùm *D. Thomam par. 1. quæst. vlt. art. 2. & 3. parte q. 15. art. 1. in responsione ad secundum argumentum*, hæc identitas sanguinis dicitur cum omnia ferè ex liquido generari oporteat, *Marcus Antonius Marsilius Colonna de aqua benedicta cap. 3. in prin.*

Hæres itidem sanguinis multa consequitur iura actiuè insuper, & passiuè, licèt absq; qualitate hæreditaria, symbolus tamen cum hærede hæreditatis, qui etiam succedit in iu-
3 ribus actiuis, & passiuis defuncti cum qualitate hæreditaria tamen, vt suo loco dicemus: Nàm cum tota Mundi machina ex sanguine constet ratione sui generis: cùm in principio creauerat Deus benedictus Cœlum, & terram *Genes. in prin.* & in vita data sunt cuncta in sanguine, necesse est, vt sanguinis nomine vita appellemur, ergò quicumque viuit in sanguine est.

4 Primum igitur beneficium, quod consequitur hæres sanguinis vita est: nàm per sanguinem datur anima viuens, vita autem consequitur de iure sanguinis alimenta ad se conseruandum, & regendum §. *ius naturale Inst.*
5 *de iure nat. gent. & ciuili*, habet etiam ius honoris, quod in sanguine est: nàm filius Regis, adhùc viuente Rege, quodammodò dicitur Rex, Princeps ratione sanguinis. *Glos. in cap. Adrianus super verbo Augustus 13. dist.* vbi filius Imperatoris vocatur, viuo Patre, Augustus *cap. fin. 24. q. 1.* & licet principatus sanguinem sequatur non virtutes; tamen quia aliquandò lupus generat Leopardum imperio indignum, proindè Principatus sequi deberet potius virtutem, hoc ideo factum ob publica peccata, vt patent exempla in pluribus sacræ paginæ locis, vel saltem sisterent supremi sapientium, nõ verò scurrarum, aliarumque nefandissimarum, deperditarumque gentium consilijs, experientia in imperio Neronis, qui dum à Seneca consultus numquam in illo quinquennio in iustitiam ministrando, imperiumque reggẽdo fefellit, allectus postmodum, & per malam exportatus, sunt insaniæ quotidianæ ab industria aulicorũ auctæ, à Tergellino infamissimo lenone, scurra, impioq; adulatore, pessima pestis, se, & Imperium perdi-

didit, & licèt inter suas crudelissimas impietates adscribere itidem voluit Senecæ necem, ecce quomodo computati sunt in hoc codem seculo, & altera vita. Tergestinus necator nimpietate inter mulierculas Sinisuexanas ad inferos miserrimè, & in æternum præcipitatus insequendo umbram mortis Neronis: Seneca verò ob probos mores Sanctus effectus prosequendo umbram vitæ Diui Pauli, quod probo attestatione eiusdem in vna epistola ab ipso Senecæ scripta, tenor cuius talis est. *Paulus Senecæ salutem. Perpenderam tibi ea sunt reuelata, quæ paucis diuinitas concessit; certus igitur ego in agro iam fertili semen fortissimum sero, non quidem materiam, quæ corrumpi videtur, sed verbum stabile Dei derivamentum crescentis, & manentis in æternum. Quod prudentia tua assecuta est indeficiens fore debebit, & ethnicorum, Israelitarumque obseruationes censeri vitandas. Nouum te authorem feceris Christi Iesu præconijs, ostendo Rhetoricis irreprehensibilem sophiam, quam propemodum adeptus Regi temporali, eiusque domesticis, atque fidis amicis insinuabis, quibus aspera, & incapabilis erit persuasio: cum plerique eorum minimè flectantur dispositionibus tuis, quibus vitale commodum sermo Dei instillatus nouum hominem sine corruptela perpetuum Animum paris ad Deum istinc properantem. Vale Seneca charissime nobis, data Kalendas Augusti Leone, & Sauinio Consulibus.* Hæc Paulus ad Senecam, qui insuper rescribebat ad Paulum in charitate dicens, *omnes odit, qui malos odit, & tandem ideò diligendi sunt mali, vt non sint mali, quemadmodum vt non permaneant, sed vt sequantur diligentiam agresi.* Hæc Seneca ad Paulum, adduco duos probatissimos testes illud omne affirmantes, quibus nulla macula opponi potest. *D. Augustinum* scilicèt *tom. 2. epist. 8. fol. meo 74. col. 1. in prin. & Diuum Hieronymũ in tract. de viris Illustrib.* vide si sint testes omni exceptione maiores. Aperiãt proindè potentes oculos, & videant quomodo cecutiũt, & non desinent ob eorum Satraparum peculiare interesse Angelos Dei dimittere inanes, & vacuos, prout turpiter, & iniustè Achis dimisit Sanctum Dauidem, & respiciãt finem: historia pro principibus Ethnicis, non autem pro pijs Christianis, qui presumunt omnia rectè agere sicuti inuictissimus pijssimus, & Catholicus Rex noster Carolus Secundus omnium titulorum, Regũ scilicèt, Principatuum, Ducum, Comitatuum, Dominationum, & Pottostatum Dominus, & Patronus, quem Deus seruet in sæcula seculorum.

6 Secundum beneficium, quod consequitur hæres sanguinis absque qualitate hæreditaria, est in consequendis moribus, iuxtà illud D.N.I.C. *Math. 7.* arbor bona non potest malos fructus facere, nec arbor mala potest bonos fructus facere, infrà dicemus.

7 Tertium beneficium, quod consequitur hæres sanguinis, est primogenitura, quæ quidem primogenitura est quædam dignitas, vt probat *Gl. in cap. quàm periculosum 17. q. 1.* Et prima dignitas post paternam: cùm idem filius
8 Regis primogenitus habet primam dignitatem, primogenituram scilicèt post Patrem, & Regem, secundùm *Bald. in l. ex hoc iure vers. sexto quæritur ff. de iust. & iur.* & multas consequitur præheminentias, quarum

9 Prima est in festis, quia sicuti olim sacrificia priùs offerebat, ità nùnc in offerendo præponitur. Secundo, quia ad dexteram Patris sedere debet, cùm honor consistat & etiam in sedendo *cap. solitæ de maior.* cùm dignior ante alios sedere a dexteris, & inferior à sinistris. Pro filio Regis est textus de Christo filio Dei viui *psal. 109. Dixit Dominus Domino meo sede à dexteris meis,* tanquàm primogenitus, & in symbolo dicitur, *Ascendit ad Cœlos sedet ad dexteram Patris,* & cùr dextera sit dignior inuma manu, vide *Cassan. cath. glor. mundi par. 3. consid. 3. Grat. discrepant. forens. cap. 106 sub n. 43.* vbi ponit tempus, quo læua manus fuit dignior dextera, & cùr Diuus Petrus pingatur à sinistris, & Diuus Paulus à dextris, vide apud eundem authorẽ n. 45. habet etiã primogenitus duplicem pietantiam in cibos, secundùm *Glos. in cap. quàm sit periculosum 17. q. 1. & in fine,* habet benedictionem paternam *Genes. 27.* habet duplicem partem in hæreditate paterna, & domum principalem ad inhabitandum cum orto, siue viridario illi contiguo, vel causa domus parato. *Nicolaus de Neapol. in l. prædijs § pen. per illum text. ff. de legat. 3.* habet ius benedicendi suis fratribus *Bald. in l. eam antiquioribus C. de iure delib. & in cap. 1. §. præterea Ducatus de prohib. feud. alien. per Federicum,* quod mortuo Domino, habet primogenitus ius succedendi in feudo ex laudabili consuetudine totius Mundi, & probatur de omni iure, de iure Diuino *Genes. cap. 17.* de iure Canonico *in cap. licèt de voto, & glos. in c. quàm periculosum,* lege ciuili, & ratione naturali secundùm *Alexandrum in repet. l. quoties C. de re iudic.* dicentem, quod consuetudo, vt primogenitus succedat, cæteris exclusis, vel lex teneri potest sententiam in foro conscientiæ, vt talis primogenitus integram posset Patris hæreditatem retinere, absque eo, quod det fratribus suis aliquam portionem, & comprobat *Ias. in d. l. quoties col. 2.* alias *Diuus Bernardus secundum eam non consuluisset,* prout cõsuluit, secundùm, *Albericum in cap. licèt de voto,* si talis consuetudo ex aliquo defectu non valeret, quia tùnc si primogenitus esset certus, sciensque talem non valere consuetudinem, nõ esset tutus in conscientia, secundùm *Alberic. in repet. l. Barbarius ff. de offic. Prætor.* quem sequitur *Felin. in cap. ad probandum col. vlt. de re iudic. Ias. in §. sed istæ col. 1. Instit. de act.* quod intellige de iure Diuino, & naturali permit-

tantere, & approbante, non verò necessario, & cogente cum ratione fundata, vt in l. 3. §. nouissimè ff. de mag. iur. cap. prætereà Lucatur, cap. maioribus de præbend. & in cap. in apibus 17. q. 1. tollit enim talis consuetudo discordias inter fratres, quæ ex plurium commmunione generantur, maximè in regimine l. cùm Pater §. dulcissimis ff. de legat. 2. secundum Zasium ind. bi, dato secundo genitis appanagium, secundum Tholos. syntagmat. ciuil. lib. 6. cap. 6. num. 21. & seq. apud nos vitam, & militiam, vt suo loco.

10 In Papatu verò, vt ab vno regatur, est de Iure Diuino cogente, & necessario: cùm articulus fidei sit, vt vna Sancta Catholica, & Apostolica Ecclesia per tunicam Domini inconsutilitèr contextam per totam significari, quod habetur in l. 1. C. de metrop. Beryt. lib. 11. & in Constitutione Regni Inconsutilem, & talis consuetudo, quod scilicet per vnum regatur, procedit indubitanter secundum omnes, vt locum sibi vendicet in Regnis, vt in d. cap. licet, dùm dicit ordinè genitura, vt post Angl. de Brundisiis in reper. cap. Regn. in verbo, & in eodem testamento relinquens sub num. 19. testatus etiam Tholos. syntagm. iur. ciuil. vniu. lib. 43. c. 3. sub n. 4. quia vt aduertit Seneca in trag. 7. cap. 2. nec Regna socium ferre, nec tædæ sciunt, & 1. trag. Nec capit Regnum duos, iuxtà illud Apostoli ad Ephesios, per vnum caput vnus spiritus, vnus Deus cap. 11. 9. dist. ibi: Vnus Deus, & vnum Baptisma, & Lucanus in princ. Omnis potestas impatiens consortis erit, & in l. fin. ff. de ter. diuis. nam dominium, & coniugium nollent videre socium, iuxtà illud Ouidij:

Non possunt ambo sceptra tenere, Regna, Venusque maritus.

Nec Roma in exordio potuit duos sublimare Reges, quia, vt est humanus animus causas quærere vsurpandi fraterni Regni, Remo interfecto, Romulus remansit solus, vt ibi glos. ponit, nihil enim apud dominandi Cupidos probitatis, aut fidei est, vt Simone Sacerdotum Principe defuncto, eiusque primogenito Onia scilicet liberis carente, reliqui duo Iesu, & Ioannes de Principatu futuro cogitantes, vt vnus alterum perueret exemplo ostenderunt, qui Deo Israel penitùs derelicto, ad Antiochum Assiriæ Regem se contulere, ritum prophanum in Ciuitate Dei inicientes, ex quo tanta successit tribulatio, si Mathathias cum Iuda Machabæo, & suis reliquis filijs pugnans, pro legibus Patrijs non viriliter obstitisset vt habetur primo Machabæor. & 2. cap. ibi Surrexerunt in Ierusalem tùnc filij Belial iniquitate ... fratris primogeniti pro sola Principatus ambitione, libidineque præsello habendi. Multi præterèa Reges fuerunt, qui nec Deo, nec

11 generi, aut amicis indulserunt, eum apud Magnates carò affinitas prævaleat. Imò Principatum ambientibus odiosa miseratio

12 est, & ideò rara inter eos amicitia, quod aut liuore perciti, aut Imperij Maiestate fero-

13 ces, aut, quod plerumque accidit, aliorum potentiam suspectam habentes, alia ve occasione, occultis inter se dolis agere solent, vt fertur Romulum fecisse, qui sub colore iustitiæ legis violatæ per Remum fratrem, eum interfecit, vt fit communitèr omne malum sub colore alicuius boni, quoniam adeò solers est malè errantium cautio, vt iustitiæ vestimen suæ iniquitati prætendant: cum omni peccanti præsens semper, vt aliqua ratio, quàm suo prætendat errori, prout Romulo contingit, de quo Orosius multa mala scribit, inter cætera fratris sui inquam mortem sub colore iustitiæ, quia mala agentibus occasio aliqua peccandi in promptu suffragatur, & occasio Fratricidi, dixit muri violati, de quo sic cecinit Poeta.

Fraterno primi maduerunt sanguine muri,

quod habet communiter Reges, & Principantes in hoc seculo à Caijn, qui primus fuit Rex terrenus, & primam Ciuitatem condidit, cum qua libidinem dominandi, & præsidendi initiauit, vt habetur Gen. 4. & pulchrè narrat Ioseph. Hebr. lib. 1. antiquitatum, qui vt solus dominaretur, & prædam suam liberiùs exerceret, fratrem suum Abel iustum, & innocentem occidit, quem si aliqui sunt sequuti, & cum eo si sibi non prouiderint in inferno sepulti, quibus, & si nomen sit magnum, tamen infandum, & non bonum, lumentes insuper exemplum à Nembroth filio Chus gigante de terra ... qui caput esse potens in terra, eratq; robustus venator, hic mirabile vitium dominandi libidinis per Tirannidem inchoauit, quod deinceps vsque hodie mundus adeò est contritus, vt vitrò dici non possit: fuit autem Principium Regni eius Babilon Gen. 10. eiusque infamia, & malitia patet inibi lis, & forte diuinò iudicio, vt Ner. in eius vocabulo planè se offeret, qui similem infamiam habuit pariter, & Ptolomeus Euergetes Ptolomei Philometoris filius, & Cleopatra germanus septimus ægiptiorum Rex, Regno à Fratre, cui pertinebat, vi, & metu extorto, statim filium fratris è complexu matris necauit, & omnes eius fautores, & populares, qui eum in Regnum vocauerant, similitèr Ioram filius Iosaphat Rex Israel effectus in libro generationis Christi descriptus, quinque fratres suos vt bona eorum possideret, & ne insuperrum Regnarent, & sic vt Regnum suum complicaret, gladio occidit, & quosdam de Principibus Iuda, vt habetur 2. Paralip. cap. 21. postea tamen decessit in infirmitate pessima, & non fecit ei Populus secundum morè combustionis exequias, sicuti fecerat maioribus suis, nec positus fuit in sepulchro Regum, vt ibi habetur in fine: Vndè videtur,

14 quod Primogenitura est quædam dignitas,

& prima post Paternam, vt dicit gl. in d. cap. *quam periculosum*, in insignem cuius veritas euangelica, Christum Dominum nostrum vocat primogenitum *Matth.* 1. *in fine*; licet antè, vel post se alios nõ habuerit fratres, *Lactant. Firm. in 1. diuinarum institutionum lib.* 21. tradidit Orpheum Poetarum vetustissimum Deum verum, & magnum Primogenitum appellasse, eo quod antea ipsum nihil sit genitum, sed ab eo cuncta sint creata; Proinde non immerito Esau praenascentis plantam Iacob eius Frater eodem partu nascens rigi-
15 da manu tenebat vt tanto eum munere priuaret, & ipse prius nasceretur, ex quo dictus fuit *supplantator*, vt patet *Genes. cap.* 25. & Deus dixit ad Moysen *exod.* 13. sanctifica mihi omne primogenitum, quod aperit vuluam in filijs Israel, & *Leuit.* 2. habetur quod omne masculinum adaperiens vuluam Sanctum Domino vocabitur, & ad quae teneantur isti primogeniti, dicemus suo loco.
16 Habet etiam haeres sanguinis absque qualitate haereditaria nobilitatem, nobilitas enim ex qualitate sanguinis oritur, & infunditur ad posteros iure sanguinis *l. filio & l. liberos ff. de Senat. cap. dicat aliquis*
17 *in d. gl.* 2. 32. q. 4. & etiam agnationem *cap.* 2. *de cõuers. fidel.* §. 1. *instit. de legit. agnat. tut.* quod intellige de agnatione iure sanguinis, prout cognatio, non vero de agnatione iure ciuili, quae de facili mutatur, sicut ius ciuile, *text. in* §. *sed agnationis instit. eod. tit.* Nec nõ se-
18 quitur conditionem quoad originem, vt inde dicatur oriundus filius vnde fuit Pater *l. cum legit. ff. de statu hominum & in l.* 1. &
19 *in l. assumptio ff. ad municip.* sequitur similiter nationem Patris secundum *Ioan. Fabr. in* §. 1.
20 *instit. de ingen.* vbi dicit, quod filius Piccardi ex matre Gallica sequi debet nationem Piccardorum, & natus ex tali matrimonio inter diuersae nationis coniuges vocatur *Hybrida* secundum Plinium, ac tempe mixto sanguine natus, quod nomen *Quinto Valerio Veronensi Tribuno tamen Vrbis Romae belli sociales, & deinde belli ciuilis auctore*, de eius ignominia propter obscurum ius ciuitatis ipsi non fuit, quia dubitauerat, an censeri deberet Ciuis Romanus, vbi erat Officiarius, an vero Veronensis, quae erat oriundus, de quo ita ait *Valerius lib.* 8. *in tit. qui*, quae in alijs vindican-
21 tur ipsi commiserunt in fines Nã vulgare est, vt prima felicitas sit in Ciuitate nasci, cum illa ad suorum Ciuium nobilitatem gloriã, & honorem multum conferat, vt adnotauit *Tiraq. post Repetit. in l.* 1. *C. de Alex. Primat. lib.* 11. *de Nobilitate cap.* 12. *in* 1. addens Virum
22 minoris nobilitatis, qui ex nobilissima Ciuitate originem duxit, nobilior alterius inferioris Ciuitatis praeferendum esse *Cassan. cath. gl. mundi par.* 11. *consid.* 11. quem sequitur *D. Reg. de Marinis var. resolut. Iur. lib.* 2. *cap.*

146. *sub n.* 24. *D. Reg. Capic. Latro decis.* 181. *n.* 37. *vol.* 2. *D. Reg. Sanfelic. decis.* 331. *vol.* 3. vbi plene de praecedentia ratione nobilitatis. Et si in aliqua nobili Prouincia ocipiat per Antonomasiam nobiles appellantur pro vt sunt *Hydalghi*, qui vt aliqui putarunt iuxta sententiam *Alfonsi Nono par.* 2. *tit.* 21. *fol.* 21. dicuntur filij Patris beneuati, per ea verba, *T*
23 *porque estos fueron escogidos de buenos logares, & con algo, que quiere tanto dezir in linguaje de España, como bien, por esso los llamaron fijos de algo, que muestra tanto, como fijos da bien*. quod verbum, *quae monstra tanta, eruditissimus* Gregor. *in gl. dicti verbi*, dixit, *hac etimologia mihi videtur extranea et excogitata, quae forte conuenientius esset dicere, quod Algo deriuatur ab Italico. Italici enim immunes erãt à Tributis, & quia Hispania capta fuit à Romanis, eisque subdita, multa colonia Italicorum in eam transmissa, & pluribus Ciuitatibus Hispanicis ius italicum concessum fuit circa communitatem tributorum, & Immunes à Tributis dicebantur iuris Italici. Inde igitur corrupto vocabulo, dictum fuit Hydalgo ab Italico*. Hac Lopez, quae ad propositum repetit *Constantinus Cafora per eqr. quaest. lib.* 1. *quaest.* 6. *sub n.* 10. adducens confirmationem *Episcopi Seminensis lib.* 1. *cap.* 15. *fol.* 42 *scilicet. quaest.* ibi', *cum lex nostra Ispaña, licet etimologiam quandam huius verbi ponat, qua respicit effectum rei, ab tamẽ omnino verũ huius nominis originem explicat, vera igitur huius rei, Hydalgo ethimologia est, vt Hydalgo, quasi Italicus dicatur*, approbat hanc sententiam *Baeza de inope debitore cap.* 16. *num.* 45. qui addit, quod si nomẽ *Algo* significaret diuitias, & ex diuitijs oriretur nobilitas, potius diceretur *Patrealgo* quã *Hio de Algo*, vel *Señor de Algo*, cum illis etiam stat alter Hispanus Gutierius Sepuluedа, quem allegat. *Osalora de nobilitate lib.* 2. *cap.* 3. *f.* 218. contradictor praedictis est. *Gutierrez lib.* 3. *&* 4. *quaest.* 13. qui adhuc effugienda, quae ex *l.* 1. *ff de constit.* indubitata videntur, quo spiritu, quo prouentu hoc trahat *ad Gotos*, miratur *Cafora*, nempè quod *Hydalgo* dicatur quasi *filius Gotis*, idest *Fidalgod* Vnde ipse *Cafora* adhaeret sententiae *Regis Alfonsi*, qui in re tam ardua cum Consilio sapientorum indubium est processisse, non quia est antiquior omnibus praedictis, concludens *Cafora*, quod si haec Hispanis ipsis videantur extranea, ipsi Italo illa *Gut. & Garz.* videntur etiam insipida, sed quod magis ingrata, quoad gentem barbaram ante quam in Hispaniam delocrat expositam extra mundum *Baez. fol.* 177. quam ad Maiestatem Romani Imperij à Christo Deo approbari *reddite quae sunt caesaris*, cuius immensam magnitudinem Sanctus Augustinus cum Christo in humana Carne, & Paulo Concionante solum videre voluisse sepè dicere auditus fuit, vt *Ioan. Battista Casalins de Romano Imperio scribit*.

cuius

cuius eiusdem Imperij Trono clarnere ma-
ximi, & incomparabiles Hispani Cæsares,
Traianus, Teodosius, & Adrianus, aliquãdo vi-
si sunt digniatatem, & nobilitatem preclarissi-
mæ gentis suam potius relatam esse maluis-
24 sent. Hæc *Cæsera*. Et Nobiles Neapolitani,
quod sint splendidissimi inter cæteras na-
tiones, testatur *D. Reg. Capyc. Latro decis.* 181.
& sunt sicut stella in medio firmamenti ha-
bentes influentiam, & splendorē ab illo ma-
gno Hispaniarum Monarca, de quo satis
25 apud *Vasq. Illustr. contr. in præfat.* Cæterum
nobilitas Venetorum est excellentior cæte-
ris nobilitatibus tanquam non recognoscēs
Superiorem, quæ si existimari posset, non pos-
set existimari minus centummille ducatorũ,
secundum *Menoch. cons.* 199. n. 30. ac etiam ob
magnas diuitias possidentes, sine quibus
nobilitas sordescit *l. quemens C. ad l. Iuliam
Maiest. §. hoc quoque iustit. per quas person. nobis
acq. Tiraq. de nobilitate cap.* 3. *& cap.* 15. & post
alios idem *Menoch. cons.* 116. n. 3. & contrà
quam nobilitatem Venetorum non potest
obiurgari quod dixit Gernandus de Gente
Noruegiorum contra Rinaldum, quod
ipse esset ignobilis, & si de Gente Estensium,
ex quo natus in Italia Serua, vt cecinit Tor-
quatus Tassus in sua Hierusalem liberata
cant. 5. *stanza* 10.

Hor quando sa vn Signor d'indegno stato,
Signor, Che nella serua Italia è nato.

Nèc quod dicit Marinus in sua Strage inno-
centium.

Dure senza Guerrier, Et senza Regno.

Adeo quod Ciuitas Venetiarum communis di-
ci potest Patria *Ruin. cons.* 66. *lib.* 5. *Fulgos. cons.*
62. *col.* 2. *Gamcs. cons.* 72. & differentia inter
nobiles, magnates, & Proceres vide *Gizz.
obseruat. ad D. Regens Capyc. Latro* 35. *per to-
tum.*

Iura passiua, quæ consequitur hæres sangui-
nis, sunt pro nunc vitia, & turpitudines ab in-
fectione totius massæ sanguinis, prout in per-
sona Adam, & deinceps de Patre in filium
traducta, & deriuata, quia iuxtà *Philosophi s-
26 tentiam lib. 4. de animalib.* principium actiuũ
in generatione est à Patre, qui dat formam
27 conceptui, quæ nobilior est materia, quam
Mater præbet: Vndè peccatum originale
non contrahitur à Matre, sed in Patre, adeo
quod si quis materialiter ex carne humana
generaretur, aut ex solo mulieris semine, sine
coitu virili, originale peccatum non contra-
heret, quod secus esset, si Adam solus peccas-
set, & non Eua, quia nihilominus peccatum
originale posteri contraherent secundum
D. Thom. 1. 2. *par.* 1. *quæst.* 81. *art.* 5. peccatum
enim sanguis in sacra pagina appellatur, vt
psal. 50. ibi, *libera me de sanguinibus Deus* nam
sanguines secũdum *Diuum Augustinum, Hiero-
nymum, & Theodoretum* peccata intelliguntur
Vega super psal. 2. *penit. sub item* 6. *folio mihi* 382.
Gregor. 23. *Matth. cap.* 10. vt per Prophetã di-
citur *sanguis sanguinem tetigit*, hoc est culpa
culpæ cumulatur, *& psal.* 105. *infecta est ter-
ra in sanguinibus*, *& contaminata est in ope-
ribus eorum*, aliàs legitur, *interfecta est terra
in sanguinibus*, quæ terra fuit purificata ex
sanguinis stillis defluentibus in eam à pu-
rissimo Corpore D.N.I.C. vt testatur *Diuus
Augustinus tomo* 10. *tract. de tempore n.* 193. *lit.*
A. ibi *Area enim purgabatur cum in altitudine
immolaretur ouis. Terra etiam purgabatur, quia
stillabat sanguis Domini super eam.* Hinc quæ-
ritur à Theologis circa maculam originalē,
qua inquinatur anima quando infunditur in
corpus, quid enim ipsa cũ traducatur à Deo
mereatur coinquinari, & de pœna, & maculis
temporalibus habetur *in l. quisquis C. ad legem
Iuliam Maiest.*

28 Suprapositia iura sanguinis nec per status
mutationem ammittuntur: vnde Monachus
per ingressum religionis non ammittit no-
29 bilitatem originis *l. ius agnationis ff. de pact. l.
fin. C. de episc. & cleric.* testimonium peribent
etiam scilicet Capuccini *D. Capyc. Latro dec.*
10. *col.* 2. retinent ciuilitatem, & omnia alia,
quæ sunt iuris sanguinis *Gugl. de Benedi. in
verbo, & vxorem nomine Adelasiam sub nu.* 210.
& seq. licet eius Monasterium non sit hæres
sanguinis, sed hæres hæreditatis ad tradi-
ta per *Crauet. comm. contr. comm. quæst.* 191.
Vnde Monacho occiso, remissio requiritur
à Patre occisi Monachi iure sanguinis, & ab
eius Monasterio iure successionis *D. de Ma-
rinis var. resol. iur. par.* 1. *cap.* 2. n. 18.

30 Ex hoc sanguinis iure oritur etiam Patria
potestas, & causantur eius effectus, quia in
potestate parentum sunt liberi, qui ex iustis
procreantur nuptiis *toto tit. instit. de patria po-
test. cap. vlt. de consuet. coniug. l.* 3. *ff. de his, qui
sunt sui, vel alieni iuris*, si Pater alter ius scili-
cet non sit in potestate: nam tunc filij Auo
suo nascerentur nepotes non patri *l.* 4. *ff. eod.
tit. §. pen. instit. de patr. potest.* Mortuo vero
Auo, in Patris potestatem reincidunt *l. nepo-
tes ff. eod.* quod iure duodecim tabularum
ascribit *Alex. ab Alexandro dierum genialium
lib.* 6. *cap.* 10. *Petr. Gregor. Tholos. syntagm. iur.
ciuil. lib.* 11. *cap.* 3. *sub n.* 1. antiquitus Patriam
potestatem censuit, referens hoc ius à Dio-
31 nisio *Alicarnasseo lib.* 2. *antiq. Rom.* In potesta-
te verò Matris ideo non sunt, quia Mater
cum fœmina, quæ ab alio geri debet alios ge-
rere non valet *cap. indecorum, & cap.* 3. *de trait.
& qualitat.* licèt secundum ius humanum fi-
lius vtriusque sit, vt scribit *Phalar. ad vte-
rum Kritheriam epist.* 34.

32 Maxime si ex aliquo priuilegio filius non
Patris, sed Matris conditionem, & originem
sequatur: Dum tamen talis priuilegium non
sit personale, sed reale alicui Ciuitati, vel Pa-

rtis concessum *l. 1. ff. de municipijs, gl. in l. non*
33 *tantum ff. de excusat. Tut. Bart. in l. exemplo C.*
de decur. lib. 10. qui subiungit, non valere con-
suetudinem, nec statutum, quod quis censea-
tur nobilis ex progenie Materna, & *Salyc.*
dicit in l. fin. C. si contra ius, vel vtilit. publ. quod
vbi lex prohibet rescripto imperiali, vel alio
vel, necesse est illi legi derogari expresse in
34 scripto, vbi tale rescriptum singulariter con-
cederetur personis, secus si generaliter de
vna Ciuitate, vel Prouincia, vt apud Licios, &
Lucurgos, olim quisque à Matribus, & non à
Patribus genus suum retinebat *Theloss. 4. lib.*
12. cap. 7. n. 2.

35 Sequitur etiam conditionem Matris, & nõ
Patris filius genitus ex Sacerdote, vel alias
vxorato, qui aliud forte matrimonium cõ-
traxerat, ignorante Matre impedimentum.
Puta si Florentinus presbiter, aut qui ibi
erat maritatus contraxerat aliud matrimo-
nium hic Neapoli cum muliere ignorante
illum esse Sacerdotem, vel alias incapacem
matrimonij, natique sunt ex isto matrimonio
liberi, certè tales, attenta Matris conditione,
que impedimentum ignorabat; erunt legiti-
mi Matris conditionem, & non Patris sequẽ-
tes propter bonam matris fidem, secundum
Glossam in cap. fin. de clandest. desponș. & in cle-
ment. 1. de consang. & affinit. quas sequitur *Bald.*
36 *in l. qui contrà C. de incest. nupt.* Ità quod tales
liberi sacrorum ordinum capaces existũt, pa-
rentibus succeduntetiam in bonis paternis,
vbi plene deciditur, sequitur *Angel. in §.*
si aduersus instit. de nupt. & facit *text. in cap. ex*
tenore, & cap. referente iuncta gl. qui filij sint le-
gitimi. Ignorantia enim facti præsenti in casu
37 excusat, siue ambo ignorauerint, siue alter
eorum, ex quo infert *Bald. in d. l. qui contrà,*
quod cũ ignorãtia facti excuset, qui tales li-
beros dicere vellet illegitimos hoc probare
tenetur. idem sentit *Bart. in l. si adulterium cũ*
incestu ff. de adult. Idem *Bald. in cap. naturales*
col. 3. si de fe. d. l. er. contr. & in l. si contrà C. de
nupt. & in l. fin. C. de liber. causa. & in l. cũ, quam
C. de fideicom. Petrus Anchar. cons. 383. dato ta-
men, quod tale matrimonium sit legitimè, ac
ritè celebratum, vt *in d. cap. fin.* & ità fuisse
decisum in possessorio successionis domus
de Ferrieres ad vtilitatem filiorum Magistri
Ioannis de Ferrieres Domini dicti loci quõ-
dam Presbiteri, qui matrimonium cum
quadam nobili damicella Patriæ Delfinatus
contraxisset in facie, ignorante vxore, eum
dictus de Ferrieres esset Normandus, testa-
tur *Gugl. de Bened. in verb. Raynutius de Clera*
sub n. 17. & hanc sententiam comprobat *Car-*
din. Albonia in suo tract. de nob. & spurijs cap.
9. vbi per septem capita Instituit materiam
pertractat, & reprehendendo Ruinum tan-
quam inconstantem, illud etiam probat de
vero. ... *n. 6. & 7.*

38 Filius insuper procreatus ex Iudeo, & Iu-
dea, vel alias infidelibus natus, si mater po-
stea ad fidem conuertatur, Viro remanente in
Iudeismo, & infidelitate, quoniam & tunc fi-
lij sedè nati matris conditionem sequuntur,
ità quod baptizari debent *cap. 1. de conuers. in-*
fidel. quia meliorem sequuntur conditionem
cap. Iudei 28. q. 1. Non congruit Iudeum pos-
sidere filium in potestate sua, quando nec
ipse seruum aliquem Christianum habere
potest *cap. fin. de Iudeis, & l. 1. C. de Christ. man-*
cip. heret. vel Iud. hab. Afflict. decis. 131. ...
vel si secundum aliam opinionem, de qua
apud *D. Paschal. de virib. Patr. potest. parte 1.*
cap. 7. n. 10. Iudei habeant filios in potestate,
verum eorum Patria potestas in hoc non
fructum facit *Pasch. post Barbatiam, quem alle-*
gat loc. cit. quod competit etiam Auo Chri-
stiano, mortuo Patre, vel Matre Christiana,
proue contrà *Nauarr. probat Episc. Sperell. dec.*
1. n. 39. in fine, sequitur D. Fratus ad D. Pasch. in
d. cap. 7. vers. affirmatiuè, vbi alias annotatio-
nes in materia filiorum Iudeorum subiungit.

39 Insuper ex libero, & seruo homine nati sẽ-
per sequuntur cõditionem dominij liberi, &
non serui, quo fit, quod si mater sit libera, Pa-
ter verò seruus, filius sequitur conditionem
matris liberæ, & non Patris serui, etiam in
quocumque statu concipiat mater ... e
si in conceptione, si in Partu, aut medio tem-
pore inter conceptionem, & partum fiat ma-
ter libera. *Pinard. §. 1. inst. de ingen. sub n. 7.*
nec obstat quod vnaquaque res denominarĩ
debet à principaliori causa, & ipsam sequi
l. quarlibet ff. de statu homin. & consequenter cõ-
ditionem Patris, qui nobilior est, & princi-
palior in conceptione, quia eius semen
cõceptioni dat formam, ex quo respõdetur
nam cum partus coagulatur, ... , &
creatur in vtero matris semper quoad hoc
matris conditionem sequitur ad instar arbo-
rum, quarũ vngules sunt in terra, nõ seminis,
sed terræ conditionem assumunt quoad qua-
litatem *l. adeo in fine ff. de acq. rer. Dom. §. si T...*
... instit. de rer. diuis. volunt *Ioan. Fab. in §.*
40 *fuss. instit. de ingen.* Ideo quamdiù fetus est
in vtero matris semper antequam nascatur
conditionem sequitur matris, adeo quod si
41 mater infidelis pro fide Christi, vel alias pro
iustitia occideretur, partus in vtero existens,
sicut mater, censetur baptizatus baptismate
sanguinis, & Martyr effectus, cum sit pars vẽ-
tris Materni, pro vt etiam baptizati fuerunt
in sanguine Innocentes. Sed quid si aliqua
42 mulier fuisset necata tempore innocentium
non ad principaliter interfi. eiusdem ... ,
sed fetum in eius ventre existentem, ... in ca-
li conflictu effecta fuisset Martyr, sicut &
fetus: cum & si valeat dicere partus sequitur
ventrem tanquam pars ventris sicuti fructus
est pars soli *l. fructus ff. de rei vend.* non vero

va-

valet dicere, folium est pars fructuum, sic fœtus
est pars ventris, non vero venter est pars fœ-
tus, certe hac ratione non efficitur Mater
Martyr, sed quia per eam pertransierit gla-
dius in Filium D.N.I.C. vt loquitur Ecclesia
in cantico *Stabat Mater dolorosa*, ibi, *pertransi-
uit gladius*, & ideo fœtus est pars ventris, adeo
quod, iuxta decisionem *Diui Thomæ 1. parte.*
43 *quæst. 114. art. 3.* Angelus Matris Custos est
Angelus fœtus in vtero existentis, donec na-
scatur, & sic fœtus est sub custodia Angeli Cu-
stodis Matris veluti alicuius partis Matris, sic
fructus pendentes dicuntur pars fundi, donec
non sunt separati, facta vero separatione, sunt
aliquid de per se: ita etiam filius quando na-
scitur, tanquam de per se creatura suum nan-
ciscitur Angelum Custodem, sed in vtero
stans vnum reputatur cum Matre, & illius
Martirium filio prodest non nato, quod non
est in Patre, cuius martirium non prodest fi-
44 lio in vtero existenti Matris: cum eius con-
ditionem non sequatur, donec natus sit Viuus;
nec habet ipsum Pater in sua potestate, donec
45 nascatur *l. fin. ff. de collat. bonor.* nec Patri suc-
cedit si viuus non nascatur, vt in toto *tit. de
post. hered. instit.* immo si mortuus nascatur
testamentum paternum non rumperet, vt ibi
notatur.

46 De octimestri verò terribilis semper fuit
quæstio, adeo quod vsque adhuc nullatenus
sopita apparet apud scriptores, etsi eorum
ingenia valde extorserit ex principijs non
bene perceptis in genere, vtrum id sit verum,
quod octimestris non viuat.

47 Et proinde pro dilucidatione articuli con-
stituimus regulam, quod humanus partus
circa nonum mensem naturaliter in lucem
prodit, sic communiter experiuntur omnes
humani generis parturientes, in quo non est
aliquod fantasticandum, & quod dicunt de
septem planetis firmamento Cœli affixis in-
fluentibus, Saturno, Iuppiter, Marte, Sole, Ve-
nere, Mercurio, & Luna, vt per *Gl. in l. omnem*
48 *C. de seruis.* & quod planetæ potestatem ma-
ximam habent, atque operationem in ho-
minis generationem, nempè cum mulier
49 conceperit in primo mense dominatur ibi
Saturnus, qui semen in Matre Mulieris rece-
ptum coagulat, & condensat frigiditate, &
Siccitate sua. In secundo mense Iuppiter ibi
50 Membra, & sanguinem tribuit, & si sit Mascu-
lus animam rationalem in eum infunditur à Deo
quadraginta die post conceptionem, vt nota-
tur *in l. diui C. de extraordin. crim.* & sic dein-
51 ceps: est enim fabulamentum in *Iob. cap. 10. sicut ca-
seum coagulasti me*, tribuitur omne totum
naturæ à Deo creatæ, prout ipsamet na-
tura suapte membra formantur, & cui nun-
quam deficit sanguis, in quo concipitur,
& in quo augeatur fœtus, crescendo. In tertio
mense, fabulizant, quod *Mars* subtilizat san-
guinem, humores condensat, Ordinat, & cō-
ponit, & à Deo anima rationalis infunditur
embrioni bene organizato, si est fœmina die oc-
tuagesimo pariter à die conceptionis *cap. 1.
18. distinct. cap. si aliquis de homicid. l. si aliquid
de pænis*: cur in masculo anima infundatur
quadragesima die, & in fœmina octogesima,
non est determinata ratio: cum nemo scire
possit, quomodo hoc Deus indulserat; quem-
admodum Mulier habeat in vtero, & ne-
sciat quomodo: in eo enim tertio mense, quia
vires augentur fœtui, & incremento materiei,
ideo talis causatur naturalis effectus. In quar-
to mense, asserunt, quod Sol vitalem calorem,
& spiritum epati, & cordi tribuit, ergo ante
illum mensem epar, & cor iam formata nul-
lum vitalem calorem, & spiritum habebant,
& quomodo absque calore possent vitalia
existere, & sine spiritu, ignorat *Albertus*. In
quinto mense organa sensibilia, & Officialia:
nempe aures, nares, que perficiuntur, & disponun-
tur, ergo anima, quando infunditur ante
istum mensem non reperit corporem bene
organizatum, & præsertim organis magis ne-
cessarijs. In sexto mense Mercurius omnia
foramina corporis componit, hoc est fœtum
inconuenientes tribuere Mercurio, quod mira-
bilissimo artificio operatur à Deo benedicto
dumtaxat, & in septimo mense Luna suis lu-
minibus membra diuidit, & distinguit, & in
hoc septimo mense, quia non sunt alij plane-
tæ, nisi prædicti, septimo mense fœtus nasci-
tur perfectus vitalis, & *Lebonis d. l. septimo men-
se ff. de statu homin.* de pecude quod chimeriza-
rent astrologi, non habentes tantum Zodiaci
circuitus, & omnibus supra positis non carentes:
& ideo aiunt, non viuere octimestrem, quia re-
deunte Saturno in illo tempore influente fri-
giditatem, & siccitatem, qualitatibus suis
partum mortificat, quod valde extollit *Gugl.
de Benedict. in cap. Raynut. in verbo, & sobolem,
quam gestabat in vtero sub n. 14. & 15.* pro An-
glicis, Normādis, & Polonis, vt bibere fortiter
possint, ne anima habitet in sicco, & proinde
omnia tribuenda curæ Dei, prout ipse testa-
tur sub n. 31.

52 Et licet *D. de Luca* recitet historias, quibus
assignat, partus octimestres viuisse ex *Nerbona
de ætate tract. 1. quæst. 7. n. 48. & seq.* dicēs, quod
ea, quæ sunt naturalia, sunt immutabilia, vt
in *§. sed naturalia instit. de iure nat. gent. & ciuil.
cum concord.* sed octimestres partum ali, &
vixisse in Egipto, & Grecia, testatur *Aristo-
tiles lib. 7. de hist. animal c. 9. & Cardinus tract.
3. contract. lib. 1.* In Sicilia *Erud. rer. indm. tit. 4.
cap. 2. & tit. 5 cap. 2.* In Hispania *Amerrus te-
stante à Vaiola lib. 3. enar. medic. enar. 7. Bonan.
lib. 7. de partu octimestri cap. 2. Alfonsus del lore
cap. 10. compend. Vita hominis n. 26.* ergo sem-
per, & vbique eiusdem naturalis esse deberet;
Præterea si octauo mense partus vitalis esse
es-

esset, daretur aliquod in natura supervacaneum, vel superfluum, quod à recta Philosophia deviat, cum hac eo tempore prægnantibus subpeditatur *Arist. lib. 9. de nat. anim.* cum enim lac in octavo mense perseveret, manifeste convincitur, hoc tempore hunc partum, vel posse esse vitalem, vel superfluitatem posse dari in natura, & in iure nullum verbum de octimestri partu sit, quo arguatur repulsa eius à successione, igitur concludit omnino *Norbonus*, perperam esse quæstionem de octimestri, subdit de *Luca*, tamen ipse *sub n. 9.* sequitur sententiam *Afflict. decis. 336.* quæ licet acerrimè videatur impugnata à *Bovrio decis. 300.* & contrà eam iudicatum referat *Rusic. in L. cum Avus ff. de liber. & posth. lib. 4. cap. 6. & à Caranza de partu octimestr. n. 16. Medicus Santorellus de [illegible] lib. 15. cap. 26.* huius rei causam quærens, cur funestus sit ille octimestris, quia debuit multo magis perire septimestris, quippe qui citius in lucem emersit, Marchionissa de Sancta Cruce suos natos omnes tam masculos, quàm fœminas octomense peperit, nam mox à conceptione Vir eius, quia præfectus Triremium, recedebat; tamen ex propugnaculo *Christophori de Paz de tenuta tract. 3. c. 68. n. 72.* qui aperto pectore pugnat contra vitalitatem, vt vtar verbis *D. de Luca*, partus octimestris nec lineam, nec gradum constituit, & quod tametsi *Rusticus vbi supra* referat iudicatum contrarium, ipse improbat illam determinationem, concordans opinionem *Afflict.* cum opinione *Divi Thomæ in opusculo de fato cap. 4.* quem sequitur *Iacobus Iordanus in Theorica Medicinæ. D. Thoma parte 3. quæst. 8. art. 4.* qui tradit, Astrologorum sententiam reddi suspectam per *D. Thomam*, & *Mirandulam*, nam si ea die pariant duæ, quarum vna sit septimestris, altera vero octimestris, idem erit aspectus Saturni, & lunæ, & tamen vnus est vitalis, & alter non, cur Saturnus non perderat septimum, & cur Luna non saluat octimestrem; Vnde vnicam rationem infelicitatis partus octimestris affert *D. de Luca loco cit. sub n. 9. vers. vnica ratio*, quia in septimestre cum fœtus sit perfectus revolvitur in vtero pro exitu, & os fœtus venit ad vterum, & cum eo ex illo motu debilitatur, in octomestri si egrediatur perit partus, cum non restauretur in nono, hæc recitat *D. de Luca*, qui anceps in hac materia, & bene cum non sit [illegible] faciem in mensem alienam, ne [illegible] diceret *Avus*, pro explenda veritate cum viro optimo *D. Laurentio Crasso adhuc amico meo*, qui laudavit hoc in puncto *Christ. de Paz de tenuta lib. 3. tract. 2. cap. 68.* ibi, *id tamen silentio non præteream, bene sententiam [illegible] admittendam esse, si paucos Dies vixerit partus [illegible], & imperfectus si vero tempore considerabili vivat, vltimus possessor dicatur; nec tunc credendum in mensibus intempestivis, quorum natum, sed in eorum numero esse creatum, [illegible], & in lucem productum mense in alium, vel sexto, aliunt imperfectum solum vivere posse ad summum [illegible] Dies [illegible], Michael Scotus lib. de Phisog. cap. 11. Grammat. ad Afflict. vbi supra, Oddus consil. 29. num. 62.*

Hæc omnia suprapositis sicut nullam prorsus felicitatem, sive infelicitatem certionabiliter arguunt, sic etiam vaghissima reputamus, & quod refertur ad historias, quibus, &
33 si à legentibus deferri oporteat, secundum *Antonium Passavinum Mantuanum de apparatu historiæ sect. 1.* ibi; *Ad primum ponendum est, necessarium esse, vt homines hominibus credant: ipsa prudentia mater tota dependeat sit Arist. 1. elench.* oportet discentem credere; tamen non sic credendum, vt in stultitiam, credendo, incidamus: nam aut octimestris possibile est, vt vivat, & inanis erit quæstio, an omnino vivat, & cum possit vivere etiam vna hora, cur transmittere, & gradum, & lineam constituere non possit, cum id etiam contingere possit, vt vna hora vivat natus in perfectissimo tempore, quia non habet tempus definitum, quo vivere valeat, vt perfectius sit natus, quando in perfecto tempore nascatur, vt in dicta lege *septimo mense*; Proinde cæteræ coniecturæ de brevitate vitæ nascentis sunt fabulosæ per Doctores connumeratæ, quando indifferenter eæ contingere possent in omni tempore, quo nascitur homo, ex accidentibus in morte, quæ omni in tempore evenire possunt iuxta Dei placitum, in cuius manu stat hominis vita & mors, quando coniecturæ non haberent certum subiectum coniecturabile; si scilicet adsit aliquod tempus, in quo nullatenus fœtus vivere possit ex defectu naturæ, prout est in octimestre, de quo contenditur: Nam si de eo est sententia, quod possit vivere, & non vivere, in dubio sumenda est sententia pro vita, ex quo posse vivere est in habitu, & posse mori est in carentia, & essemus in eadem regula pro vt in nono mense, in quo regulariter præsumitur posse vivere, quia in tali temporis curriculo aperitur os vulvæ ad fœtum evacuandum, & alia ratio in dicta temporis periodo non potest, nisi, quod sic Deo placuit, assignari.

Præterea aut dicendum est, quod natus in octavo mense omnino non potest vivere, vt per *Menoch. de arbitr. Iudic. lib. 2. cent. 1. cas. 89. n. 38.* & inde coniecturæ sunt infallibiles fœtus mortui, mortem scilicet illi contigisse, ex quo natus est in illo sterili tempore, aut affirmare, quod potest vivere, & si potest vivere coniecturæ sunt inanes, & vacuæ an sit, vel non natus in octavo mense, & sic cessat etiam alia consideratio *D. de Luca*, quando ibidem sub n. 10. subdit, quod partus regulariter præsumitur maturus ex præsumptione à natura dicta, vt suo tempore pariat mulier, & es-

& afferenti in octauo mense incumbere onus
probandi, & quod septimo mense raro nasci-
tur filius, in octauo nunquam, sepe in nono.
Roxas de incompatibilibus par. 3. cap. 1. n. 10. &
præsumptio est in natura ipsa, quæ regulariter
solet certo partu parere, & fructus producere: cùm
abortus sit quod accidens præter naturam.
Bald. in d. l. septimo mense, Ioseph. Roman. cons. 63.
Menoch. de arbitr. cas. 62 & si puer per aliquos
dies, & horas viuat præsumitur maturus *Caga.*
in L. 1. n. 193. ff. si cert. petat. Bursat. cons. 67. qui de
signis maturitatis allegat. *Menoch. de arbitr.*
cap. 91. enumerat. *D. de Luca* signa partus oc-
timestris, & immaturi. Primum obitus Ma-
54 tris in puerperio *Parif. cons. 56. lib. 2.* quem
confutat *Menoch de præs. lib. 6. præs. 51. n. 9.* nam
mulieres parientes septimo mense moriuntur,
vt Gen. c. 31. vbi Rachel vxor Iacob Patriar-
chæ fuit puerpera Beniamin, qui quàm pluri-
mos vixit annos, nec immaturitas arguitur
ex quo secundina incisa nô euacuat sanguinê
Menoch. loco cit. n. 23. nec ex paruitate, & imbe-
cillitate partus, quia dictû signum est falsum
Odd. cons. 28. n. 63. Roman. d. cons. 63. Nec Ma-
tris dicto standum, quia Mater sæpe sæpius
ignorat diem conceptionis, & continuo fal-
litur: *Bart. in l. Gallus n. 42. Alciat. cons. 23. lib. 9.*
55 *tomo 4. n. 64. Rui. d. cap. 7. tom. 3. Menoch. cons.*
284. cû mulieres ex ipso coitu raræ aut nullæ
conceptionem sentiant: *cap. cum extra dist. 5.*
Maria tom. 153. Rota Roman. decis. 173. nisi ex
vnico actu concepisset, quod nec est probabi-
le, quia potest esse, quod post illum vnum
actum succedat succubus, à quo côcipiat Mu-
56 lier. Nec standum dictis testium, quia men-
tiuntur in hoc *Roman. d. cons. 63. n. 10.* Nec est
vera coniectura, quam refert *D. de Luca*, quan-
do mulier nulla signa pariendi habuit, nec vl-
los pariens dolores, aut non mortuus est ex
doloribus partus, sed febri, quia illud si-
gnum refertur etiam ad tempus immaturum,
57 non verò ad tempus maturum: quia nunquã
fieri dicitur abortus eo tempore maturo, & si
ex qua vis culpa expellatur fœtus, nec illa ra-
58 tio, quod scilicet in natura nil est frustraneum,
& supernacaneum, & proindè aut fœtus
in octauo mense debet esse Vitalis, aut lac in
mammis supprimi, ne illud lac sit superfluû
in natura, quia tale argumentum est prorsus
puerile, non enim valet consequentia, moritur
omne genus humanum, ergo terra non pro-
ducit fructus suos, quia fructus sunt in escam
hominum: nam si genus humanum perit nihil
ad terram, quominus pariat fructus cû su-
peraducantur quoad vsum, & esum, nô quoad
naturam. Vndè cum lac sit effectus naturalis
ad alendum puerum, non implicat, nec cur-
rit argumentum, mortuus est puer, ergo lac
est superfluum in natura, quia lac illud redu-
citur ad mammas ex sanguine parientis, &
siue moriatur puer in primo, secundo, &

deinceps mense, lac semper producitur à na-
tura in mammis. Immò aliquando ante fœ-
tum editum. Vndè dicunt Doctores, lac in
mammis non esse signum probabile impre-
gnationis mulieris: cum multoties contigat
etiam in mammis Viri.
59 Et proindè ad eruendam veritatem tam
terribilis puncti omnino concludendum est
Iustiniano in l. quod certum est C. de post. hæred. in-
stit. hęc materia apparet diffinita per illa ver-
ba, ibi, *quod certum est apud veteres nos didici-*
mus tantum is, qui à ventre portabatur prætermis-
sus est, qui si ad lucem fuisset reductus suus hæres
Patri existeret, si non alium eum antecederet, &
nascendo ruptum testamentum faceret, si postumus
in hunc quidem orbem deuolutus est, voce autem
non emissa ab hac luce subtractus est, dubitabant,
si is postumus ruptum facere testamentum posset, et
vere non animi tabes, aut quidem paterna elegia
fluctuandum sit. Iamque Sabinianî existimauerunt
si viuus natus esset, & si vocem non emisit, rumpi
testamentum, apparetque, quod etsi mutus fuerat
hoc ipsum faciebat, eorum etiam nos laudamus sen-
tentiam, & sancimus si viuus perfectè natus est, li-
cet illico postquam in terram cecidit, vel in mani-
bus obstetricis decessit, nihilominus testamentum
rumpit, hoc tantummodo requirendo, an viuus ad
orbem totus processit ad nullum declinans monstrû,
vel prodigium. Hæc Iustinian. Côstitutio, videtur
decidere casum, nec obstat illud verbum, *si*
viuus perfectè natus est, dico quod illud verbum
perfectè, habeat referri ad perfectionem nati-
uitatis in tempore, quo viuere possit, etsi sta-
tim obeat, vt côtemplerunt Doctores post di-
ctam constitutionem philosophantes, quia
illud verbum, *perfectè* sumitur integraliter in
forma hominis viuentis, non autem in forma
monstri, & prodigij, vt extat explicatû ab eo-
dem *Iustiniano*, ibi, *si nullum declinans monstrum,*
vel prodigium, atqui sententia mea illud dum-
taxat hodie indagandum est, an scilicet natus
in octauo mense sit aliquid prodigiosum fal-
tim, & si non monstrum, cum monstrum dicatur
60 ille, qui homo non est, quod differt à prodi-
gio: cum prodigium sit contingens præter
naturæ intentionem, prout fuerunt illa, quæ
contingerunt têpore mortis D.N.I.C. quæ &
si fieri potuissent in suo naturali tempore, nê-
pè solis obscuratio, scissio lapidum ex aliquo
terræmotu, verùm quia contingerunt præter
naturæ expectationem, ideo famosissimus ille
Dionisius Areopagita talia videns exclamauit,
dicens, aut natura patitur, aut tota mundi
machina dissoluitur, vel illud, quod de raro
accidit signum in Cælo vulgo dictum Come-
ta aliquid futurum portendens, secundum
D. Aug. tract. 1. in Ioan. & per quod aliquod
detrimentû expectatur, *Ale. in rub. de verb. sign.*
& si in aliqua morte Principum côtingat nec
à fortuna, nec à natura procedit, sed ab intel-
ligentia sublimi proficiscitur naturæ vires
prop-

Prouidis exuperante, secundum *Fit. Epist. 21.* Cùm Deus per vilissima quæque, quibus ipse admodum piæ, nostrum instruens intellectum ex signo diuinæ iræ; portendit futura, quod quò pertineat ad ea, quæ præterierint, vel ad ea, quæ instant, omnino ignoratur, quia multoties apud quos malorum signum apparuerit, apud eos etiam euentum ratum fore constat *Parthymer. hist. lib. 6.* quemadmodum per illud diuinitus non prælentia dominauit, sed vlterius futura prædicentur, & sane etiā mentes perturbantur, *Iouius hist. lib. 15.* quæ omnia nota ad ornatum signi hoc in tempore, quo hæc scribo die 17. mensis Ianuarij 1681. apparentis in nostro climate Neapolitano in forma stellæ cùm immenso radio ad instar caudæ Pauonis, circumscripta omni prorsus arte aliquid incertè præsagientes, vel mathematicè, vel astrologicè, vel etiam meteorologicè, eo magis quia quæ supra nos nihil ad nos: & proinde quod euenit patienter sufferamus propter nostra peccata, vt hic Deus benedictus nos suos Christianos corrigat, & castiget, vt in æternum nobis vlterius parcat. Monstrum, quod aut homo nō est, & sic nō ab Adam nō est, ad quod indagandū sū arbitratus duo doctissimorum medicorum circa id responsa recitare, quorum primum taliter se habet.

Quoad quæstionem nobis expositam, causas eo diligentiùs indagauimus, quo magis casus ille mirus videtur; nam legitimum partus tempus inter omnes tàm doctos, quàm indoctos septimum, nonum, & decimum esse creditur, & quamuis Hippocrates in libro de natura *pueri longiorem aliū terminum decem mensium tradat, errorem esse mulierum, quæ prægnantes se esse existimarunt, quando matrices ventosis quibusdam flatibus, vel etiam ipsis menstruis tumidæ fuerant; tamen* idem, *vt libro suo de partu septimestri, & octimestri asserit, quod idem partus vltrà decimum mensem, & vsque ad vndecimum differri possit, quando conceptio circa plenilunium facta fuit, qui terminus vndecim mensium etiam,* ab Aristotile lib. 7. cap. 4. de historia animalium *comprobatur, & propterea* Adrianus Imperator, *quid in vndecimo mense natus pro legitimo, & vero herede partus sui haberi debeat, idque ex consilio Medicorum, & Philosophorum quorum admodum erat Agilius. Nec obstat Constitutio diuorum Imperatorum sequentium Iustiniani, & Vlpiani, quæ post finem decimi mensis natum pro illegitimo declarat, Constitutio enim illa ob impudicā Matris vitā, quæ nō ob casus impossibilitatem promulgata fuit, vt ideo sanctioni Diui Adriani derogari nequeat, quo ad menses vlteriores vt lusi duodecimū, Decimumtertium, decimumquartum, maior quidem opinionum diuersitas est, quodlibet tamen illud cùm authoritate, & exemplis quorundam, & antiquis comprobari potest. Nam primo de mense duodecimo* Homerus *testatur, quando* Neptunum *introducit, qui Nimpham suam sic alloquitur.*

Gaude Mulier in amicitia, circumuoluto
autem anno.
Paries pulchros liberos, quoniam non inanes concubitus,
Immortalium, tu verò hos nutri, & educa.

Decimotertio mense Plinius *refert, quod natus sit L. Papirium Prætorem, secundo herede, lege agente bonorum possessionem matrē tum dedisse. Matr. partum quatuordecim mensibus se tulisse dicenti, quod decimum quartum mensem* Auicenna lib. 3. fol. 2. *recensuit se compertum habere, & certo scire, quod mulier honestissimæ, & maximè pudica post decimumquartum à conceptione mensem peperit, quod si tā tardus partus, & longa gestatio vsque ad decimumquartum mensem approbata fuit, vt historiam fide maxima digni referunt, minimè dubitari debet, quod in mulieribus nostri temporis simile quippe non adhuc contingere possit ob causas, quibus tardiùs partus edi solent: ista verò tardioris partus partim ab imbecillitate, & gracilitate infantis, partim à corpore, & materia ipsius matris dependent. Porro imbecillitas illa aut est naturalis, aut acquisita, & casualis. Naturalis imbecillitas infantis prouenit ex intemperie frigida, & humida, quando à parentibus nimis senibus, vel etiam iunioribus aut morbo affectis procreatus fuit, quæ causæ locum habere haud possunt in conceptionibus Nobilis illius fœminæ, cū tam ipsa, quàm eius maritus vegetam ætatem, atque ad generandum optimè dispositam corporis constitutionem habeant.*

Causæ accidentales sunt defectus alimenti, sanguinis penuria, quæ causa liberis fœminæ illius maximè nocuere, tùm ob maximam, & insolitam sanguinis effusionem, quæ quolibet mense, dum illa mulier grauida erat, fiebat, tumque ad nauseam à cibo nimis abstineret, & diarrhea, seu vehementi ventris fluxu laboraret, quem malè digestiones, & cacochymi cibi conciliabant, quibus ad excitandum appetitum vtebatur.

Vnde factum est, vt infans imbecillius termino robustiorum, nempe septimo, nono, aut decimo mense egredi haud vsus fuerit, sed egressum vsque ad menses subsequentes distulerit, vt cùm minori violentia fieri possit: nam quolibet mense post nonum desiderium suum egrediendi significauit, at vires ei deerant, neque illud auxilio matris, aut matricis tentabatur: eo quod matrix magnitudine infantis inclusi, aut eius calcitratione minimè afficeretur.

Hæ siquidem proximæ, & maximè particulares causæ sunt, quibus infans ad egrediendum incitatur: nempe vna defectus iusti alimenti, & refrigerationis ad calorem naturalem, & vegetum infantis requisitam; Paulo maior iam matrix non amplius sufficiens nutrimentum, neque commoditatem aeris pro corporis, & caloris naturalis proportionem percipere possit. Altera verò est, quod matrix irritetur, dum non amplius grande corpusculum, eiusque excrementa, & secundinas, multoque minùs separationem violentam, quam infans in matrice à secundinis facit, tolerare, & perferre potest: Vnde fit, vt vtrinque dimotionem patiatur, & infans quidem ex hospitio suo egrediatur, matrix verò hospitem eiicere, & expellere studeat.

Ne-

Neque duæ causæ particulares legitimi, & non abortiui partus sunt. Causæ autem vniuersales ab debent referri ad vim tam vis imaginatricis in matre, quæ in infantem non cadit sine quotamen, aut eius nisu partus edi nequit, multo minus ad numerum Pithagoricum, aut ad somnia, sed saltim ad mutationem Solis, & Lunæ, quæ causa sunt efficientes omnis mutationis in corporibus inferioribus, adeo vt Luna sit causa morborum acutorum quemadmodum Hippocrates in libro, quem de alimentis conscripsit, testatur. His sit autem quasi morbus tanquam difficilioribus hoc loco omissis, vt ad quæstionem nobis propositam reuertamur, asserimus, & indicamus, quod hyperbolica illa in pariendo mora, atque diuturna vterigestio in nobili illa fœmina peruenerit ex nimia imbecillitate, & gracilitate duorum liberorum postremorum, scilicet iuniorum, cui euacuationes menstruæ, & superflua sanguinis quolibet mense facta diarrea, & vehemens ventris fluxus, nimia nausea, ac inedia causam dederunt, & quamuis eiusmodi exempla admodum rara sint, tamen pro paradoxis, aut impossibilibus, aut iis haberi ut debent, quæ planè contingere nequeunt, atq; propterea nos Iudicio, & solito nostro sigillo hoc testari volumus, quod actum fuit Monsbelij 25. Aprilis 1597. signaunt Hucheret, & Verndal.

Aliud Consilium subsequitur in eisdem terminis.

Omni ferè tempore quæstio inter doctos adeo controuersa, & ambigua fuit, verum mulieres certam, & determinatam pariendi periodum habeant: nam Marcus Varro in 2. libro de re rustica scribit, quod femellæ animalium irrationalium qualibet in sua specie certam, & definitam pariendi periodum habent, quemadmodum etiam Hypocrates, Aristoteles, & Galenus testantur, at fœmina sexus rationalis, quæ merito etiam ob summam illam excellentiam, quæ irrationalia animalia superant, certo ordine, & admirabili tempore, parere deberent, iuxtà opinionem authorum nullum possibilem generationis suæ tempus habere videntur: Nam quædam fœminæ sexto mense pariunt, plures septimo, plurimæ nono, aut decimo, nonnullæ etiam vndecimo: Immò iuxtà opinionem quorundam, atque declarationem, quam nobis fecit Nobilis Domina de Cardes duodecimo quoque, & decimo sexto mense.

Nullus etiam ex prædictis mensibus est in quo partus editus vitalis reputatur, tamen raro, qui octauo mense editur vitalem non esse, excepto solo Aristotile asserit, quantum ad mensem septimum, nonum, & decimum attinet ex consensu omnium partus frequenter, & maximè vitaliter eduntur, adeò vt Hypocrates in libro de natura Pueri, existimet decimum mensem esse postremum terminum gestionis vteri, quemadmodum septimus mensis est primus terminus; Vnde etiam concludit, quod mulieres grauidæ, quæ vltrà decimum mensem se vtero gestasse existimant, decipiantur, cùm sæpiùs eueniat, vt antequàm concipiunt earum Matrix ventosis quibusdam flatibus ob retenta menstrua turgeat, atque mulieres se grauidas esse, falsò credunt, quod si ignauidi, quarum sensus maximè corrupti sunt, & integrum planè iudicium est, multo magis malum facit deuenire potuit, quarum deprauata imaginatio est, veluti nobilis illa de Cardes contingit, quemadmodum euidenter, & manifestè demonstrabimus, vt ergò bona, & solida fundamenta opinionis nostræ ponamus, & non tam authoritati doctorum virorum, quàm ipsi veritati adhæreamus. Primo iuxtà illud, quod scriptum dictum est, præsupponimus, etiam fœminæ rationali certos limites ad generationem constitutos esse: nàm omnis actio naturalis est determinata iuxtà vires siue virtutem patientis, & agentis, & quoniam virtutes vnius, aut alterius sunt variæ, & diuersæ in quolibet indiuiduo. Ideo etiam quilibet actionem suam determinatam habet iuxtà proportionem, quæ est inter agentem, & patientem, quemadmodum cuius crises licet eandem, & communem causam habeant, nempè Victoria illa, aut natura morbum, aut morbus naturam vincit, nihilominus ob diuersam proportionem diuersis diebus fiunt pro humoris, & morbi vehementiis proportione. Id quoque pariendi tempus instar crisium eiusdam diuersum est in sexu rationali propter varietatem agentis, & patientis: cum tamen ratione habita ad indiuiduum determinatum, & definitum sit, quamuis etiam in hoc ob diuersitatem alimentorum passiones, spiritus matronæ corporis violentam imaginationem, eiusmodi irregularem, talis varietas existere possit quæ causæ cùm cessent in sexu irrationali, ideo quo ad eam periodus pariendi magis præfinita, & determinata est ex his, quæ dicta sunt duas conclusiones eliciemus, vnam quod ob causam modo expositas partus diuerso tempore maturus fiat, alteram, quod licet partus maturo tempore edatur, atque mulieres in pariendo varient, tamen certi, & præfixi termini sunt infrà quos iustè salubri prodi possit cùm alias alio tempore, cum vitæ periculo nascerentur, tempora autem legitima erunt mensis iudicium, & præcipuè nonus, & decimus, iuxtà computationem, quam fecit Hypocrates tit. de alim. & de carnibus, dies, inquit, grauidationis non excedit quatuor decades hebdomadarum, quæ constat ex ducentis octoginta diebus ad summum, constituunt enim hic numerus nouem mensem solarem, & decem dies, atque iuxtà opinionem communem tempus illud pariendi frequentius est, eo quod tunc infans magis maturus, & numerus maximè perfectus sit, atque iuxta Hypocratem, tres illæ causæ maximæ concurrunt, nempè defectus alimenti, desiderium liberi aeris, & incapacitas matricis, quod verò idem author cum pluribus aliis viris doctis tradit interdum vndecimum mensem pariendi terminum esse, illud accipiendum est de mensibus lunaribus, non verò solaribus, iuxtà quam computationem mensis vndecimus pro partus termino constitui possit, eaque ratione I.C. Vndecimestres in hæreditate succedere posse, tradiderunt.

Verum si de mense duodecimo dubitatum fuit, multo magis vtique de mense decimotertio, decimoquarquarto, decimoquinto, & decimosexto dubitare debemus, atque expositio Nobilis illius Dominæ à quodam nobis suspecta erit: sanè legimus, quasdã mulieres per duos, tres, aut quatuor annos infantem mortuum in utero gestasse, sed eum vivum ultrà undecimum mensem gestari posse à nemine, quam à Plinio, & Homero dictum fuit, quod tamen magis fabulosum, quàm verum est, quando idem Avicennas tradit, quod mulier decimoquarto mense peperit, tùm cum magis aliorum, quàm sua loqui, existimandum est, restat nunc ut opinionem nostram firmis rationibus muniamus. Primo asserimus, quod infans octavo mense natus vitalis non sit, eo quod cùm septimo mense egressum calcitratione, & motu violento tentarit, eundemque denuo octavo mense moliatur, nimis infirmus, & imbecillis reperitur, multo infirmior igitur, & minus vitalis erit mense duodecimo, decimotertio, decimoquarto, decimoquinto, aut decimosexto tot, & toties iam, nempe septimo, nono, decimo, & undecimo mense egredi nisus fuerit, semperque vitium quoddam acquisierit. Deinde etiam eadem est proportio in morbis acutis, quæ est mensium in effectibus criticis, at constat, quod in morbis acutis duodecimus, & decimus sextus dies non possunt esse critici, eadem igitur ratione duodecimus, & decimus sextus mensis non possunt esse critici quo ad partum nobilis illius fœminæ. Accedit & hoc, quod imbecillitas tam infantis, quàm Matris, & matricis ex ventris fluxu, & menstrua sanguinis emissione, & inedia ortæ, penitùs expulsionem infantis, & præcocem partum, vel septimo mense accelerare, quàm eundem ad duodecimum, vel decimum sextum mensem differre potuerit, cùm juxta Hyppocratem infans phlebotomia, aut purgatione potius à primo, aut tertio usque ad septimum, quàm à septimo usque ad nonum, decimum, & undecimum mensem proferre possit. Immo potius fit, ut ob defectum alimenti infans in matrice amplius detineri nequit, quod si defectus alimenti, & fluxus ventris egressus infantis, vel eius mortis occasionem dant etiam ijs in mensibus, quibus talia accidentia perferri possunt, quid quæso sperari potest de infante, si excretio sanguinis, & fluxus ventris usque ad duodecimum, decimumtertium, decimumquartum, decimumquintum, & decimumsextum mensem duret? atqui si imbecillitas illa tàm matris, quàm infantis, & matricis causæ sunt diuturnioris gestionis usque ad mensem decimumsextum, facile infertur quæ ista retentio haud fiet, atque ipsa imbecillitas continuari possit usque ad mensem vigesimum quintũ, aut vigesimum: atque si excretio sanguinis, & frequens ventris fluctus abortus causam dant, nempè ante tempus præfinitum, & ordinatum, quod ergo censendum erit si utrumque usque ad decimum sextum mensem duret? si etiam imbecillitas semper continuata, atque vires semel diminutæ fuerunt à primo conceptionis die, usque ad decimum sextum mensem infans vitalis esse non possit, neque tam diu resistere, cum nullus homo etiam maximè robustus, saltem per integram mensem duas evacuationes tim sanguinis, quàm ordinariè nihil perferre possit: concludimus, quod fides non adhibenda, neque innitendum sit declarationi nobilis illius fœminæ, sed quod error calculi intervenerit, aut error, & depravatio imaginationis fœminæ causam dedit: cùm ea melancholia cerebri laboret, quod si mulieres maximè nobiles, quemadmodum superiùs iam dictum est, in suppositione decipiuntur, multò magis decipi possunt illæ, quarũ phantasia est depravata: quæ autem male affecta fuerit nobilis illa fœmina frequentibus probari potest. Primo enim terrore, & distincta vice maximus illi terror incussus fuit, & inde maximam sibi tristitiam conciliavit, deinde frequentia deliquia animi, leves hipochondriæ palpitationes cordis, suppressionem emorrhoidarum, calidas exalationes, vigilias ordinarias ex abundantia vaporum istorum exsiccantium, crebros, & tenuioris flatus, quorum portio in matrice retenta motum infantis repræsentavit. Tandem etiam mala nutritio accessit humorum melancholicorum augens, quæ causæ, & signa simul iuncta evidens satis malæ affectionis testimonium præbent. Immo vel hoc ipsũ satis eam male affectam, & dispositam esse arguit, & evincit quod nobilis significavit audivisse infantem clamare, & ex utero suo clarã vocem edere, se sentire, quod ossa infantis in matrice se moverint, adeo quod ossa brachiorum, & pedum optimè distinguere potuerit: cum autem nobilis illa fœmina ob depravatam imaginationem in omnibus suo allucinetur, etiam in calculo impregnationis allucinari, & errare potuerit: quare nos minimè ijs, quæ nobilis illa fœmina nobis exposuit, inhæremus, sed potiùs ob prædictas causas firmiter concludimus, quod prædicti liberos, neque duodecimo, neque decimosexto mense, sed termino præfixo, atque à natura præscripto peperit, quemadmodum alia vice obstetrix optimè cognoscere poterit, quando nobilis illa fœmina primam conceptionem diem significabit, siquidem os matricis, sive orificium fundi uteri arctè clausum fuerit, tùnc eam concepisse certissimum signum erit.

Hæc duo consilia excerpsi à *Gerardo Maynardo decis. Thol. lib. 5. cap. 77.* qui sequitur in casu nostro *Afflict. & Cassan. cons. 19. n. 6. vers. & etiam in isto casu*, & proindè concludendum est in hoc terribili posita, stãdum esse in eo casu, quo infans natus nullatenus vivere possit tanquam abortus, dummodo in mensibus suspectis abortiatur mulier, & non in quibus naturaliter parere debet, quia tùnc nullus potest esse abortus, sed potius vehementior expulsio tempore suo, ad quod dignoscendũ oportet, ut inspiciatur si mancus nascatur puer in suo corpore, nèc, vel taliter natus, ut nullatenus vivere possit ex remissione arbitrij expertorum.

61 Ab hoc iure sanguinis non elongantur
rursus filij naturales, qui nasci possunt, vel à
concubitu inter solutam, & solutum, vel à
coitu damnato, vel quia vulgariter quæsiti,
62 quorum ignoratur Pater, qui nascuntur ex
con-

concubitu etiam Matris, & non Patris conditionem sequuntur, vt in l. cum legitimæ in fine ff. de statu homin. & l. ex tali ff. eod. etiam si filij Sacerdotum existunt, qui secundum veram opinionem succedunt Matri Grat. discept. fo-
64 rens. cap. 35. num. 43. & seq. vol. 1. de iure scripto tales conditionem Ecclesiæ sequerentur, & serui eius essent cap. cum multæ 15. quæst. vlt. licèt de consuetudine non seruetur, secundùm Gl. ibi, cap. Dominus 56. dist. Abb. in cap. 1. in fine de treguas, & pace l vlt. Fab. §. seruitus propè finem inst. de iure pers. vbi dicit, Deus scit, quot etiam hodie serui, qui in multis locis, &
65 prouincijs dominantur. Conditio enim liberorum tacita non includit bastardos, cum affectio legis non sit ad eos, qui propriè non dicuntur filij; quia non sunt ex matrimonio
66 nati, l. filius ff. de his, qui sunt sui, vel alieni iur. per quem textum explicat Bald. in cap. quæ in ecclesiarum col. pen. de constit. quod filius nomen naturæ est, scilicèt generationis, siuè geniture, caro ex carne Parentum decisa, & ex lumbis eorum transmissa per vias seminales: sicut natura manifestum est. Intellectu autem filius
67 dicitur ciuili modo, prout rationabiliter adaptari potest materiæ suppositæ, aut subiacentiæ ex famosiori significatione, capitur de iusto filio, qui honestè potest filius denominari, qualis est ipse filius legitimus l. [illegible] ff. de iure delib. non de eo, in quem non [illegible] verbum potest disponere virtus agentis in attendendi-
68 bus legitimis, nec succedunt tales, quia sordidi sunt, quibus non transmittitur dignitas Patris tanquam indignis, & ex peccato productis. Verum multi ex istis virtute acquisita meliorem conditionem tulerunt in hoc secu-
69 lo, quàm legitimi, & naturales, vt de Baldo, qui fuit expositus, de Iasone, de Ioanne Andrea, de Gratiano Compilatore decretaliû, de Demosthene, qui omnes fuerunt bastardi, secundum cathalagum virorum illustrium bastardorum positorum per Card. Palæot. de not.
70 & spur. cap. fin. & hoc vnum cupiebat inserere in Deum Sanctus Augustinus in tract. de prædest. quod virtute naturali capere non potuit. Cùr scilicèt natus ex damnato Coitu, & sic in peccato multotiès saluetur, & natus ex iustis nuptijs multotiès damnetur & si natus ex Sacramento.

71 Nèc concubinæ dignitas Viri communicatur postquàm deficit matrimonium, nec titulum nobilitatis, nec mutat domicilium ex persona Viri, sicuti nec mulier, quæ illegitimè
72 nupsit, secundum Bart. in l. fin. ff. ad munic. Vndè si statuto caueatur, quod de legatis factis filijs non soluatur gabella, de legato filio bastardo relicto deberetur, & solueretur gabella, secundum Bart. in cons. 333. Statuto cauetur, vbi non includuntur in dispositione legali,
73 quoad commodum, & honores Gl. in clem. 1. de bapt. Nèc succedunt in feudis, posteà, quod essent simpliciter legitimati per rescriptum in cap. naturales si de feud. fuerit contr. de quo per Abbatem in cap. 1 . . . col. 4. & in cap. innotuit de elect. quia feudum est beneficium, & honor, & non intelligitur statuire de reprobatis l. Lucius §. Lucius ff. de legat. 2.

74 Paritèr non comprehenduntur in dispositione emphyteuticaria Specul. tit. de locato §. nunc aliquo n. 2. de quo latè Bald. in d. cap. quæ in Ecclesiarum, quod secùs esset in legitimatis
75 per subsequens matrimonium, qui & in feudis, & in emphyteusi succedunt, ac si à principio fuissent legitimè geniti, vt probat Papienm. in d. cap. innotuit 17. col. in 1. & in cap. lator. & in cap. tanta, qui filij sint legitimi, semper
76 tamen ignominiosum fuit tales filios haberi, l. plane C. quemadmod. testam. aper. Bald. in l.
77 generaliter §. fin. C. de inst. & subst. E contrà ignominiosum est filijs talem habere Patrem, cuius initio spurij dicantur; sed quod meliùs foret, & honestiùs Patrem habere legitimum licèt plebeum, & pauperem, quàm quod sit filius illegitimus maximè spurius, & incestuosus, & quomodo probanda talis filiatio, videndus meus Horat. Barbat. de maior. & Primog. cap. 6. sub n. 18. & seq. & post eum D. Pras. Merlin. contr. for. cap. 8. per tot. lib. 1.

78 Quod facit contrà aliquos nè dùm intellectu, & verecundia, sed etiam sensu carentes, qui malunt se filios Magnatum, quibus etiam filios habere non licèt, vt illorum nomen, & arma eijs tamèn non debita occupant, quàm Maritum propriæ matris eius genitorem honorare tanquàm Patrem legitimum. Tales profectò se infames spurios fatentur, propriamque matrem impudicam demonstrant, si scilicèt verum dicant, & si sequuti veritatè fastu superbiæ fugant, non est eis honor, vt improperatum fuit Herculi, se filium Iouis ex Alimena matre genitum dicenti, de quo, Ouid. lib. 9. Metamorf. in 1. sic cecinit.

Nam quod te iactas Alimena Matre creatum
Iuppiter aut falsus Pater est, aut crimine verus,
Matris adulterio Patrem quæris, elige filium
Esse Iouis malis aut a perdere ortum.

79 Non enim sic fecit Moyses, qui grandis factus, negat se esse filium filiæ Pharaonis, magis eligit affligi cum populo Dei, quàm tem-
80 poralis peccati habere iucunditatem Apost. ad Hebr. 11. & legitimos de Gordio Patre Regis Midæ opulentissimi Phygod. qui Gordius ex agricultura sumptus ad Regnû peruenit, Ciuitatem intèr Asiam Minorem, & Maiorem condidit, suoque nomine denominauit, in qua templum Iouis consecrauit, & non immemor, nèc veritus originaria conditione, nèc eam celans, sed potius detegens aratrum, quo aliquando vsus fuerat, posuit, & ex loris, siuè funibus, quibus boues in iugo cinxerat, nodum contexit miro artificio, vt neque principium, neque exitus deprehendi-

rettur in eo, eneuque soul confectauit, donec
qui eum soluere occurreret, ad quem locum
peruenturus Alexander Macenas videns talem
intrinsecum modum non potuit nisi gladio illum
81 soluere, qui quidem Alexander etiam repre-
hensione summa maxime dignus, quando pondi
se voluit Draconis filium scilicet Dei Am-
monis in specie Draconis apparentis, & spu-
rium nuncupari, quam Regis Philippi, Iouë
Ammonem Patrem asciuit, tedio morum, &
cultus Macedonici, vestem, & instituta Persica
assumpsit, spreto naturali habitu, diuinum
caput eiulatus elije, nec fuit ei pudori filium
Ciuem hominem dissimulare, & Quintus
Curtius ait, quod Alexander non homines,
sed Deos despexit, qui pollulat Deum credi.
Nec hodie desunt homines, & studentes, qui
& Patriam, & Patrem negant, alterando Cæ-
saram in, *is*, & quæ desinunt in, *o*, faciunt, vt
desineant in, *s*, & , *a*. Gloriam mihi assumo
82 habuisse Patrem *I.V.D. Antonium Alderisium*
sub præsidatu Magni illius hominis *Cæsaris
Alderisij Regij Consiliarij, & Vicecancellarij Al-
mi Collegij Neapolis. Doctoratu*, vt ab eius firma
inspicitur in priuilegio: Is enim *D. Anton.* du-
xit in vxorem *Iudith Barbato Horatij Barbati
vtriusque consultissimum sororem*, à quibus ego na-
83 tus cupiens ducere vxorem, habui *Portia-
nam Caldora* moribus, & virtutibus insignitam,
vt perpetuo lugendi occasionem habeam ob
eius immaturum obitum in die quinto Sep-
tembris 1675. die Iouis, hora 19. ætate qua-
draginta annorum, fuit filia *Benedicti Caldora*,
de cuius nomine & familia patre apud *Ioan-
nem Vincentium Ciarlanti tract. Memorie histori-
che del Sannio fol. 448. & 449.* attestantem
Cronologicè dependentiam ab illo strenuo
Iacobo Caldora, & vidi ego multa publica in-
strumenta, priuilegia, testamenta, aliasque pu-
blicas scripturas, quæ indicant eiusmodi
genealogiam, & quomodo, & quando talis
familia peruenerat in Ciuitatem Murconi, vbi
pollet, mutata fortuna, honorificè adhuc ho-
die degunt ea ex sorte Doctores *Rodorinus,
Thoma, D. Dominicus Caldora* fratres vtrinque
coniuncti filij dicti Benedicti, meique co-
gnati, penès quos conseruantur dicta instru-
menta, priuilegia, aliæque scripturæ, prædic.
de quibus fit mentio per dictum *Ciarlante loc.
cit.* de me, & Portiana nati sunt *V.I.D. Anto-
nius Alderisius Iunior* doctoratus Neapoli die
20. Ianuarij 1681. *Victoria, & Iudith.* nec præ-
teream insignem *Matronam Lucretiam Caldo-
ra* similiter sororem prædictorum de *Caldora*
vxorem maximi ingenij *Doctoris Caroli An-
geli Alderisij* mei amantissimi consobrini, qui
in gradu decenti duxit prius in vxorem *Au-
reliam Alderisio* meam vtrinque coniunctam
sororem, postmodum ob eius pestiferæ com-
munis cladis mortem elegit iterum quã desuper
ingenuè laudauimus ex eiusmodi matrimo-
nio. *Ioannes, Fabritius, & Ioseph* nati ex illo
cum mea sorore *Aurelia* progeniti *V.I.D.
Urbanus*, qui fato immaturo ad tumulum dele-
ctus Iudex Castri Maris patientissimæ gratis
viginti duorum annorum effectus magnam
expectationem mundo ferebat, anima gau-
det cælestibus cum cælibes ab orbe [illegible]
bracchijs Neapoli discessit, & *[illegible]*
vxor *V.I.D. Angeli Ciampitelli* mei non satis
laudati affectionatissimi nepotis, cuius pru-
dentissima soror *Portia Ciampitelli* vxor est *D.
Roderici Caldora*, ex quibus natus *Benedictus
Caldora Iunior*, qui omnes sustinemus alacri-
ter quidem mediocrem, & ad instar filiorum
Matthatiæ multoties aduersam fortunam.
84 Est bene verum, quod filius naturalis, qui
nascitur ex concubina non ex ea, prout no-
tant supracitati Authores, amica qualibet
priuata, cumque res habere solet quamuis
alteri nupta, vt apud *Suet. in Nero c. 28 lib. 6*
vrat. sed qui ex concubina vera est legitimus
nō sequitur necessario, nam qui ex iusta vxo-
re non est, qualem leges requirūt, ergo illegi-
timus filius est, pro vt contractui innomina-
to, cui lex ciuilis non assistit, nec resistit, vt
diximus in tract. *de symbol. contract. tit. 1. cap.
2. n. 13. sot. cit. ff. & C. de concub. l. 11.* & sic legitimi
appellari non possunt, ità neque illegitimum
nomen habere merentur, sunt benè inter
vtrosque medij, eoque nomine, quod ipsis
85 nudum à legibus relictum est, etiam nunc
appellantur, dicunturque naturales, quibus
accomodare potest nomen bastardi, secundù
Vasq. illustr. contr. cap. 103. num. 14. quasi secun-
dum ius naturale editi, nullo iuris adminicu-
lo muniti, vt *in l. 3. secundum Bald. ff. de concub.*
pro vt sunt fructus sylvestres, nulla hominis
industria culti, qui licet naturales inspectio-
res tamen fructibus cultis: adeò legitimi vo-
cari non possunt, si sola natura iuuante, in
primum statum nati sunt, quia à legibus
quid pluris in matrimonio, præter naturalem
procreandi appetitum consideratum fuit,
arg. cap fin. 32. quæst. 4. nempè arctius quoddam
vinculum, quo coniuges inter se animo, &
corpore perpetuo colligarentur socij verlaque
iuris inter se redderentur, vt diximus loc.
86 *tract. de symbolic. contr. parte 3. cap. 1. num. 18.*
siquidem concubinæ ob id præcipuum nobis
adiungere solemus, vt cum ea prolis suscl-
piendæ causa, cum libidine quidem vitam
transigemus, eiusmodi nomen nec inhumanũ
esse, existimatur *l. Massurius vbi Alex. in fine
ff. de verb. sign.* nec turpe alicui cum ea *Marari
l. si ea vbi Bart. C. de condit.* at si nuptæ pulche-
rius quidem, & excellentius continentium
87 sint, secundum *Modest. in l. 1. ff. de ritu nupt.*
Maris, & fæminæ coniunctio indiuiduam vi-
tæ consuetudinem continens, differt matri-
88 monium à concubitu, quia matrimonium
est Sacramentum per Ecclesiam institutum;
Con-

Concubitus verò est extra Sacramentum, &
reprobatum à iure canonico ob peccatum,
89 quod contrahitur in eo, per matrimonium
inter virum, & vxorem causatur miraculum,
vt alter in alterius transeat potestatem, vxor
mariti rerum quodammodo domina efficia-
90 tur *l. 1. ff. de rer. amot.* eius radijs fulgiri dica-
tur, domicilium, forumque, quod mariti est,
proprium sortiatur, *l. exigere ff. de Iudic.* quæ
non itá in concubina sortiuntur; quoniam cũ
earum, & omninò, & vsque quaque integra,
sicuti leges postulant, vbi sit adest coniunctio
Glos. in l. de patr. pot. l. in 1. nam etsi concubi-
næ consuetudo non magis quidem, non tamẽ
id matris famil pudore, & honestate vnquam
eis conferenda *l. stuprum ff. de ritu nupt.* licèt
91 intér eas magnum sit symbolum, quemad-
modum de eis leges quandoque sumunt ar-
gumentum *l. liberta ff. de oper. liber. l. qui concu-
binam ff. de legat. 3.* & ob magnam inter eas cõ-
uenientiam lex quandoque protestationem
requirat *l. 3. ff. de concub.* non tamen quis vn-
quam negat, quin vxori a iure ciuili necessi-
tudinis aliquod incognitum existimationis
plus tribuatur ob maiestatem Sacramenti, &
dignitatem coniunctionis *l. Item legat. §. patri
ff. de legat. 3.* & patet apud *Spartianũ Ælium* ve-
rum vxori sua conquerenti, quod cùm alijs
92 fœminis consuetudinem haberet, respondisse,
*patere me, & alias exercere cupiditates meas. Vxor
enim dignitatis nomen est non voluptatis*, ex qui-
bus sumpsit etiam oraculum *Cardinalis Pa-
leotus de nothis, & spurijs cap. 21. n. 5.* concubinę
videlicèt nomen non quidem obscenum, sed
vxorio longè inferius esse: Inter has tamen
concubinas illæ præstare videntur, & ma-
trum famil speciem quãdam retinere, quæ sub
patronorum morum viunt contubernio *l. stu-
prum ff. de ritu nupt.* Vndè Vespasianus, mortua
vxore, Cenidem libertam in contubernium
reuocasse, asseritur, illam vice vxoris tractasse
Imperator: *Suet. in Vesp. cap. 3.* ex naturali cõ-
93 cubitu naturales filij nascuntur, quos castos
esse appellamus *auth. Item si quis in fin. C. nat.
liber. & §. si vero plurimis auth. quib. mod. nat. fiũ*
& si hodie sicut olim legitimi haud confici
valeant ex legibus scriptis, quæ primæ legiti-
mos, & illegitimos agnouerunt, multa ad ma-
trimonium, præter illam simplicem procrean-
di cupiditatem solam ante eas considerent
adscripta, legitimos tantùm illos appellanti-
bus, qui ex arctiori quodam, multoque vali-
diori nexu effectus suscepti: Vndè, & coniugium
nuncupatum volunt, illegitimos verò, qui ex
concubitu lege præcepto inito orti essent,
ternum post genus inter hos, veluti medium,
quod naturalium dixere, qui scilicèt ex lege
probati, nec damnati essent, sed quasi per dis-
similitudinem peterentur, & in pristino statu
quemadmodum oriuntur relicti: *Port. in rubr. de
nupt. in rubr. n. 5.* licèt ob difficultatem pro
bandi exercendum concubinatus, hodie pauci di-
ci possint naturales *Bald. in cons. 458. col. 5. Ol-
drad. cons. 106. Alex. cons. 174. vol. 5.*
94 Isti naturales sunt, qui contra testamentũ
Matris querelam mouere possunt, non secus
quàm legitimi *l. suspecta §. 1. vbi Gl. ff. de inoffic.
testam. gl. & Panor. in l. si qua illustris C. ad Or-
fit. D. Altim. obser. ad D. Roues. cons. 54. sub n. 4.
vol. 3.* vbi ampliat si etiam isti naturales con-
currerẽt cùm legitimis vt n. 5. etiam si existe-
rent ascendentes n. 6. quando Patri succedunt
vide *Fort. Garz. tract. de vltimo fine illat. 8.* vide
Reg. de Marinis contr. iur. lib. 1. cap. 103. vide
*Fab. de succ. cap. 27. Vasq. tract. de succ. creat. §.
10. par. 4. Crass. §. successio ab intestato quæst. 8.* &
95 quid in illis duabus vncijs per *auth. licet C. de
nat. lib.* vide *D. de Luca tract. de linea art. 1. sub n.
18.* ante eum *Vasq. illustr. contr. lib. 3. cap. 12. sub
96 n. 7. & 8.* an comprehendantur in legatis pro
maritandis virginibus, vide *Azeuedo cap. 24.
97 num. 37.* & an Vassalli teneantur subuenire
Baroni prolis naturali maritandæ, vide *An-
98 ton. sing. 162.* an competat eis ius accusandi,
& vindicandi necem defuncti Parentis, vide
D. de Marin. contr. iur. lib. 1. cap. 312.
99 Ex illo iure sanguinis postremo fluit Fa-
milia, Stirps, Generatio, Agnatio, Cognatio,
Domus, Casata, Prosapia, Posteritas, Coniun-
ctio, Proximitas, Consanguinitas, Descenden-
tia, Proles, Linea, Attinentia, Parentatus, & Tri-
bulis, quæ omnia hic breuiter recensebimus
tanquàm deseruientia pro iure sepulchri, Pa-
tronatus, Vocationis, Retractus, Feudi, Em-
phyteusis, Dignitatis, & similium.
100 Est igitur familia nomen comprehensiũ,
& potest multipliciter subintelligi, adeo
quod contendunt Doctores intér se, an sit no-
men analogum, an homonymum, vel æquiuo-
cum: cùm dupliciter ea considerari possit.
Primo quatenùs directa in rem, secundo
101 quatenus in personam *l. pronunciatio §. fami-
liæ ff. de verb. sign.* In rem directam declarat
*Paulus l. 46. ad edictum relatus in d. l. pronuncia-
tio*, dicens *Agnatus Dominus Familiam habet*,
hoc est substantiam, secundùm *Gl. ibi* addion-
centem text. in *l. fin. C. eod. tit. de verb. sign. l. iam
quo ad ius §. fin. ff. ad Trebell.* directæ in personã
familiæ appellatio dicitur, cum ad corpus cu-
iusdam significationem inferatur, quod, aut
iuri proprio ipsorum, aut iuri communi vni-
uersæ cognationis contineat, vel secundum
Iaf. in l. fin. C. de verb. sign. familia ponitur
Primo pro familia coniunctorum, & sic pro
102 eadem prosapia, & parentela, in qua nullate-
nus potest denegari linea, ex quo linea est in-
fluxus coniunctiuum, dicemus infra, & sic non
103 benè indefinitè statuit *D. de Luca in suo
tract. de linea cap. 21. sub n. 16. vers. præterea*,
quãdo dicit, quod domus, familia, & agnatio
nõ habẽt lineam, fretus authoritate *Crebrcas
de succ. lib. 3. cap. 138. n. 8. Rotæ in decis. par-*
te

re 2.cap.5.n.117. quia ij loquuntur in terminis collectiuis, nō vero in termino discreto, quatenus familia consideratur vt prosapia, & parentela, tūnc enim prosapia, & parentela bene in se agnoscunt lineam ratione strictioris nexus per lineam, siuè influxum continentiam: nam magis cōsanguineus est proximus, quam secūdus, & Tertius est in parentela, Primus, quàm Secundus in linea, vt infrà clariùs explicemus, ergo necessario debet supponi linea in fami-
104 lia discreta. Secundo sumitur pro familia Libertorum, vel Liberorum, siuè Vxoris. Tercio sumitur pro substantia bonorum, & in istis postremis familijs bene non datur linea, tanquam in æquiuocè existentibus.

105 Item quatenus familia in personam dirigitur cōprehendit Primo parentes. Secundo liberos. Tertio libertos, quarto Patronos. Quinto seruos. Sexto Generum, & Nurum. Septimo vxorem, vt notat text. in l. quicumque vbi Bart. C. de re milit. lib. 12. & in auth. de testam. & fideicom. in rubr. 8. generaliter omnes, qui sunt sub eodem victu, & domo d. l. pronun-
106 ciatio l. fam. & d. l. fin. ratione cuius vltimæ familiæ, siuè iuris familiaritatis potest Episcopus ordinare aliquem etiam non originariū, vel incolam alicuius terræ subiectæ ditioni suæ Diœcesis, vt stat dispositum per S. Concilium Tridentinum sess. 23. cap. 9. de reform. pro cuius validitate duo exigit S. C. Primum est, vt familiaris ille per triennium sit secum commoratus; Secundo vt statim eidem Episcopus, re ipsa, conferat beneficium, quacumque fraude cessante, quæ quidem dispositio extensa est, vt triendium illud incipere possit antequam esset Episcopus, intantum, vt non repugnet si per totum illud triennium Episcopus adhùc non fuerat Garz. de benef. par. 2. cap. 5. n. 83. Bonacin. de suspensionib. in particulari disp. 3. quæst. 1. punct. 11. n. 9. Ricc. in collect. 156. vers. amplia 3. Barbosa in collect. iur. vniu. S. C. T. d. sess. 23. cap. 3. n. 9. de reform. ac etiam extensa ad titulum Patrimonij, vt censuit Sacra Congregatio super decreto prædicto, dummodo pro necessitate, & commoditate Ecclesiæ, cui certæ, & particulari adscribatur, vbi suo munere fungi debet, & si est illegitimus dispensare potest, vt etiam censuit Sacra Congregatio in casibus tamen comprehensis in cap. 11. & 13. eiusdem sessionis, non tamen si viuat seorsum, et cum Episcopo non immoratur, quia tunc Episcopus ordinandi morē cognoscere non potest Graff. in addit. ad primam, & secundam partem suarum decisionum lib. 3. 4. 12. de litter. Dimiss. n. 2. quod nō est in Cardinalis familiari, quia is adsimul gaudēdi prærogatiuis Cardinalis familiaris, quæ multæ sunt, nō habet necesse, vt viuat famulando Cardinali, sed sufficit si viuat sumptibus dicti Cardinalis, et si remotè, quia per familiarem non stat, quominus inseruiat, sed quia Cardinalis ita patitur, et proindè hæc patientia reputatur seruitium Cardin. Tusch. pract. concl. lit. F. concl. 72. nu. 29. Gomes. ad reg. cancell. in reg. de impetr. benefic. vacan. per obit. famil.

107 Benè verum est tali in casu non credi Episcopo sic asserenti, esse scilicet aliquem suum familiarem, sed hoc est aliundè ex extrinsecis documentis id probandum, vt tradit Ricc. in praxi for. eccl. resolut. 267. sequitur illum Barbosa de potest. Episcopi alleg. 5. num. 10. qui ibi in praeced. cap. 2. 3. 4. & 5. ponit modum probationis faciendæ, innuens posse probari. Primo per libros Tinelli, quod scilicet sit in eo descriptus tanquàm comedens in Tinello secūdo per fidem Magistri Domus, vel Calcularis. Tertio, quod sit descriptus in titulo familiarium.

108 Ex ijs ergo tam varijs significationis familiæ terminis dixerunt aliqui hoc nomen esse æquiuocum, vt est videre apud Alex. Raud. tract. de analog. & æquiuoc. lib. 1. cap. 19. n. 6. ratio poterit esse, quia præcipuus æquiuocationis effectus est, vt sub vna voce æqualiter diuersa significentur, secundum Gl. in l. quæ. ff. de verb. sign. in verbo antique, dantem exemplum in voce Canis, quæ æquiuoca, vt significet Canem marinum, canem latrantem, & sydus cœleste, vt etiam apud dialecticos, & in voce Gal-
109 lus, qui & gentem, & auem vna communi voce significat, quo fit, quod tantum sit dicere æquiuoca, quantum homonyma, quibus apponuntur contradictione pluriuoca, quæ apud grecos dicuntur Polynomia, hoc est multarum vocum verum eiusdem nominis
110 res, vt Gladius, & Ensis, hinc Polygamia, quæ est plurium simul consortium, vno tamen, eodemque tempore, ad differentiam Bigamiæ, quæ licèt sit simpliciter plurium consortium, non tamen coniunctim, & eodem tempore, sed vnus post alium, vt bene aduocauit meus Barbatus de maior. & primog. pers. par. 1. cap. 3. sub n. 6. 8. & 9. quæ quidem bigamia in tres diuiditur species, alia scilicèt vera, alia interpretatiua, alia similitudinaria appellatur. Vera bigamus dicitur, qui sacramentaliter carnē suam diuisit in plures, id est, qui diuersis temporibus duas, vel plures habuit vxores, illasque carnali copula cognoscit Gl. in cap. 2. de bigam. Nauar. in summa cap. 27. n. 19. sequitur D. de Marra resol. quot. iur. lib. 1. cap. 2. sub n. 3. subdens illud procedere etiam si illarum alteram, vel vtramque cognouerat antè baptismum cap. deinde, & cap. acutius 26. dist. ratio est, quia culpa, non ita lauacro soluitur, sed non reiterare coniugium legis est præceptum quo ad ordines suscipiendos, ideo baptismum nequit Bigamiam, & legem auferre, sed delere peccatum dumtaxàt, existimans opinionem contrariam ex Grislan. in decis. fidei 3. in verbo Bigamia, quid temerarium. Bigamus interpretatiuè etiam triplici alio modo consideratur, primo qui cum

vxo-

vnica sed corrupta contraxit, dummodo ab alio, & non à metipso fuerit corrupta. Secundo cognoscens vxorem suam adulteram scienter, & si antea vnicam, & virginem habuisset, vel si, marito absente pro mortuo habito, vxor iterum se maritauit, & postea maritus regrediens eam compulsus ad illam rediens carnaliter cognouerit *Cappella Tholosana in dec. 256. vbi Aufer.* Tertio dicitur ille, qui contraxit cũ duabus inualidè, vel cum vna validè, cum altera inualidè. Similitudinaria bigamia dicitur illa, quæ consideratur in eo, qui sacro ordine insignitus, aut voto solemni astrictus de facto matrimonium contraxerat, vt per dictum *D. de Marin.* apud quem tota inuenies, qui etiam *sub n. 7. loco cit.* duo necessaria enumerat, vt bigamia contracta videatur; matrimonium scilicèt præcedens, & actus venereus sequatur, copula scilicèt non consummata sufficiens, & si non seminet vir intrà vas, dummodo permistum ingressum, quod extendit etiam si vir prius vxorem, quam vnicam, & virginem duxerit seminauerit extrà vas, & mater attraxerit semen, à quo effecta grauida aliã ducere non poterit, absque labe bigamiæ, quod non est sic in affinitate, quæ nullatenus contrahitur, nisi cũm seminis emissione intrà vas, ità vt neque oriatur si vir intrauit Claustra pudoris, nec semen potuit emittere, sed incitauit mulierem ad seminandum, & in bigamo Episcopus dispensare non potest pro suscipiendis ordinibus iuxtà declarationem Sacræ Cõgregationis 30. Ianuarij 1687.

Familia de alijs quoque præter præfata expressa intelligi, & prædicari potest, secundum, *Bald. in l. 4. in 1 C. de Episc. & cleric.* dupliciter scilicèt potestatiuè, siuè subiectiuè, & socialis.

111 Potestatiua familia triplex est, Prima Patris erga filium, secunda viri erga vxorem, & Tertia Domini erga seruos, & eiusdem Domini erga seruitores.

112 Socialis dicitur, de qua habetur in *L. apud labeonem § si quis virgines ff. de iniurijs,* vbi communiter Doctores connumerant Pedagogos aliosque illis symbolos, qui aliquem comitantur, & sic videtur verè symbolizari termino Homonymi, quod eadem appellatione plures inter se diuersas significat, secundum *Camillum Gallinium de verb. sign. lib. 3. cap. 15. n. 6. eundem Rand. d. lib. 1. cap. 15. n. 10.*

113 Est vlterius hoc nomen *familia* non solum æquiuocum, sed etiam analogum, & analoga sunt nomina ab vno, & ad vnum, quæ includũt res ad aliud superius relata, atque dicuntur secundum priùs, & posteriùs, quarum proprietas est, vt conueniant sed diuersa ratione ad vnum quodam principium, seu ad vnam quandam naturam in illo proprio genere, propter quod principium talia dicuntur analogata, & à qua dependent, ità post *Randens: mens Horatius Barbatus loco mox supra cit. num. 15.* dicens analogum semper dici quotiescumque in ea personas, res, & rationes sub generali verbo inclusas, aut includit, priùs, & posteriùs, vel finaliter, & effectiuè, aut materialiter, vel materialiter, vel formaliter, vel exemplariter, siuè symbolicè, aut dari potest talis, qualis definitio omnium comprehensorum ad differentias eorum, quæ sub generali contentioso verbo comprehensa non habent priùs, & posteriùs, nec communem diffinitionem secundum tale nomen, sed tantummodo commune tale nomen, scilicèt solam nominis communionem, secundum quod diuersas destinatas diffinitiones, iuxtà illud commune nomen habent:
114 cùm talia dicentur æquiuoca, non autem analoga, & sic familia consideratur æquiuocè, quatenus sub eodem nomine comprehendit familiam liberorum, atque liberorum, & substantiam bonorum, aliaque, de quibus suprà, quæ differunt substantia, & conueniunt nomine, & in ea nullatenus comprehendi potest linea.

Potest analogicè quatenus consideramus illam propagatione, secundum quam viget in ea priùs, & posterius, & alia quæcumque analogum continentia: per prius quippe habendo relationem ad principium, vti primam originem, siuè stipitem, per posterius respiciendo descendentes ab ipso principio, cur non possit comprehendi, & contineri linea ab vno ad vnum, vt male *D. de Luca putabat,* & infrà de linea dicemus, quemadmodum secundum *Rand. d. lib. 1. cap. 6. n. 13. in verbo familia* dicendum est hic analogum adesse per causam efficientem, quia scilicèt adest in eo identitas principij materialis, quod est nomen propagationis influxum in totam gentem, à quo existentes in illa progenie habent affinitatem inter se ad suum principium, quod quidem posterius esse non potest absque suo antecedenti, & sic per illud peruenitur, ascendendo, successiuè ad primum principium: Ideo respectu illius principij dicitur nomen ad vnũ respectu vero descendentium ab eodem principio dicitur ab vno ad vnum scilicèt habito respectu ad illum principium, per quod efficiuntur de vna progenie per vnitatem principij materialis, ab vno vero, habito respectu ad idem tanquàm principium, à quo descendunt, & propter quod dicuntur talia analogata, & proinde omnino comprehendenda
115 linea à quo influit, & ad quem influatur: Imò dico abbundantius quod appellatione familiæ venit agnatio *d. L. pronunciatio L. 2. iuncta Gl. ff. de probat.* & proindè ratione eiusdem conseruationis in honore, & dignitate, si quæ sunt in ea conseruari debent per lineam masculinam, non verò femininam, & ideo solent in ea etiam bona conseruari, vt scilicèt proles masculina comitetur paternis diuitijs: cùm per eas memoria æterna conseruetur ascendentium

tium *l. Libertorum ff. de verb. sign. l. quia ff. de his-*
rem. vers. ex quo fit, quod statuta excludentia
feminas per masculos sunt fauorabilia ob
amorem, votum, & dilectionem paternam, nā
parentes naturaliter plus amant masculos,
quàm feminas, & splendor familiæ absque di-
uitijs haud sustineri potest, iuxta illud Ouidij
In pretio pretium nunc est, dat census honores,
Census amicitias, Pauper vbique iacet.
116 Regulariter vero appellatione familiæ
veniunt descendentes dumtaxat *l. cum ita §. in*
fideicommisso ff. de legat. 2. l. si eborus in 1. ff. de le-
gat. 3. quia hoc nomen *familia* habet respectū
ad Patrem famil. & filium famil. dumtaxat, &
qui à filio fami. tanquàm contento per sangui-
nem sub potestate Patris dependentes nepo-
tes, pronepotes, & deinceps in infinitum, qui
accessionis iure ad filium familias dicuntur
de familia eius, qui est paterfami. Propterea
dispositum est, vt familiæ appellatio ad descē-
dentium dumtaxat significationem producat.
117 *Decian. resp. 86. n. 17. vol. 3. Menoch. cons. 206.*
n. 7. vol. 8. & sic pertinet quod dicit *Rota Ro-*
mana diuis. 893. num. 10. parte 1. in nouis, quod
quando Testator vocauit agnationem suam
intellexit de familia sua, cuius appellatione
veniunt soli illi, qui per rectam lineam à Te-
statore descendunt, non vero transuersales
Ruin. cons. 154. num. 10. vol. 2. Menoch. cons. 134.
num. 14. vol. 3. licèt vocata ad ius Patronatus
sit attendendum in primo loco obseruantia,
& ea circumscripta, debet attēdi ordo succes-
sionis *D. de Luca d. tract. de linea art. 23. n. 15*
vers. in ista quæst.
118 Insuper nomen *familia*, pro vt sumitur
pro descendentibus, & sic effectiue *Aliqu. r. obs.*
46. & 95. lib. 2. Citias. contr. 38. n. 72. habet mul-
ta synonima solum descendentes significantia:
nàm progenies significat descendentes, quia
frater meus non est de progenie mea, sed ego,
& frater meus sumus de progenie Patris no-
stri *Bald. in l. sed & si quis n. 4. C. de secund. nupt.* &
appellatione familiæ veniunt etiam filij natu-
119 rales in fideicommisso ipsi relicto ad exclu-
120 sionem aliorum, quoniam appellatione filio-
rum in conditione positorum continentur
ipsi naturales ad exclusionem substituti *Marta*
Summa succ. leg. par. 1. quæst. 2. art. 3. sub num. 9.
121 quia filij naturales sunt de familia, prout
sunt filij legitimi, & naturales, ad *text. singula-*
rem in cap. Dominus dist. 56. vbi quod Domi-
nus noster Iesus Christus non solum ex alie-
genis, sed etiam ex adulterijs coniunctionibus
nasci dignatus est, in *vers. ex illa ergo progenie,*
122 & cur voluit nasci de bonis, & malis, viden-
dus *D. August. tomo 6. fol. 117. lit. G. & H. & Ce-*
phal. in cons. 191. per tot. vol. 1. probat, quod filij
naturales sunt de linea ad effectum succeden-
di quatenus vocati sunt illi de linea, seù sub-
stituti, *Peregr. de fideicom. art. 22. n. 80. Fusar. de*
123 *subst. quæst. 147. n. 1.* vbi secùs si sint vocati
appellatione filiorum, nàm tunc non veniunt
naturales: Tamen ex communi vsu loquendi
multorum Regnorum, & in consuetudinem
redacto veniunt dicti naturales, *Nouell. cons. 8.*
n. 19. Guid. Pap. dec. 580. Bert. dec. 127. nā in to-
ta Frācia spurij nobilium sunt nobiles *Tiraq.*
de nobil. cap. 15. n. 25. In Regnis Hispaniarum
testatur *Couarr. epit. de sponsal. par. 2. cap. 8. §. 4.*
n. 4. Florez de Mena in primo lib. var. quæst. c. 16.
n. 9. Item in Lōbardia filij spurij nobilium sūt
nobiles *Rayn. in tract. de nobil. par. 5. princip.*
quæst. 2. Item in Florentia naturales, & spurij
sunt legitimè nati, & veniunt in familiam, &
Domum, *Bart. in l. fin. in prin. C. de verb. sign.* Itā
Perusij *Ang. in cons. 30. n. 8.* Item Brixiæ *Praedec.*
cons. 10. n. 10. & seq. & in hoc Regno Neapoli-
tano est indubium, quod filij naturales, & spu-
rij sint nobiles, & capaces habitus Hierosoly-
mitani de iustitia, vt extat exemplum in per-
sona Fratris D. Antonij de Summa Equitis
Hierosolymitani de iustitia nati ex Ill. D. Ni-
colao Maria de Sūma Principe Colli, & Ippo-
lita de Luca coniugata cū Horatio Carrafa:
Nisi velimus dicere in hoc casu, quod magis
probo ex *Mastrillo in tract. de Mag. lib. 4. cap. 13.*
n. 155. & seq. fuisse elargitum in gratiam tām
splendidissimæ, & nobilissimæ familiæ deco-
ratæ titulis Principatum, Marchionatus, cæte-
risque, aliàs fuisset contra capitulum genera-
le de anno 1510. emanatum à *Magno Magistro*
Fratre Aloysio Vignacort, vt etiam de eorum
stabilimento patet apud *Mart. Ant. Sorg. de*
Neap. Illustr. lib. 1. cap. 27. n. 14. Sunt etiam
eiusmodi familiæ luce lucidiora, cùm quam
maximo amore se coniunxit *D. meus Carolus*
Maria de Leonissa Princeps Sepini, & Dux Sācti
Marini ducēdo in Vxorem *D. meam Beatricē*
de Summa filiam dicti D. Nicolai Mariæ primo
nuptam cum *D. Francisco de Summo Fratre*
vtrinque coniuncto dicti D. Nicolai (dispensatio
Summi Pontificis fuit facilis ob conseruatio-
nem tām splendidissimæ familiæ) à quo qui-
dēm primo Matrimonio susceptus fuerunt *D.*
Nicolaus Maria de Summo Iunior Princeps Col-
li, qui duxit in vxorē *D. Ioannam de Iudice filiā*
Principis Cellæ Mariæ cùm sūma dote *D. Ferdi-*
nandus D.D. Scipio postea Teatinus mortuus sub
vmbra Sanctitatis, & D. Antonius, cum alijs fe-
minis adhuc Sanctimonialibus & ex altero matri-
monio *D. Iulius de Leonissa Eques magnæ expe-*
ctationis Frater Consanguineus Domini mei D.
Fabij de Leonissa primogeniti dicti D. Principis
Sepini susceptus ex primo matrimonio cum D. Li-
sia Carafa nunc Ducis Sancti Martini.
124 Illis enim competit etiam ius vindictæ,
vt supra diximus, & voluit etiam *D. Reg. de*
Marin. var. resolut. iur. par. 2. cap. 4. sub nu. 3. &
succedunt in emphiteosi *Marta summa succ.*
legali par. 1. quæst. 3. art. 1. n. 83. & compend. dec.
parte 1. verbo spurius. non tamen in Ecclesia-
stica, quia Ecclesia habet tales in odio *Marta*
loc. cit.
125 Stirps est verbum collectiuum plurium
per-

personarum diuersorum graduum *Surd. cons.*
362. num. 3. Fusar. de fideicom. quæst. 320. n. 40.
& continet tantummodo descendentes, qui
soli eius appellatione veniunt, non autem col-
laterales, siuè transuersales. *Bald. & Paul. de*
Castro in l. si quis in suo C. de inoff. testam. Simon
de Petris in cons. 110. n. 12. vol. 1. & de interpr.
vlt. volunt. lib. 3. solut. 292. n. 63. cuius appella-
tione veniunt etiam fœminæ *Barbat. d. parte 1.*
cap. 3. sub n. 25.

326 Generatio, siuè genus complectitur tan-
tummodo descendentes ex sola linea mascu-
lina, non vero feminas, ad *text. in l. liberorum ff.*
de verb. sign. Dec. in l. 2. nu. 27. ff. de reg. iur. Pe-
327 *regr. de Fideicom. art. 22. n. 28.* licèt aliquan-
do generationis nomen sumatur pro gradu
descendentium, nam filius est in primo gradu, ne-
pos in secundo, pronepos in tertio, & deinceps
§. 1. vbi Gl. in verbo cuiuslibet gradus inst. de hæred.
328 *quæ ab intest. defer.* prout nomen liberorum
comprehendit descendentes, *l. cognoscere §. li-*
berorum, & dict. l. liberor. ff. de verb. sign. l. sed etsi
329 *hac §. liberos ff. de in ius vocando §. 1. auth. de*
hæred. ab intest. veniend. Peregrin. de fideicom. art.
25. n. 8. & quomodo computetur generatio, si
dictum fuerit, vsquè ad quartam generatio-
nem, vide fusiùs apud *Prat. discept. forens. cap.*
188. Alteg. contr. 12. lib. 2.

330 Agnatio verò denotat coniunctos per vi-
rilem sexum *L. vlt. §. 1. in fine ff. de grad. l. 2. §.*
agnati ff. de suis, & legit. cum concordantibus
relatis à *Barbosa loco cit. sub n. 29.* subdens ve-
nire eos duntaxàt, qui à linea directa descen-
dunt à testatore, non vero transuersales, sed si
331 Testator habuit considerationem familiæ, &
non personarum, tùnc non solum veniunt de-
scendentes, sed etiam collaterales *Gabr. cons.*
132. n. 19. vol. 1. Menoch. cons. 484. n. 12. vol. 5.
sicut si testator vocallet agnatos, quod nomē
pertinet tàm ad collaterales, quàm ad descē-
dentes, *Mantica de coniect. vlt. volunt. lib. 8. tit.*
22. num. 12. vers. sed in proposito, qui reprobat
Ruin. aliter sentientem, quando etiam adiun-
geret testator pronomen, *suos*, sequitur *Marta*
d. parte 4. quæst. 21. art. 3. sub n. 6.

332 Insuper agnatio est triplex, vera, limitata,
& artificiosa. Agnatio vera est illa, quando te-
stator claris verbis expressè agnatos vocat
ad successionem, veluti quod semper succe-
dant masculi descendentes per lineam ma-
sculinam, vel symbolis verbis causa conser-
uandæ agnationis in perpetuum, quæ expres-
sio masculinitatis in perpetuum indicat, suis-
se prospectum agnationi, vt post *Reg. Valenz.*
cons. 67. num. 30. lib. 1. Paris. cons. 8. n. 9. & Con-
sil. Prat. discept. 41. nu. 4. volum. D. de Luca dict.
tract. de lin. leg. art. 10. num. 6. extendens illud,
etiam si dictum fuisset, quod non succedant
masculi de feminis, vel masculi descendentes
per lineam femininā *Roxas inibi per ipsum cit.*
333 Agnatio limitata est quando non simpli-
citèr, & absolutè causa conseruandæ agnatio-
nis in perpetuum inter omnes succedentes, sed
limitata fuit vocatio, & coarctata ad certas
personas, vel lineas, vel gradus, vel tempus,
veluti quod succedant masculi de Petro, & de
masculo in masculum, in qua linea perierit
maioratus irregularis agnationis, & limitatæ
in alijs vero regularis *Lara in compend. vitæ*
hominis cap. 30. num. 83. vers. nec erit standum,
cuius verba recitat *D. de Luca loc. cit. sub. nu. 7.*
subdens bene stare simul cognationem contē-
platam in vno genere personarum, & non in
alio, & de vocatione illa, nomine collectiuo
proprio, vel affectionis videndus *Barbat. d.*
parte 1. cap. 2. & cap. 10. vbi tractat, an vocatio
facta per ordinē successionis operetur fideī-
commissum, vel vulgarem substitutionem, de
quibus non est sermo noster hic.

334 Agnatio artificiosa est, quando testator
non habens masculos vocat masculum in
masculum ex feminis *Fusar. de subst. fideicom.*
quæst. 499. in fine Additionator ad Molin. lib. 3.
cap. 5. sub num. 45. & 50. Seraphinus decis. 1329.
quæ debet reduci ad symbolum veræ agna-
tionis *Merlin. cons. 50. nu. 10. Menoch. cons. 167.*
num. 21. & an masculis vocatis de agnatione
336 finitis, admittatur femina, vide *Barbat. d. par.*
3. cap. 11. & quid si agatur de fideicommisso
consecutiuo, vide *eundem loco cit. sub n. 23.* vbi
337 stat pro affirmatiua; licèt referat casum es-
se dubium, & quando admittatur masculi
ex femina vide *D. de Luca d. quæst. 10. sub n. 31.*
338 Domus idem est ac si diceretur de domo,
ac de agnatione, secundum *Menoch. cons. 1171.*
num. 7. cuius appellatione venit agnatio, &
parentela Testatoris, in tantum, quod si appa-
ret in dispositione ad fideicommissum vocata
339 domus, veniunt tantummodo qui sunt de
agnatione, & familia, *arg. text. in cap. 1 de schis-*
mat. ibi omnes de domo Columna, alios refert *Bar-*
bosa loco cit. sequitur *Barbat. ibidem sub nu. 30.*
340 *qui num. 31.* asseritur, venire etiam ferentes ea-
dem insigna præsertim in dispositione respi-
ciente nobilitatem, venit familia aggregata
341 non tantùm originis, & comprehenduntur
etiam feminæ *Barbosa appell. iur. cap. 8. nu. 3. &*
8. & sic in interpretatione statuti vocantis
proximiores natos in domo ad exclusionem
342 feminarum, vt comprehendantur etiam
transuersales, aliàs sequeretur, quod nati in
domo admitterentur ad successionem, & non
nati in domo non admitterentur, & ità si fi-
lij filiorum sic nepotes, vel pronepotes à fra-
tre nascerentur in domo succederent, exclusis
proximioribus non natis in domo, quod pro
absurdo tenet *Marta d. parte 4. art. 3. quæst. 21*
sub num. 7.

343 Cognationis, siuè cognatorum nomine li-
cèt specialitèr veniant qui coniunguntur
per feminas; tamèn generalitèr veniunt, qui
per masculos coniunguntur, si contingeret

cognatos vocari ad fideicommissum *Barbos. loco cit. sub n.24. & 36.* id amplians etiam alijs
duobus modis. *Primo*, vt veniant etiam fœ-
minæ, *secundo* vt veniant etiam naturales in
defectum legitimorum, quibus duabus de-
clarationibus dat suas instantias, & quo-
144 modo succedant in materia consuetudina-
ria vide *D. de Luca d. tract. de lin. art. 3. sub n. 42. & seq.*

145 Casatæ veniunt ij, qui sunt de domo, &
cognatione *Barbos. loco cit.* qui plurimos citat
sub num. 37. veniunt etiam feminæ, dummodo
non extent coniecturæ in contrarium *Fusar.
de subst. fideicom. quæst. 360. num. 9.* non veniunt
naturales, nec eorum filij *Fusar. post alios d.
quæst. 360. num. 3.* quo ad honorem, & primo-
146 genia dicitur dominus Casatæ, siue domus,
& obseruatur in toto ferè mundo, dicitur il
Ceppo, siuè *la casezza*, & vocatur Dominus
Domus, cui competunt prorogatiuæ, & præ-
cedentia ab omnibus illius Domus, & si di-
gnioribus dignitatibus fulcitis, de quo dixi-
mus supra.

147 Prosapia significat omnes illos, qui sunt
de generatione, & familia, & appellatione
ipsius continentur etiam feminæ descenden-
tes ab illis *Fusar. de fideicom. subst. quæst. 333.
n. 7.* non veniunt illegitimi nati *Barbos. loco
cit. sub n. 31.*

148 Posteritas continet descendentes *l. voca-
tio C. de bonis matern. l. quod in verbis in fin. ff.
de legat. 3.* cum concordantibus relatis per
Barbos. loco cit. sub n. 43. affirmantem, posteri-
tatis nomen descendentiam, & procreationē
significare & contineri etiam sub ea feminas.

149 Coniunctorum appellatione veniunt tàm
feminæ, quam masculi sanguine coniuncti af-
fines, & naturales in defectum legitimorum
Barbos. loco cit. sub n. 45.

150 Proximior prædicatur de agnatis, & co-
gnatis, qui ipsorum appellatione propriè ve-
niunt *l. 1. § proximi ff. vnde cognati Peregr. de
fideicom. art. 22. n. 33.* & dicere proximum idē
est, ac si dicatur proximior *Rota Romana decis.
693. apud Farinac.* qui, & quomodo accipien-
dum in scriptura sacra patet *leuit. 19. & 18.
Marc. 12. 33. Matth. 17. 18. 22 & 27.* & appel-
151 latione proximorum regulariter veniunt
feminæ; cùm multi sunt casus, quibus ex non
comprehendantur appellatione proximorū,
de quibus apud *Barbos. appell. ver. 229. à nu. 9.
vsque ad finem.*

152 Consanguinei propriè dicuntur agnati
in casu, quo per testatorem iussent vocari, nō
admittuntur nisi distinguant quo gradu co-
niungantur *Vessill. ad Afflict. decis. 71. n. 6.*

153 Linea quatenus considerata in commu-
ni vocabulo est nomen æquiuocum: cùm pos-
sit plures habere significationes: nempè potest
significare filum, quo aliquod ligatur; Pariter
linea, quæ propriè dicitur delineamentum,
filsos margaritarum *l. damnum ff. ad l. falcid. l. si
quis vxori §. si lineas ff. de furt.* signum quo si-
gnatur, & disparatur oratio in scribendo, quæ
vulgo dicitur, virgula, licèt aliqui dicant,
quod sumatur etiam pro versu literarum, qui
constat pluribus elementis, *§. ex omnes in proœ-
mio digest. Gratiall. decis. Tolen. 109. n. 9. Fusar.
de succ. lib. 3. cap. 6. nu. 15.* congerit nouiter *D.
de Luca in suo tract. de lin. legali cap. 1. n. 3. 4. &
5.* licèt versiculus constans de pluribus litte-
ris non possit comprehendi sub nomine li-
neæ, quia non habet altitudinem, neq; profū-
ditatem, de quibus constare debet linea, vt in-
frà dicemus.

154 Assignant vlteriùs lineam mathematicā,
quæ est longitudo sinè latitudine, & profun-
ditate, cuius extrema sunt duo puncta, siuè
motū, & fluxū puncti, & protractio *de Luca loco
cit.* qui subdit generari vnum punctum, quia
nullas partes diuidi potest lineam efficit, nē-
pè corpus vnius demensionis, idest Longitu-
dinis sinè latitudine, & altitudine, quod cor-
pus duobus punctis ex vtraque longitudine
continentibus formatur, ex quo corpus ma-
thematicum efficitur, quod duabus demen-
sionibus extruitur; nempè longo, & lato, sine
profunditate, atq; mathematicè habet iacē
diuisionem, quam indicat *D. de Luca*, sed non
soluit *d. cap. 1. sub num. 3. vers. Nam Mathemati-
ci*; tamētū sub *nu. 6.* enunciat gradus, nempè
quod sit parellella, siuè æquidistans, perpen-
dicularis, æqualis, diametralis, obliqua, fle-
xuosa, circularis, angularis, elipsa, continua-
ta, secundum *Perez. & Speculatorem ibi per
ipsum.*

155 Cæterum altiùs intuendo, est videndum
vtrum illa linea longitudinis sinè latitudine,
& altitudine, cuius extrema sunt duo puncta,
siuè motus, & fluxus puncti, & protractio, ha-
beat in se aliquid exilitatis, quod vlteriùs
secari possit, adeo quod nullum contineat
corpus; cùm nihil sit exilius in rerum natu-
ra, quod si nō facto, saltim cogitatione secari
156 valeat; cùm aliud sit authoritati credere,
aliud rationi assentiri: nam si credis, quod li-
nea etiam imaginaria non constet indiuisi-
bilibus punctis, & tunc totum erit alterius
credentiæ collocare iudicium: cùm si ratione
assentiri velis aliter se habet negotium; quem-
157 admodum soli authoritati credere ma-
gnum compendium est nullius laboris, quam
si alterius credentia delectat, possunt multa
legi, quæ à multis vno quasi ore allocutis cō-
posuere reduci ad verbum *Magistri*, & sic iu-
rare, qui sibi credi vult ab ijs, quorum animis
vel tardioribus, vel implicatioribus alia sa-
lus esse non possit, quam eorum credentia.
Testes enim homines, quorum profectò in-
gens est multitudo si ratione velint verum
comprehendere symbolis rationibus facillì-
mè decipiuntur, & in varias, nouiasq; opinio-
nes.

nea hâ laborantur, vt emergere indè, & liberam aut nunquàm, aut æquiuocè queant. His
158 enim vtilissimum esset excellentissimæ authoritati credere, & secundum hoc agere vitam: si tamen ex ineffrenata cupiditate ratio sibi aliundè compellet ingenium, vt ad veritatem peruenire possimus mulci, & longissimi circuitus tollendi veniant, vt non rationē adducant, nisi eam, quæ illa ratio dicenda est, quippe vera, & non solum vera, & itâ certa, & ab omni symbola falsitate aliena: Verum si id nullomodo à curioso intueri valeat, vt multæ disputationes falsæ, aut verisimiles ab ea re
159 possit traducere: cùm si velimus araneæ filum in mentem reuocare, quo nihil exilius solemus videre, occurrit mihi dilm in eo tantū, & latitudo per se, & altitudo, & longitudo, nisi de aliquo in corporeo agatur, vel nisi in corporibus, mente circumscriptis altitudine, & latitudine, longitudo dumtaxat attendatur; tùnc enim sola linea complectitur, quæ per longum vnquam secari potest, & si transuersim facto tamēn, licèt aliud sit mente, ex quo cùm dicta exilissima linea sit aliquod corpus tamensi artificio secari proptèr eius exilitatem non possit, remanet tamēn habitu resecabilis. Vndè quo magis per longitudinē linea ista protrahatur nunquam adipiscitur finem, quia quo magis delongatur finem non agnoscit: Ideo si ei nullam vnquam aliquid addatur, nulla vnquam similitèr ab ea figura formari poterit: Adeo vt Mathematicè fiat ex linea figura, oportet, vt detur finis lineæ per longitudinem, & assumatur in altitudine, & latitudine, nempè vt non ex duabus lineis, sed ex tribus saltim per latitudinem fiat figura triangularis, & per quatuor lineas quadrangularis, angularis enim per vnam lineam per longitudinem formari non potest, per latitudinem vero potest, sed non ex vna sola linea, sed per duas alias additas lineas per latitudinem, tunc enim sic compositis lineis, quælibet linea facit angulum, & si omnes per longitudinem nullum angulum facere possent.
160 Quibus sic positis, agendo de linea sanguinis, prout est nostra subiecta materia, quā quidem lineam methaforicè vocant Doctores, & ideo arrogant esse legalem, quod omninò respuo, dico, quod linea per longitudinem in bono iure, & omni excellenti arte nullam potest constituere figuram, quam pro gradu intelligunt nostrates; cùm descendens ille, quatenus consideratus ab vno, subest vnitas non extensiuè, sed principiatiuè, siue intensiuè, quatenus verò consideratur ad vnū habet in se dimensionem principiatam, non vero elongatam ab vno ad vnum; sed vt bene elongetur habet habere aliquid profunditatis distinctum ab vno ad plures, vt formetur linea, non vero ab vno ad vnum: Cùm Pater, &
161 filius nullatenus constituere possint lineā, quando pro vna eademq; persona reputantur, sed bene formam, et principiū lineæ *Marsimma succes. leg. par. 4. quæst. 21. art. 16. num. 8.* quemadmodum non potest dici filius de linea Patris, sed bene de persona Patris, et Pater nō potest dici de linea, nec de persona filij, sed bene principium filij: Vnde vt recta linea for-
162 metur, oportet, vt adiūgatur longitudo, nēpè post filiū nascatur nepos, in nepote videtur formata linea directa per longitudinem, nepos, vt sit de linea Patris sui, Patris ascendendo, et Pater nempè nepotis Auus sit de linea nepotis descendendo per aspectum non per graduum computationem, quia per graduum computationem siuè personarum erit eorum oppositum, nāq; tùnc nepos est de linea descendenti ab Auo, et Auus de linea ascensiua à nepote, et propterea quanto magis elongatur hæc linea per deinceps generationes de persona ad personam eo magis inuenit terminum infinitum longitudinis in quò semper inest sanguinis successio.
163 Hæc linea vt formare possit figuram, quā nullatenus firmauerat per longitudinem de persona in personam in infinitum, debet in se habere aliquid additum, et sic alias lineas saltim duas: nempè, vt Pater generet duos filios, hi duo filij nunquam constituunt figuram, sed gradum dumtaxat de iure ciuili, & gradus non est scala, neq; è corpus, oportet, vt addatur alia linea, & sic vnus ex fratribus generet alium filium, iste filius Fratris, quoad alium Fratrem constituit figuram triangularem constantem ex tribus lineis, & si alter Frater generet alium filium, iste alius filius tanquam quartus constituit figuram quadrangularem, & sic schalam, idest corpus ex gradibus per extensionem, & vocant Doctores lineam inflexam, & sic id non percipit à figura Hominis Crucifixi, vt malè putauit Pragmatici, quia caput Hominis Crucifixi non constituit lineam, sed est principium lineæ in filio, neq; pedes quoad caput, quia vltimus nepos non est de linea stipitis, hoc est capitis Hominis Crucifixi, sed de linea sui Aui, licèt descendat à primo Auo filio stipitis, sed verè in figura scalæ, quam viderat Iacob, quæ per dimensionem habebat profunditatem à Cœlis vsq; ad terram, & habebat figurā graduatam, per quam ascendebant, & descendebant Angeli Dei.
164 Linea quatenus continet consanguinitatem non potest dici simpliciter, & absolutè linea legalis, prout indefinitè tractatum inscripsit *D. de Luca de linea legali*, quemadmodum lex non facit lineam naturalem, sed sanguinis infusio, dementio, & extensio: cùm commensuratas de linea naturam ab Adā, cognoscit bene verùm lex distinctiones lineales, prout cognoscit cæteras res naturales, igitur non per hoc, quod lex cognoscit necesse ho-

minem, ergo ego sum homo legalis, sed bene
homo naturalis. quemadmodum lex non tã-
tum cognoscit lineam consanguinitatis, per
quam regulatur etiam affinitas, ex quo af-
165 finitas gradum, & lineam in se non habet
l. 4. §. gradus ff. de grad. affinit. quia propriè gra-
dus accipitur ratione cognationis, impro-
priè, & abusiuè ratione affinitatis, vt fatetur
166 ipsemet *de Luca ibid. sub n. 21. vers. non reti-
cere tamen.* Vndè linea contéсta in consangui-
nitate dicetur potius naturalis, quàm legalis,
ex ista naturali cognatione formauit sym-
bolam lineam dominatàr lex trahendo eam
ad filum illum, siuè funiculum, vel magis vin-
culum personale, quo cognati coniunguntur
l. stemmata Cognat. ff. de grad. affin. quæ quidem
linea nèc legalis dici debet, sed symbola, cùm
affinitas consistens in se nihil aliud est nisi
quædam qualitas habens principium, et finẽ
Bald. conf. 171. n. 1. vol. 2. vel quod sit collectio
personarum gradum continens, et numerum
distinguens *Bald. conf. 311. num. 9. vers. ad pri-
mum sciendum in l. 3. Felin. inter conf. Anchar.
75. n. 9. Dec. conf. 165. col. 2. vers. & vlterius Af-
flict. in cap. 1. §. demumode in 3. notab. de nat. succe.
feud. Petrus Barbosa in l. cum ità §. in fideicommiss.
a n. 11. ad fin. Bursat. conf. 14. n. 7.* Vndè Pater,
167 qui generat duos filios vnum masculum, et
alteram fœminam, constituit duas lineas inci-
pientes à filijs, quarum altera dicitur mascu-
168 lina, altera demum fœminina *Castr. in l. mari-
tus n. 6 ff. de procurat. col. 3. vers. sed permissis vol.
2. & conf. 203. n. 16. vol. 3.* et differunt linea, et
gradus sicuti continens, et contentum: nam
in linea continentur plures gradus *l. iurisconsul-
tus. §. sunt ex lateribus ff. de grad. cogn.* ex pro-
prietate verborum scilicèt *Dec. cõf. 363. col. 2.
vers. & vlterius:* secus esset si communis esset
vsus loquendi, qui vulgariter gradum intelli-
git pro linea, vt contingit in facto, super quo
consuluit *Bellon. in cõf. 60. n. 2. & seq.* & proin-
dè idem fuit inscribere *de linea legali* pro vt ti
inscribitur *de liberis legalibus*, quando ipse
*idem in eodem tract. tit. de linea recta in primog.
& Maior. art. 3. sub nu. 23.* dicit, & probat ex
pluribus, quod naturales dicuntur de linea
maximè materna, & quod nomẽ *linea* est ma-
gis naturale, quam liberorum, ergo si non po-
terat inueniri tractatus, cui inscribatur titu-
lus *de liberis legalibus*, nisi quatenùs de adopti-
uis, & adrogatis, vt nos dicemus in subsi-
quenti separato titulo, sic nèc adscribi pote-
rat titulus *de linea legali*: nisi methaforicè, &
immaginariè, quod non conuenit nostræ li-
neæ de iure sanguinis, & sic naturali.

169 Quæ quidem linea naturalis est duplex,
effectiua, & constructiua. effectiua dicitur illa,
quæ à Patre sumit initium, & in qua soli de-
scendentes à Patre comprehenduntur, vt de-
clarat *Simon. de Petris lib. 3. felet. 11. n. 62. Ca-
pyc. decis. 193. n. 6. Tusar. de success. quæst 143. n. 1.*

Constructiua est, quando quis sub linea conti-
netur, & tunc ista linea incipit ab Auo Patre
Patris, vel quando agitur de linea materna,
ipsa nonquam capi potest effectiuè tanquam
à matre initium trahens, sed constructiuè, idest
de ista linea, ex qua constituitur mater, quia fœ-
170 mina non potest esse causa efficiens lineæ
nèc ab ea linea deriuari potest, quoniam filij,
& descendentes ab ea sunt de linea Patris, nõ
autem matris *l. fœminæ appellatione §. 1. ff. de
verb. sign. §. 3. Instit. de legit. agnat. succ.* quod in-
tellige quatenùs linea habeat relationem ad
familiam, quæ verè potest dici effectiua, & cõ-
structiua, non autem si de simplici linea loqua-
mur, cùm fœmina bene constituere potest li-
neam fœmineã extra familiã positã, & proin-
dè si vocetur linea feminina nunquàm admit-
tuntur alij etiam ex masculinis nisi deficiẽte illa
linea, iuxtà ea, quæ consuluit *Grat. discept. fo-
rens. cap. 173. n. 4. & 5.*

171 Ex dubij excitati per *D. de Luca dicto art.
1 sub num. 32. vers. pugna ingens* est resolutio
patet apud *Mantic. summa succ. leg. par. 4. quæst.
21. n. 40.* distinguentem, quod aut agitur de
continentia lineæ, & tùnc certum est, quod
Auunculus sub illa materna linea continetur
*Ruin. conf. 96. col. 2. vol. 2. iuxtà Dec. dictum in
conf. 179. n. 5. quem sequitur Fesler. in tract. de
succ. lib. 3. cap. 23. ex num. 5.* aut de renũciatione
bonorum maternorum, & tùnc Auunculus
non continetur in bonis maternis, & sic Au-
unculus bonis non censetur renunciasse, &
in hoc breue se habẽt *Dec. & Fesler.* & proin-
dè casus per *D. de Luca* propositus non benè
fuit per ipsum figuratus, prò vt optimè posuit
Marta, confundendo *D. de Luca* lineam, & bo-
na Materna, quorum maximam differentiam
constituit I.C. nèc in *L. 1. C. de bon. Matern.* agitur
de bonis, sed in *L. quicquid C. eod.* agitur de bo-
nis peruenientibus, à bonis Maternis. & ibi cõ-
numerat aliquos casus demõstratiuè, & nõ ex-
cludit Auunculũ, vt probat *Marta loco cit.* qui
dicit, quod aliud est renũciare bonis Maternis,
aliud verò bonis peruentis ex linea Materna.

172 In materia statutaria, ex quo sumus in ca-
su fauorabili, nimirum fauore agnationis, sic
intelligenda linea generalis totius Domus, ità
vt comprehendat etiam transuersales *Durant.
de arte test. tit. 5. cau. 32. Menoch. conf. 217. n. 19.
vol. 3. & de præsumpt. lib. 4. præsumpt. 68. nu. 13.
vers. indubie, & conf. 934. num. 8. vol. 10.* vbi erit
declarat, quando de agnatione ratio habita
fuit *Marta par. 2. quæst. 1. art. 3 n. 3.*

173 Insuper, cum istis alijs lineæ distinctionibus,
dicimus, quod linea quatenùs constituit gra-
dum est duplex, vna, quæ computatur à iure
canonico, altera, quæ à iure ciuili: In linea a-
scendentium, & descendentium nulla est diffe-
rentia inter vtramque quia vtroque iure filius est
in primo gradu descendentium, nepos in se-
cundo, & sic deinceps, pariter ascendendo Pa-
ter

tis est in primo gradu ascendentium, Auus in
374 secundo, & sic vlterius ascendendo, sed in
collateralibus est differentia, quia duo fratres
375 de iure canonico sunt in primo grado, sed de
iure ciuili sunt in secundo, quæ quidem diffe-
376 rentia inter hæc iura in collateralibus con-
tingit ex diuersis modo, & forma computan-
di gradus: nam in his collateralibus in com-
putatione gradus est triplex differentia inter
iura prædicta, quia de iure ciuili si oporteat
scire, in quo gradu sint sibi inuicem collate-
rales, necesse esset inueniri stipitem; illum sci-
licet, à quo omnes ipsi procedunt, & deinde à
dicto capite accedere oportet vsq; ad perso-
nam, de qua quæritur, sed de iure canonico
non inquiritur stipes, per ea, quæ probat *Gu-
gl. de Benedict. in repet. cap. Reyn. in verbo, &
vxorem nomine Adelasiam sub num. 81.* secunda
est differentia, quia de iure ciuili fit graduum
computatio ad similitudinem scalarum ascen-
dendo de grado in gradum vsq; ad stipitem,
& postea descendendo, quæ computatio est le-
gis, ma, tanquam de iure ciuili adinuenta; sed
de iure canonico non fit computatio per gra-
dum, sed per saltum, vt dicit *Bart. in l. si Amis
in fine C. de success. edict.* referens ita determi-
nasse *Iacobum Butricarium in cons. 114. vol. 1. &
cons. 14. col. 4. vol. 2.* quod consilium est potius
Francisci Tegrimi, & ei subscripsit *Bart.* vt ipse
affirmat *in d. l. iuris consultus circa finem ff. de
grad. Padeanus de Bononia in tract. de differ. leg.
& canon. col. 2.* & computatio, quæ fit de iure
377 ciuili est ad instar artis arithmeticæ impo-
sitaque est scientia Materialis; Vnde illi com-
putationi standum est in materia statutaria,
nam si ageretur de vocatione ad compromis-
sum, vt cauet *Regia Pragmatica Odin*, quæ incipit
378 *omnium de arbitr. Borrellius ad eius commentum
gloss. 5. § 2. Gl. 4.* quàm in materia extractionis
qui dari solet consanguineis causam huius
Regni, *Durze de Pugna Doctorum tit. de armat.
per compan. cap. 4. sub n. 3. folio mro 167. & 168.*
379 *vol. 2.* sic etiam si cautaret statutum, quod agna-
ti vsque ad quartum gradum excludant Ma-
trem defuncti, tunc computatio fit secundum
leges, quæ propriè dinumerant gradus, vel si
380 statutum diceret, quod cognati excludantur
à successione, stantibus agnatis vsq; ad tertium
gradum, ratio est, quia verba statuti debent
propriè sumi, interpretariq; *L. 1. §. hyc autem
verba vin Dell. ff. de negot. gest.* pro vt etiam ac-
ciperetur si de gradu non fieret mentio, qui
agnati Matrem excluderent stantes vsq; ad de-
381 cimum gradum *Gugl. dicto verbo, & vxo-
rem nomine Adel. sub nu. 86.* & qui sit Tribolis,
vide infra.
382 Tertia differentia est, quia de iure ciuili
vnaquæque persona constituit gradum; de iu-
re canonico vero duæ requiruntur personæ
ad eum constituendum, & ratio differentiæ est,
quia regulariter computatio graduum fit per

canonistas propter matrimonia, in quibus
copula duarum personarum consideratur,
vt habetur *in cap. per totam 35. q. 1.* & gradus
prohibitio in matrimonio de quo iure sit, vi-
de *Couar. de matr. cap. 6. § 9.* computatio verò,
quæ fit de iure ciuili regulariter fit propter
successiones, ideo quælibet persona graduum
constituit *Bald. in l. meminerint C. de legit. hered.
Gl. in cap. fin. de consang. & affinit.* Sic etiam in-
telligenda *Pragmatica ossiana de compos.* per
quam requiritur hodie etiam qualitas here-
ditaria non in actu, sed in potentia, vt patet
apud *D. de Franch. decis. 69.* & quibus compe-
tat, excipies à *Theod. alleg. 9.* nempe primo li-
beris primi gradus *l. filius Patri ff. de suis & le-
git. hered. § 1. instit. de hered. qualit. & differ.* etiã
si fuerint postumi, *l. 3. § vtique ff. de suis, & le-
git. hered. l. qui in vtero ff. de stat. homin.* quorum
nomine nequibunt Tutores veneri relicti re-
mittere antequam in lucem veniant *l. postumo
C. de collat. Nouar. quæst. forens. parte 2. quæst. 9.*
ac etiam si fuerint naturales legitimati, *§. qui-
bus connumerari autb. de hered. quæ ab intest. de-
fer.* etiam si fuerint emancipati; nam tales
concurrunt cùm suis hæredibus, *§. emancipati
instit. de hered. quæ ab intest. defer. l. 1. C. vnde libe-
ri l. meminerint § cum igitur C. de legit. hered.* etiã
si renunciassent hereditati paternæ, vel se absti-
nuerint, cùm hoc sit eorum ius, vt possint re-
mittere citrà nomen, & ius hæredis, & ex re-
missione aditio, vel immixtio non inducitur
l. pro herede § fin. ff. de acq. hered. tametsi respe-
ctu feminæ exclusæ per statutum à successio-
ne, dicatur ea exclusa quemadmodum à iure
querulandi, sic etiam pariter à iure remitten-
di *Amat. cons. 58. Theod. d. alleg. 9. Molfes. cons.
10. D. Merlin. contr. for. cap. 38. par. 1.* nisi deesset
adesset idoneus accusator, vel ad quem prin-
cipaliter spectet *Franch. dec. 382.* & à nepoti-
bus, eorum Patre mortuo, etiam requiritur
remissio, *§ sed deinum instit. de heredit. quæ ab in-
test. defer.* & in secundo loco deficientibus de-
scendentibus, spectanda est remissio ab ascen-
dentibus, & sic à Patre, & Matre *§. primo gradu
instit. de grad. cogn. l. 1. § 1. ff. eod.* In quorum de-
fectum vocantur Auus, & Auia *§. secundo gradu
instit. de grad. cogn. l. 1. § gradu ff. eod. l. iurisconn-
sultus § secundo gradu ff. eod.* quibus deficientibus
vocantur ascendentes in tertio gradu, scilicet
Proauus, & Proauia. Quibus cessantibus vocã-
tur successiuè vsq; in infinitum, secundum cõ-
putationem *ius ciu. inst. & ff. de grad. cogn.* qui-
bus cessantibus, vocantur fratres vtrimq; co-
niuncti legitimi, & naturales, etiam emanci-
pati *l. 1. § post hos ff. de suis, & legit. hered. l. Ami-
cy C. com. de succ.* Item vocantur, sorores vtrinq;
coniunctæ *Franch. decis. 27.* quibus deficienti-
bus, vocantur consanguinei collaterales, ser-
uata graduus prærogatiua, vsq; ad decimum
gradum. Vxor quoq; deficientibus agnatis, &
cognatis, remittere potest, & in remissione

fa-

faciendæ per Tutorem; quæ requisita interuenire debeant, vide *Thor. compend. decis. Regni parte 1. in verbo remissio facta à Tutore*, quid si Pater ordinaret Tutori, vt remitteret, & remisit, quod valeat talis remissio, testatur *Thoro loco cit. in verbo remissio facta à Tutore de nece*, quid si sit facta à principali offenso ante quã moreretur, & hæres, vel alios accusabit, *Thoro in verbo remissio si sit facta* dicit, quod hodie accusare potest per dispositionẽ *d. R. Pragm. 8. Fr. Seb. dec. 613.* vide *Cãpegn. super cap. Regni frequentas cap. 78.* & sic concludimus, quod in hoc postremo casu lineali agitur de linea impropria, quam vocant gradum, non de linea propria, vt supra diximus.

18 Postremo ex isto iure sanguinis procedit facultas Protomyseos in retrahendo bona antecessorum, pro vt extat dispositum in Sacris paginis *Leuit. cap. 25. si extenuatus frater tuus vendiderit possessiunculam, & voluerit propinquus eius potest redimere, & Ruth. cap. 4.* vbi habetur, partem agri Patris Elimelech vendidit Neomi, quæ reuersa est de regione Moabitide, *quod audire te volui, vt tibi dicerem coram cunctis sedentibus, & maioribus natu de Populo meo si vis possidere agrũ iure propinquitatis, eme, & posside. Hierem. cap. 32.* ibi, *eme tibi agrum meum, qui est in Anathot, tibi enim competit ex propinquitate, vt emas*, & an talia præcepta, siue dogmata sint de iure diuino tanquam à Moyseo promulgata vide *Tiraq. in tract. de retract.* [illegible] *præfat. sub n. 8. vers.* vbi tenet, quod non, ex eo, quia respiciunt partem cõmutabilem, nempè iudiciariam, non vero partem moralem, & ceremonialem, ad quod probandum adducit multos Theologos, & in specie *Scotum*, quem vocat *tenebrosissimũ*, & alios Doctores de nostratibus, vel saltim negari nõ potest, quod tale statutum sit approbatum, prout etiam de iure canonico, vt per *D. de Marta contr. iur. lib. 1. cap. 55. sub n. 10. & seq. & cap. 74. nu. 7 lib. 2.* qui sustinet per hoc ligare etiam clericos, & Ecclesiasticas personas, quod aliter esset in dispositione *Pragm. 1. de arbitris*, licèt *Capyc. dec. 66.* teneat contrarium, & *pragm. 4. de poss. non turbat.* et in *Pragm. 1. ad Maced.* et in *pragm.* [illegible] *de pignor.* et in *Consuet. Neap. si quis, vel si quis, vel si quis Moriens*, in quibus omnibus non est subditus clericus, vel persona Ecclesiastica, licèt quoad ius succedẽdi in medietate bonorũ antiquorũ, tacitè sit quæstio, vt nouiter scribit *D. Pansinus in suo tract. de consuet. Neap. to. 2. dec. 40.* qui adhuc est sub Typis, pro vt hic noster tract.

Ex isto iure sanguinis competunt etiam feuda, vt supradiximus *in 1. tit. adde D. Sanfelic. decis. 100.* Ius etiam patronatus *arg. l. congruit C. de iure emphyt.* prout cæteræ prælationes æquitati consonæ.

Tribules qui dicantur, vide *Tiraq. de vtr. lign. Glos. 9. n. 19.* nempè, qui sunt ex eadem Tribu, idest propinquitate, affinitate, et consanguinitate.

DE HÆREDE ADOPTIVO.

ADROGATO, ET PVTATIVO.

SVMMARIVM.

1 *ADoptiui, & adrogati legitimi hæredes sunt.*
2 *Patres adoptantes, quam olim in adoptatos potestatem habebant.*
3 *Adoptio est prima causa filiationis.*
4 *Diabolus quos filios habeat, consequentaliter n. 5.*
6 *Filios diaboli infidelitas creat.*
7 *Iesus Dominus noster non fuit filius Ioseph per adoptionem, sed per imputationem.*
8 *Ioseph quos Patres habuit.*
9 *Adoptandi consuetudo antiquissima.*
10 *Christus quomodo dictus Sacerdos æternus in stola*
11 *Generationes quatuor esse debent, & quæ, & n. 12.*
13 *Adoptio legalis quibus modis fit.*
14 *Adrogatio quid.*
15 *Filij adrogati, & legitimi, & naturales sunt symboli, quoad acquisitionem Patri respectiuè.*
Item quoad legem Patriam n. 16.
Item quo ad alimenta si egentes n. 18.
Item quatenus sunt in Sacris Patrij n. 18. cum eius effectibus n. 19. 20. 21. 22. & 23.
Item circà Iniurias irrogandas Patrem n. 24.
Item non tantum circa personam, sed etiam circa bona n. 25. 26. 27. 28. 29. & 30.
31 *Domus venditio, retenta superficie, non valet.*
32 *Possessus ab alio nihil possidere videtur.*
33 *Infideles submissi in bello mancipant bona sua.*
34 *Seruiens capiti, membris quoque deseruire videtur*
35 *Dyna filia Iacob quomodo capta, & violata.*
36 *Circumciso Rege facillimè circumciduntur Vassalli.*
37 *Submissio quomodo fiat.*
38 *Monachus professus de iure communi videtur omnia Monasterio abdicasse.*
39 *Impubes quomodo adrogetur, & n. 40 41. & 42.*
43 *Substitutiones quæ extinguuntur per adrogationem, & num. 46.*
44 *Pupillaris substitutio cuius sit testamentum an Patris, vel filij, & defenditur Barbatus à morsu*

Ma-

Mastrilli, & Prat. n. 45.
57 *Adoptio quomodo fieri potest, & eius effectus n. 48. 49. 50. 51. & 52.*
53 *Filij adoptiui sunt tantùm legales, & ciuiles.*
54 *Dictio, proindè, quid importet.*
55 *Dictio, quasi, quid importet.*
56 *Statutum disponens de filijs nunquàm intelligitur de adoptiuis, quid in feudis n. 57. 60. & 61.*
58 *Filij adoptiui an excludant filiam naturalem, dictante statuto, quod stantibus masculis, feminæ nõ succedant.*
59 *Filij adoptiui an excludant fideicommissum, & n. 60. remissiuè.*
62 *Filij adoptiui an succedant in Regnis.*
63 *Immunitas concessa Patri propter onustatem filiorum non extenditur ad adoptiuos.*
65 *Filius adoptiuus an comprehendatur in dispositione l. si vnquàm C. de reuoc. donat. & an in* dispoſit. l. cùm Auus, & l. cùm Acutiſſimi C. de fideicom. n. 65.
66 *Adoptiuus potest in ius vocare Patrem adoptantem absq; venia.*
67 *Mater licèt non habeat filium in potestate, tamen vocari in ius à filio non potest absque venia.*
68 *Adoptiui sub continuæ de non ascendendo non veniunt.*
69 *Adoptionis filiatio cui sit symbola, & n. 70.*
71 *Filiatio spiritualis est certissima.*
72 *Hereticus an sit de corpore Ecclesiæ.*
73 *Affinitas an contrahatur cùm heretico, Iudeo, & Pagano.*
74 *Baptizatus est, & si aliquis non sit, tamen creatura Dei est.*
75 *Filij spirituales Summi Pontificis omnes per baptismum efficimur.*
76 *Dispensatio faciliùs conceditur in affinitate carnali, quàm spirituali.*
77 *Filiatio spiritualis, in quo sit symbola filiationi adoptiuæ.*
78 *Compaternitas à quo deriuetur.*
79 *Baptismatis effectus.*
80 *Patres carnales, & spirituales in quo sint symboli n. 81. 82. & 83.*
84 *Filij, & non Fratris fieri potest adoptio.*
85 *Adoptionis ratio quæ fuit.*
86 *Adoptantes debent imitari naturam.*
87 *Adoptatio non fit ad tempus.*
88 *Adoptantis ætas, quæ requiratur.*
89 *Adoptiui quomodo succedunt, & num. 90. 91. 92. 93. 94. 95. 96. 97. & 98.*
99 *Adrogatio per quæ verba fieri solet, & n. 100.*
101 *Voluntas an perpetua exigatur in adoptionibus.*
102 *Octauianus Cæsar adoptauit Liuium.*
103 *Descendentes simpliciter adoptiui quomodo succedunt, & n. 104.*
105 *Adoptio si probaretur facta in fraudem ascendentium quomodo differt ab adrogatione.*
106 *Adoptio soluta per emancipationem non admittit successionem.*
107 *Liberi naturales, & legitimi in quo differunt à legitimatis.*
108 *Iura ciuilia naturalia tollere non possunt.*
109 *Pater adrogans quomodo succedat filio adrogato, & num. 110.*
111 *Pupillaris substitutio per adrogationem extinguitur.*
112 *Pater naturalis cum Patre adoptiuo quomodo concurrat ad successionem filij.*
113 *Pater, & Mater naturales quomodo excludunt Auum adoptantis Patrem.*
114 *Adoptio quomodo regulatur in successione collateralium n. 115. & 116.*
117 *Representatio an habeat locum inter adrogatos.*
118 *Filius adoptatus post mortẽ Patris naturalis an amittat vtramq; successionem.*
119 *Filij putatiui qui, & quomodo veniant in successionem n. 120.*
121 *Filij putatiui quomodo succedant in fideicommissis n. 122. 123. & 124.*
125 *Priuilegium concessum marito vero an extendatur ad maritum putatiuum.*
126 *Donatio facta à marito putatiuo vxori an valeat*
127 *Testator vocans filios ex legitimo matrimonio, is, qui admitti vult, quæ probare debeat, vsq; ad n. 135.*
136 *Filius putatiuus an succedat in feudis, & dignitatibus.*
137 *Filius adoptiuus an habeat vitam, et militiam in feudis Patris adoptantis remissiuè.*

TITVLVS TERTIVS.

1 ADoptiui, siuè adrogati legitimi heredes sunt, siuè legales dicuntur; cum per adoptionem, quæ est actus legitimus, nempe qui extraneus est pro filio expressè habetur,
2 *Petr. Gregor. Thol. Syntagm. iur. ciuil. vniu. lib. 10. cap. 6. in prin.* & ideo Patres adoptantes olim indistinctè filios, quos adoptabant, vitæ, necisquè potestatem habebant, vt aduertit *Cicero in oratione pro domo sua* *Gl. in princ. de adopt.*
3 *in verbo adoptamus instit. l. 1. ff. eod.* Hæc adoptio est prima causa filiationis, quia nos filij *Dei* sumus non natura, sed voluntate gratuita, à qua hominum salus tanquàm ex vero, & natiuo fonte promanat. Ideo dicimus *Pater noster, qui es in cælis*, quia ipse *Deus est Pater noster*, nõ quia ex natura sua nos genuit, sed ex voluntate dumtaxat. dicimus adoptati nos ab adoptione generantis beneficij, non natura, secundum. *D. Aug. enarr. euang. secũdum Ioan. lib. 10. lit. B. et C.* & proindè ex gratia admittimur ad participandam hæreditatem, tanquàm adoptiui. *D. Thom. in 3. parte quæst. 23. art. 1.* tametsi *Deus noster* habeat filium naturalem *Dominum nostrum Iesum Christum conceptum de Spiritu Sancto natum ex Maria semper Virgine.*

Prout è contrà diabolus habet suos filios ex natura, & adoptione, possunt dæmones habere filios naturales ex sententia *Lactantij Firmiani opusc. de origine erroris cap. 15.* dicit ipse, dictos dæmones mulierum congressibus coinguiguinatos, qui redeuntes ad Cælum non fuerunt amplius ob eorum peccata patrata recepti, & ceciderunt in terram, sic eos diabolus ex Angelis Dei fecit satellites, & ministros, & ab illis procreati, quia nec Angeli, nec homines fuerunt, sed media quadam natura gerentes non sunt ad inferos recepti, sicut in cælum nequaquam parentes eorum, & proinde quod duo genera dæmonum facta sunt, unum cœleste, hoc est aereum, alterum terrenum, hi sunt immundi spiritus malorum, quæ geruntur authores, quorum idem diabolus est Princeps: Unde *Trismegistus* illum *Dæmonarchem* appellat, *Dæmones* dicimus dæmpè peritos, rerumq; scios, quarum genera sex enumerat *Diu. Aug. de honesta disciplina lib. 2.* secundum eorum vitia, & malitias, cæterum hæc *Lactantij Firmiani* enarratio sicuti est situata sub titulo *de origine erroris*, sic etiam in se continet originalem fabellam unám, & si famosum fit, Syluanos, & Faunos, quos vulgo incubos appellat, improbos semper extitisse mulieribus, & earū appetijsse, ac peregisse concubitum, & quosdam dæmones, quos dusos Galli nuncupant, hanc assiduam immunditiam, & tētare, & efficere plures, talesq; asseuerare, demoniosq; esse secundos semine, & coire licet secūs Angeli boni, *Cylius de Angelis, et Marci Antonij dæmonum lib. 2. cap. 6.* adeo quod ex nostratibus sumunt argumentorum improbationis filiationis ob incubum á demone sortitum occulté cùm mulieribus etiam strictissimé custodijs habitum inter quos *Cardin. Paleota de nothis, et spur. cap. 21. n. 7.* & post eum *Menoch. de arbitr. casu 89. n. 18. et Caraza de partu legitimo, Mescell. pass. cap. 20. num. 41.* & nos suprà diximus, quæ est etiā fabella, de qua nec audet affirmare *Diuus Augustinus de Ciuitate Dei lib. 15. cap. 13.* & proindè quod etiam fertur de Platone nato ex matre obumprata à spiritu referendum cum cæteris.

Et ad illud *Genes. cap. 6.* ibi, *et factum est postquam cœperunt homines multi fieri super terram, et filias nati sunt indè videntes Angeli Dei filias hominum, quod bonæ essent sumpserunt sibi uxores ex omnibus, quas elegerant, et dixit Dominus non permanebit spiritus meus in his hominibus in æternum propter quod caro sunt, erunt autem dies eorū centumviginti anni,* hic passus licet sit terribilis, & explicatu difficilis, adeo quod ex hoc argumento affirmantes, intelligi de Angelis Spiritalibus, tamen ex claro eius sensu, & litteratura apparet aliter se habere intellectū, cuius scripturæ consuetudo ea est, ut Angeli illi essent Gigantes homines, ut text. sacer ibidem *Genes. cap. 6.* subdit, *Gigantes autem erant super terram ex diebus illis*, & post illud: *cùm ingressi sunt filij Dei ad filias hominum, et generabāt sibi*, facis demonstratur, quod priusquam sic caderent filij Dei, Deo generabant, non sibi, idest non dominante sibi libidine creandi, sed seruiente officio procreagandi nō familiam fastus sui, sed Ciues Dei, quibus annunciauerunt tanquam Angelis Dei, ut ponerent in Deum spem suam, symboli eius, qui natus est de Seth filius resurrectionis, & sperauit inuocare nomen Domini Dei, in qua spe essent cùm suis posteris cohæredes æternorū bonorum, & sub Deo Patre fratres filiorum. Non autem illos ità fuisse Angelos *Dei*, ut homines non essent, sicuti putauit *Firmianus*, sed homines procul dubio fuisse, scriptura sine ulla ambiguitate declarat: cùm igitur promissum esset, quod videntes Angeli Dei filias hominū, quod bonæ erant, sumpserunt sibi uxores ex omnibus, quas elegerant, & subdit sacer *text. non permanebit spiritus meus in hominibus istis in æternum, propter quod caro sunt.* Spiritu Dei undè fuerunt facti Angeli Dei, & filij Dei, sed declinando ad inferiora homines dicuntur nomine naturæ, non gratiæ, dicuntur, *&* caro deserentes spiritus, & deserendo deseri, vel filij *Deorum*, quod utique utrumque verum est nàm filij *Dei* erant, sub quo Pater suorum Patrum, etiam fratres erant filij *Deorum*, quoniam à *Deis* geniti erant, cùm quibus etiā ipsi Dij erant, iuxtà illud *psal. 81. Ego dixi; Dij estis, & filij excelsi omnes*, merito credunt *septuaginta interpretes*, eos accepisse Spiritum propheticum, ut si quod eius authoritate mutarent, atq; aliter quàm erat, quod interpretabatur, dicerent. Item secundum scripturas canonicas, hebreas, & Christianas multos Gigantes ante diluuium fuisse, dubium haud est, & hos fuisse Ciues Terrigenæ societatis hominum. *Dei* autem filios, qui secundum carnem de *Seth.* propagati sunt in hanc societatem, deserta Iustitia, declinasse, quos propterea creare placuit Creatori, ut etiam hic ostendaretur non solum pulchritudinem verùm etiā magnitudines, & fortitudines corporum, ut aduertit *D. Aug. lib. 4. quæst. super Gen. vol. 4. fol. 28. n. 3. lit. A. & Melchi in tract. de Ciuit. Dei lib. 15. ad Marcell. cap. 23.*

¶ Habent autem diaboli filios non natura, sed bene adoptiuos per malitiam: nàm licet quidam filij seculi huius sint filij; tamèn diaboli minime sunt, quia, & si diabolus sit author, & Princeps omnium malorum, iuxtà illud *Gregorij Nazianzeni.*

Factum nosco bonis, bonus ipse creatus, & alis.
Factus et indè malus, sit tamen ipse mali,
& eius insidia contrà nos.
Magnus te spoliat Satanas per parua, latumq;
Porrigit ut gemmas detrahat ipse tibi.
Quid gemmas dico? Cælum tibi surripit ipsum
Dum tua porrecta pectora pascit humo.
Vmbram offert spectrumq; boni proponit [illegible]
Aut et alas, veras ut tibi demat opes.
At velut in somnis rerum Phantasmata mōstrat:
Redditus, ut lux undas, impsaq; gemas
eius odium contrà nos.

Dic

Dic mihi, cur tantis odijs aut per fidem hostis
Exagitat, bellis atq; grauibusq; petit?
Causam odij, cauamq; cupis cognoscere belli?
Hoc odio summi numinis ipse facit
Exitium in nostri generis rnit impetus exco,
Quod nequeat superis bella mouere Patri.
Vt si quis Regis nequeat cùm lædere, Regis
Arripiens statuam dente manuq; petat

Eiusdem impotentia contrà nos.

Cùm canis est mordax, hunc tu compesce catena
Irritus illius tum furor omnis erit.
Tum frustra se se huc vertet, si vertet et illuc
Cum tibi semper, ab hoc cura sit esse procul.
Sic Satanam Christus tam dura compede vinxit,
Idem nullum, vt fiuo lædere dente queat.
Id modo dum quisquam caueat, ne stultus ad illū
Tendat, et æterna sit sibi causa necis.
Si Satanas Christi fine nutu inuadere porcum.
Non potis est, Christi quomodo lædet ouem

Eius astutia.

Sic velit in maris morte, in pectore demon,
Inueniet occultas, aut facit ipse vias.

Non autem filios diaboli faciunt quæcumq; peccata, peccant enim filij *Dei*, quoniam si dixerint, se non habere peccatum, se ipsos seducunt, & veritas in eis non est *Ioan.1.* sed ex conditione peccant, quia sunt filij adhuc huius seculi; filios autem diaboli, infidelitas facit, quia non habent extrinsicè vndè se saluari possent, prout *D.N.I.Christus filius Dei alloquens Mat.7. si ergo vos cùm sitis mali nostis bona data dare filijs vestris, quanto magis Pater noster, qui in Cœlis est dabit bona petentibus se!* Si enim filij *Dei* non essent, non eis diceret *Pater noster, qui es in Cælis*, & tamen eos malos esse dicit, & nosse bona dare filijs suis non filij *Dei*, quia mali, sed indè mali, vndè adhùc filij seculi. Iam tam filij *Dei* facti pignore Spiritus Sancti per baptismum, & inhabiles ad peccandum, tamen filij *Dei* peccatores sumus in via huius seculi tanquam filij seculi, & non diaboli, *August. lib. 3. contrà duas epistolas Pelagiani bis. F. tomo 7. folio mihi 391.*

7 *Dominus noster Iesus* Christus non fuit filius Ioseph per adoptionem, sed bene per imputationem, *Luc.3.* ipse Iesus erat quasi incipiens annorum triginta, vt putabatur filius Io-
8 seph, qui duos habuit Patres vnum naturalem, alterum adoptantem: Nam *Mattheo* dicente 1. *Abraham genuit Isaac, Isaac genuit Iacob*, atq; per illud verbum genuit, perseuerante, donéc in vltimo diceret, *Iacob autem genuit Ioseph*, satis exprimitur naturalis filiatio secundum carnem Iosephi, Iacobi, & sic ille Iacob fuit Pater naturalis generans Ioseph *Lucas* vero genitum esse Ioseph non à Iacob, sed ab Heli; Heli autem Pater adoptans fuit Ioseph, cùm
9 antiquissima fuerat adoptandi consuetudo, etiam in illo Populo *Dei*, vt ipsi filios facerent, quos non ipsi genuissent, nam excepto, quòd filia Pharaonis Moysen adoptauit, illa verò de Populo Dei nō fuit, sed de Regibus Ægypti. Iacob nepotes suos natos ex Ioseph verbis manifestissimis adoptauit, dicens, *nunc itaq; filij tui duo, qui nati sunt tibi, priusquam ad te venirem mei sunt Ephraim, & Manasses, tanquam Ruben, & Simeon erunt mihi: Nati autem, si genueris postea, tibi erunt.* Vndè etiam factum est, vt duodecim Tribus essent Israel, excepta tribu Leui, quæ templo seruiebat, cùm ea certè terdecim fuerint, à qua Tribu Leui fuit semper Maria Virgo, & successiuè secundum filium
10 hominis D.N.I.C. qui tanquam filius Mariæ, & non Ioseph eius sponsi fuit electus Sacerdos docens in templo, secundum *Lactant. Firmian.* sinè manus annotationem *Philippi* ad quemdam Theodorum Iudeum impressi post opera *Lactantij folio mihi* 160. quia cùm natus sit Iesus à Maria absq; Patre ex opera Spiritus
11 Sancti, & fuit vna ex generationibus completa: cùm quatuor deberent esse generationes. Prima vt homo nasceretur sine Patre, & sine Matre prout fuit Adam, secunda vt nasceretur à Patre, sinè Matre, prout fuit Æua, tertia vt nasceretur cùm Patre, & Matre prout sumus nos omnes, quarta vt nasceretur à Matre, sinè Patre pro vt D.N.I.C. qui fuit filius Mariæ semper Virginis *Diuus Bonauentura de Incarnatione cap. 1.* adde *Gregi. de Benedict. in repet. cap.*
12 *Rayn. in verbo moriens itaq; Testatore cl. 2. n. 14.* vbi ait quod hæreticum esset dicere, Christum fuisse hominem, si Mater non generasset, & Ecclesia erraret, Virginem Mariam vocando *Dei* Genitricem, habuus fuit de Tribu Leui, de qua erat eius Sanctissima Mater, & de qua non erat Ioseph.

13 Adoptio duobus modis fit, vel Principis rescripto, vel Imperio, vel authoritate Magistratus: authoritate scilicet Principis non recognoscentis Superiorem, & habentis iura Imperij potest sibi adoptare eos, qui sui iuris sunt, & eiusmodi adoptionis species vocatur adrogatio, quam nemo præter Imperatorem, & habentem iura Imperij authorizare potest, cùm sit de reseruatis primi ordinis ad Principem, vel ei, cui specialissimè mandauerit, ex quo fit maximi præiudicij *Bald. in l. pen. §. fin. C. de adopt.* eo quod filius adrogatus, qui
14 sui iuris erat in potestatem transit adrogantis, & iure dicitur, quod *adrogatio sit actus legitimus, per quem homo sui iuris, Principis authoritate in alterius transit authoritatem, siue potestatem, quod naturam imitans*, secundum *Doct. in l. fin. C. de adopt.* Et nedum transit ipse solus in potestatem adrogantis, sed etiam omnia sua bona, adeo quod sibi aliquid reseruare non potest, & si aliqua reseruatio fieret non teneret *l. Pater fam. in 1. ff. de adopt.* ad cuius instar fuit spiritualis adoptio Ananiæ, & Saphiræ à diuo Petro, qui reseruantes, siuè occultantes portionem suorum bonorum fuerunt morte violenti puniri tanquam pessimi infideles, vt

F ast.

eft. Apoft. & quicquid acquirit, Patri adroganti acquirit pleno iure in profectitijs, & quoad vsumfructum in aduentitijs *§. igitur instit. per quas perf. nob. acq. l. cùm oportet C. de bon. quæ lib.*
15 & in hoc sunt primo symboli filij adoptiui cùm filijs legitimis, & naturalibus.

16 Secundò sunt symboli quoad legem Patris in filium, vt quemadmodum naturalem Pater potest corrigere, & modis legitimis castigare ità & adrogatum *l. 3. & 4. C. de Patr. potest. & C. de emend. Propinq.*

17 Tertio sunt symboli quoad alimenta egentium, nàm vtrisq; egentibus Pater alimenta tenetur præstare *l. 1. C. de alien. lib. tot. tit. ff. de lib. agnosc. Gl. in Lautero ff. de adopt. & in §. pen. ff. de hered. quæ ab intest. defer. Gugl. de Benedict. in 4. cap. Rayn. in verbo vxorem n. 177. Paslh. de Vir. patr. potest. par. 2. cap. 3. n. 5. vbi Prat. & cap. præced. verf. contrarium tamen.*

18 Quarto sunt symboli, inde adrogatus sicuti naturalis dicitur esse in Sacris Patris *Duar. tract. solut. matr. tit. de acceps. cap. 1. Pimellus in rubr. de bon. matern. par. 3. n. 4.* colligitur ex *Valerio Maximo lib. 7. cap. 7.* vbi de Angi filio loquens, qui à Sufenate fuerat adoptatus, sic ait,
19 *Angi filius in Suffenati familiam, ac sacra transierat.* Vnde est, vt iura suorum hæredum non secùs, ac vt naturales obtineat, & sui, & necessarij hæredes Patris Adrogantis tàm ex testamento, quàm contrà testamentum efficiuntur iuxtà *text. in §. interstati verf. neq; cum interest, & in §. sp. naturalis de hered. quæ ab intest. defer. & in l. 1. §. suum ff. de suis, & legit. hered. & in l. 10 C. eod.* vbi
20 adoptiui filij pariter, & in capita succedunt
21 cùm naturalibus. Hinc etiam est, quod agnationis ius adrogatis tribuitur, vt colligere licet ex textu in *§. per adopt. de leg. agn. succes. & in*
22 *l. 2. §. parui ff. de suis, & legit.* & omnes suitatis effectus adipiscuntur, vt voluit, *Tiraq. in d. l. si vnquam num. 21. & Padilla in Lerum, quem n. 6. & 7. C. de fideicom. Gomes. var. resolut. cap. 5. n. 12.* & quod magis consanguinitatis iuri eum
23 attingere, & eius filijs coniungitur *l. 1. §. fin. ff. de suis, & legit. d. §. per adopt.* quod intellige de iure sanguinis similitudinarié, non vero propriè, ex quo ius sanguinis proprium nec dari, nec adimi potest per ius ciuile, tanquàm quod naturale *l. iura sanguinis ff. de reg. iur. & in d. §. per adopt. ibi, Nec dubium est, quia hi improprie consanguinei appellantur.*

24 Quinto sunt symboli, nàm sicuti filij naturales, sic nec etià adoptiui possunt Patrem in
25 ius vocare *l. adopt. ff. de in ius voc.* adeo q̀ sicuti Pater naturalis habet potestatè in filiú eiusq; bona, in nepotem natum ex filio suo, & deinceps, sic etiàm Pater adoptans, vt colligitur ex *l. 2. §. hoc verò proprium ff. de excus. & ex l. liberos ff. de capit. dimin.* ac non solum bona, verum eius, qui se in adrogationem dat liberi nati, & nascituri, & hi quoq; qui postliminio reuertuntur in potestatem adrogantis rediguntur,

sintq; ei nepotum loco; vt *Iustinianus* compro-
27 bat *in d. §. illud de adopt.* exemplum Augusti, qui non priùs Tiberium adoptauit, quàm is Germanicù adoptasset, vt protinùs adoptione facta, inciperet Germanicus Augusti nepos
28 esse, *Tacit. lib. 12. ann.* est enim absolutissima in iure regula, quod qui est in aliena potestate alium in sua potestate habere non potest, de qua in vulgata *l. si cemnitet ff. ad l. Iul. de adult. & in l. fin. C. de legit. Tut.* quod non est in eo,
29 qui in adoptionem datur à Patre naturali, tunc liberi eius non in adoptantis, sed naturalis potestate remanent *l. adrogato ff. de adopt.*

30 Et est adeo verum in adrogato symbolum filij naturalis, vt cùm eius capite omnes eius fortunæ in domum adrogantis pertransiant, quemadmodum, vt supra diximus, nihil sibi reseruare posset, & si velit, prout statuit etiàm *text. in d. l. si Pater in principio de acq. per adrog.* aliàs si aliquid vellet sibi reseruare adrogatus deuerteret ordinem naturæ, si vellet in potestatem alterius se transferre, & bona retinere, quod admittendum non est, quemadmodum
31 non valeret venditio domus, deducta superficie, *§. si Titius instit. de rer. diuis. l. fin. ff. de superf.*
32 nàm is, qui ab alio possidetur nihil habere, vel possidere potest *l. homo liber §. quicquid ff. de acq. rer. domin.* ex quibus firmant Doctores,
33 quod Duces illi infideles, qui se iure belli submiserant Regi Vngariæ, non solum submissi fuerunt, sed etiàm terræ eorum simul, & eius
34 Vassalli, cùm seruiente capite, necesse est omnia membra seruire, exemplum patet in sacra
35 scriptura *Genes. cap. 34.* vbi capta Digna filia Iacob, & violata à Sichem filio Hemor Heuei ad eam ducendam legitimam vxorem, subie-
36 cit Hemor circumcisioni cùm toto populo, & exinde per filios Iacob fratres Dynæ omnes interfecti, quod displicuit Iacob; *in Bald. dicit singulariter in c. 2. circa fin. de fide instr.* quod quàndo aliquis, & fortè Ciuitas submisit se alicui
37 Principi portat cartà albà, quæ est sicuti tabula in qua nihil adest depictù cùm sigillo communitatis, & Notarius, qui missus est cùm illo sigillo, potest scribere quicquid est de natura negotij, & voluntate Domini, & de vi eius schedę vacuę in albo signatæ, & sigillatæ postcà repleræ habetur apud *Innoc. & Abb. in d.*
38 *cap. 2. vbiq; Bald.* prout dicitur de professo, qui de iure communi videtur omnia suo Monasterio dedicasse, vt scilicet omnia Monasterio cōpetant, & in eum transeant etiàm feudalia, *auth. ingressi C. de sacr. Eccl.* licet quo ad feudalia aliter sit dispositum de iure feudorum, ne transeant ad manus mortuas.

39 Si verò Impubes est, qui adrogatur dic, vt *in §. cùm autem instit. de adopt. & in l. nec ei §. prò cùm leg. seq. ff. eod.* talis enim Impuberis adrogatio fieri debet præsentibus, & consentientibus parentibus suis, maximeq; proximioribus idoneis, tùm fortè ad successionem venturis

cùm

cùm de eorum præiudicio agatur, attento quod nedum Pupilli persona, sed bona etiam illius alienantur, & transferuntur in alterius potestatem: Vnde causæ cognitio adimplenda est plenissima tredecim obseruatis solemnitatibus, de quibus in §. *cùm autem impubes instit. de adopt. Bart. & Doct. in d.l. si Pater §. adrogationibus, & in l. nec ei permittitur ff. eod.* quibus di- 40 scussis Princeps, aut ab eo delegatus permittet adrogationem, vel deneget, & ut dùm parentibus per adrogationem præiudicatur, sed interdiceret extraneis, quia per eam substitutio Pupillaris à Patre quondam naturali facta filio nunc adrogato extinguitur, quæ erat testamentum filij *l. Papinianus §. sed nec impuberis ff. de inoffic. testam.* vt si filius impubes ante adrogationem decessisset, eos licèt extraneos hæredes habuisset, quos Pater naturalis eis pupillariter substituerat; nunc facta adrogatione, illos hæredes non habebit per extinctionem pupillaris substitutionis, quià cùm translatus fuerat in potestatem Patris adrogantis testamentum habere non potest *l. qui in potestate ff.* 41 *eod.* & ex hoc inoleuit praxis pro interesse venientium ab intestato, vel iure pupillaris substitutionis, vel legati, quod scilicet præstetur 42 cautio per Patrem adrogantem tempore adrogationis, quod pupillo decedente intrà pubertatem in adrogatione, eius bona restituet, ac si adrogatio facta non fuisset, quæ si præstita non fuerit pro data, & præstita habetur, ità quod casu ipso aduenïente, bona cùm ex substitutione, quæ fuit extincta per adrogationem, sed per cautionem præstitam, aut subintellectam, restituentur, vt in d. §. *cùm autē impuber.*

43 Ex quo habes, quod pupillaris substitutio dicitur testamentum filij, & non Patris ad *text. in d.l. Papinianus d. §. sed nec Impuberis, l. si Patris, & filij ff. de vulg. l. humanus. C. de impub. & alijs subst.* verum difficultatis cardo in eo consistit, an sit verè testamentum filij; vel fictè, vt scilicet comprehendi possit sub statuto, dissensio acerrima est inter *Giurbam, & meum Horatium Barbatum in locis infrà citandis. Giurba enim decis. 11. n. 18. & 19.* substinet pupillarem substitutionem esse testamentum pupilli, & per eam pupillum dici testatum impropriè, & fictè, non autem verè *ad text. in §. qua ratione* in verbo *tanquam instit. de pupill. subst.* quæ dictio *tanquam* denotat improprietatem, & sic inspecta iuris dispositione dicetur testamentum pupilli, non quod naturaliter ità sit, & proinde non extenditur eiusmodi dispositio ad statutum aliquod, cùm statuti verba verè, & propriè sint intelligenda, ac in sensu naturali, non autem in impropria significatione, nec valet argumentum de vno ad alium casum. *Barbatus verò in tract. de diuis. fruct. par. 3. cap. 2. n. 35.* tenet contra *Giurbam* dicens esse propriè testamentum filij pupillaris substitutio in nihilo obstante dictione *tanquam*, in qua suum figit præsidium *Giurba* ad improprilandum testamentum in personam filij, quia natura eiusmodi dictionis est potiùs veritatis expressiua, quàm improprietatis inductiua, per *text. in l. 1. C. de hered. instit.* ibi, In verbo, *tanquam*, cùm certe inibi per ipsum *contendit alleg.* verùm ex quo allucinatum vocari à Barbato in hoc puncto potuit *Giurbam* ipse idem *obseruans ad decis. cap. 71. n. 11. vers. sed hanc med.* disputando per totas aduersus *Barbatum* figendo pedes in sua opinione, de qua in *d. decis. 11.* dixit, *contrà Barbatum sentire prudentia est, facere fortitudinis, sentire verò, & facere perfecta, cumulata virtutis, adeò vt hoc Iudicio omnium bonorum mentem confirmetis, insanorum reprimatis audaciam.*

Dixit *Consiliarius Pratus ad Consil. Paschal. de virib. patr. potest. par. 1. cap. 9. in vers. dicam ego,* fassum prebens Giurbæ (*velamen absq; concursu, & macula fati, & nescio si culpæ, vel casus etiam, vt diximus in praeced. tu. beneuo non magnum nomen consequeretur à laboribus*) quod iura, & considerationes per *Barbatum* adductas, adductasuè, non suffragantur ei, vt in vers. nec suffragatur, & collocans in medio suam opinionem asserit vnicam dispositionem à Patre factam, in ea comprehendi hæreditatem, & patrimonium filij Impuberis, qui dum existit in Patris potestate, testamentum facere non potest, etiā repugnante deficientia ætatis, dùm lex expressè vetat testamentum ex alieno arbitrio dependere. Patri concessit, vt pró filio testaretur ex efficacia, & perfectia potestatis Patriæ: Ideo Patri permisit, quod pró filio testamentum conderet, vel proprius quod in suo testamento, & dispositione comprehendatur patrimonium filij, qui tot repugnantibus assiomatibus de re sua disponere non poterat. Hæc mea sententia, subdit Pratus, est, de qua lætabor, si legentes non improbabunt, si tamen qui syncero animo abiurgare alienos labores assueti sunt, Inuidos etenim, & momos (qui, & ipsi leguleij, vt plurimum sunt, innibilum semper habui, eorumq; miseritus sum, quos marcescere vidi aliorum rebus opimis, & in dies experior, hæc *Prat.* qui vtinam sic constantèr votasset, pró vt syncero animo iactatur scripsisse.

44 Ego enim omnino affirmandum censeo opinionem *Barbati* esse verissimam, quod scilicet talis pupillaris substitutio est verè testamentū filij ex gratia à lege elargitā, vt Pater tanquam pica explicasset voluntatem filij Impuberis, quòd non est nouum, quando similiter per gratiam conduntur testamenta à Patribus fam. vt infra plenius dicemus *instit. de hered. ex testam.* Vndè quemadmodum Pater fam. ex gratia legis potest condere testamentum pro se, sic etiam ex eadem gratia potest explicare dispositionem filij fam. infantis, & sic cessant obiecta per *Prat.*, quia illud testamentum dici-

est. Apost. & quicquid acquirit, Patri adroganti acquirit pleno iure in profectitijs, & quoad vsumfructum in aduentitijs §. *igitur instit. per quas pers. nob. acq. L. cùm oportet C. de bon. quæ lib.*
15 & in hoc sunt primo symboli filij adoptiui
cùm filijs legitimis, & naturalibus.
16 Secundò sunt symboli quoad legem Patris in filium, vt quemadmodum naturalem Pater potest corrigere, & modis legitimis castigare ità & adrogatum *L. 3. & 4. C. de Patr. potest. & C. de emend. Propinq.*
17 Tertio sunt symboli quoad alimenta egentium, nàm vtrisq; egentibus Pater alimenta tenetur præstare *L. 1. C. de alim. lib. vol. tit. ff. de lib. agnosc. Gl. in L. contra ff. de adopt. & in §. pen. ff. de hæred. quæ ab intest. defer. Gugl. de Benedict. in d. cap. Rayn. in verbo vxorem n. 177. Pasch. de Vir. patr. potest. par. 2. cap. 3. n. 5. vbi Prat. & cap. præced. vers. contrarium tamen.*
18 Quarto sunt symboli, nàm adrogatus sicuti naturalis dicitur esse in Sacris Patris *Duar. tract. solut. matr. tit. de accept. cap. 1. Pinellus in rubr. de bon. matern. par. 2. n. 4.* colligitur ex *Valerio Maximo lib. 7. cap. 7.* vbi de Angi filio loquens, qui à Sussenate fuerat adoptatus, sic ait,
19 *Angi filium in Sussenatis familiam, ac sacra transierat.* Vnde est, vt iura suorum hæredum non secùs, ac vt naturales obtineàt, & sui, & necessarij hæredes Patris Adrogantis sì ex testamento, quàm contrà testamentum efficiuntur iuxtà *text. in §. similiter vers. nepotem interest, & in §. pen. instit. de hæred. quæ ab intest. defer. & in L. 1. §. suus ff. de suis, & legit. hæred. & in L. 1. C. eod.* vbi
20 adoptiui filij patruelis, & in capita succedunt
21 cùm naturalibus. Hinc etiam est, quod agnationis ius adrogatis tribuitur, vt colligere iubet ex textu in §. *per adopt. de leg. agn. success. & in*
22 *L. 2. §. patrui ff. de suis, & legit.* & omnes suitatis effectus adipiscuntur, vt voluit *Tiraq. in d. L. si vnquam num. 21. & Padilla in Leum, quarto n. 6. & 7. C. de fideicom. Gomez. var. resolut. cap. 5. n. 11.* & quod magis consanguinitatis iuri eum
23 attingere, & eius filijs coniungitur *L. 1. §. fin. ff. de suis, & legit. d. §. per adopt.* quod intellige de iure sanguinis similitudinariè, non verò propriè, ex quo ius sanguinis proprium nec dari, nec admi potest per ius ciuile, tanquàm quod naturale *L. iura sanguinis ff. de reg. iur. & in d. §. per adopt. ibi. Nec dubium est, quia hi improprie consanguinei appellantur.*
24 Quinto sunt symboli, nàm sicuti filij naturales, sic etiam adoptiui possunt Patrem in
25 ius vocare *L. adopt. ff. de in ius voc.* adeo quod sicuti Pater naturalis habet potestatè in filiis eiusq; bona, in nepotem natum ex filio suo, & deinceps, sic etiam Pater adoptans, vt colligitur ex *L. 2. §. hoc verò proprium ff. de ædil. & ex L. liberos ff. de capit. demin.* at non solum bona, verum eius, qui se in adrogationem dat liberi nati, & nascituri, & hi quoq; qui postliminio reuertuntur in potestatem adrogantis rediguntur,

sintq; ei nepotum loco; vt *Iustinianus* compro-
27 bat *in d. §. illud de adopt.* exemplum Augusti, qui non prius Tiberium adoptauit, quàm is Germanicum adoptasset, vt protinus adoptione facta, inciperet Germanicus Augusti nepos
28 esse, *Tacit. lib. 1. Ann.* est enim absolutissima in iure regula, quod qui est in aliena potestate alium in sua potestate habere non potest, de qua in vulgata *L. si consentit ff. ad L. Iul. de adult. & in L. fin. C. de legit. Tut.* quod non est in eo,
29 qui in adoptionem datur à Patre naturali; tunc liberi eius non in adoptantis, sed naturalis potestate remanent *L. adrogato ff. de adopt.*
30 Et est adeo verum in adrogato symbolum filij naturalis, vt cùm eius capite omnes eius fortunæ in domum adrogantis pertranseant, quemadmodum, vt supra diximus, nihil sibi reseruare possit, & si velit, prout habetur etiam *text. in d. L. si Pater in principio de acq. per adrog.* alidàs si aliquid vellet sibi reseruare adrogatus deuerteret ordinem naturæ, si vellet in potestatem alterius se transferre, & bona retinere, quod admittendum non est, quemadmodum
31 non valeret venditio domus, deducta superficie, *§. si Titius instit. de rer. diuis. L. fin. ff. de superf.*
32 nàm is, qui ab alio possidetur nihil habere, vel possidere potest *L. homo liber §. quirèmus ff. de*
33 *acq. rer. domin.* ex quibus firmant Doctores, quod Duces illi infideles, qui se iure belli submiserant Regi Vngariæ, non solum submissi fuerunt, sed etiam terræ eorum simul, & eius
34 Vassalli cùm seruitute capitis, necesse est omnia membra seruire, exemplum patet in sacra
35 scriptura *Genes. cap. 34.* vbi capta Digna filia Iacob, & violata à Sichem filio Hemor Heuei ad eam ducendam legitimam vxorem, subie-
36 cit Hemor circumcisioni cùm toto populo, & exinde per filios Iacob fratres Dynæ omnes interfecti, quod displicuit Iacob; *et Bald. dum singularitèr in c. 2. circa fin. de fide instr.* quod quan-
37 do aliquis, & fortè Ciuitas submittit se alicui Principi portat cartà albà, quæ est sicuti tabula in qua nihil adest depictù cùm sigillo communitatis, & Notarius, qui missus est cùm illo sigillo, potest scribere quicquid est de natura negotij, & voluntate Domini, & de virtute schedæ vacuæ in albo signatæ, & sigillatæ postea repletæ habetur apud *Innoc. & Abb. in d.*
38 *cap. 2. vtriusq; Bald.* prout dicitur de professo, qui de iure communi videtur omnia suo Monasterio dedicasse, vt scilicet omnia Monasterio cõpetant, & in eum transeant etiam feudalia, *auth. ingressi C. de sacr. Eccl.* licèt quo ad feudalia aliter sit dispositum de iure feudorum, ne transeant ad manus mortuas.
39 Si verò impubes est, qui adrogatur dic, vt in §. *cùm autem instit. de adopt. & in L. nec ei §. prò cùm leg. seq. ff. eod.* talis enim impuberis adrogatio fieri debet præsentibus, & consentientibus parentibus suis, maximeq; proximioribus idoneis, eius forte ad successionem venturis
cùm

cùm de eorum præiudicio agatur, attento
quod nedum Pupilli persona, sed bona vice-
ciùs alienantur, & transferuntur in alterius
potestatem: Vndè causæ cognitio adimplenda
est plenissima tredecim obseruatis solemni-
taribus, de quibus in §. *cùm autem impubes instit.*
de adopt. Bart. & Doct. in d. l. si Pater §. adrogato-
ribus, & in l. nec ei permittitur ff. eod. quibus di-
40 scussis Princeps, aut ab eo delegatus permit-
tet adrogationem, vel denegét, & nedùm pa-
rentibus per adrogationem præiudicatur, sed
interdiceret extraneis, quia per eam substitu-
tio Pupillaris à Patre quondam naturali facta
filio nunc adrogato extinguitur, quæ erat te-
stamentum filij *l. Papinianus §. sed nec impuberis*
ff. de inoffic. testam. vt si filius impubes ante ad-
rogationem decessisset, eos licèt extraneos
hæredes habuisset, quos Pater naturalis eis
pupillariter substituerat, nùnc facta adroga-
tione, illos hæredes non habebit per extinctio-
nem pupillaris substitutionis, quià cùm trans-
ferat in potestatem Patris adrogantis testa-
mentum habere non potest *l. qui in potestate ff.*
41 *eod.* & ex hoc inoleuit praxis pro interesse ve-
nientium ab intestato, vel iure pupillaris sub-
stitutionis, vel legati, quod scilicèt præstetur
42 cautio per Patrem adrogantem tempore
adrogationis, quod pupillo decedente intrà
pubertatem in adrogatione, eius bona resti-
tuet, ac si adrogatio facta non fuisset, quæ si
præstita non fuerit prædata, & præstita habe-
tur, ità quod casu ipso adueniente, bona cùm
ex substitutione, quæ fuit extincta per adro-
gationem, sed per cautionem præstitam, aut
subintellectam, restituentur, vt *in d. §. cùm aut*
impubes.

43 Ex quo habes, quod pupillaris substitutio
dicitur testamentum filij, & non Patris ad *tex-*
tu d. l. Papinianus d. §. sed nec Impuberis, l. si Pa-
tris, & filij ff. de vulg. l. humanit. C. de impub. &
alijs subst. verum difficultatis cardo in eo con-
sistit, an sit verè testamentum filij; vel fictè, vt
scilicèt comprehendi possit sub statuto, dis-
sensio acerrima est intèr *Giurbam, & virum*
Horatium Barbatum in locis infrà citandis.
Giurba enim decis. 11. n. 13. & 14. subsistit pu-
pillarem substitutionem esse testamentum pu-
pilli, & per eam pupillum dici testatum im-
propriè, & fictè, non autem verè *ad text. in §.*
quaratione in verbo *tanquam instit. de pupill.*
subst. quæ dictio *tanquam* denotat improprie-
tatem, & sic inspecta iuris dispositione dicetur
testamentum pupilli, non quod naturaliter ità
sit, & proindè non extenditur eiusmodi dispo-
sitio ad statutum aliquod dicùm statuti verba
verè, & propriè sint intelligenda, ac in sensu
naturali, non autem in impropria significatio-
ne, nec valet argumentum de vno ad alium
casum. *Barbatus verò in tract. de diuis. fruct. par.*
3. cap. 2. n. 25. tenet contra *Giurbam* dicens
esse propriè testamentum filij pupillaris substi-
tutio in nihilo obstante dictione *tanquam*, in
qua suum figit præsidium *Giurba* ad impro-
priandum testamentum in personam filij, quia
natura eiusmodi dictionis est potiùs veritatis
expressiuæ, quàm improprietatis inductiuæ.
per *text. in l. 1. C. de hæred. instit.* ibi, in verbo,
tanquam, cùm cæteris inibi per ipsum *concord.*
alleg. verùm ex quo allucinatum vocari à Bar-
bato in hoc puncto putauit *Giurbam* ipse idem
obseruat ad decis. cap. 71. n. 11. vers. sed hanc med.
disputando per totas aduersus *Barbatum* li-
gendo pedes in sua opinione, de qua *in d. decis.*
11. dixit, *contrà Barbatum sentire prudentiæ est,*
facere fortitudinis, sentire verò, & facere perfecta,
consumata virtutis, adeò vt hoc Iudicio omnium bo-
norum mentem confirmatis, insurgentium reprimatis
audaciam.

Dixit *Consiliarius Prætus ad Consil. Paschal. de*
virib. patr. potest. par. 1. cap. 9. in vers. dicam ego,
sallam præbens Giurbæ (*vtinam absq; concur-*
su, & macula sui, & iniuriosi culpa, vel casus
cùm, vt diximus in praecedenti. bonorum non magnum
verum consequendum à laboribus) quod iura, &
considerationes per *Barbatum* adducta, adda-
stuuè, non suffragantur ei, vt in vers. nec suffra-
gatur, & collocans in medio suam opinionem
asserit vnicam dispositionem à Patre factam,
in ea comprehendi hæreditatem, & patrimo-
nium filij impuberis, qui dum existit in Patris
potestate, testamentum facere non potest. etiá
repugnante deficientia ætatis, dùm lex expres-
sè vetat testamentum ex alieno arbitrio de-
pendere, Patri concessit, vt pró filio testaretur
ex efficacia, & potentia potestatis Patriæ: Ideo
Patri permisit, quod pró filio testamentum
conderet, vel proprius quod in suo testamen-
to, & dispositione comprehendatur patrimo-
nium filij, qui tot repugnantibus assiomatibus
de re sua disponere non poterat. Hæc mea
sententia, subdit Prætus, est, de qua lætabor, si
legentes non improbabunt, si tamèn qui synce-
ro animo abiurgare alienos labores assueti
sunt, inuidos etenim, & momos (qui, & ipsi le-
guleí, vt plurimum sunt, inhibitum semper ha-
bui, eorumq; miserias sum, quos maerescere
vidi aliorum rebus opimis, & in dies experior,
hæc *Præt.* qui vtinam se constantèr vocasset,
pró vt syncero animo iactatur scripsisse.

44 Ipse enim omnino affirmandum censeo opi-
nionem *Barbati* esse verissimam, quod scilicèt
talis pupillaris substitutio est verè testamentú
filij ex gratia à lege elargitú, vt Pater tanquam
pica explicasset voluntatem filij Impuberis,
quòd non est nouum, quando similitèr per
gratiam conficiuntur testamenta à Patribus
fam. vt infrà plenius dicemus *inter. de hærede ex*
testam. Vndè quemadmodum Pater fam. ex
gratia legis potest condere testamentum pro
se, sic etiam ex eadem gratia potest explicare
dispositionem filij fam. infantis, & sic cessant
obiecta per *Prat.*, quia illud testamentum dici-

tur vna causa efficiens per gratiam in duabus personis existens, quo verò ad materiam, & finem, hoc est respectu Patris, & filij, verè sunt duo testamenta, & hoc voluit dicere consultus *in l. Papinianus. §. sed nec impuberis ff. de inoffic. testam. & in cap. si Pater de testam. in 6. Ruin. cons. 86. n. 9. lib. 2.* vbi etiam dicit, quod talis Pupil-
45 lus nō dicitur intestatus mori, eo, quod sit in ætate, in qua testari non possit *l. qua ætate ff. de testam.* nam talis inhabilitas suppletur per testamentum à Patre conditum, & ordinatum, vt per *Doct. in l. omnes ff. ad Tertull. & l. fcimus C. de legit. hered. & per Bald. in l. arrogator col. pen. ff. de adopt.* voluit *Gugl. de Benedict. in d. cap. Raynu. in verbo, si absq; liber. moreret. el secundo tit. de pupil. subst. sub n. 54. & seq.* aliàs si testamentum pupillare non esset verà dispositio filij collata facultati Patris ex gratia, sic prò filio disponendi, quemadmodum prò se, consideraretur mancum, improprium, & diuisibile quoad voluntatem filij explicatam à Patre non suò Marte, sed ex gratia, & legis facultate, quod iura ab-
46 horrent, adeoque quod cæteræ dispositiones per Patrem naturalem factæ, prout sunt vulgares, & fideicommissariæ, cùm ex testamento Patris dependeant, nec sint testamentum filij, sed ipsius Patris eas condentis, non extinguntur per adrogationem; Immò filio adrogato in quacumque ætate moriente, lucratiuum substitutionum, seu debitum filij adrogati petentur per substitutum à Patre naturali, sicuti peterentur à quolibet alio filij herede, *l. in adrogatione ff. de peculio. l. 1. C. de bon. autb. iud. possid.* vbi volùtas Testatoris exequenda est, non obstante filij heredis voluntate præstita in adrogatione.

47 Per adoptionem verò, quæ fieri potest corã quocumque Magistratu, etiam si parentes adoptiui hodie non consenserint, *l. cum adoptio fit, ff. de adopt.* quia in hac adoptione adest bonum, & salubre patris naturalis consilium, in cuius est potestate, de quo erga filium iura valdè præsumunt, propter diuinam coniunctionem, patris naturalis iura non dissoluuntur, nec quicquam ad patrem adoptantem transit, licet ei succedant ab intestato, *§. sed hodie in primo responsio instit. de adopt.* & est, quod omnes effectus causa, tàm ex filiatione, quàm ex patria potestate, & sic tàm à lege naturæ, quàm ciuili manent illibati, & integri, ac si non esset adoptans, *tex. in l. cùm in adoptiuis, C. de adopt. in principio.* vbi Imperator hoc latiùs prosequens decidit, filium quamuis in adoptionem datum patri naturali prodesse, & ab eo patrem naturalem debita naturalia percipere, videndus *Robles de repres. lib. 1. cap. 8. in princip.*

48 Hinc etiam habetur, quod pater adoptans non tenetur filium adoptiuum alere, vt dicit *Glos. in d. §. sed ea omnia instit. de hered. ab intest.* quam ibi sequuntur Doctores ob dictionem, commodi, in eo positam, nisi talis filius operaretur patri adoptanti, quia tùnc deberentur alimenta; cùm dignus sit operarius cibo debito, & mercede sua, *Gugl. in d. verbo, Et vxorem nomine adelasiam sub num. 177.*

49 Contrariam opinionem, quod immò pater adoptans teneatur alere filium adoptiuum, probat *Surd. tract. de aliment. tit. 1. quæst. 8. sub nu. 9. vers. Contraria sententia,* ex eo, quia filius adoptiuus vocatur ad successionem intestati, *Glos. in l. more, ff. de adopt.* in quo textu probatur, quod in patrem adoptantem transeunt omnia eius, qui suscipitur in adoptionem, & negari non potest, quod alimentationis onus sit principale, & tametsi velint aliqui moderni dicentes, non currere argumentum, debetur alicui successio, ergo & ei debentur in vita alimenta ab eo, de cuius successionis est spes, respondet *Surdus,* quod id fuit etiam ratione proximitatis, ex quo proximior grauatur onere alendi proximiorem.

Nec obstat proindè (subdit *Surdus*) *tex. in d. §. sed hodie,* vbi deciditur, quod iura patria naturalis minimè dissoluuntur, ex quo respondet textum illum intelligi de iuribus actiuis, quæ patri contra filium competebant, non de passiuis, quibus pater erga filium tenebatur, ideò non tenetur filio relinquere legitimam, & potest citari in ius absque venia, omnia ergo transeunt in adoptantem, sed non iura, quæ patri competebant, eodem modo intelligi debere textum *in d. §. sed & omnia.* & licèt durum videatur, quod adoptans pater teneatur ad onera, & non acquirat iura naturalis patris contra *tex. in l. secundum naturam, ff. de reg. iur.* tamen rectè intuenti cessat obiectum (subdit *Surdus*) nàm onus alimentationis est quid cõnexum ipsi filio, ergo acceptando eum in filium videtur se obligare ad onera filio spectantia, filius enim habet necessitatem, vt à patre alatur, ergo illud onus transit in adoptantem, quia qui tenetur aliquem tractare in filium, tenetur etiam illum alere, secundùm *Bart. in l. quidam cùm filium, ff. de verb. oblig.* & quod dictũ de clausula taxatiua, resoluit *Surdus sub num. 10.* non procedere in casibus symbolis, si enim non excluduntur, *l. ob æs,* vbi *Glos. C. de prad. minor. Glos. in l. minore, vers. Dumtaxat, ff. solut. matrim. cùm concordan. rb. ab eo adductis,* ergo alimentandi onus non est dissimile successioni; cùm ab eo ad aliud rectè inferatur, *Tiraquell. in l. si vnquam in vers. Susceperit liberos. num. 1. C. de donat.* constat præter successionem, alia iura competere filio, vndè educi potest, taxatiuam illam non retinere suam proprietatem.

Non obstat etiam, subdit *Surdus,* quod concurrunt causæ naturales, & ciuiles, quia negatur concursus, ex quo onera sunt ad adoptantem translata, *d. l. more, ff. de adopt.* & vna accedente, altera tollitur; nàm tunc pater præstat alimenta naturali filio, quando non habet alimen-

aliundè, sed quando habet aliundè, cessat con-
cussas, prout dicitur in filia nupta, quę alitur à
marito, non à patre, nec vim facit naturalis
charitas, à qua procedunt alimenta, quia illud
est verum, quando aliundè filius non habet, sed
cum filius patrem habeat adoptiuum, cessat illa
facultatis ratio, & charitas. Insuper adoptio
imitatur naturam. §. *adoptio instit. de adopt.* Pa-
ter ergo adoptans tanquam in locum patris
naturalis subrogatus, tenetur alimenta præ-
stare.

Surdi instantia pro probanda sua opinione
quę sunt minoris famæ eiusdem ingenij, tamē
illis non obstantibus, defendas tu primam ca-
nonicam opinionem, quia pater naturalis ha-
bet in se onus iure naturæ filium naturalem
alendi, quod quidem onus hodie nullatenùs
transit in patrem adoptantem, in quem nec
transeunt iura patriæ potestatis: cùm illud,
quod disputatur à *Surdo* benè poterit sustli-
50 neri iure antiquo, quo patria potestas causa-
batur ab adoptione, vt in principio probaui-
mus: non verò hodie, quia attento iure nouis-
simo, filius adoptiuus solùm ius succedēdi ac-
quirit in adoptantem ab intestato, non verò
51 ex testamento, adeò quod in eo nec etiam pa-
ter adoptans tenetur filio adoptiuo legitimā
relinquere, quia tale onus non habet, vt suprà
diximus, & valet argumentum affirmatiuum,
tenetur legitimam relinquere, ergo tenetur
alere, & sic è contrà, quia magis attendenda
est natura, quàm accidens, *l. qui liber. ff. de ta-
bor.* cùm alimenta à iure natura debeantur, §.
ius naturale instit. de iure nat. gent. & ciu. ergo
potiùs à patre naturali, quàm ab adoptante
debentur, & hac ratione diluuntur cætera ar-
gumenta per *Surd.* relata.

52 Cessat suprapositæ nostra opinio in filio
operante patri adoptanti, vt suprà diximus.
Secundò cessat in subsidium: nempè quando
naturalis esset pauper; tùnc enim pater adoptās
tenetur alere filium adoptiuum, vt probat idē
Surd. quæst. 27. num. 24. & hanc opinionem plu-
ribus alijs rationibus probat *Ant. Cordub. de alimentis in 2. sub num. 10.*

53 Isti filij adoptiui sunt legales, ciuiles sed di-
cuntur nullum naturalitatis symbolum haben-
tes, vt de adrogatis diximus, neque dicuntur
verè filij, sed abusiuè, & proindè appellatione
filiorum non veniunt adoptiui, *L. filio quem in
princip.* ibi: *Vt patris adoptiuus filius nunquam in-
telligatur,* & ibi: *Nè ergo naturæ veritas adum-
bretur, ff. de delibr. & post.* & in *l. 1. item in adopt.* in
illis verbis, *Quasi imaginaria quadam,* & in *L.*
54 *adoptiones, in verbo Perinde, C. eod.* Quæ quidē
verba improprietatem, & fictionem denotant,
imò vmbram, ibi: *Quasi imaginariam, l. qui à
patre,* & ibi, *Bart. C. de confirm. tut.* & probaue-
runt per *Glos. & Bart. in l. sacrilegij, §. 1. ff. ad L.
Iul. peccul. & in 2. in princ. ff. de recept. & in l. si
quis, qui pro emptore, col. 3. ff. de vsucap. pater ad-*

55 *ditione, quasi, & verbo Videtur, & in l. si pater fi-
lio,* vbi *Glos. ff. de his, qui in fraud. credit. & in l. si
duo,* vbi etiam *Glos. in fine, ff. de acquir. hæred. &
Glos. in L. naturaliter in princip. ff. de acquir. possess.
Bart. in d. l. si is, qui pro emptore, ff. de vsucap.* & in
specie probat tex. in § *adoptio, vers. Quamque in-
stit. de legit. agnat. succ.* vbi textus de adoptiuis
loquens, dicit: *Nec dubium est, quod impropriè
consanguinei appellantur. Bart. in l. si adrogator, n.
13. ff. de adopt. Imola in L. suis, ff. de liber. & post.
Valent. Fenz. lib. 5. de success. ab intest. cap. 3. nu. 7.
Robles cap. 8. sub num. 3. Marta summa success.
legali, par. 2. quæst. 2. art. 7. in princip.*
56 Indè dicitur, quod statuto loquente de fi-
lijs, nunquam intelligitur de adoptiuis, *Bald.
cons. 24. statuto Ciuitatis cauetur, lib. 1. & cons. 46.*
57 *eod. lib.* nisi in dispositione feudali, in ea enim
appellatione filiorū venit etiam adoptiuus, vt
censuit *Bald. in l. adopt. ff. de in ius vocand.* Vndè
attento statuto, vel Consuetudine, quod stan-
tibus masculis, fœminę non succedunt, prout
in Regno *Constitutio in aliquibus,* talis filius le-
gitimus tantùm, vel adrogatus filiam non ex-
cludit, *Guglielm. de Benedict. loco mox suprà cita-
to sub num. 138. Ias. in l. etiam filius fam. col. ante pe-
nult. vers. Tertiò quæro ff. de legat. 2. Dec. in l. ge-
neraliter, ff. de instit. & substi. & cap. in præsentia
extrà de probat. col. 15. & cons. 81. & 399. Bald.
cons. 14. & cons. 102. est considerandum, lib. 4. Cor-
neus cons. 83. col. 1. lib. 3. Alber. Brun. stat. rescell.
form. quæst. 1 art. 1.*
59 Insuper filij adoptiui non excludunt fidei-
commissarium, *l. si ita quis. §. si cui, ff. de legat. 2.
l. fideicommissum, ff. de condit. & demonstr.* quod
procedit etiam in adrogatis, vt post *Bald. in l.
fin. C. de his, qui ven. ætat. impetr. Guglielm. loc.
cit. sub nu. 178.* aliàs de facili posset fieri fraus
60 adoptando pater filios, quos posteà posset
emancipare, *Ioann. de Anania in addit. ad Spec.
in tit. de success. ab intest. tex. in l. fin. §. ex bonis, ff.
de bon. damn.* tradit *Bart. in l. si cognatis, col. 2. ff.
de reb. dub. Dec. cons. 299. in princip. Tiraquell. in
l. si vnquam, verbo Susceperis,* nec faciunt defice-
re conditionem, *Peregrin. de fideicomm. art. 22.
num. 83. Fusar. de fideicomm. subst. quæst. 516. nu.
1. & seq. Andreola controu. 239. num. 60.* vide
quando secùs *Gratian. discept. forens. cap. 930. sub n.
3. & seq.*
61 Item filij adoptiui differunt à filijs naturali-
bus in successione feudi, ex quo adoptiuus nō
admittitur, *cap. 2. §. adoptiuus, tit. si de feud. fuer. con-
tr.* nec in emphyteusi, *Spec. in tit. de locat. §. nunc
aliquid, num. 51. & seq. Alex. in d. l. adoptio, ff. de
in ius voc. Marta summa success. leg. par. 1. quæst. 2.
art. 4. num. 4.* quod fallit, quando verba filij nō
possunt verificari, nisi in adoptiuis, & in Cle-
rico in Sacris constituto, *Hippolit. de Marsil. in
rubr. de fideiuss. num. 197. Bald. in l. hæredibus, &
in L. 1. ff. ad Trebell.* Et quod Presbyter possit
adoptare, & habere filium adoptiuum, statuit
*Alex. in L. Gallus, § quid si is, qui, num. 10. de liber.
& posth.*

& possib. Abbas in cap. 1. de cogn. leg. num. 4. Immò si pater substituerit filio Clerico, si decesserit sine filio, intelligitur de adoptiuis, Bald. in l. heredib. § 1. ff. ad Trebell.

61 Sed in Imperio, & Regno benè adoptari possunt, et succedant, prout exempla plurima habemus; nàm Nerua Cæsar M. Vlpium Traianum adoptauit extraneum in se, mox in Curiam Cæsarem designauit, teste Xiphilip. ex Dione in Coccio Nerua, sic Adrianus adoptatus à Traiano Xiphilip. in Traiano, & Ælius Spart. in eod. post mortem Neruæ, & Adrianus sibi adoptauit Antoninum, sed cùm illi nulla virilis stirps fieret, Commodi filium adoptauit, adiuncto etiam Marco Antonio Vero, qui antè Cæsilius dicebatur, mortuo verò Cæsare, rursus adoptauit Adrianus Attium Antoniũ, testibus Spartiano, & Capitolino, primò in Adriano, secundò in Antonio Pio. Iulius Cæsar adoptauit Octauium ex Actia nepotem, cùm liberos non haberet, eumque Imperij, & fortunarum hæredem instituit, vt scribit Dion. l. 44. & 45. hist. Nero à Claudio, & si nefandissima adoptio excerpta industria Agrippinæ minoris eius matris, prætèrito filio legitimo, & naturali Germanico, & Galba Imperator Pisonẽ adoptaturus, vt illum successorem designaret, eleganti oratione probauit hunc morem authoritate probatissimorum priscorum Principum, teste Cornelio Tacito lib. 17. ann. & cùm legitimis, & naturalibus simùl succedunt, teste Salustio in bello Iugur. Verbium, vbi adoptatus à Micispa Numidarum Rege successit in Regno Aldetbote, Hiempsale filijs naturalibus, & legitimis, illud factum iudicio Ipsius Micispæ, & Senatus populi Romani, Micispe infoelix adoptator fuit, qui non filium, sed funestum Draconem Regiæ, filijsque suis immiserit, Nerua benè adoptauit, Traianus malè, & filia Pharaonis adoptauit Moysen in filium, Exod. cap. 1. quæ vocabatur Thermutim, & Adamas Cariæ Regina adoptauit Alexandrum Magnum, & Ioanna Secunda huius Regni Regina post obitum fratris Ladislai, Iacobo Barbonio Marchiæ Comiti nupta, dissidio cùm marito orto, nec liberos habens, Terroconensium Regem Alphonsum Primum adoptauit, hocque abdicato, postea Ludouicum Andegauensem Augiò Tertium, secundi filium, prout etiam refert Ioann. Vinc. Ciarl. notit. hist. Sam. lib. 5. cap. 1. fol. 410. & Paul. Æmil. lib. 30. histor. Franc. in Carolo VI. de quibus potest dici, Regnum adoptiuo bello obtinuit æquatum, de quo mirabili modo filij adoptandi per ... vide Glos. in cap. Ismael 16. dist.

63 Rursus immunitas concessa patri propter onustatem duodecim filiorum non habet locum in adoptiuis, l. sexs. § adopt. ff. de carnis. muner. & § 1. instit. de excusat. tut. in vers. Sed adoptiui, Dec. d. cons. 399. num. 1. & seq.

64 Postremò adoptiui non vocantur ex l. si vnquam, C. de reuoc. donat. Tiraquell. ibi in verbo Susceperit liberos, num. 2. & pluribus seq. nec etiam in eis, locum habet dispositio, l. Iam Ausi, & Lectissimi, C. de fideicommiss. Quinimmò plus dicit Glos. in d. § fin. ex eodem, quod filius

66 patrem suum adoptantem in ius recta via vocare potest, non obtenta, nec venia petita, nec in poenam, § poenales instit. de act. & l. fin. ff. de in ius vocand. incideret; tamen dicta Glos. communiter reprobatur in hoc, quia haud negari potest, quin talis filius patri suo adoptanti debeat reuerentiam, quæ sola dicitur causa dictæ prohibitionis vocandi patrem in iudiciũ,

67 posito, quod in eius non sit potestate, quia etiam mater, quæ filium in potestate non habet, non potest in ius vocari à filio sine eius venia, l. quoque, § parentes, ff. eod. tit. prout non vi-

68 detur esse verum, quod dicit Franciscus Hermolaus in tract. de caut. de non offend. cap. 33. num. 7. vbi dicit, quod adoptiui sub cautione de non offendendo non veniunt, allegans tex. in l. si ita, § de vni. ff. de legat. 2. & quod dicitur de statuto, quod stantibus masculis foeminæ non succedant, non veniunt adoptiui, illud non intelligitur, ex quo adoptiui non sunt coniuncti, sed benè ad euitandas fraudes, vt suprà diximus, quæ ratio cessat in dictis postremis casibus, Clement. de patr. potest. effect. 3. num. 16.

69 Hæc igitur filiatio ex suprapositis non videtur regulariter symbola filiationi naturali; sed potius dignoscitur symbola filiationi spirituali; quia filiatio adoptiua est certior filiatione naturali respectu patris adoptantis;

70 cùm actus ille legitimus facit esse verè patrẽ, ac certum adoptantem, quod non est in filiatione naturali, per quam nunquam pater dicitur certus, sed præsumptiuè, secundùm Bart. in d. l. Lucius, per illum tex. ff. de condit. & demonstrat. Marta summa success. leg. par. 1. quæst. 3. art. 1. num. 2. Dom. Reg. de Ponte cons. 3. vol. 2. Ideò filiatio adoptiua debet esse certior filiatione naturali; cùm filiatio naturalis fiat sine iudicio gignentis, hæc adoptantis certo iudicio operatur.

71 Filiatio verò spiritualis benè esse potest symbola tanquam certissima filiationi adoptiuæ, & è contra ratione certitudinis, filiatio enim spiritualis habet probationem certam ex eleuatione in lauacro Sacri Fontis Baptismatis, vel Confirmatione, quod est quoddam genus hominum, qui spiritualiter coniunguntur, Guglielm. d. verbo, Et vxorem nomine Adele-

72 siam sub num. 199. hæc filiatio, sicut amor vniuersalis non admittit disparitatem sexus, dignitatis, conditionis, & Ecclesiæ, quia eleuare potest in Sacro Fonte puerum baptizandum etiam hæreticus, cap. Nullum de diga. Ex quo cum puerum Domino sociauerit verè spiritualis pater efficitur, nec Baptismum, quem habet perdit per hæresim, quia hæreticus quoad habitum est de corpore Ecclesiæ, & legibus

Ec-

Ecclesiæ ligamen; licet quoad potentiam sit
extra gremium Ecclesiæ. *Archiep. Riccius l. de*
iure person. extra grem. Eccl. exist. lib. 1. cap. 2. sed
melius est dicere, quod nec cùm hæretico con-
trahitur talis spiritualis cōpaternitas, siuè affi-
nitas, prout nec etiam cùm Iudæo, aut Paga-
no baptizantibus: cùm quibus nulla contra-
hitur spiritualis cognatio; nàm sicuti carna-
liter quis nascitur à patre, & matre, sic spiritua
liter renascitur ex Deo, & Ecclesia: Vndè con-
ferens Sacramentum Baptismi, gerit vicem,
Typum, & personam Dei quoad hoc; suscipiēs
verò, aut leuans puerum, gerit Typum, & per-
74 sonam Ecclesiæ, *cap. 1. de fcrut.* ex qu... sumitur
ratio, quod non baptizatus baptizat, sed à
Baptismo non leuat, quia non baptizatus est
creatura Dei, cuius Typum baptizando gerit,
non tamen est membrum Ecclesiæ, cuius Ty-
pum gerit ipse eleuans: vtroque tamen casu,
quia cùm baptizans expers sit spiritalis vitæ,
in quam homo primo renascitur per Baptis-
mum, nullam tamen contrahit spiritualem co-
gnationem cùm baptizato, vel parentibus il-
lius: cùm eiusmodi spiritalis cognationis ca-
pax non sit, & hoc intelligendum, quod dici-
tur in *cap. in baptismate de consecr. dist. 4. fer nudis*
Ioann. Andr. sing. in cap. ex eo de reg. iur. in 6. Pe-
tr. Gregor. Tholos. præst. iur. canon. par. 2. tit. 4. sub
num. 2. Et proinde ex isto generali lauamine
omnes efficimur spirituales filij Summi Ponti-
ficis, quod & quotidiè in rescriptis Apostoli-
cis obseruamus, in quibus deplomari solet, *Di-*
lecto filio, vel *Dilectis filijs*. Insuper omnes de
Diœcesi dicuntur filij Episcopi, & eadem om-
nes de Parochia dicuntur filij Curati, iuxtà
quæ filiani solent appellari, de his habetur in
cap. mane 10. quæst. & tales etiam spirituali co-
gnatione coniuncti, quantum ad succedendū
sunt symboli filijs adoptiuis nàm ipsi etiam
essent aliudi ex necessitate, sicuti adoptiui,
Bald. in Auth. ex rogati propè finem. vers. Sed nūc
ergo quæro C. ad Trebell. & debemus saltim vtri-
que spiritualem cibum præbere, instruere sci-
licet eos in fide, & moribus, *cap. nos autem de*
consecr. dist. 4. ex quibus solis Sacramentis ori-
tur cognatio spiritualis, quæ matrimonium
contrahendum impedit, & contractum diri-
75 mit, adeò quod dicit singulariter *Panormita-*
nus in cap. fin. col. 3. de purg. canon. sæpè sæpissimè
Ecclesiam dispensasse, & quotidiè dispensare
76 in cognatione carnali circa matrimonium,
sed in spirituali cognatione nunquam, quia
cognatio spiritualis tanquàm procedens ex
nobiliori parte est maiori veneratione digna,
Guglielm. dicto verbo, Et vxorem nomine adelasi. 1
sub num. 102. qui refert *Matthæum Bossum ad*
Cecilium Fabricium eius spiritualem filium
scribentem: *Quamobrem, in quo autem credas*
velim, te mihi nihilo secius carum esse, Cecili, qui te
Christo regeneraui, quàm progenitoribus ipsis, qui
te in sequutam veterum infeliciter Mundo prope-
re mortalem, & veritatis lucis carentem, quod
dictum valdè extollit *Felin. in cap. & si Clerici,*
§. 1. circa finem de indic. & in hoc est etiam sym-
bola filiatio spiritualis cum filiatione ado-
ptiua, quia isti nec sunt agnati, nec cognati, &
ità in hoc Sacramento contrahitur etiam cō-
78 paternitas, quæ dicitur à *Con. & Paternitas*, hoc
est simul patres, quæ compaternitas contrahi-
tur inter eleuantes, & parentes eleuati, quæ ele-
uatio si fiat per procuratorem non causat cum
79 mandante compaternitatem, sed benè cùm
mandatario eleuante, & vterque filius spiri-
tualis scilicet sunt symboli ad præstandam
reuerentiam patribus respectiuè, sicuti libertus
patrono, quia per Baptismum liberatur à ser-
uitute peccati originalis, quo tenebantur Satha-
næ, & Angelis eius, & est symbolus cùm patre
80 naturali in vocando compatrem in iudicium
absque venia patris, de quo plenè in *d. §. præa-*
les, per Ioann. Fabr. & Ias. volentes, ipsum pœ-
nam incurrere & si patrem naturalem in ius
vocasset, secundùm *DD.* communitèr *in l. ge-*
neraliter, ff. de in ius voc. & videtur esse bonus
tex. in cap. ità diligere 30. quæst. 3. disponens ità
diligendum patrem spiritualem, sicuti natura-
lem, quia maius est vinculum spirituale, quàm
adoptionis, *Dom. de Marin. loc. sup. cit.* ideò si-
cuti pater adoptiuus nō potest absque venia
in ius vocari eo fortiùs Pater Spiritualis *Gl. in*
cap. qui dormierit quæst. 79.
81 Et etiam sūt symboli Pater naturalis, & spi-
ritualis in testimonijs ferendis pro filijs respe-
ctiuè, quia sicuti Pater naturalis nō potest esse
testis contrà filium naturalem, sic etiam Pater
Spiritualis non cogitur ad testificandum con-
trà filium spiritualem *D. de Marin. resolut. iur.*
82 *lib. 1. cap. 190. n. 7.* sed contrarium de iure esse
testatur *Guglielm. sæpius cit. n. 103.* quia edictum
de testibus est prohibitorium, & non capit ...
nisi, qui reperiuntur prohibiti, intèr quos non
est Pater Spiritualis, & in contrarium allegata
habent locum iure reuerentiæ, quæ patri debe-
tur, sicuti patri naturali. Nèc filius adoptiuus,
83 prout est filius spiritualis durante adoptione,
legitimè contrahit matrimonium, immo con-
tractum dirimitur, *§. si qua instit. de nupt.* fingi-
84 tur filij dumtaxàt adoptione, non autem Fra-
tris, vel vlterius proximitatis cognatio, testi-
bus *Maximiano, & Diocletiano Cæsaribus in l. ult.*
apud C. de hæred. instit. Diuus Ambrosius dixit ad
Syrmium, aut natura filios suscipimus, siuè electio-
ne, in natura casus est, in electione Iudicium, magisq;
sine consensu patris in adoptantib. affectum ... Quàm
in genitalibus filijs; quia genitales filios esse, ad na-
turam referetur, adoptiuos dedecus esse non modò er-
rori ascribimus, ea scilicet ratione, quod præ-
sentes dumtaxàt in filios adoptantur adopti-
uos virtuosos præferendos naturalibus *Adria-*
nus Cæsar persuasit *Plin. Iun. in panæg. Traiani.*
prout *Theodosius Rex Gothorum*, adoptans in
filium Regem *Herculanum*, intèr cætera *lib. 4.*
Epist.

Et ist. C. assed. 7. vers. epist. 2. scribit *per arma posse fieri filium grandem inter gentes, constat esse praeconium, quia non est dignius adoptare, nisi qui fortissimus creditur agnosci, aequari autem esse meritum, quem iudicia pepererunt, ij enim gratiam non de natura, sed de solis meritis habent, quando verò vinculo obligantur externi, & Caesar Alexander* in suo vltimo exitio constans interrogatus, cui nam imperium regendum committeret, respondit digniori, & *Perdiccam* in signo sui annuli elegit *Tarcagnot. in hist. mundi lib. 2. fol. mer 407. at.*

85 Duplex fuit ratio adoptationis ex eadem, quibus habere interest liberos naturales institos, in quorum loco ij cooptantur: nempè, vt habeamus successores certos, qui ideo nos obseruent, vt nostri curam habeant, caeterorumq; insidias auertant, vtq; nomen familiae posteros superesse sic *Socrates in fine Egimenei sermonis orat. 7. dignum est*, inquit, *legis succurrere, quae nobis filios adoptare licet, at de nostris consulere rebus, reputantes apud nos, quod desertis nominibus pectorum loco sit lex huiusmodi. propter hanc enim agnati, at nullo se sanguinis gradu respicientes magis inter se matrem innantur.*

86 Qui adoptare desiderant imitandi sunt naturam, sicuti pictor, qui depingendo hominē designum in Leone facere non potest. Vndè viri, quibus impossibile est per rerum naturam liberos suscipere, adoptare non possunt, neq; ad tempus fiet adoptatio, nec filius sic tempo-

87 ralis, *Paulus in l. filius ff. de adopt.* Vndè ex eo etiam, quia adoptio naturam imitatur §. *sed mores instit. eod. tit. l. pater fam. §. fin. & l. adoptiuorum ff. eod.* minor, vel aequalis tibi aetate non

88 adoptat *d. §. minorem eod. tit. instit. l. adrogati §. non tantùm ff. eod.* monstruosum enim esset, & impossibile in natura, vt filius patrem generet, at qui vitio incurabili, siuè in morbo detinetur, vt in Senarium contingat, cui inhibetur vxorem ducere, & generare, nec adoptare quoq; potest veluti castratus: si tamen in potentia ad generandum esse possit, & contingit aliquando eo morbo laborare, vt sterilis, spado, frigidus, & maleficiatus, ijsq; & permittitur adoptio *l. 2. §. illud ff. eod. l. adrogatio §. fin. eod. tit. §. sed & illud instit. tit. eod. l. si ferma §. si spadoni ff. de iure dot.* & qui vxorem non habet, habere tamen potest, si velit, *Paul. in l. qui vxores ff. de adopt.* suspenditur enim in illis matrimonium, non autem totaliter desperatur *Couar. in tract. de frig. & malef. impress. post tract. var. resolut. per septem quaest. de iis pertractans*, sic de sexagenarijs placuit, qui etiam ad liberos procreandos *lege Pappia in rationibus nupt.* inutiles habebātur *l. pen. C. de nupt. & Arist. lib. 7. polit. cap. 16.* post quinquagesimum quintum, antecircitèr annum relinquere dixit in computo procreandi studium, vt de caetero, vel sanitatis, vel alterius huiusmodi causa concubitum facere videretur sexagenarijs, itaq; adoptā-di liberos erat facultas, qui autem intrà aetatē eam esset non nunquàm adoptare licebat, sed illis videbatur potiùs liberorum procreationi vacare, nisi forsitàn mores, vel consuetudo prohiberet *Vlpianus in l. si Pater fam. §. in arrog. ff. de adopt. & in l. iudices §. 3. C. eod. Cicero in domo sua, quod est (Pontificum) ius adoptationis, atque vt is adoptet, qui neque procreare liberos possit, & cùm potuerit sit expertus.*

89 Postremo breuitèr videndum quomodo isti tales succedant, & dicendum, quod aut loquimur ex testamento, vt quia testamentum condiderunt, & tunc si erunt tali adoptione coniuncti, quae patriam operatur potestatem, prout sunt filij authoritate Principis adrogati, vel filij authoritate Iudicis in adoptionem coniunctae personae dati, qui per omnia sunt

90 symboli adrogatis, *§. aliquem autem. vers. in nostra autem constit. instit. de hered. ab intest.* & durat adhuc patria potestas, tunc in omnibus, & per omnia adoptantibus succedere debent, & ab ijs instituti, vel nominatim exheredari, acsi naturales essent, & legitimi, prout notat *Bald. in d. l. eam, quàm C. de fideicom.* exist. contra sui heredis etiam locum habet in his adoptiuis, eo

91 modo, vt suprà diximus. Itâ quod si in testamento patris praeteriretur, testamentum arguerent nullum, pariter si sine legitima exprimenda in testamento causa exheredentur, testamentum querelare possunt, & competeret querela inofficiosi testamenti, & è contrà debent similitèr eis parentes adoptantes succedere, & sic instituti debent, aut exheredari, si iusta exheredandi causa subest, vt in §. *adoptiuos instit. de exhere. liber. & in d. l. eam in adopt.* si autem tales filij fuissent ex iusta causa emanci-

92 pati, non tenetur pater eos instituere in aliquo, nec exheredare, quia tunc habentur pro extraneis: secus si ex causa iniusta eos emancipauerit quo casu in bonis talis patris haberent quartam portionem eis elargitam ex beneficio *constitutionis Diui Pij in d. §. non autem impub. & in §. sed si deceden. instit. de adopt.*

93 In qua parte potest pater adrogator tali filio suo, si pupillus sit, pupillaritèr substituere donéc ad pubertatem deuenerit, vt in *d. l. si arrogator ff. de adopt.* sed post pubertatem in illa filius grauari non potest, quam iudicio, siuè liberalitate patris non habet, sed principalis dictae constitutionis prouidentia, quae quartam illam in bonis patris adrogatoris decernit, & constituit.

94 Verùm si esset filius simplicitèr adoptiuus, qui in potestatem patris adoptantis non transijsset, putà extranei, possit ex testamento, iuxtà sententiam patris, succedere, adeò quòd si tali filio pater nihil relinquat, nihil vltrà praetendere poterit, vt in *d. §. aliquem autem.* ibi: *Nisi in hoc tantummodò vsu, vt possit ab intestato ad patris adoptiui successionem venire. instit. de hered. ab in-*

95 *test.* & in hoc iste filius dicetur symbolus filio na-

[illegible], cui ficut pater naturalis [illegible] relinquere, sic etiam dicendum [illegible] legitimo tantùm, & non sunt symbo li [illegible] adoptiui in hoc cùm adrogatis, quia iura, [illegible] eam filio adoptiuo deberi, intelli[illegible] de filio adrogato, non simplici adopti[illegible] cùm habeatur pro extraneo, per textū in d. §. [illegible] autem, ibi: *Neque quarta ei seruetur*, neq;
96 actio aliqua ad eius perceptionem ei competit, & in hoc est differentia inter naturalem tantùm, & legitimos tantùm à filijs legitimis, & naturalibus, quoad successionem ex testamento.

97 Si ageretur inter hos legitimos tantùm de [illegible]dendo ab intestato, vt quia pater legitimus tantùm, siuè adoptans decessit ab intestato, nullo per eum condito testamento, vel ipso [illegible], quod paria sunt, & tunc dicendum, quoad descendentes, vt sunt filij si fuerint ad[illegible] periodè succedunt patribus suis adro[illegible], vt sic ac si essent ex legitimo matrimonio nati, *l. 1. §. suus, ff. de suis, & legit. hæred.* [illegible] quod cæteros excludunt patris adroga[illegible] ascendentes, ac collaterales parentes: qui [illegible] habent remedium, posito quod dice[illegible] adrogationem fuisse factam in fraudem [illegible] cùm fraus de facili non *præsumatur* in [illegible] per Principem sollemniza[illegible] causæ cognitione, *d. §. [illegible]* Quemadmodum [illegible] legitimabatur per populi rogationem, prout *Gell. testatur lib. 5. cap. 19.* Ideò dicitur adrogatio, quia per populi rogationem fieret per ta[illegible] verba. *Velitis, iubeatis vti lege Valeria, L. Ti[illegible] iure, legeque filio siet, quam si ex eo patre, [illegible] familias eius natus esset, vtique ei vitæ, [illegible] in eum potestas siet, vti patiendo filio est, [illegible] ita vt dixi, vos Quirites rogo:* fiebat etiam
100 adrogatio, *L. [illegible]* in Comitijs arbitris Pontificibus per Collegium: namque Pontificum adrogandi dispiciebat, & approbabat, vel reprobabat, vt ex *Cornelio Tacito lib. 17.* apparet dùm de Balba adoptare intendente Pisonē, & ex *Cicerone pro domo sua constat*, nec vt sit ab-
101 sens, & inuitus, sed consentiens, & præsens esse debet, *L. neque absens, l. post mortem, §. fin. & in his adoptionibus, ff. eod.* quamuis in adoptionibus voluntas non admodum perpetua exi[illegible], *L. adoptandus infans, l. etiam infantem, ff. de [illegible]*, sicuti Octauius Cæsar metuens insidias [illegible] statim natum, & Caium fratrem filios [illegible], & sororis suæ adoptauit, teste *Dio[illegible]* quod secus est in adrogatione: nam [illegible] in adrogationem venien[illegible] certè [illegible] authoritatem requirunt, & si antea contrarium non seruaretur *l. fin. C. de auth. præst. l. quod ait Cassianus ff. de adopt.* cuius natura præcipuum est, vt quando quis tali solemnitate adoptatur, non tantum is in potestatem transeat adoptantis, *§. 1. Instit. eod. tit. L. [illegible] ff. de adopt.* sed etiam, & qui filij eius sunt, quousque in sua habeant potestate tanquam nepotes, *§. illud quoque eod. tit. L. si Paterfam. in princ. eod. tit. & L. adrogatio, ff. eod.*

103 Sed si tales descendentes sint liberi simpliciter adoptiui, tales in potestatem patris adoptantis non transeunt, vt quia dati fuerunt extraneo in adoptionem, tunc, adoptione durante, patri succedunt adoptanti, vt sui hæredes ab intestato, *l. cum in adoptiuis, §. si quidem, ff. eod.* Ità quod succedunt cum naturalibus, & legitimis, vt, ibi, dicitur, & habe-
104 tur in *L. si te, C. de suis, & legit. hæred.* nec est hoc hodiè correctum per *auth. in [illegible] eod. tit.* & ideò succedūt tali eorum patri adoptanti, & excludunt descendentes omnes collaterales, & vxorem adoptantis patris, ac si ex matrimonio forent nati, quia sui sunt, & suorum hæredum iura habent ad eos omnes excludendum *L. 2. § liberi, ff. ad Trebell.* sed si
105 adoptio probaretur facta in fraudem ascē[illegible], locum haberet remedium *l. 1. C. de in[illegible] donat.* & in hoc etiam differt ab adrogatione, in qua non consideratur fraus, & fortiùs locum habebunt dicta remedia si adoptio facta probaretur in fraudem liberorum ex matrimonio genitorum, quorum euidenter interest: cùm per adoptionem detrahatur iuri ipsorum, quanto plures erunt, tantò minus pro legitima, vel portione hæredi-
106 tatis habebunt. Si tamen patre moriatur, & tempore eius mortis est soluta adoptio, putà per emancipationem, non ei his aliquo succederent, vt in *d. l. cùm in adoptiuis, §. sed [illegible]*, sed benè succedent patri naturali, qui eos in adoptionem dederat, siuè duret, siuè soluta adoptio fuerit, quia vtroque casu patri naturali succedunt, ac si in adoptionem dati nunquàm fuissent. *§. hi qui tum seq. vsq. ad §. item vetustas, Instit. de hæred. ab*
107 *intest.* ex quibus patet discrimen inter liberos naturales, & legitimos, & hos legitimos tantùm, quia primi ad successionem vocantur ascendentium, siuè sint in potestate, siuè emancipati. si autem adoptiui emancipati fuerint ad successionem, non vocantur patris adoptantis, & ratio differentiæ est, quia inter primos, & suos ascendentes est nexus quidam diuinus, & propterea est inter eos nexus naturalis, qui nō soluitur actu
108 ciuili emancipationis: cùm ciuilia naturalia tollere non possint, ceù diuina prouidentia constituta. *§. ex non scripto. Instit. de iure nat. gent. & ciuili, & in [illegible] adrogationis ff. de pact.* sed in filijs adoptiuis non est cum eorum patre simpliciter adoptiuo nisi nexus ciuilis, & legalis adoptionis, qui faciliùs tollitur per contrarium actum ciuilem, scilicet emancipationis, vt in *d. § at hi qui, vers. minus ergo in. [illegible]*

109 Si autem è contrà descendentes adoptiui, ordine turbato, præ decesserint, quibus ascen-

deant succedere volunt, & petunt, dicendum, quod si pater adrogans filio suo adrogato succedere velit ab intestato, si quidem talis filius erat pubes bona habens castrensia, vel quasi, & succedit in illis, quia cùm in talibus bonis filius reputetur pro patrefam. *L. 2. ff. ad Maced.* habet in illis hæredem de iure, sicùt quilibet alter in suo Patrimonio, nec potuit pater naturalis eum in illis grauare quouis modo in vita, vel in morte, cùm in eis nullum ius haberet, §. 1. *Instit. per quas person. nob. acq.* Itidem ei succedit pater adrogator in bonis aduentitijs quoad proprietatem: cùm per antea suus esset per adrogationem vsusfructus eorum, quia eadem iura habet pater adrogator, quæ habet pater naturalis, durante potestate, & fortiùs succedit in bonis profectitijs ipsius filij sine liberis defuncti etiam à patre naturali, & legitimo profectis: si per eundem patrem naturalem non ei fuerit substitutum filio, si verò fuerit ab illo substitutus, si quidem vulgaritèr, aut per fideicommissum, & conditio substitutionis extiterat, bona debentur substitutis, quia tales substitutiones, vt diximus, non euanescunt, in quacumque ætate filius moriatur, si verò fuerat tali filio pupillaritèr substitutum, & in ætate decesserit pupillari, successio tàm bonorum patris naturalis, quàm sui ipsius substitutis pertinebunt, non quidem ex vi, aut medio substitutionis, quæ per adrogationem, aut adoptionem coniunctæ personæ factam extincta foret, sed virtute cautionis per adrogatorem tempore adrogationis præstitæ, aut subintellectæ, vel pro præstita habitæ, vt *in d. §. cum autem impubes, Instit. de adopt.* Ideò si
110 post pubertatem filius adrogatus decederet: cùm iam pupillaris substitutio adrogatione fuisset extincta, & paritèr cautio illa per euentum pubertatis, certè pater adrogator tùnc filio adrogato succederet, sicut succederet pater naturalis, & legitimus si viueret.

111 Illud quod per adrogationem omninò, & perpetuò pupillarem substitutionem esse extinctam, vbi pater adrogator superuixerit filio, quo casu ex sola cautione successio substituto defertur, & pertinet post mortem impuberis filij; est declarandum in casu, quo pater præmoreretur; tùnc talis substitutio de iure ciuili per adrogationem, & illius mutationem extincta reconualesceret de æquitate prætoria: cùm impedimentum sit tùnc sublatum, filio impubere sui iuris moriente, §. *cùm autem, Instit. quib. mod. testam. infirm.* & consentiunt communitèr *DD. in d. l. si adrogator, & text. in l. posthumus, ff. de iniust. rupt. testam.* quod intellige de patre adrogatore, vel qui aliàs sibi coniunctim receperit
112 in adoptionem: Si autem extraneus, & sic simplex pater adoptiuus, qui superest solus, certè, indubitanterque succederet filio in solidum, sed si in successione concurreret cum ascendentibus naturalibus, putà patre, & matre, tùnc sola mater succederet in vna dimidia in eius hæreditate, & pater naturalis, qui ei dederat in adoptione simul cum patre adoptiuo, qui eum susceperit in altera dimidia parte succedunt per *text. in auth.*
113 *defuncto, C. ad Tertull.* Sed si filius præmortuus loco nepotis adoptatus fuisset, & sic Auum adoptiuum in secũdo gradu existentem ascendentium, præcederent pater, & mater naturales, & sic eum tanquam remotiorem excluderent, vt *in d. §. consequitur, & d. auth. defuncto,* secundùm *Ang. in d. §. mortuo, Instit. de acq. per adrogat.*

114 Et successio inter se collateralitèr regulatur, quando scilicèt eis nõ supersunt ascendentes, & descendentes: nempè quod aut scilicèt tractatur de adoptiuis, aut de coniunctis per adrogationem. Primo enim casu distinguendum, aut scilicèt sunt adoptiui, qui in potestatem non transeunt patris adoptantis, vt quia dati extranei in adoptionem, tùnc nullatenùs succedunt alijs transuersalibus, *l. cùm in adoptiuis, §. sed ne articulum, C. de adopt.* Si autem transeunt in potestatem, vt quia sunt naturaliter coniuncti, vt *in d. §. nullam verò, auth. de hæred. ab intest.* etsi ex capite illo succedere non valeant, scilicèt ex capite naturali, sed solùm ex gradu ciuili adoptionis scilicèt, possunt agnatis patris adoptantis succedere, si adoptio non reperitur soluta per emãcipationem, nõ autẽ succedere possunt cognatis, *l. qui in adoptione, ff. de adopt.* Vndè si proauus maternus pronepotem sibi adoptauerit in filium, & ex tali proauo post eius mortem tres superessent filij naturales, & legitimi ex patre solùm coniuncti, qui nati ex diuersis patribus, & vnus ex his ab intestato moreretur, succederent & alij duo fratres, & etiam nepos ille loco filij adoptatus, vt *in d. l. qui in adoptione, & d. l. qui in adoptiuis, §. si verò pater naturalis, ff. eod. & §. per adopt. Instit. de legit. agnat. succ.* paritèr si quis illorum duorum fratrum superstitus fuisset vtrinque coniunctus, hunc verè pronepotem fratrem eius ciuilem à solo patre coniunctum exclusisset: cùm à solo patre frater esse censeatur defuncti personæ ratione adoptionis ciuilis filiationis, §. *æquitum auth. de hæred. ab intest.*

115 Ex quibus resultat, quod licèt quælibet capitis diminutio contingens in persona adoptati soluat adoptionem, §. *fin. Instit. de legit. agn. succ.* attamen mors naturalis in personam adoptantis contingens adoptionem non soluit, immò durare dicitur inter adoptatum, & agnatos adoptantis, vt *in d. §. per adoptionem, & l. 3. §. Pater alicuius, & in l.* [illegible]

clus

316 *tium. ff. de bonor. possess. contra tab.* Quinimmo nulla capitis diminutio contingens in persona adoptantis soluit adoptionem, §. *illud Instit. eod. tit.* & eo modo succedunt collateraliter ipsi filio adrogantis, scoti, & adoptantis per coniunctam personam, vt scilicet succedant agnatis, sed non cognatis patris, ex quo nec hodie apparet sublata differentia in successione ab intestato inter cognatos, & agnatos, & inter adoptatos, & non adoptatos, quæ tamen sublata est inter naturales, & legitimos, vt in d. §. *nullam*, qui solam illam tollit differentiam inter coniunctos naturali vinculo, & non quoad istorum legitimorum tantum, & ciuilium successionem filiorum.

317 Est beneuerum, quod ea, quæ inducta sunt iure nouissimo inter naturaliter coniunctos, quoad ius repræsentationis, vt scilicet filius fratris præmortui simul cum suo succedat patruo, vel auunculo iure repræsentationis *in d. §. reliquum*, etiam locum obtinet in iis, qui coniuncti sunt solo vinculo ciuili adrogationis scilicet, & adoptionis: cum sit eadem ratio, secundum *Angelum in §. cui etiam in fin. Instit. de succ. agnat. Prastius Papiens. in forma libelli, quo petitur hæreditas ab intestato*, quam opinionem strenuè nouissimè defendit *Robl. de rep. lib. 2. cap. 8. nu. 12. vers. nihilominus vsque ad finem*, vbi respondet ad contraria, & *sub nu. 37.* & nos suo loco dicemus.

318 Quid si filius fuerit adoptatus post mortem patris naturalis, an amittet vtriusque successionem, *Glos. in d. l. cum in adoptiuis. & in §. si vero naturalis* excitat hanc quæstionem, & resoluit, esse filio imputandum, cum non possit inuitus adoptari, quod tenet etiam *Bart. in l. inuitus ff. de his, qui sunt sui, vel alien. iur. Capyc. decis. 194. num. 9.* cum requiratur non tantum consensus, sed etiam adoptandi præsentia, *l. neq; absens, & l. post mortem, §. fin. ff. de adopt.* & suprà etiam diximus, & voluit *Petrus Gregor. Tholos. d. cap. 6. sub num. 14.* sed tamen non per hoc excluderetur iste filius à successionibus, cum quoad successionem sit hodie sublata differentia emancipationis, & Patriæ potestatis, *d. §. nullam, Bart. in l. 7. ff. de vulg. nu. 3. col. 2. & in l. filio præterito, ff. de iniust. rupt. testam. nu. 10.*

319 Hactenus de hærede adoptiuo, & adrogato superest, vt videamus ad ornatum eiusmodi tituli, aliqua discutienda circa hæredem putatiuum, qui assumit nomen à matrimonio putatiuo, quod quidem matrimonium tunc dicimus putatiuum, quando verè, & solemniter contractum fuit, quod ex aliquo impedimento consistere non poterat respectu contrahentium, *cap. ex tenore, qui filij sint legitimi*, & ideo putatiuum dicitur, quia non solum contrahentes ipsi, sed & omnes probabiliter putant esse verum, & legitimum matrimonium, ex tali matrimonio filij procreati dicuntur putatiui, & quoad successionem sunt veri, & legitimi filij, si scilicet duo concurrant: nempè quod matrimonium fuerit sollemniter, & secundum morem Patriæ contractum *d. cap. ex tenore*, & quod adfuerit bona fides in facie ipsorum contrahentium, *Menoch. de præsumpt. lib. 4. præsump. 77. sub nu. 3.* talis sententia probatur ab vtroque iure canonico scilicet, & ciuili, de iure canonico, *ex cap. 2. & d. cap. ex tenore, glos. in cap. 1. de eo, qui duxit in vxor. quam polluit per adult.* de iure ciuili *ex textu in l. qui in Prouincia, §. Diuus, ff. de ritu nupt. gl. per illum tex. in l. qui contra in versiculo decernimus, C. de incest. nupt.* & ibi *Baldus in 3. quæst. Bar. in l. Paulus, aliàs cum qui ff. de statu hominum. Abb. & Ioann. Andr. in d. cap. ex tenore, & in cap. cum inhibitio de clandestina dispensatione. Dec. cons. 153. Curt. iun. cons. 52. Bursat. cons. 98. nu. 18. & seq. vol. 1.* Ratio est, quia prolis qualitas hoc exposcit ob publicam vtilitatem, cuius interest, vt legitimi nascantur, *Paris cons. 168. nu. 131. vol. 3.* quoniam naturales, & spurij Rempublicam non constituunt, *l. generaliter, §. spurios, ff. de Decur. Marta summa succ. leg. part. 2 quæst. 7. art. 1 in princ.* ex suprapositis certa, & indubitata regula oriri possent quamplurimæ quæstiones.

320 Prima, an si alter tantùm ex parentibus scierit impedimentum tempore contracti matrimonij, alter verò ignorauerit, an filius ex eis natus sit hæres amborum, hanc quæstionem disputat *Marta loc. cit. sub num. 3.* & concludit esse hæredem putatiuum vtriusq; *sub nu. 9.*

321 Secunda, an filij putatiui succedant in fideicommisso, & in hac quæstione sunt distinguendi plures casus. Primus quorum est, quando testator sic disposuit, si hæres meus

322 contingerit mori sine filijs, substituo Sempronium, hic Sempronius excluditur per filios natos ex matrimonio putatiuo, prout responderunt *Dyn. cons. 6. nu. 12.* post eum *Dec. cons. 153. col. 3. Ruin. in l. Gallus, §. si eius num. 99. ff. de liber. & posth. Curt. iun. cons. 27. nu. 6.* cuius sententiæ manifestam rationem adducit *Menoch. d. præsump. 77. sub n. 4. vers. & huius sententiæ*, quia hic filius dicitur verè, & propriè legitimatus, quoad effectum successionis *d. cap. 1. & cap. ex tenore, Fusar.* qui alios adducit *de fideicom. substit. quæst. 410. in princ. & nu. 6.*

323 Secundus casus est, quando testator ità dixerit, & si filius meus decesserit sine filijs ex legitimo matrimonio procreatis; hoc enim in casu filium ex tali putatiuo matrimonio procreatum excludere substitutum firmarunt *Dec. in d. cons. 153. col. 3. vers. & veritate ista conclus. Socin. iun. in cons. 39. nu. 68. & in cons. 63. nu. 3. lib. 3. Comm. in episcopo de sponsal.*

sponsal. part. 2. cap. 8. §. 1. num. 3. vers. 3. infer.
Alex. Trentacinq. de subst. part. 4. cap. 9. Mantica de coniect. vlt. volunt. lib. 11. tit. 8. nu. 24. Peregr. de fideicom. art. 24. nu. 17. Menoch. d. praesumpt. 77. sub nu. 6. ea ratione, quia tales filij respectu facultatis succedendi dicuntur verè nati ex legitimo matrimonio: cùm lex ipsa Pontificia, & Ciuilis hos tales iudicauerint, & licèt aduersùs hanc sententiam insurrexerit *Curtius iun. cons. 27. nu. 6.* & latiùs *in cons. 64. nu. 11. & 17.* & de ea dubitauerit similitèr *Ruin. in d. l. Gallus, §. si eius num. 99.* relinquamus cogitandum, rationibus tamen, & instantijs *Curtij* affluentèr satisfacit *Socin. in d. cons. 39. nu. 18. & cons. 63.*

124 Tertius est casus, si testator dixerit, si filij mei decesserint sine filijs ex vero matrimonio natis, & circà hoc acerrimæ sunt classes Doctorum inter se contrariantes: nàm *Dec. in d. cons. 153. col. vlt. vers. non obstat* dicit, tales filios putatiuos non excludere substitutum; ratio est, quia matrimonium putatiuũ non est verè matrimonium, nec sufficit putatiuum. *Bald. in l. falsus Tutor, §. an etiam in patrem, ff. quod fals. Tut. aut.* ex quo inferunt,
125 quòd priuilegium concessum marito ne teneatur vltrà quàm facere possit, *l. maritum, ff. solut. matrim.* non extenditur in maritum putatiuum, vt per communitèr Canonistas *in cap. 1. de donat. inter vir. & vxor.* Item
126 etiam inferunt, quod docuit *Bald. in l. cum quemcumque in vers. nunc ego quæro, C. de fideic.* quando dixit donationem factam à putatiuo patre non valere. Item donationem factam à putatiuo marito vxori putatiuæ donatoris morte non confirmari, quod nulla sit, ex quo facta est, non vt extraneæ, sed vxori, quæ talis non est, & *Bald.* sequutus est *Roman. in l. si cum dot. §. 1. ff. solut. matrim.*
127 Rursùs inferunt, quòd dixit *Seraph. in decis. Rota Roman. 1081. in princ.* quòd quando scilicèt testator vocauit filios de legitimo matrimonio, is qui admitti vult duas præ-
128 cipuas qualitates probare debet, videlicèt quod sit filius; Item quod de legitimo matrimonio natus fuerit, ad tradita per *Ang. in l. liberorum nu. 2. ff. de his qui not. infam. Socin. in cons. 86. nu. 4. vol. 2. Rol. à Valle in cons. 310. vol. 2.* quia hanc qualitatem testator in vocatione adiecit *l. cùm ignorat, C. qui accus. non poss. Alex. cons. 60. vol. 2. Ias. in l. neque professio num. 3. C. de testam.* Iterùm pro hac opi-
129 nione *Curt. iun.* dicit allegare fundamentum ineuitabile *in cons. 64. nu. 12.* idque quia legitimatus per rescriptum Principis, verè legitimatus est, vt *in auth. quib. mod. effic. legit. §. fiat igitur licentia in vers. nihil à legit. differentes, & in §. quoniam verò in auth. quib. mod. nat. effic. sui in vers. nihil dissimilis legitimis, & in §. illud verò nihil à filijs legitimis differentes, & in §. cùm semel in vers. ad eos legitimatum ascende-*
130 rint, & quod legitimatus per rescriptum Principis vocetur verè legitimus, consentiunt omnes, & tamen si testator vocauerit filios natos ex legitimo matrimonio, non comprehenduntur legitimati per rescriptum, quia testator in illis verbis considerauit originem natiuitatis, & Princeps legitimando non potest venire contrà voluntatem testatoris, *l. si testamentum, C. de testam.*
131 Contraria opinio, quòd etiam in isto tertio casu comprehenduntur filij putatiui, est magis fulcita ratione, & authoritate, expressa ratio est, quia matrimonium putatiuum verè, & realitèr est matrimonium quòad omnes iuris effectus, nàm filij ex eo nati dicuntur verè, & legitimi filij, vt suprà probauimus, authoritas est dispositio *text. in d. c. 2. & d. cap. ex tenore, qui filij sint legitimi,* ità tenuit *Gloss. fin. in cap. tanta, qui filij sint legitimi,* quam communitèr sequuntur *Canonistæ*, & quamplurimi alij Doctores longa remissione citati à *Noria* hanc sententiam comprobant *loc. cit. nu. 9.* quoniam testator vocans natos de legitimo matrimonio, intelligitur de eo matrimonio sentijsse, quod tale iura intelligunt, & propterea natos ex matrimonio putatiuo, tanquàm ex vero matrimonio quòad iuris effectus procreatos comprehendere voluisse: cùm verò nati ex matrimonio putatiuo sint verè filij, ergò verba testatoris sunt capienda naturalitèr, & ciuilitèr *Host. in cap. 2. de eo, qui duxit vxor. quam polluit per*
132 *adult.* dicens, quod proles desumpta de nõ legitimo, immò de nullo matrimonio censetur legitima, & præfertur opinio veritati, non obstante *d. cap. tanta*, quod debet intelligi, quando mala fides fuit in vtroque coniuge, *Bald. in l. qui contra, C. de incest. nupt. Ias. in l. fin. ff. de condit. sine causa* dicit, quod filij
133 nati ex matrimonio illicito sunt legitimi naturalitèr cùm vterque, vel alter eorum ignorauerit impedimentum; Ergò opinio
134 *Curtij*, & sequacium est contrà communem, & in hoc articulo: cùm agatur fauore matrimonij, sequenda est opinio etiam singularis contrà communem, vt per *Host. in cap. si vir de cognat. spirit.* & sequitur *Rota per Cellad. in decis. 1. nu. 8. de spons.* & ad contraria vnico verbo respondeo, quod scilicèt legitimatus ex rescripto Principis est creatura iuris ciuilis quoad legitimationem, & proindè nunquàm dici potest ex aliquo matrimonio natus; alias si natus fuisset ex vero matrimonio, non indigeret Principis rescripto pro eius legitimatione, prout verè non indiget filius putatiuus, & ideò non comprehenditur tanquàm non natus ex vero matrimonio, prout est filius putatiuus, & an *in tex. in l. Lucius, ff. de condit. & demonstr.* agatur de vero filio, an de filio putatiuo vid. meum *Barbat. d. c. 6. n. 143. vers. huic obiectioni.*

Ter-

136 Tertia, & vltima pro nunc quæstio est, an filius putatiuus succedat in feudis, & dignitatibus, & quod succedant in omnibus, receptum est, ac etiam in Episcopatum eligi possunt, vt per *DD.* communitér *in l. qui contrà, C. de incest. nupt. Abbas, cæterique Canonistæ in d. cap. ex tenore*, & ad feudum specialitér tenet *Bald. in cap. 1. §. naturales col. fin. vers. pone, quod tenent matrimonium, si de feud. defunct. milit. fuer. contr. inter domin. & agnat.* vbi communitér *Feudistæ, Dec. in d. cons. 153. n. 1. vers. & tales filius natus, Socin. iun. in cons. 73. nu. 41. vol. 3. Schenck' in d. §. naturales nu. 11. Zasius de succ. feud. part. 8. nu. 77. Thomas de Marinis in tract. de gener. & qualit. feud. tit. 3. de feud. ex pacto, & prouid. nono nu. 50.* præsertim si ab omnibus legitimi imputentur, *Sonsbec. de feud. par. 9. nu. 73. Schard. part. 7. cap. 5. n. 38. Couar. in epit. de sponsal. part. 2. rubr. de matr. §. 2. de legit. nu. 19.* & pleniùs *Antonius Gabr. in suis com. conclus. tit. de legit. concl. 4. per tot.*

Vnde *Curtius* sicuti in alijs suis opinionibus, de quibus suprà non est audiendus, sic in hac contraria sua postrema nec admittendus, ex quo omnia, quæ in libris feudorum constabilita fuere legis vigorem, atque potestatem, & ad causam decidendam allegari possunt, *Afflict. Andr.* & communitér *Feudistæ in prælud. feud. in quæst. 1. & Lanar. & Georg. ibid. in princ. Vin. in suis communib. vers. feud. lib.* & quod hic articulus est adeò sopitus inter scribentes, & quod pro veritate habeatur, non est, qui ampliùs dubitare possit.

137 Hæres adoptiuus an habeat vitam, & militiam in feudis patris adoptantis, pro negatiua stat *Andreas Capanus in tract. de vita, & militia quæst. 10. in princ.* quia sicuti ipse non est hæres in feudis, nec meretur habere eiusdem portionem, vt per *cap. adoptiuus* ibibiq; *Bammas. si de feudo defunct.* quam regulam declarat tribus modis. Primò, si in adoptione fuisset dictum, vt etiam in feudis succedat. Secundò, si in inuestitura fuisset contemplatus, & vocatus. Tertiò, si esset adoptiuus coniunctus, vt inibi per ipsum.

DE HÆREDE DVBIO. INCERTO. ET INTERPRETATIVO.

SVMMARIVM.

1 *Hæredes in genere sumitur pro hærede sanguinis, & hærede extraneo.*
2 Text. in l. sciendum 70. ff. de verb. signific. *quem hæredem comprehendat.*
3 Textus in l. in annalibus, C. de legib. *cauillatur* à Decio.
4 *Hæres hæredis quando veniat appellatione hæredis, & nu. 10. 11. 12. 13. 14. 15. & 16.*
5 *Hæres dubius, & incertus qui.*
6 *Affectio testatoris an militet in persona incognita.*
7 *Vocatione facta hæredis, de quo hærede intelligatur, nu. 8. & 9.*
17 *Conditio, quæ impleri debet in forma specifica, quando censeatur impleta in hærede hæredis.*
18 *Verbum, constituetur, importat proprietatem.*
19 *Nominatio facta hæredi sui in materia transmissibili porrigitur ad omnem hæredem.*
20 *Iuspatronatus hæreditarium verificatur etiam in hærede extraneo declara. nu. 21. & 22.*
23 *Testator censetur disponere de eo iure, quod habet.*
24 *Feudalia, & emphyteuticaria veniunt sub generali dispositione.*
25 *Res aliena legari potest.*
26 *Vsusfructus extinguitur in primo hærede.*
27 *Hæres hæredis quando dicatur hæres testatoris.*
28 *Hæres hæredis petens hæreditatem, quæ probare debet.*
29 *Hæres viuentis an veniat appellatione hæredis.*
30 *Hæres extraneus an veniat appellatione hæredis in materia transmissibili.*
31 *Hæredum appellatione in feudis, qui veniant.*
32 *Feudum habens pro se, & hæredibus, de quibus intelligatur.*
33 *Hæredes in feudis de iure Regni veniunt fratres.*
34 *Vocatio facta in feudis de hæredibus ex corpore descendentibus, de quibus intelligatur.*
35 *Inuestitura feudi facta Sacerdoti, & eius hæredibus, de quibus intelligatur, & nu. 36.*
37 *Hæres in feudo ex pacto, & prouidentia qui sit.*
38 *Hæres in feudo hæreditario qui sit.*
39 *Successio in feudo hæreditario datur in infinitum.*
40 *Hæredis appellatione ab venit extraneus, quando resultaret absurdum, & inconueniens.*
41 Text. in l. ex facto, §. fin. ff. ad Trebell. *dispositum an sit in regula, vel exceptione, nu. 42. 43. Declaratur nu. 44. 45. 46. 47. 48. & 49.*
50 *Verbum* succedat qui de iure *positum in substitutione, de quibus hæredibus intelligatur, terribilis quæstio.*
51 *Testator est in causa fideicommittendi, cui ordinandum, & à quo determinatur actus.*
52 *Fideicommissariæ substitutiones regulantur secun-*

eundém successionis ab intestato.

53 *Legata relicta cognatis, ipsius testatoris cognatis relicta intelliguntur.*

54 *Successio in feudis quem respiciat.*

55 *Linea feminina regulatur sicut linea masculina, de qua fuit factus transitus ad illam.*

56 *Fideicommisso familiæ relicto quomodò succedatur.*

57 *Linea possessoris consideratur in successionibus.*

58 *Linea finita masculina in Materia agnationis, feminæ succedere debent, & de qua linea debeant esse feminæ, an de linea anteriori, an posteriori difficilis quæstio.*

59 *Feudum delatum ad masculum vltimum possessorem non potest exire à tramite illius lineæ.*

60 *Cadauer non respicit resurrectionem de iure naturæ.*

61 *Dominium feudi dicitur continuari à patre in filium.*

62 *Successio deueniens ad vnam lineam, non debet facere transitum ad aliam lineam, superstite vno de illa linea, ad quam primo loco deuenit.*

63 *Successiones naturaliter fluunt sicut flumen.*

64 *Successiones sunt symbola fluminibus.*

65 Doctorum *calculus non attenditur in decidenda ratione, sed vera ratio.*

66 *Dictio, ex, quando declaret, vel coniungat.*

67 *Dictio, nisi, cuius natura.*

68 Barbati *opinio laudatur ab Authore, sed cum declaratione, nu. 69. 70. 71. 72. 73. 74. & 75. Ampliationibus, & limitationibus vsque ad nu. 128.*

129 *Proximus qui dicatur, & nu. 130. 131. 132. 133. & 134.*

135 *Proximior qui.*

136 *Prior qui.*

137 *Filius patris dicitur proximus successorius.*

138 *Proximitatis allegatio non admittitur absque quod probetur.*

139 *Nemo potest admitti, nisi probet se esse talem, qualem se fecit.*

140 *Proximus quæ probare debet, & nu. 141. & 142.*

Quid in iure patronatus, nu. 143. 144. 145. & 146.

147 *Hæres interpretatiuus qui.*

TITVLVS QVARTVS.

1 HÆres in genere, diximus *tit. 1.* quod sumitur pro hærede sanguinis, & hærede extraneo, *l. sciendum ff. de verb. signif.* hic 2 text. non est sic clarus, vt comprehendat hæredes indefinitè, sed comprehendit hæredem vlterioris gradus, quod non est idem, quod pluralitas, sed melior est, *text. in l. in aucelibus, C. de legib.* licèt cauillatus à *Decio in cap.* 3 *in præsentia extrà de probat. col. 18.* tamen optimè continet omnes hæredes, ibi, *omnes hæredes*, secundùm regulam *Bartoli in l. Gallus, §. etiam si parente, ff. de liber. & posth.* quem ibi sequuntur communitèr *DD. & in l. fin.* vbi *glos.* & cæteri communitèr *C. de hæred. instit. Bald. in cap. 1. de eo, qui sibi, & hæred. suis, Ang. cons. 305. Oldr. cons. 21. nu. 7. Cyph. cons. 393. nu. 59. vol. 3. Alex. cons. 36. col. 2. vol. 3. Ruin. cons. 188. col. 1. vol. 2. Bologn. cons. 25. Tiraq. de contract. comment. §. 1. gl. 6. nu. 26. Crass. in §. hæreditas quæst. 20. Peregr. de fideic. art. 32. nu. 6. Ant. Gabr. comm. concl. lib. 6. tit. de verb. signif. concl. 2. in princ. Marta summa succ. legal. par. 4. quæst. 12. in princ.* ideò hæres hæredis est hæres testatoris.

4 Hanc regulam declara in substitutione impuberis, nempè si dicatur, *Quis, quis mihi hæres erit, idem filio meo hæres sit*, hic casus refertur ad hæredem dumtaxat institutum, 5 non autem ad hæredem hæredis, quia iste dubius, & incertus hæres est, vt in *d. §. sciendum*, & proindè hæreditas testatoris posset peruenire ad personam parùm sibi affectam, & fortè inimicam, & ideò eius effectus non 6 militat in persona sibi incognita, secundùm *Bald. in l. fin. in 3. oppos. C. ex quib. & in l. in causæ in 2. §. Pomponius, ff. de minorib.* eleganter decidit, quod si testator aliquid suo nepoti reliquit, hoc adiecto verbo, *quod si nepos sine filijs decedat, relictum pertineat ad hæredem testatoris, putà Titium*, quia priùs quàm nepos decessit, moriatur Titius relictis hæredibus, & posteà decessit nepos sine hære- 7 dibus, siue filijs, tale relictum pertinere non debet hæredibus Titij, aliud esset, si fieret mentio de hæredibus ipsius, ad quem verba diriguntur, vt si dixerit, *Volo bona mea peruenire ad hæredes Petri*, & tùnc veniunt omnes 8 hæredes indefinitè. Aliud si fiat mentio de filijs, & hæredibus testatoris; tùnc soli vocati veniunt, ità post multos declarat *Rebuff. in d. l. sciendum in princ.* Ità cum filio hæredi Patroni permittatur libertum ingratum accusare, *l. 2. C. de liber. & eor. hæred.* tùnc intelligitur de hærede proximo, *d. l. sciendum*, & cùm agatur de re odiosa, ad vlteriores hæredes non extenditur odium, *l. cum quidem, ff. de liber. & posth. §. illud autem, auth. vt liberi.* 9 *de cætero auro annulo non indig.* Insuper solus hæres filius potest exigere operas officiales à liberto paterno, *l. si opera, ff. de oper. libert.* quæ ad hæredes extraneos non transeunt, *l. fabriles, ff. eod. tit.* & per istos casus limitatur dicta regula dicta *l. sciendum.*

10 Cætero meliùs, attentiùsque intuendo est dicendum, quod aut testator vocauit hæredes suos, substituendo, aut hæredes instituti. Primo casu non veniunt hæredes hæredis, quia vocando hæredes suos, intelligitur de primis, non autem de vlterioribus, *l. qui liberis, §. hæc verba, ff. de vulg. & pupill.* nàm 11 vlteriores sunt dubij, & incerti, nec succedunt iudicio testatoris, *d. l. sciendum.* Item in di-

dispositione testatoris spectatur affectio,
quam habet ergà suum heredem, *l. nec deinceps,*
32 *ff. pro socio,* & hæres hæredis mei non est pro-
priè heres meus, *Ruin. cons. 44. nu. 15. vol. 3.*
33 & heres hæredis non dicitur hæres princi-
paliter, sed secundariò, *Bart. in l. Patronus. ff.*
ad Trebell. dicitur heres secundùm quid, &
interpretatiuè *Dec. in l. qui per succ. ff. de reg.*
iur. Secundo casu veniunt hæredes heredum
in infinitum, *Bald. in l. fin. in 4. oppos. C. de he-*
34 *red. instit.* vbi quod si fiat mentio de hæredi-
bus accipientis, vel eius, in quem verba di-
riguntur, semper intelligitur de omni here-
de, tàm de mediato, quàm de immediato,
Cuman. in l. Gallus, §. etiam si parente, ff. de li-
ber. & posth. Dec. in l. qui per successionem, ff. de
reg. iur. Roman. cons. 39. num. 6. col. 2. Bertrand.
cons. 148. col. 2. vol. 2. Alex. cons. 174. & 192.
vol. 5. Riminald. iun. cons. 252. num. 12. & seq.
vol. 3. Oldr. cons. 21.
35 Et proindè prohibitio alienationis facta
hæredi censetur facta etiam hæredi hæredis,
DD. in l. filius fam. §. diui, ff. de legat. 1. & in l.
Lucius, §. Sempronio, ff. de leg. 3. Dec. cons. 377.
nu. 5. Ruin. cons. 124. in princ. vol. 1. Tiraq. de
retr. conu. §. 1. gl. 6. nu. 24.
36 Et licèt hæres hæredis non sit hæres prin-
cipaliter, & immediatè, tamen est propriè
hæres, *l. heredis appellatio in verbo continetur,*
ff. de verb. signif. l. qui per successionem, ff. de reg.
iur. Bald. in l. fin. nu. 41. C. de hered. instit. Ias. in
l. si quis filium fam. §. vlt. nu. 6. & seq. ff. de acq.
hered. & in l. filius fam. §. diui in 2. lect. nu. 110.
& 111. ff. de legat. 1.
37 Hinc habemus, quod licèt conditiones
sint propriè implendæ, & in forma specifica,
vt aiunt, *l. qui heredi, ff. de condit. & demonstr.*
tamen iussus dari, si detur heredis hæredi,
dicetur satisfactum conditioni, *l. cum ita da-*
38 *tur. §. vlt. ff. de condit. & demonstr.* verbum con-
tinetur importat proprietatem, *Bart. in l. cui*
nec non. §. affinitas, ff. de poenl. & in l. liberum, ff.
de verb. signif. Tiraq. de retract. consang. §. 1.
gl. 9. nu. 227. Marta summa succ. leg. d. part. 4.
quæst. 12. art. 2. sub num. 7. etiam si conditio
adiecta repugnet, si modò res sui natura sit
transmissibilis ad omnes hæredes, *Gabr. d.*
concl. 2. sub nu. 3.
39 Vndè si dictum fuerit de hærede suo in
materia transmissibili porrigitur ad om-
nem hæredem, *Abb. in cap. in præsentia col. 5.*
vers. si autem concessio fieret de probat. Imola in
cap. potuit col. 7. de locato, Spec. eod. tract. 5. nunc
aliqua nu. 158. Salyc. in l. 2. col. 10. C. de iure
emphyt. de communi testatur *Alex. in l. quod*
dicitur col. pen. ff. de verb. signif.
40 Proindè iuspatronatus hæreditarium ve-
rificatur etiam in hærede extraneo, *cap. ex*
litteris de iurepatr. Aret. in cap. significaturus col. 2.
de test. Peregrin. de fideicom. art. 6. nu. 37. cen-
setur in dubio fundator se conformare cum
iuris communis dispositione, & consequen-
ter instituere iuspatronatus hæreditarium,
Aret. cons. 81. & dùm non constat de contra-
ria lege adiecta in iurepatronatus, semper
præsumptio est, vt illud sit hæreditarium,
adeò quod potiùs ad hæredem extraneum,
quàm ad filium, qui hæres patris non est,
transire debeat, vt notat *Abb. in d. cap. 1. col.*
pen. vers. ex hoc de iurepatr. Dec. cons. 149. Roc-
cus de Iurepatron. vers. ipse velit, quæst. 6. Lam-
bert. eod. tract. lib. 1. part. 2. art. 16. nu. 17. Gugl.
de Bened. in d. cap. Raynu. in verbo etiam testam.
el. 1. nu. 361.
41 Est benè verùm, quod si testator instituat
filium, & si decesserit sine liberis, substituit
Titium, & eius hæredes, tunc filio deceden-
te sine liberis, non veniunt hæredes hæredis
ipsius Titij, sed veniunt heredes filij institu-
ti, secundùm *Bart. in l. Gallus, §. etiam si pa-*
rente, ff. de liber. & posth.
42 Contrarium tamen probat *Marta d. quæst.*
12. art. 1. sub nu. 8. quia vbicunque fit men-
tio recipientis, semper veniunt hæredes hæ-
redis in infinitum, sed in hoc casu institutus
est Titius, & eius hæredes, pronomen, eius,
habet relationem ad Titium, non autem ad
institutum, quia est nomen repræsentatiuum præ-
sentium, non verò præteritorum, *Oldr. cons.*
252. in princ. & est relatiuum ad immedia-
tum nomen *Dec. cons. 262. nu. 1. vers. secundò*
fuit, Ruin. cons. 101. nu. 9. vol. 2. Rol. à Valle
cons. 17. vol. 4. Bursat. cons. 69. num. 20. vol. 1.
quod idem importat, vt pronomen, his, hæc,
hoc, *Surd. decis. 125. in princ. vers. idem etiam,*
quando apponitur, hanc opinionem tenuit
Mantica de coniect. vlt. volunt. lib. 6. tit. 14. n. 6.
licèt in *vers. ex sententia* restringit, quando
testator substituto prætulit non solùm insti-
tutum, sed etiam eius liberos, quæ restrictio
non adæquatur verbis in quæstione positis,
sed de quæstione indubitabili, an scilicet fa-
cta substitutione de Titio, & eius hæredibus
veniant hæredes Titij in infinitum, non au-
tem si veniant hæredes hæredis Titij.
Ex quo ad aliud infert *Marta loco cit. sub*
num. 12. non esse scilicèt, neque veram distin-
ctionem *Bartoli in d. §. etiam si parente, ff. de*
liber. & posth. quando scilicèt testator voca-
uit hæredes illius, in quem dirigitur dispo-
sitio, prout iuxtà illam distinctionem suprà
scripsi, *Peregrin. de fideic. art. 32. nu. 69. & seq.*
quam doctrinam esse arenam sine calce dixit
Marta: cùm talis distinctio non possit appli-
cari, quando sunt vocati hæredes eius, in
quem dispositio collata est, quia tùnc etiam
43 hæredes hæredum veniunt, nullo conside-
rato impedimento, quod res non sit com-
municabilis ad extraneos, quia testator sem-
per censetur disponere de eo iure, quod ha-
bet *Lucor patris. C. de legat. l. quod in rerum,*
§. vsumfructum, l. si domus, ff. de legat. 1. Item
quia

14 quia in generali dispositione veniunt etiam
feudalia, & emphyteutica bona, & fideicom-
misso obnoxia, secundùm *Surd. in cons. 466.*
nu 9. vol. 4. vbi testatur, ità fuisse decisum
15 in Rota Romana: Item etiam quia res alie-
na legari potest, licèt non in præiudicium
Domini, *Socc. iun. cons. 68. vol. 4. Bellon. cons. 9.*
nu. 8. Paris cons. 98. nu. 33. vol. 2. vbi quod di-
spositio facta de bonis fideicommisso subie-
ctis valet in præiudicium disponentis, licèt
sit nulla in præiudicium substituti, si igitur
res ad extraneos non transmissibiles in præ-
iudicium disponentis transire possunt, ergò
dicta distinctio in resolutione dicti casus ap-
16 plicari non potest, quia satis est, vt testator
vocet illius hæredes, in quos confert dispo-
sitionem, intellexerit de omnibus suis hære-
dibus in infinitum, & proindè neque *text. in*
l. antiquitas. C. de vsufr. probat, vsumfructum
extingui in primo hærede, eo quia non erat
transmissibilis, quia ratio diuersitatis illius
textus non fuit ea, de qua apud *Bart.* se quæ
itest *textus*, nè scilicèt proprietas reddatur
inutilis, congruit in primo hærede extingui,
& quando habemus legis rationem intrinse-
cam, frustrà superadditur extrinseca, infer-
tur vlteriùs, scripta per *Pereg. art. 32. nu. 64.*
& seq. & Anch. cons. 330. & per Io. Andr. ad
Spec. in tit. de testam. §. in primis in vltima addit.
prorsùs esse inutilia, vt probat *Riminal. iun.*
in cons. 262. nu. 39. & seq. vbi ostendit dictam
Peregrini doctrinam esse erroneam, cuius
consilium ipse postremò scribens præuidere
17 poterat: Tùnc enim hæres hæredis dicitur
hæres testatoris, quando scilicèt vniuersa-
liter instituitur, vel in vniuersum succederet:
secùs si in re certa, *Ruin. cons. 68. num. 16.*
vol. 3. & hæres hæredis cùm non sit scriptus
hæres testatoris, ideò si tanquàm talis petat
18 hæreditatem, debet probare se esse talem,
nec sufficit, quod aliqua bona possideat,
quoniam alio titulo possidere poterat.

19 Nec venit appellatione hæredis hæres ali-
cuius viuentis, quia cùm viuens non habeat
hæredem respectu successionis, debet intel-
ligi de hærede sanguinis, *Ant. Gabr. d. concl. 2.*
30 *sub nu. 6.* nec appellatione hæredis venit hæ-
res extraneus in materia, quæ sui natura nō
est trāsmissibilis nisi ad descēdentes cum ea
dictione, de qua suprà, quicquid pro cōmu-
ni testetur *Ant. Gabr. d. concl. 2. nu. 7.* maximè
accedente [illegible], *Gabr. loco*
cit. concl. 4. maximè si resultaret absurdum,
iniquum, & impossibile, vt quid repugnans
voluntati disponentis, *Ant. Butr. in cap. in*
præsentia, vbi *Abb. de probat. Dec. cons. 303.*
Alex. cons. 36. col. 2. & seq. vol. 5. & cons. 49.
vol. 6.

31 In feudis hæredum appellatione in dubio
veniunt solùm descendentes masculi. §. & si
Clientulus de alien. feud. cap. 1. §. Corradus de
his qui feud. dar. poss. §. 1. de nat. succ. feud. prō-
32 indè *text. in §. 1. de lege Corrad.* dicit, quod si
quis habet feudum pro se, & hæredibus, in-
telligitur de hæredibus masculis, quia talis
est natura feudorum de eorum iure commu-
33 ni, in feudo nouo appellatione hæredis ve-
nit descendens masculus, ità de iure Regni
veniunt fratres, quia hæc est natura feudo-
rum in Regno per *Cōstitutionem, Vt de success.*
vbi quod in feudo nouo succedunt fratres,
quod intellige, quando inuestitura est facta
34 absque illis verbis, *ex corpore descendentibus*:
nam tùnc verbum, *hæres*, intelligitur de suc-
cedentibus ex corpore, *Bald. in cap. naturales*
de contr. inuestitura, vbi quod si quis inuestiit
35 set Sacerdotem, & eius hæredes, tùnc intel-
ligitur de eius agnatis, quia Sacerdos non
potest habere descēdentes, *Siluan. in cons. 30.*
nu. 9. vbi allegat *Bald. in cap. 1. de eo, qui sibi,*
& hæredib. mascul. qui argumento *l. vt iuiur.*
§. si libert. ff. de oper. libert. dicit, quod ver-
bum, *hæredibus*, in inuestituris appositum
intelligitur de hæredibus sanguinis, adeò
quod vlteriùs habeat ius, & nomen hæredis,
& ideò quod per illud verbum vocatur is,
qui successurus est, etiam quod non sit hæ-
res, *Dec. cons. 108. col. 3. & cons. 188. col. 2. vers.*
non obstant allegata in contrarium, & cons. 395.
nu. 1. vbi testatur de communi opinione, &
in cap. in præsentia de probat. Ias. in d. l. Gallus,
§. etiam si parente col. 4. vers. secundò fallit, ff. de
liber. & posth. Calcan. cons. 78. nu. 3. Curt. sen.
cons. 35. col. pen. vers. circa primum, & in cons.
199. vers. & propterea, & cons. 169. col. 1. vol.
3. Natta in cons. 159. nu. 5. Paris in cons. 23. &
seq. vol. 1. Caher. decis. Pedem. 161. Thes. decis.
99. nu. 23. Dummodo præstetur seruitium
36 personale: secùs si præstetur census pecunia-
rius: tùnc enim cùm non pertineat ad natu-
ram veri feudi, ideò transit ad quemcumque
hæredem etiam extraneum, vt per *Aret. in*
d. l. Gallus, §. etiam si parente col. 2. & ibi *Soccin.*
col. 2. & Ias. nu. 20. ff. de liber. & posth.

37 Insuper aliquando hæres considerarur re-
spectu filij donitarij, vt in feudo ex pacto,
& prouidentia, de quo *in cap. 1. an agnat.* vbi
quod dictum feudum habet filius, vt filius
non autem vt hæres, habetque ex prouiden-
tia, & acquisitione maiorum, & capit tan-
quàm restitutioni subiectum, vt per *Andr.*
cap. 1. §. vt olim nu. 9. de succ. feud. sed quia
vt dixit *Andr.* Pater iniuria afficeretur, si de-
cederet sine hærede, quia filius, mediante
patre, acquisiuit feudum, ideò debet esse
hæres patris in allodialibus honoris gratia,
quia aliàs non teneretur esse hæres, vt per
Camer. in cap. Imperialem, §. præterea Ducatus
lit. L. & in d. cap. an agnat. in §. quæro primo
nu. 19. & seq.

38 Aliquando consideratur hæres in feudo
hæreditario, quia qualitas hæreditaria est
appo-

appositis in feudi natura. Ideò hæres in feudo hæreditario semper est hæres, & venit vt hæres ab intestato in ipsa origine successionis, & *Andr. in d. cap. 1. §. quid si ergò in fine de inuest. de re alien. fact.* dicit filium esse hæredem, & successorem in ipso feudo, & *in cap. 1. §. denare nu. 8. vers. si esset feudum hæreditarium qualiter olim feud. poter. alien. Loffred. cons. 1. nu. 118. & cons. 46. col. 1. & seq.* & propterea successor in feudo hæreditario tenetur ad solutionem onerum hæreditariorum, vt per *D. de Ponte in cons. 34. per tot.* & nos fusissimè infrà suo loco dicemus, ex quibus habes triplicem naturam hæredum in feudis, vt suprà diximus, sanguinis scilicèt, feudi, & hæreditatis.

39 Item successio in feudo hæreditario datur in Institutum *cap. 1. §. hoc quoque de his, qui feud. dare poss. cap. 1. § Vass. feud. priuet.* etiam si dictum fuerit, *hæredibus quibuscumque* non poterit transire ad fœminas non agnatas, ne duæ impropriètates sequantur *Bald. in cap. 1. §. denare. qualiter feud. poter. olim alien. & in l. cum virum, C. de fideicom. Ruin. cons. 23. col. 3.* & in feudis dignitatum intelligitur de primogenito, quia in ipsis solus primogenitus succedit *cap. licèt de voto, Abbas in cons. 3. vol. 2.* & tunc non fit aliqua detractio nisi in vita, & militia, in qua succedunt secundogeniti, vt suo loco dicemus.

In feudo etiam datur hæres dubius, de quo apud *D. Reg. de Marin. var. resol. cap. 258. part. 1.* qui *sub num. 12. & seq.* subiiciet, nec talem hæredem teneri ad onera hæreditaria, ex quo non iudicio testatoris ad hæreditatem peruenit, sed benè casu fortuito, quia, prout agebatur in illius facti contingentia, fuit in feudo substitutus penitùs extraneus, exclusis fœminis descendentibus à testatore feudatario; proindè cùm talis substitutio fuisset nulla, fœminæ illæ venerunt ad successionem feudi non iudicio, sed contrà iudicium testatoris, & proindè licèt fuissent hæredes hæredis testatoris; tamen quia feudum non capiebant iudicio testatoris, sed ex casu non poterant astringi ad soluendum onus ipsis iniunctum à testatore in casu, quo succederent in dicto feudo, vt per cunctos ibi per ipsum *D. Reg. de Marinis* doctissimè prout de more probat.

40 Nec appellatione hæredis venit extraneus, quando resultaret absurdum, iniquum, vel impossibile, vel quid repugnans voluntati disponentis *Communiter omnes in d. cap. in præsentia de probat. Alex. cons. 96. vol. 3. & cons. 49. vol. 6.* proùt si testator grauasset in casu, quo substitutus decederet sine hærede, tunc enim si intelligeretur de hærede extraneo nempè successionis, & non de hærede sanguinis, scilicèt successoris, conditio semper esset extincta, quia semper quis succedit

tanquàm hæres successionis, & ità procedit
41 textus in *l. ex facto, §. fin. ff. ad Trebell. Spec. de instrum. §. in primis n. 31. Bald. in cons. 283. vol. 2.*
Abb. in d. cap. in præsentia nu. 25. de probat. vbi
Dec. nu. 42. Paul. de Castro in cons. 453. vol. 7.
Bursat. in cons. 125. in princ. Sorrin. in cons. 249.
nu. 14. vol. 2. Corrad. in cons. 59. col. 3. vol. 2.
Alex. cons. 56. vol. 1. Paris cons. 89. col. 2. vol. 2.
Fesser. de sunt. lib. 2. cap. 23. Calsagn. in tract. de
conditi. & demonstr. par. 1. cap. 30. Ant. Gabr. d.
conclus. 2. sub num. 11. D. Fras. de Franch. de-
cis. . .
42 Contrariam opinionem tenuere *Ang. in*
d. §. etiam, & ibi *Imola, & Alex., Imola in*
cons. 172. col. 2. in fin. vol. 4. Dec. cons. 194. col. 1.
vbi dicit hanc magnoperè opinionem procedere, si dixerit omnem hæredem, ratio est,
quia in toto corpore iuris, semper quod fit
mentio hæredum, intelligitur de hæredibus
hæreditatis, non autem de hæredibus sanguinis per regulam suprapositam, *d. l. sciendum, & d. l. hæredum appell. de verb. signif.* nec
reperitur aliqua lex in toto corpore iuris,
43 quod appellatione hæredum veniant filij,
nisi *in d. l. ex facto, §. fin.* quæ limitat regulam
in alio casu, ergo standum est regulæ, & propriæ verborum significationi, vbi de mente
testatoris non constat, *l. cum alieni, ff. de legat.*
3. l. 1. §. is, qui mercem, ff. de caeter. act. neque
44 mens videtur aliena in verbis, quia nemo
præsumitur velle, nisi quod verbis expressit
l. Labeo, §. idem Tubero, ff. de supell. legat. hanc
opinionem tenuerunt *Gabr. cons. 132. col. 2.*
respondens *ad text. in d. l. ex facto §. fin.* quod
scilicèt eius dispositio procedit, quandò constat de mente testatoris, quæ ex coniecturis
colligi potest, hanc eandem opinionem sequitur *Rota Romana decis. 231. par. 1. in nouis.*
& esset magna mentis coniectura, quando
fideicommissum redderetur elusorium, vel
quando extraneus præferretur propriæ soboli ipsius testatoris; sicuti prohibitio facta
45 esset, nè hæres alienet bona extrà familiam,
sub hac enim prohibitione comprehenduntur soli hæredes sanguinis, quoniam extranei non possunt contineri sub nomine familiæ, *d. l. pronunciatio, ff. de verbor. signif.* neque
extranei possunt vendicare alienata, *l. vendicantem, ff. de euict.* & nomen hæredis quando est proprium in prorogatiua familiæ,
semper intelligitur de hærede sanguinis,
Bald. in cons. 283. col. 2. Socc. in cons. 279. col. 8.
vol. 2. Rumald. cons. 110. num. 48. & seq. Simon de Petr. de interpr. vlt. volunt. lib. 3. solut. 3.
nu. 2. & hanc opinionem tenet etiam *Ruin.*
cons. 175. sub nu. 7. vol. 2. & esset etiam bona
46 coniectura, à qua resultaret voluntas testatoris intellexisse de hærede sanguinis, & non
de hærede extraneo, si quando concessio
esset facta Titio, & eius hæredibus in vita,
quia cùm in vita Titius hæredes extraneos

haberi non poterit, ideò intelligitur de liberis testatoris primum locum, qui, patre
viuo, dicuntur sui hæredes. *Marta*, qui alios
47 coacernat loco cit. *sub nu.* 18. subdens *sub
num.* 19. quod si in aliqua dispositione mentio descendentium facta fuerit, & postea dicetur de hærede in hæredem, tunc ista continuatio importat de descendente in descendentem, allegat *Ruin. cons.* 151. *num.* 7. *vol.* 1.
Soccin. cons. 57. *col.* 3. *vol.* 3. *Bart. cons.* 31. *sub
nu.* 8. & quod propter huiusmodi clausulam inducatur simplex fideicommissum de descendente in descendentem ordine successiuo, ità quod vnus succedat alteri, *Petr. de
interpr. vlt. volunt. lib.* 3. *solut.* 10. *fol.* 284. & ait non veniant hæredes hæreditatis, sed hæredes sanguinis vltimi grauati.
48 Si verò testator vocasset legitimos hæredes, tunc venirent soli succedentes ab intestato, non autem ex testamento, & proindè veniunt hæredes sanguinis, non autem extranei, *l.* 2. *§. legitima hæreditas, l.* 3. *§. libertum in
fine, l.* 4. *in princ. & l. seq. ff. & C. de suis, & legit. Alex. in d. l. ex facto, §. fin. vers. ergo putarem,
ff. ad Trebell. Ruin. cons.* 158. *vol.* 3. vbi quod idem sit dici vocati, qui succederent de iure, quod significat idem, quod legitimi hæredes, *&c cons.* 177. *nu.* 6. *vol.* 6. *Alciat. in cons.* 72.
in princ. lib. 9. *Soccin. cons.* 56. *vol.* 4. *& cons.* 12.
num. 4. *vol.* 3. vbi quod idem est, si substituti
sunt succedentes de iure, qui & ipsi legitimi hæredes sunt, veniunt hæredes sanguinis, nō autem extranei. *Gregor. de succ. feud. par.* 6.
quæst. 16. vbi etiam, quod veniat filius legitimatus per subsequens matrimonium, non autem per rescriptum Principis, *Iasvigliol.
de feud. cent.* 2. *quæst.* 49. *nu.* 23. quem casum
49 etiam declarat *Marta loco cit. sub nu.* 32. vt procedat, quando hæredes legitimi sunt positi in dispositione, secùs si in conditione, vt si dictum fuerit, si decesserit sine hæredibus legitimis: nam tunc intelligitur de descendentibus, *Guid. Papæ decis.* 457. *Gabr. d. conclus.* 2. *nu.* 12. *Simon de Petr. de interpr. vlt. voluntat. lib.* 3. *solut.* 11. *nu.* 38. *& solut.* 9. *nu.* 8. *&
seq.* qui testatur de communi opinione, tamen *Peregr. de fideicom. art.* 31. *nu.* 49. *vers. attamen*, communitèr indistinctè teneat, quod tàm in dispositione, quàm in conditione ponatur, semper veniant hæredes, non autem descendentes; tamen contrà probat *Grat. discept. forens. cap.* 313. *per tot.* in quo de veriori opinione testatur.
50 Verùm occasione verbi, *succedant qui de
iure* positum in substitutione, est terribilis quæstio examinanda, an illi, qui de iure intelligantur esse hæredes testatoris, vel potiùs hæredes instituti, verbi gratia, si testator dixerit, *Instituo Titium hæredem, & si Titius
absque liberis moreretur, succedant, qui de iure
succedere deberent*, an scilicèt si Titius moriatur absque liberis, debeant succedere hæredes testatoris, vel potiùs ipsius Titij, & quod sint vocati hæredes testatoris infrascripti Doctores id comprobant.

Accurs. in l. cum ità, §. in fideicommisso, ff. de legat. 2. *& in l. is qui quamplures, ff. de legat.* 3.
Alciat. in d. §. in fideicomm. & resp. 408. *nu.* 12.
Alex. cons. 213. *nu.* 2. *&* 3. *lib.* 3. *& cons.* 30. *nu.*
3. *lib.* 5. *Aluar. Valasc. tract. de iure emphyt. quæst.* 30. *nu.* 34. *Azeued. cons.* 2. *nu.* 5. *Ant. Fab. in suo Codice lib.* 6. *tit. de verb. sign. defin.* 6. *Ant. Gam. decis.* 206. *nu.* 27.

Bart. in l. si cogn. nu. 2. *ff. de reb. dub. & in l. hæredes mei, §. cum ità nu.* 3. *in fin. ff. ad Trebell. Bald. in l. cum ità in fideicom. ff. de legat.* 2. *& in l. peto §. fratre ff. eod. Bursat. cons.* 61. *nu.* 18. *Bero cons.* 83. *nu.* 13. *lib.* 1. *Barz. cons.* 98. *num.* 13.
Burgos de Paz cons. 29. *nu.* 31. *Bisius decis.* 2. *in princ. Blas. Floriens. ad decis. Gram.* 2. *&* 7.

Castr. in d. §. in fideicommiss. & in l. fin. C. de verb. signif. Cranetta cons. 47. *nu.* 1. *& cons.* 984. *nu.* 195. *Ceph. cons.* 493. *nu.* 36. *Cross. §. fideicommissum, quæst.* 11. *& quæst.* 18. *vers. quid dicendum, Cenalla comm. contrà commun. quæst.* 398.
Collegium Parisiense inter consilia Pauli Vrid cons 96. *nu.* 130. *Clar. §. testamentum quæst.* 76.
ad finem, Cartelar. inter cons. Peruni cons. 53. *nu.* 9. *Crass. cons.* 7. *nu.* 23. *Cicama in l.* 737. *n.* 32. *Curt. iun. in l.* 2. *nu.* 12. *C. de success. edict. Caldas Pereyra in tract. de iure emphyt. quæst.* 14. *nu.* 90. *Cassan. in Consuet. Burg. rubr.* 7. *§.* 7. *nu.* 15. *Carolus Molin. contr.* 1. *Capycius Galeot. contr. illustr. lib.* 1. *contr.* 11. *nu.* 5. *&* 6.

Dec. cons. 1. *& cons.* 346. *col. fin. & cons.* 9. *num.* 19. *lib.* 2. *& cons.* 9. *lib.* 3. *Decian. resp.* 9. *nu.* 19. *lib.* 2. *& resp.* 11. *lib.* 3. *Durantes de Arte testandi tit.* 5. *caut.* 21. *nu.* 3.

Emanuel Soarez in tract. recept. sent. in verbo proximitas.

Ferdinandus Frazet in repet. d. §. dib nu. 107. *&* 145. *Fab. à Cordoba in l. hæredes mei, §. cum ità nu.* 32. *& seq. ff. ad Trebell. Fab. Enzub. in d. l. num.* 32. *Facchin. contr. iur. lib.* 4. *cap.* 89. *Franc. Molin. decis.* 8. *nu.* 208. *lib.* 1.

Gabr. cons. 98. *nu.* 39. *Ciurba in Consuet. Messan. cap.* 11. *glos.* 6. *nu.* 16. *Gratian. discept. forens. cap.* 493. *nu.* 13. *& seq. Gutt. pract. quæst. lib.* 3. *quæst.* 66. *nu.* 7. *&* 8.

Hieronym. cons. 30. *nu.* 20. *& cons.* 65. *nu.* 61. *& cons.* 32. *nu.* 2. *& cons.* 85. *nu.* 19. *& cons.* 73. *nu.* 20. *lib.* 1. *Hieronym. Torniell. inter consilia Romani cons.* 21. *nu.* 15. *Hippol. Rimnald. cons.* 346. *nu.* 56. *lib.* 3.

Ioseph Ludou. decis. Perus. 29. *nu.* 34. *Ioannes Royas in epit. succ. cap.* 72. *nu.* 14. *Ioannes de Montespercllo in l. cum acutissimi, §. vnderdum nu.* 8. *ff. de lib. & posth.*

Leo in cons. 77. *nu.* 3.

Oddus de compend. subst. quæst.

Mantua cons. 173. *nu.* 6. *& cons.* 110. *num.* 7. *Maranc. de coniect. vlt. volunt. lib.* 8. *tit.* 32. *n.* 50.

&

& 31. Menoch. conf. 174. in princ. & conf. 337. nu. 93. & conf. 357. nu. 4. & 7. & conf. 904. nu. 31. & 32. & conf. 815. nu. 61. & conf. 828. nu. 7. & conf. 830. & de præsumpt. lib. 4. præsumpt. 73. nu. 16. Marcus Ant. Peregr. de fideicomm. art. 10. n. 1. & 2. Mortabr. conf. 87. nu. 2. Matth. in L8. gl. 3. tit. 11. nu. 1. lib. 5. Molfes. super Consuet. Neap. part. 4. de succ. ab intest. quæst. 56. nu. 3. Merlin. decis. Luc. 4. nu. 26. Magon. decis. Flor. 38. nu. 2. part. 1.

Natta conf. 673. num. 24. Nenius conf. 76. num. 13.

Paris conf. 3. nu. 35. & 38. lib. 1. & conf. 3. nu. 8. & conf. 93. nu. 16. lib. 2. & conf. 42. Peralta in l. cùm ità §. in fideicommisso nu. 24. vers. si qua ff. de legat. 2. Petra de fideic. quæst. 11. n. 69. & 70. Pancirola conf. 170. nu. 6. Peregr. decis. Patauina 5. & decis. 132. Palacz tract. transport. maior. part. 1. quæst. 8. in princ. Pæus conf. 96. nu. 22. & 120. & 111. Port. conf. 132. in prim. Petra Plazent. de fideicom. quæst. 11. nu. 69. & 70.

Ripa in l. ex facto in prim. col. fin. ad Trebell. & in l. filiusfam. §. Diui à nu. 35. ff. de legat. 1. Ruin. conf. 142. nu. 15. lib. 3. conf. 198. nu. 8. lib. 2. Rub. conf. 126. & in l. Gallus §. quidam recte nu. 88. ff. de liber. & posth. Rol. à Valle conf. 70. nu. 73. lib. 3. Rota Romana decis. 73. par. 1. in princ. in nou. Rust. in conf. 2. nu. 102. & in l. cum Auus lib. 3. par. 20. nu. 34. ff. de condit. & demonstr. D. Roatt. conf. 50. nu. 5. lib. 1. Rog. conf. 43. nu. 6. lib. 1.

Soccin. iun. in l. hæredes mei §. cum ità nu. 67. ff. ad Trebell. Simon de Petr. de interpret. vlt. volunt. lib. 3. interpret. 3. dub. 4. solut. 3. nu. 35. Sarmiento select. interpr. lib. 8. §. in fideicommisso nu. 9. Spino tract. de testam. glos. 15. nu. 128. & 129. Sesse decis. 308. nu. 3.

Tiraquell. tract. de subst. part. 4. cap. 12. & par. 5. cap. 9. vers. secundus est casus. Tiraquell. de retract. lib. 1. §. 11 col. 1. nu. 20. Torniello in l. generaliter §. cùm autem nu. 830. Thes. dec. 64.

Vasq. de succ. creat. §. 26. nu. 11. & 27. lib. 4. Vin. decis. 341. lib. 4.

Zamb. in l. hæredes mei §. cum ità nu. 1118. vers. sed redeundo ff. ad Trebell. Zuccard. in repetit. l. fin. nu. 70. C. de edict. Diu. Adr. toll.

Qui contrariam sectantur opinionem sunt infrascipti.

Andr. de Isernia in cap. 1. de nat. succ. feud. Aretin. in l. 4. glos. 10. nu. 13. Alex. conf. 36. Alciat. conf. 84. lib. 1. & conf. 12. num. 6. lib. 9. Angelus conf. [illegible] nu. 1. conf. 86. nu. 1. Anibur doma. conf. 8. [illegible] de anolog. in appendice par. 2. nu. 18. cum [illegible] decis. Florent. 53. nu. 12. Abb. conf. 91. n. 16. & conf. 100. & 119.

Bursat. conf. 157. nu. 13. Bernard. super Tiraq. de retr. ligu. §. 11. gl. 1. nu. 10. [illegible] in cap. in præsentia nu. 413. de prob. [illegible] Bertaz. conf. 98. nu. 2. & 25. in ciuilibus, [illegible] conf. 73. nu. 7.

Caru. conf. 28. nu. 12. vol. 1. conf. 190. col. 2. Crauetta conf. 67. nu. 5. Cephal. conf. 313. nu. 56. & conf. 600. Curt. iun. conf. 125. col. 3. & in l. 2. nu. 11. C. de succ. edict. Cancer. var. resol. lib. 3. cap. 2. nu. 331. & seq. Cacb. conf. 71. nu. 16. Cumia in cap. si aliquem, verb. de feudo nu. 5. Caball. conf. 80. nu. 6. lib. 1. & conf. 114. nu. 3. & seq. lib. 2. Cosmata conf. 27. Caualc. decis. 17. nu. 73. vers. tamen contra Carolum Ant. de Luca de linea legali art. 11. nu. 33. vers. obstat tamen.

Decius conf. 413. nu. 19. Dueñas resp. 25. & resp. 26. nu. 74. lib. 2.

Emanuel Costa in quæst. Patris. & nepotis folio 131.

Farinac. collect. decis. Rota Romana 460. nu. 3. & 4. part. 1. & decis. 681. nu. 2. part. 2. Fontanella decis. Cath. 35. nu. 21. vol. 1. & de pact. nupt. claus. 4. gl. 25. nu. 17. Franc. Molin. de ritu nupt. lib. 3. cap. 24. nu. 332. & seq.

Gozad. conf. 4. n. 41. Gabr. Peryra decis. Port. 5. nu. 3. & 4. Gama decis. 7. 306. & 314.

Hieronymus à Laurentys decis. 37. nu. 3. & 4.

Ioseph Ludou. decis. Perus. 29. nu. 34. Ioann. Cruc. conf. 334. nu. 36. lib. 2. Ioannes Lupus de donat. inter vir. & vxor. §. 69. nu. 1.

Ludouic. Velasc. de Anen. in l. 4. Tauri gl. 20. nu. 23. Ludouicus Molina de Hispan. primog. lib. 3. cap. 9.

Masallus ad Cappycium decis. 103. nu. 3. Matienz. lib. 4. gl. 3. tit. 11. num. 2. lib. 5. recopil. Mantua conf. 100. lib. 2. Marzar. de fideicomm. quæst. 35. par. 2. Marta summa succ. leg. parte 1. quæst. 1. art. 1. nu. 43. & quæst. 5. art. 1. per totum, & part. 4. quæst. 21. art. 1. num. 23. & in digest. nouiss. tom. 5. tit. de fideicom. cap. proximitas grauata. Mantica de legat. & fideicom. lib. 2. cap. 25. num. 9. & in tract. de vit. & ration. i uris cap. 30. Maurgil. de subbast. cent. 3. cap. 78.

Nouiar. conf. 1. nu. 46 conf. 41. nu. 28.

Oddus in tract. de prohibit. alien. per fideicommissum quæst. 13. nu. 72.

Passer. conf. 41. nu. 5. conf. 94. num. 18. Petr. Imola conf. 121. & 122. & 1229. Paris conf. 27 lib. 1. Paz de tenuta cap. 8. nu. 62. & seq. Palacz de Maioratu part. 2. quæst. 8. nu. 1.

Roman. conf. 21. col. vlt. Ruin. conf. 12 nu. 12. lib. 1. & conf. 113. & conf. 159. & conf. 162. nu. 8. & conf. 191. nu. 2. lib. 2. & conf. 47. col. fin. vol. 3. Rub. Alex. conf. 36.

Siluius de feud. part. 7. cap. 7. nu. 59. Suarez recept. sent. in verbo proximitas. Spino de testam. §. 15. num. 128. & 129. Tiraquell. de subst. part. 4. cap. 12. in fine, & part. 4. cap. 9. vers. secundus casus.

Vin. comm. opin. 848. & decis. 295.

Zanch. in l. hæredes mei §. cùm ità nu. 1117.

Argumenta, & rationes, quibus vtraque sententia fulcitur, sunt.

Nàm quod pertinet ad fauorem proximitatis testatoris disponentis collocatur in maxima ratione, quia in fideicommissis non

grauato, sed testatori succeditur, *l. cum heredi, §. cum filio. ff. de vulg. & pupill.* quapropter ab eo, non à defuncto grauato vltimo
51 possessore est facienda successionis gradus connumeratio, eò magis quia testator est in causa fideicommittendi, cui inhæreri, & disponentis actus tribui debet, & ab eo denominari *ad text. in l. Litterarum §. si Decuriones ff. quod cuiusque Vniuers. & in l. cuius ex familia, §. 1. ff. de legat. 2.* iure merito proximitas attendenda foret fideicommittentis, adest ratio à priori ex motiuo fideicommittentis, qui dilectionem vocati agnoscit, quæ nonnisi in vocante, non in vocato considerari potest, cùm vocatus ad nihil moueatur in fideicommittendo; nisi passiuum fideicommissum agnoscens iudicio testatoris: vndè influentia illa, quæ consideratur in persona vocati, cùm careat motu, non potest à sua persona influi, sed benè assumit influxum à causa mandante, quæ fuit testator ratione prædilectionis. *l. si viua matre, C. de bon. matern. & l. publius, §. 1. ff. de condit. & demonstr.* Vndè cùm legata, & fideicommissa relinquantur propter affectionem, quam testator habet erga eum, cui acquiritur *ad text. in l. nec adiecit. ff. pro socio, & in l. alimenta, ff. de alim. & cibar. legat.* si ergò grauati proximitas attenderetur, effectus contrarius exindè resultaret: nàm magis grauati, quàm ipsius disponentis videretur proximitas prædilecta.

52 Principium, quo mouentur sectatores contrariæ sententiæ, illud est, fideicommissariæ substitutiones regulantur ad instar successionis intestati, vt scilicet ad illas admittantur, qui ab intestato succedere debent, & tales, attento isto ordine, sunt proximiores grauati, non verò testatoris disponentis, & motus testatoris disponentis influitur in prædilectionem grauati, quem instituit, & sic eius naturalis cursum debet influere in descendentem grauati, non verò ipsius testatoris adeuitandum circuitum retrogadum, quem testator omisit, & præsumendum, quod dùm dilexerit institutum, eiusque etiam proximitatem dilexisse *ad text. in l. cùm Auus, ff. de condit. & demonstr. & in l. cum acutissimi, C. de fideicom.*

53 Instantiæ pro prima opinione sunt. Prima, quia legata relicta cognatis, censentur relicta ipsius testatoris cognatis, ad tradita per *Bart. in l. si agnatis, ff. de reb. dub. & in l. cùm iusso à fratre, ff. de legat. 2.*

54 Secunda in dispositione feudi, in quo, attenta dispositione *cap. 1. §. vlt. de succ. feud.* proximitas metitur respectu primi authoris, iuxtà quæ successio in feudum respicit stipitem, non verò alium, qui non sit agnationis alterius stirpis.

55 Tertia in casu transitus de linea masculina ad lineam fœmininam, in quo proximitas testatoris attenditur, vt post *Isern. in cap. 1. de eo, qui sibi, & suis heredib.* considerant Doctores, & fuit de mente *Dexiani resp. 21. nu. 5. & resp. 25. nu. 3. lib. 3.* & constat etiam ea ratione, quia quemadmodùm in linea masculina cœpit successio influere à proximioribus testatoris, sic pariter erit id ipsum obseruandum in linea fœminina: dùm ad fœminas ordo succedendi fecit transitum.

56 Quarta insuper, in fideicommisso familiæ relicto, ad quod admittuntur gradatim omnes de familia: primo enim loco, qui sunt proximiores gradu testatoris admittuntur, quales sunt liberi, deindè parentes, postea tamen alij, prout est *text. in l. fin. C. de verb. signif.*

57 Instantia pro secunda opinione inter cæteras ea est: nàm in successione efficaciter consideratur linea possessoris, quasi alia, & eius virtus præpotentiùs influat ad successoris filium, vt in maioratibus, semper debent succedere proximiores vltimi possessoris, *Mier. de maior. part. 2. quæst. 6. nu. 215.*

58 Iuxtà quæ se affert alia, & non minùs ardua, quàm symbola quæstio, quid si finitis masculis, in maioratu agnationis fœminæ succedere debeant, an tùnc successio maioratus deuenire debeat ad fœminam ex linea posteriori vltimi masculi possessoris, vel ad fœminam ex linea anteriori, & fuit difficultas extorquens interpretum ingenia, vt si vocata linea masculina primogeniti, & deindè secundigeniti, deficientibus vtrisque institutor vocauerit lineam fœmininam.

Pro filia vltimi possessoris posterioris lineæ sunt *Bald. cons. 200. lib. 5. Paul. de Castro cons. 191. lib. 2. Gregor. Lopez in verbo Mugeres quæst. 9. Thes. decis. 63. nu. 85. Imola cons. 170. lib. 5. Addit. ad Molin. de Hispan. primog. lib. 3. cap. 5. nu. 72. Fusar. de fideicom. subst. quæst. 484. nu. 44.* alijque relati à *D. de Luca d. art. 11. sub*
59 *nu. 3.* rationem assignant, quia feudum delatum ad masculum vltimum possessorem non potest exire à tramite illius lineæ, in qua est fœmina progenita, ne recipiat retrogradum defectum, & caducum, quemadmodùm cadauer non recipit resurrectionem de iure naturæ, *l. quis rei, ff. de solut.*

60 Item quia ex persona patris vltimi possessoris augetur ius filiæ: cùm censeatur vna eademque persona, & dominium dicatur
61 continuari, non autem reseruari in filiam nec intelligitur acquisitio feudi, sed continuatio ad illud, prout se fundat *Fusar. n. 53. loco cit.*

62 Insuper quandò successio deuenit ad vnam lineam, non debet facere transitum ad aliam lineam, donec supersit aliquis de illa, sed sic est, quod successio deueniat ad eam, qui tanquàm vltimus possessor habeat suam lineam, in ipsam transferre posset omnem

suc-

successionem, donec extat fœmina ex sua linea, non debet facere transitum ad aliam. *Fusar. loc. cit. n. 34. Roblis de repræs. lib. 2. cap. 3. num. 18.*

63 Rursus quia successiones ad proximiores fluunt sicut flumen, quod naturaliter fluit, & deriuatur in proximum canalem, non autem retro ascendit, sed cursum prosequitur semper ad infra, siue deorsum, & scisso canale, seu eius vniuersali vena recisa, non vtique retrocedit in caput, seu principium vitæ, sed semper descendens cursum prosequitur,
64 & flumen influit in proximum canalem, non autem resurgitur supra caput suum, & successiones sunt symbolæ fluminibus *Cirian. in disquis. iurisd. Dun. Mant. sind. contr. Mant. art. 6. nu. 474.* ex sententia *§. cæterum Instit. de legit. agnat. succ.* Vnde in sententia habita pro Rege Ferdinando contra Ludouicum in Regno Aragoniæ talia fuerunt verba prolata. *Tamquam prioris cursus alueus aquæ pr...* ... *progenies eius, qui semel à successione paterni fontis exclusus est, in perpetuum exaruit;* quam sententiam approbauit Summus Pontifex. *Roxas part. 3. cap. 4. nu. 31. & seq. D. Auditor de Luca de fideicom. cap. 3.*

Sunt vlterius alij, qui ad præfata omnia, aliaque etiam pro tuitione vtriusq; respectiuè cumulata respondent: nam qui proximitatem testatoris probant responsum accommodant argumentis contrarijs, & è contra, qui sunt pro proximitate substituti respondent ad argumenta, iura, & rationes in contrarium excogitata, vt est, apud eos videre. Vnde quicquid pro vtraque parte habebis communem, magisque communem, & decisiones diuersorum Supremorum Tribunalium, & vsq; adhuc non quiescit animus, cui sit standum, adhærendumque.

65 Nec calculus maioris numeri Doctorum attendendus, & maior etiam decidendi frequentia pro parte possessoris, siue instituti, quia quanto illa frequentiori calculo Doctorum probata, tanto è contra fundamentali ratione destituta, quare in contrarium sectantes respectu maioris Doctorum calculi respondent, non esse resolutionis alicuius Doctorum calculum attendendum, sed vrgentiora iura ponderanda, & rationes, quibus Doctores mouentur ad aliquid decidendum: item quia ex Doctoribus eam sectantibus sunt pro maiori parte consulentes, qui, vt tradit *Thes. decis. 64. sub nu. 4. vers. facit etiam pro hac parte*, magis amicis, & pecunijs inseruirent, quam pro veritate scripsere, & quoad frequentiam decidendi iuxta illam, id contingere ex incidentibus adminiculis, coniecturis, alijsque extrinsecis præbentibus causam iudicandi potius fauore proximorum grauati, quam ad veram diffinitionem articuli iuris in genere.

Vnde *Barbatus noster in tract. de maiorat. & primog. personali part. 3. art. 1. sub nu. 24. vers. cæterum in fin.* adæquatam huius resolutionis rationem adaptare conatur ex *textu in l. Modestinus §. in fideicommisso, & §. cum ita ff. de legat. 2.* dicens, quod qui grauati fauore respondere expendunt *text.* illum, dicentes cauere in eo, vt post extinctionem nominatorum vocentur ij, qui eo nomine fuerunt tempore mortis testatoris, & post mortem ij, qui ex illis proximo gradu procreati sunt, ergo subdunt, dum vocantur proximiores illorum, qui vocati erant, & sic proximiores grauati, clare vtique videtur, & euidens resultare sententia, non scilicet proximitatem testatoris, sed bene proximitatem grauati præattendendam, & ita in id conducit *text.* illum præcæteris *Rol. à Valle d. cons. 100. nu. 17. lib. 1.*

Qui è contra proximitatem testatoris defendunt, inducunt *textum* illum tali modo, notatur enim in eo, vt post nominatos dicantur vocati, qui fuerint ex nomine defuncti tempore mortis testatoris, & ex his, qui eo tempore sunt in proximiori grado, ergo dum inspicitur tempus mortis testatoris, sequitur manifestè in arguendo proximitatem, fore cõsiderandam personam testatoris, non autem grauati: dum tempus mortis testatoris attenditur, ac ita plenius quilibet alio inducunt pro hac opinione *text.* illum *Thes. d. decis. 64. nu. 4.* ex quibus modulis volui *Barbatus* aliqua notabilia præcauere, vt ex illis germana, & limpida ratio exinde oriatur ad diffiniendum articulum in quolibet casu comprehensum.

Notandum statuit primò *Barbatus*, quod licet alias secundũ vulgatam impressionem *§. ille sit, §. Lebm ita 33. ff. de leg. 2.* attamen secundum *Florentinas* est *§. l. omnia 31. ff. eod.* & cõsequenter *§. l. cum ita*, quæ secundũ vulgatam, initium est *legis 33.* huius tituli, secundum autem Florentinam litteram non initium legis est, sed *§. d. legis omnia*, & eo magis *§. ille noster in fideicommisso* eiusdem *legis omnia* est contextus.

Secundò quod responsum *Modestini*, de quo in præsenti *textu* non incidisse super facti contingentia, non scilicet per modum responsi ad casum eidem expositum, sed pro diffinitione articuli iuris in genere ad nullius partis instantiam, & sic per modum regulæ iuris generalis, patet hoc ipsum, quia exceptum illud ambigimus ex libris regularum eiusdem *Modestini lib. 9.* vt excipitur ex libris pandectarum, in quibus in capite *dictæ legis* inscriptio manet, *Idem*, absque aliquo adiuncto, ex quo scilicet libro excipiatur, secundum comprobationem *Ioannis Vvulfranci Fremon. in sua Symphonia iuris triumlogica pagina 649.* vbi de legibus agit

agit ex libro *Modestini* excerptis.
Tertiò notat *Barbatus*, agi scilicèt, & dif-
finiri in hoc contextu articulum fideicom-
missi fauore familiæ constituti, quo tempè
ordine in eo succedatur, in quo casu, quo
complicatur etiam in dispositione prælatio
nominatorũ, vt patet ex disertis verbis, ibi:
*In fideicommisso, quod fauore familiæ relinqui-
tur*, quæ verba indicant ad tale fideicommis-
sum eos solos, qui sunt de familia, non verò
alios admittendos, si aliàs alij succederent,
qui non sunt de familia, esset contrà men-
tem, expressaque verba *Modestini*.
Quartò notat *Barbatus*, agi in hoc con-
textu de fideicommisso in testamento insti-
tuto; nam sic propriè id demonstrat, & ex-
primit verbum illud, *relinquitur*, ibi: *Quod
familiæ relinquitur*, quod verbũ vltimæ dum-
taxat voluntati conuenit, non verò aut do-
nationi, aut alteri actui inter viuos, *ad text.
in l. 1. §. fin. vbi glos. ff. de tabul. exhib. & in l.
iubemus §. vlt. vbi glos. in verbo relinquo C. de
Sacros. Eccl. Menoch. cons. 344. nu. 12.*
Quintò notat *Barbatus*, verba illa, *ex nomine*
leguntur ibi, *qui ex nomine defuncti*, secũdùm
vulgatam, vel, *qui ex nomine defuncti*, secun-
dùm *Florentinam litteram*, de quibus in hoc
contextu, exponenda esse, *qui ex familia de-
functi*: nam aliàs *in nomine* accipitur pro *fami-
lia*, vt habetur *in l. Pater filium §. fundum ff. de
leg. 3.* & in specie in terminis dicti contextus
sic Doctores notant, inter quos *Natta cons.
675 lib. 2.* & comprobat *Barbosa in tract. de
appellat. iur. appellat. 163. nu. 7.*
Sextò notat *Barbatus* ad fideicommissum
fauore familiæ institutum, & iuxtà terminos
huius contextus, eos solos de familia admit-
ti, qui tales fuerint eo tempore, quo testator
moreretur ad exclusionem eorum, qui non
fuerint tales tempore testatoris mortis, vt
patet ibi, *qui ex nomine defuncti fuerint tempo-
re, quo testator moreretur*, per quod verbum
non solùm exprimitur familia defuncti, ve-
rùm etiam tempus, in quo sit illa conside-
randa, scilicèt in tempore, quo testator mo-
reretur, ad exclusionem aliorum, qui fortè
fuerint de familia, verùm non tempore mor-
tis testatoris.
Septimò notat *Barbatus*, non tantùm con-
siderandum in his terminis familiam testa-
toris, & familiam tempore, quo testator mo-
reretur, verùm etiam vt eo tempore, quo de
eo familia est, sit in primo gradu, secundùm
vulgatam, vel sit de proximo gradu secun-
66 dùm *Florentinam* proutcatis patet ex dictio-
ne ex, quæ licet in hoc non declaratiuè, iuxtà
Thesauri interpretationem *in decis. 64. sub
nu. 6. vers. illud verbum*, sed coniunctiuè, &
copulatiuè ad demonstrandum non fore
tantùm necessariam existentiam de familia
eo tempore, quo testator moreretur, & tan-
dem sit etiam proximo gradu; siuè primo
grado de familia, quod ex sequentibus con-
textus verbis conuincitur, ibi: *nisi specialiter
defunctus ad vlteriores voluntatem suam exten-
67 derit*, dictionis, *nisi*, vis est exceptiua, & de
sui natura aduersatur in effectu præcedenti-
bus *ad text. in L. altiore C. de transact. Barbosa
in tract. de dict. vsufreq. dict. 217 nu. 2.* & prop-
tereà dùm excipitur casus, ad vlteriores suã
voluntatem extendit, ergò manet firma re-
gula in textu, non de propinquitate vlterio-
ris, sed de propinquitate, & familia eo tem-
pore, quo testator ipse moreretur, & sic de
his, qui ex eius familia fuerint, & in proxi-
mo, siuè primo gradu eidem eo tempore.
Ex quibus excerpit *Barbatus*, vt scilicèt
succedendi in fideicommisso, quod familiæ
relinquitur post extinctionem nominatorũ,
oporteat, vt comprehensiuè intercedant in-
frascripta.
Primò, quod sint de nomine, & familia
testatoris. Secundò, quod sint tales eo tem-
pore, quo testator moreretur. Et demùm
Tertiò, vt non tantùm de nomine, & familia
tempore mortis, sed etiam quod de his eo
tempore proximo, siuè primo gradu fuerint
testatoris, excipiendo tamen solum casum,
in quo scilicèt specialiter defunctus volun-
tatem suam ad vlteriores extenderit.
Et quod verba illa, *Ex his qui proximo gra-
du*, referenda ad proximos grauati, autho-
mant contrarij, respondet *Barbatus*, esse ver-
bum commenticium, ac contrà expressa ver-
ba ac mentem *Modestini*, qui in hoc contextu
non fuit aliter illud expressit, attendendam
scilicèt eam proximitatem, quæ tempore
mortis testatoris vigebat & eorum, qui ex
proximiori eidem grado coniungebantur,
nàm aliàs exceptiua illa subsequentia de vl-
terioribus, ad quos defunctus voluntatem
suam extenderit, ibi, *nisi ad vlteriores*, non
vindicaret sibi locum, si de proximitate
defuncti grauati esset intelligenda dispositio,
eo quod non exciperet de regula, sed es-
set eadem cum regula contrà dispositionem
textus, ex quo Doctores id notant *in l. cum
certis annis, vbi glos. ff. de iudic. & in l. iurrd §.
fin. ff. de minoribus, & in l. heredes ff. ad L. Falcid.*
& sequeretur etiam inconuenientia pluri-
ma, quorum recenset vnum notabilissimum
*Sarmiento select. interpret. & lib. 8. in tit. ff. de
legat. 2. & in l. cum ità §. hoc nostro in fideicom-
misso num. 8. in fin.* dicit, quod sequeretur
aliud, quod ille, qui est de familia posterio-
ris, etiã si nullo modo esset de familia prius
præferretur, quod esset admodum incon-
ueniens.
Et ad contraria decisa, subdit *Barbatus*
reparandum ex contingentibus in causa,
quæ aliter interpretata fuit mens disponen-
tis, vt præcæteris *decisio Rota Romana 22.* in
qua

quã tamen si in ea magis communis est sententia, quæ proximitatem vltimi grauati faciet tamen in illo in casu, non ex sola diffinitione huius articuli iuris in genere processit decisio, sed ex coniecturis, quæ in eo casu vigebant fauore proximitatis ipsius grauati, quarum quamq; recenset eadem *Rota* ibi *ex num. 4. ad finem*. Id ipsum *in decis. 681. part. 2. in nouis. per Farinac.* in qua similiter ex coniecturis in eo casu militantibus videtur iustificata decisio magis, quàm ex diffinitione articuli iuris in genere.

Et prosequendo *Barbatus* noster defensionem suæ stabilissimæ diffinitionis einsmodi contextu, subdit *in cap. 2. d. part. 2.* esse scilicet miserabile refugium tenentium contrariam opinionem constabiliri ab inconuenientibus, parum prodesse inconueniens, immò inconuenientia, quæ adducunt contrarij.

Primum quia turbarentur sæpissimè successiones, fieretque ex transitum à liberis morientis ad remotissimos transuersales, qui in sperato fideicommissi, & successionis commodo fruerentur, & militaret contrà dispositio *l. vnica vers. si quidem C. de his qui ante apert. tabul.*

Secundum inconueniens resultaret, quia negligeret quispiam res hæreditarias, maléque ergà eas se versaretur, dùm videret ad liberos suos transire non posse, ac expendunt ad id ponderata per *Doct. in l. 2. & in l. scire C. vt in possess. legat.*

Tertium inconueniens est, quia supposita perpetuitate fideicommissi, manerent dominia rerum sub incerto, eo quod si attendi deberet proximitas testatoris, non verò grauati, euenirent postea die ad multa decursa tempora, quibus mortuus est testator, non possit inueniri, qui sit proximior, redderentur que lites inextricabiles, prout circà talia inconuenientia insistit *Fusar. de fideic. subst. quæst. 484. nu. 15. vers. & ab hac sententia*, quam sequitur, & extollit *Fontanella decis. Cath. 33. nu. 23. & 24. vol. 1.*

Quibus neglectis per *Barbatum* tanquàm futilibus; cum non soluant talia per ipsum allegata inconuenientia, prout suorum esset onus, respondeo ad Primum de turbata successione eo prætextu, quod fieret transitus à liberis morientis ad remotissimos transuersales, id forsitan verum, quando ageretur de bonis ipsius vltimi morientis proprijs: verùm quia non de eius proprijs, sed illius, qui tali lege in institutione præscripsit ex sua morte in res suas, *l. in re mandata, C. mandati*, quæ namque iniuria dicatur fieri liberis morientis, si ab ijs auferetur, quod est alienum, & quod, tali lege defunctus, à quo ipse causam habet, relinquit, auferetur: fieret è contrà ijs magis iniuria, ad quos de iure, contra dispositione instituentis, referendum foret, si ab ijs auferetur, & alijs deferatur, quibus nec iure id competit, nec ad eos extenditur dispositio.

Nec secundum currit inconueniens, quia ab eo aliud inconuenientissimum oriretur, nàm si præferenda foret conseruatio bonorum vocationi, detraheretur persona propter res, & rei contemplatio antecederet personam, essentq; res personis priuilegiatiores, tempore, quo non res, sed persona extitit contemplata, & res cedunt personæ, tanquàm eis digniori *ad text. in §. aliam verò, Inst. de iure nat. gen. & ciuil.*

Vltimo inconuenienti respondet *Barbatus*, mentioni scilicet dominij sub incerto: non enim attenditur, quod incertum fieret, quando persona est certa, quæ contemplatur in vocatione: cùm ergò habeamus tantùm id specificè disponentem, ad quid recurrendum ad inconuenientia, quæ omnia in eius dispositione fuerunt adamussim ponderata?

Cætero in hoc sic terribili palio laudo ego
68 limpidissimam *Barbati* nostri sententiam, sed non vt ea ponatur in regula iuris, vt ipse authumat, sed benè in exceptione regulæ, & dicendum in substitutione, quando non esset facta specialis mentio, sed vocatio proximiorum testatoris, standum regulæ, vt succedant, & censeantur vocati proximiores grauati, sic suadente ordine succedendi, sic etiam quia delata successione grauato ab eo influunt series succesorum, quemadmodùm sic voluit testator, vt non ampliùs de suis proximioribus loquatur, quando prædilexit institutum & eos, *qui de iure deberent*, rupto porsùs illo successionis testatoris succedere, & est secunda limitatio, quam posuit *Barbatus* ad eius regulam *d. part. 2. cap. 4. sub nu. 93.* & nos posuimus pro regula iam innuti quæsiti *Amatus Sicalus var. resol. lib. 1. res. 10. num. 66. in fin.* alijque quamplurimi, ex quo cùm in præsumpta vocatione proximiorum testatoris requirantur requisita desuper connumerata per eundem *Barbatum* alterant illam regulam, quibus non concurrentibus, & non probatis, adhùc semper dicetur stare regulæ. Ergò ille casus exceptus per *Barbat.* stat in regula, qui pro se multo indiget ex suprapositis requisitis, adminiculo, qui si simul concurrant, excipitur à regula, vt infrà dicemus.

69 Quam quidem regulam amplia Primò in casu vocationis aliquorum factæ per testatorem nomine collectiuo, vt succedere debeant ordine successiuo, tùnc etiam proximitas grauati, & non disponentis attendi debet *Petra Placentinus de fideicommiss. quæst. 11. nu. 128.* vbi quamplurima de tali clausula *Marzar. decis. Del. 1. nu. 5. in fin.*

70 Amplia secundò, quando appareat decretã vo-

vocatio iuxtà ordinem intestatæ successio-
nis. *Peregr. de fideicom. art. 30. sub nu. 11. Fusar.
d. quæst. 484. nu. 47. & cons. 80. Menoch. cons.
114. sub nu. 10. Amat. Sicul. loco cit. sub nu. 4.*
71 *Barbatus d. cap. 4. nu. 35.* Item si fuerit ordina-
ta dispositio de herede in hæredem, *Decian.
resp. 100. nu. 15. lib. 3. Iurrigl. de subst. cent. 3.*
72 *quæst. 78. in fin.* Vel si fuerit contemplata di-
spositio grauati, tùnc enim secundùm illam
73 regulari debet *Vin. decis. 395.* Insuper in ca-
su primogeniture, vel Maioratus attendi
etiam debet proximitas instituti, non autem
testatoris, *Barbat. d. part. 2. sub nu. 81. & in d.
cap. 4. sub nu. 39.* ponens modum instituendi
primogenituram *in vers. dicitur autem* quan-
do scilicet in dispositione cautum esset vt
putà disponitur, quod successio, aut alia
symbola decreta dispositio vadat de primo-
genito in primogenitum, aut de maiori ad
74 maiorem, excipitas vnum notabile, quod
in defectum primogeniti vocati per testato-
rem admittantur ad primogenium ij, ad
quos spectat de iure successio, & sic proxi-
mioris grauati vltimi morientis: nisi tamen
fieret transitus ad alium diuersæ lineæ, & si-
gnanter ad alios, qui non essent de familia:
75 In tali enim casu, quando deficerent ascen-
dentes, & quæstio esset inter collaterales,
semper successio primogenij, & maioratus,
& bonorum fideicommissorum fauore fami-
liæ institutorum admitterentur proximio-
res testatoris, non verò proximiores vltimi
morientis, qui non sunt de familia, licèt
adhùc ipsi de familia in remotiori gradu
existant, sicut pro indubitato habuit *Molin.
de Hispan. primog. lib. 3. cap. 9. nu. 2. Fusar. d.
quæst. 84. nu. 3.*

76 Amplia tertiò in casu, quo testator hono-
rasset, & prætulisset existentem in remotiori
gradu ad exclusionem proximorum, & in
proximiori sibi gradu existentium, ea ratio-
ne, ex quo successio est semel translata extrà
proximitatem ipsius testatoris, videtur ea
vtique effecta transmissibilis ad extraneum,
iuxtà *textum in l. pater filium, §. quindecim, ff.
de legat. 3. Rota Roman. decis. 72. nu. 4. part. 1. in
nouis.*

77 Amplia quartò in consimili casu, quod
ipsi proximiores essent exclusi, & quod ma-
gis ipsi exclusi viuerent tempore euenientis
conditionis, vt in terminis *Rotæ Romanæ d.
decis. 72. nu. 4. vers. 2.* coniecturata est, vbi re-
censet casum de testatore plures fratres ha-
bente, qui instituit nepotem ex vno ipsorum
fratrum, eique postea substituit agnatos, vel
familiam in casu, quo sine liberis decesserit:
nàm moriente dicto nepote instituto sine li-
beris, non admitterentur ad successionem
fratres præfati testatoris, & patrui dicti ne-
potis instituti decedentis, sed bene solus pa-
ter instituti, & in tali casu, non vti proxi-
mior testatoris; sed bene tanquàm proxi-
mior grauati, eo quod si dictus pater ad-
mitteretur tanquàm proximior testatoris
succederent vtique, & admitti etiam debe-
rent cum ipso alij fratres testatoris.

78 Quod extende etiam, quandò institutis fi-
lijs, aut descendentibus reciprocè substitu-
tis in defectum vnius lineæ, vel descendentiæ
vocasset testator descendentes ab alijs filijs
nàm tali in casu non tantùm non præferen-
tur proximiores testatoris, verùm nè qui-
dem proximiores grauati, sed vocaretur
proximitas descendentis aliorum filiorum,
siud linearum, prælatis prioribus ipsius de-
scendentiæ, ac seruata proximitate inter eos
de illa stirpe, *Pereg. d. art. 20. nu. 7.* Quod sub-
ampliat primò in casu, quo testator in reci-
proco perpetuo fideicommisso vocasset hære-
des descendentes à primis institutis, & quod
cũ qualitate illa hæreditaria pro quotis hæ-
reditarijs fideicommissum ad ipsum descen-
dentes deuolueretur. Secundò subampliat
etiam in casu, quo in defectum vnius, vel de-
scendentium ab aliquo vocasset testator de-
scendentes à pluribus alijs per stirpes, quo-
niam cùm stirpes omnium sint vocatæ, om-
nes stirpes vtique concurrerent proximitate
seruata inter eos de illa stirpe, & sic qui ex
vna stirpe esset grauato defuncto proximior
non excluderet alias stirpes, *Fusar. d. quæst.
484. num. 69.* & 80. & quando inducatur per-
79 petuum fideicommissum reciprocum, vide
*Grat. discept. forens. cap. 828. nu. 41. & seq. Dec.
cons. 80. nu. 67. lib. 2. Cancer. var. resol. part. 1.
cap. 1. nu. 282. Menoch. cons. 376. nu. 29.*

80 Amplia quintò, si testator prohibuerit
alienationem bonorum, ad hoc vt conser-
uentur in perpetuum in agnatione, quo ca-
su attenderetur similiter proximitas grauati
Rota Romana d. decis. 72. nu. 5. vbi quod in ta-
li casu censentur etiam vocati illi, qui non
poterant esse nati, nec concepti tempore
mortis testatoris, & consequenter illi, qui
nullo modo poterant testatori ab intestato
succedere, per *tex. in l. duodecim tabularũ, C. de
legit. hæred.* vide *Peregrin. cons. 47. nu. 7. lib. 4.
Menoch. de præsumpt. lib. 4. præsumpt. 60. nu. 2.*

81 Amplia sextò, iuxtà eandem *decisionem
Rotæ Romanæ 72. in fin.* In casu fideicommissi
constituti pro conseruatione dignitatis fa-
miliæ, ad quod omnes de familia concurre-
rent, tàm scilicèt proximiores testatoris,
quàm grauati: nàm si proximior testatoris
esset pauper, proximior verò grauati diues,
præfertur proximior pauper, ad hoc vt de-
cus familiæ magis conseruetur: nàm aliàs
propter inopiam sardesceret familia. *Fusar.
d. quæst. 484. nu. 58.*

82 Amplia septimò etiam in casu vocatio-
nis factæ de proximiore illius, in cuius por-
tione succedendum erit, tali enim in casu
suc-

succedendum veniet grauato non testatori, prout censuit *Rota Romana decis. 426. nu. 6. in post. relat. per Farinac.*

83 Amplia octauò in casu vocationis factæ per testatorem proximiorum agnatorum de agnatione testatoris, quo casu præferendum, ac sub dispositione venire eum, qui est proximior agnato grauato, & ratione, quia dictio, *de agnatione testatoris*, significat proximam, & immediatam originem, *Surd. cons. 320. nu. 9. lib. 3. Grat. discept. forens. cap. 493. num. 26.*

84 Amplia nonò in successione feudi hæreditarij, in quo semper spectanda est proximitas vltimi possessoris, non verò proximi acquirentis per *text. in cap. 1. de nat. feud. succ.* vbi *Iseruia sub nu. 31. & 32.* expendant ad id firmandum etiam Doctores *tex. in cap. 1. §. 1. de succ. feud. in cap. 1. §. his verò de grad. success. in feud. & in cap. 1. §. Titius si de feud. defunct. fuer. contr.* prout ingeniosè longa remissione Doctorum comprobat *Barbatus d. part. 2. cap. 3. in princ.* qui testatur, hoc de plano procedere quoad successionem in feudo hæreditario, quamuis aliqui contrarium sentire visi sint, de quibus apud *Giurbam de success. feud. cap. 118. §. 2. gl. 13. sub nu. 36.* cum explicatione, vt per *Antoninum de Amato d. cap. 10. nu. 13. & 15.* Dummodò primus acquirens non mutauerit aliquo modo formam successionis: nàm si mutauerit, erit secus *Petrus de Gregorio de success. feud. part. 4. quæst. 9. nu. 6. & 7.* Et secundò in casu, quo illius linea penitus deficiat, & faciat ob id transitum successio ad collaterales: eo enim in casu proximiores primi acquisitoris, non verò primi descendentis præferendi forent, & de tali successione lineæ transuersalis in feudis scripsit *D. de Luca in suo nouissimo tract. de linea legali art. 3. tit. de linea transuers. in feud.*

85 Quod extende etiam in iure emphyteutico *Surdus d. cons.* promiscuè id affirmans in feudis scilicet, & emphyteusi, & *in cons. 116. n. 37. & 39. lib. 1. Hieronymus Gabr. cons. 86. nu. 12. & seq. lib. 1.* vbi *num. 13.* tradit, quod in em-

86 phyteusi attenditur successio, sicuti in hæreditate, quæ defertur ab intestato, in quo inspicitur persona vltimi morientis, ideò magis si contingerit fieri inuestitura ex gratia concedentis, vt *cons. 90. nu. 13. eod. lib. 1. Anton. Gabr. commun. concl. lib. 3. tit. de iure emphyt. concl. 17. nu. 13.* vbi proximiorem in his terminis intelligit eum, qui est magis proximus ei, in cuius persona finita est generatio, non verò proximiorem respectu primi inuestiti, *Rom. cons. 169. nu. 6. & cons. 19. lib. 2.* In quibus loquitur de emphyteusi concessa vsque ad tertiam generationem, concludit esse attendendam, atque admittendam proximitatem vltimi decedentis, *Card. Mantica de tacit. & amb. conuent. lib. 22. tit. 18. nu. 38.* vbi refert rationem mutuatam *à Bartolo dicente in l. mortis causa capio in princ. ff. de donat. caus. mort.* quod emphyteusis non accipitur à primo acquirente, sed à concedente, & quod propterea in eo non potest cõsiderari maior affectio ergà proximiorem primi acquirentis, quàm ergà proximiorem vltimi morientis vnde subdit, non posse intelligi concessam emphyteusim iuxtà ordinem succedendi pro stipulatore, sed magis eo ordine, quo vltimo morienti succeditur. *Bursat. cons. 1. nu. 2. Peregrin. de fideicomm. art. 31. nu. 59. Marta summa success. leg. part. 1. quæst. 12. art. 1. sub nu. 9. Gama decis. Lusit. 4. sub nu. 2. Anton. de Amat. d. cap. 10. sub. nu. 19.*

87 Verùm *Hieronymus Gabrielis d. cons. 86. num. 2. lib. 1.* cum aliorum consensu dicit, id locum sibi vendicare non tantùm in emphyteusi hæreditaria; verùm etiam non hæreditaria ex pacto scilicet, & prouidentia, eo quod cùm non possit considerari maior affectio in persona concedentis ergà proximiores primi acquirentis, quàm in persona vltimi defuncti. Eapropter proximior defuncti admittitur magis, quàm proximior

88 acquirentis: tamen contrarium in hoc statuit *Peregrin. de fideicom. d. art. 31. num. 59.* ex maximo symbolo, quod intercedit in contractu emphyteutico ex pacto, & prouidentia, & feudum cum eodem pacto. Quando

89 autem dicatur fieri concessio cum qualitate ordinaria, quando autem absque ea, & sic ex pacto, & prouidentia declarat *D. Capyc. Latro decis. 70. sub nu. 9.* vbi *num. 25. & 26.* ponit etiam cautelas vtriusque emphyteusis concessæ, & inuestituræ, & ex eius dictis apparet, idem respectu emphyteusis, quod de feudo hæreditario, & feudo ex pacto, & prouidentia diffinitù, & proindè vnum idemq; non directum ius erit in vtroque stabiliendum, confirmat *Barbat. d. part. 2. cap. 3. sub num. 163.*

90 Quod procedit etiam in casu reuocationis emphyteusis finitæ per generationem, vt scilicet admittatur is, in cuius persona finita est generatio, non verò proximior respectu primi inuestiti *Ant. Gabr. commun. concl. lib. 3. concl. 1. nu. 10.* & proindè in petitione renouandi emphyteusim debet præferri mater vltimi possessoris, ad exclusionem Amitæ, tanquam proximior ipsius vltimi decedentis, quamuis tamen respectu primi acquirentis ipsa Amita reperiatur proximior *Gama d. decis. 7. nu. 7.* quod extenditur in ca-

91 su fratris vtrinque coniuncti cum fratre consanguineo, vel vterino tantùm, quamuis sint ij in primo gradu vltimo decedenti, ex quo de iure communi vtrinque coniunctus sit prior in successione, *ad text. in auth. itaq. C. com. de succ.* prout concludit *Mantica in d. lib. 12. nu. 41.* limitans id ipsum *sub nu. 42.* in

solo casu emphyteusis priuatæ, vel Ecclesia-
sticæ concessæ pro filijs, vel hæredibus, ex
quo vtraque intelligitur hæreditaria: secùs
autem si emphyteusis fuerit Ecclesiæ, & fue-
rit concessa filijs masculis fauore agnatio-
nis, quia tùnc ambi admittendi absque ali-
qua alia prælatione, *Curt. iun. cons.* 78. *& Al-*
92 *bert. cons.* 81. *nu.* 58. Et in emphyteusi conces-
sa filijs, & nepotibus simpliciter, filius vtrin-
que coniunctus præfertur aut consanguineo
tantùm, aut vterino tantùm, ex quo mascu-
li, & fœminæ absque sexus distinctione ad-
mittuntur *ad text. in §. emphyteusis, auth. de*
non alien. & propterea cùm genus maternum
etiam conferat, magis coniunctus præferri
debet *d. auth. Itaque C. commun. de success.* & si
93 in diuisione facta inter succedentes cesserit
emphyteusis in portionem vnius ex fratri-
bus, non succedit, eo decedente, proximior
eiusdem, sed benè proximior stipitis, qui
emphyteusim acquisiuit, videlicet quoad so-
lam portionem obuenientem in partem filio
superstiti: non verò in vniuersum *Mantica*
loco cit. sub nu. 39.
94 Insuper est sciendum, emphyteusis, quam
quis receperit pro se, & successoribus, dato
vniuersali hærede, instituta filia in sola cer-
ta re, non dicitur in ea reuocata, filia in so-
la certa re instituta, *D. Reg. Sanfelic. decis.* 27.
num. 30.
95 Sciendum est vlterius, quod dato casu,
quo aliquis emphyteuta emphyteuticauerit
alteri rem emphyteuticam, retinet iura do-
minij, aliaque directo Domino, quæ conce-
duntur concedenti emphyteusim, & habetur
loco directi Domini respectu illius recipien-
tis emphyteusim, *D. Reg. Capyc. Latro decis.*
96 40. *sub num.* 48. *vol.* 1. prout de Rege nostro
inuestiente feudum in Regno: nam licèt ip-
se sit vtilis Dominus huius Regni respectu
Ecclesiæ, est tamen directus Dominus feudi
suo Vassallo, vel alteri concessi, vt omnes
transeunt Feudistæ.
97 Notandum est etiam, quod emphyteusis
concessa, vt transeat ad primogenitum, dun-
taxàt, intelligitur de primogenito existente
tempore mortis vltimi possessoris: vndè qui
primò natus tempore prædicto reperitur, il-
le admitti deberet ad emphyteusim, *Bald. in*
l. 3. *nu.* 6. *C. de iure emphyt.* vbi *Ias. num.* 121.
Reg. Galeota semper illustr. contr. lib. 1. *contr.* 48.
nu. 46. qui *nu.* 47. inquit, quod quando suc-
cessio habet naturam relationis ad tempus
mortis, ea proximitas attenditur, quæ tunc
temporis in rerum natura viget.
98 Et emphyteusis recepta pro hæredibus,
& successoribus in infinitum est transitoria
ad hæredes etiam extraneos, *Socin. cons.* 266.
lib. 2. *Rota Roman. decis.* 241. *nu.* 3. *apud Crusl.*
Reg. de Marin. quotid. iur. resolut. cap. 97. *nu.* 20.
99 Dummodò non sit cõcessa ab Ecclesia, quia
tùnc nunquàm transit ad hæredem extra-
neum, *Afflict. decis.* 110. *Thor. compend. decis.*
Regni part. 2. *in verbo emphyteusis concessa ab*
Ecclesia, etiam si fuerit stipulata pro hæredi-
100 bus, *Andreol. contr.* 209. *n.* 10. *& contr.* 340.
nu. 11. cùm non implicet in hoc qualitas hæ-
reditaria, cùm intelligatur de hæredibus
sanguinis, *D. de Luca post alios cap.* 2. *n.* 5. *&* 6.
101 nisi subsequatur clausula, *cui dederit*, nempè
si dicatur, *pro se, suisque hæredibus, & cui dede-*
rit, quia tùnc comprehenderetur in ea hæres
extraneus *Giurgu. cons.* 44. *nu.* 69. *vol.* 2. vel si
addatur clausula, *cum potestate faciendi, quic-*
quid voluerit, *Staph. decis.* 1107. vel si aliæ
accederent clausulæ alterantes dictam sol-
ram inuestituram, de quibus apud *D. de Lu-*
ca d. cap. 21. *sub nu.* 14. *&* 15.
102 Limitatur modò supradicta regula p nos
desuper posita. Primò in casu *d. l. Modestinus*
§. cùm ita, ff. de legat. 2. iuxtà *Barbati* explica-
tionem desuper positam, maximè in disposi-
tionibus vltimarum voluntatum, etiam in
casu, quo aperiretur locus fideicommisso per
contrauentionem grauati, vt quia grauatus
alienasset rem fideicõmisso subiectam, alie-
narique prohibitam, secundùm *decisionem*
Rotæ Romanæ 71. *sub nu.* 2. *part.* 1. quam post
Fusar. sequitur etiam *Barbatus d. par.* 2. *cap.* 4.
sub num. 7. Ratio est, quia si attendi deberet
proximitas grauati alienantis, vtique pro-
cliuiores ipsi grauati forent ad alienandum
certo certiores, quod essent proximiores
successori, & consequenter ratum habiturè
eorum facturo, & possent cum ipsis facillimè
colludere, *Marta summa succ. leg. par.* 2. *art.* 6.
quæst. 3. *nu.* 4. *Antoninus de Amato d. resol.* 30.
nu. 6. vbi pro maiori dilucidatione articuli
103 distinguere videtur, an in hoc resultet ab-
solutum fideicommissum in solum casum
alienationis factæ, aut verò resultet fidei-
commissum in casu mortis, & quod in pri-
mo casu procedat opinio relata fauore pro-
ximioris testatoris. Secundò verò procedat
opinio contraria fauore scilicet proximio-
ris grauati, quæ quidem opinio comproba-
tur etiam authoritate *Barbati loco cit. sub n.* 4.
104 Limitatur secundò supra posita regula in
fideicommisso, ad quod fuissent vocati plu-
res nomine collectiuo, exemplum reddit
Barbatus d. cap. 4. *nu.* 5. in vocatione facta de
familia ex proximioribus de agnatis, cæte-
risque, qui tali nomine comprehenduntur,
nàm tùnc in iis attendendam esse proximi-
tatem testatoris, non autem grauati, affir-
mat *Grat. discept. forens. cap.* 93. *nu.* 2. 4. *&* 5.
qui de magis communi testatur, tamen si
Fusar. d. quæst. 484. *sub nu.* 61. *&* 62. distinguat
inter fideicommissum successiuum, & fidei-
commissum non successiuum, temporale sci-
licet, & perpetuum, eo quod in primo casu
attendendam proximitatem grauati. In se-
cundo

[illegible] proximitatem testatoris, quicquid [illegible] in sè contineat talis distinctio. [illegible], illud esse certum in hoc, iu [illegible] fuerint collectiuo nomine vo[illegible] mortem [illegible]. Si sunt æqualiter [illegible] proximi, & gradu pares, quales sunt [illegible] illi, & forsan cessabit inter eos ordo af[illegible], & charitatis æquis portionibus ij [illegible], in tantum vt non sit inter eos disputandum de ordine prælationis, post alios *Amat. de Amato d. cap. 10. nu. 11.* tàm si proximitas sit vocata in numero plurali, quàm in numero singulari, *Rota Romana decis. 144. nu. 32.* nisi de contraria voluntate restrictiue ad vnum cõstet *D. de Luca respon[so] [illegible] 24. nu. 5. impress. post tract. de linea*, & in hoc potest vendicare sibi locum opinio *Franc. Andr. contr. 249. sub nu. 5. & 6.* quem sequitur *Barbatus* noster.

105 Limita tertiò in casu vocationis factæ sub conditione, vt grauati assumant nomen, & insignia testatoris, *Amat. loco cit. sub nu. 41.* quem post alios sequitur *Barbatus d. cap. 4. nu. 30.* qui videtur etiam assentiri, in casu, quo fuissent vocati proximiores de suo nomine, & armis.

106 Limita quartò in casu fideicommissi relicti pro conseruatione familiæ, in quo similiter proximitas non vltimi decedentis, sed testatoris disponentis est attendenda, quia inspectio conseruationis familiæ non alienæ, sed propriæ testatoris, siuè disponentis attendenda venit, *Socin. cons. 42. tum in præsentiarum col. 6. vers. & in primis. Menoch. cons. 124. nu. 28. Mantica de coniect. vlt. volunt. lib. 8. tit. 12. in princ. Bart. decis. Bonon. 11. nu. [illegible] in fine, Genua decis. Lusit. 206. sub nu. 37.* & ta-

107 men contrarium videatur sentire, *Rota Romana*, tàm in d. decis. 72. nu. 2. quàm in decis. 881. nu. 4. cent. 2. recent. per Farinac. verùm illud intelligi debet in casu, quo hæredes grauati morientes essent de eadem familia, & descendentes per lineam directam grauantis, ad quam, sanguinis contemplatione, videtur verè disponens inspexisse, & prouidisse *Rota Romana d. decis. 881. sub nu. 4.*

[illegible] Limita quintò in casu vocationis factæ [illegible] proximioribus, vel descendentibus, salua [illegible] praerogatiua, per ea, quæ ad[illegible] *Antoninum d. resolut. 10. sub num. 42.* qui [illegible] limitationem pluribus modis, [illegible]

[illegible] casu fideicommissi relicti [illegible] in quo attendendam [illegible] testatoris voluit *Fe[illegible] Placentinus* [illegible] *231. nu. 70. & seq.* ad differentiam [illegible] fideicommissariorum, qui non sint de numero præfatorum, sed sint extraneorum, in quibus attendenda proximitas grauati, sed videndus *Fusar. d. quæst. 484. nu. 67.*

110 Limita septimò in casu, quo testator dixisset, relinquo familiæ meæ, vel proximitati meæ, vel proximioribus meis, vel alio quolibet symbolo modo, quo [illegible] poster verba relata in ordinem [illegible], tunc proximitas ipsius, & non [illegible] attendenda *Crass. §. fideicommissum* [illegible] *nu. 2.* ad differentiam, quando esset [illegible] verba relata ad hæredem grauatum [illegible] si dictum fuerit, *relinquo fratri, & eius [familiæ] vel fratri, & eius proximioribus*, & quid in casu dubio vide *Antoninum d. resol. 10. nu. 61. & 62.*

111 Limita octauò in casu, quo fuerit facta vocatio per vulgarem substitutionem, in qua est indubitatum præferendam proximitatem testatoris, *Barbat. d. cap. 4. sub num. 2.* vbi id extenditur etiam in casu substitutionis compendiosæ, quæ contineret vulgarem,

112 & fideicommissariam, sed quid in pupillari substitutione anceps redditur quæstio, de qua apud *Facchin. contr. iur. quæst. 86. lib. 4.*

113 Limita nonò in casu, quo post mortem grauati fieret transitus ad diuersam personarum conditionem, vt quia fieret transitus de masculis ad fœminas, de quo videndus *Barbat. d. cap. 4. nu. 19.* & post eum *D. de Luca art. 11. per totum in tract. de linea.*

114 Limita decimò in casu renunciationis iuxtà vsum Nobilium Capuanorum, & N[illegible] quo veniet consideranda proximitas [illegible] acquirentis *D. Reg. de Ponte* [illegible] *tit. de success. mul. in princip. sub nu. 32. & per Molfes. in Consuetud. Neap. de renunciat.*

115 Limita vndecimò in feudo ex pacto, & prouidentia, secundùm *Bald. in cap. 1. §. vlt. de success. fratr. vel grad. succ. in feudo*, concordant cum eo Doctores longa remissione recensiti per *Barbatum d. part. 1. cap. 3. sub nu. 4.* rationem adducunt, quia quemadmodùm Dominus dilexit primum acquirentem in concedendo ei feudum, pariter censendum erit prædilexisse eiusdem proximitatem.

116 In Regno viget assidua Consuetudo infeudandi secundùm formam feudi hæreditarij, & feudi ex pacto, & prouidentia, & proindè distinguunt Doctores inter naturam vtriusque dicentes, feudum hæreditarium

117 dici illud, cui fuit facta concessio Caio pro se, & hæredibus suis *Camill. de Curt. diuers. feud. in cap.* [illegible] *concedens nu. 4.* cum qualitate hæreditaria, scilicèt ad demonstrandum differentiam inter illud, & feudum ex pacto, & prouidentia, quod dicitur, si fuerit concessum pro se, & liberis, vel descendentibus, *Andr. de Isernia in cap. 1. nu. 2. de succ. feud. & in cap. 1. nu. 10. an agnat.* & docuit *Lenar. in repert. feud. in cap. 1 qui succ. feud. dar. nu. 37.* quod talia nomina non sunt excerpta

118 à verbis iuris feudorum, sed ex verbis magistralibus Pilei, & Bolgari antiquorum glo-

glossatorum, qui apposuerunt nomina præ-
fata magistraliter ad demonstrandum essen-
tiam, & differentiam vtriusque: vnde feu-
dum hæreditarium in eo solo differt à feu-
do ex pacto, & prouidentia, quia in primo
omninò interuenire debet qualitas hæredi-
taria: in secundo verò nõ semper secundùm
Camer. in cap. 1. an agnati in 1. quæst. quia non
120 per hoc quod dicatur hæreditarium, ex-
cluditur ab eo pactum, & prouidentia, quia
etiam in eo concurrit prouidentia conce-
dentis dando sibi, & hæredibus, & pactum
recipientis, quando recipit illud pro hære-
dibus *D. Theod. alleg. 22. nu. 8. D. Reg. Galeota
contr. illustr. lib. 1. contr. 3. sub nu. 13. vers. ratio
est, & contr. 31. nu. 3.* vbi dicit, etiam si adda-
tur clausula, *masculinitatis*, quia tunc nec
etiam deficit esse hæreditarium, & si detur
aliud etiam feudum omninò hæreditarium,
secundùm *D. Reg. Rouit. in rubr. super pragm.
de feud. nu. 2. & D. de Ponte decis. 11. in fine
nu. 11.* qui dicunt dari tres species feudorũ:
121 nempè vt sint aliqua omninò hæreditaria,
& sunt ea, quæ de eorum natura transeunt
ad quemcumque hæredem etiam extraneũ,
vt notatur *in cap. 1.* vbi communiter *Doct. de
feud. non hab. propr. nat. feud.* si scilicet conce-
deretur feudum pro se, suisq; hæredibus qui-
buscumque, *Clar. in §. Feudum quæst. 9. vers.
Item præmitto, Reg. Rouit. vbi supra.*

122 Feuda ex pacto, & prouidentia simplici-
ter dicuntur, quæ reguntur absque qualita-
te hæreditaria, *Montanus in cap. super §. prop-
terea Ducatus sub nu. 67. D. Reg. Capyc. Latro
decis. 70. num. 41. D. Reg. Galeota illustr. contr.
lib. 2. cap. 48. nu. 31.*

123 Feuda verò hæreditaria mixta sunt, quæ
alias dicuntur ex pacto, & prouidentia hæ-
reditaria: nam si concedatur feudum pro se,
& liberis descendentibus hæredibus, aut at-
tenta forma solita inuestiendi, & conceden-
di in Regno, nempè pro se, & hæredibus ex
corpore legitimè descendentibus, & ideò
dicuntur mixta, quia participant de vtroque,
eo quod, non omnis hæres extraneus potest
in eo succedere, sed qui de liberis descen-
dentibus dumtaxat primi acquirentis cum
qualitate hæreditaria, *D. Rouit. loco cit. D. de
Framb. decis. 1. nu. 2. Thor. compend. decis. Regni
part. 1. verbo feudum hæreditarium fol. 210.
Marescott. var. resol. lib. 1. resol. 26. nu. 18. La-
nar. consf. 110. nu. 10. D. Marcianus cons. 26. nu.
19. Anellus de Amato cons. 93. num. 14. & seq.
Giurba de feud. part. 4. nu. 6. Galiupp. in Meth.
inr. feud. part. 1. cap. 5. nu. 63.* dummodò clau-
124 sula illa, *hæredibus*, apponatur in corpore
inuestituræ, non verò in calce *Framb. decis. 6.
sub n. 5.* & in Germania nihil operatur verbũ
illud, *hæredibus*, *D. Reg. Capyc. Latro decis. 57.
nu. 4. & 5.* & si dicta clausula omittatur, non
censetur apposita, *D. Capyc. Latro d. decis. 57.
nu. 37.* & plures alias clausulas, quibus feu-
da concipiuntur, vide apud *Nouar. in collect.
20. super pragm. de feudis, Giurbam de feud.
prælud. 4. nu. 12.* Itàque in feudis tripliciter
125 considerari potest hæres, vt suprà dixi-
mus. Primò, vt hæres sanguinis. Secundò,
vt hæres hæreditatis. Et demùm tertiò, vt
hæres feudi *D. de Ponte de potestat. Proregis de
refut. feud. tit. 8. §. 10. nu. 13.* Primum semper
concurrere debet: nàm siue agatur de feudo
hæreditario, siue de feudo ex pacto, & pro-
uidentia, semper est consideratio facienda
sanguinis. Secundò viget in feudo ex pacto
& prouidentia respectu filij. Et tertiò viget
126 in feudo hæreditario. Feudum hæredita-
rium diiudicatur res defuncti, ad quam
non venit hæres ex persona propria, sed ex
persona repræsentante defunctum, *Freccia
de subf. lib. 3. de differ. inter feud. hæred. & feud.
ex pacto, & prouidentia differ. 7. de Ponte loc. cit.
127 sub nu. 13.* qui subdit, quod feuda ex pacto
& prouidentia non hæreditaria, acquiruntur
successione, feuda verò hæreditaria trans-
missione à defuncto in hæredem, & hunc ef-
fectum producit alteratio resultans ex clau-
sula, *ex hæredibus*, deueniendo ex simplici
feudo ex pacto, & prouidentia, hæreditariũ
assumit in omnibus, & per omnia vires hæ-
reditarij, nihil retinendo de natura pacti, &
prouidentiæ: nisi solam concessionem à Do-
mino factam, qui concedendo inspexit sibi,
& concessionario, sibi per prouidentiam
concessionario, per pactum, & merit ò dein-
dè poterit possessor de illo disponere, illudq;
in alium transferre *Consil. Marcian. cons. 16.
sub nu. 20. in fine*, inquiens, quod possunt si-
mul stare, quod feudum hæreditarium defe-
ratur certis personis ex pacto, & prouiden-
tia, & quod nihilominùs sit feudum hæredi-
tarium: vnde non obstante, quod in inuesti-
tura dicatur, quod attendatur ius franco-
rum, quo iure succedit filius primogenitus,
quæ successio, tanquam irregularis, est con-
trà regulas iuris communis, quemadmo-
dùm de iure communi omnes filij masculi
succedũt *cap. omnes filij & de feud. defunct. fuer.
contr. cap. 1. qui feud. dare poss.* & idem est de iu-
re Longobard. *D. de Maria lib. 2. cap. 15. n. 25.
D. Galeota cõtr. 3. & D. Reg. Latro dec. 37.* quod
128 hodiè ab aduentu Caroli Primi effectum
est ius commune in successione feudi *D. de
Maria. lib. 2. resol. iur. cap. 88. Afflict. decis. 119.*
etiam si feudum cõcessum esset in allodium,
quia etiam in eo succedit primogenitus *D.
Latro d. decis. 37. nu. 12.* cuius clausulæ vigo-
re, subdunt Doctores, quod dicatur in tali
casu feudum ex pacto, & prouidentia, ta-
metsi in concessione apponatur clausula,
hæredibus, erit habenda de eo ratio, prout
hæreditario, non verò prout de feudo ex
pacto, & prouidentia, secundùm optimam

gratradiitionem *D. de Ponte d. tit. 8. q. 10. sub num. 8. & seq.* & hoc feudum venit petitione hæreditatis *Isernia in cap. 1. in fine, quæ fuit. prim. & in § hoc quoque col. 2. vers. si feudum de nat. feud. Iacobutius de Franch. in prælud. feud. nu. 108. D. Reg. Tappia decis. S. R. C. 1. n. 2. Reg. Lanar. in repet. feud. cap. 1. de succ. feud. nu. nu. 49. D. Reg. Galeota contr. 37. lib. 1. nu. 19. Afflict. decis. 119. nu. 8.* & in eo datur locus remedio *l. fin. C. de edict. Diu. Adr. toll. Afflict. d. decis. 119. D. de Ponte cons. 18. lib. 2. & d. tit. 8. q. 2. nu. 12.* & nos in suo peculiari loco dicemus, & posse de illo disponere, accedente Regio assensu, *Barbatus loco cit. sub nu. 30.* & quomodò succurratur legatarijs, & creditoribus aduersùs possessorem feudi, & quid si alienetur absque assensu, quomodò succurretur successori; & an competat in eo prælatio proximiori in alienatione, & quid importet talis qualitas hæreditaria, & an legato feudo hæreditario extraneo debeatur æstimatio, suis peculiaribus, dicemus, locis: & quomodò regulatur linea in eorum successione, videndus *D. de Luca tract. de linea art. 14. per totum.*

129 Agendum summariè de proximitate, & quomodò ea sit probanda. Proximitas idem est, quod proximus, & nullam discrimen datur inter vtramque, vt notatur per *Bald. in cons. 146. in fin. lib. 2.* de quo meminit *Rota Romana decis. 693. nu. 2. in fin. part. 2. recens. per Farin. Tiraq. de retr. consang. § 11. glos. 1. nu. 1.*

130 Et proximus dupliciter sumitur primò indistinctè, & secundùm vulgarem assertionem. Secundò ratione sanguinis, agnationis scilicet, vel cognationis.

131 Primo modo dicitur omnis Populus, ad quem sumus coniuncti per adoptionem Dei. & ità intelligitur illud *Deut. cap. 6. diliges proximum tuum, sicut teipsum*, quod est repetitum in lege *Euangelica Matth. 12. Luca 10.* Itàque
132 comprehenduntur omnes homines naturæ participes, & dicitur etiam proximus ratione affectionis, vel charitatis, ex quo consilium, & gratiam suscepimus, vt patet in parabula *D. N. I. C. Luc. 10.* de eo, qui incideret in latrones, ibi: *Quis horum trium videtur sibi proximus fuisse. Petrus Gregor. Tholos. syntagm. iur. ciuil. vniuers. lib. 26. cap. 7. nu. 1.*
133 Consideratur etiam proximior in alijs casibus, qualis est de proximioribus in materia retractus, quibus permissum est posse retrahere, aut iure sanguinis, aut iure proximitatis, aut iure vtriusque, de quo vltimo iure loquitur nostra *Constitutio Sancimus de iure cong.* in quo requiritur proximitas sanguinis, & proximitas rei ad excludendum proximum rei tantùm *Rendella in eod. tract. & verbo coniunctis*, de alijs vide *Petrum Gregorium Tholos. lib. 26. cap. 13. Tiraq. de retr. lignag. § 15. gl. 1. nu. 1. & seq.* Sunt etiam syno-
134 nima proximior, & propinquior, & sæpissimè vnus pro alio capitur, vt aduertit *Napodan. in Consuetud. Neap. Si quis, vel si qua sub tit. de succ. ab intest. nu. 264.* cognoscuntur quinque nomina symbola, videlicet, Proximior, Prior, Vicinior, Proximus, & Propinquus, qui omnes in iure ponuntur pro propinquitate gradus.

135 De proximiore habetur *in § cum filius ibi, neque gradu proximior est I. instit. de hæred. quæ ab intest. defer.* Item *in § si autem plurimi ascendentium, si quod proximiorem gradu eod. tit.* & *in l. si fratres § idem ff. pro socio.*

136 De Priore habetur *in l. cum Priorem C. vnde legitimi*, & dicitur ille, qui in gradu non antecedit. De viciniore habetur *in contraria in § si verò neq; ibi, Viciniores gradu in successi. eod. tit. & in § si autem plurimi eod. tit.* De proximus habetur *in d. § cadem in l. si fratres, ibi, Cum proximis gradu ascendentibus.* De Propinquis *in eod. tempo* habetur *in l. fin. C. de verb. signif. & in l. filius ff. de suis, & legit.*
137 dicitur filius patris proximus necessarius, etiam dicitur consanguineus, hoc est sanguine coniunctus, & de eo habetur *in § Aui instit. de hæred. qualit. & differen. Tiraquell. de retract. lignag. § 1. gl. 9. nu. 13.* & de istis loquitur *Iob cap. 6. ecce non est auxilium mihi in me, & necessarij quoque mei recesserunt à me*, necessarij hoc est sanguine coniuncti [illegible] exponit verbum illud *gloss. in l. [illegible] de instit. & iure*, & veniunt appellatione necessariorum maritus, & affines *Bart. de elausul. sub. clausul. 7. gl. 12. sub nu. 5. Barbosa appell. iur. ibi nu. 1.* qui non tantùm existentes intrà septimum gradum verùm etiam infrà vsque in infinitum post multos concludit *Barbat. d. part. 2. cap. 3. nu. 12.* qui *sub num. 19.* subdit, comprehendi agnatos, & cognatos. Item fratrem, matrem, masculos, & fœminas, cum declaratione respectu fœminarum, vt ibidem per ipsum à *num. 21. vsque ad nu. 31.*

138 Sola enim allegatio proximitatis non admittitur absque eo, quod ea probetur, nam qui proximum, seu coniunctum, aut proximiorem, aut propinquiorem se dicit, probare id debet, videlicet, aut se vocatum, aut se esse eum, de cuius persona agitur *ad text. vbi notant Bart. & ceteri in l. 2. C. de edict. Diui Adr. toll.* per quem in omni iudicio, siuè ordinarium illud sit, siuè summarium, est semper legitimanda persona, non enim de-
139 bet, aut potest quis admitti, nisi probet priùs se esse talem, qualem se fecit *l. non ignorat C. qui accus. non poss. & l. falsus Tutor ff. quod fals. Tut.* in proprijs terminis videndus *Dec. cons. 13. nu. 4. in fin. & cons. 232. nu. 21. & cons. 376. in fin. Rol. à Valle cons. 3. nu. 41. Menoch. cons. 371. nu. 7. Thes. com. pen. decis. Regi part. 2. in verbo proximior petens vers. sinam*
140 quæ procedunt quoad probationem, quod

scilicet in genere sit talis difficultas, non quoad probationem in specie, in qua Menoch. cons. 731. nu. 2. & seq. quatuor admo-
141 net probanda. Primum, vt probet se agnatum. Secundum, vt probet se legitimè natum, eo quod ius agnationis cesset in illegitimis Grat. discept. forens. cap. 869. nu. 14. vbi subdit, id esse necessarium, adhuc si non apponatur per tertium, vt probet se esse ex eodem stipite, & colondello, eo quod contingere posset, esse plures familias eiusdem cognationis, qui postea, et vera, non descendere ab ea; nec sunt affinitate aliqua coniuncti inter se. Et quartum, vt probet gradum, qui reddit se sufficientem vsque ad decimum in fideicommisso D. de Marinis lib. 2. resolut. iur. cap. 33. nu. 9. quæ vtique de plano admittuntur.

142 Dubium vrgens est, an vltrà probationem agnationis, & cognationis, & proximitatis in genere, probari etiam debeat in specie, eum non tantùm esse proximiorem, verùm etiam non habere contrà se alium proximiorem, in vnius resolutione tametsi Franciscus Aretinus in L. sed & si de suo col. 4. vers. tangit etiam hic ff. de acqu. hared. quem sequuntur alij relati à Mascardo de probat. concl. 1294. nu. 22. & Thes. filius quæst. forens. lib. 1. quæst. 61. nu. 10. tamen contraria sententia, quæ voluit sufficere solam probationem, quod sit consanguineus, vel agnatus, aut proximus eius, ad vnius successionem admitti instat, absq; quo cogatur probare à nullo alio ipsum præcedi, nec alium se proximiorem habere probat Barbatus ex longissima Doctorum remissione d. part. 2. cap. 5. sub nu. 26. vers. attamen prævaluit, adeò quod talitèr probata proximitas ex parte alicuius, intelligitur etiam probata ex parte sui fratris, vt per eundem Barbatum nu. 27. & modus probandi proximitatem videndus apud Mantuam summa succ. legal. part. 3. quæst. 1. art. 1. n. 7. cum seq. vsque ad finem.

143 In casu verò, quo ageretur in admissione Iurispatronatus, siuè repræsentationis, fieri necessè est, vt probetur proximitas per gradus distinctos, se esse proximiorem fundatoris dicti Iurispatronatus, glos. in cap. licet ex quadam, verbo gradus de testib. Mantica decis. 88. nu. 2. Lutter. lib. 2. quæst. 11. nu. 96. & decis. 284. sub num. 3. part. 1. recens. per Farin.
144 quæ regula tametsi restringi videatur ad eum casum, quo agitur de probanda consanguinitate ad effectum dirimendi matrimonium, prout eam videatur restringere Aret. cons. 37. nu. 3. Dec. cons. 595. nu. 8. tamen ex identitate rationis idem militat, vbicumque agitur de præiudicio sicuti in materia Iurispatronatus, Rota apud Manticam decis. 309. nu. 3. adeò quod tametsi in proposito articulo cesset concursus personarum, super quo videtur fundata dicta regula, alias videatur sufficere probatio in genere absque distinctione graduum ex glos. in L. 1. C. de prob. probat Marescott. var. lib. 1. cap. 70. nu. 3. tamen quia non cessat præiudicium Ecclesiæ, neque cessat ratio probandi per gradus distinctos, ex quo non sufficit generica illa, & qualiscumque descendentia, sed exigitur descendentia legitima, quæ alitèr non potest constitui, quàm ex graduum positione, Marescott. d. cap. 70. num. 2. quod in-
145 telligo, vt procedat in agendo, non in excipiendo; & sic vt non procedat in concursu, quando scilicet alius compareat, & dicat se proximiorem, ad tradita per Peregr. de fideic. art. 43. nu. 66. Grat. cap. 419. nu. 32. & cap. 869. nu. 13. Thes. filius quæst. for. lib. 1. quæst. 61. in fine, vel si prætendens sit infrà decimum gra-
146 dum, vsque ad quem extenditur admissio concedentium; tali in casu exigitur probatio gradus in specie, Grat. d. cap. 419. nu. 32. & d. cap. 869. nu. 11. Thes. filius d. quæst. 61. in
147 fine, vbi refert decisionem; reliqua ad hanc vltimam materiam concurrentia excipies ab Auunculo Barbato loco cit. quæ ceu solidissima tuo non despiciet stomacho, nisi abstenius videaris, datur etiam vltrà hæredem dubium hæres intercoenalius, de quo videmus infrà in tit. de hærede ex iure accrescendi num. 23.

DE HÆREDE EX TESTAMENTO.

SVMMARIVM.

1 *Hæres ex testamento meliorem conditionem sortitur, quàm hæres ab intestato.*
2 *Hæres ex testamento præfertur hæredi ab intestato.*
3 *Hæres ab intestato causam subsidiariam succedendi agnoscit.*
4 *Tutores datiui, & legitimi vincuntur per testamentarios.*
5 *Testamentum ab antiquissimo iuris gentium initium sumpsit.*
6 *Testamenti ius in duplici consistit mirabili effectu.*
7 *Testamentum quid.*
8 *Testandi facultas ex gratia.*
9 *Testamenti initium hæredis institutio est.*

10 Natus

10 Notarij enarratio in capite testamenti.
11 Institutio hæredis, & exhæredatio seperant testamentum ab alijs vltimis voluntatibus.
12 Hæres ab intestato succedit casu, ex testamento verò iudicio testatoris.
13 Hæredem instituere quid sit.
14 Testamentum permissum ex pluribus causis.
15 Testandi facultas remedium subsidiarium, contrarium demonstratur, nu. 16.
17 Intestati causa multa ignorat, & nu. 18.
19 Hæredes venientes ab intestato quibus vijs imitantur.
20 Funiculus triplex fortiùs ligat.
21 Hæres ex testamento quibus iuribus inuitatur.
22 Testamentum est de omni iure.
23 Nemo benè natus efficitur seruus.
24 Positio est mobilior negatiuâ.
25 Hæredi ex testamento duplex competit actio.
26 Veniens iure communi præfertur venienti iure speciali.
27 Causa testati multis regulis, & iuris censura est obnoxia.
28 Concursus fit inter plures.
29 Hæreditas nobis perueniens ab intestato, iusta est hæreditas.
30 Nemo suum sobolem extraneâ anteponere videtur.
31 Hæres ex testamento appellatione venit primò, qui est sollemniter in testamento institutus.
32 Testamentum in scriptis condere periculosum est.
33 Testamenti in scriptis formula, & eius sollemnitates enarrantur, nu. 34. 35. 36. 37. 38. 39. 40. 41. & 42.
43 Testamenti aperitio quomodò facienda.
44 Testamenti publicatio, à quo peti potest.
45 Testamenti publicationis forma quæ, & eius requisita, nu. 46. 47. 48. 49. 50. 51. 52. 53.
54 Testamentum nuncupatiuum, & eius hæres notatur.
55 Testamentum nuncupatiuum dicitur sine scriptis.
56 Testamentum nuncupatiuum potest fieri absque Notario.
57 Testes in testamento debent specificè inscribi.
58 Verbum, palam, quid importet.
59 Testamentum palam factum coram minori numero septem testium est nullum, & nu. 60.
61 Testes in testamento adhibiti quas conditiones habere debent.
62 Testium numerus in testamento dispensatur, vel à fauore, vel à necessitate, vel à consuetudine.
63 Fauor liberorum dispensat, & minoris numerum testium declaratum, nu. 64. & 65.
66 Diuisio inter liberos priuilegiata.
67 Testamentum inter liberos quando nullum, nu. 68. & 69.
70 Schedula patris, in qua apparet institutio facta inter liberos, quomodò probet.
71 Testamentum inter liberos est priuilegiatum inter legitimos, & naturales, non verò inter naturales duntaxat, num. 72. & 73.
74 Derogatio expressa requiritur in testamento inter liberos.
75 Testamentum patris cæci, quæ requisita habere debet.
76 Causa pia facit sollemnitates de iure ciuili in testamento respui.
77 Testes in testamento ad pias causas tres sufficiunt.
78 Verbum nullum esse debet sine virtute operandi.
79 Testamentum ad pias causas per duos testes probari potest, dummodò non sit imperfectum ratione voluntatis, nu. 80.
81 Testamentum ad pias causas non recipitur ab legitimam non relictam filio.
82 Testamentum minus sollemne ad pias causas ab sit validum respectu extranei, & quid è contrà num. 83. Et quid quoad substitutionem, num. 84.
85 Testamentum factum ab ingrediente religionem fauore eiusdem religionis valet, etsi minus sollemne.
86 Testamentum militare fauorabile, quod pagano opponitur, & nu. 87.
88 Testamentum militare quid.
89 Hæres militaris, in quo differt ab hærede pagano.
90 Miles potest ad tempus hæredem instituere.
91 Miles quæ priuilegia habeat in suo testamento.
92 Expeditio quæ.
93 Milites an debeant esse in discrimine belli, vt fauore potiantur testamenti militaris, siuè castrensis, nu. 95. 96. 97. & 98.
94 Castra, & fossata sunt loca, in quibus milites fixerunt tentoria sua.
99 Testamentum militare ad hoc vt habeat suum priuilegium, quæ requirantur.
100 Testamentum militare imperfectum, à quo initio confirmetur.
101 Missionum quot species.
102 Stipendia emerita quæ.
103 Miles decedens post annum missionis si sit minor, an gaudeat priuilegio militari, quid si damnatus fuerit in missione crimine militari, num. 104.
105 Miles filiusfamilias de quibus bonis testari possit cum suo priuilegio.
106 Priuilegia militaria non extenduntur ad bona aliena, nu. 107. & 108.
109 Capti ab hostibus an testari possint.
110 Testamentum filijfamilias militis quomodò reconualescat.
111 Testamentum militare aliquam in se præscriptam formam non habet, nu. 112. 113. & 114.
115 Miles quas personas instituere potest.
116 Miles in dubio quo iure testari dicatur, n. 117.
118 Miles potest decedere pro parte testatus, & pro parte intestatus.
119 Necessitas sollemnitates de iure ciuili in testamento præscriptas sæpè mutat, & tollit, exempla, nu. 120. 121. 122. 123. 124. & 125.

116 Con-

126 *Consuetudo tollit legum sollemnitates requisitas in testamento, Exempla num. 127. 128. & 129.*
130 *Hæredis appellatione testamentarij venit codicillaris.*
131 *Verba menti, non autem è contrà mens verbis inseruire debet.*
132 *Statutum an possit restringere numerum testium in testamento requisitum, quid in codicillis nu. 133. 134.*
135 *Hæres codicilli an sit hæres ex testamento.*
136 *Codicillus quid.*
137 *Codicillorum vsus, à quo tempore sumpsit principium.*
138 *Codicilli quibus modis fiunt.*
139 *Institutio directa quando detur in codicillis.*
140 *Codicillorum inter testamentum differentia.*
141 Text. in l. final. C. de codicill. *refertur cum eius limitationibus.*
142 *Hæres per epistolam qui.*
143 *Hæres Nuncij qui. & nu. 144.*
145 *Hæres codicillaris symbolus est cum hærede relicto in donatione causa mortis.*
146 *Hæres testamentarius non solùm dicitur ille, qui est scriptus in primis tabulis testamenti, sed etiam qui in secundis tabulis.*
147 *Substitutionum species duplex.*
148 *Substitutio fideicommissaria quid.*
149 *Tenor testamenti deperditi quomodò, & per quos testes probetur remissiuè.*

TITVLVS QVINTVS.

HActenùs de hæredibus suis, & necessa-
rijs, de hærede sanguinis, de hærede
adoptiuo, & adrogato, & de hærede dubio
nùac pro continuatione materiæ hæredum
succedit videre de hærede ex testamento
postposito titulo de hærede ab intestato. Nèc
quispiam admiratione afficiatur, cùr in or-
dinem eiusmodi tractatus anteposui titulũ
de hærede ex testamento titulo de hærede ab
intestato, licèt hæres ab intestato magis hæ-
res legitimus sit, quia & si præcipua, & vbiq;
1 assidua sit causa ab intestato, quàm ea ex te-
stamento; tamen hæres ex testamento sem-
per meliorem conditionem in se retinet,
2 quàm hæres ab intestato. Hæres enim ex te-
stamento præfertur hæredi ab intestato *l. 1.
ff. de bonor. possess. secund. tab. l. ab intestato ff. de
acq. hæred. & de reg. iur. & l. cum quis ff. com.*
3 *de success.* Item hæres ab intestato causam
subsidiariam succedendi agnoscit: nempè
quia non sibi cauit de hærede testator. Vndè
si cauisset causa ordinaria succedendi interue-
nisset, & cessaret causa subsidiaria legis,
l. maritus C. de procurat. l. si a. C. de pact. conuent.
4 & proindè habemus, quod tutores datiui, &
legitimi vincuntur à testamentarijs, *l. si Tu-
tores ff. de testam. tutela, auth. vt liceat matri, &
auiæ, C. quando mul. offic. tut. fungi potest.* Item
5 testamentum ab antiquissimo iure gentium
initium sumpsit: eo enim tempore, quo gen-
tes esse cœperunt, disponebant de bonis suis
post mortem, vt in sacra legitur pagina. Ia-
cob enim ab Isac fuit hæres institutus, *Gen.
27. & notat glos. in l. quoties ff. de hæred. instit.*
& Abraham, & Loth diuiserunt bona, quæ
à Patre relicta fuerant *Gen. 13.* & Deus bene-
dictus testamentum fecit, & voluit, prout
etiam, & Christus semper laudatus, sicut
ex testamento veteri, & nouo habemus om-
nem fidem nobis relictam. Primum testa-
mentum digito Dei scriptum fuit, & hoc te-
stamentum ruptum, & conquassatum fuit,
quando per Moysem contritæ fuerunt tabu-
læ, & fuit aliud testamentum per Moysem
scriptum, quod in arca tamdiù seruatum
fuit, quod quidem testamentum non in la-
pidibus, sed in libro, consilio à Deo, per
quadraginta dies, & noctes in ieiunio exi-
stente Moysi, Deus ipse id ei scripsit, vt per-
bellè probat *Diuus August. quæst. super leuit.
lib. 3. lit. C. fol. mihi 90. num. 4.* significans hoc
vltimum testamentum nouum confectum,
quo Christus D. N. testatus est in charitate,
alienum à primo contrito, quod ordinatum
fuit in timore.
6 Testamenti ius in duplici consistit mirabi-
li effectu in vno ex parte testatoris, in altero
ex parte hæredis, in eo quod mirabile est ex
parte testatoris, quia is disponit in tempo-
re, quo rerum non est Dominus, & sic con-
trà *text. in l. si vt mandata C. mandat.* nàm cùm
testamenti effectus sortiatur post testatoris
mortem, in eo tempore non possidet testa-
tor ad finem legitimè alienandi; cùm mor-
tuus possidere non dicitur, ex quo animum
possidendi non habeat, *§. deinceps, auth. de*
7 *nupt.* & ideò diffinitur testamentum, quod
sit voluntatis nostræ iusta sententia de eo,
quod quis post mortem suam fieri velit, &
habetur *ex Vulpiano in l. 1. ff. de testam.* quod
& qualiter intelligatur, explicat ibi *Bald.*
& *Bart.* & ex eo apparet, quod quilibet po-
test disponere de eo, quod suum futurum
8 non est, quæ facultas testandi fuit ex gratia
potiùs, quàm mero iure capacibus testandi
elargita, *Gugl. de Benedict. in repet. cap. Raynu.
in verbo testamentum el primo sub nu. 5.* licèt in
diffinitione prædicta rapotlantur alij, vt ad-
9 datur aliud verbum, nempè *cum institutione
hæredis*: nàm cùm leges de vltima testamen-
taria voluntate agant, institutionem hære-
dis existimant esse caput, & principium, &
essentialis forma testamenti, sine qua non
dicitur testamentum, *l. 1. ff. de vulg. cum con-
cord.* ex quo exorta fuit illa Notarij enerra-
tio solita poni in principio cuiuslibet testa-
menti: nempè, & quia *principium, & caput
testamenti est hæredis institutio, sine qua de iure*
cen-

transire testamentum redderetur nullum idem &c.
11 & proindè institutio hæredis, & exhæreda-
tio faciunt, vt testamentum ab alijs vltimis
voluntatibus separetur, & distingueretur
quia nèc in codicillis, nèc in alijs tales fieri
valent *l. cum codicillum C. de testamentis, l. illud*
§. fin. C. de iure codicill. quod intellige pro ma-
iori declaratione *Pictard. instit. de testam. in
prin.*
12 Ex parte hæredis, quia cùm ab intestato
sint vocati proximiores, nullis consideratis
meritis hæredis, vt *in toto tit. de hæred. succ. &
de hæred. quæ ab intestato deferuntur*, per testa-
mentum, turbato ordine succedendi, inui-
tatur à testatore, vt sibi hæres dignus sit iuxtà
testamentum Alexandri Magni, qui dispo-
suit, vt fuisset sibi successor in Imperio ma-
gis dignus, & benemeritus præteritis ve-
13 nientibus ordine successiuo. Vndè institue-
re hæredem, nihil aliud est, quàm eum intrà
hæreditatem ponere, dareq; ei hæreditatem,
& proindè permissum fuit cuilibet testari ex
pluribus causis. Primò propter pacem, vt
14 scilicet lites euellerentur, & nè sub incerto
vagaretur hæres. Secundò propter pietatem,
quia lex pium, iustumq; iudicauit, vt homo
in suo vltimo spiritu disponat de eo, quod
summis vigilijs, & prouidentia in vita sua
acquisiuit, conseruauitque, quando itum
erat non acquirere, vel acquisitum dissipare,
l. iure mandati C. mandat. Et sic in solatium
sui vltimi volitus, quando ei iam præclusa
est via non amplius velle, vel nolle, pium
fuit, vt seruaretur pro lege dispositio testa-
toris, vt *in §. disponat auth. de nupt.* ibi: *Dispo-
nat itaque vnusquisque in suis, vt dignum est, &
sit lex eius voluntas habeatur, L. 1. C. de Sacros.
Eccles.* Tertiò propter charitatem, vt vitium
ingratitudinis vitaretur, vt si fortè ab ali-
quibus beneficia suscepimus, quæ prope-
rante morte retribuere non potuimus, sal-
tim testando prouidere possimus, *l. sed & si
lege §. consuluit ff. de pet. hæred.* iuxtà Catonis
sententiam beneficij recepti memor esto, &
*Senec. lib. c. de benefic. Docendi sunt, qui liben-
ter accipiunt, libenter reddere, & eos qui obliga-
ti re, commodoque non tantùm æquare, sed etiam
vincere;* exemplo magnanimi illius Massanæ
Prouinciæ Regis Theutras, qui percussus ab
Achille, & extremas percurrens horas ad
Thelephum Herculis quon. filium conuer-
sus, sic in eum testatus extitit, *Fili Thelephe
vir ille, vir nouissimus Hercules Pater tuus Re-
gnum istud sua virtute quæsiuit, quod mihi ab eo
non reputaui restitutum, sed potiùs commissum
animo testandi hoc meo præsenti elogio, te hære-
dem instituo tam in Regno, quàm in cæteris alijs
meis bonis, teste Guid. Column. Troiani excidij
Historiographo*, & notatur etiam Attuli re-
tributio in Populum Romanum, à quo ac-
cepit Asiam, ipsam Asiam eidem Populo
Romano legauit *Valer. lib. 5. tit. de Grat.* talis
antichissima charitas, & animorum alis obliga-
tio, sicùt priscis temporibus vigebat in ani-
mis paganicis, adhùc in præsentiarum ardén-
tius vigere debet in pectore Christiano gra-
tia Spiritus sancti perdocto.

Proindè non obstant in contrarium exco-
gitata fauore causæ intestatæ. Et primò,
15 quod successio ex testamento tanquàm re-
medium disponendi subsidiarium postpona-
tur remedio succedendi ab intestato ordina-
rio. Patet, quod causa testati sit remedium
subsidiarium, quia in eo concurrunt æqui-
tatis dictamen, ex quo testandi facultas
ex æquitate procedit, vt supra diximus,
concurrit repugnantia regularum iuris
communis, quibus vocantur ad successio-
nem proximiores defuncti, & hodiè subla-
ta etiam agnationis, & cognationis diffe-
rentia, salua graduum prorogatiua, vt infrà
in subsequenti titulo dicemus, & accedit
etiam, quia facultas testandi ideò fuit adin-
uenta, ex quo alia via non poterat subueni-
ri ambulatoriæ testatoris voluntati vsque
ad mortem, nisi per testamentum, vel testa-
menti symbola: nam si per donationem in-
ter viuos, largitates, & per alias symbolas
inter viuos dispositiones occurreret testa-
tor, non esset occursum flexibiliter volunta-
ti disponentis, sed inflexibiliter, & proindè
dignior est causa intestati, quàm testati.
16 Respondetur, quod non per hoc, quod in
causa testati concurrant illa tria, quia con-
currere debent ad causandum remedium
subsidiarium, teste *Costa de remed. subsid. re-
med. 7. in fine, & apud nos de assistentia quæst. 4.
sub nu. 9.* Ergò est remedium subsidiarium
17 quoad successionem, quia non currit con-
sequentia ex eo, ex quo hæreditas, quæ de-
fertur ex testamento, hæreditas defuncti est
& magis certa, & ordinaria, quàm hæredi-
tas, quæ defertur ab intestato, vt plurimum
incerta respectu hæredis, qui aut non est in
gradu succedendi, aut si in gradu est diffici-
lis probationis vsque saltim ad decimum
gradum, & postremò accupat alius incertus
hæres, qui est fiscus: immo facultas testandi
est mera voluntas testatoris, & liberum di-
sponendi rei suæ in toto vitæ curriculo ar-
bitrium: licèt disponentis executio differa-
tur post eius mortem: nè viuus rebus suis
spolietur, in quo tempore adhùc imago vi-
uentis est, pro vt ipsamet hæreditas, quæ re-
præsentat defunctum, donèc ipsa adeatur ab
hærede scripto, quod non est in hærede ab
intestato incerto, quia licèt posset hæreditas
sine hærede esse, sed non sine alicuius hære-
dis habendi facultate. Ideóque nimirùm,
18 mortuo aliquo sine hærede, dicimus fieri
bona vacantia, & ad fiscum non hæredita-
rio, siuè successorio, sed singulari quodam

iure deuolui; quòd nequaquam Prætor fa-
cere potest sicut testator, §. *placebat Instit. de*
legit. agnat. success. & proindè sicuti stipu-
latio, quæ hodiè potest referri etiam post
mortem. *l. scrupulosam C. de contr. & committ.*
stipul. diximus *in tract. de symb. contr. tit.* 2.
cap. 6. nu. 12. vbi probauimus, ideò Iustinia-
num omnes istas stipulationes recepisse *in d.*
l. scrupulosam contra *text. in* §. *post mortem In-*
stit. de inutilibus stipul. exemplo fideicommis-
sorum, in quibus sola inspicitur certa vo-
luntas, *l. hæres mei* §. *cùm ita ff. ad Trebell.* lice-
bat post mortem suam testatorem hære-
dem grauare, *l.* 1. §. *si emancipato inuito* §. *si ab*
ipso ff. de collat. bonor. & fideicommissa à te-
statoris voluntate vires sumunt, *l. precibus C.*
de impub. & alijs substit. cùm sint donationes
à testatore relictæ, & ab hærede præstandæ,
§. *legat. Instit. de legat.* & tamen præstatio fit
post mortem testatoris; hinc etiam successe-
runt testamenti executores, vt per bellè per
D. Ant. Galif. M. C. V. Iudicem in sua allega-
tione impressa inter media tractatus nostri
de symbolicis contr. fol. 194. quæ non cognoscit
causam intestati, prout etiã ignorat codicil-
los, substitutiones, & cætera concernentia
ad hanc præclaram testati causam, de qua
non est modus scribendi.

19 Nec obstat secũdò, quod hæredes venien-
tes ab intestato quatruplici via inuitantur
ad successionem. Primò via naturæ *ex text.*
in l. fin. C. qui bon. l. 1. *C. vndè vir, & uxor.* Se-
cundò de iure diuino, *Leuit. cap.* 27. *l.* 2. *ff.*
de suis, & legit. hæred. De iure ciuili tertiò,
20 vt funiculus triplex fortiùs ligat *l. re coniun-*
cti ff. de legat. 3. *l. triplici ff. de verb. sign.* cùm
de iure ciuili vocatur dumtaxat ex testa-
mento, quod suadetur ratione, ex eo quod
deportatus est capax eorum, quæ sunt iuris
gentium, vel naturalis primæui, vt *in l. qui-*
dam ff. de pœnis, igitur hæres testamentarius
vnico iure dumtaxàt vocatur ad successio-
nem testamentariam non triplici iure, prout
hæres ab intestato.

Respondetur, quod immò hæres ex testa-
mento quatruplici iure imitatur ad succes-
sionem de iure gentium, siuè naturali pri-
21 mæuo, vt suprà pleniùs, & habetur *in l.* 1. *ff.*
de instit. & iure, vbi probatur dominia distri-
bui, & libertatem de illis dare: Secundò de
iure diuino pleniùs suprà, & habetur etiam
Isaia 38. vbi Deus benedictus loquutus est
Ezechiæ, dispone domui tuæ, quia cras morieris,
& 4. *reg.* 20. de iure ciuili, & prætorio, vt
apud *Clar.* §. *testamentum quæst.* 2. *vers. tu dic,*
cum infinitis congestis *ab Additionatore vers.*
de iure gentium nu. 2. *lit. C.* Vndè cum testa-
22 mentum fit de omni iure, non habet, ex quo
cedat causæ intestati, & quod dicitur de de-
portato, est sciendum, illud esse quoad ap-
probationem testamenti dumtaxàt, quia

etiam sollemnia de iure ciuili procedunt, non
autem quoad substantiam, quæ aliter se ha-
bet de omni iure, & talia accidentalia se ha-
bent de iure peculiari, nempè ciuili per *text.*
in l. hac consultissima C. de testam. ordin. ali-
ter de iure canonico *in cap. relatum de testam.*
23 vltrà quod opinio de deportato non est tu-
ta, ex quo nemo benè natus efficitur seruus
pœnæ quoad factionem testamenti de iure
nouissimo *auth. de nupt.* §. *quod autem, & §.*
quia verò collat. 4. *auth. sed hodie C. de donat.*
inter vir. & uxor. Bort. decis. 278. etiam si fint
in captiuitatem *Gratian. discept. forens. cap.* 81.
nu. 71. Vndè si pari approbatione vtraque
successio remanet, vt saltim in ordine ve-
niant hæredes ex testamento, vt primò ad-
mittatur veniens ex testamento, si extitit, de-
inceps secundo loco, deficiente testamento,
occupet locum veniens ab intestato. Præte-
reà hæres ab intestato venit priuatiuè quo-
ad hæredem testatum, qui venit positiuè,
24 ideò sicuti positio est nobilior negatione se-
cundum Philosophum, quia lux nobilior est
tenebris, vox silentio, sic hæres ex testamen-
to est nobilior hærede ab intestato, ex quo
sicùt Sol fugat tenebras, & vox silentium, sic
25 causa testati dissipat causam intestati, &
competit hæredi testati duplex actio natu-
ralis scilicet, & ciuilis *Bald. in l. interdum n.* 6.
ff. de condict. indeb. & hæredi ab intestato vna
dumtaxat actio competit, vt suo dicemus
loco.

26 Nec obstat, si diceretur, quod qui venit
iure communi, præfertur venienti iure spe-
ciali, *l. Centurio ff. de vulg.* atqui hæres ab in-
testato venit iure communi, & proindè vo-
catur legitima successio *tutoris. ff. de suis. &*
legit. & C. de legit. hæred. l. 1. *&* 2. *ff. de bonor.*
possess. & hæres testatus venit iure particu-
lari *gl. in l. illa institutio ff. de hæred. instit.* ex illa
scilicèt mendicata testatoris vocatione, quæ
vt plurimum aut non est vera, aut si vera
27 multoties illegitima: cùm causa testati mul-
tis regulis, & iuris censura sit obnoxia, &
circà formam, vt supra diximus, & infrà de-
monstrabimus: causa verò intestati tanquam
simplex, magisque secura in eo solo consi-
stit, vt hæres sit in gradu succedendi secun-
dùm naturam inito.

28 Respondetur negando suppositum: nam
concursus fit inter plures simul concurren-
tes, sed hæres ab intestato non concurrit vni-
uocè cum hærede ex testamento, sed symbo-
licè, quia vterque est hæres legalis, *l. lex ob-*
uenire ff. de verb. signific. & qui venit ex testa-
mento de iuris censura, etiam venit *l. Centu-*
rio ff. de vulg. tametsi discrimen sit in eo, quia
qui venit ex testamento, aliud habet magis
nempè ius commune, & singulare in diuer-
sis tamen personis: in persona scilicèt hæ-
redis ab intestato ius commune, & singula-

re

re considerantur, & proindè potiùs est priuilegium priuilegiato, quàm regula iuris singularis, *l. si cum specialis C. de testam. cap. 1. de constit. in 6.*

29 Nec obstat, hæredem ab intestato maiorem continere in se iustitiam, ex quo talis hæreditas iusta dicitur, *l. ea quæ in nominibus §. de illo ff. pro socio.*

Quia respondetur illud intelligi in sua hypothesi communicationis faciendæ in societate, quia sub eius spe veluti certa inita est societas, & ea iustior non dicetur testamentaria, quæ non est communicanda tanquàm non sub spe lucri, sed ob benemeritum hæredis plerumque defertur, *l. nec adiecit ff. pro socio*, & proindè extrà causam iustitiæ societatis, non verò iustitiæ successionis, quæ eo magis consideratur, quantò magis prouidentia hominis, & legis defertur.

Nec obstat alia consideratio, quòd scilicet successio ab intestato certa sit, ex eo quia ordo præstitutus ei est per gradus, qui confundi nequeunt, *l. Iurisconsulti ff. de grad. affinit. toto tit. de success. edict.* testamentaria autem variabilis, & incerta est ob varias hominum mutabiles voluntates, *l. quis poterat ff. ad Trebell. cap. quia diuers. de succ. prob.*

Respondetur, incertitudinem illam dependere, donèc testator est in via disponendi, sicùt contractus innominati dependent reuocabiles, donèc contrahentes sunt in via pœnitendi, vel confirmandi, confirmata verò dispositio testamentaria per mortem testatoris hæres testamentarius succedit per certas regulas iuris, & magis firmas, & priuilegiatas, cùm faciant cessare successionem ab intestato, & sic regulatissimas.

30 Nec obstat, quod in dubio nemo videtur suam sobolem extraneis institutis postponere, *l. cum Aui C. de condit. & demonstr. l. cum acutissimi C. de fideicomm. l. generaliter §. cum autem C. de instit. & subst. condit. fact.*

Respondetur, illud procedere in dubio, non verò in claris, in quibus non est opus coniecturis *cap. de manifesto 2. quæst. 1. l. ille, aut ille §. 1. l. non aliter ff. de legat. 3.* si tamen velit postponere potest citrà præiudicium legitimæ iure institutionis, *§. aliud quoque capitulum, Auth. vt cùm de appell. cogn.* & sic illud Augustini, qui vult instituere extraneos, & præterire filium aliud consilium quærat, quàm Augustini est consiliarium, non præceptiuum, quia si vult, potest.

Nec facit dispositio iuris in contrarium, *in l. fin. C. de subst. sub condit. fact.* vbi mater præfertur in successione filij intestati impuberis ei, qui substitutus est filio, si posthumus non nasceretur, & ità vulgariter, natoq; postremo, excludebatur, *l. 1. ff. de vulg. & pupill. subst.* quia mater filio ab intestato sine concursu testamentarij alicuius hæredis succedit, & pupillaris tacita non excludit matrem.

Proindè concludimus, hæredem ex testamento digniorem, & fortiorem esse hærede veniente ab intestato, & consequenter pariter priùs tractandum de hærede ex testamento tanquàm digniore, & successiuè de hærede ab intestato.

Appellatione hæredis ex testamento venit
primò, qui in sollemni, & in scriptis testa-
mento est talis à testatore prouisus. Is enim
31 tanquàm magis sollemniter institutus est in
maiori periculo succedendi, quamuis non
excludatur à veniente ab intestato: nàm ad
hoc vt ipse rectè institui possit de iure ciuili
propter eiusdem recensurà requisita, & ex
32 hoc solent dicere Doctores, quod testamen-
tum in scriptis condere periculosum est, ex
quo nonnulli sunt, qui nolunt, quod quis-
piam sciat, quod in eius continetur testa-
mento, nisi post mortem suam, *§. si quis au-
tem, Instit. de pupill. subst.* quod est expediens
propter duo, secundùm *Ioannem Fabrum in
§. possunt col. pen. gl. in verbo licèt cum Instit. de
testam. Bonr. decis. 54. col. 2.* quos citat, & se-
quitur *Rol. à Valle cons. 36. in princ. vol. 1.* Pri-
mò ne illi, qui sperant habere prouentum ex
testamento prouocentur ad odium, si deroga-
tor, nullam sibi rem ex eodem commodo
exhæredatus haberet. Secundò ne illi, quibus
datur, legatur, vel qui instituuntur, captent,
vel testatoris mortem accelerent, ne hæc
mutabilis testator, vt antè tempus speratæ
successionis capiant, quod se habituros expectant, & ideò, vt talia euitentur, adinuenta fuit via testandi in scriptis, quæ quantæ sit periculosa, demonstrat *Bart. in l. 1. in princ. ff quemadmod. testam. aper. Cepolla caut.* quæ incipit, *multi sunt*, & nisi quis sit benè edoctus faciliter erraret in ipsum ordinando; proindè si quispiam velit tale testamentum condere consulat periciores, quia si in aliqua de sollemnitatibus testator deficeret, tale testamentum non valeret, vt testamentum in scriptis, & sollemne, *Iaf. cons. 63. col. 3. vol. 3. Gugliel. in d. verbo testamentum num. 9.* Immò si moueretur viuo testatore, vel post eius mortem antè tamen aperturam testamenti, vnus ex testibus, qui non posset suam recognoscere subscriptionem, & sigillum infirmaretur testamentum, & proindè *Pertius in §. 1. col. 5. vers. circà primam Instit. de testam.* asseruit, *Bartolum* solitum dicere, quod nunquam vidit aliquod testamentum in scriptis sollemne actum: nisi vnum, quod fuit confectum à quodam Doctore sollemni, & tamen vltimo decidit propter defectum sollemnitatis.

33 De formula huiusmodi testamenti in scriptis habetur per *Ioan. Fabr. §. possunt de testam. apert. instit. Cassan. consuetud. Burg. 1. 1.*

de successione §. 4. *nu.* 11. *vers. par son testament valablement fat. Spec. in tit. de testa.* §. *compendiose col.* 18. *latè Roland. à Valle d. cons.* 36. *per tot. Petr. Gregor. Tholos. syntagm. iur. vniu. lib.* 42. *cap.* 4.

34 Prima sollemnitas est, vt volens ordinationem suam fieri secretam, & tutam, si litteratus est ipsemet scribat testamentum, *l. hac consultissima C. de testam.* vel per alium puta secretarium suum, *Auth. vt non observato C. eod. l. servum ff. eod.* in membrana bona, & solidà, vel in alia carta, in cuius parte superiori relinquatur spatium vacuum trium, aut quatuor digitorum. In dextero verò latere, & sinistro tantundem spatij, in parte verò inferiori superfit spatium album quantum palmum, seù palmam digitorum, & in medio scribat testator suam dispositionem, quo facto complicabitur carta ipsa, ità quod spatium superius coniungatur spatio inferiori, & ligentur ibi tres cordulæ, in implicatura verò dextera spatij duæ cordulæ, & in parte sinistra aliæ duæ, sicùt qualibet cordula duo habeant foramina interiorem litteram non lædentia, vel attingentia, quibus cordulis singula spatia, & singula coniuncta ligentur, ità quod interior littera nec videri, nec legi valeat. Deindè de illo magno spatio inferiori vacuo, tantùm habeat discoopertum relinqui, quod possint ibi patenter, & apertè scribi subscriptiones testatoris, quibus sub eodem die, vel anno, vel pluribus antè sit scriptum, vel factum, vel ordinatū, vel postmodum ad testatoris placitum vocentur septem testes viri litterati, & scribere saltim scientes, & nullum iuris impedimentum habentes, & coram eis testator ipsam scripturam clausam ex dictis cordulis ligatam in manibus tenens, & dicat, illud esse suum testamentum sua, vel alterius manu scriptum, illoque rogare ha testes, & rogando mandare, quod ipsum testamentum subscribant, & signent, ipse etiam testator debebit se sua manu subscribere, & ibidem vnico contextu, antequàm testator, vel aliquis ex testibus indè discedant, debebit vnusquisq; ipsorum testium, anulum, vel sigillum caractheratum ad vnam ex cordulis appendere, siuè suum, siuè alterius testis, si proprium non habet, post hoc continuo in spatio inferiori discoperto, subscriptiones fiant.

35 Subscriptionis huiusmodi formulæ tenor erit. *Ego N. volo hanc cartam testamentum esse meum, & sicùt in ea scriptum est, testatus sum, & illud meum, & hæredis institutionem, & omnia, & singula, quæ in eo continentur à me scripta esse, nec non testibus præsentibus ibidem præsentem subscriptionem propria manu subscribens.*

36 Si verò de mandato testatoris alius illud subscripserit, ille taliter se subscribat. *Ego N. de mandato T. litterarum ignari, vel scribere propter corporalem ægritudinem impediti, hoc eius testamentum, tum hæredis institutionem, quæ cætera in eo contenta suo mandato mea propria manu scripsi,* & eo postea præsente, paginam, clausam, & ligatam infrascriptis testibus ab eo vocatis, & rogatis omnibus simul præsentibus offerente, & asserente id, quod in eo continetur suū esse testamentum, & à me scriptam præsentem subscriptionem meam, iure, & nomine suo, & eius mandato apposui, & in testimonium me subscripsi.

37 Forma subscriptionis testium talis esse debet. *Ego N. vocatus rogatus testis ad testamentum N. quod in hac scriptura continetur præsens vnà cum omnibus infrascriptis, siuè subscriptis testibus ad omnia, & singula in hac præsentis pagina inferiori spatio facta, contenta, & scripta simul præsentibus, & rogatis in ipsa pagina eius, vtique N. testamento, suo mandato manu mea testimonium me subscripsi, & ex sigillo proprio* (si habet) vel sigillo infrascripti domini *me signaui*, habente impressionem formæ Aquilæ, vel Leonis, & si quem habet, quod ad vnam ex cordulis supradictis est impressi.

38 Sed aduerte, quod non interest testamentum fieri in tabulis, aut membranis, aut cartis papireis, aliave materia, quia in omni carta, & materia scribi potest, §. *nihil autem. Instit. de testam. l.* 1. *&* 4. *ff. de bonor. poss. secund. tabul. l. quoniam indignum C. de testam.* dum-

39 modò hoc notis scribatur, quod prohibitum est, *l. sed non Patrono* §. *fin. ff. de bonor. possess. secund. tabul.* §. 1. *auth. de testam.* nec quoq; refert, quo idiomate fiat cum omni lingua, siuè græca, siuè latina, exprimi testamentaria voluntas possit, *l. quoniam indignum, & l. hac consultissima* §. *fin. C. de testam. l.* 1. §. *fin. ff. de verb. signif.* diximus *in tract. de symbolicis contract. tit.* 1. *cap.* 10. *sub nu.* 66. vbi probauimus, quod fideicōmissa duntaxat possunt quouis idiomata scribi ad instar stipulationum, secùs testamenta, seù institutiones, & proindè sic intelligendus *Tholos. loco citato.*

40 Hinc igitur septem sigillis appensis, & factis septem subscriptionibus antedictis, & cæteris ritè peractis testator studeat facere testamentum custodire, & quod ex his sollemnitatibus substantiam capit, & vitam, & tamen testamentum in scriptis, nec aliter factum valet, nisi inter liberos probat *text. in l. hac consultissima* §. *ex imperfecto, & auth. inter liberos C. de testam.*

41 Sed vltrà prædicta requiritur etiam, vt quando testator est ignarus, vel alio modo impeditus, si sufficiat, quod vnus ex dictis septem testibus se subscribat nomine testatoris, & requiritur, quod octauus testis exhibeatur *Fab. in d.* §. *possunt Instit. de testam.* vbi

dicit,

dicit, quod in hoc secundum eum corrigitur in parte dispositio *l. hac consultissima per l. cum antiquitas in fin.* & in parte remanet.

42 Requiritur etiam vltrà testatoris subscriptionem, quod sigilletur testamentum de sigillo testatoris, essetque hoc de forma essentiali testamenti in scriptis, *Paul. de Castro in d. l. hac consultissima*, quem sequitur *Rol. in d. cons. 36. col. 4.* contrarium quod non sit de essentia sigillum testatoris habetur apud *de Marin. var. resol. iur. lib. 1. cap. 238. nu. 3. vers. contrarium.*

43 Quo autem ad aperturam testamenti in scriptis, quæ ad aliud finem non fit, nisi vt testamentum inspici, aut describi possit, vt per *DD. in l. 1. & in l. cum ab initio ff. quemadmodum testam. aper.* & in qua de modico præiudicio tractatur *Bart. & Imola in d. l. 1. Ias. in d. l. publicatiõ n. 5.* & sollemnitates, de quibus apud *Pras. de Framb. decis. 439.* requiritur, quando testamentum est factũ per scripturam priuatam absque Notario *D. Reg. Ronit. decis. 95. sub nu. 15.* & 44 peti potest publicatio per quemlibet probantem interesse suum cum iuramento calumniæ, *Bart. in d. l. 2.* & erit Iudicis officiũ requisiti pro dicta apertura cogere signatores testamenti, etiam captis pignoribus, si opus erit vel pœnali iudicio, secundũ *gl. in verbo cogat in d. l. cum ab initio*, vel ad pœnam banni secundùm *Imol. ibi*, simul conuenire, qui cùm iuramento sigilla sua recognoscant *d. l. cùm ab initio iuncta l. fin.* vel negent se signasse *l. vel negare ff. eod.* & hoc si omnes commodè vocari possent, vel ad eos transmitti, vt per *Doct. in d. l. cùm ab initio*, si verò non omnes, sed maior pars haberi poterit, tunc Iudicis officium erit, interueniente ipsa maiori parte sola, testamentũ resignari, & recitari facere, si verò maior pars absẽs esset, & minor præsens, tũc Iudex cùm illa minori parte, vnà cum viris optimæ opinionis debebit recitare facere testamentum *Imol. in d. l. cùm ab initio col. 2. Rol. d. cons. 36. sub nu. 8.* vbi subdit, quod vbi nulli essent testes, quia commodè venire non possent, & subesset iusta causa aperiendi testamentum, tunc Iudex vnà cum interuentu personarum melioris conditionis debet testamentum aperire, secundùm *text. in l. sed & si quis ex signatoribus, vbi gloss. in verbo aliqua causa, C. eod. tit.* quibus recognitionibus, & descriptionibus factis ab iisdem, quibus interuenientibus apertum fuit testamentum, Iudex sigillari faciat dictum testamentum, vt exindè possit fieri eiusdem testamenti recognitio.

45 Publicationis forma erit, vt hæres descriptus in testamento, vel alius, cui interest, vt aperiatur testamentum, accedat ad Iudicem ordinariũ loci, mortuo testatore, vel quemcunque magistratum, & absque libello, sed cum nota dumtaxàt in scriptis, ad finem vt videat Iudex, quid à se petatur respectiuè, & quid facere debeat ad euitandam potentis frustrationem, & vt sistet in firmo, petat dictam publicationem cum iuramẽto, quod eam petere non intendit animo calumniandi *Rol. loc. cit.*

46 Secundo requiritur, vt in ipsa publicatione citentur omnes, quorum interest principaliter, nempè venientes ab intestato, qui si sunt certi debent particulariter citari, si verò sunt incerti, sufficit, vt citentur per edictum, vel proclama. *D. Reg. Ronit. d. decis. 95. nu 9. vers. quando quidem.* tunc cũ *Rol. à Valle d. cons. 36. sub nu. 11. & 12.*

47 Tertiò requiritur, vt si citentur testes testamentarij, si se subscripserunt, & sigilla apposuerunt, vt coram Iudice, & cum iuramento examinati recognoscant eorum subscriptiones, & sigilla, & deponant de rogitu à testatore de talibus actis, & recognoscãt scripturam continentem in se dictum testamentum, 48 cùm omninò constare debet de identitate scripturæ, in qua dicitur factum testamentum, vt per Doctores relatos à *D. Ronito d. decis. 95. nu. 11. Andr. contr.* . . . . . . & hoc si testes sint præsentes, vel in eodem territorio, vt possent sine magno incõmodo venire, 49 alias Iudex non coget eos venire, sed debet mittere Notarium ad recipiendum iuramentum, & dicta sua, præuia eius commissione. Si autem sunt in aliena iurisdictione, 50 tunc Iudex requirat Iudicem illius iurisdictionis, quod recipiat dicta testium cum iuramento, quæ exindè sibi remittat clausa, & sigillata, & tunc debet illa publicare, & aperire, *DD. in d. l. cùm ab initio*, & signanter *Bart.* cuius consilium est, quod quando non potest cogi testis venire ad eum, quod committet anulos, & inter rogatoria, secundùm quæ testes interrogentur per notata in *cap. in præsentia de testib. in 6.* & tempore iuramenti testibus præstandi debent citari, quorum interesse specialiter ad videndum iurare testes super recognitione cartæ testamentariæ, subscriptionis, & sigilli *Rol. loc. cit. nu. 11.* & debent etiam testes, qui simpliciter examinandi sunt, & singulariter vt contestantibus in subscriptionibus, & sigillis aliorum testium, si eum confecerint *Rol. loc. cit. nu. 25.* qui nu. 26. notat etiam, quod licet testes testamentarij sint examinandi, quod tamen non debent dari capitula, super quibus testes testificentur, & interrogatoria non debent fieri ab alia parte, sicut in testibus iudicialibus, verùm moderna praxis apertura testamenti quomodò facienda, vide *de Marin. quotid. resol. iur. lib. 2. cap. 236. nu. 11.* vide pulchrum casum apud *Ant. Fabr. in suo Codice tit. de codic. Diu. Adv. soll. defin. 4.* vide *Gratian. discept. for. lib. 3 cap. 550.*

Qui-

51 Quibus peractis Iudex interloquendo pro-
nunciet scripturam ipsius testamenti publi-
cam, & illi fidem perpetuam adhibendam,
& quod in tali publicatione facienda per Iu-
dicem interueniant septem testes, quod no-
ta, quotiescumque scriptura, in qua conti-
netur testamentum, est priuata, vt suprà no-
tauimus, quia si est publica stipulatio per te-
statorem tempore suæ vitæ cum omnibus re-
quisitis in stipulatione testamenti, tunc in
apertura sufficit vt fiat iterùm eiusdem
aperturæ stipulatio, cum interuentu dicto-
rum testium, qui recognoscant dumtaxàt
scripturam publicam esse eam cum eorum
sigillis, & subscriptionibus, & fit aliud in-
52 strumentum per actum publicum, & tunc
nominatim debet se subscribere, & dicet, *an-
no &c. mense &c. die &c. Indict. &c. in tali lo-
co &c.* & nominabit locum aperturæ, *hoc
testamentum fuit exhibitum coram nobis, Iudice,
& testibus sigilla, & eorum subscriptiones reco-
gnoscentibus, ex quo in eius testimonium publi-
cum publicari, & exemplari*, si petitur exem-
platio, *& in publicam formam redaci*, quate-
nus scriptura illa est priuata; si verò est pu-
blica aliàs stipulata, debet dicere, *Et in pu-
blicum instrumentum apertura redaci, & stipu-
lari ad instantiam N. N. aperturam fieri instan-
tis.*

53 Quando verò moreretur vnus ex testibus,
cautela erit, viuo testatore, vel eo defuncto,
ante eiusdem testamenti aperturam, quod
testator, facto ipso testamento in scriptis, in-
uocet vnum Notarium, qui non sit de testi-
bus supradictis, & duos, vel alios tres testes,
& faciat, quod quilibet eorum testium, qui
se subscripserunt, & sigillauerunt, recogno-
scant subscriptionem, & sigilla in præsentia
duorum, vel trium testium, & dicti Notarij,
rogetque dictum Notarium, vt conficiat pu-
blicum instrumentum de dicta recognitione
subscriptionum, & sigillorum hanc cautelam
posuit *Cepolla in cautela*, quæ incipit, *multi
sunt*, & an & quando testamentum in scrip-
tis minus solemne valeat saltim vt nuncu-
patiuum, vide *Clar. in §. testam. quæst. 4. vers.
sed quæro ibique per Additionatorem*, *Thoro
compend. decis. Regni tom. 3. sect. 3. verbo nun-
gamo.*

54 Propter istas, & symbolas difficultates in
testamento in scriptis intercedentes inuen-
ta fuit alia species testamenti, quod nuncu-
patiuum vocatur: & proindè secundò appel-
latione hæredis testamentarij, venit hæres ex
testamento nuncupatiuo, & sine scriptis di-
citur illud, in quo testatoris, & hæredis, &
legatorum nomina, & cætera, quæ in eo con-
tinentur coram testibus manifestantur, &
dicitur sine scriptis, quod non possit fieri
55 scriptura, & in ea in scriptis per Notarium
redigatur, sed quia fit sine subscriptione te-
stium, & alijs sollemnitatibus, quæ in testa-
mento requiruntur in scriptis, vt planè *in d.
l. hac consultissima*. Insuper dici potest sine
scriptis, quia sine scriptura indè facta potest
quis testari nuncupatiuè, dummodò coram
testibus legitime conditionis suum nuncu-
pet hæredem, suamque explicet voluntatem,
56 *§. fin. Instit. de hæred. ord. dis.* Ideò si quis non
habeat Notariũ, vel si eum adhibere in pro-
bando testamentum nuncupatiuum non
vult, sufficit, si aduocet debitum numerum
testium scilicèt masculorum septem roga-
torum, coram quibus suam explicet volun-
tatem, nomen hæredis scilicèt, aliasque in-
stitutiones, & legata, & tale testamentum
quacumque cessante scriptura valebit, acce-
dentèr tamen, quod in tali testamento virtù
præmissa sint specialitèr descripta nomina
septem testium ad testificandum habilium;
57 ità quod non sufficeret, si Notarius in testa-
menti instrumento diceret præsentibus Ti-
tio, & Caio, & alijs quinque testibus, descri-
beret nomina quinque testiũ, & alijs quam-
plurimis, quia testamentum erit nullum, ex
quo testes, qui in testamento non reperian-
tur scripti, & specificè nominati proprijs
suis nominibus, habeantur pro non scriptis,
*Bald. in l. hæres palam ff. ad exhibendum. & in l.
post de his quæ in testamento delentur. & in l. fi-
dei commissum ff. de iure fisci.* Quia ignoratur de
præsentia testium, ideò non præstant suffra-
gium scripturæ, *§. si verò ignoti, auth. de testib.*
58 Testes coram quibus palàm fit dispositio
testatoris, nota verbum *palam*, non vtique
publicum, sed quod exaudiri possit, exaudi-
ri scilicèt non ab omnibus, sed à testibus, &
si plures fuerint adhibiti, sufficit, sollemnem
numerum audire, *Thol. d. lib. 41. tit. 5. sub n. 4.
in fine*: nàm si talis dispositio palam fiat co-
59 ram minori numero septem testium specia-
litèr vocatorum, seù rogatorum, & mascu-
lorum, tale testamentum non valeret, quin-
immò esset ipso iure nullum, quia de iure
septem testes donec esse, & adhiberi debent,
quia planta pedum, vsque ad verticem capi-
tis totum fieri videant, & audiant, aliàs se-
cundùm *Bald. in l. iam antiquitas C. eod.* si in
60 vna parte testamenti palam adhibeantur
septem testes, & in altera parte alij septem
diuersi omnes dicti testes nihil probarent
61 nisi probaretur testium subrogatio necessi-
tatis causa facta, debent habere infrascriptas
conditiones.

Primò, quod sint rogati *d. l. hæres palam
ff. de testament.*

Secundò, vt habeant factionem testamen-
ti, *§. testes autem Instit. de testam.*

Tertiò, vt non sint mulieres, *§. mulier ff. de
testam. vbi glos. quicquid sit à codicillis*, vt infrà
dicemus, nec tales mulieres continuantur
maiori numero, prout expressè repulsæ à te-
stimo-

trimonio, idest quod nec coniungi possent.

Quartò, vt sint puberes, *d. §. testes autem, l. 3. §. pen. & l. in ædis ff. de testam.*

Quintò, vt sint liberi non serui *d. l. in testamento §. seruus, l. in omnibus ff. de regul. iur.*

Sextò, vt sit compos mentis: nàm furiosus, & mentecaptus non possunt esse tales, *l. furiosi, ff. eod. l. qui testamento §. furiosus ff. eod.*

Septimò, vt sint audibiles, muti enim adhiberi non possunt, *l. quemadmodum ff. quemadmodum testam. aper.* nec surdi *l. 1. §. 1. ff. de postulan.*

Octauò, vt possint de suis bonis disponere: nàm ij, quibus bonorum administratio est interdicta, non possunt ad tale ministerium rogari, *l. fiden si abrogata, l. is cui ff. de testib. d. l. furiosi ff. de reg. iur.*

Nonò, vt sint testabiles: nàm intestabiles repelluntur, *d. l. is cui § fin. & l. cum lege ff. de testib.*

Decimò, vt sit extraneus: nàm hæres in eodem testamento institutus, testis esse non potest, quamuis diuersum in legatario, *l. qui testamento ff. eod. l. distantibus C. eod. Andreolus contr. 410.*

Vndecimò, vt sint patres familias: nàm qui in potestate sunt, testatores esse non possunt *d. l. qui testamento*, possunt esse Monachi mendicantes, *Natta in repet. § ex imperfecto, & l. hac consultissima, Bary de seni test. & intest. lib. 1. cap. de testam. nu. 31. etiam PP. Capuccini, Reg. Latro decis. 10. vol. 1.*

61 Numero testium septinario requisito de iure ciuili in testamento nuncupatiuo pro forma dispensat vel fauor, vel necessitas, vel consuetudo.

62 Fauor liberorum dispensat, fiue minuit numerum testium, vt in testamento à patre facto inter liberos, in quo duo dumtaxat requiruntur testes *glos. in auth. quod sine C. de testam.* Imò fœmina in dicto testamento testis esse potest, non exigitur rogitus testium, & Notarij, *gl. in l. fin. verbo excepto testamento C. de codicill. Dec. cons. 610. nu. 3. Ias. cons. 68. lib. 2. Gozzl. in verbo testamentum el 1. nu. 38. & 39.* vbi de communi testatur. Probat neque requiritur in testamento ad pias causas secundùm veriorem opinionem, de qua apud *Couar. in cap. relatum il 1. de testam. Costa in cap. si pater in verbo in suo testamento q. 3. eod. tit. Clar. in §. testamentum q. 5. vers. secundo infertur, Alex. cons. 131. super Themate col. 1. vers. secundo presupposito nu. 2. lib. 7. Gratian. discept. forens. cap. 93. nu. 8. Mascard. de prob. concl. 1360. sub nu. 2. & 3.* quod intellige, si testamentum
64 imperfectum est ratione extrinsecæ sollemnitatis, & alia persona mixta non est voluntati paternæ, *d. §. ex imperfecto*, & si ea est in
65 fauorem filiorum; alioquin si testamentum imperfectum est ratione voluntatis patris, & sollemnitatis intrinsecæ, puta quia plenè non constat de eius mente, & voluntate, non subsistit tale testamentum etiam fauore filiorum *glos. in l. si quis cum testamentum ff. de testam. Iul. Clar. d. §. testamentum q. 9. Paulus de Castro in d. § ex imperfecto nu. 9.* vel quia iniustè disposuit *Bert. decis. 140.* tunc enim dicit *Petrus Gregor. Tholos. d. cap. 5. nu. 59.* testatorem magis cepisse disponere, quàm disposuisse, *d. l. si quis ff. de testam.*

66 Fauor insuper filiorum causat, vt voluntas qualibet ex arbitrio distribuentis bona filij distribuantur, & à Iudice probetur etiã in non diuersis, *l. inter omn. C. fam. ercisc. l. si cogitatione, & l. quoniam C. eod. l. sed & si ff. eod.* quamobrem in ea minus sollemni voluntate
67 præteritus filium aliquem, & testamentum ex eo corruat, non potest defendi ex dispositione *d. § ex imperfecto, & l. consultissima*, quod rectè extende in Auo, Auia, Proauo, Proauia, & in omnibus ascendentibus & descendentibus, quibus debetur legitima *§. aliud quoque capitulum, authen. de appell. cogn.* & si Auus, vel Auia, sit paternus, paternaue, maternus, maternaue, quia tunc nepotes præteriti repræsentant eorũ patrem, & matrem, qui et, quæ non possunt præteriri *l. filium præteritum C. de inoffic. test. Marta sum. succ. leg. part. 4. quæst. 2. sub nu. 60.* Testamentum enim
68 tunc corruit ratione substantiæ per præteritionem non ratione sollemnitatis, *l. si filius, vbi glos. in verbo rumpitur ff. de lib. & posthum. Gozzl. d. verbo testamentum il 1. sub nu. 89.* nàm
69 propter vitium præteritionis erit nullum testamentum, tanquàm existens in persona testatoris, & sic intrà rem, idest intrà veritatem, & æquitatem actus testandi, etiam si relinquatur aliquod vni ex filijs, sed non titulo institutionis *Clar. in § testamentum q. 8. vers. sed pone.*

70 Quid si reperitur in vna testatoris schedula, in qua apparet institutio facta inter liberos absque testibus, an valeat tunc illa dispositio, distingue *Gozzl. loco cit. sub num. 87.* nàm aut schedula illa apparet scripta manu patris, & valet absque testibus, vel per alium de eius ordine, & mandato, & tunc subdo ego, probato ordine, & mandato, etiam valere, aut verò est scriptura alterius absque subscriptione patris, & non valet *Tholos. loco cit. nu. 9.* ad materiam vide *Clarum plenissimè scribentem in d. § testamentum quæst. 14. per totam*, vbi dicit, quod omninò requiritur designatio diei *in vers. sed cum quid requiritur ex nouella 107. cap. 1. auth. quod sine C. de testib.* vide *Andreol. contr. 309.*

71 Quæ omnia, & alia adducta per Doctores fauore testamenti inter liberos sunt sanè intelligenda de liberis legitimis, & naturalibus sine distinctione sexus matris, vel patris: At si de naturalibus dumtaxat ageretur, quantum ad matrem spectat filij naturales eodem iure, ac legitimi, & naturales censentur

tue, *L. vnumissimi ff. ad Orfic. §. sed & si Instit. de*
72 *inoffic. testam.* nisi mater esset illustris, secundùm vnam lecturam *in L. si qua illustris C. ad Orficianum*, licèt secundùm aliam lecturam indistinctè illud sit accipiendum etiam respectu matris illustris, secundùm *D. Altimar. obseru. 54. ad cons. 54. D. Reg. Ronit. col. 3. sub nu. 12.* respectu verò patris fuit alia distin-
73 ctio, & relinquatur illi testamento sollemni, vel nuncupatiuo. In primo casu debet obseruari forma subscriptionis, iuxtà *auth. si modo C. fam. ercisc. & d. auth. quod sine.* In secundo casu non subsistit inter naturales, *Gugl. loc. assid. cit. in d. verbo testamentum sub nu. 83. & 84. Boer. d. decis. 240. nu. 12. cum seq. Clar. d. §. testamentum quaest. 11.*

74 Rursùs tantus est fauor eiusmodi testamenti inter liberos, vt aliud subsequens posterius non deroget primo: nisi in posteriori expressa reuocatoria obseruaretur, *auth. hoc inter liberos C. de testam.* quod est verum, nō solùm si tale testamentum fuerit in scriptis factum, siuè nuncupatiuè simpliciter coram quinque testibus, sed etiam si testator solùm coram quinque testibus dixerit, *vole intestatus decedere*, quo casu tollitur primum testamentum, & venientes ab intestato ex hac vltima voluntate succedent *Bart. in l. militis codicillis §. veteranus ff. de testam. milit.* cum alijs relatis per *Gugl. loco cit. sub nu. 75.*
75 declarans id omne totum *sub nu. 70.* tempore, quo tale testamentum minùs sollemne inter liberos factū, testator esset coecus: quoniam eo casu tale testamentum non valeret: neque reuocatum est primum, nisi quatenùs haberet sollemnitates requisitas in testamento caecorum, etiam si haberet clausulam codicillarem, *Bapt. Fulg. cons. 91.* licèt contrarium statuatur per *Card. Zabar. cons. 148.* vide ad materiam *Martam summa succ. leg. par. 4. quaest. 7. art. 4.*

76 Fauor etiam piae causae sollemnitates testamenti de iure ciuili respuit, quemadmodùm illius gratia coram duobus testibus admittatur *cap. relatum de testamentis*, prout pluribus rationibus, legum, & Doctorum authoritatibus probat *Gugl. loc. cit. nu. 57. & seq. Marta etiam d. part. 4. quaest. 8. art. 4. nu. 2.*
77 dummodò sint integri, aliàs tres requiruntur testes secundum statutum iuris ciuili, *in ore duorum, vel trium stat omne verbum*, transumptiuè *in cap. in omni re de testib. cap. nouit circa principium de Iudic. cap. si peruenerit*
78 *ris quaest. 1.* & quia nullum verbum debet esse sine virtute operandi, *l. si quando ff. de leget. 1. cap. Papa de priuil. in 6.* ideò etiam illud verbum, *vel trium*, toties repetitum debet habere effectum suum, videlicèt quod duo, vel tres, vel alter eorum non sint integri testes ad probandum testamentum ad pias causas, exemplum erit: nàm legatarios aliquando non est integer testis in testamento, vt quia deponeret ad eius fauorem, & alitèr legatum consequi non posset, tùnc igitur testamentum ipsum ad pias causas per duos testes tantùm probari posse non videtur, sed totum Iudicis arbitrio relinquitur *Corn. cons. 261. col. 2. vers. his minimè refragans col. 1. Card. Mantica de coniect. vlt. volunt. lib. 6. tit. 13. nu. 8. vers. illud autem non recipis, Marta d. part. 4. quaest. 8. art. 3. sub nu. 3. & 4.* dummodò
80 etiam imperfectum non sit ratione voluntatis, vt disputat *Bart. decis. 931. nu. 12.* puta si non habeat formam, ex qua fides aliqua possit adhiberi *Clar. d. §. testamentum quaest. 7.* si tamen habeat aliquam probationem valebit, quamuis etiam solo nutu testatoris voluntas eius constaret, tùnc enim non indigemus testibus, quando alitèr verisimilitèr de voluntate testatoris appareret *glos. in cap. cum esses de testam. Corn. in l. iubemus nu. 3. vol. vbi Aret. nu. 3. etiam per verba narratiua Marta loco cit.*

81 Et tantus est hic fauor, vt etiam in testamento, in quo pia causa instituitur, non relinquatur, vt legitima relinquatur filio titulo institutionis *Bart. in l. 1. nu. 62. C. de Sacros. Eccl. & in l. inter caetera com. 2. ff. de liber. & posthum. Ias. cons. 194. col. fin. vol. 1.*

82 Et quando in tali testamento minùs sollemni ad pias causas extraneo alicui aliquid relinquitur, valet non solùm testamentum, sed quod in eo scriptum est fauore extranei, *Gugl. loc. cit. sub nu. 39.* sequitur *Thol. d. cap. 5. sub nu. 14.* & hanc esse magis communem opinionem, testatur *Craff. §. testamentum q. 18. nu. 2. Marta d. part. 4. quaest. 7. nu. 16.* sed haec opinio non placet *Clar. in d. §. testamentum quaest. 7. vers. sed quaero an valeat in fine*, quia de facili esset parata via fraudi, & falsitati, & *in quaest. 4. vers. verum tamen*, videtur esse text. *in d. l. hac consultissima §. si verò vlt.* licèt contrarium sit, vt relicta ad pias causas non
83 debeantur ex testamento inualido iure communi *Marta d. part. 4. quaest. 8. art. 4. sub nu. 6.* sed contrarium probat *Episcopus Maranta resp. 17. nu. 10. Ripoll. var. resol. cap. 13. nu. 560.*
84 quod extende etiam in substitutione facta pro pia causa in testamento minùs sollemni.

85 Fauor quoque religionis sine sollemnitatibus recipitur testamentum factum ab eo, qui ingreditur religionem, *§. illud. auth. de Monach. Abb. in cap. in praesentia de prob. Gugl. loco cit. nu. 5. Tholos. loco similitèr citato nu. 16.*

86 Fauor etiam considerarur in testamento militari, quod paganico opponitur *L. in nostrum ff. de reg. iur.* paganum secundum *Plin.* dicitur illud, quod ad rusticum pertinet, vt pagana *lex lib. 18. cap. 2.* videtur species non-
87 cupatiui testamenti, sed quod priuilegio donetur aliam classem, sequitur *Caius in l. 2. ff. de milit. testam.* & synholum retinet eius,

quod

quod priscis temporibus fiebat in procinctu
88 *Tholos. d. lib. 43. cap. 1. nu. 1.* hodiè ex eodem
symbolo dicitur paganicum, & Castrense,
prout de feudis dicemus infrà in suo loco.
89 Testamentum militare, siue Castrense di-
citur voluntas vltima, quam declarat miles
in expeditione, quoquo modo potuerit se-
cundum priuilegia iure sibi concessa, *l. 1. ff.*
de testam. milit. §. 1. Instit. eod. tit. l. miles C. eod.
quapropter tot diuersitates videntur esse te-
stamentorum militum, quot formulæ con-
dendi permissæ.
90 Discrimen est inter hæredem militarem,
& paganicum, quia hæres militaris potest
esse hæres pro parte testati, & pro parte in-
testati, prout ex priuilegio miles decedere
potest, quod paganis denegatur, *l. ius nostrum*
ff. de reg. iur. §. non autem, & §. fin. de hæred. in-
stit. l. si miles vnus ex fundo ff. de in litem iur.
potest miles ad tempus hæredem instituere,
& non paganus, *l. in fraudem §. miles ita hæredi*
ff. eod. l. certi iuris C. eod. vel per fideic. vel iure
codicill. *l. cum militi §. militia missus, l. idemq;*
erit ff. eod. tit. similiter per nuncupationem,
aut scripturam, aut in clypeo, vel in vagina,
vel in gladio litteris sanguine suo rutilanti-
bus, aut in puluere, *l. milites in expeditione*
C. eod.
91 Non vnum, sed duo habet miles priuile-
gia in causa testamentaria. Primũ tanquam
pater, alterum tanquam filiusfam. Item la-
tiùs priuilegium disponendi in procinctu,
quàm extrà expeditionem. In expeditione
condendi testamentum dispositio ad neces-
sitatem, & temporis angustiam, & penuriam
expertorum hominum, seù iurisperitorum
refertur, vt condere quoquomodo tùnc pos-
sint §. 1. *instit. hoc tit.* & habetur *in d. l. miles*
Julius Clarus d. §. testamentum quæst. 15. Guid.
Papæ quæst. 543. Simon de Pertis lib. 3. tit. 2.
dub. 1. nu. 11. fol. 8. de interpr. vlt. volunt. Tho-
los. d. cap. 9. sub nu. 4. Barry de testam. lib. 1. sub
92 *n. 7. vers. dixi de personis.* Expeditio est, quan-
do exercitus pergit ad bellum, & facit suum
iter. quia tùnc oportet milites esse expedi-
tos.
Nec vt tale testamentum facere possint
93 milites, oportet, vt sint in discrimine belli,
sed sufficiet, quod pergant ad bellum, *l. pen.*
C. eod. tit. prout arresto *Tholos.* fuisse decisum
refert *Gerard. Maynard. lib. 1. cap. 17.* in testa-
mento scholastici facti coram Capitaneo, &
94 Surgente. Idem est in Castris, in fossato, &
sunt loca, in quibus milites fixerunt tentoria
sua, & in quibus diuersantur extrà expedi-
tionem, dixit *Thol. loco cit. sub nu. 4. vers. di-*
sponunt milites alio priuilegio, quàm quoad
fauorem militiæ referunt, & proindè pater-
fam. quia potestatem habet de omnibus bo-
nis suis iure communi testari, nisi in expedi-
tione sit, quamuis in hybernis sit, non potest
quoquomodo testari, siuè disponere *d. §. 1.*
de milit. testam.
95 Cæterum contrarium *Vasq. tit. de testam.*
potest. §. 10. num. 316. quia eius appellatio
comprehendit Vrbes, in quibus subiectis
milites agunt hybernia, vel æstiua, idè fortè
Pap. prim. tit. de testam. milit. in fin. Nam si Vi-
96 giles, qui Romæ degunt, gaudent isto priui-
legio, multò magis gaudere debent milites
legionis degentes in hybernis, seù æstiuis
Barry loc. cit. extrà supradicta loca, & in suis
ædibus non gaudent *§. illis, Instit. eod. tit.* vbi
verba illa *suis sedibus* hunc sensum habent *suis*
ædibus, vt à vulgo legitur *in d. l. vlt.* & proin-
dè malè Theolophilus *in d. §. illis, sedes* inter-
97 pretatur, *sedem* cum sedata, teste *Suida*, siue
fossata, idest ipsa Castra, aut certius sedata
sunt scutina, siuè præsidia, in quibus milites
testari possunt iure militari non in suis sedi-
bus, idest in suis ædibus, prout iucundè
98 notat *Cuiac. in d. l. miles*, tùnc enim cessat stre-
pitus, rumor, & occasio armorũ, inter quos
non audiuntur, sed defenduntur de facto
duntaxat leges *Benedict. loco cit. sub nu. 21.*
Vndè ad hoc vt tale testamentum iure mili-
tari subsistat infrascripta concurrere de-
bent.
99 Primò, quod sit factum per militem in
actu præliandi existentem eo modo, vt supra
diximus. Secundò, quod talis miles in præ-
lio decedat, vt *in d. l. milites, & in l. Lucius ff.*
eod. secùs si non decesserit in bello, siuè præ-
lio, licèt sit lethaliter vulneratus, & postea
vixerit tanto tempore in perfecta, & sana
mente, & habuerit facultatem iterùm testan-
di, & dicetur in prælio decessisse miles, si sta-
tim, quo extractus est, decessit, quod regu-
lariter annus requiritur post expeditionem
factum testamentum, *§. sed hactenus Instit. eod.*
l. quod dicitur, & l. constitutum ff. eod. l. Papin. §.
Papin. ff. de inoffic. testam. oporteque adhuc
missionem illam esse honestam non ignomi-
niosam, *l. testamenta eorum ff. eod.* & vtrum
milites nostri temporis gaudeant tali priui-
legio, videndus *D. Reg. Capyc. Latro decis.*
162. nu. 7.
100 Inquirendum, quando hoc testamentum
imperfectum, quò ab initio confirmetur, in
hoc quæsito distinguendum est inter testa-
mentum militare, & eiusdem symbolum,
nàm in testamento à milite facto cum so-
lemnitatibus adhibitis tantùm duobus te-
stibus in loco vbi id ei permittitur, puta in
ostili loco, in procinctu, in obsidione, vel
etiam à gubernatione laborantium morbo
pestilentiali valet quidem ab initio, sed non
aliter effectum habet, quàm si in conflictu, vel
congressus periculo probauerit *L. vnica ff. de*
bonor. poss. ex testam. milit. è contrà illud mili-
tis semper valet, quamdiù sit miles, immò
post missionem non decesserit intrà annum

L ab

ab eo tempore, quo à militia dimissus est, §. sed aut instit. eod. tit.

101 Missionum tres sunt species, vna honesta, alia casuaria, & tertia ignominiosa, supra vt diximus, intelligi debet de honesta, & causaria, *L. testamenta ff. eod.* honesta est de eius militibus, qui emeritis stipendijs missionem
102 obtinebant à Tribuno militum: dicuntur emerita stipendia: cùm in militia miles militasset per viginti annos, *L. vlt. C. de his, qui impleant*, casuaria est, quando miles ante tale tempus dimittit militiam ob aliquam iu-
103 stam causam, puta ob morbum, vel senectutem, quod amplia etiam si miles decesserit post annum missionis, & minor, vt de veriori opinione testatur *Vasq. de succ. resol. lib. 1. §. 9. nu. 60.* & miratur *Barry loc. cit.* de
104 contraria dubia; Amplia secundò, etiam si miles in speditione dânatus fuerit paterfam. crimine militari: nam tunc permittitur illi continuò disponere de Castrensibus, & intestato succedit in alijs fiscus iure proprio *L. ex militari C. de milit. testam.* & tunc permissione illi concessa iure proprio militari in illis disponit Castrensibus, si delicto enormi fidem non rupit *Lex militari ff. eod.* scilicet si non obstante crimine, adhuc tamen Sacramento militari inuiolato, miles dici valeat *Tholos. loco cit. sub nu. 9.*

105 Vndè sumitur militem filiumfam. testâ testari posse de bonis Castrêsibus ex formula iuris communis non de aduentitijs *L. pen. ff. de testam. §. 1. Instit. quib. non est permiss. fac. testam.* ideo *Iuuenalis Satyr. fin.*

Solis preterea testandi militibus ius
Viuo Patre, datur: nàmque sunt parta labore
Militia placuit non esse in corpore census
Omne tenet, cuius regimen Pater.

106 Priuilegia militaria, de quibus apud *Gugl. loco cit. sub num. 11. & Trentacinq. de subst. par. 4. cap. 8. nu. 46.* non extenduntur ad bona aliena, neq; aliud ius minuere possunt, *L. cum filiusfam. miles, & Lex militari §. fin. & L. milites enim ff. de milit. testam. L. milites eod. tit.* ideò
107 fundum dotalem perperam legat, prohibente lege Iulia, alienationem, *L. dotalem eod. tit.* nec in fraudem creditorũ amplius quàm
108 vnum seruum hæredem necessarium facere poterit, *L. in fraudem ff. eod.* sicuti nec ipse, qui iure communi testatur *l. qui soluendo ff. de hered. instit.* quia priuilegia non debent alicuî nocere *Lex Diuus C. de emancipat. liber. L. 1. § si quis à Principe ff. ne quid in loco publ.*

109 Qui autem in hostium venit potestatem captus, nec iure militari testari potest, *l. facere ff. eod.* nec iure communi *l. eius, qui apud hostes ff. de testamentis*, quia apud hostes seruus factus §. 1. *Instit. de iure personar. l. hostes ff. de captiu. & postlim. reuers.* est incapax factionis testamenti actiuæ.

110 Conualescit testamentum filijfam. militis, si adrogatio, vel adoptio; item emancipatio successerit, *L. miles filiusfam. L. idem est, & L. Paterfam. ff. eod. §. denique, & si Instit. eod. L. pen. §. sed si filiusfamilias ff. de bonor. possess. secund. tabul.*

111 Testamentum militare aliquam in se proscriptam formam non habet, *L. si à fratre suo C. de testam. milit. faciant*, dixit, *Vlpianus in L. 1. ff. eod. & in L. in fraudem §. fin. eod. quomodò poterunt, facientque bonorum suorum dispositionem*, nuda voluntas testatoris, idest voluntas sine solemnitate quomodocumque eam
112 expresserint, vel litteris, notis intelligibilibus, & nutu; ideò surdus, mutus, & cæcus hoc iure vti potest *L. 4. ff. eod. d. §. militem.*

113 Est betrachtenem, vt consideretur, non obstante omni priuilegio, an voluntas aliqua fuerit militis, quæ diceret voluntas eius enim non omne, quod à milite dictum est voluntas erit testamentaria, vt si dicat com-
114 militoni, ego te hæredem facio, tibi omnia bona mea relinquo iocosè, & non serio, nulla subsequitur institutio, *L. Diuus Traianus ff. eod. §. plane Instit. eod. tit.*

115 Et cùm plurima sint priuilegia militaria in testamento. Puta vt in eo non cadat querela inofficiosi: item vt possit fieri in codicillis, & instituere deportatos, & alios, qui testamenti factionem passiuam non habent. præter seruos, & alios, quorum institutionem lex eis prohibuerit specialiter *Lex testamento milit. C. eod. L. neque emisse §. deportatis ff. eod. Turpi persona, & Titius, qui in aliena potestate est, l. miles hæredem, §. mulier ff. eod. L. cum filiusfam. ff. eod.* & similia. Quæritur an
116 in dubio, testator miles sensisse videatur, vt ea priuilegia obseruentur in eius testamento, vel potiùs ius commune, & procedendum cum distinctione secundùm *Barry loco cit. sub nu. 10.* qui omissis disputationibus Doctorum, concludit, quod aut testamentum non potest valere nisi iure militari, & quod si in eo seruaretur, ius commune corrueret; tali in casu, nè testatoris voluntas fiat elusoria, limpidissimum est argumentum, testamentum valere, & voluisse testatorem in suo testamento vti priuilegio militari.
117 Cuius casus duo afferuntur exempla, vnũ, quod desumitur ex *L. 3. ff. eod.* vbi sum miles vellet condere testamentum obseruatis iuris cõmunis solemnitatibus, deficit antequam potuerit omnia ex illo iure requisita consummare, illud nàmque testamentum infirmum illo iure, benè sustinetur iure militari, quasi testator voluerit vtroque genere vti, & non simpliciter eligere illud iuris communis, quod si inspiceretur, irritum esset illud testamentum. Alterum exemplum desumitur ex textu in *Lex militari*, vbi miles condemnatus capite fecerat testamentum, & quia ius ciuile non permittit, vt damnati faciant testamen-

mentum, sed militibus de castrensibus dumtaxat bonis, vt supra diximus, tunc tale testamentum simpliciter, & indefinite factum non specialiter de bonis Castrensibus, quia si diceremus, militem testari de iure communi in totum corrueret testamentum, si de iure militari substinetur quoad bona Ca-
118 strensia: cùm miles possit pro parte decedere testatus, & pro parte intestatus. Cæterò quoties nō agitur de viribus testamenti, sed de eius interpretatione, dumtaxat tūc terminandus est casus secundùm diuersitatem priuilegiorum: nàm si quæstio est de substitutione directa, quæ est vel pupillaris, vel militaris, neq; verba spectantur, quibus colligi possit, militem eam facere voluisse filio suo, quem hæredem instituit, tùnc vxor testatoris, mater videlicet hæredis, non solùm testatori, sed etiam filio suo superstes existet, iudicandum in dubio, militem voluisse ius commune obseruari, vel sequi in suo testamento, quàm ius singulare, quo substitutio directa caducatur, *l. precibus C. de impub. & alijs subst. l. in testamento C. de testam. milit.* Hoc idem quia hæc interpretatio æquior est: cùm æquissimum sit, matrem, ad quam summus mæror ob filij mortem peruenit, amissi filij, & inclusæ hæreditatis damnum non sentire ex illo tacito intellectu directæ substitutionis, *l. vlt. ff. de instit. & subst.* cessante æquitate, si miles instituerit hæredem non simpliciter, & generaliter, sed in certa parte bonorum, & non possit iure militari partim testatus, & partim intestatus decedere, quæritur an iure militari veri voluisse præsumendum sit: nempè reliqua bona sua peruenire ad eos, qui sibi, nullo facto testamento, successissent, an iure communi, idest reliqua illa bona accrescere hæredi scripto, in quo dubio verba testamenti spectanda erant, & ex illis colligi mens testatoris.

119 Necessitas porrò solemnitates à iure ciuili præscriptas sæpè in testamento mutat, vel tollit, potissimum in testium numero, & qualitate: veluti si agatur de testamento cæci, quod octo exigit testes, *l. hac consultissima C. qui testam. fac. poss.* vbi penuria est hominum, vt Ruri, quinque in Rustici testamento sufficiant, & requiritur copulatiuè, vt fiat testamentum in Rure, & à rustico, secùs vno eorum cessante, *Gugl. in d. verbo testamentum el 1. sub nu. 12.* symbolum testamento pesti-
120 facto, si belli causa quis aufugerit. In testamento tempore pestis regula erit, vt tot requirantur testes, quot sunt necessarij in testamento regulari, *Rol. à Valle cons. 91. vol. 1.* vno dumtaxat discrimine intercedente, vt in illo tempore sufficiat, si non sint contestes, & vnus post alium intelligat testatoris voluntatem, ad euitandum contagium, vt in *l. casus C. de testam.* quod declara in illis, qui re-
121 manent in Ciuitate, vel loco pestilentiali pro eius custodia, vt subueniant infirmis, & vt curent mortuos sepeliri, qui vocantur *Ubitiuarij*, ij tamen benè possunt testari coram duobus testibus, sicùt milites *Mascard. de probat. concl. 1358. nu. 26. Ant. Fab. in suo Cod. lib. 6. tit. 5. defin. 5. & Apostillam ad Thes. decis. 180.* Declara secundò, si talis sit pestis se-
122 uitia, vt ob eam necessè sit, Ciuitatem, populum, & Curiam relinquere, tùnc etiam sufficiunt duo testes, quando alias saltim ad numerum quinque haberi non possunt, *Tholos. d. cap. 5. sub nu. 18.* & si tale testamentum fiat verbis nudis, vel scriptura priuata: necessè est, istos testes produci postea coram Iudice, & si quis eorum ante decesserit, id nocere instituto, *Alex. cons. 177. lib. 1.* Non est necessarius rogitus talium testium, *Guid. Papa quæst. 683.* & tale testamentum valebit, licèt testator mortuus non sit eo tempore pestis, & tametsi postea poterat illud facere coram septem testibus, & non fecerit *Mascard. d. concl. 1358. nu. 15. Mantica de coniect. vlt. volunt. lib. 1. tit. 12. nu. 2. Tholos. d. cap. 5. nu. 27.* quod fallit, quotiescumque per testa-
123 torem adiectum esset in ipso testamento verbum, *si contingat me mori ex hac infirmitate,* nàm tùnc si conualesceret, infirmaretur testamentum *Mascard. concl. 1415. nu. 16. Man-
124 tica loc. cit.* Secundò fallit, si testator vixerit integrum annum à tempore, quo pestis conquieuit *Vasq. de success. Progr. lib. 3. §. 30. nu. 80. Guid. Papa decis. 543. nu. 3.*

125 Qualitas etiam testium in hoc spernitur, prout in testamento militari: nàm & si familiares, & coniuncti sint inhabiles ad testimonium ferendum in testamento vulgari §. *sed neque hæres Instit. de testam. ordin. l. qui testatur, ff. de testam.* quod hodiè non solùm intelligitur coniunctione subiectæ patriæ potestati, sed etiam sanguinis etiam ad quartum gradum *Alex. cons. 42. vol. 2.* Fallit in testamento militari, *d. l. ex testamento vers. ex contrario,* & consequenter in testamento tempore pestis facto in casu, de quo supra ratione sui symboli.

126 Consuetudo tamèn, & lex municipalis, & leges Principum, omissis præscriptis solemnitatibus, præferuntur, dicit *Tholos. d. cap. 5. nu. 30. per text. in l. si cum specialis C. eod.* & proindè generaliter statuendum est solemnia, & testes adhibenda esse secundùm vsum regionis, vbi fiunt *Practica Papiens. in forma libelli, quando petitur hæreditas ex testamento in gl. vlt. totum, Guid. Papa quæst. 261 per totam,* alterari, corrigi, & mutari potest solemnitas testamenti, *Maria summa fori. leg. part. 4. quæst. 9. art. 4. in princ.* Iure Pontificio
127 sufficiunt duo testes cum Presbytero Parocho *cap. cum esses, cap. relat. eod. tit.* & si fiat

128 apud acta sufficiunt duo testes. *Bart. in l.*
omnium C. de testamentis. Burr. decis. 128. nu. 3.
Grat. discept. forens. cap. 767. nu. 34. Ant. Fab.
in suo Codice lib. 6. tit. 9. defin. 5. sed non benè
ei symbolizatur testamentum factum in carcere
coram commentariensi, quia tunc absq;
debitis solemnitatibus non valebit *Fab. loco*
129 *cit.* potest ex consuetudine quis decedere
partim testatus, & partim intestatus exemplum
consuetudinis Ciuitatis Neapolis, qua
disponitur, vt possit filiusfam. testamentum
facere de bonis maternis, & ab eius linea
peruenientibus, & propterea si certa locum
consuetudinis filiusfam. habeat alia bona
aduenticia, respectu eorū intestatus decederet,
Merla d. part. 4. art. 1. & Princeps licèt
possit dispensare quòad solemnia in testamento
faciendo, non valet tamen, vt post
mortem testatoris conualescat testamentum
minùs solemne factum absque sua dispensatione
Fab. d. lib. 6. tit. 9. defin. 22.

130 Venit tertio loco appellatione hæredis
testamentarij, sine ex testamento, hæres codicillaria
non regulariter, sed benè incidenter,
verbi gratia, si in scriptura legitur institutio
hæredis, dicitur testamentum, licèt ibi
dicatur, talis volens facere codicillos. *Angelus
in l. illud §. tractaret ff. de iure codicill. Alex.
cons. 141. ad finem lib. 1. Surd. cons. 430. nu. 34.
Cardin. Seraph. decis. 1362. nu. 5. & decis. 1379.
nu. 4.* cùm verba menti, non autem è contra
131 verbis inseruire debeat *Grat. discept. forens.
cap. 657. sub nu. 2.* regulariter autem secus est,
quia codicilli differunt à testamento, *l. cum
codicillum C. eod. l. si idem C. de codicill.* & statutum
132 diriment numerum testium in testamentis,
puta quod valeant facta coram
quinque testibus, cùm id fieri possit, vt suprà
diximus, & probat *Bart. in l. 1. C. de Summa
Trinit. & fide Cath. Vin.* qui de communi
testatur *in suis communibus in verbo statutum,
vel Consuetudo, Villalobos in suis communibus
lit. T. nu. 28. Suarez recept. sent. lit. T. nu. 76.*
prout de statuto Veneti testatur *Peregrin.
cons. 67. vol. 1.* locum non habet in codicillis,
vt scilicèt valeat coram tribus testibus
vndè *Alex. in cons. 116.* dixit, quod licèt testamentum
secundum solemne, in quo extranei
sunt instituti, non tollat primum testamentum
inter liberos factum: nisi de ipso
faciat mentionem in secundo per *text. in
auth. hoc inter liberos C. eod.* attamen benè tollere
codicillos inter liberos factos, posito,
quod de illis mentionem non faceret, quia
cum *d. auth.* à iure communi fauore liberorum
sit exorbitans, non comprehendit codicillos,
& è contrà si statutum dictet, valere
testamentum coram duobus testibus, valet
etiam, & codicillus coram duobus testibus
ordinatus. *Camar. tit. de interpr. nu. 21.* quid è
contrà si auctus fuerit numerus testium in
testamento, an augmentum testium consi-
133 derari debet etiam in codicillis, exemplum
est in testamento cæci, in quo octo testes requiruntur,
an etiam in codicillis auctus censeatur
numerus testium, *glos. in d. l. hac consultissima*
duas contrarias opiniones recitat, magis
communem esse, vt auctus censeatur, &
vt octo requirantur, sicut in testamento.
*Crass. §. testamentum q. 71. Vasq. illustr. contr.
lib. 3. cap. 103. num. 13. Tarrez de effect. claus.
codicill. quæst. 10. Burr. decis. 840. nu. 20.* vbi
ait, hanc opinionem esse receptiorem, tamen
negat esse veriorem: vndè contrà receptiorem
Burr. dicit, numerum testium esse duntaxat
probabiliter auctū in codicillis, itaut
sex sufficiant, vel quinque, & Notarius & in
cæci donatione causa mortis sufficere quinque
testes, vt probat *in suo decis. 20., Cuiacius*
melius sensit in articulo donationis causa
mortis per cæcum, in quo symbolus numerus
testium requiritur prout in codicillis, ia
idem *Cuiac. cons. 45.* quod autem dictum est
de aucto numero testium, censeri etiam auctum
in codicillis restringitur, vt intelligatur
in casu predicto, nempè in dispositione
cæci, propter scilicet falsitatis periculum,
alias extra casum illum numerus quinque
testium obseruandus in codicillis, nec ad
eos trahendum statutum, quod auget numerum
in testamento. *Camar loco cit. num. 181.*
134 nempè quando statutum loquitur de augenda
solemnitate testamenti nō debet porrigi
ad codicillos, nec ad donationem causa
mortis: licèt è contrà si minuit solemnitatem,
vel si statuta testamentum fieri posse
coram duobus duntaxat testibus, codicillus
& donatio causa mortis sunt symboli, vt
possint etiam fieri coram duobus testibus
Burr. loco cit. sub nu. 2. in fine.

135 Proindè si non strictè, nec regulariter hæres
codicilli, non sit hæres ex testamento, tamen
largo modo capiendo codicillum, potest
dici testamentum, & eius appellatione
venit, cùm sit mentis testatio, *§. 1. Instit. de
codicill.* vbi *gl. & in l. 2. C. com. de legat. cap.
quamquam in fine de vsur. in 6.* sequitur *Benedict.
in verbo testam. 3. nu. 4.* vbi refert authoritatem
*Salycetï in d. l. 2. C. commun. de legat. in
fine*, quod pro relictis in codicillis in testamento
confirmato, vel per se sine testamento
facto competit actio saltim vtilis ex testamento
contrà successores ab intestato, &
idem *Salyc. in l. filij in prima notabili C. famil.
ercisc.* dicit, quod habens feudum in emphyteosim
ab Ecclesia cum potestate relinquendi
in testamento, cui vellet, posset illud relinquere
in codicillis, & quod inibi retert
aliàs consuluisse Ferrariæ, pro quo facit *tex.
in l. fin. C. de iure codicill. & Paulus in l. 1. ff. de
bon. poss. secund. tab.* dicit respondisse interrogatus,
quod si quis septem conuocatis testibus.

stibus, & rogatis, vt essent testes in suo testamento, & plura reliquerat legata, & fideicommissa, nullo instituto hærede, eam dispositionem tanquam testamentum valere non posse, valebit tamen vt codicillus, quantumcumque facere velle testamentum declarauerit: cum appellatione testamenti largo sumpto vocabulo venit codicillus, vt etiam consentit *Iaf. in d. l. codicill. C. eod.* & idem erit è contrà, vt largo sumpto vocabulo appellatione codicilli veniat testamentum, & proinde dicit *Io. Andr. in addit. ad Specul. in tit. de instrum. edit. §. compendiosè in addit.* quæ incipit ad intellectum, quod si testator conuocatis septem testibus, filium instituat hæredem, & legata faciat, quantumcumque dicat, ego facio codicillos, vel dicat, volo meam dispositionem valere iure codicillorum, tamen valebit iure testamenti, & erit testamentum, non obstante, quod talem dispositionem, codicillos appellauit, vt suprà diximus, prout post *Dyn.* hanc eandem opinionem canonizat *Guil. d. verbo testamentum §. sub num. 9.* subdens dummodò non dicat testator, & nō iure testamenti; quod plus dicunt *Bald. & Salyc. in d. l. testamentum non idem C. eod.* per illum textum, quod si testator dicat se coram septem testibus, fieri testes huic meo contractui, tamen erit testamentum, secundùm *Alex. in d. l. cum codicillum. & Felin. in cap. si significasti col. 2. de rescriptis. Barry loc. cit. sub nu. 11. & Angelus in l. illud §. testari ff. de iure codicill.* affert, quod si testator instituit hæredem, quamuis Notarius scribat hoc verbum, talis volens facere codicillos &c. talis enunciatio Notarij non facit, quo minus non sit testamentum, prout consuluit *Alex. cons. 141. col. 2.* quicquid *Clar. §. testamentum quæst. 4.* & sic etiam in consimili casu decidit *Bald. in l. Imperator in prima ff. de statu homin.* vbi dicit, quod si Notarius Rusticanus dixerit. Mænius volens testatus decedere facit hunc codicillum valebit vt testamentum, & si in codicillis sit facta aliqua institutio, vel aliqua liberorum exhæredatio, tunc etiam erit testamentum. *Mantica de coniect. vlt. volunt. lib. 2. tit. 3. Menoch. de præsumpt. lib. 4. præsumpt. 3.* qui casus procedit absque scrupulo, si in tali dispositione fuerunt adhibita omnia solemnia in testamento requisita. *Barry loco cit. sub nu. 11.* & quando concurrunt duæ contrariæ coniecturæ, vna ex substantia, vt si instituit, & exhæredatio facta sit, alia ex forma, vt si in ea dispositione sit obseruata forma codicillorum, non verò testamentorum, quo casu præualebit coniectura, quæ sumitur ex substantia, & erit testamentum secundùm eundem *Manticam*, qui enim instituit, vel filium exhæredat, censetur voluisse testari, non autem codicillare, *Tepat. variar. sent. tit. de codicill. cap. 6.* quapropter talis dispositio nō valet vt testamentum, neque valebit vt codicillus: nisi adiecta fuerit clausula codicillaris, per text. *in l. non codicillum C. de testam. l. ex testamento C. de testam. Cuiac. in l. 3. §. testari ff. de iure codicill.*

136 Sunt autem codicilli quædam parua, & minima scripta voluntas qui ideò codicilli dicuntur, quia in breuiori scriptura, vel Codice, quàm testamentum, fiebant, adeò quod solùm in eis fideicommissa, & legata obsequuntur, etiam ab intestato, & olim requirebatur scriptura, hodiè verò possunt fieri absque ea *l. fin. in princ. C. de bon. liber.*

137 Tale ius codicillorum ante *Augusti* tempora in vsum non fuit, quia habuit originem à *Lucio Lentulo*, ex cuius persona etiam fideicommissa fuerunt introducta, qui cum decederat in Africa, scripsit codicillos testamento confirmatos, quibus ab Augusto petijt per fideicommissum, vt faceret aliquid, & cùm Diuus Augustus voluntatem eius impleuisset, dedit normam deinceps, vt eius authoritatem sequuti alij fideicommissa præstabant, & Lentuli filia legata, quæ tunc iure non debebat, soluit, vndè fertur, Augustum conuocasse sapientes Viros, inter quos *Trebatium*, cuius eo tunc authoritas magna erat, & ab eis quæsijsse, an hoc iure, & alieno à iuris ratione codicillorum vsus esset. Trebatius suasit Augusto, talem vsum necessarium gentibus propter peregrinationes magnas, quæ apud veteres frequentabantur, Ità quod si quis testamentum facere non posset propter aliquam impotentiam ex defficientia testium, codicillos condere posset. Itaut ab eo tempore vsque in præsentiarum talis codicillorum vsus viguit, & viget *text. instit. in princ. de codicill.*

138 Codicilli enim duobus principalioribus modis fiunt, vno scilicet, nullo penitus condito testamento, & sic ab intestato, *l. conficiuntur ff. de iure codicill. l. non idcircò C. de codicill. §. non tantum Instit. eod. tit.* veluti si quis volens, aut nō potens propter impotentiam facti, testium scilicet defectu testari, coram quinque testibus declaret suam voluntatem, quod Mænio suam voluit restitui hæreditatem, aut alio modo legat, aut relinquit, talis dispositio dicitur codicillus, ad cuius validitatem, seù confirmationem requiritur, quod venientes ab intestato codicillantis hæreditatem adeant, & illam demùm restituant Mænio, quarta Trebellianica retenta, tanquàm iure restitutionis debita, *l. 1. C. de fideicom. libert.* aut legata, siue relicta soluant. Secundo modo fiunt codicilli, condito per codicillantem testamento, & hoc fieri potest tripliciter: nàm aliquando fiunt ante testamentum, & postea fit testamentum, quod fieri potest etiam per epistolam, secundùm *Bald. in d. l. hac consultissima.* Aliquando fit priùs te-

testamentum, & postea ordinantur codicilli; sed horum cursus duo alia genera faciendi consequuntur, vel enim testamento confirmati sunt, vel non confirmati; sunt aliqua, quæ nonnisi in testamento fieri possunt, vt datio Tutoris, quæ si fiat in codicillis, non valebit, nisi per testamentum codicilli confirmati sint, secundùm *de Petris lib. 2. tit. 1. num. 11.* & aliud est dicere codicillos testamento confirmatos, & aliud codicillos ad testamentum: Codicilli ad testamentum dicuntur compendium orationis pro codicillis ad testamētum pertinentibus. Ad testamentum verò pertinent nō solùm, qui testamento confirmati sunt, sed etiam ij, quorum nulla ratio facta est in testamento, *l. 1. §. qui principale ff. de his, quib. vt indign.* Nam ij omnes codicilli censentur inesse in testamento. Itaut si aliqua qualitas restrictiua sit generaliter apposita in testamēto legatarijs, censebitur inesse etiam legatis codicillorum, nisi de contraria voluntate constet per codicillos, *Mantica de coniect. lib. 6. tit. 4. nu. 7.* Hi enim codicilli ad testamentum sunt generaliter omnes, qui à testatore facti sunt ante, vel post testamentum, *l. ab intestato ff. de iure codicill.* & testamenti pars esse intelliguntur, vel saltim sequela, quia ius testamenti adipiscuntur, vicesque in eo recipiunt, adeout si testamentum infirmetur, codicilli etiam cum eo corruunt *l. 1. C. de codicill. l. 3. §. vlt. cum l. seq. ff. eod.* Ex quibus *Franciscus Barry* improbat *Decium cons. 456. in fin.* tenentem id non habere locum in codicillis factis post testamentum, quia per *textum in l. 10. ff. eod.* reijcitur temporis distinctio, & semper codicilli infirmantur, siuè ante, siuè post testamentum conditi sint ipso testamento infirmato, vel nisi aliàs testator expressè codicillos reuocasset, vt *in d. §. non tantum.* Hinc est etiam, quod cùm codicilli sint pars testamenti, requiritur omninò ad eorum validitatem, siuè confirmationem, quòd adeatur hæreditas ex testamento, si sit validum, quo casu hæredes scripti in eodem tenebuntur relicta in codicillis adimplere, si verò testamentum non valeat, requiritur, quod succedentes ab intestato adeant hæreditatem, quia semper hæredes ex testamento, vel intestati succedentes tenentur in codicillis rogati adimplere contenta in eis, *Bart. in l. 1. ff. de iure codicill. Dall. in l. qui filio si seruus ff. de hæred. instit.* quia sine aditione non valerent relicta in codicillis, nisi ad pias causas, iuxtà *Bald.* sententiam *in d. §. seruum,* & est *text. in l. 2. ff. de fideicom. libert.* & eodem modo, prout fauore piæ causæ, valeret etiā si in testamento, vel alia dispositione adesset apposita clausula, *Si non valet iure testamenti, valeat iure cuiuslibet alterius vltimæ voluntatis, & omni alio meliori modo,* quo casu talis clausula cum valere facit iure donationis causa mortis, & operaretur, quod legata deberentur etiam non adita hæreditate, secundùm *Bald. in l. eam quam C. de fideicom.* quia donatio causa mortis non requirit hæreditatis aditionem, vt per *Alex. in l. 2. ff. de legat. 1.* sed codicilli nullatenus valerent, non adita hæreditate, quia testamentum, ex quo hæreditas nō aditur, remanet inualidum, & infirmum, & per consequens codicilli, qui pars sunt testamenti: nisi vt suprà diximus, & ab eo dependent, valere non possunt: cùm eorum robur, validitas, aut infirmitas à testamento ante, vel post facto dependeat sicuti accessorium à principali *Gygl. d. verbo testamentum 3. sub nu. 13.* Itaque rupto testamento natiuitate posthumi, vt habetur *in §. 1. instit. quib. mod. testam. infirm.* etiam rumpuntur codicilli ab eo dependentes, *l. 1. C. de codicill.* quod intellige, quando codicilli sunt ad testamentum secùs si de per se stent, nullo penitùs condito testamento, tùnc codicilli non rumpuntur natiuitate posthumi, *l. si quis vnū §. qui grauī, & l. ab intestato, & l. pen. ff. de iure codicill.* & tenet *gl. in d. l. 1. C. de codicill.* subiungens ibi, codicillos ad codicillos pertinere, & ex eo decedere siuè ante testamētum facti fuerint, siuè post, siuè expressè confirmati, siuè non, quod aliter esset si testator, qui testamentum fecit, & codicillos in suo testamento præterijt filium in totum, quo casu cùm propter talem præteritionem testamentum foret illicò nullum codicilli, qui à testamento ipso iure nullo dependentiam habere non poterunt, non rumpuntur, quinimò valeant, & si nullum factum fuisset testamentum, *l. 3. §. fin. ff. de liber. & posth. Bart. in l. legato domi[illegible] ff. de adempt. leg. Moderni in l. 1. C. de codicill.* & idem esset, quando codicilli valerent, etiā rupto testamento posthumi natiuitate, si expressè facti fuissent ad hunc finem, quod testamentum, in quo continetur clausula codicillaris, ruptum substineatur vt codicillus virtute dictæ clausulæ, *l. qui filio §. 1. cum sing. gl. fin. ff. de hæred. instit.* ad illum dumtaxat finem, vt venientes ab intestato dicantur rogati restituere, prout probat ex longissima *DD.* remissione *Torres. de clausul. codicillar. quæst. 3. effect. 3. per tot. & effect. 20. in princ. quæst. 33.*

Tertio loco codicilli fiunt per clausulam codicillarem in testamento appositam, nempè si dicat testator, si non valet tanquam testamentum, valeat tanquam codicillus, de cuius effectibus *tract. Torres.* in eius peculiari *tract. de effect. claus. codicill. Guid. Papæ quæst. 323. & 513.*

139 Et licèt non detur directa institutio regulariter in codicillis, regula illa limitatur pluribus modis. Primò vbi adesset consuetudo, quod talis directa institutio fieri po-

test

test in codicillis, *Bald. in l. fin. ff. de legat. col. 1.* Secundò limitatur inter liberos, quibus potest relinqui hæreditas in codicillis, & in qualibet vltima voluntate, *l. final. C. famil. ercisc.* prout singulariter determinat *Bart. in l. militis codicillis ff. de testam. milit.* vbi idem decisiuè in milite *Salyc. in l. 2. C. de codicill.* cum concordant. *& Menochi. d. verbo testamentum 3. sub nu. 57. & 58.* Tertiò fallit in plena causa *Ias. in l. 1 cum seq. C. de codicill.* Quartò fallit in declaratione facta in codicillis de hærede in testamento instituto, vt in *l. asse toto, & ibi per DD. ff. de hered. instit.* puta si testator in testamento ità diceret, ille, quem in codicillis hæredem fecero, aut declarauero hæres esto, & postea in codicillis Titium hæredem instituit, talis institutio valebit iure directo, cùm facta censeatur in testamento facta, licèt in codicillis fuerit declarata, adeò quod talis declaratio in codicillis facta, licèt inualida ratione deficientis solennitatis, valet, & tenet *Ludou. cons. 179. col. 3. in princ. text. in l. fin. ff. de testam. vel. qui sub tutela est, gl. in clem. si religiosus in fine de procurat.* verum quando codicilli habent relationem ad testamentum, omninò testamentum est exhibendum, *Andreol. cont. 14. sub nu. 11.* Quintò fallit, quando extraneus in codicillis instituitur iure particulari, quia talis institutio valeret iure directo: cùm ille non habeatur iure hæredis, sed potiùs legatarius sit censendus, *l. quoties C. de hered. instit. Bald. in l. omnibus C. de testam. testam.* posito tamen, in testamento fuerit aliquis hæres institutus, quod secùs esset in filio disponentis, quia quantiscumque hæredem instituisset, & postea in codicillis filium in re certa instituisset, talis institutio non valeret: Imò filius tanquam præteritus dicere posset testamentum patris nullum, quia filius in testamento patris debet saltim institui in vno obolo, alias testamentum est nullum, *Bald. in d. l. cum codicillum C. eod.* vbi subdit vlterius, quod licèt persona hæredis instituti in testamento, possit declarari in codicillis, tamen relictum filio in testamento, non poterit in codicillis declarare relictum iure institutionis, quia tametsi persona declarari possit, non tamen substantia institutionis, nisi filius in testamento institutus acceptare velit declarationem institutionis in codicillis factam, vt per *Ludou. loco cit. col. 2.*

Prout è contrà patet, qui in testamento filium instituit in totum, vel in parte, vel in aliqua re particulari, prout de necessitate tenetur, non poterit postea in codicillis illam institutionem adimere, aut relictum filio iure institutionis cassare: cùm cedat filio loco paternæ hæreditatis, quæ in codicillis auferri non potest, secundùm *Bald. in auth. ex causa C. de liber. præt.*

140 Differentiæ inter testamentum, & codicillum sunt. Prima, quia in testamento solo fieri potest directa hæredis institutio, *l. si codicillum C. eod.* sed in codicillis fieri haud illa potest, nec substitutio hæredis directa, *d. §. codicillis*, quod non solùm de vulgari, sed etiam de pupillari substitutione loquitur *Crass. d. quæst. 1.* quod extenditur, vt si in testamento institutioni adiecta sit aliqua conditio, non potest eadem conditio auferri postea in codicillis, *Vasq. de succ. lib. 3. §. 25. nu. 11. in fin.* Pupillaris substitutio inter filios, prout in casu proposito à *Bartolo in l. militis*, in qua pater fecerat testamentum, in quo substituerat pupillariter extraneum filio suo impuberi, & deinde fecerat codicillos, quibus eam substitutionem extraneo factam reuocauerat, & substituerat eidem filio impuberi alium filium suum, aliàs pupillaris substitutio non valeret, *Vasq. d. §. 25. nu. 7. & de succ. resol. lib. 1. nu. 24.* & hæc omnia vt fieri non possint in codicillis, non sine ratione sancitum extitit, nè scilicet testamentorum vsus pereat, & nè iura testamentorum, & codicillorum inuicem confundantur, vt aduertit *text. in d. §. codicillis autem, Instit. de codicill. l. si idem C. eod.* nam si omnia, quæ possent in testamento fieri, possent & per codicillos expediri, testamenta in desuetudinem abirent, attento quod codicilli faciliùs fiût, & cum minori numero testium, & solemnitate expediri solent.

Secundò differunt, quia in testamento requiruntur septem testes masculi, & rogati, *§. 1. & §. testes Instit. eod tit.* probauimus suprà; sed in codicillis sufficiunt quinque non rogati, sed fortuitò venientes, siuè sint masculi, siuè fœminæ, *l. fin. iuncta gl. C. de codicill. Crass. d. quæst. 1. Vasq. de succ. progr. lib. 3. §. 34. nu. 13.* cum declaratione tamen, quod licet glosa ibi dicat, quod fœmina potest esse testis in codicillis, non tamen dicit, quod omnes quinque testes necessarij in codicillis possunt esse fœminæ: Imò si omnes testes essent fœminæ codicilli corruerent *Barry loco cit. sub nu. 67.* secùs si maior pars testium codicillis sint masculi, tùnc certè valerent codicilli, *arg. text. in l. si quis ex argentarijs §. sed autem omnes, & ibi notata per Butr. ff. de edendo, Angel. cons. 1. Barbatia in cap. relatum col. 19. vers. sed cum tenderet de testam.* Proindè cùm in testamento mulier testis esse nunquam possit, si tamen testamentum, in quo fœmina est testis, contineat clausulam codicillarem, valebit vt codicillus, cum valere non possit vt testamentum, *Ias. in d. l. fin. C. de codicill.*

Item potest in codicillis testis esse impubes, dùm sit proximus pubertati, & duo impuberes adhibeantur pro vno pubere, atque ita testis: cùm numerus supplebit defectum quali-

qualitatis; qui defectus non potest suppleri in testamento cùm in eo testes sint pro forma, vt sint integri *d. l. hac consultissima.*

Differunt tertió, nam licèt in testamento necesse sit, testes esse in conspectu testatoris, in codicillis satis est, quod testes audiant verba codicillantis, vt de veriori, & magis probali opinione testatur *Barry loco cit. sub nu. 4.* nisi codicillans esset infirmus, & in isto casu testamentum, & codicilli sunt symboli, *Menoch. de arbitr. casu 475. in fine.*

Quartó, & vltimó pro nunc differunt, quia si quis dùm esset filiusfamilias fideicōmissum in codicillis relinquat, & postea paterfamil. factus in eadem voluntate decesserit, valebunt codicilli, quod esse non potest in testamento, *l. 1. §. sed & si filiusfam. ff. de legat. 3.* & sic codicilli possunt fieri tempore medio inhabilis, quo quis sit intestabilis, dummodò tempore mortis reperiatur testabilis, *l. eos qui in militia* §. *si post vbi Bart. ff. de iure codicill.*

148 Quibus differentijs inter testamentum, & codicillos consistentibus non sine ratione fuit singulariter decisum *in d. l. fin. C. de codicill.* quod quis non possit ex eadem scriptura hæreditatem petere, vt ex testamento, & tanquàm ex codicillo, quinimó si semel vnā viam elegerit, non potest ad aliam redire, quod procedit, siuè istæ duæ viæ ex testamento scilicet, & ex codicillis concurrant sinè origine, vt quia in eadem scriptura dictū fuerit, quod valeat iure testamenti, & codicillorum, quo casu istæ duæ viæ sunt subditæ electioni, adeò quod si institutus viam elegerit ex testamento, & succubuerit, non potest agere in posterum iure codicillorum, vt hæreditatem habeat ex fideicommisso: Nàm cum talia remedia sint contraria, scilicèt petere hæreditatem directè ex testamento, & postea iure fideicommissi ex codicillis, electione perditur aliqua ex eis omissa, & altera ob incompetentiam, *l. quod in hæredem §. eligere ff. de tutor. class.* Et ratio est, quia quando quis agere cœpit ex testamento, acquisitum est ius veniendi ab intestato casu, quo testamentum non valeret, & proindè stante tali iure ei quæsito non licèt variare in eius præiudicium, *l. fin. ff. de pact.* & facit text. *in l. 1. C. de furt.* vbi electa vna ex actionibus contrarijs non datur deinceps variatio *Salyc. ibidem nu. 12. Roman. cons. 125. Rota Romana apud Ludou. dec. 270. in princ.* quod procedit etiam, re integra, ante acceptationem, quemadmodùm per solam petitionem hæreditatis ex testamento, ità intelligitur via codicillari remissum, vt statim ad successionem ab intestato incipiat pertinere, *l. 1. §. quod semel de succ. edit. Tiraq. de iure primog. quæst. 18. & de retr. quæst. 8. in fin. Camillus de Medic. cons. 40. per tot. D. Reg. Galeota. sen.* *consult. 41.* quos sequitur *Dom. Præses Merlin. quæst. forens. cent. 1. cap. 13. sub nu. 4. in fin.*

Quam supràpositam regulam limita primó in excipiendo, tùnc etiam licèt agendo noceat eligenti, non nocet tamen excipiendo, vt in casu relato per *Afflict. decis. 134. D. Marran. cons. 1. nu. 8. lib. 2. cui de Medic. loco cit. nu. 43. vers. id etiam non obstat, D. Thead. alleg. 17. nu. 18. & 20.* qui omnes in eodem articulo propugnantes scripsere, & nouissimè *D. Borgia ad Fabr. lib. 20. cap. 20. n. 8. vers. rursus, D. Merlin. lib. 2 cap. 80. contr. forens.*

Limita secundó in creditoribus, quia licèt hæres non possit vna via electa variare; secùs tamen est in creditoribus hæreditarijs, vel legatarijs, qui licèt agere elegerunt contrà hæredes legitimos ab intestato, succedentes tamen postea, si eis videatur testamentum valere, poterunt redire contrà hæredem testamentarium, & è contrà, vt est *text.* singularis iuncta *gl. magna in d. l. fin.* vbi *Bart. in 1. col.* quem sequuntur *Angel. & Paul. in l. ex contrarietate ff. de transact.*

Limita tertió, quando ambo descendunt ex eadem scriptura, aut dispositione testatoria, ac si perueniant ex diuersa per *text.* egregium *in l. Aurelius §. fin. ff. de liber. legat.* vbi Vxor, cui maritus debitor per fideicommissum reliquerat debitum, agit ex præcedenti obligatione, postea verò probare non posse, admissa fuit ad debitum petendum ex causa fideicommissi, & propriè *text. in d. l. fin. C. de fideicom.* loquitur de principali hærede, qui variare non potest, vt ibi est *text. sing.*

Limita quartó dictum *text.* vbi hæres in testamento institutus ex iusta, & probabili ignorantia viam elegisset incompetentem, quia tùnc posset de iure quandocumque variare, si scilicet habuerit iustam ignorantiam codicillorum, hæres viam elegisset incompetentem, quia tùnc possit de iure variare quandocumque, & aliam eligere viam, cùm quis iuri, quod ignorat, non videatur renunciare, *l. mater decedens ff. de inoffic. testam.* Vndè in tali casu dispositio *d. l. fin.* non habet locum non ipso iure, sed ope restitutionis in integrum, *Bart. & Paul. de Castro in d. l. fin.* quæ opinio magis mihi arridet quàm *Iasonis* volentis, quod ipso iure possit hæres quandocumque ad aliam viam ignoratam redire ex clausula generali, *si qua iusta causa videatur*, & hæc via est tutior, proùt in causa ignorantiæ lapsi fatalis consentit *Io. Bapt. Costa de iur. & facti ignor. cent. 2. tit. 83. sub nu. 7. Ludou. loco suprà citato*, & hanc opinionem sequitur *Gugl. d. verbo testamentum 3. sub nu. 73. Borgia loco cit.* qui Doctores nostros non allegat.

Limita quintó dispositionem *d. l. fin.* in ascendentibus, & descendentibus vtriusque sexus, & agnatis vsque ad quartum gradum,

&

& cognatis vsque ad tertium, quibus electa vna via, datur singulare variãdi remedium, siuè priuilegium, vt patet in d. l. fin. in 4. parte §. *si quis verò*, ibi: *Si quis verò ex parentibus vtriusque sexus, & liberis vsque ad quartum gradum agnationis colligatus, vel cognationis nexu coniunctus vsque ad tertium scriptus hæres fuerit, vel nuncupatus in eo videlicet testamento, quod testator iure quoque codicillorum voluit obtinere, licebit ei, si de hæreditate ex testamento secundùm mortui voluntatem agens fuerit superatus, vel certè ipse spontè voluerit ad fideicommissi subsidium conuolare: non enim par, eadem qi ratio videtur admittere debita, & lucra non facere.* Quod est verum, etiam si in testamento non esset clausula codicillaris, quia fortè codicilli fuissent ad partem facti: siuè dicta clausula esset in testamento adiecta, prouiso tamen, quod illi descendentes sint verè filij, de quibus propriè loquitur text. in d. §. *si quis*, ibi, *vero nexu*, quod locum non habet in adoptiuis, vel adrogatis, qui filiorum imaginem dumtaxat retinent, *L. filio quem pater ff. de liber. & posth.* quod quidem priuilegium singulare est dumtaxat inter agnatos, & cognatos, ascendentes, & descendentes saluo graduum prærogatiua *In d. §. si quis inter utrumque masculinum, & fœmininum*: In alijs verò transuersalibus etiam fratribus cessat tale priuilegium, & datur regula, In extraneis hæredibus institutis, qui variare nõ possunt secundùm *gl. in verbo agnationis*, similiter tale priuilegium variandi non competit, vbi clarè constaret Iudici, quod filio competeret hæreditas ex testamento, quia tũnc electa illa via variare non potest intendens ex codicillis agere, *l. filium emancipatum ff. de acq. hæred.* Vlteriùs dictũ priuilegium ascendentibus, & descendentibus elargitum locum non habet in ijs, qui per statutum sunt à successione exclusi, licèt ex testamento instituti, vel si essent tales, qui in succedendo ab intestato non tenerent primum locum, quia fortè alium ei procederet in gradu, quoniam si tales in testamento hæredes instituti semel intentauerint viam testamenti, non possent posteà intentare viam codicillorum, & fideicommissi, nèc è contrà, quia illi tales non dicuntur pati damnum, super quo est fundata dispositio *d. l. fin.* sed potiùs certent de lucro, vt per *Fulg. & Alex. in d. l. fin.* & per eandem considerationem concludit ibi *Ias. col. 4.* quod licèt pia causa in his testamentarijs causis gaudeat priuilegijs inter liberos, quia quando est hæres instituta, non certat de damno: cùm aliàs testatori non successisset ab intestato, sicuti liberi, & descendentes, si hæres instituta semel viam elegerit viam, non potest ad aliam post eam peruagari, & sic intelligas decisionem *Rotæ Romanæ relata per D. de Marinis contr. iur. lib. 1. cap. 106. à nu. 6.* licèt *sub nu. 9. vers. secundo responsum fuit, mirabiliter declarauerit dispositionem dictæ legis aduersari circà verba affirmantia, & negantia testatoris*, refert exemplum in primo affirmatiuo, quando testator disponens testamentum, iusserit illud debere valere etiam pro codicillis, & aliud exemplũ quando eadem clausula concepta fuit sub conditione negatiua, vt si testamentum iure testamenti valere non posset, valere deberet iure codicillorum, quia in vltimo casu datur etiam limitatio, ex quo non potest operari effectum suum nisi in subsidium: quando scilicèt cõpertum fuerit idem testamentum non valere, aut sustineri posse iure testamenti, in secundo quidem casu non esse locum variationi, in primo verò posse fieri electionem.

142 Eodem modo prout hæres codicillaris venit etiam hæres per epistolam, & per Nuncium, quibus etiam legata, & fideicommissa relinqui possunt, vtroque vtimur inter absentes, epistola est Nuncius tacitus secundum *Epitectum*, & Nuncius est viua epistola, quæ epistola debet esse subscripta quinque testibus, sicuti in omni vltima voluntate, in qua ad minus testes requiruntur quinque, vt habetur *in l. 1. §. studiosum ff. de lat. libert. toll.*

143 & talis epistola dicitur esse supplementum codicillorum, *l. Vxor §. cedendis ff. de legat. 3.* eorum symbola *d. l. 1.* quæ non mittitur ad eum, ad quem scripta, sed in aliquo loco deponitur, vt legatur, & aperiatur post mor-

144 tem scribentis. Item in constituendo Nuncium, per quem legatur, debent quinque testes adhiberi, *Mantica de coniect. vlt. volunt. lib. 1. tit. 11. in fine*, & Nuncius symbolus est epistola, *Cuiac. lib. 2. ff. de pact.* & tali modo expeditur *Vade tu ad N. cui dicas nomine meo, quod ego ei relinquo talem fundum.*

145 Rursùs symbolus est hæres codicillaris cum hærede relicto in donatione causa mortis, quia in ea sicuti in codicillis sufficiunt quinque testes etiam non masculi, nec rogati *d. l. fin. C. de codicill.* nisi adesset statutum, vel consuetudo in contrarium *DD. in d. l. fin.* vel nisi fieret in præsentia Iudicis, tùnc enim valeret coram duobus testibus, vel si fiat inter duos milites, *Ludouic. sing. 29. lit. D. incipit, quæro tu scis, Bald. in l. pacta in nouissima C. de pact.* & symbolizatur in alio, quia sicut hæreditas directa dari non potest in codicillis, & si daretur, valeret solo iure fideicommissi, sic etiam dari non potest directè in donatione causa mortis, *l. licèt vbi DD. C. de pact. Ias. in l. 1. C. de codicillis.* Sed tali occasione scias, quod non omnis donatio, in qua fit mortis mentio, dicetur donatio causa mortis, quia, vel ex natura eiusdem, vel ex aliquo accedente pacto fieri potest, vt sit inter viuos. Nàm si donetur ex nunc, prout tunc

sequuta morte, vel *in præambula hora mortis* dicetur donatio inter viuos, *D. Præs. de Franch. decis. 213. imbique per Addentes.* Vel accedente aliquo pacto iurato, quia licèt mortis causa donatio non eo minus reuocabilis est ad nutum donantis, quod sit iurata, si scilicèt simpliciter ius iurandum interuenerit, ex quo tùnc ius iurandum illud in quocumque contractu simpliciter adhibitum recipit easdem, quas contractus ipse recipit conditiones: Verùm si donator dixerit, velle se vt perpetuò, & irreuocabiliter valeat donatio, & id ipsum iure iurando confirmauerit, faciet iuris iurandi authoritas, vt inter viuos potiùs, quàm mortis causa donatio videatur, & si ius iurandum nullum esset, obstante tali pacto, quod à substantia donationis causa mortis prorsus alienum ad donationem inter viuos necessariò aptandum esset *Ant. Fab. in suo Codice lib. 8. tit. 39. defin. 1.*

Nec obstat, quod quinque testes adhibiti sint, nec si donatarius præsens fuisset, ac donationis effectus post donationis mortem collatus proponitur, quia illud erit, quando iusta interpretatio fieri non posset, vt valeret iure simplicis, & meræ donationis, in dubio enim si nihil obstet, credendum est inter viuos potiùs, quàm causa mortis donatum, maximè illo apparente, vt nullo casu donatio reuocaretur *Fab. loc. cit. defin. 3.* quod erit maximè ratione remissæ insinuationis, quæ nullatenùs competere potest naturæ donationis causæ mortis, sed omninò facultati donationis inter viuos, licèt fauore piæ causæ cesset insinuatio, ex priuilegio non tamen cessat animus disponentis, & donantis exprimentis vim dictæ clausulæ, quæ refertur ad donationem inter viuos, non verò causa mortis, quæ nulla indiget insinuatione, nec illius remissione, *l. vlt. C. eod. tit.* maximè si appareant in donatione reseruationes, & collationes post mortem respectiuè, quia ea magis confirmant irreuocabilitatem donationis inter viuos: cùm in ea sit regula irritans donationem omnium bonorum præsentium, & futurorū absq; reseruatione, *l. stipulatio hoc modo concepta ff. de verb. oblig.* non verò in donatione causa mortis, & proindè quantò magis reseruatur, eò fortiùs præsumitur natura donationis inter viuos, & collatio post mortem nihil officit, quando tùnc donandi causa magis mors est, quàm mortis causa donatio sicuti legendum est *in l. vbi ita donatur ff. eod. tit. de mort. caus. donat. Iul. Clarus in §. donatio lib. 4. quæst. 4. vers. sed pone*, vbi non solùm de communi, sed nec quidem Doctorem contradicentem inuenisse testatur.

146 Quartò appellatione hæredis ex testamento non solùm venit, qui in primis tabulis est institutus, sed etiam ille, qui in secundis reperitur scriptus; quia tabularum instrumentum non est vnius semper hominis, hoc est hæredis, sed vniuersorum, quibus quicquid illic adscriptum est *l. 2. ff. quemadm. testam. aper.* In secundis tabulis secunda apponitur institutio, quæ substitutio dicitur *Modest. in l. 1. ff. de vulg.* hæres autem aut institui dicitur, aut substitui, institui in primo gradu, substitui verò in secundo, tertio, vel deinceps. *Vlpian. in l. 2. §. refertur, ff. de bonor. possess. secund. tabul.*

Dicunt regulariter, & indefinitè interpretes, substitutionem esse secundam institutionem, vt post plurimos apud *Fusar. de subst. quæst. 1. in princ. Petr. Gregor. Tholos. syntagm. iur. ciuil. vniu. lib. 4. & cap. 10. sub nu. 2.* vbi dicit veriùs diffiniri substitutionem secundi hæredis conditionalem institutionem, quàm secundam institutionem: nàm sic vocant leges substitutum secundum scilicet institutū. *l. si certa, ff. de perms. l. 1. C. de edict. Diui Adr. toll.* Nec tamen secundo institutum cum nemo sibi substitui possit, *l. sed si plures, §. nemo instit. ff. de vulg.* nisi in locum alterius subrogetur in omni denique negotio, prout dicimus substitui Iudicem *l. 1. ff. de iudic.* substituimus pecora, hoc est loco mortuorū alias ponere, *l. si grege, ff. de legat. 1.* substituere arbores in loco aridarum, aliàs plantare, *l. in fraudem, § conductor, ff. de iure fisci, l. arbores, ff. de vsufr.* Tutorem in loco demortui, suspecti, & inhabilis alium ponere, *l. Tutores, §. in eum, ff. de admin. Tut.* & proindè concludit *Tholos.* quod in contractibus, legatis, & aliis, quàm vltimis voluntatibus substitutio fit, *l. quoties, C. de donat. quæ sub modo, l. 1. C. de donat. causa mort. & in l. cum pater, §. eorum, ff. de legat. 2.* & quod est subordinatio post alium, ex quo vnum notabile excerpit, vt nunquàm concurrat substitutus, quamdiù hæreditas instituto deferri possit, *l. cùm in testamento, ff. de hæred. instit. cum concordant.* inibi per ipsum adduct. Vndè melius est, vt dicamus, substitutionem esse in locum deficientis instituendi ante, vel post aditam hæreditatem inter pubertatem, vel dementiam facta subrogatio; vt autem talis diffinitio vera appareat, considerandum est, vt dignoscantur, quæ sunt de essentia substitutionis, quod sit secundus gradus in succedendo, non in nominando, & vt succedat in deficientiam alterius, adeò quod si non succedat in deficientiam, non erit substitutus, quando deferetur, vel proueniret ex voluntate, vel ex casu fortunæ, & non perueniit defectus in certa voluntate testatoris, vt si essemus in milite: nàm quamuis miles ex certo tempore, & ad certum tempus possit substituere, substitutio isthæc ex tempore non erit substitutio, secundùm text. *in l. quæ rebatur, §. fin. ff. de milit. testam.* & hæc nostra diffinitio constat ex genere, & differen-

tia

tia, demonstrat essentiam diffiniti, & conuertitur cum suo diffinito. Subrogatio loco generis ponitur, in loco differentiæ instituti est quidditas substitutionis ante, vel post aditam hæreditatem inter pubertatem, & dementiam, hæ sunt differentiæ.

Et licet pragmatici quamplures species enarrent substitutionis, tamen eius diuisio bimembris dumtaxat est, vulgaris scilicet, & pupillaris, cùm cæteræ species substitutionis non sint verè tales: nam fideicommissaria substitutio non est vera substitutio, sed quoddam accidens dependens à directa ex dispositione legis fauore testamenti, *Dec. in l. testamento, C. de inofficioso rupto testam.* vbi communiter *DD.* probatur hæc opinio, quia aut substitutio est secunda substitutio, vel subingressio in locum alterius, quicquid sit, nullatenus verificari potest in fideicommissaria substitutione, quia non subrogatur in locum alterius, arg. *tex. in l. & si sine, §. sapien. ff. de minor.*

Nec obstat differentia inter fideicommissum vniuersale, & fideicommissariam substitutionem, quia respondetur ab argumento symbolo: nam fideicommissum nihil aliud est, quàm fidei alterius cõmittere, itaùt disponat quis, vt alter faciat, *l. Lucius § fin. ff. de legat. 3.* Vnde cùm disponet, vt alius faciat, & sic opus facto alterius, & sic vt alter adeat, succedit maxima illa, quod semel hæres nunquàm desinit esse hæres, & adeò verum, quod in fideicommissarium non transeunt iura directa, sed vtilia dumtaxat, ergò fideicommissarius non implet locum vacantem, & non succedit in locum alterius, prout est de essentia substitutionis.

48 Insuper si scire velis, quid sit fideicommissaria substitutio, dic quod est substitutio directa concepta, sed non producit effectum directò, vel ratione pubertatis, vel altero modo nõ potest producere effectum directò legis dispositione, producit effectum obliquum, & appellatur fideicommissaria, *l. scæuola, ff. ad Trebell. l. verbis ciuilibus, ff. eod.* Nam in d. *l. scæuola* fuit facta directa substitutio, sed in codicillis, in quibus, vt suprà diximus, non potest directò fieri institutio, ideò ex legis interpretatione, per coniecturatam mentem testatoris præsumitur, quod voluerit substituere, ad hoc nè huiusmodi institutio subuertatur. *In l. verbis ciuilibus* fuit facta institutio vltrà pubertatem verbis directis, ideò interpretatur per fideicommissum voluisse substituere. Vndè notandum est à fideicommisso deriuari hoc nomen, sed à fideicommissaria non erit fideicommissarius, sed fideicommisso substitutus, ità probatur *in d. l. scæuola*, vbi agitur de hac fideicommissaria, ibi, *fideicommisso substitutus*, & probatur *in cap. Raynu. de testam.* vbi dicit ex causa fideicommissi, vel substitutionis, dictio, *vel*, ponitur inter diuersa, & in *l. precibus, C. de impub. & alijs subst.* velut ex causa fideicommissi, quæ dictio, *veluti*, est dictio symbola, & quod est symbulum, non est idem, & est effectus, vt venientes ab intestato accipiant hæreditatem, & restituant, & propterea per fideicommissariam substitutionem disponitur, vt alius faciat.

Et si agamus de compendiosa, reciproca, & breuiloqua, istæ nec retinent propriam substantiam, nec proprium substitutionis nomen, nec sunt propriæ species substitutionis, secundùm *Dec. loco cit.* vndè concludimus, quod appellatione hæredis, substitutus in testamento is solus venit, qui ex vulgari, & pupillari substitutione admittitur, siuè vocatur; cæteri verò largè testamentarij hæredes nuncupantur.

Et is cui relicta est paupertas, dicitur etiã hæres testamentarius, quia si testator quantumcumque diues in testamento suo diceret, instituo Caium in mea paupertate, intelligitur institutus in hæreditate, vt singulariter dicit *Bald. in rubr. C. de verb. sign. ex text. in l. Lucius, ff. ad Trebell.* prout solemus vulgariter dicere, *questa mia pouertà*, iuxtà illud *Torquati Tassi in sua Hierusalem liberata canto 7. stanza 9.*

Ne gli auidi soldati à preda allettà
La nostra pouertà vile, e neglètta.

Hæres ex testamento prout in necessaria institutione, vel in scriptis, vel nuncupatiuè omninò exigit tenorem testamenti, & proindè si testamentum deperditum fuerit quãdo in scriptis, potest illius tenor aliundè probari, & quomodò probandus per hæredem asserentem se esse testamento institutũ, & testamentum deperditum, vide *Mascard. de probat. concl. 338. sub nu. 12. & concl. 909. nu. 31. & 32.* vide *Grat. discept. forens. tom. 3. cap. 408. per totum*, & hæc sufficiant pro nùnc pro hærede ex testamento, & deueniamus ad hæredem ab Intestato.

DE HÆREDE AB INTESTATO.

SVMMARIVM.

1 Hæres ab intestato quisnam dicatur.
2 Successio ab intestato de iure diuino.
3 Testamenta non cognita ab aliquibus Nationibus.
4 Episcopus non potest eligere sibi successorem.
5 Testamentum in aliquibus regionibus solitum post mortem defuncti ab Episcopo comprobatur ab authore, & vocatur norma Innocentiana.
6 Hæreditaria res dicuntur, quæ inueniuntur in hæreditate.
7 Ordo succedendi ab intestato mutatur.
8 Successio ab intestato recepta triplici ratione.
9 Proximus quis dicatur in succedendo.
10 Luctus defunctorum defertur proximiori.
11 Commoda ad quem pertinet, spectant & incommoda.
12 Proximiori sicuti deferuntur incommoda, æquum est, vt ei deferatur hæreditas.
13 Onus tutelæ est Primum incommodum, quod defertur proximiori defuncti.
14 Infamia defuncti transit ad eius proximiorem.
15 Ex fratibus ob exules vindicitur eorum proximioribus.
16 Statuto cauere potest, vt omnes de familia teneantur pro delicto vnius.
17 Hæresis, & excommunicationis macula transit ad proximiorem.
18 Filius legitimus, & naturalis est primus in ordine succedendi ab intestato.
19 Successio ex lege duodecim tabularum quomodo deferebatur, & nu. 20.
21 Filij spurij quomodò succedant matri.
22 Prætor quam considerationem habuit in successione liberorum.
Quid ex iure nouissimo ciuili, nu. 23. & nu. 24.
25 Liberi potius cur, quàm pater, & mater ad successionem admittebantur de iure antiquo.
26 Parentes filijs, non è contrà thesaurizant.
27 Parens est in secundo ordine succedendi ab intestato.
28 Hæredis legitimi appellatione an veniant ascendentes, & nu. 29. & 30.
31 Parens, & filius non distinguntur quàm in persona ordinis fatalis.
32 Bona potiùs filiorum deferenda parentibus quàm è contrà.
33 Honor non consistit in sola reuerentia, sed in beneficentia.
34 Ascendentes quomodò succedant descendentibus in feudis cum declarationibus vsque ad nu. 46.
47 Pater succedit filio naturali in duabus vncijs.
48 Mater succedit filio naturali in toto asse.
49 Successio filiorum quando adimitur parentibus.
50 Parens secundas nuptias repetens nec succedit in proprietate bonorum peruentorum à primo coniuge.
51 Mater transiens ad secunda vota amittit omnem successionem filij.
Et quid in patre nu. 52.
53 Filia ex primo matrimonio quando excludit filios secundi matrimonij in bonis maternis obuentis patri ob matrem filij primi matrimonij excludentis per statutum dictam filiam suam sororem.
54 Leges secundo nubentium an abrogata per iura Canonica permittentia secundas nuptias.
55 Mater transiens ad secunda vota de licentia filij primi matrimonij, an amittat eius successionem, & nu. 56.
57 Consensus secutus filij primi matrimonij an sufficiat ad excusandam matrem secundo nubentem, vt eius successione non priuetur ordinatæ quæstio examinata mouitur per authorem, vsque ad nu. 113.
114 Mater priuatur hæreditate filij infantis, si transiens ad secunda vota non petierit dari, & Tutorem infra annum, etiam si filius de cuius successione agitur, mortuus fuerat impubes, nu. 115. Et cui incumbit onus probandi filium fuisse mortuum impuberem, nu. 116.
117 Crimen vt caueatur, censetur semper quis vti iure suo.
118 Mater non priuatur hæreditate filij infantis non petendo de Tutore si non sit illi opus.
119 Parens in testamento filio, quando priuetur eorum successione & nu. 120.
121 Parens priuatur successione filij, quando eum exposuerit vltrà pœnam, quam meretur.
122 Expositus quis dicatur.
123 Text. in l. fœminæ C. de secundis nupt. ad quæ bona extendatur, & nu. 124.
Quid in bonis mixtis nu. 125.
126 Maritus, cui vxor aliquid relinquit cum conditione, ne transeat ad secunda vota, & spreta tali conditione, transit ad secunda vota, an amittat legatum, & nu. 127.
128 Hæredum ab intestato tertius gradus succedendi est transuersalium.
Referuntur diuersa tempora diuersimodè statuentia talem successionem nu. 129. 130. 131. 132. 133. 134.
135 Frater vtrinque coniunctus excludit fratrem ex vno latere tantùm.
Quid in feudis nu. 136. & nu. 137. & 178.
Quid stante statuto excludente fœminam propter masculum nu. 178.
Quid in fideicommisso nu. 140.
Quid si tractetur de succedendo nepoti nu. 141.
Exempla nu. 142. & 143.
Notantur singularia in ordine succedendi inter fratres nu. 144.
145 Fratres spurij an succedant sibi ipsis ad inuicem nu. 146. 147. 148. 149. 150. 151. & 152.

pro

pro opinione negatiua referuntur opinio affirmatiua nu. 153.

154 *Frater accedens fratrem, an succedat hæreditati fratris ab eo occisi, & quomodò nu. 155. 156. & 157. Authoris opinio nu. 158.*

159 *Fratres ex pacto ex amicitia facti quomodò inter se succedant, & nu. 160.*

161 *Hæredes ab intestato, qui sint post fratres, fratrumque filios nu. 162. 163. 164.*

165 *Agnationis, & cognationis olim differentia hodie antiquata, & quare nu. 166.*

Quid in feudis nu. 167.

168 *Hæredes ab intestato in quarto ordine posito hic per Authorem sunt vir, & vxor inter se succedentes, & nu. 169.*

170 *Coniux putatiuus an excludat fiscum nu. 171. 172. & 173.*

174 *Coniux pauper quomodò succedat coniugi diuiti etiam extantibus filijs.*

175 Text in auth. ex causa C. vn. de vit. & vxor *est intraindulta, similiter fauore mariti pauperis, & quæ sunt articulanda, & probanda pro obtinenda quarta ex dispositione d. auth. nu. 181.*

182 *Mulieri pauperi, cui debetur quarta in bonis viri, competit querela inofficiosæ donationis, & in quibus casibus non succedat vxor in quarta remissiuè nu. 183. Quid si vir pauper habeat officium remissiuè, nu. 184.*

185 *Coniux succedens in quarta habetur loco hæredis, & tenetur pro rata ad onera hæreditaria.*

186 *Vxor ad bonorum possessionem mariti vt admittatur, habet centum dies de iure prætorio, verùm succedens de iure ciuili habet spatium triginta annorum nu. 187. & 188.*

189 *Fiscus est hæres ab intestato in quinto ordine positus ab Authore.*

190 *Instantia transit contra Fiscum.*

191 *Fiscus succedit in bonis expositis.*

192 *Fiscus succedit in bonis caducatis.*

193 *Fiscus succedens in bonis caducatis an teneatur præstare legata, & fideicommissa.*

194 *Fiscus non succedit in bonis Clericorum, sed Ecclesia, & quomodò.*

195 *Priuilegium concessum magno Domino an transeat in eius successorem inferioris conditionis.*

196 *Agnatus adhuc admitti valeat ad excludendum Fiscum, quæ probare debeat.*

TITVLVS SEXTVS.

1 HÆres ab intestato dicitur ille, qui legis dispositione absque ministerio succedit defuncto, §. *principium eiusque, auth. de hæredib. & falcid.* & eiusmodi finis est ratio duplex. Prima, quia in subsidium voluntatum viuentium morte interceptarũ lex successionem hanc initio duxit, vt quod ferè naturaliter, omnes desiderant: nempe sibi coniunctos sanguine bona habere potiùs, quàm extraneos, ex quo gradu proximiores sunt, eò fortiùs prædilectos ex sua prouidentia suppleret text. *in l. 1. ff. fam. hercisc.* sic ex arbitrio viuentium defuncti morientium non sine ratione coniunguntur *l. 4. C. de lat. liber.* sequitur in hoc lex naturæ in hominum non corruptæ voluntatis, & vt natura vocat sistentes, proximiores regulariter sanguine ad successionem *l. fin. C. quor. legat. Alex. in l. 1. §. legitima ff. de suis & legit.*

2 Vndè quærunt innuere aliqui, successionem à iure diuino deriuari, vt *Leuit. 25. Num. 27.* quibus de hæreditate ad proximos transmittenda statuitur. *Gen. 27.* vbi Iacob consequitur à patre moriente primogenituram, & benedictionem, meliùs ex sua dispositione, quàm legis ministerio, vt suprà diximus in præcedenti *cap.* & si dicetur *psalm. 21. Dabo tibi gentes, hæreditatem tuam,* supple, *anticipatam tibi cælestem promissam Spiritu Sancto in pignus intercedente,* vt suo loco dicemus, ideo tuam, quia tibi promissam, & datam, propter Spiritus Sancti amorem præuenientem in dando promissionis eum etsi priùs promittat, tamen antedat, vt eliùs & iucundiùs soluat diligentibus se. Alij dicunt ius succedendi ab intestato deriuari à iure ciuili positiuo, alij à iure gentium, alij à iure naturali, vt apud *Crass. de success. ab intest. §. 1. sub nu. 2. & seq. Petr. Gregor. Tholos. syntagm. iur. vniuers. lib. 45. cap. 1.*

3 Certum est, quod sunt aliquæ nationes, quæ non vtuntur, nec adhùc admittunt testamentarias dispositiones, quibus testamenta vita sunt ceù contrà ordinem naturæ additamenta, eo quod quis disponit de rebus suis, postquàm desijt esse illarum Dominus, post mortem scilicet, quæ omnia soluit, prouti etiam, & dominium rerum §. *deinceps, auth. de nupt.* cùm testamentum post mortem dumtaxat incipit vires habere *Apost. ad Hebr. 9. cùm moribus de celebr. missar.* neque firma est omninò eius dispositio, antequàm dicatur quodammodò quoque contraxisse hæres cum defuncto post mortem eius hæreditatem adeundo, *l. apud Iulianum §. fin. & l. seq. ff. ex quib. caus. in possess. eat. §. hæres quoque, ff. de obligat. quæ ex quasi contr. nasc.* & proindè ex priuilegio potiùs, & ex consensu gentium substinentur testamenta per fictionem: cùm

4 verò nemo sibi eligere successorem possit post mortem, quo tempore potestate est destitutus, sicut & animo spirituque, vt de electione successoris in Episcopatu patet etiam *in cap. Apostolicam §. his autem omnibus 1. q. 1.* concordat *text. in l. qui sponsa C. de donat. ante nupt.*

5 Ex quibus non desino admirari mirumq; non ab ignorantia causari assitemo de more alicuius regionis in partibus, & signanter huius Regni Neapolis, in quibus decedenti ab

ab intestato Episcopus, vel Archipresbyter Dioecesanos facit testamentum applicando quartam decedentis Ecclesiæ: cùm enim testamentum captatorium valeat fauore piæ causæ, vt est in confesso apud omnes, illud verò dependere debet ex aliquo testatoris volitu licèt captato, quando de omni iure testamentum factum omninò debet habere substantiam à libero testatoris arbitrio, etiam inter liberos, inter quos sola solemnitas remittitur, non autem voluntas, vt in præcedenti titulo diximus; & mos introductus est, vt Episcopus, qui non est administrator, neque Dominus rerum defuncti, tàm in eius vita, quàm in ipsius morte possit facere testamentum pro defuncto, quando hæreditas habet in se personas vocatas ab omni iure, vt ab eis adiri valeat, & possit in integro suo stare, si aliter per testatorem non fuerit dispositum, absque quo Episcopus prætendat ius aliquod inuitis animæ defuncti, cui non fuit sic à testatore prouisum, quando erat in via, prout vult ei occurrere Episcopus veluti animæ Hæbrei: cùm eleemosynæ sint elargiendæ ex principio liberi arbitrij fidelis, non voluntate Episcopi, quo fit, vt res reuertatur ad suam naturam, *l. si vnus ex argentarijs §. pactus ne peteret. vers. quod in specie ff. de pact.* si nò apertè doceatur de mortui dispositione, præsumitur decessisse intestatus, & aperiretur locus Episcopo disponendi pro eo perperam, & infructuosè, non obstante dicto more introducto ad sic disponendum: nisi dicere velimus secundù *Gratian. cons.* 139. *nu.* 5. *&* 6. particulari consuetudine, vt aliquam partem bonorum homines pati mori Ecclesijs relinquere tenerentur, & in hoc præsumi pro testamento facto, & in tali casu nò esset conficere testamentum ab Episcopo, sed declarare assiduè mentis eius, qui dictam partem bonorum ex consuetudine Ecclesiæ relinquere tenebatur, quod si id sit verum relinquo cogitationem post hæc scripta sanctissimè prouisum fuit à D. Nostro Papa Innocentio Vndecimo inter alia pro reformatione aliquorum abusuum, vt nequaquam fiat in posterum, tale testamentum per Episcopum, nisi in forma præscripta à Sacra Congregatione Episcoporum sub die 19. Augusti 1678. & repetita in Taxa Innocentiana die 1. Octobris 1678. vers. *In quelle Diocese.*

6 Res hæreditariæ sunt, quæ inueniuntur in hæreditate post mortem testatoris, quoad possessionem saltem licèt sint alienæ. Personæ verò sunt descendentes, ascendentes, collaterales, masculi fœminæ nati, & posthumi, à quibus, & quibus debetur successio ab intestato.

7 Ordo hæredum ab intestato est in primo loco descendentium, secundo ascendentium, tertio collateralium; quartò vnde viri, & vxor, quinto Fisci, vt singillatim infrà dicemus, & habetur in *§. veniunt, Instit. de hæred. ab intest. venient.*

8 Triplici ratione hæres ab intestato recipitur. Prima, de qua suprà cùm consideratur proximitas secundùm tempus, quo sine testamento quis decedit, vel si cum testamento, quo tempore ad causam intestati recidit, vel repudiatione facta, vel alio modo, & causa, *l.* 2. *§. proximum non Ena. ff. de suis, & legit. §. proximus, Instit. de legit. agnat. success. l. si ex duobus, ff. vnde legitimi.* Proximus di-

9 citur ille, quem nemo capax successionis antecedit in gradu, *l.* 2. *§. hæreditas, & §. legitima, ff. de suis, & legit. hæred. l.* 1. *§. si quis proximior, ff. vnde cognati,* cuius species est etiam in non nato, verùm concepto, & in vtero gestanti, *§. cum autem Instit. de hæred. quæ ab intest. defer.* quia quod pertinet ad suum cōmodum, qui in vtero est pro nato habetur, *l. qui in vtero. ff. de stat. homin.* & eius nomine mittitur venter matris in possessionem hæreditatis, vt in toto *tit. de ventre in possess. mittend.* & talis proximus superlatiui vim habet, prout si diceretur proximior, vt in *§. fin. Instit. de capit. dimin.* ac in eos quidem, quia proximi, & proximiores dicuntur, defertur rectè successio, alioquin, qui eos præterit, & præponit extraneos, videtur iniurias illis inferre. *l.* 4. *ff. de inoffic. testam. Cicer. offic. de liberal. Nè maior sit benignitas, quàm facultas: ideo qui benigniores esse volunt, primò in eo peccant, quod iniuriosi sunt in proximos;* concordat *Papin. in l. si fratres §. idem respondit ff. pro socio.*

10 Secunda ratio est, cùr deferenda successio proximioribus ab intestato, quia ad hoc luctus pertinet defunctorum. *l. manifestissimi, §. sed cùm in secundam, C. de furt. l. vnica §. pro secundo, C. de caduc. toll. l. iure succursum, ff. de iure dot.*

11 Tertia ratio est, quia de iure naturæ habetur, vt ad quem pertinent incommoda, spectant etiam, & commoda, *l. qui tutelæ, ff. de reg. iur. §.* 1. *Instit. de legit. patr. tut. §. & his, aut de hæred. ab intest. venient.*

12 Proximioribus autem proximum defertur onus, & afficiunt incommoda, quæ sunt infrascripta, ergò & successionem deferri æquum est *Hum.* 25.

13 Primum incommodum est proximorum, quod ei defertur, dilatio scilicet tutelæ: nàm tutela legitima proximioribus deferri debet, *§. non autem fin. Instit. de capit. dimin.* quæ ad eos tantùm debetur, qui proximiores gradu sunt, arg. legitimæ hæreditatis, quæ ad proximiores agnatos similiter spectat, *§. si plures, Instit. de legit. agnat. succ. l.* 2. *§. hæreditas, ff. de suis, & legit. l. duodecim tabular. C. de legit. Tut.* onus tutelæ non ad omnes, sed ad

pro-

proximiores defertur, *l. si plures, ff. de legit. Tut.* quod si plures eodem gradu sint, ad omnes pertinet; quamuis hoc in casu ne administratio inter plures diuisa negligentiùs procuretur, vnus ex his eligi poterit, cui tota administratio commendetur periculo tamen omnium de consensu eligentium, *l. legitimas, §. 1. ff. de legit. tut.*

14 Secundum incommodum, quod proximioribus defertur illud etiam est, infamia scilicèt proximi, cùm filius portabit iniquitatem patris, vt in *l. quisquis, C. ad l. Iuliam Maiest.* & quomodò intelligatur videndus *Gram. decis. 6.* Et obscuritas patris nocet filio, quando ipse filius non est clarior patre, *Constant. Cæsare peregr. quæst. lib. 1. quæst. 6. nu. 34. vers. Haec est*, vbi refert, quod occiso, annuente Rege Ludouico XIII. Conchino Cõchini Marchione Anconitano, qui sub regentia Maria Medices fuit plusquam Seianus in Gallia, Parlamento Parisiense diruto, atq; combusto cadauere, decapitata Eleonora Galgai coniuge, datis domibus in ruinam, direpta plusquam Regia supellectili, confiscatis feudis, & bonis omnibus posuit etiam in sententia talia verba: *Insuper declarauit, & declarat, filium ex matrimonio Conchini, & Galgai progenitum ignobilem, qui honorum, officiorum, & dignitatem in hoc Regno non sit capax.*

15 Tertium incommodum est, quod proximioribus defertur extractus à propria Patria ob exules proximos, vt extat sancitum in hoc Regno per plures Regias Constitutiones, siue pragmaticas, qui modus extirpandi dictos exules, & si prima facie iudicetur iniquus, cùm filius non teneatur pro patre, nec è contrà, tamen fauore publicæ vtilitatis, ex quo è coniunctorum extractatione sæpè contingit exulum extirpatio, in quo casu etsi innocens puniri non possit regulariter pro nocente, potest pro alterius delicto puniri rationabili causa existente, *Couar. var. resol. cap. 8. nu. 7. Ant. Gabr. comm. conclus. lib. 3. concl. 2. nu. 18. tit. de iure quæsito non tol-*
16 *lendo*, & quod pro delicto vnius omnes de familia teneantur, statuto cauteri posse, etiam si dolus absit, dummodò ratione publicæ vtilitatis fiat, probat *Clar. recept. sent. quæst. 86. vers. & hæc quidem §. fin. Vsus. decis. 88. nu. 8. Farinac. quæst. 31. nu. 153. in sua praxi criminali, Darza de pœna Deli. tit. de armat. per Campan. cap. 8. per totum tom. 2.*

17 Quartum incommodum, quod proximioribus defertur, est macula hæresis, & excommunicationis, vt patet *in cap. omnes de domo solemus de hæretic. & scismat.* vndè meritò si tot, & talia proximioribus deferuntur incommoda, iustum est, vt eis etiam deferantur commoda: cùm familiarum nomen conferatur à vitijs, quæ ex successionibus magnoperè augentur, & fuit maxima cura Hebræorum Populo Dei vsque adeout tempore Iubilei singulis quinquagesimo annis res redirent in familiam pristinam, *l. cum scimus, §. in omnibus, C. de agricol. & censit. lib. 11.* omnes quippè cognati, qui de familia sunt, videntur esse vnũ quodammodò corpus, adeò quod iniuria vni ex familia illata afficit totam familiam.

18 Hæres ergò ab intestato prior est in ordine succedendi filius legitimus, & naturalis cùm scriptum caueatur in lege diuina secũdùm *Diuum Paulum ad Galatas 4.* licèt ad aliud propositum, filius ergo hæres, *Auth. in succ. C. de suis, & legit. §. intest. de hæred. quæ ab intest. defer. §. præferuntur, Instit. ad Trebell. & Num. 27.* vbi Moyses deferens causam filiorum Saphael ad iudiciũ Domini, responsum habuit à Domino, *Iustam rem postulabant filij Saphael, da eis possessionem inter cognatos fratri tui, & ei in hæreditatem succedant.*

19 De iure duodecim tabularum vocabantur ad successionem legitimam sui duntaxàt, nempè ij sui, qui erant in potestate tempore mortis patris, exclusis filijs emancipatis, illi enim non erant in primo ordine succedendi ab intestato, sed benè in secundo ordine tanquam exhæredati, veluti agnati consanguinei, *l. 1. §. quæro cum §§. seq. ff. de suis, & legit. hæred. §. fin. Instit. de hæred. qual. & differ.* Ioi aditione, siue immixtione non egebant, sed statim eo iure fiebant hæredes, facta continuatione in eius patris dominio, *l. in suis, ff. de suis, & legit. l. in suis ff. de liber. & posthum.* & vellent, siuè nollent, fiebant hæredes necessarij *d. §.* fin autem in bonis patris duntaxàt: in bonis verò matris, ex quo mater filios non habet in potestate, *l. nulla fœmina, ff. de suis, & legit. §. fœmina, Instit. de*
20 *adopt.* eo iure duodecim tabularum filij matri non succedebant *§. 1. Instit. ad Tertull.* donèc fuerit admissa successio, vt legitima filiorum in bonis maternis ex Senatusconsulto Orficiano, *l. 2. C. eod. tit.* lato sub Marco Aelio Antonio Philosopho, & filio eius commodo Cornelio Scipione Orphito, & Velio *Ruf. Coss.* anno D.N.I.C. 191. secundũ Eusebiũ de temporibus Europ. *lib. 8. cap. 6. Lamprid. in Ant.* cuius Senatusconsultus occasione Prætor, quando beneficium bonorum possessionis dabat ex edicto *Vndè legitimi* sumpsit oraculum *l. 2. §. fin. & l. 3. ff. vndè legitimi.* Itàque per Orphicianum filius, filiauè matris alijs consanguineis defunctæ, præferuntur *l. 1. C. ad Orphicianum.* Imò patri, vel matri defunctæ, qui nepotibus exiſtentibus, filijs non succedunt, siuè filij emancipati sint, siuè in patris potestate, *l. quæritis, C. eod. tit.* Et ità filij si plures sunt tempore mortis in virili parte succedunt matri, & si antequàm hæreditatem paternam quæreret

ex

ex rebus humanis exempti sunt, transmitteret
ad suos ius adeundi, si non repudiauerint,
*l. 3. iuncta gl. C. eod. l. 1. C. de ijs, qui ante apert.
tabul.* & neque amplius necessarium fuit be-
neficium Praetorium filijs matris cum iure
ciuili ex illo Senatusconsulto successionem
petere possent, *l. 3. C. eod.* ut ueteri non habe-
rent lapsum anni, qui in successionibus dun-
taxat Praetorijs dabatur liberis.

21 Ex quo etiam habitum fuit, ut matribus
succederent filij spurij, nempe sine matrimo-
nio legitimo vulgo ex meretrice concepti, *§.
nouissimè, Instit. ad Orphit. §. 1. §. sed & vulgo
quaesitis ad Trebell.* & faciunt deficere condi-
tionem, si sine liberis, ut hactenus suprà di-
ximus, exceptis matribus illustribus, quibus
non succedunt spurij propter generis dede-
cus *l. si qua Illustris, C. ad Orph.* iuxta decla-
rationem, de qua suprà *instit. de heredit. san-*
22 *guinis*, ex quo etiam Praetor sequutus aequi-
tatem naturalem, quae non considerabat pa-
triam potestatem, ità filios admittebant sine
suitate ad successionem matris, dedit quo-
que emancipatis liberis vnà cum suis suc-
cessionem bonorum Patris ab intestato mo-
rientis per edictum *Vnde liberi, l. fin. C. vnde
liber. §. emancipati, Instit. de hered. quae ab in-
test. defer.*

23 Et nouissimo iure ciuili, eadem aequitate
perpensa, dilatatis naturalibus causis, ple-
nius factum est, ut in gradu hoc primo de-
scendentium, sicuti in caeteris ascendentium
sublata est omnis sexus, & potestatis diffe-
rentia, & qui eiusmodi gradus sunt pari mo-
do admitti statutum est. *§. 1. auth. de hered. ab
intest. venient. auth. in fine. C. de suis, & legit.*
quod etiam lex duodecim tabularum ap-
probat, *l. maximum vitium C. de lib. pret. l. duo-
decim tabul. C. de legit. hered.* hoc ipsum ius
24 nouum in matrem extendit, ut adimeretur
omnis differentia inter patrem, & matrem
secundum Philarem ad Erectheiam Vxorem
scribentem, secundum ius rigidissimum fi-
lius Patris non matris est, secundum verò
humanum vtriusque.

25 Cur autem liberi potiùs, quàm pater, vel
mater defuncto admittantur, assignatur ra-
tio à Pomponio *in l. rescripto, C. vnde liberi,*
talia proferente verba: *Parentibus liberorum,
aut liberis Parentum debetur hereditas: cùm Pa-
rentes ad bona liberorum ratio miserationis ad-
mittet, liberos verò simul natura, & parentum
commune votum.* Miserationis ratio est pietas
reciproca, & turbatus ordo, ex quo supe-
riores veniunt ad successionem descenden-
tium, *l. nàm etsi Parentibus, ff. de inoffic. test.* na-
ordo naturae est seniores priùs interire, ceù
priùs nati superiores superstare, & succede-
re. Vnde vocationem primi ordinis libero-
rū ratio naturalis suadet, *§. 1. auth. de Trien-
te, & semisse.* Ità filijs prouidens Parens com-
munis omnium natura, ne nunquàm bona
illis suos desutura. Item ex praesumpta pa-
26 rentum volontate, quae semper pro filio in-
est, *l. pen. ff. de iure codicilli,* maximè quia pa-
rentes filijs, non filij parentibus thesaurizant
*cap. cum Apostolus de censib. cap. Praedicator 16.
quaest. 1.*

27 Secundus ordo successionis, & sic haeres
in secundo ordo succedendi ab intestato
parens est: Vndè si in primo ordine haeres ab
intestato sit descendens, ut suprà probaui-
mus, in secundo ordine benè sunt haeredes
ascendentes, *§. consequens, & §. si quis igitur,
auth. de hered. ab intest. venient.* quorum appel-
latione veniunt omnes vtriusque sexus su-
periores vsque ad infinitum sursum, *l. appel-
latione parentis, ff. de verb. sign. l. Iurisconsultus,
§. parentes, ff. de grad. affin. l. qui quem §. si paren-
tes, ff. de in ius vocando.*

28 Et tamen si dubitatum fuisset, aliquando
an appellatione haeredum legitimorum ve-
niant ascendentes, & extitisset diffinitum in
clausula substitutionis factae alicui, si sine
haerede legitimo decederet, non contineri
ascendentes, nec collaterales, sed tantùm de-
scendentes, *Lex facta, §. fin. ff. ad Trebell. l. 2.
& 3. C. de suis, & legit. hered. Guid. Papa quaest.*
457. licèt in contractibus, & in legibus ple-
29 rumque haeredis nomine omnes in vniuer-
sum succedentes veniant, *l. fin. C. de hered. in-
stit. l. sub diuerso §. 1. ff. de condit. & demonstrat.
l. quaedam §. si autem, ff. de edendo.* Idcoque or-
do certè turbatur in successione, dùm prae-
cedunt filij parentibus. *l. cum etsi parentibus,
ff. de inoffic. testam. & de iure duodecim tabular.*
post hos statim consanguinei vocabantur,
*l. 1. §. post hos, ff. de suis, & legit. l. pronunciatio,
ff. de verb. signif.* Item ante Constantini tem-
pora filijfamil. nulla bona habebant praeter
Castrensia, vel quasi, quia quicquid acqui-
rebant ad patrem pertinebant *§. igitur instit.
per quas personas.* Igitur inspecto illo tempo-
re non poterat dici patrem succedere filio,
30 quia quod erat suum, ampliùs suum effici
non poterat, *l. cum res, l. si mater, C. de contrah.
empt. §. sed si rem, Instit. de legat.* contrarium
deindè statuit, ut pater bonorum paternorū
habeat vsumfructum, filij verò proprieta-
tem, *l. 1. C. de bonis matern.* idem Iustinianus in
l. 2. C. comm. de success.

Sed quia ordine turbato, ut diximus, &
praeter spem succedendi ascendentes descen-
dentibus succedunt, *d. §. consequens. auth. eod.*
& aequitate id totum introductum, Deo sic
statuente, ut iuniores senioribus à Mundo
discedant, descendentium bona ad superio-
ris ordinis gradum, & descendentium luctu,
& merore affliguntur, in aliqua releuentur,
itquè solatium liberorum amissorum haere-
ditatem luctuosam consequantur, *l. iure suc-
cursum ff. de iure dot. l. fin. § cumque C. com. de
succ.*

fert. & ait *Cicero pro Quinto Roscio*, ad quem summus mæror ex morte alterius venit, ad eum summum honorem peruenire oportet.
Item quia ex symbolo pietatis vinculo, &
31 naturæ debito parentibus, & filijs respectiuè,
quod nō distinguitur alio discrimine, quàm
in versione ordinis fatalis, *L. nam etsi parenti-*
bus, ff. de inoffic. testam. Imò si vinculum obli-
gationis, quod filijs parentibus nexum inspi-
ciamus, maiori cum ratione deferenda erunt
32 bona filiorum parentibus, quàm parentum
filijs, cùm non possimus Deo, aut parenti-
bus gratiam, & beneficia pro meritis retri-
buere, *Arist. lib. 9. Eth. cap. 1.* Patris honor
post Deum honorari iussit Deus parentes,
Exod. 21. prouerb. 2. Eccles. 10. quia honor non
33 consistit in sola reuerentia, sed in beneficen-
tia, & in largitione bonorum, *Matth. 7. &*
Phalaris quamuis tyrannus, natura tamen
impellente tale symbolum proferre oracu-
lum scribens filio *Epist. 19. Maximè in te*
vtrumque parentem amare oportet, ò fili, & plu-
rimi facere, hic enim filio pium, & honestum, vt
genitorum, & eorum, qui beneficia in eum contu-
lerunt, recordetur, quod si ab officio resistendum
est, matris potiùs, quàm patris, tot enim sibi sunt
in educatione patris, & matris paria officia, sed
hæc cùm filios vtero tulerit, peperit, educauerit,
alios innumeros fert labores, explicat è græco in
latinum *Tholos. d. lib. 45. cap. 10. nu. 2.*
34 Et in feudis, licèt consuetudine feudorum
ascendentes non succedant in feudis descen-
dentibus *cap. 1. de succ. feud. in vsib. feud.* quia
ascendentes minùs idonei tanquàm senes in
bello existimantur, quàm infantes, & per feudi
traditionem cōsulitur hæredibus idest filijs,
non ascendentibus, & alijs. *D.D. in cap. 1. de*
nat. succ. feud. Cassan. in Consuetud. Burg. rubr.
les enfans de ses freres §. 6. nu. 5. & seq. quod
extēditur etiam ad emphyteusim Ecclesiasti-
cam *Gugl. de Benedict. cap. Rayn. in verbo &*
vxorem nomine Adelasiam sub num. 91. & seq.
35 Quod intellige de feudo nouo *D. Reg. de*
Ponte in praelud. feud. lect. 1. & de potest. Prorreg.
tit. de refut. feud. 8. sub nu. 18. & dicitur feu-
36 dum nouum, quod filius acquirit aliundè
quàm à patre, vel à suis prædecessoribus, vel
si feudum quæsierat pater, illudque filio re-
futauerit, dicetur feudum paternum in filij
persona. *Isernia in cap. 1. in princ. de vassall. de-*
crep. ætat. & in cap. 1. Imperator Lotharius post
nu. 5. vers. ad feudum paternum, quod defer-
tur filio, in eo succedet pater tanquàm in
feudo paterno decedente filio absq; descen-
dentibus, etiam si adesset frater filij in ter-
minis *Constitutionis, Vt de successionibus*, quia
tunc excluderetur à Patre tanquàm proxi-
miori, *Andr. in d. cap. 1. de Vassall. decrep. ætat.*
37 Vndè conclusio est in feudo nouo non suc-
cedere ascendentes, sed fratres, & sorores,
in terminis etiam *dictæ Constitutionis, Vt de*
successionibus: nisi inuestitura esset pro hære-
dibus ex corpore, secundùm *Isern. in d. cap. 1.*
38 quod hodiè in Regno per Capitula euidens
est declaratum, vt succedant etiam sorores,
& fratres in defectum descendentium, ac etiā
nepotes, & neptes in feudis nouis, non ob-
stante tali forma inuestituræ, *D. de Ponte loco*
vlt. cit. sub nu. 23.
39 Quod limita in feudis antiquis, in quibus
ascendentes etiam succedunt: nam etiam re-
spectu vltimi decedentis dicuntur descen-
dentes, respectu verò primi acquirentis di-
cuntur descendentes *Andr. in d. cap. 1. Impe-*
rator Lothar. nu. 15. & in d. Constitut. Vt de suc-
cessionibus, vbi declarat, quando procedat
cap. Regni considerantes, Afflict. decis. 291. Lof-
fred. cons. 1. Freccia de subfeud. in prima forma
inuestit. differentia inter feudū quaternatum,
& de tabula *Iacob. à S. Georgio in sua inuestitu-*
ra, sine prout in tit. de libell. col. 2. Cassan. d. rubr. de
successione cap. 1. vers. les enfans nu. 11. Iacob.
de Ardizo in tit. de success. feud. quod intellige
40 in ascendentibus transuersalium vsque ad
septimum gradum, non verò in ascendenti-
bus in recta linea, *Marta d. art. 1. nu. 19.*
41 Limita secundò, nempè vt succedat pater
filio in feudis, si in manibus Domini refu-
tauerit feudum aliquod in fauorem filij, vt filium
inuestiret ea lege, vt si filius præmoreretur
ad patrem feudum rediret, *de Ardizo d. cap. 1.*
Cassan. loc. cit. Quod extenditur, etiam si id
42 refutans non expressisset, quia censetur re-
seruata talis facultas, *de Ponte loc. cit. nu. 25.*
dicit, quod in his feudis refutatis videtur
cogitasse refutans de successione, & reacqui-
sitione in casu deficientium descendentium,
& sic noluisse abdicare à se ius, quod habe-
bat, nisi in tantum, & quantum refutatarius
superuiueret, & in eius beneficium, tunc
quasi per viam reuersionis succedat refutans
refutatario, quod non est in extraneo feu-
dum concedente, qui de ascendentibus non
videtur cogitasse; & proindè subdit *Loffredus*
non esse mirum in hoc casu, quarè refutans
succedit exclusis fratribus: cùm intelligatur
facta refutatio cum hac intra lege, qui sunt
termini *cap. 1. de eo, qui fin. fec. agn.* cum quo
dantur illæ duæ limitationes: nisi feudum
omnino refutasset, vel vt à Domino de nouo
beneficio inuestiretur, & an tunc debeat sol-
ui Regiæ Curiæ releuium, vide *D. de Ponte*
in vtroque loco. Martam parte 2. quæst. 1. art. 1.
n. 30. D. de Franch. decis. 3. Capan de iure releu.
part. 3. cap. 5.
43 Limitatur tertiò, contemplatione, & ob-
seruantia patris de feudo filio inuestiti,
Aluar. & alij in d. cap. 1. de nat. succ. feud. per le-
gem ordit datem, ff. de collat. bonor. l. sed etsi plu-
res §. in arrogato ff. de vulgar.
44 Ascendentes naturales nempè, qui in con-
cubinatu viuunt, in quibus differentia refer-

tur: cùm pater naturalis succedat filio in
duabus dumtaxàt vncijs; sic è contrà filius
succedit patri in eadem quantitate, *auth. li-*
45 *cet C. de nat. liber.* Mater verò succedit filio
naturali in toto asse, sicuti ipse filius ei succe-
deret, *l. 2. in princ. ff. ad Tertull. §. fin. Instit.*
eod. tit. Nicolaus de Vbaldis in tract. de succ. ab
intest. part. 2. nu. 23. vbi illæ personæ, quæ ex-
cludunt filium naturalem, quominùs succe-
dat patri suo, de quibus *in d. auth. licet*, etiam
excludunt patrem naturalem à successione
filij à fortiori ratione, nàm filius naturalis
excluditur ab illis propter delictum suum,
arg. auth. de incest. nupt. vers. vt necessitas si-
cos, qui peccant sine reatu, & in parentibus
adoptiuis habuimus *in tit. 7.* & videndus
Maria loco cit. in fin.

Iura verò Iustinianea non solùm obseruà-
runt successiones ascendentium, sed etiam
casus, quibus eis adimitur successio. Quo-
46 rum primus, si parentes, qui habebant fi-
lios ex primo matrimonio, vel maritus, mor-
tua vxore, matre eorum, vel vxor, mortuo
marito nuptias repetat: nàm cùm coniux
47 secundas nuptias repetens non potest suc-
cedere in proprietate in illis bonis, quæ à
priore, præmortuo coniuge filio mortuo ad-
uenerunt. In illis verò succedit siue aduen-
titia, siue aliundè quæsita sint vnà cum fru-
ctibus, *§. fin autem intest. §. si verò, auth. de*
nupt. l. fœmina, §. illud, C. de secund. nupt. quæ
habent etiam locum in patre secundùm *glos.*
inibi, *in verbo possessione*, & *Salyc. in d. §. illud,*
Gugl. d. verbo & vxorem nomine Adolescentem
nu. 83. & seq. Cassan. d. §. 6. rubr. de success. in
verbo ligat directe nu. 11. Ang. in §. hanc nobis,
per illum *text. auth. de nupt.* etiam in mate-
ria statuti probat *Bart. in auth. neque virum,*
quod ex dote nu. 2. & in l. de emancipatis nu. 1.
C. de legit. hæred. Rol. cons. 37. Dec. cons. 87. n. 3.
& cons. 23. nu. 1. vers. hoc præsupposito. Socin.
iun. cons. 14. vol. 1. Corn. cons. 142. nu. 2. vol. 2.
Cepra cons. 46. Bonr decis. 160. & si mater nup-
48 serit infrà annum luctus amittet omnem
successionem filij, *l. 1. C. de secund. nupt.* licèt
post annum quoad vsumfructum dumtaxàt
auth. ex testam. C. de secund. nupt.
49 Non aduersatur, quod nullo iure reperia-
tur dispositum in Patre, prout expressè ex-
tat dispositum in matre, vt dicit *text. in d. §.*
optima, quia secundùm tempora *dicti §. opti-*
ma pater non succedebat filijs in proprieta-
te, *l. fin. C. ad Tertull. l. fin. C. de bon. quæ liber.*
ideò non poterat dici, quod pater reserua-
re teneretur proprietatem, ad quam non
succedebat, posteà de hæred. ab intest. ve-
niente, extitit dispositum, vt non extantibus
filijs: pater, & mater æqualitèr succedant,
auth. defuncto C. ad Tertull. proptereà paritèr
sicùt mater secundo nubens tenetur restitue-
re proprietatem totam, quæ habuit filius

præmoriens ex substantia paterna alijs filijs
ex eodem matrimonio natis, sic pater, hanc
opinionem communem, & receptissimam
esse tradit *Io. Andr. ad Spec. tit. de secund. nupt.*
qui etiam testatur, hanc opinionem fuisse
ventilatam Bononiæ per *Franciscum de Fa-*
gellis, & ità conclusum *Azo in summa tit. de*
secund. nupt. prope finem vers. item quæcumque
dicta sunt, Host. in summa tit. de secund. nupt. §.
quorum. ibi *Quod quæcumque dicta sunt de*
muliere transeunte ad secundas nuptias vendicant
pariter sibi locum in patre ducente secundam vxo-
rem; hanc eandem opinionem sequutus etiã
fuit *Petrus Gregor. Tholos. d. lib. 45. cap. 11. n. 7.*
Maria d. part. 1. quæst. 2. art. 2. num. 3. vers. nec
obstat, vbi testatur *Salyc.* habuisse de facto
illam quæstionem *in l. fœmina C. de secund.*
nupt. si scilicet statuto cauetur, quod filius
50 masculus patri, & matri, exclusa filia fœmi-
na, succedat, & contingat, quod mortua
matre, successerit masculus, cui posteà suc-
cessit pater ex forma statuti, & posteà pater
transijt ad secundas nuptias, & mortuus
est superstite illa filia ex primo matrimonio,
an debeat habere bona materna pertinentia
ad patrem ex successione filij, & dicit *Salyc.*
fuisse conclusum pro filia ex symbola ratio-
ne in patre, quæ in matre, & ità fuisse iudi-
catum, & proindè subdit *Maria*, non esse
tenendam opinionem *Peregrini in cons. 19.*
nu. 17. vol. 3. qui interpretando, Statutum
Patauinum, dicit *decisionem Salyc.* non habe-
re locum in patre, quia prædictum statutum
præcisè onerat matres transeuntes ad secun-
da vota ad onus reseruationis, de patre ve-
rò verbum nullum, ex quo *Peregrin.* non re-
spondet supradictæ symbolæ rationi, & sta-
tuta correctoria iuris communis recipiunt
passiuam interpretationem ab ipso iure cor-
recto, *l. si serui nostri, C. de noxalib.* eò magis
statutum disponens illud idem, quod ius
commune, & sic intelligendus *de Nigris di-*
ctus Consiugus in cap. Regni Mulier tit. de do-
tar. sub num. 56. vers. contrariam opinionem, &
quod eleganter scripsit de more *D. de Mari-*
nis resol. iur. lib. 1. cap. 174. illud extendens ad
Consuet. Si testator.
51 Difficultas in eo vertitur, verùm dictæ le-
ges ciuiles sint abrogatæ per dispositionem
cap. fin. de secund. nupt. & communis est distin-
ctio, quod aut agimus de pœnis nubentium
infrà annum luctus, de quibus *in d. l. 1. & 2.*
C. de secund. nupt. & alia omninò sublatæ sunt
per dispositionem iuris Canonici cùm *Apo-*
stolus statuat Roman. 11. 1. ad Corinth. 7. Mu-
lier, mortuo viro suo, nubat in domino, cui
vult, quia post mortem soluta est mulier à
lege Viri, aut de pœnis nubentium post an-
num luctus, quæ filiorum fauore inductæ
sunt, & istæ sublatæ non fuerunt, quoniam
priùs merè pœnæ erant, & ideò per ius Ca-
noni-

nonnullum colli poterant, sed secundæ non sunt pœnæ, sed prouisiones filiorum, qui ex primo matrimonio nati sunt, scilicet circa lectum matri à lege, vel statuto delatum super bonis filij, quas quidem prouisiones ius contrarium auferre non potuit, vt communiter Canonistæ in d. cap. fin. & in cap. 1. §. fin. e. q. 4. Afflict. decis. 75. nu. 5. & seq. nam sicuti propter ingratitudinem contra maritum, eiusque filios commissam omnia bona ei relicta, siue donata poterant reuocari per text. in l. fin. C. de reuocand. donat. ità, mortuo, leges ciuiles hoc induxerunt in prouisionem
52 filiorum, vt omnia bona quomodolibet mulieri relicta applicentur filijs, quæ cessaret, si cum licentia sibi à defuncto concessa nupserit, denuò gl. in l. dum igitur vers. viuum itaque, & vers. si vir, auth. de nupt. Bald. in d. §. fœminæ lect. 2. vers. Item nota, & in l. filium, quem habebam vers. nota, vbi Castr. & Ias. C. famil. erciscu. Dec. in rubr. C. de secund. nupt. & in cap. Sancta Maria nu. 35. de Constitutionib. & etiam si filij prioris matrimonij, in quorum fauo-
53 rem ipsa bonorum prouisio facta est, consentiant secundis nuptijs eorum matris, glos. in authent. de non elig. secund. nupt. Gabriel. commun. lib. 3. tit. de secundis nupt. Sanch. de matr. lib. 7. disput. 87. nu. 23. & 24. Ant. Fab. in suo C. tit. de secund. nupt. defin. 1. Vin. decis. 433. nu. 11. & 12. quicquid indefinite dicat Gerardus Maynardus decis. 86. vsque ad decis. 94. & de consensu viri decis. 91. lib. 3.

Cæterum terribilis est quæstio, quæ contro-
54 uertitur inter Doctores, an scilicet actus taciti indicant dictum consensum filiorum, nempe cohabitatio post matrimonium contractum Priuigni cum vitrico, & matre, taciturnitas temporis, indiuisio bonorum, & nunquam conquestus de tali matrimonio per filios factus, quia pro affirmatiua steterunt Bald. in auth. ex testamento C. de secundis nupt. nu. 6. Cyn. in rubr. tit. eiusdem col. 2. Ang. in auth. de non eligend. secund. nupt. nu. 6. Ias. in l. 1. col. fin. lib. 5. Menoc. consil. 57. nu. 2. Burat. consil. 12. nu. 41. Grat. consil. 82. lib. 1. Dec. consil. 206. in meo vol. 205. nu. 4. & consil. 604. vol. 5. Rol. à Vall. consil. 95. nu. 17. & 13. & consil. 81. nu. 8. & 9. lib. 3. Cranetta consil. 661. nu. 9. Surd. consil. 99. nu. 4. Bertazz. consil. 32. nu. 2. Roman. sing. 231. in fin. Paris consil. 29. Grat. discept. for. cap. 319. nu. 46. & cap. 140. nu. 3. Menoch. consil. 155. & 308. & 420. & in tract. de adipisc. possess. remed. 2. nu. 34. Capycial. de succ. ab intest. lib. 1. nu. 574. Gabr. d. tit. de secund. nupt. conclus. 1. n. 33. Costa de iuris, & fact. ignor. dist. 82. cent. 2. nu. 5. & 6. Vin. commun. opin. in verbo mulier in fine folio meo 249.

In contrarium, quod imò tales actus non sufficiant ad remittendam dictam prouisionem, voluerunt Sermient. select. interpret. lib. 1. cap. 14. Azeued. in noua recopilat. lib. 5. tit. 1. l. 4. nu. 36. Niger consil. 139. num. 39. Christin. decis. 131. in fin. Cæsar Mansonius decis. Mant. 47. Fontanella de pact. nupt. claus. 5. gl. 8. part. 11. nu. 36. Reg. Capyc. Latro decis. 12. sub nu. 46. & 47. Farinac. contr. iur. lib. 3. cap. 6. in vers. Quinta conclusio, Sanch. de matr. disput. 87. lib. 3. sub num. 44.

Substinentes hanc vltimam opinionem talibus mouentur medijs, & signanter Mantica loc. cit. cui sigillatim respondebimus. Primò, quia si filijs ætate perfectis cohabitantibus cum altero ex parentibus binubo, & tacente, induceretur remissio dictæ prouisionis, leges illam inducentes destruerent de vento: cùm vt plurimum contingat, filium habitare cum patre tàm viduo, quàm binubo, & cum illud frequentissimè accidat, lege diceretur defectuose casum hunc tàm frequentem non prouidentes, & leges indistinctè loquuntur, quod parens siue ante mortem vnius ex filijs, siue post semper priuatur proprietate, retento solo vsufructu bonorum, & quam proprietatem, retento vsufructu, alijs filijs teneatur reseruare, ergò falsum est, quod filius prædecedens per taciturnitatem, & cohabitationem remiserit hanc prouisionem: quia cùm lex tàm frequentissimo casui debebat prouidere, si non prouidit, nec nos prouidere debemus.

55 Secundò, quia taciti, & expressi idem est iudicij regulariter, sed non est symbola ratio in hoc casu, ex quo filius veniens ab intestato tacitè vocat parentes ad bona sua, tamen parens per hanc tacitam vocationem, & tacitum relictum sibi à filio factum, non dicitur remittere prouisionem legis, itaùt de bonis illis possit disponere, vt proprietarius, sed tamen alijs filijs reseruare.

56 Tertiò, quia tametsi filius matrimonio parentis consenserit, verùm præsumitur vt parens honestiùs expleat libidinem suam, non vt remittet dictam legis dispositionem.

57 Quartò, quia cohabitatio filij cum parente binubo, & dilectio vitrici non possunt remittere hanc prouisionem: nam potiùs præsumitur filius cohabitasse ad euitandum maius interesse, quod poterat pati retinendo domum separatam, quàm cum parente cohabitando sine cura, & tedio administrationis domus, & rerum suarum.

58 Quintò, quia cùm filius tale lucrum, siue emolumentum consequatur propter iniuriam sibi illatam à parente binubo, si saltim per cohabitationem censeretur remissa talis iniuria simulando, non per hoc censetur remissum interesse, nisi expressè, & specialis de eo fuerit facta mentio.

59 Sextò, quod siquis est ratio illa, quod ideò filius dicatur remittere iniuriam parenti binubo, quia per scientiam, & taciturnitatem dicimus illi consentire, & scienti, & volenti

nulla fit iniuria, quia voluntas filij maioris, ne mater spoliaretur, non est voluntas, nec per talem coactam voluntatem iniuria remittitur per taciturnitatem, nec taciturnitas inducit consensum, quando de amissione sui iuris agitur.

60 Septimò, quia plus est actum facere, quàm illi consentire, sed parens contrahens secundas nuptias contentatur de vsufructu tantùm, & proinde est, ac si à principio illi fuisset relictus, pariter filius consentiens matrimonio dicitur velle, vt parens vsumfructum tantùm habeat, ergò nò proprietatem, alioquin plus esset consentire, quàm actum facere, quod est absurdum, comprobatur, quia in hoc casu nulla datur differentia, siue parentes transeant ad secunda vota ante mortem vnius ex filijs, siue posteà quia vtroque semper acquirit vsumfructum tantùm, sed si parens transierit, antequàm filius decederet, hoc modo nunquàm acquirit proprietatem, sed vsumfructum duntaxat, ergò & quando decedens reperit illam viduam, igitur nulla hoc casu datur priuatio, quia non admittitur, quod acquisitum non fuit, & in hoc casu filius cohabitando non dicetur in patrem transferre proprietatem.

Octauò, quia dimissio bonorum apud parentes, & cohabitationis continuatio filij etiam post maiorem ætatem non est actus positiuus, sed continuatiuus, non factum, ex quo non resultat aliquis nouus consensus aptus ad remittendum ius suum.

Nonò, quia amissio emolumenti non est propria pœna, sed prouisio legis inducta fauore filiorum primi matrimonij, si esset mera pœna semel priuata mater per filij præcedentiam, non ampliùs repeteret suam proprietatem, quia semel ius deperditum amplius non reuiuiscit; vnde absurdum esset, quod per taciturnitatem filiorum tot leges de secundis nuptijs loquentes abrogentur, & tollantur, quemadmodùm adeò sunt leges fauorabiles filijs in illis bonis, quod licèt parentes generaliter disposuerint de bonis eorum, vel ab ipsis possessis, nunquàm tamen intelligeretur disposuisse de illis absque speciali expressione, igitur si parens nò dicitur disponere de illis bonis, nisi expressè longè minus dicitur filius disponere per simplicem dilectionem, taciturnitatem, & cohabitationem cum parentibus binubis.

Decimò, quia filius liberans parentem ab omnibus ijs, quæ ab ipso petere poterint, non tamen censetur liberare ab ijs, quæ filio actione reali debentur, sed pro talibus bonis competit filio actio realis, & hypothecaria ergò.

61 Vndecimò, quia si donans viuens tacuit, & scierit ingratitudinem donatarij illam remisisse censetur, sed hoc potuit reuocare, & noluit, secus si solùm tacuerit, quia non videtur remissa ingratitudo per taciturnitatem in eo, qui agere non potuit per ignorantiam, vel aliud impedimentum, quia tunc
62 hæres donantis admittitur ad reuocationem. Ità hoc in casu, quia licèt filius sciuerit matrem esse binubam, non tamen remisit iniuriam, nec bona sua, ex quo, ea viuente, non poterat agere ad reuocationem bonorum, ideò frustrà conquæritur de vsufructu matris viuentis, si ex querimonia nihil facit, tacuit ergò, quia sciebat ius suum duraturum; cùm reuocatio bonorum nonnisi post mortem parentis competat.

63 Duodecimò, quia parens per secundas nuptias, nec etiam sibi præiudicat irreuocabiliter in istis bonis, quia, mortuo filio, ius plenum consequitur, ergò quod filius per suum consensum ad secundas nuptias irreuocabiliter sibi præiudicet, absurdum est, quia contrahentes ad imparia diiudicari non debent, multo minus simpliciter contractui consentientes, cùm plus sit contrahere, quàm contractui consentire, igitur parens per filij mortem ius acquirit perfectum, ergò non per simplicis illius taciturnitatem, cohabitationem, & dilectionem.

64 Decimotertiò, quia ius irreuocabile non acquiritur parenti in istis bonis, nisi post mortem filij, nec filio, nisi post mortem parentis, ergò cùm hoc ius sit futurum, ei filius renunciare non potest; cùm ius futurum renunciari non possit, nisi per pactum expressum, & renunciatio tacita nunquàm tollit ius futurum.

65 Decimoquartò, & vltimò, quod regula illa scienti, & volenti nulla fit iniuria, intelligitur copulatiuè; nempè vt filius sciat, & quod consentiat, & non solùm quod sciat, & cõsentiat, sed imò quod à principio sciat, & consentiat, quia si ex post facto, iniuria illata dicitur: igitur si in hoc casu minor fuisset, vel pupillus tempore secundi connubij, hoc modo non à principio, sed ex post facto consensisset, si maior factus continuasset cohabitationem cum parente binubo, ergò iniuria remissa non dicitur.

Has suprapositas instantias sigillatim adducit *Mauenius* probans illas per cotas inibi per eum, qui tàm strenuè pro omnibus partem contrariam substinet, licèt *in dicta decis.* 47. *in suo libro* non videtur casum decisum,
66 & consequenter nec applicabilis est *decisio D. Reg. Capycij Latro* 12. quia inibi fuit consideratum, quod tametsi consensus per consimiles actus induceretur; verùm quia non interuenit omnium filiorum, & ipse ait *in vers. & quatenùs sub nu.* 48. non præiudicabat; imò tanquàm infantes non poterant consentire, neq; tacitè, neq; expressè absq; Tutoris authoritate, vt subdit *nu.* 40. & demùm

mâter quia mater non dedit rationem administrationis tutelæ, nec petijt Tutorem filijs eo indigentibus, & propterea meritò talibus subiecisse pœnis, vt concludit *sub nu. 50. præfatum*.

67 Et proinde nos relatis priùs rationibus sententiæ contrariæ, cui inhæremus, similiter ex profecto respondebimus argumentis desuper positis, & relatis per *Mantuam*.

68 Prima ratio est, quæ adducitur pro hac nostra parte, quia si vassallus, vel emphyteuta committeret delictum, quo veniret priuandus feudo, vel re emphyteuticaria, non soluit debitum canonem, & Dominus, sciens, vel illis viuentibus nullam declarauerit caducitatem, nullamque proposuit querelam, dicitur iniuriam ex illo delicto illatam remisisse; huius argumenti facilis est resolutio, quia potuit directus Dominus, & noluit, sed in casu eorum noluit, quia non potuit filius.

69 Secunda, quia maritus cùm possit accusare vxorem de adulterio, vt illa dotem perdat, & alijs pœnis feriatur viuens non accusauit, dicitur accusationem remisisse. Idem respondetur, quia potuit maritus accusare, & noluit, quod non est in filio.

70 Tertiò, quia si hæres indignus in vita non fuerit querelatus, non ampliùs eo mortuo, querela proponi potest, quia indignitatis delictum censetur remissum, ad hoc itidem respondetur, vt suprà.

71 Quartò, quod maternus amor inter Vitricum, & Priuignum, & si sunt præsentes, & tacentes filij, hoc operatur imò si aliquid inter se donetur, inducitur probabilis coniectura remissionis pœnæ. Respondetur, hanc non esse rationem demonstratiuam, & proinde supradictæ rationes sint pro tunc in suspenso, licèt eius visus fuerit *Menoch. cons. 155.*

72 Sed tu dices, quod taciturnitatis effectus est notabilis ad consentiendum, licèt nihil faciat, vel dicat consentiens symbolus est effectus, quando aliquis scribit epistolam, in qua rogat amico, vt restituat sibi illa centum, quæ scribens ei mutuauerat, & posteà mittit litteram illam ad amicum debitorem vnà cum testibus, qui viderunt, & legerunt continentiam illius litteræ, & si postquam ipse debitor legerit dictam litteram, & statim non fuerit protestatus, quod miratur de tali littera, eo quod non est scribentis debitor in aliquo, sed tacuit; tunc per talem taciturnitatem inducitur probatio pro scribente contra amicum debitorem de illis centum. *Marsil. sing. 344.* & apud nos *in tract. de effect. quæst. 32. nu. 6.* ergò si taciturnitas præiudicat quem in perdendo, quanto magis præiudicare debet filium in non acquirendo.

73 Secundus symbolus taciturnitatis effectus est, quod si aliquis fuerit in aliquo læsus, & nunquàm conquestus fuit, nec de tali conqueritur læsione præiudicium sibi par at per ea, quæ notat *Cancer. var. resol. lib. 3. tit. de transact. cap. 2. nu. 126.* vbi sententiam illius Senatus refert, ergò fortiùs læsus in acquirendo.

74 Tertius symbolus effectus taciturnitatis est, quod si filiæ vnius ex fratribus fuit data dos per patrem de bonis communibus, illis fratribus tacentibus, & non contradicentibus, videntur fratres, qui non contradixerunt eorum partem donare, *Marsil.* qui plurimos alios allegat *d. sing. 344.*

75 Cæterum relictis istis, & alijs symbolis regulis, de quibus hactenùs apud nos *in tract. de symbolic. contract. tit. 1 cap. 5.* firma remanebit nostra decisio, si deluamus argumenta excogitata per *Mantuam*, illisque responsa accommodemus, & proindè

76 Respondemus primo argumento, quod scilicèt lex, siue legislator cognouit, id quod frequentèr accidit, & non quod de raro euenit, & plenè per *text. in l. nam ad ea, ff. de legib.*
77 *& in l. ex ijs quæ raro ff. de reg. iur.* & quæ semel, vel bis accidunt, prætereunt legislatores, *l. vt ait ff. de legib.* ergò, retorquendo argu-
78 mentum, cùm raro accidat priuignum habitare cum nouerca, vel vitrico; cùm facilis sit discordia inter eos, *l. cùm pater §. dulcissimus, ff. de legat. 2.*
Gaudet in assiduas fæuire Nouerca Parestas.
79 Nèc coguntur simul habitare; cùm inter eos sit præsumptum odium *Barbat. in addit. ad*
80 *Bald. in l. diuortio col. 1. ver. sed hic quæro quando vidua ff. solut. matr. Surd. de alimen. tit. 4. quæst. 14. num. 4.* Adeò quod priuigni apud
81 eam non tenentur educandi sunt, *l. 1. in princ. ff. vbi pupill. educ. deb.* cùm eiusdem nomen
82 valdè sit iuri exosum, quia dicitur *nouerca*, *§. ferrum l astit. de nupt.* vbi *glos. Decian. resp. 49. in princ. vol. 1. Petr. Gregor. Thol. syntagm. iur. ciuil. vniu. lib. 9. cap. 16. sub nu. 29.* qui *nu. 30.* subdit, quod licèt nouercam nouam arcam alii existiment, attamen ipse nouam Principem esse putat: cum ea in domo tra-
84 ducta mariti prioris matrimonij liberis nititur abrogare imperium, & sibi, & suis arroget, statim instituens bellum, & odium irreuocabile inter eos, enarrans *sub num. 31.* historiam Agrippinæ minoris in Claudio Cæsare superindicatæ *nu. 33.* dicit, quod per
85 nouercam sæpè Nouercalibus dilineamentis infatuati mariti coguntur iudicium ferre contrà proprium sanguinem, & filios ex-
86 hæreditare: ideò abijt in prouerbium. *Prætereà immanitia nouercale odium*, sunt ex peiores Vipera, nihilo mitior. Nec solùm liberos alienos nouerca nocet; verùm etiam & sæpè, quæ nuptias repetit, proprios officit, &
88 fœmina intemperata, & immoderata, plerumque

rumque nonis maritis; non solùm res filio-
rum, sed etiam vitam abdicant eorum, *l. lex
quæ Tutores, l. enim C. de admin. tut.* qualis
igitur cohabitatio inter vitricum, & priui-
gnum, nouercamque conuenire regulariter,
& assiduè potest: nisi quæ inter Lupum, &
Agnum, de qua apud *Vasq. illustr. contr. lib. 1.
cap. 13. nu. 5.* Igitur si succedit cohabitatio,
miraculum, quia cessat inter eos omnis di-
scordia, prout de viro, & vxore mortuis in
eodem sepulchro positis fuit in Epitaphio
89 positum, *Miraculum: nam hic Vir, & Vxor
non litigant,* ad quod comprobandum non
debet excludi illa de prouisione, aliàs adhuc
semper extaret fomentum contrà totalem
hylarem vtriusque concordiam, & pacem.
90 Et quod ex *Surdo de aliment. tit. 4. quæst. 15.
nu. 36. & seq.* probat *Menenta d. decis. 47. sub
nu. 6.* quod scilicet sæpissimè euenit, quod
filij plerumque habitant cum matre binuba,
& sæpè cum patre, est omninò inapplicabi-
le, quia *Surdus* nihil aliud dixit: nisi quod
vxor à marito, & filios à patre separari non
debent, adducit *text. in l. possessoriam, C. com.
vtr. Iud.* inquit denique *text. Quis enim
ferret liberos à parentibus, à fratribus sorores, à
viris coniuges segregari:* attamen non per hoc
permittit cohabitationem filij cum matre
binuba, imò omninò vetat, vt habetur *in
l. 1. C. vbi pupill. educ. deb.* & vult etiam *Surd.*
91 *lib. 1. quæst. 41. num. 6.* Vltrà quod sæpè eue-
nit, quod mater transiens ad secunda vota,
relictis filijs, & laribus paternis, ducitur ad
domum vitrici: ergò sæpè non accidit coha-
bitatio prædicta, & ex quo sæpè non acci-
dit, ideò lex non disposuit responsum radi-
citùs euertens argumentum primum à
Menenta excogitatum.

Ad secundum argumentum respondetur,
illud scilicèt procedere, quando non adesset
dispositio *d. l. fœmina,* quæ iubet parenti bi-
92 nubo reseruare proprietatem filijs primi
matrimonij. Vndè talis tacitus consensus
confirmatur cum dispositione *auth. defuncto
ad Tertull.* per quam vocatur mater regula-
riter ad successionem filij in vtroque.

Tertium argumentum, quod consensus il-
le filij, vt mater nubat, & honestiùs expleat
libidinem tanquàm puerile, non meretur re-
sponsione, requiritur forsitan filij expressus,
vel tacitus consensus, vt mater transeat ad
secunda vota, & transeundo, expleat hone-
stiùs libidinem suam? *Textus* expressus *in
cap. fin. de secund. nupt.* dicit quod non: vndè
cùm talis consensus non sit ad illum finem,
necessarius debet in aliquo operari contra-
rio suo existenti, nempè prouisione legis in
filij consentientis fauorem edita ad instar ignis,
qui cum propè fundum lebetis habeat, non
illum calefacit, sed aquam in eo existentem
remotiorem propter eius institutum expel-
lendi contrarium, in quo principaliter agit
& non in fundo lebetis, & si proximioris: vn-
93 dè cum actus in dubio clusorius non præsu-
matur, *l. quoties. ff. de reb. dub. l. 3. ff. de testam.
milit. l. Diuus. ff. de vsu, & habitatione,* neces-
sè est fateri, operari circà id, quod afficia-
tur, nihil aliàs valeret eius operatio, *l. eo. ff.
de eo, qui pro tutore,* & sic omninò circà remis-
sionem prouisionis legis: Proindè si expres-
sus consensus ad id agit, cùr non tacitus? vt
subtilis *Menenta* conquiescat.

Quarto respondetur argumento, illud sci-
licèt in gratiam *Menentæ* concederetur, qui-
do cum habitatione non intercederent alij
actus taciturni, scilicèt, dilectio, & aliquan-
do, consummatis ijs, diuisio bonorum paci-
94 fici inter eos sortita. Vndè cùm simus in re-
gula, singula scilicèt, quæ non possunt mul-
tiplicata iuuant *l. prædonem, §. quæ iura, ff. de
excus. tut.* nec iuuat ratio quarto loco addu-
cta per *Menentam* tanquàm inermis, & non tu-
ta, vt suprà diximus.
95 Ad quintum respondetur argumentum:
quod tale emolumentum consequitur filius
prouisione legis: cùm non iustum visum
fuerit sudor, & substantias primi viri tran-
sire ad filios extraneos absque causa, & ratio-
ne subsistenti, vt ipse idem *Menenta* probat
sub num. 61. affirmant quamplurimi, quos
sciens breuitatis causa omitto, ergò quo-
tiescumque videtur renunciatum tali disposi-
tioni per actus suprà relatos, remissum sci-
96 licèt censetur, & emolumentum à lege pro-
uisum. Imò, si per secundas nuptias iniurian-
tur filij primi matrimonij, *§. prospeximus,
auth. de non elig. secund. nupt.* cessantibus filijs
iniuriatis per mortem, vel renunciationem,
quia filij non reuocauerunt in eorum ani-
mum iniuriam, cessat & pœna priuationis
matri imposita per regulam, cessante causa,
l. pen. C. de testam. milit. l. eligere §. quemuis in 6.
quæ quidem regula est generalis in legibus,
contractibus, & dispositionibus, *Anch. cons.
47. circa med. Tiraq. de cons. possess. part. 3. li-
mit. 29. in princ. & in tract. cessante causa in
princ.* nec sumus in duplici pœna, prout in
97 furto, in quo debetur pœna corporalis, &
pecuniaris ad interesse, nunc enim remissa
actione furti, non censetur remissa actio fur-
tiua, quoad interesse. Nos sumus duntaxat
in sola remissione legis, quæ quando est re-
missa per modum iniuriæ, nihil aliud expe-
ctat, vt aliud remittatur tanquàm simplex.
98 Sexto respondetur argumento, quod in
casu secundarum nuptiarum nullus potest
considerari respectu filiorum conatus, quia
eorum cōsensus nullo modo exigitur in eis,
vt idem suprà diximus ad tertium argumen-
99 tum. Imò consentiendo filius videtur maio-
res liberas relaxare matri habenas, vt benè
stupretur, & quodammodò efficeretur ho-

nestus

actus ipso: cùm secundum iuris adagium, de quo per *Gerardum Maynardum decis. Thol.* 110. *in prin. Quæ nubit toties, non nubit adultera lege est*, videntur tales leges tenantes ad
100 coercendas mulierum libertates, nè etiam pro more solito secundis maritis non tantùm se, & omnia bona sua, sed etiam prioris matrimonij liberos, eorumque facultates abdicare studeant *ad l. lex, quæ Tutores, C. de admin. Tut.*

101 Ad septimum argumentum respondetur, quod mater de iure succedit filio ab intestato cum cæteris fratribus, vel sororibus in proprietate hæreditaria pleno iure tàm in vsufructu, quàm in proprietate, §. *consequ. auth. de hæred. ab intest. veniens. auth. defuncto, C. ad Tertull. cum concord.* est beneuenim, quod fauore filiorum est postmodum prouisum per aliam legem, quæ est *fœminæ, C. de secundis nupt.* quod licèt mater succedat pleno iure filio: tamen si binubat de successione illa, reseruat proprietatem filio primi matrimonij rationibus suprà relatis. Ideò quando mater succedit filio, succedit regulariter in pleno iure, tametsi teneatur filio reseruare proprietatem in casu excepto, qui scilicèt existeret tempore suæ mortis, vel in vita ipse idem filius non remitteret: ideò si mater binuberet antè, vel post mortem filij, semper succedit in pleno iure, tametsi prouisione legis præmorienti filio reseruare debet ei proprietatem. Vnde succedendo in principio in pleno iure mater videtur à principio similitèr proprietatem acquisiuisse, licèt reuocabilitèr ex post facto per prouisionem præfatam, quæ quidem reseruatio semper, quod remittitur per filij consensum, dicitur remissum ius de præsenti, & non futurum, quæsitum, & non quærendum, quia respectu matris iàm habet iritus proprietatem, respectu verò filij iàm habet ius quæsitum in proprietate, licèt suspensum ad mortem matris, quod remittere nullo iure prohibetur.

102 Ad octauum argumentum respondetur, quod tametsi continuatio cohabitationis sit actus positiuus, vt *Mantua* affirmat, tamen est etiam actus declaratiuus sui animi, quo filius assecuritur minori malo ratione pœnæ per ipsum declaratæ per ea, quæ disponit *d. l. cetera*: Igitur si filius per cohabitationem à principio assentitur omni malo, quod ei per matrem amore, siue blanditijs secundi viri captam præparetur, cùm argui non debeat, etiam & velle pati priuari proprietate sibi debita per tacitam remissionem, quando maior passio est in animo, & corpore, quàm in rebus secundùm Philosophum.

Ad nonum argumentum respondetur, quod concesso argumento, reducitur illud contrà *Mantuam*: cùm esti verum sit, quod parentes in generali dispositione non censeantur disponere de bonis prædictis: nisi expressè disponant, intelligitur fauore dumtaxat extraneorum: cùm aliud sit fauore filiorum, quia tùnc illorum fauore comprehenduntur etiam talia bona, quæ aliàs non comprehenderentur per *auth. nunc autem, C. de bon. matern.* Ideò si respectu filiorum talia bona in generali dispositione comprehenduntur, ità à pari filius fauore matris censetur de illis taci-
103 tè disponere, vt inter eos seruari videretur æqualitas, & maximè in tacitis conuentionibus, per *text. in l. cùm emptor ff. de rescind. vendit. Mantica de tacit. & ambig. conuent. lib. 2. cap. 4. nu. 71. & 75. folio meo 66. vol. 1.* immò fortiùs filius præsumitur, & dicitur de illis disponere per simplicem dilectionem, quia disponendo in matre, nõ restat ei locus eiusmodi reseruationis: cùm possit ad suum libitum disponere, arg. §. *disponat auth. de nupt.* quemadmodùm aliqua lege alligatus in hoc non videatur, & ideò ratione diuersitatis effectus cessat. In hoc etiam ratio nono loco adducta à *Mantua*: cùm æqualitas in istis terminis non possit adaptari ratione discriminis, arg. *text. in l. Iulianus §. si quis à pupillo ff. de act. empt. & vendit.*

104 Ad decimum argumentum respondetur, quia licèt generali liberatione non sit mater liberata à reali actione per filium, non per hoc potest affirmari per cohabitationem, & alios symbolos actus induci generalem remissionem, sed benè specialem, quia per cohabitationem, taciturnitatem, & symbolos actus præiudiciales præiudicatur filio in eo, de quo ex declaratione animi filij agitur, remissione scilicèt pœnæ prædictæ, vt per *D D.* omnes hanc nostram sententiam tenentes, & præcipuè per *Bursat. d. cons. 12. vol. 1. sub nu. 41. & 42.* Ideò arguendo *Mantua* à diuersis non benè infert *l. Papin. ff. de minor. l. interpositas, C. de transact. Camill. Gall. de verb. signif. lib. 5. cap. 17. nu. 47.*

105 Ad vndecimum argumentum respondetur, verissimum esse illud, quod adducitur à *Mantua*, quod ideò filius tacuit, quia si conquestus non poterat agere ad reuocandam proprietatem in vita parentis, & ideò
106 tacuit, quia sciebat ius suũ duraturum. sed non aduertit *Mantua*, quod cum taciturnitate comitantur alij actus declarantes filij voluntatem *Felin. in cap. non ut nu. 10. de præsumpt. Soccin. cons. 291. nu. 13. lib. 2. Surd. cons. 264. nu. 2. lib. 2.*

Ad duodecimum respondetur, quod tametsi mater per secundas nuptias non præiudicet sibi irreuocabilitèr in talibus bonis, quia mortuo filio, ius plenum consequitur, tamen id procedit, quia cessantibus filijs,
107 cessat, & iniuria, & sic causa finalis dispositionis legis *Alex. cons. 66. nu. 7. lib. 1. & cons. 35. in prim. lib. 2.* cum alijs relatis à *Gratiano*

ad

ad cap. 140. in fine, quod non potest adaptari
in filio, vt desumi possit æqualitas, sed om-
ninò inæqualitas, vt suprà diximus in nono
responso, quia filius, remittendo, remittit
irreuocabiliter ex propria voluntate, absq;
quo possit iterùm circà id reddere arbitriú,
ad text. in l. Aristo, ff. de donat. quia remissio-
108 nes sunt irreuocabiles *l. sequitur, §. si ven-
ditur, ff. de edit. edict. D. Præs. de Franch. decis.
219. nu. 4.*
109 Ad decimum tertium argumentum re-
spondetur, quod eo ipso, quod mater tran-
sit ad secundas nuptias, acquiritur ius in
re per filium, vt per *text. in d. l. fæmina.* ibi
*Integrum ad filios, quos ex præcedenti coniugio
habuerint, transmittant, in vita matris habeant
facultatem possidendi, & fruendi, atque habeant
potestatem possidendi tantùm, atque fruendi in
diem vitæ, non autem alienandi facultate concessa.* Ideò cùm tale ius sit de præsenti remitte-
re, haud filius prohibetur *cap. quàm periculo-
sum*, vbi *glos. 1. quæst. 7.*
110 Ad decimum quartum, & vltimum argu-
mentum respondetur, quod tametsi vera sit
regula prædicta, attamen non per hoc pote-
rit affirmari, quod iniuria licet illata igno-
ranti non possit reijci in principio scientiæ:
111 cùm adhoc vt iniuria sit punibilis, non so-
lùm requiritur scientia iniuriati, sed etiam
quod is tempore scientiæ reuocauerit eam
in animum, *§. fin. vnà cum gl. Instit. de iniur.* Ideò
si in principio fuerit illata iniuria, ex post fa-
112 cto postmodùm in principio scientiæ dis-
simulatur per non reuocationem, habetur,
ac si non fuisset illata *Boss. in tit. de iniur. sub
113 nu. 15.* quod adeò verum est, vt ignoranti
non currat tempus ad remittendum *Iacobus
de Beluiso in sua praxi criminali tit. de iniur. sub
nu. 10.* Vndè cùm filius sciens transitum ad
secundas nuptias per matrem tacuit, imò
remanet contentus de talibus nuptijs, vide-
tur in eum concurrere, & scientia, & volun-
tas. Et nota hæc omnia, quia apud alios non
inuenies, sic sigillatim digestum talem arti-
culum, quemadmodùm per nos fuit serio
is resolutus.
Verùm vnum habeo, quod non fuit hacte-
nùs in puncto consideratum ab omnibus
Doctoribus hinc indè disputantibus, & est
verum id totum resolui possit ex eo, quia fi-
lius de iure diuino reuerentiam debet ma-
tri, & cum reuerentia merorem, & perseue-
rantiam, de qua apud *Menoch. de arbitr. In-
dic. casu vlt. 600.* aliàs reuerentia esset inа-
nis, & vacuus, & proindè talis reuerentia fit
articulos absorbens taciti consensus. quia
consensit filius tacitè ex eo, quia reuerentia
perseuerans sic impellebat, aliàs, supro ni-
mias reuerentias, cum perseuerantia diffi-
ciret expressè, prout sibi licebat ad conser-
uandum ius suum illæsum, nò eructauit ver-
bum, quia reuerentia cum perseuerantia sic
sibi impulsum detulit, & dempta reuerentia
cum perseuerantia eructaret, exclamaret, &
recalcitraret. Quid ergò dicendum? Tu Iu-
dex magis scire poteris ex circumstantijs
decidere, quando casus euenerit: dummodò
bonus, & doctus eris Iudex, quia si de duo-
dena confunderis in anima, & existimatione
deficiente tibi perseuerat, & sic arbitrium
erit tuum inuestigare, an filius sit obediens
matri, an discolus, & inobediens.
114 Secundò docent iura nostra matrem ex-
cludi à successione filij, si eo constituto in
minori ætate, in qua mortuus fuerit, non
petierit tutorem dari intrà annum, *l. si aut,
C. de legit. hæred. §. fin. Instit. ad Tertull.* vel si
ventri non petijt Curatorem, *l. 2. §. etsi præ-
gnans ad Tertull. Bart. in l. matres ff. eod.* quod
115 etiá intellige, si filius de cuius hæreditate
agitur, defunctus fuerit impubes, non verò
pubes, vt *in d. l. matres vod. tit. Vrsinus* post
multos, quos recenset *decis. 432. num. 5. & 6.*
qui inibi post *Cather. decis. Pedem. 58. num. 8.*
116 concludit insuper esse onus venientium ad
exclusionem matris probandi, quod filius
mortuus fuerit in pupillari ætate, & ex ne-
gligentia non petiti Tutoris minori, non
117 priuatur mater successione, quia iure tu-
trix, & legitima administratrix filij, eiusq;
bonorum extitit imò curatrix, *Menoch. de
arbitr. casu 150. nu. 22. lib. 2. cent. 2.* & censetur
quis semper vti iure suo, si agatur de euitan-
do crimine *l. merito, ff. pro socio* verum tamen
si ad secundas nuptias transuolauerit, & non
118 petierit Tutorem, amittet successionem,
in casu, quando mater erat tutrix filiorum,
& deinde non prouiso de tutore, transit ad
secunda vota derelinquendo indefensos fi-
lios absq; tutore: secùs si non erat tutrix, &
nulla erat decreta tutela in persona matris,
tunc essemus extrà casum pœnæ, per *text. in
l. omnem C. ad Tertull.*
119 Tertiò priuatur parens filij successione, si
contrà pietatem malè eum afficiat, & pro-
indè manumittere conatus fuerit per *text. in
l. fin. ff. si a parente*, quis fuerit manumissus,
vel si liberos necauerit, *l. si ab hostibus, §. fin. ff.
120 solut. matr.* vel si culpa eius mortuus fuerit
l. 3. ff. de his, quib. vt indign. si enim indignus
est successione defuncti, qui non vindicauerit
necem eius, *l. hæredem ff. eod. l. 1. C. eod.*
multo magis, qui eam intulit.
121 Quartò priuatur successione filiorum
parens, si eas exposuerit vltrà pœnam, quam
meretur criminis, *cap. 1. de infante exposito,
& l. 1. C. eod. & l. vet filium C. de patr. potest.
l. 2. §. pen. ff. de liber. agnosc. eod.* sic enim exposi-
122 tus, videtur incertum patrem, & matrem
habere, vel eum habere, qui dignus filijs non
sit, cum filium dignum se non existimaret,
& ideo vtilitate omni à filio perueniente
pri-

privandus, *l. fin. ff. pro derelicto, l. 1. §. sed sci-*
mus, C. de latin. liberti. toll.
123 Declaratur dispositio *dictæ legis fœminæ,*
vt habeat locum dumtaxat in bonis ad filiũ
à patente peruentis, quæ profectitia sunt in
bonis autem per filium acquisitis secus esse,
124 nàm in his mater etiam in proprietate suc-
cedere non prohibetur simul cum filijs, fra-
tribus, *§. si igitur auth. de nupt. auth. ex testa-*
mento C. de secund. nupt. Afflict. decis. 77.
125 Sed difficultatem ponit *Marta d. quæst. a-*
art. 1. sub nu. 20. in casu mixto: nempè si Tu-
tores filiorũ ex paternę substantię fructibus,
auxerint pupillorum patrimonium, purà
emendo redditus, & quod posteà alter ex di-
ctis filijs decedat, aut omnes vtrum parentes
transeuntes ad secunda vota ad huiusmodi
bona succedant tàm in proprietate, quàm
in vsufructu, *D. Prases de Franch. decis. 18.* di-
sputat hanc quæstionem, *Afflict. decis. 367.* in
tertio dubio refert decisum pro parente, vi-
de *D. de Luca obseru. ad Franch. 18.*
126 Insuper *text. in d. l. fœminæ* non habet lo-
cum, si vxor reliquisset marito omnia bona
sub conditione, ne pertranseat ad secundas
nuptias, sed lectum vidualem seruaret: nàm
tùnc maritus, spreta dicta conditione in le-
gato apposita, consequetur legatum tan-
quàm purum, secũdùm *Paul. de Castr. in l. fin.*
quæst. vlt. C. de indict. vid. toll. auth. cui relictum
C. eod. disponitur, posse maritum legare
vxori suæ vicità dotes sub tali conditione, si
lectum viduale seruauerit, & si secundo nup-
serit, legatum amittet etiam quoad fructus
perceptos, *Cond. in tract. de vsufr. mul relict.*
nu. 117. & Paul. de Castro negat illam *tertius*
dispositionem in marito, quia magis con-
uenit vxori lectum vidualem seruare, quàm
marito, quia plus contrà bonos mores com-
mittit mulier in nubendo, quàm vir. Sed in
127 contrarium est *text. in d. §. quæ verò, vers.*
vndè sancimus, auth. de nupt. Vndè sumitur *d.*
auth. cui relictum in vers. vtrumque est vtrius-
que, & ibi *gl.* dicit, interpositio est, & quod
dicit vtrumque idest siuè vxor marito, siuè
maritus vxori: hanc opinionem sequutus est
etiam *Marta loco cit. in fine.*
128 Tertius ordo hæredis succedendi ab Inte-
stato, & sic tertius hæres succedens ab inte-
stato est transuersalis, siuè collateralis: nàm
hæreditas intestati defuncti si nõ supersunt
descendentes, & ascendentes defertur colla-
teralibus, siuè transuersalibus: variatus ta-
men huiusmodi succedendi ordo, sicùt qui
erat ascendentium, & descendentium: Nàm
lege duodecim Tabularum primo defereba-
tur suis, deindè consanguineis, posteà agna-
tis, & per fœminæ sexum proximioribus.
l. 1. §. fin. & l. 2. ff. de suis. & legit. hæred. & ex
129 eadem lege admittebantur pari modo fra-
tres, & sorores ad successionem defuncti fra-
tris, quamuis non essent ex eodem patre, &
matre progeniti, *l. 1. C. de legit. hæred.* alio iu-
re frater, & soror præmortui: cùm filius ex
fratri alio præmortuo quoque superstitibus,
nempè nepotes cum patruis non concurre-
bant ad hæreditatem patrui præmortui, *l.*
consanguineis ff. eod.
130 Cæterùm non omnibus simul agnatis dat
lex hæreditatem, sed ijs qui sunt proximio-
res gradu: cùm certum esse cœperit aliquem
intestatum decessisse, *§. sunt autem agnati ff. de*
legit. agnat. success. l. 2. ff. de suis, & legitim. ta-
131 men lex duodecim tabularum indistinctè
quidem vtrumque sexum masculorum, &
fœmininum secundùm agnationis gradum
vocabat, sed media iurisprudentiæ posteà
sententia, quæ statuit vt iure consanguini-
tatis, seù fraternitatis stirpes, quæ essent de-
functi hæreditatem caperent, masculi autem
eorum hæreditatem ab intestato, etiam si
longissimo gradu essent, admittentur *l. 12.*
tabular. de liber. præt. hanc mediam iurispru-
dentiæ ad legem Vaconiam vocat *Iulius Pau-*
lus lib. 4. tit. 8. & Vlpian. in lib. 9. tit. 26. ad edi-
ctum Prouinciale. Item statutum ità erat ad
132 à fœminæ ditiores factæ se viris æquarent,
videbaturque ex dignitate familiam esse in
masculis tanquàm dignioribus fœminis, *l. 1.*
ff. de Senat. l. in multis, ff. de statu homin. remā-
nerent bona, & ità familia splendidior con-
seruaretur, *l. pen. §. pen. ff. de ventre inspic.*
quàm in liberis, qui in aliam familiam non
transeunt, consequimur, & æternitatis no-
men per eorum generationem, *l. liberorum, &*
l. pronunciatio, & l. famil. ff. de verb. signif. Atta-
133 men Prætor peindè temperauit hanc le-
gis dispositionem, cui visum fuit iniquum
fœminas agnatas tanquàm extraneas, om-
ninò excludi, & ideò eas ad bonorum pos-
sessionem admisit ex ea parte edicti: *Vndè*
cognati, quo proximitatis nomine bonorum
publicetur possessionem, dummodò agna-
tos nullus, neque proximior cognatus inter-
ueniet, *l. 4. ff. eod.* idest, vt colligitur *ex Theo-*
philo instit. de legit. agnat. succ. vt iu tantum ad-
mitterentur, cùm deficerent omnes agnati,
& cognati cuiuscumque, quos gradus, & fœ-
minæ iure tantùm tertiæ speciei cognatio-
nis admitterentur vt fœminæ, si nulli essent
masculi in agnatione, & omnibus remotio-
ris gradus masculis prælatis fœminis.
134 Sanciuit insuper *Iustinianus in §. cæterum*
Instit. de legit. succ. & in l. pen. & final. C. de
legit. hæred. omnes legitimas personas idest
per virilem sexum descendentes, siuè ma-
sculi, siuè fœminini generis essent, simili mo-
do de iure successionis legitimæ ab intesta-
to vocari secundùm sui gradus prærogati-
uam, nec ideò excludendus, quia consan-
guinitatis iura sicùt germanæ non habeat.
135 Proindè iuris nouissimi ordo intestatæ

successionis delatæ hic fuit status, & sirma, vt si quis decedat absq; descendentibus, & ascendentibus, vel cum illis, sed qui repudiauerint hæreditatem, vel eam consequi non possint, vel si non adita, vel transmissa decedant, iuxtà *auth. itaq. defuncto, C. de legit. hæred.* si sint & consanguinei simul, idest ex vtroque parente progeniti illi succedunt, *§. reliquum, auth. de hæred. ab intest. venientes.* & excludunt fratres ex vno latere tantùm coniunctos, qui si soli supersint sine fratribus vtrinque coniunctis vno siuè ex patre tantùm, siuè ex matre dumtaxàt coniuncto succedant soli alijs exclusis agnatis, *auth. itaq; C. com. de succ. auth. cessante, auth. post fratres, C. de legit. hæred. §. si igitur defuncti. Instit. de hæred. ab intest. venient.* neque distinguendum est à quibus, si scilicèt à patre, vel à matrè bona aduenerint defuncto: nàm siuè sint paterna, siuè materna, semper vtrinque coniunctus excludit ex altera parte tantùm coniunctum, tanquam succedens in patrimonio ex bonis non patris, vel matris, sed fratris. *Dyn. in tract. de succ. ab intest. per auth. itaque C. com. de succ. Nicolaus de Vbaldis de Perusio in cons. tract. part. 1. principali in princ.*

136 Sed declaratur iste ordo succedendi primò, vt non procedat in feudis, in quibus duplicitas vinculi non attenditur, quia vinculum ex parte matris reputatur impertinens, quamobrem in feudi antiqui successione frater vtrinque coniunctus non excludit ex altero tantùm latere coniunctum, sed simul admittuntur, *cap. 1. de grad. succ. in feud.* & ibi *Bald. & Aluar. Iacob. Aretzo de succ. feud. in rubr. an frater vtrinque coniunctus* excludat fratrem ex vno tantùm latere coniunctum, *Iacob. à S. Georgio in sua inuestitura in vers. Præfratres, & reciprocam nu. 11. Tiraq. de retr. lign. §. 14. glos. 12. nu. 10. Alex. cons. 9. nu. 14. col. 5. Dec. cons. 444. nu. 5.* & ità fuisse decisum in Camera Imperiali, testatur *Marta in suis digest. nouiss. tom. 5. tit. success. cap. fin.* adde ex nostratibus *Neapol. in Consuetud. Si quis, vel si quæ nu. 125. & 246. Fab. de Anna alleg. 125. lib. 2. & Cons. de Georgio allegat. 21.*

137 Quid in feudis, in quibus succeditur iure Francorum, an frater consanguineus natus maior præferatur vtrinque coniuncto minori respondendum, quod sic *Milan. decis. 8. nu. 148. lib. 1. D. Reg. Ronit. super pragm. 11. tit. de feudis nu. 14.* proùt etiam excludit sororem vtrinque coniunctam, *Thor. compend. decis. Regni part. 1. in verb. Frater consan-*
138 *guineus,* quod non habet locú in feudo nouo, quia tùnc frater consanguineus excluditur à fratre vtrinque coniuncto etiam minore, *Vrsin. de succ. feud. part. 2. quæst. 3. art. 7.*

139 Secundò declaratur suprapostita regula, stante statuto exclusiuo fœminarum, tùnc similitèr vinculi duplicitas non attenditur, sed frater vtrinque coniunctus ad successionem alterius fratris præmortui simul cum fratre ex altero tantùm latere coniuncto admittetur, est quia vinculum maternum, tanquàm impertinens non est admittendum, *DD. communitèr in d. l. 1. C. de legit. hæred.* quia matre exclusa, omnes censentur exclusi, qui per matrem coniunguntur, *Dec. in l. vnica nu. 7. C. de in ius vocando. Albert. Brun. in tract. de tacit. exclud. fœmin. art. 6. nu. 91. Surd. cons. 83. num. 10.*

140 Tertiò declaratur in fideicommisso: nàm si pater pluribus filijs institutis, vtrinque inter se coniunctis latere, reciprocum fideicommissum fecerit, tùnc vtrinque coniunctus non excludit consanguineum suorùm; sed simul veniunt ex symbola paterna affectione in vtroque. *Bald. in l. in testamento nu. 10.* vbi *Ang. & Salyc. nu. 21. C. de milit. testam. Alex. cons. 30. nu. 4. & seq. vol. 3. Dec. cons. 304. nu. 2. Gabr. cons. 120. n. 2. & seq. Corn. cons. 316. vol. 3. vers. pares dubitari vol. 1. Bero cons. 18. nu. 11. vers. non obstat vol. 3. & in cons. 96. n. 8. vol. 2. & cons. 143. à nu. 12. vsque ad 10. eod. vol. Mantica de coniect. vlt. volunt. lib. 8. tit. 7. nu. 3. & tit. 27. nu. 3. Gratian. discept. forens. cap. 661. Menoch. de præsumpt. lib. 1. præsumpt. 75. nu. 17. & in cons. 434. nu. 48. vol. 5. Peregr. de fideicommiss. art. 20. nu. 12. & seq. Surd. decis. Mantuanæ 139. Magon. decis. Florent. 82.* prout de iure consuetudinario Neap. per *Consu.*

. . . .

141 Quartò declaratur, vt non procedat, si tractatur de succedendo nepoti: nàm licèt regula sit filium fratris excludere fratres ex vno tantùm latere coniunctos, regula tamen illa non procedit, quando tractatur de succedendo nepoti, tùnc enim frater vtrinque coniunctus non præfertur fratri ex altero tantùm latere coniuncto: nàm iste casus remanet sub dispositione iuris communis: cùm omnes sint æquales gradu, ideò similitèr æqualitèr succedunt, *Bart. in l. post consanguineos §. legitima ff. de suis, & legit. Bald. in cons. 188. vol. 1. Alex. cons. 166. vol. 5. Corn. cons. 219. vol. 1. Rub. cons. 102. Curt. iun. cons. 46. vol. 1. Paul. de Castro cons. 83. vol. 1. Couar. epitom. fideicom. nu. 9.* sequitur *Marta d. quæst. 4. art. 2. sub nu. 5. & 6.*

142 Quintò declaratur: nàm si quis habens plures filios, alios vtrinque coniunctos cæteros vterinos moritur ab intestato, & alter ex filijs vtrinque coniunctis habens filios, & nepotes defuncti repudiat hæreditatem, tùnc illius portio, æqualitèr cedit non filijs suis, sed alijs fratribus etiam vterinis, *Molina de iustit. & iure tract. 2. disput. 164.* ante eum *Couar. Epis. de succ. ab intest. nu. 10. & seq. Gousc. lib. 8. Thesauri nu. 9.*

143 Aliud exemplum ponit *Thol. d. lib. 40. cap. 2. nu. 6.* nempè Petrus, & Paulus fratres

Pau-

Paulus decessit relictis duobus filijs fratribus inter se, qui vocabantur Meuius, & Sempronius. Decessit Sempronius superstite Antonio eius filio. Decessit nuperrimè Meuius sine liberis, superstite Petro patruo, & Antonio nepote transuersali, nepos excludit patruum non quidem proprio, sed repræsentationis iure, quia si illius personā inspexerimus, is est in tertio gradu collateralium, & pari modo etiam Petrus ex alia parte. Vndè cùm in æquali gradu sint concurrere deberent, *auth. post fratres*, ibi, *Vt pares in gradu æqualiter admittantur, C. de legit. hæred.* & si inspexerimus ad eius repræsentationem, vt nepos patris locum tenens est in secundo gradu, & ideò remotiorem in tertio gradu patruum excludit, dicemus infrà *in tit. de hæred. ex repræsentatione.*

144 Insuper obseruandum venit, tria esse singularia in hoc ordine succedendi etiam hodiè fratrum, & filiorum fratrum in successione fratrum, & filiorum. Primum singulare est ius repræsentationis, *§. hoc autem addendum de legit. agnat. succ.* quod non habet locum vltrà fratres, fratrumq; filios, *§. si verò neque fratres auth. eod. tit.* Secundum singulare est, vt quod est dictum vtrumque coniunctum præferri coniuncto ex vno latere tantùm, & filios quoq; vtrinque latere coniuncto habebit locum vlterioribus transuersalium gradibus contrà fratrum filios, *gloss. in d. auth. post fratres, & Iacob. de Beluis. in §. si verò neque fratres.* Tertium singulare inter fratres defuncti, fratrumque filios successio diuidatur in stirpes, non in capita, post verò hos gradus inter vlteriores defuncti hæreditas diuidatur in capita, *d. §. si verò neque fratres*, & fusiùs infrà dicemus *in titulo de hærede ex repræsentatione*; & circà naturales collaterales tenenda est regula, de qua inter ascendentes, & descendentes, *§. nouissimè ad Orph. §. fin. auth. de nupt.* quia in istis etiam obseruatur certitudo matris, & naturalis, & proximitas effectiua, *d. l. spurium, & l. hac parte, C. vndè cognati.*

145 Dubium autem pulchrum est, an sicuti mater Illustris circumscripta opinione, de qua supra non succedit filio spurio, & è contrà *d. l. quæ Illustris C. ad orph.* & quælibet mater, quæ neq; succedit incestuoso, Adulterino, nefando, & similibus, *auth. ex complexu, C. de inc. & inut. nupt.* Idem ius seruandum sit in collateralibus natis, vt illi non succedant istis, neque illi collateralibus, *Ioan. Petrum. in l. 2. ff. de in ius vocando, & Petrus de Vbaldis in d. tract. de success. ab intest. art. 3.* distinguunt inter spurios Illustris mulieris, & inter natos ex incestuoso, adulterino, nefando concubitu, & ipsos transuersaliter matri, primorum esse ex pronatarum successionis ab intestato, & itá fratres legitimos, & naturales,
& naturales tantùm, & è contrà, & alios non sibi ad inuicem excludunt à successione.
146 Nec obstat, quod mater illis non succedat, nec illi matri, quia respondetur, illud esse propter matris delictum, & turpem ordinem *§. fin. quib. mod. nat. effic. sui. & l. fin. C.*
147 *de Tut. liber.* quod personam non egreditur, *l. si quis pœna, & l. si crimen patronum ff. de pœnis, l. sancimus, C. eod.* atriusque puniri delinquentes, & qui magis delinquunt, quàm non delinquentes, *cap. sicut dignum de homic.*
Nec negari posse inter huiusmodi personas coniunctionem esse sanguinis, & proximitatis, *d. l. si spurius, & l. vndè cognati*, & proindè regula iuris generalis, quæ vocat proximos, in illis locum habere maximè cum nō in illis, sed in matris successione inueniuntur dumtaxàt coniuncti. Tamen si statutum
148 extaret, vt filij excluderent sorores, quia verba statuti sunt strictè intelligenda, filius spurius non excludet sororem legitimam, & naturalem, etiam si is sit legitimatus, *Gugl. in verbo duas habens filias n. 146. & 147.* tamen idem met *Gugl. in verbo, & vxorem nomine Adelasiam nu. 144.* tenet, spurios à damnato coitu natos, vtpotè ex incestu, adulterio, & nefario complexu nullo modo alijs, nec inter se succedere posse, quia neque cognati, neque consobrini, sicuti neque quoad matrem, & patrem non vocandi sunt filij, *§. fin. quib. mod. natur. effic. legit.* ac si essent spurij
149 plures eiusdem matris illi sibi inuicem succedunt, siuè vnus sit naturalis, siuè alter sit legitimus, & naturalis, *d. §. vulgo, §. fin. de legit. agnat. succ. d. §. si spurius vndè cogn.* & multi dixerunt hæreditatem ad fiscum pertinere, *Mathes. de success. ab intest. in 3. artic.*
150 *princip. in 2. membro*, & ibi *Bologn.* ampliat, vt neque ex testamento quidem succedant, *Alex. cons. 74. vol. 5. Dec. cons. 311. Fulg. cons. 36. Cagnol. in d. l. si quæ Illustris colum. pen.* ma-
151 ximè inter Christianos ex præcepto non mechaberis *cred. 20. Math. 5. ad ephes. 5. cap.*
152 *non mechaberis 32. q. 1. & cap. meretrices 1. q. 4.* & iudicatum refert *Tholos. d. lib. 43. cap. 11. num. 13.* arresto Parisiensi 7. Septembris 1545. teste *Papon. lib. 2. arrest. tit. 3. arresto 5. & 6.* nam hanc honestatem Græci sequuntur ex edicto Enchiridij Pictoris. Spurio autem neque ius esto proximitatis, neque iterum sororum, neq; Publicorum *Thol. loc. cit.*
153 Cæterò illis non obstantibus probabilior est opinio affirmatiua, quod imò succedant inter se, quàm etiam amplexi sunt *Acrsa. de Rosell. in symbolo tract. nu 13. Ludouic. de Leo in tract. de legitima cap. de succ. spur. quæst. 7. Couar. de sponsal. in 2. parte princip. cap. 8. §. 9. nu. 19. Vrsill. ad Afflict. decis. 36.* vbi quod itá fuit per S. R. C. decisum testatur, *Peregr. de iure fiscal. lib. 3. tit. 38. nu. 43. vers. contrà verò.*
154 Neque frater occidens fratrem, potest suc-

successionis delata hic fuit status, & secus, vt si quis decedat absq; descendentibus, & ascendentibus, vel cum illis, sed qui repudiauerint hæreditatem, vel eam consequi non possint, vel si non adita, vel transmissa decedant, iuxtà *text. in l. defuncti, C. de legit. hæred.* si sunt & consanguinei simul, idest ex vtroque parente progeniti illi succedunt, *§. reliquum, auth. de hæred. ab intest. venient.* & excludunt fratres ex vno latere tantùm coniunctos, qui si soli supersint sine fratribus vtrinque coniunctis vno siuè ex patre tantùm, siuè ex matre dumtaxàt coniuncto succedant soli alijs exclusis agnatis, *auth. itàq; C. com. de succ. auth. cessante, auth. post fratres, C. de legit. hæred. §. si igitur defuncti. Instit. de hæred. ab intest. venient.* neque distinguendum est à quibus, si scilicèt à patre, vel à matrè bona aduenerint defuncto: nàm siuè sint paterna, siuè materna, semper vtrinque coniunctus excludit ex altera parte tantùm coniunctum, tanquam succedens in patrimonio ex bonis non patris, vel matris, sed fratris, *Dyn. in tract. de succ. ab intest. per auth. itàque C. com. de succ. Nicolaus de Vbaldis de Perusio in cons. tract. part. 1. principali in prima.*

136 Sed declaratur iste ordo succedendi primò, vt non procedat in feudis, in quibus duplicitas vinculi non attenditur, quia vinculum ex parte matris reputatur impertinens, quamobrem in feudi antiqui successione frater vtrinque coniunctus non excludit ex altero tantùm latere coniunctum, sed simul admittuntur, *cap. 1. de grad. succ. in feud.* & ibi *Bald. & Aluar. Iacob. Artizo de succ. feud. in rubr.* an frater vtrinque coniunctus excludat fratrem ex vno tantùm latere coniunctum, *Iacob. à S. Georgio in sua inuestitura in vers. Præfentes, & recipientes nu. 11. Tiraq. de retr. lign. §. 14. glos. 12. nu. 10. Alex. cons. 9. nu. 14. col. 5. Dec. cons. 444. nu. 5.* & ità fuisse decisum in Camera Imperiali, testatur *Marta in suis digest. nouiss. tom. 5. tit. successi. cap. fin.* adde ex nostratibus *Napod. in Consuetud. Si quis, vel si qua nu. 225. & 246. Fab. de Anna alleg. 125. lib. 2. & Cons. de Georgio allegat. 21.*

137 Quid in feudis, in quibus succeditur iure Francorum, an frater consanguineus natus maior præferatur vtrinque coniuncto minori respondendum, quod sic *Milan. decis. 8. nu. 148. lib. 1. D. Reg. Rouit. super pragm. 11. tit. de feudis nu. 26.* proinde etiam excludit sororem vtrinque coniunctam, *Thor. compend. decis. Regni part. 1. in verb. Frater consan-*
138 *guineus*, quod non habet locū in feudo nouo, quia tùnc frater consanguineus excluditur à fratre vtrinque coniuncto etiam minore, *Vrsin. de succ. feud. part. 2. quæst. 3. art. 7.*

139 Secundò declaratur suprapositá regula, stante statuto exclusiuo fœminarum, tùnc similitèr vinculi duplicitas non attenditur, sed frater vtrinque coniunctus ad successionem alterius fratris præmortui simul cum fratre ex altero tantùm latere coniuncto admittetur, est quia vinculum maternum, tanquàm impertinens non est admittendum, *DD. communitèr in d. l. 1. C. de legit. hæred.* quia matre exclusa, omnes censentur exclusi, qui per matrem coniunguntur, *Dec. in l. vnica nu. 7. C. de in ius vocando. Albert. Brun. in tract. de statut. exclud. fœmin. art. 6. nu. 91. Surd. cons. 87. num. 10.*

140 Tertiò declaratur in fideicommisso: nàm si pater pluribus filijs institutis, vtrinque inter se coniunctis latere, reciprocum fideicommissum fecerit, tùnc vtrinque coniunctus non excludit consanguineum tantùm; sed simul veniunt ex symbola paterna affectione in vtroque. *Bald. in l. in testamento nu. 10.* vbi *Ang. & Salyc. nu. 21. C. de milit. testam. Alex. cons. 30. nu. 4. & seq. vol. 3. Iac. cons. 304. nu. 2. Gabr. cons. 120. n. 2. & seq. Corn. cons. 136. col. 3. vers. potest dubitari vol. 1. Bero cons. 28. nu. 11. vers. non obstat vol. 3. & in cons. 96. n. 8. vol. 2. & cons. 143. à nu. 12. vsque ad 20. eod. vol. Mantica de coniect. vlt. volunt. lib. 8. tit. 7. nu. 3. & tit. 27. nu. 3. Gratian. discept. forens. cap. 661. Menoch. de præsumpt. lib. 1. præsumpt. 75. nu. 17. & in cons. 434. nu. 48. vol. 5. Peregr. de fideicommiss. art. 10. nu. 12. & seq. Surd. decis. Mantuana 239. Magon. decis. Florent. 82.* prouè de iure consuetudinario Neap. per *Consuet.*

141 Quartò declaratur, vt non procedat, si tractatur de succedendo nepoti: nàm licèt regula sit filium fratris excludere fratres ex vno tantùm latere coniunctos, regula tamen illa non procedit, quando tractatur de succedendo nepoti, tùnc enim frater vtrinque coniunctus non præfertur fratri ex altero tantùm latere coniuncto: nàm iste casus remanet sub dispositione iuris cōmunis: cùm omnes sint æqualis gradu, ideò similitèr æqualitèr succedunt, *Bart. in l. post consanguineos §. legitima ff. de suis, & legit. Bald. in cons. 188. vol. 1. Alex. cons. 166. vol. 5. Corn. cons. 219. vol. 1. Rub. cons. 102. Curt. iun. cons. 46. vol. 1. Paul. de Castro cons. 87. vol. 1. Camer. option. fideicom. nu. 9.* sequitur *Marta d. quæst. 4. art. 2. sub nu. 5. & 6.*

142 Quintò declaratur: nàm si quis habens plures filios, alios vtrinque coniunctos cæteros vterinos morietur ab intestato, & alter ex filijs vtrinque coniunctis habens filios, & nepotes defuncti repudiet hæreditatem, tùnc illius portio, æqualitèr cedit non filijs suis, sed alijs fratribus etiam vterinis, *Molina de iustit. & iure tract. 2. disput. 164.* ante cum *Couar. Epit. de succ. ab intest. nu. 10. & seq. Gauers. lib. 8. Thesauri nu. 9.*

143 Aliud exemplum ponit *Thol. d. lib. 40. cap. 2. nu. 6.* nempè Petrus, & Paulus fratres

Pau-

Paulus decessit relictis duobus filijs fratri-
bus inter se, qui vocabantur Meuius, & Sem-
pronius. Decessit Sempronius superstite An-
tonio eius filio. Decessit nuperrimè Meuius
sine liberis, superstite Petro patruo, & An-
tonio nepote transuersali; nepos excludit
patruum non quidem proprio, sed repræsen-
tationis iure, quia si illius personã inspexe-
rimus, is est in tertio gradu collateralium, &
pari modo etiam Petrus ex alia parte. Vndè
cùm in æquali gradu sint concurrere debe-
rent, *auth. post fratres*, ibi, *Vt pares in gradu
æqualiter admittantur, C. de legit. hæred.* & si in-
spexerimus ad eius repræsentationem, vt ne-
pos patris locum tenens est in secundo gra-
du, & ideò remotiorem in tertio gradu pa-
truum excludit, dicemus infrà *in tit. de hære-
de ex repræsentatione.*

144 Insuper obseruandum veniet, tria esse
singularia in hoc ordine succedendi etiam
hodiè fratrum, & filiorum fratrum in suc-
cessione fratrum, & filiorum. Primum sin-
gulare est ius repræsentationis. *§. hoc autem
addendum de legit. agnat. succ.* quod non habet
locum vltrà fratres, fratrumq; filios, *§. si ve-
rò neque fratres auth. eod. tit.* Secundum singu-
lare est, vt quod est dictum vtrumque con-
iunctum præferri coniuncto ex vno latere
tantùm, & filius quoq; vtrinque latere con-
iuncto habebit locum vlterioribus transuer-
salium gradibus contrà fratrum filios, *glos.
in d. auth. post fratres, & Iacob. de Beluis. in §. si
verò neque fratres.* Tertium singulare inter
fratres defuncti, fratrumque filios successio
diuidatur in stirpes, non in capita, post verò
hos gradus inter vlteriores defuncti hæredi-
tas diuidatur in capita, *d. §. si verò neque fra-
tres*, & fusiùs infrà dicemus *in titulo de hærede
ex repræsentatione*, & circà naturales collate-
rales tenenda est regula, de qua inter ascen-
dentes, & descendentes, *§. nouissimè ad Orph.
§. fin. auth. de nupt.* quia in istis etiam obser-
uatur certitudo matris, & naturalis, & pro-
ximitas effectus, *d. l. spurius, & l. hac parte,
C. vnde cognati.*

145 Dubium autem pulchrum est, an sicuti
mater Illustris circumscripta opinione, de
qua supra non succedit filio spurio, & è con-
trà *d. l. quæ Illustris C. ad orph.* & qualibet
mater, quæ neq; succedit Incestuoso, Adul-
terino, nefando, & similibus, *auth. ex comple-
xu, C. de incest. nupt.* Idem ius seruandum sit
in collateralibus natis, vt illi non succedant
istis, neque illi collateralibus, *Ioan. Petron.
in l. 2. ff. de in ius vocando, & Petrus de Vbaldis
in d. tract. de success. ab intest. art. 3.* distinguunt
inter spurios Illustris mulieris, & inter na-
tos ex incestuoso, adulterino, nefando con-
cubitu, & ipsos transuersa lineæ matri, pri-
morum esse ius mutuum successionis ab in-
testato, & ità fratres legitimos, & naturales,
& naturales tantùm, & è contrà, & alios non
sibi ad inuicem excludunt à successione.

146 Nec obstat, quod mater illis non succe-
dat, nec illi matri, quia respondetur, illud
esse propter matris delictum, & turpem or-
dinem *§. fin. quib. mod. nat. effic. sui, & l. fin. C.
147 de Tut. liber.* quod personam non egredi-
tur, *l. si quæ pœna, & l. si crimen paternum ff. de
pœnis, l. sancimus, C. eod.* actiusque puniri de-
linquentes, & qui magis delinquunt, quàm
non delinquentes, *cap. sicut dignum de homic.*
Nec negari posse inter huiusmodi personas
coniunctionem esse sanguinis, & proximi-
tatis, *d. l. si spurius, & l. vnde cognati*, & proin-
dè regula iuris generalis, quæ vocat proxi-
mos, in illis locum haberet maximè cum nõ
in illis, sed in matris successione inueniun-
tur dumtaxat coniuncti. Tamen si statutum
148 extaret, vt filij excluderent sorores, quia
verba statuti sunt strictè intelligenda, filius
spurius non excludet sororem legitimam
& naturalem, etiam si ita sit legitimatus,
Gugl. in verbo duas habens filias n. 146. & 147.
tamen idemmet *Gugl. in verbo, & vxorem no-
mine Adelasiam nu. 144.* tenet, spurios à dam-
nato coitu natos, veluti ex incestu, adulte-
rio, & nefario complexu nullo modo alijs,
nec inter se succedere posse, quia neque co-
gnati, neque consobrini, sicuti neque quoad
matrem, & patrem non vocandi sunt filij, *§.
fin. quib. mod. natur. effic. legit.* ac si essent spurij
149 plures eiusdem matris illi sibi inuicem
succedunt, siuè vnus sit naturalis, siuè alter
sit legitimus, & naturalis, *d. §. vulgo, §. fin. de
legit. agnat. succ. d. §. si spurius vnde cogn.* &
multi dixerunt hæreditatem ad fiscum per-
tinere, *Matthæs. de success. ab intest. in 3. artic.
150 princip. in 3. membro*, & ibi *Bologn.* ampliat,
vt neque ex testamento quidem succedant,
*Alex. cons. 174. vol. 5. Dec. cons. 311. Fulg. cons.
36. Cagnol. in d. l. si quæ Illustris colum. pen.* ma-
151 ximè inter Christianos ex præcepto non
mechaberis *exod. 20. Math. 5. ad ephes. 5. cap.
152 non mechaberis 32. q. 1. & cap. meretrices 2.
q. 4.* & iudicatum refert *Tholos. d. lib 45. cap.
81. num. 13.* arresto Parisiensi 7. Setembris
1545. teste *Papon. lib. 2. arrest. tit. 3. arresto 5.
& 6.* nam hanc honestatem Græci sequun-
tur ex edicto Enchiridis Prætoris. Spurio
autem neque ius esto proximitatis: neque
item suorum, neq; Publicorum *Thol. loc. cit.*

153 Cæterò illis non obstantibus probabilior
est opinio affirmatiua, quod imò succedant
inter se, quàm etiam amplexi sunt *Acton. de
Rosell. in symbolo tract. nu 28. Ludouic. de Leo
in tract. de legitima cap. de succ. spur. quæst. 7. Co-
uar. de sponsal. in 2. parte princip. cap. 8. §. 5. nu.
19. Vrsill. ad Afflict. decis. 36.* vbi quod ità fuit
per S. R. C. decisum testatur, *Peregr. de iure
fisci lib. 3. tit. 28. nu. 43. vers. contrà verò.*
154 Neque frater occidens fratrem, potest suc-

cedere fratri occiso, nec filij fratris occisoris, prout nonnulli firmarunt per *text. si ab hostibus §. fin. ff. sol. matr. Bald. in cons. 26. vol. 1. & cons. 161. & 164. vol. 4. Massil. cons. 90. nu. 12. Berous cons. 32. in 6. dubio vol. 2. Dec. cons. 35. vol. 1. Amic. cons. 104.*

155 Contraria opinio est, vt frater succedat fratri ab eo occiso, sed Fiscus auferat ab illo tanquam ab indigno, *l. si eum ratio ff. de bon. damn. l. it consequenter §. 1. ff. famil. erciscund. DD. in l. hæreditas C. de indign. & in l. fororum C. eod. Ruin. cons. 129. vol. 3. Corn. cons. 222. nu. 2. vol. 4. Rol. à Valle cons. 56. nu. 1. & seq. vol. 3. Menoch. cons. 337. nu. 18. vol. 3. Peregr. de iure fisci lib. 2. tit. 3. Gaball. resol. crim. casu 10. Marta d. parte 3. quæst. 3. nu. 3.*

156 Hodiè verò æquius putat *Bart. in d. l. hæreditas C. de his, quibus vt indignis*, si nondum ad Fiscum delata hæreditas est, potest adiudicari proximioribus priusquàm deferatur fratricidæ *Thol. loc. cit. sub nu. 9.* Tamen me-

157 dia opinio est verior, & communiter recepta, quod bona interfecti pro portione interfectoris pertineant ad Fiscum auferentem ab eo, tanquàm ab indigno, non autem accrescat cæteris in eodem gradu existentibus, *Gaball. d. casu 10.* quia ipse occisor adhùc remanet successibilis, & opinio *Bartoli* possit sustineri de iure statutario; nempè si statuto disponatur, quod frater, vel alter interfector non succedat occiso, quia eo casu excluso homicida, succedunt cæteri, qui sunt vel in eodem, vel in sequenti gradu, tanquàm ille interfector non fuisset in Mundo, *Peregr. d. tit. 3. nu. 3.*

158 Ego verò dicerem, quod aut frater occidens succedit fratri occiso, aut non succedit, si succedit, aut adiuit, aut non adiuit hæreditatem, si adiuit, est locus tertiæ opinioni, vt ab eo auferetur tanquàm ab indigno, & Fisco applicetur, quia hæreditas non sufficit, vt sit delata, sed etiam requiritur, quod sit adita, vt efficiatur hæredis extranei, aliàs hæreditate non adita, dicerentur bona vacantia, secundùm *Ant. Fabr. de err. pragm. decad. 3. err. 4.* & tunc Fiscus alio tempore eam suscipiet, si nullus alius hæres existeret volens hæreditatem adire, ne hæreditas iacens semper sit in suspenso, aut non adiuit, prout suum erat arbitriū etiam in fraudem Fisci, & creditorum. *D. de Franch. decis. 101.* & nos diximus *in tract. de symbolis contr. in annot. ad indic. verbo emphyteusis*, & tunc non poterat per Fiscum auferri ab indigno, quod indigno quæsitum non fuit per aditionem: aut non succedit, & similiter non habet Fiscus, quod ab eo auferat, & erit locus doctrinæ *Bartoli.*

159 An frater ex pacto succedat alteri fratri nempè sunt aliqui amici, qui se inuicem tanquàm fratres pertractantes conueniunt inter eos de succedendo vel aliter, vt apud *Ias. in l. si quidem cum filium num. 5. ff. de verbor. obligat. Alex. in l. si pater tuus nu. 5. C. de hæred. instit. post Imol. in l. illa autem C. eod.* Ideò dubitatū fuit, an inter istos detur successio, quemadmodum inter veros fratres, quando scilicet decederent nullos alios haberent, *Fulg. in l. iure apud C. eod. tit. de hæred. instit.* dicit per illum text. quod talis fraternitas neque est ciuilis, neq; naturalis, ideò non præbet inter eos ius successionis ab intestato, quod comprobat *Alex. in l. si pater C. eod.* id esse verum, etiam si inter eos conuentum esset de sibi ipsis succedendo tanquàm pactum de futura successione, quod est à iure improbatum, *l. hæreditas C. de pact. l. & ex C. de inutil. stipulat. Bart. in cons. 108. Alex. cons. 28. vol. 3. Dec. cons. 516.* Admitterem ego opinio-

160 nem, quod non detur successio inter eos ab intestato, ex quo nullo iure cauetur succedendi inter illos fratres imputatos, vel amicitia coniunctos fraterna, sed respuo opinionem ex pacto reciproco, vt latius dicemus *in tit. de hærede ex pacto*, & promissio de succedendo, vt fratres sub pœna suum habet effectum, vt ipsi paciscentes non possint seipsos præterire institutis turpi persona *Thes. decis. 113. nu. 4. Grat. discept. for. cap. 216. nu. 3.*

161 Post fratres, fratrumque filios proximiores defuncti sunt hæredes ab intestato, distinctione facta iuris veteris, & noui, siquidem iure antiquo duodecim tabularum post consanguineos fratres, vel sorores delata fuit successio siue hæreditas ad proximiores dumtaxat agnatos, exclusis cognatis, qui post agnatos tantùm vocabantur, *§. 1. & seq. de legit. agnat. succ. l. pronunciatio ff.*

162 *de verb. signif.* Agnati sunt, qui coniuncti ex parte virilis sexus, cognati verò per fœmininum sexum, vt agnatus habetur *in text. in l. de suis ff. de legit. hæred §. 1. & seq. de legit. agnat. succ. §. si plures sint gradus eod. tit. l. pronunciatio ff. de verb. sign. l. ab intest. C. de legit. hæred. § sunt autem eod. tit. de legit. agnat. succ. § cognat. auth. de grad. cogn.* vt amitæ tuæ filius non est tibi agnatus, sed cognatus, vt tu illi. Proximior agnatus dicebatur habita ratione temporis, in quo res ad intestati causam peruenit *d. l. 1. § sacerdotum, & l. seq. ff. de suis, & legit. hæred. l. 1. §. proximus ff. vnde cognat.*

163 Statuebat vlterius lex duodecim tabularum, vt fœminæ iure tantùm consanguinitatis caperent hæreditatem intestati, si sorores fuissent, vlterius suæ remotiores excludebantur, masculi verò vsque ad longissimum gradum, qua de causa fratris tui, aut patrui tui, filiæ, vel amitæ tuæ hæreditas ad te pertinebat, tua verò ad illas non spectabat, *§ cæterum auth. de legit. agnat. succ. l. 12. tab. C. de legit. hæred.* & iure quoque sequenti ciui-

ciuili sorores succedebant agnatæ filiæ, excludebantur cognatæ. *l. consanguinitatis*, *& l. pater eam*, *& l. in successione*, *C. eod.* Postea verò alijs cognatas Prætor, vt iam dictum est, ad hæreditatem vocauit ex parte edicti: quæ proximitatis nomine bonorum possessionem pollicetur, ex qua parte tamè ex lege admittebantur, nisique agnatus vllus, neque proximior cognatus interueniebat, *d. §. cæterum*, *& l. 12. tabul.* sic etiam, & cognatos à lege 12. *tabularum incognitos*, Prætoris æquitas admisit, deficientibus cognatis, *L. 1. §. 1. de succ. cogn.* vsque ad decimum gradum ordine proximitatis, & vt cognati vsque ad sextum *Iulius Paul. lib. 9. ad edict. tit. 1. §. l. 1. & l. vers. eiusd. de grad. affin.*

164 Insuper addidit Prætor cùm ob varias de intestatorum successione iura de hæreditate defuncti difficilè comprehenderentur edictũ, vndè legitimi, & vndè cognati, quod iuuitas omnes intestatorum successiones, *l. eleganter*, *ff. vndè legitimi*, disposuit agnatis gradus ad succedendum extraneis, ne quis facilè decederet absque hærede, *§. adhuc autem instit. de bonor. poss. ff.* & cum lex duodecim tabularũ, vt ea repudiante. Primò, vel proximo agnatorum eidem amplius non deberetur successio. Prætor adhuc eius viam aperuit succedendi per edictum. *Vndè legitimi*, & vndè *proximi*, *l. 1. § quidem ex edicto de succ. edict.* quæ emendaretur à *Iustiniano §. plenius autem instit. de legit. agnat. success. adiecit*, & bonorum possessionem, per quam decem personas præferebat, successionem emancipati, manumissori extraneo, qui filiũ liberum alterius emerat, iuxta *l. secunda, Cod. de patr. qui filios distraxerunt*: nempè patrè, matrem, auum, auiam, ex parte patris, & matris, filium, filiam, fratres, sororesque, consanguineos, vel vterinos, *§. quæ autem*, *& §. sunt autem de bonor. possess.* vbi enumerantur omnes bonor. poss. ff. duo ex testam. octo ab intest. & diceramus in *tract. de hæred. lib. 3. tit. de bonor. poss.*

165 Rursus aderant etiam vitia, & defectus disponendi, & succedendi, vt in *l. maximum vitium*, *C. de liber. præt.* vbi *Ias. ex nod. sextum in principio* colligit. Primum vitium erat, quod pater tenebatur plus relinquere filijs masculis, quàm filiabus fœminis. Secundum vitiũ erat, quod pater tenebatur exhæredare nominatim solos filios masculos, fœminas verò poterat exhæredare inter cæteros. Tertiũ vitium erat, quod solos masculos primi gradus tenebatur exhæredare nominatim nepotes verò, & alios descendentes masculini sexus poterat inter cæteros exhæredare. Quartum vitium erat, quod præteritio liberorum, filiũ masculorum primi gradus annullabat testamentum patris, sed præteritio fœminarum, & cæterorum descendentium non annullabant patris testamentum, sed præteriti habebant quoddam ius accrescendi, siuè potius diminuendi vsque ad certam partem hæreditatis. Quintum vitium erat, quod filia exhæredata erat melioris cõditionis, quã filia præterita, illa namque per querelam inofficiosi testamenti rumpebat totum testamentum, sed præterita habebat solùm illud ius diminuendi vsque ad certam portionem. Sextum vitium erat, quod posthumos masculos tenebatur pater nominatim exhæredare, sed fœminas inter cæteros exhæredabat.

165 Hodiè verò tanta confusio rerum eliorum, & variationis laberynthi omnes differentiæ illæ agnationis, & cognationis in successionibus intestati fuerunt antiquatæ, nec amplius considerantur in iure Romanorum ciuili scripto, sed agnati cum cognatis defuncti pariter admittuntur saluâ graduum prærogatiua, adeò quod si agnatus, & cognatus sint in pari gradu succedendi omnes simul admittuntur, si sunt in priori gradu posterioris gradus excludunt, sublata etiam sexus differentia, & si plures sunt in capita, non in stirpes succedant, *Auth. post fratres, C. de legit. hæred. §. in successione de suis, & legit. item*

167 *contraria*, prout etiam vitia exhæredationis substulit Imperator, & æqualitatem seruauit inter masculos, & fœminas, inter filios primi gradus, & posteriores, inter natos, & nascituros, inter suos, & emancipatos multiplici ratione.

Prima, quia *lex 12. tabularum* æqualitatè etiam seruabat inter masculos, & fœminas in materia successionis. Secunda, ius prætorium imitatum fuit etiam legem 12. *tabular.* Tertia, quia vtraque persona necessaria ad sobolis procreationem. Quarta, per *tex. in d. l. maximum vitium*, quia ambo esse sunt naturæ accusatores per hanc fœminam, illum verò masculum procreandi.

168 Quod est limitatum in feudis, in quibus ascendentes, & descendentes non habent definitum gradum, Transuersales septimum, dùtaxat in successione liberti, agnati, & cognati, patroni vsque ad quintum gradum, in eo, qui decessit post incestas contractas nuptias vsque ad tertium gradum. In damnato de aliquo crimine publico, in agnato, & cognato militum, vsque ad quintum gradum, de quibus, & alijs apud *Tholos. citato lib. 45. cap. 12. sub num. 8. vers. Cæterum* & *servandi sunt*; qui etiam *cap. seq. 13. per tot.* adnotauit pulcherrimos mores, & Consuetudines antiquissimas succedendi ab intestato apud diuersas nationes, prout etiam apud nos adsunt Consuetudines Neapolitanæ, quibus inuitatur successione circa bona antiqua, tàm ex testamento, quàm ab intestato, vt in *Consuetudi-*

tudine si testatur; *& si quis, vel si qua si moriatur.*

169 Quartus ordo succedendi ab intestato, & sic hæres ab intestato in quarto loco, sunt vir, & vxor ad inuicem succedentes, quorum leges, & mores varij, adhibe in eorum successione considerantur.

170 Erat mulier viro obsequens, & pudica, & domus Domina fegabola marito, & in eius olim defuncti bona succedes, ut hæres æqualiter cum communi filio, & si sine liberis decesserit, vir in toto asse succedebat, *Dionysius Halicarn. lib. 2. antiq. Roma, & apud Vlp. ad edict. 22. & 23.* qua lege Romæ antiquata, successit Prætoris edictum, quo vocati fuerunt ad successionem collaterales, vsque ad decimum gradum, quibus deficientibus, successio decreta fuit viro, & vxori superstitibus *§. sicut autem bonorum possess. Instit. de bonor. possess l. quis ordo, ff. de bonor. possess. secund. tabul.* quando scilicet iustum fuisset, & legitimum matrimonium duraturum vsque ad mortem, *l. 1. ff. & C. vnde vir, & vxor.* quod erit verum, si matrimonium hodiè, quod nõ *resoluitur* per diuortium non fuerit thori causa suspensum ex causa fornicationis, seu adulterij, *cap. ex litteris, & cap. significasti de diuort. l. obse. C. de repud.* qua causa etiam coniux dote, & donatione propter nuptias priuatur in commodum innocentis coniugis, *cap. plerumque de donat. inter vir. & vxor.* multò magis reuocabitur ab eius hæreditate, *Tholos. lib. 46. cap. 14. num. 2.* Quæ vxor excludit Fiscum, *Auth. præterea, C. vnde vir, & vxor affines*, quia in re affinitatis successio non defertur, *l. affinitatis, C. eod.* quia nec cũ Fiscum excludant ab eo, quod Fiscus genero præfertur *Doct. in l. 1. C. vnde vir, & vxor, & in d. l. affinitatis*, quamuis *Bald. in d. l. 1.* per aliàs sui capitis rationes arguens à viro ad vxorem, ad socerum, & socerum aliter teneat, cuius ratio non est manifesta, ex quo successionem ab intestato deferuntur ex legum dispositionibus, *§. 1. Instit. de hæred. quæ ab intest. defer.* Lex verò expresse vocat in defectum graduum collateralium, virum, & vxorem, igitur ad aliàs portiones non extenduntur, *Gugl. in d. verbo, & vxorem nomine Adversus de success. ab intest. nu. 210.* Vndè vxor à proximioribus dotantis excluditur à successione viri, & è contra, licet aliqui putent, quod excludetur vxor, & Fiscum à socio liberalitatis in liberalitate, sine donatione facta à Principe mortuo, iure quidẽ accrescendi, *l. vnica, C. si liber. Imper. soc.* Collegiũ tamen de quo est maritus, neq; excludit vxorẽ: nisi in illis bonis, ratione Collegij quæsitis. *Azo. in tit. de hæred. damn. Bald. in d. l. 1. C. vnde vir, & vxor.*

171 Nec aliquem obtinuit locum coniux pu-
tatiuus in ordine succedendi contra Fiscũ;
vt est casus *in l. 1. ff vndè vir, & vxor*, & licet
filij istorum coniugum dicantur legitimi, *l.
qua in forma vir, §. Durum, ff. de ritu nupt. Doct.
in cap. pen. qui filij sint legitimi cum Gloss. in*
172 *cap. fin. eod. tit.* Verũ si alter ex coniugibus
putatiuis decederet ab intestato succederet Fi-
scus, excluso altero coniuge putatiuo: Immò
Fiscus post mortem alterius admitteretur ad
173 probandum matrimonium fuisse putatiuum,
Bald. Nouell. in tract. de dote, par. 11. num. 49.
174 prout affirmamus dispositionẽ, *Auth. præ-
terea, C. vndè vir, & vxor*, non habere locum
in matrimonio putatiuo, *Nouell. loc. cit. & l.*
175 *1. C. de condict. ob causam* non habere locũ
in matrimonio putatiuo, quia loquitur de
pacto de lucranda dote, respiciẽte dumtaxat
commodum mariti; & proindè non obstat
illa conclusio, quod dispositum in matrimonio verò habeat etiam locum in matrimonio putatiuo, quia illud intelligitur ad facilitandam dotis exactionem fauore mulieris, vt cõcordant omnes in *rubr. ff. solut. matrimon.* sed quando agitur de lucro acquirendo nunquã habet locum matrimonio putatiuo, *l. à Diuo Pio, ff. de ritu nupt.* Item quando maritus sciuit impedimentum, & donauit vxori putatiuæ ignoranti etiam aufert Fiscus, *l. cum hic status sit, ff. de donat. inter vir. & vxor.*

176 Cæterò iure nouissimo vltra vocationẽ vxoris, & mariti ad eorum reciprocam successionem ab intestato fuit introducta alia causa succedendi inter vtrosque, etiam non obstantibus liberis, ex dispositione *Auth. ex causa, C. vndè vir, & vxor, §. quoniam verò de exhib. reis*, vt si cum liberis decesserit maritus locuples, relicta coniuge, quæ inopẽ absque dote illa, accipiat ex suis bonis quartam partem, si cum tribus, vel paucioribus filijs, si pluribus, succedat cum eis pro virili in vsufructu relicta filijs proprietate computato in talem partem, quod habuit à marito, *Dom. de Marin. controuers. iur. lib. 1. cap. 348.* vbi defendit in omni casu mulierem lucrari dictam quartam in proprietate, etiam instituta, nisi causa, vt ibidem.

177 Ad hoc autem habeat locum *d. Auth.* ex causa quatuor concurrere debent. Primũ vt matrimonium sit verè contractum inter vxorem superstitem, & maritum prædefunctum. Secundum, quod matrimonium contractum sit sine dote, vel cum dote, tam exili, vt non mereatur habere tale nomen. Tertiũ, vt moriens defunctus sit locuples, & demum quartum, vt vxor extrema laboret paupertate, *Gabr. cons. 140. vol. 1. Marc. Ant. de Amato decis. Marchia 72. Barz. dec. Bon. 176.*

178 Primum requisitum procedit etiam in matrimonio clandestino, similiter in sponsa de præsenti, & non cognita etsi matrimoniũ

fue-

fuerat contractum absque bona gratia, *Marta d. parte 3. quæst. 12. controu. 5.* & circa secundum requisitum, si matrimonium sit absque
dote, vidॅendi tex. *§. quoniam verò, auth. de exhib. reis, Gabr. consil. 142. vol. 1. Mangil. de impul. legit. quæst. 158.* vel in dote tam exilis
quantitatis, vt æquiparetur nihilo, *cap. licet de probat.* secundum Iudicis arbitrium, *Socc. cons. 30. par. 1. vol. 4. Menoch. de arbitr. Iudic.
casu 65. & seq. Bentacasa in tract. de paupere, quæst. 138. num. 4.* vt scilicet id arbitretur tempore Institutæ dotis, prout faciunt multæ
symbolæ regulæ iuris communis: Nam si
179 statuto cautatur, quod filia sit contenta de congrua dote sibi à patre assignata, inspicitur tempus dotationis, adeò quod si postea
augeantur facultates patris, ipsa dos augeri non debet, si tempore dotationis fuit congrua, *Bald. in Auth. res quæ, C. comm. de legat.
num. 16. Menoch. de arbitr. casu 194.* ad propositum *Ioseph. Romon. cons. 1. Rota Romana decis. 202. in fine, par. 2.* Proindè in muliere,
quæ dedit ducentos aureos in dotem marito conuenientem tempore dotationis, non habere locum dictam *Auth. indicatam*, refert *D.
de Franch. decis. 410. Surd. decis. 65. num. 15. Gratian. discept. forens. lib. 1. cap. 130. num. 64. Surd. de alim. controu. 9. quæst. 37. num. 7. vers.
Item verò, & in cons. 216. num. 4. lib. 2. Rota Romana apud Dom. de Marin. var. resolut. iur. lib. 1. cap. 348. in fine*, qui neminem ex suprapositis Doctoribus allegat.
180 Tamen si cum paruitate dotis adiungatur sua tempora, quibus sufficienter mulier potest se alere sine mendicitate, non habet
locum dicta *Auth. Barz. decis. Bon. 139. num.*
181 *8. 10. & 12. & decis. 130.* & dicta paupertas etiam inspicienda tempore mortis mariti, adeò quod si postea aliqua sibi quæratur
actio, vel successio consequendi aliundè alimenta non excluditur à dicta quarta, *Mangil. d. tract. quæst. 168. Surd. d. tract. de alim. tit.
19. quæst. 7. in fine, Marta loco cit. sub n. 14.*
182 Quæ authentica sicuti est fauore vxoris pauperis introducta vendicat sibi locum, etiam in marito paupere, communiter *Doct.
in d. Auth. Dom. Hodiern. ad Surd. decis. 62. sub*
183 *num. 4.* & omnes agentes ad dictam quartam respectiuè debent articulare, & probare duas qualitates: nempè, quod sit contractum ma-
trimonium, & vxor, vel maritus respectiuè sit pauper, *Marta loco cit. sub num. 15.*
184 Vlterius est notandum, quod pro consequutione dictæ quartæ competit etiam vxori querela inofficiosæ donationis, quando à
marito inter viuos esset facta donatio liberis, & agnatis, *Lodouic. cons. 165. Costa de port. dota. quæst. 82. num. 17.* & de facti scientia, &
ignorantia, *dist. 77. num. 6. celatur. 1.* quicquid contrarium voluit *Durãte de arte test. titul. 6.*
185 *caut. 20.* firmat etiam *Dom. Hodiern. d. decis. 62. in fine*, & in quibus casibus non succedat
186 vxor, vide *Martã loco cit.* qui in hac materia pertransit per quatuor casus distinctos, & in viro habeant officium, vide *D. Hodiern.
loc. cit.*

Insuper est notandum, quod in omnibus casibus, in quibus coniux succedit ad dictam quartam, dicitur illam hæreditario iure habere,
& sic efficitur hæres in quarta totius assis, vt expresse decidit *tex. in d. §. quoniam verò, Doct. omnes in d. Auth.* & ideò tenetur
ad debita, & onera hæreditaria pro sua parte, *Costa de port. dot. quæst. 84. num. 6.* vbicumque enim declaratur deberi aliqua Vniuersi-
tas bonorum, vel eius portio, etiam ex contractu semper intelligitur deducto ære alieno, *Ioann. Vinc. Anna allegat. 33. nu. 16. col. 1.*
187 Rursus notandum, quod licet vxor ad bonorum possessionem de iure prætorio non admittatur, nisi infra centum dies, à die obi-
tus mariti, *Alex. in l. 1. in principio, C. vnde vir, & vxor, Matthes. in tract. de success. ab intest. contr. 4. principal. n. 2. Nicolaus de Voaldis
in symbolo tract. num. 34. vers. Ex quo sequitur*, quod centum dies sunt vtiles, & non currunt ignoranti, *Decius in l. 2. in prima lect. C.
qui admitt.* & competit restitutio in integrum,
188 *Odd. de restit. par. 2. quæst. 63. art. 6. num. 28.* Tamen, quia vxor non tantùm de iure prætorio succedit, *d. l. 1. C. vnde vir, & vxor*, sed
etiam de iure ciuili, *per d. Auth. præterea.* Ideò poterit successionem petere etiam infra
189 triginta annos, quia dicta *Auth. præterea* non est correctoria *d. l. 1.* sed venit ampliatiuè, & comprehendit omnes casus *d. l. 1.* vt
notat *Alex. in d. Auth. præterea. num. 6. Matthes. d. art. 4. num. 6.* & quomodò sit obseruanda paupertas, remittitur arbitrio Iudicis, in-
specta qualitate personæ, doctissimè Dom. F. Antonius de Rossi Svc. ... in patrocinio pro hæredibus D. Mariæ Caracciolæ.
190 Quintus, & vltimus ordo succedendi ab intestato est in Fisco, & sic Fiscus est quintus hæres à iure vocatus ab intestato; nàm defi-
cientibus omnibus suprapositis hæredibus, hæres ab intestato Fiscus, siue Ærarium Cameræ, quod penès Regem, vel Principem nõ
cognoscentem Superiorem est, *l. vacantia, C. de bon. vacant. lib. 10. l. fin. § si autem, C. de curat. furioso*, qui quidem Fiscus personæ, &
bonis succedit, ac si in testamento hæres institutus esset, aut vt parens ab intestato vocatus fuisset, ità quod in eum omnia transeunt
actiuè, & passiuè defuncti iura, & actiones, & pariter remedium euertionis adeundæ hæreditatis, quod in eum inuenitur, &
exerceri potest, in quem sunt bona delata etiam vacantia, quæ fideicommisso subiacebant, *l. quia poterat, ff. de Fisco, ff ad Trebell.*

bell. nam antè aditam hæreditatem vacantē non est Fisco ius quæsitum, per *tex. in l. 4. §. cum* substitutio, *& §. quod si iid. ff. de fideicom. libert.* Bart. in *l. ficus, §. in Decurionibus ff. quod cuiusque Vniuers.* antè eum voluit *Dyn.* in *l. 1. §. an bona, ff. de iure Fisci,* & hæc est vna opinio. Secundum *Gugl. in verbo, & vxorem nomine Adelasiam sub num. 270.* & tenuis si-
191 militer in eam instantia defendit, si quæstio fuerit contrà, vel per defunctum inchoata, sicut in quemcumque alium hæredem, *l. 1. C. ad legem Iul. de vi publ.*

192 Amplias hoc etiam, quoad bona expositorum, quibus similiter vel bonis vacantibus succedit Fiscus, *Dom. de Franch. decis. 198.* quo loci impugnat opinionem *Bald. in leg. si qua illustris, C. ad orphit.* quem sequitur *Peregrin. de iure Fisci, lib. 4. tit. 3. art. 16.* sectantes magis opinionem impugnant etiam *Hostiens. & Zabarella in cap. 1. de infectis. expos.* per *tex. in l. naturitoribus, C. commun. de success.* dictorum autem priorem sententiam aduersus *Baldum* prosternitur *Thes. decis. 158. sub num. 4. vers. Cæterùm,* & post eum *Horatius Montanus in tract. de regalib. in verbo bona vacantia sub num. 2. pagina mihi 83.*

193 Amplias secundò loco etiam, quoad bona ca ucata, veputa, quia nō habens testator, nisi vnicum consanguineum illum instituerat, qui tamen antè testatoris mortem obierat, & proptereà est caducata dispositio: nam in illis bonis sic caducatis succedit Fiscus ex dispositione iuris, de quo in toto *tit. C. de bon. vacant. lib. 10. & in l. sancimus, §. cùm autem, C. ad Trebell. & in l. cum Fiscum, ff. ad Syll. & in l. 3. ff. de his, quæ test. am. delet.* ibi: *Et bona eius, vt caduca à filio vendicentur,* quod secus esset si adesset alius proximus excludens Fiscum, quia tunc cessaret caducatio, toto *tit. C. de cadu. tollend.*

194 An autem in isto casu teneatur Fiscus præstare legata, & fideicommissa in tali testamento caducato relicta, est anceps quæstio, in qua, & pro, & contra Doctores scripserunt, vt patet ex *Andrea Fachin. controu. iur. lib. 6. cap. 22.* vbi fauore legatariorum, & fideicommissariorum respondet hanc etiam sententiam contra Fiscum, sequitur *Marta summa success. leg. par. 4. quæst. 2. art. 6. nu. 37. & seq.* eamque communem affirmat *Creall. comm. contra comm. quæst. 14.*

195 Limitas modò in bonis Clericorum, quæ non Fisco Cæsaris, sed Ecclesiæ pertinent, *Rota Romana decis. 845. in antiq. mortuo Ti-*
196 *tio pronise,* quod probatur defunctum tempore mortis suæ fuisse Clericum: quia Ecclesia in hoc casu allegans Clericatum, tenetur illum probare clarè, & plenè: cum sit fundamentum suæ intentionis, nec sufficeret defunctum illum fuisse in possessione Clericatus tempore suæ mortis, prout ad forum sortiendum sufficeret, probata possessione, *cap. si Iudex Laicus de sent. excom. in 6. Bened. loco cit. sub num. 272.* qui subdit se nescire, si officiarij Regis in illo Regno illum permitterent saltim quoad bona stabilia, quod ego similiter ignoro in hoc nostro Regno, quicquid sit disputabile, & proindè me remitto.

Talia bona vacantia non transeunt ad alios per generalem concessionem, iuxtà tradita per *Capyc. in sua inuestitura in verbo cùm bonis vacantibus,* vt scilicet fiat specialis inuesti-
197 tura. Et an talis cōcessio de qua est inuestitus magnus Dominus transeat ad singularē successorem inferioris conditionis, vide *D. de Franch. decis. 175. Minad. in Consil. Regal in aliquib. in 1. cent. num. 39.* vide *Dom. Rouit. super Pragm. 1. vbi de delicto ius commi deb. num. 43. & in decis. 6. per totam, Horat. Montan. in tract. de regalib. in verbo bona vacantia, num. 4. pagina mihi 84.* qui respondet *ad Rouitum,* vide *Dom. Capyc. Latr. dec. 5.*

198 Notandum postremò est in quæstione, qua Fiscus ad bona intestati venit, velut ad vacantia ex defectu cognatorum, si aliquis se dicat primum, & ex genere defuncti, & consanguinitatis gradum probare nō posset, sufficit probare, quod ipse, & defunctus, de cuius successione agitur habebantur pro agnatis, & coniunctis inter incolas, & habitatores loci, vbi morabantur, vel vbi defunctus habebat domicilium, vel quod se mutuo vocabant cognatos, vel quod sic dictum fuerit aliquandò à defuncto, si contingerit eum decedere intestatum, & sine liberis, quod ille suus futurus esset hæres, vel quod in lecto defunctus patiens mori fassus sit eum fuisse proximum, prout post *Masuer.* & alios, tenet *Petrus Gregor. Tholos. d. lib. 46. cap. 16. n. 3.*

DE HÆREDE
EX REPRÆSENTATIONE.

SVMMARIVM.

1 *Hæres ex repræsentatione in duplici dumtaxat ordine est.*
2 *Mater quando excludit Auum.*
3 *Ordo inter ascendentium, & descendentium in quo*

quo differat in repræsentatione.

4 *Lex naturam imitatur.*

5 Butricarius in Auth. defuncto confutatur ab *Authore.*

6 *Successio in repræsentatione non est eiusdem rationis.*

7 *Succedentes ex repræsentatione in stirpes admittuntur.*

8 *Bonorum diuisio an sit facienda in successione patris, & matris, & num. 9.*

10 *Succedere in stirpes quomodo sumitur.*

11 *Filij vnius fratris quomodo succedant cum altero fratre ad hæreditatem patrui.*

12 *Ascendentes quomodo succedunt descendentibus.*

13 *Maritus, & vxor in generationis actu concurrunt.*

14 *Auus, & auia materna nepoti coniunguntur, mediante persona matris eius.*

15 *Succedere in stirpes de iure ciuili quomodo sumitur.*

16 Rob. est erranis in diffinitione repræsentationis.

17 D. Carolus de Luca maiorem commisit errorem in diffinitione repræsentationis.

18 *Diffinitio omnis bona constare debet ex genere, & differentia.*

19 *Repræsentatio non potest esse ius successionis.*

20 *Repræsentationis diffinitio tradita per Authorem.*

21 *Repræsentatio introducta ex priuilegio.*

22 *Repræsentatio quibus competat.*

23 *Repræsentatio est nomen compositum.*

24 *Repræsentationis priuilegium fuit elargitum à* Iustiniano.

25 *Gradus ascendentium in repræsentatione non est symbolus in gradu transuersalium.*

26 *Gradus descendentium quomodo extendatur in repræsentatione, & num. 27. & 28.*

29 *Repræsentatio an consistat in gradu, vel in persona.*

30 *Repræsentatio habet locum in casibus à iure expressis dumtaxat.*

31 *Repræsentatio an cognita de iure Diuino.*

32 *Repræsentatio habet locum in fideicommissis contra num. 36. cum rationibus, & declarationibus, num. 37. 38. 39. vsque ad n. 49.*

33 *Repræsentatio datur in successione non hæreditaria secundum aliquos, & cum qua differentia, num. 34.*

35 *Repræsentationis diffinitio exemplificanda in suis casibus.*

50 *Repræsentationis, & transmissionis historia.*

51 *Transmissio Theodosiana cur facilis ad fideicommissa.*

52 *Posthumi institutionem non fuisse frustrà excogitatam à* Gallo Æquilio, & Velleio *demonstratur.*

53 *Testamentum quantò fauorabile, tantò frangibile.*

54 *Repræsentatio admittitur ex testatoris coniectarata mente, & enumerantur coniecturæ, num. 55. 56. 57. 58. 59. 60. 61. 62. 63. 64. 65. 66 67. 68. 69. 70. 71.*

72 *Repræsentationem impedientes coniecturæ enumerantur, num. 73. contra num. 74.*

Alia coniectura, num. 75 contra num. 76. defenditur, num. 77.

Alia coniectura, num. 78. turbida, num. 79.

Alia coniectura, num. 80. sed non tuta, n. 81.

Alia coniectura, num. 82. dubia, num. 83. ratio, num. 84.

Alia coniectura, num. 85.

Alia coniectura, num. 86.

Alia coniectura, num. 87. turbida, num. 89. exemplificantur casus, num. 90. vsque ad num. 101.

102 *Repræsentatio in fideicommisso sub nomine collectiuo relicto quomodo detur, si testator proximiores vocauerit, num. 103.*

104 *Repræsentatio an detur in contractibus inter viuos, num. 105. 106. 107. 108. 109. 110. 111. 112. 113. & 114.*

115 *Repræsentatio in feudo, & emphyteusi ex pacto, & prouidentia, vt habeat locum, quæ requirantur, enumerantur, n. 116. 117. 118. 119. 120. 121. 122. 123. 124. 125. 126. 127. 128. 129. 130. 131. 132. 133. & 137.*

134 *Filij an succedant vti filij, aut vti hæredes in emphyteusi.*

135 *Notarij acceptatio pro absente quando non iuuat.*

136 *Stipulatio filij familias collata in tempus mortis patris non iuuat.*

138 *Repræsentatio an habeat locum in feudis, declaratur cum distinctionibus.*

Quid in vocatione primogeniti, num. 139.

Quid in iure patronatus, num. 140.

141 *Hæres ex repræsentatione in primo ordine est descendens.*

In secundo ordine est transuersalis, num. 142.

In tertio ordine est adoptiuus, num. 143.

In quarto ordine est legitimatus, num. 144.

In quinto ordine est adrogatus, num. 145.

In sexto ordine est filius naturalis, num. 146.

In septimo ordine est filius spiritualis, n. 147.

148 *Repræsentatio in filio an detur ex sua propria persona, an verò ex persona patris, eiusque quæstionis effectus.*

TITVLVS SEPTIMVS.

1 Licet hæres ab intestato sit in quintuplici ordine succedendi, vt supra in præcedenti Titulo hactenus probauimus. Hæres verò ex repræsentatione in duplici principaliori ordine dumtaxat est secundùm lineam, li. et secundùm personas septem enumerauimus ordines. Nempè descendentium, & collateralium, excluso ordine ascendentium, Nouella 118. cap. 2. Vndè sumpta est *Auth.*

defuncto, C. ad Tertull. Defuncto sine liberis fi-
lio, parentes si soli sunt succedant, salua gradus
2 *sui prærogatiua*. Proinde decedente descen-
dente absque liberis, relictis matre, & auo
paterno, mater excludet auum, & sola ad
bona filij sui prædefuncti vndecumque per-
uentis, & acquisitis admittetur. Est insignis
3 differentia inter ascendentium, & descendē-
tium ordinem: Nam in ascendentium or-
dine repræsentatio fit, cùm filius intret in
locum patris; in descendentium autem nul-
latenus: Auus enim sui filij prædefuncti
locum non obtinet.
4 Substinetur hæc differentia ratione, quia
lex naturam imitatur, *l. adoptio, ff. de adopt.*
nam patris portio secundùm naturalem ge-
nerationem filijs instituit; causa enim in-
fluentiæ ex dictamine rationis fit, vt filius
loco patris subrogetur, & in linea sursum ta-
lis influentia non datur: Immò est contra
ordinem naturæ turbatæ, & consequenter
deest ascendentibus talis repræsentatio in
ordinem ascendentis, *Salyc. in d. Auth. de-*
functo, nu. 2 & in Auth. post fratres, lect. 1. in
fine, C. de legit. hæredib. & probatur ratione
desumpta à *l. liberorum, §. fin. ff. de verb. signif.*
vbi Iurisconsultus ait: *Etenim idcircò filios,*
filiasque concepimus, atque edimus, vt ex pro-
le eorum, earumue diuturnitatis nobis memo-
riam in æuum relinquamus. Et Seneca lib. 1.
contr. 1. Etiam abolita sæculis nomina per suc-
cessores nouos fulgent.
Et licet Iacobus Butricarius in d. Auth. de-
functo, sublineat, descendentibus repræsenta-
tionem dari ab ordine descendentium, ratio-
ne symbolæ successionis inter vtrumque or-
dinem, & proinde ad imparia non debent
iudicari, *l. Pronius, ff. de fideiuss. l. fin. ff. de ac-*
cept. l. fin. C. de indict. vid. tollend. l. 1. C. de ca-
5 *duc. toll. lib. 11.* tamen talis Butricarij instantia
non probat, quia non vt liberis parentum,
ità parentibus liberorum hæreditas defer-
tur, *l. scripto, §. fin. ff. si tab. test. null. ext. l. nam*
& si parentibus, ff. de ino ffic. testam. Vnde cū
6 nō sit symbola succedēdi ratio, cessat reprę-
sētatio, cū multæ sint differētiæ inter vtrāq;
successionē, quas enumerat Royas in epit. succ.
cap. 10. & 11. non potest proinde adaptari
regula similium *leg. 2. ff. de his quib. vt indign.*
l. fin. C. de rescind. vendit.
7 Vnde Robles in suo tract. de repræsent. lib.
2. cap. 19. sub num. 18 pro ratione dubitandi,
firmat hoc aliud argumentum intuitu opi-
nionis Butricarij: scilicet, qui in vno, eodēq;
gradu sunt repræsentationis priuilegio ca-
rent, sed in capita pro æqualibus portio-
nibus succedunt, *l. 2. §. hæc hæreditas, ff. de*
suis, & legit. hæred. atqui iure repræsentatio-
nis succeduntur in stirpes admittuntur, *Nouel-*
la 118. cap. 2. ibi: *Si aut tres eundem habeat*
gradum ex æquo inter eos hæreditas diuidatur,
vt medietatem quidem accipiant omnes à patre
descendentes, quotcumque fuerint, medieta-
tem verò reliquam à matre ascendentes quan-
toscumque eos inueniri contingerit, d. Auth.
defuncto, C. ad Tertull. ergo parentes iure re-
præsentationis admittuntur.
8 Tali argumento firmiorem resolutionem
adaptauit, *Robles num. 19.* dicens, quoties
pater, & mater, alijque succedentes in pari
gradu existentes liberis suis succedunt bono-
rum distinctionem esse faciendam, itaut in
bonis à patre pater, in bonis à matre profe-
ctis mater succedat, secundùm vnam opi-
nionē, de qua per *DD. relatos à Robles sub n.*
9 *19.* quia verior est opinio, vt succedant pari-
ter in omnibus bonis, vndequaque quæsitis
per alium calculum Doctorum relatum à
Robles sub num 20. vers. Responsio est, quibus
addendi quamplurimi alij relati per *Marth.*
summa succ. leg. par. 1. quæst. 1. art. 1. sub nu. 7.
qui num. 8 & 9. inhæret opinioni contrariæ
pro separatione, scilicet bonorum; tamen cę-
terorum opinio, quod non fiat separatio est
probabilior, secundùm *Robl.* qui respondet
ad contraria.
10 Tamen tale argumentum, nec eius solu-
tio faciunt ad Rhombum: cùm non per hoc,
quod fiat diuisio bonorū, sequitur, quod suc-
cedāt in stirpes: quia in stirpes succedere, ni-
hil aliud est, quàm habita stirpis ratione ad
hæreditatem vocari, sic filij fratrum ad pa-
trui hæreditatem in stirpes vocantur, quia
in locum sui patris, à quo descendunt sub-
rogantur, æquè ità conuenient visum fuit,
vt in stirpes succederent, ac tantū de morien-
tis hæreditatis acciperent, quantùm si co-
rum viueret pater, erat accepturus, adeò vt
hæc pars nec filiorum numero augeatur,
neque ex eorum defectu decrescat, & hoc est
vocari, habita ratione stirpis, nempè patris,
à quo descendunt, ex quo mediante patruo,
vel auo coniunguntur, licet hæc sit contro-
uersa quæstio, vt infrà dicemus.
11 Sed illibatus, & indubius casus erit, quan-
do vno ex fratribus prædefuncto supersunt
plures filij, & concurrunt ad hæreditatem
patrui cùm alio fratre superstite, tunc illi fi-
lij alterius fratris præmortui succedunt in
stirpes cùm alio fratre eorum patruo ad hæ-
reditatem alterius patrui: verbi gratia, tres
sunt fratres vtrinque coniuncti, præmoritur
vnus ex illis, relictis quatuor, vel quinque fi-
lijs, demum moritur alter frater ab intesta-
to, ad hæreditatem illius fratris præmortui
vocantur omnes filij alterius fratris ante-
mortui, & alter frater viuus in stirpes, adeò
quod medietas hæreditatis detur omnibus
illis filijs fratris prædefuncti, & altera me-
dietas patri superstiti, vt statim probabi-
mus.

num, & constat ex *dicta Nouella* 118. *cap.* 1.
vers. Si tamen, & cap. 3. *vers. Si autem defun-*
cto. Ascendentes verò ad descendentium
12 successionem nullatenus in stirpes inuitari
possunt, quia ab ipsis stirps, & generatio ma-
gis influitur, quàm ad eos reuertatur, tanquā
ab vno ad alios, non ab alijs ad vnum contra
ordinem naturæ, etsi inter eos hæreditas pro
rata diuiditur, non est quia in stirpes vocan-
tur, sed quia inspicitur naturalis generatio-
nis causa, quæ velut ad vnum corpus eos re-
ducit: cùm igitur maritus, & vxor in gene-
13 rationis actu concurrant pro vno habeatur,
& proindè si ex vna auus, & auia materna,
ex altera verò parte auus paternus concur-
rat, hic ex hæreditate tantùm, quantùm illi
ferunt portionem; quoniam auus, & auia
materna nepoti coniunguntur, mediante
14 persona matris eius, in cuius generatione
etiam interuenit, & sic pro vno habeatur,
vnamque dumtaxàt partem ex hæreditate
nepotis consequentur, prout faciunt verba
illa registrata in *l. lege duodecim tabularum*,
C. de legit. hæred. cùm natura idem corpus
ædificerit, vt maneat suis viribus immortale,
& alter alterius auxilio egeat, & vno semoto,
15 alterum corrumpetur, ex quibus apparet di-
uersum esse in iure ciuili succedere in stir-
pes, & causa naturalis generationis inspecta
ad hæreditatem vocari, nàm nepotes in stir-
pes succedunt considerata persona: nempè
stipite, à qua descendunt, & in cuius locum
subingrediuntur, ascendentes autem inspecta
generationis causa, quæ eos ad vnum corpus
reducit, prout in *d. Nouella* 118. *cap.* 1. & 3.
loquens de ascendentium, & patrui hæredi-
tate de successione in stirpes mentionem fe-
cit, & quando in *cap.* 2. *eiusdem Nouellæ* de
descendentium tractat hæreditate stirpium
mentionem cōsultò non fecit, dixitque dum-
taxat *Si autem eundem habent gradum, ex æ-*
quo inter eos hæreditas diuidatur, & medieta-
tem quidem accipiant omnes à patre ascenden-
tes quantumcumque fuerint. Medietatem verò
à matre descendentes quantumcumque eos in-
uenire contingerit: Vnde meritò concluden-
dum, repræsentationem dari in duplici dum-
taxàt ordine descendentium, scilicet & col-
lateralium nunquam ascendentium, tanquā
quid contra naturam impossibile, in quo nō
datur symbola ratio.

16 Quo verò ad quidditatem repræsentatio-
nis, etiam affirmamus errasse *Robles*, quando
dixit: *Illam esse ius, quo filius in locum patris*
ad ascendentem in infinitum, vel patrui inter
transuersales tantùm successionem vocatur, *Ro-*
bles lib. 1. *cap.* 3. *num.* 2. *eod. tract.* & in maio-
17 rem errorem incidisse *D. Carolum de Luca*
in suo tract. de linea legali, tit. de linea in repræ-
sentatione, art. 27 *sub num.* 2. vbi dicit, *Repræ-*
sentationem esse ius successionis, quo liberi vl-
terioris gradus cum proximioribus ad hæredi-
tatem aui, vel patrui, patris locum ingredien-
tes, eiusque personam repræsentantes in stirpes
succedunt.

18 Hæ duæ diffinitiones, nè dicam descrip-
tiones, non benè iudicio meo conueniunt cū
suo diffinito, nec constant ex genere, & dif-
ferentia, vt constare omninò debet omnis bo-
na definitio, secundùm Dialecticos, licet pe-
riculosa secundùm Legistas: quia per *Robles*
dicatur, *Ius quidem dico*, & repetit *De Luca*,
Ius quidem dixi. Primus dicendo illud sta-
re loco generis, quemadmodum nostri pru-
dentes dicunt, ius agnationis, ius cognatio-
nis, & similium ad differentiam aliorum iu-
rium, quæ in alijs rebus, vel ad alias res ali-
qui habent; Nempè (subdo ego) eius vsus-
fructus, ius habitationis, ius hæreditatis, &
deinceps, & alter sicuti ius agnationis, & si-
19 mile dicimus. Negamus repræsentationem
esse *ius successionis*, secundùm *De Luca*, quia
dicere, *ius successionis*, nihil aliud dicitur,
quàm quod repræsentatio sit ius iuris, cum
successio ius sit, *l. nihil aliud, ff. de verb. signif.*
l. hæreditas, ff. de regul. iur. & proprium ius
appellat, *Dyn. in cap. is qui num.* 3. *extra de*
regul. iur. in 6. & sic esset dicere, ac si diceres
tur pactum legis commissoriæ, quod non
benè dictum diximus in *tract. de symbol. con-*
tract. tit. 3. *cap.* 1. *sub num.* 10. & *tit.* 4. *cap.* 1.
sub num. 10. *vers. Nam lex*, quando affirma-
uimus legem illam commissoriā, nihil aliud
esse quàm pactum, & dicendo pactum legis
commissoriæ, nihil aliud exprimeretur, ac si
pactum pact. commissorij: meliùs substineri
posset verbum prolatum à *Robles*, nempè
quod sit ius, quo filius hoc ius benè apud *Ro-*
bles stat loco generis, quando apud omnes
Doctores repræsentatio appellatur *ius*, sed
difficultas stat contra eum, quia Doctores
appellant ius non simpliciter, sed cum adiun-
cto genitiuo repræsentationis. Et sic aliud
est ius, aliud repræsentatio: cùm tamen non
cōtineatur sub eodem, sed sub diuerso, prout
ius agnationis, & cognationis continetur in
origine, & parentela, & ius vsusfructus,
quod continetur in fructu, qui non est vsus-
fructus: cùm non valeat dicere ius vsusfru-
ctus, quia vsusfructus ius est, vt constat ex
eius diffinitione: Deficit etiam *Robles* in sua
diffinitione in differentia, quando dixit, *tan-*
tùm successionem vocatur, & sic subiungit dicēs
habet ius vocatiuum succedendi, non succes-
sionis, & *D. de Luca*, ibi, *Quo liberi vlterioris*
gradus, similiter deficit comprehendendo
indefinitè in *ly vlteriores gradus*, transuersales
cùm eorum vocatio sit definita in primo
dumtaxàt gradu, eorum malè, *vlteriores gra-*
dus, absque distinctione essentiæ priuilegij in

repræsentando inter descendentes, & collaterales, saltim implicitè.

20 Nos dicimus (ni fallor) repræsentationē nihil aliud esse, nisi *per priuilegium in corpore iuris clausum filij in defectum patris, & deinceps ad ascendentium, & nepotis ad transuersalium secundum gradum ab eo præscriptum, factam succedendi vocationem.*

21 Diximus, *est per priuilegium*, quia repræsentatio non ei competit de iure communi, sed per priuilegium in corpore iuris clausum, vt est *tex. singularis in §. si autem defuncto*, ibi, *huiusmodi priuilegium in Auth. de hæred. ab intest. collat.* 8. quod sciet prodesse, propter multa, de quibus infrà.

22 Diximus, *filij in defectum patris ad ascendentium, & nepotis ad transuersalium* (nepotem intelligi filium fratris) *secundùm gradū ab eo præscriptum factam vocationem*, quia filijs dumtaxat est elargita talis facultas, ex quo de iure duodecim tabularum erat incognita talis repræsentatio, & de iure communi penitùs filius in successione ascendentium poterat patris personam repræsentare: cùm de illo iure successio erat personalissima, adeò quod debetur influentia semper ad proximiores, vt sæpè sæpius diximus in *tit. de hæred. ab intestato*: nulla habita ratione filiorum patris, tanquam in remotiori gradu existentium: cùm de iure ciuili quælibet persona constituerbat gradum; ex æquitate postmodum *Iustiniano* fuit adinuenta talis repræsentatio, & ideò non egreditur gradus, & fines ab eo præscriptos.

Et proindè non abs re dixit *Robles*, cuius tractatum multi facimus, tanquam subtilissimum, & nouissimum inter tractantes, etsi in aliquo, vt par est, deficerit ex professo à nobis meliùs, & acutiùs intuendo reparetur ad conditionandam proximum amatorem potiùs, quàm ad sustinendum ingenij vires in medium duximus *d. lib. 1. cap. 4. sub num. 6.*

23 *repræsentationis* nomen non esse simplex, sed benè compositum à *re*, & *præsentatione*, sumendo rem pro persona, vt scilicet quemadmodum persona patris succedebat in gradu existens, ex remota persona filij contemplaretur pro persona patris, tanquam eius origine exemplum ego, licet ad aliud propositum reportaui *in tract. de symbolic. cō tract. lib. 1. cap. 3. num. 46. vers. Et hoc est*, vbi diximus non repugnare, quod actio præscriptis verba concurrat cùm actione informat, nec mirùm esse, si pactum incontinenti appositum *in fluat in aliam*, & induitur sibi, prout patet per exemplum naturale: nàm si sigillum imprimatur in ferro calido informat ferrum, & recipit calorem à ferro, sic in simili filius imprimitur à patre, & pater recipit calorem, hoc est perpetuitatem à filio, & consequenter ratione imprimentis, & impressi eadem est

24 imago, & qualitas, ideò nihil mirùm si taliter pie fuerit à *Iustiniano* dispositū in repræsentatione filij in patre, qui in cæteris actionibus habetur, tanquam persona propria, congruum etiam fuit in actione succedendi symbolizetur in idem, seruato ordine à *Iustiniano* distinctè præscripto.

25 Diximus, *secundùm gradus præscriptos*; quia cum certis ordinibus repræsentationis descendentium, & collateralium, scilicet non tamen symbolus ordo inter vtrumque fuit concessus ex priuilegio, quia dispar est ordo ascendentium in repræsentando, quàm in collateralibus.

26 Primus enim ordo descendentium fuit sub dubio positus, vsque ad quem scilicet gradum intelligatur concessa facultas repræsentandi. Secundus verò definitè habuit assignatum gradum à *Iustiniano*: nàm quoad ordinem descendentium, vsque ad quem gradum fuit in dubium olim reuocatum occasione, *tex. in §. cùm filius instit. de hæred. quæ ab intest. defer.* vbi habetur, quod filius, natæ, & ab altero filio nepos, neptisuè in locum patris sui succedere; pari ratione, & si nepos, neptisuè sit ex filio, & ex nepote pronepos, proneptisuè simùl vocentur, ex qua placuit, nepotes, nepotesuè inter pronepotes, proneptesuè in parentis, sui locum succedere conuenientes esse visum fuit, non in capita, sed in stirpes hæreditatem diuidi, pro quem actum, repræsentationem non esse admissā in descendentibus vltra pronepotem, prout ibi firmarunt *Faber, Angel, & Aret.* voluit *Loff. ed. in paraphrasi feud. tit. de nat. succ. feud. Bart. an. esigu. in l. 1. § si quis, ff de suis, & legit. Mathej in tract. de succ. ab intest. in 1. art. num. 8 Viuier. Trentacinq. in consim. tract. art. 1. num 17. Paris cons. 40. num. 28 vol. 2. Couar. pract. quæst. cap. 38. num. 5 vers. Ego quidem*, afferit hanc controuersiam in praxi reduci non posse, quia rarissimè euenire potest, vt pronepotes agant de praui successione, & *Foster, in consim. tract. de succ. ab intest. lib. 4 cap. 21. num 14. vers. Hæc exempla afferat*, ex regula *d. §. cùm filius*, non restringere regulam, & *Couar. ibidem*, similiter subdit, quod *Bart. in d. §. sed si quis*, loquitur de pronepotibus, non autem negat de abnepotibus, & vlterioribus.

27 Vndè contraria opinio, quod dicta repræsentatio extendatur ad descendentes. *Accurs. in §. multis verò, vsque ad quintum gradū instit. de success. liber. Faber sibi contrarius ibidem, & in l. cæterum instit. de legit. agnat. succ. Dyn. in tract. de succ. ab intest. num. 3. Emanuel Costa in tract. de patruo, & nepote, par. 3. num. 37 Ludouic. Moli. n. lib. 3. de Hispan. primogen. cap.*

cap.7.ex num.5.Peregrin.de fideicommiss. art.2. num.6. vers. Attamen vsque in infinitum, probatur per textum expressum in *d. Auth. Defuncto*, ibi: *Primi quidem gradus equaliter succedunt nepotes, & vlteriores in stirpes, C. de suis, & legit. hæred.* Vlteriorum igitur appel-
28 latione omnes descendentes in infinitum comprehenduntur, *l. Iurisconsultus, §. parentes, ff. de in ius vocando, l. cum vetallas, vers. sed tamen de hæred. quæ ab intest.* & in alijs locis relatis per *Marcum summa suec. leg. dicta parte prima, quæst.23. art.1. sub num.1. & seq. Paræardus in §. secundò de hæred. quæ ab intest. defer. sub num.19. respondens sub num.20. d. §. cum aliis Gratian. discept. forens. cap.456. num.4. & 65. Fusar. de fideicommiss. quæst. 485. num.10. Guglielm. de Benedict. loco cit. sub num.41.*
29 Et propterea cùm ex priuilegio sit inducta dicta repræsentatio, vt succedat priuilegiatus, non in grado, sed in persona patris, & malè dixerunt aliqui, repræsentationem dari in gradum, non verò in personam, vt per *Robl. quæst.6 num.17.* non fictè, vel præsumptiuè, vt aliqui etiam putant, sed verè, & realiter in substantia, ecce creatura de iure, & meè priuilegio creata, *Ruin. conf. 115. num.6. vol.3. Tiraquell. de primog. quæst.40. num.31. & seq. Sard. conf.325. num.12. vers. Etiam est verum, lib.3. Menoch. conf.124 sub num.100. & conf.111. num.18. cum aliis seqq.*

In successione verò transuersalium in qua, neque de lege 12. tabularum, neque Digestorũ iure repræsentatio cognita erat, sed obseruabatur ordo, quod qui priori grado existebat, is prior in succedendo esset, vt suprà diximus, beneficio verò *Iustiniani* introductum fuit, vt filij fratruum defunctorum cùm fratribus defuncti superstantibus simul admittantur, *§. si verò fratres, Auth. de hæred. ab intest. Auth. post fratres, C. de legit. hæred. Authent. vt fratrum filij in princ.* Proindè *Iustinianus* tale priuilegium limitatum voluit elargiri in *§. si igitur defunctus, d. Auth. de hæred. ab intest. venient* Solùm dumtaxat fratrum masculorum, & fœminarum filij, vt in suorum parentum iura succedant, expressè disponens, quod nulli alteri omninò personæ ex hoc ordine venienti hoc priuilegium largiatur, ex quo colligitur differentia repræsentationis in descendentibus, & collateralibus, in primis scilicet, vt detur in infinitum, in collateralibus verò, vsque ad primum gradum, & sic noluit facere symbolam, sed potius disparem causam repræsentationis inter eos, secundùm aliam legum regulam, *leg. adeo & si parentibus, ff. de inoffic. testam. l. cum ratio, C. de bon. damn. & l. scriptæ, C. vnde liberi*, vbi prima ratio successionis, quasi iure naturæ pertinet ad descendentes.
30 Et proindè apud omnes constituta est regula generalis, repræsentationem locum non habere, nisi in casibus in iure expressis, *Paris conf.37. num.1 lib.1. Decian. resp.1. num.398 lib.1. Covar. d. cap.18. num.4. Cancer. var. resolut. cap.1. num.7. Barbat. noster de maior. & primog. person. par.1. cap.4. num.10.* & consequenter optimam esse nostram repræsentationis descriptionem ex suprapositis confirmamus.
31 Affirmant vlteriùs alij facultatem succedendi, ex repræsentatione cognitam antiquitùs de iure diuino. Nam *Genes. cap.11.* vbi Thare tres habens filios, Abraham, Nachor, & Aram, præmortuo Aram, relicto filio suo Loth: Mortuo postmodum Thare, Abrahã nepotem ex fratre Aram, admisit ad successionem aui, *Genes. cap.12. & 13.* cumque fratrem vocauit, tamen *Robles d. lib.1. cap.5. n.2. & seq.* affirmat, Loth non fuisse repræsentatum in diuisione facta cùm Abraham, ex quo non aderant bona sui aui Thare, sed obtinuit illam medietatem bonorum iure societatis in peregrinatione acquisita, tamen post multa exempla impropriorum omninò in Sacra Scriptura dicit sub num. 7. etiam de illo iure repræsentationem dari, inspecto iure naturali, iuxtà illud *Eccl. cap.30. vers.4.* mortuus est pater eius, vt quasi non est mortuus, quod intellige secundùm relationem patris, & filij, qui reputantur pro vna, eademque persona, & instituitur eorum relatio pro conseruanda perpetuitate generationis.
32 Non obstat ampliatio quam ponunt aliqui supradictam regulam repræsentationis, non solùm obtinere sibi locum in successione intestati, sed etiam ex testamento: nempè in fideicommissis, *Glos. in l. cùm ita §. in fideicommisso, ff. de legat.1.* vbi communiter Doctores concedunt, *Corn. conf.97. sub num.7. vol.1. Alex. conf.88 in princ. vol.1.* qui testatur de communi, *Roland. à Valle conf. 68. num.31. & seq. vol.1. Decian. responso 55. num.13. & seq. Riminal. iun. inter consilia vlt. volunt. consil.176. num.8. Dec. conf.183. in fine, & in conf. 417. circa principium, Crauetta conf. 67. Bursat. conf 67. num.9. & conf.71. in princ. Thobias Nonius conf.4. num.6. & seq. Alex. Raud. conf.142 num.62. & 63. inter conf. vlt. volunt. Gabr. conf.86. num.3. lib.1. Vin. Syl. var. opin. lib.1. opin.319. Molina de iustitia, & iure, to.3. disput.631. num.2. Ioann. de Castillo lib.3. quotid. controuers. iur. cap.19. num.53. Villalobos comm. opin. num.90. Laurentius Kirchouius comm. opin. contr. 3. conclus.54. Petrus Beniteuda decis.830 88 Seraph dec.1181. in princ. & decis.1472. num.1. Rota Romana decis. 88. coram Celso, Capycius Latro decis. 116. Peregrin. de fideicom. art. cont.2. num.11.* quod extendunt ad fideicommissum in contractu ordinarium, *Molin. de Hyspan. primog. cap.6. num.67.*

47. *Odd. conf.* 81. *num.* 39. & proindè manet
nostra diffinitio, quia non tantùm ex voca-
tione iuris, nempè ex priuilegio in corpore
iuris clauso datur repræsentatio, sed etiam
ex dispositione hominis, nempè ex testamen-
to, vel in fideicommisso ab eo ordinato.

33 Illud magis, quia ex suprapositis sententia
inferunt etiam repræsentationem dari in
successione non hæreditaria, & proindè nec
nostram diffinitionem sustineri posse, nec
Molina sententiam d. cap. 6. num. 47. sustinen-
tis, repræsentationem in successione hæredi-
taria semper admittendam, in alijs verò suc-
cessionibus denegandam; nisi in feudis, &
emphyteusi, in quibus iure singulari repræ-
sentatio admittitur, etiam si iure hæreditta-
rio non deferatur, vt lucidissimè dicemus
infrà.

34 Ac etiam, quia ex suprapositis sententia
vlteriùs inferunt non esse veram sententiam
eiusdem *Molina d. cap. 6. num.* 41. *Piccard. d.*
§. 3. *de hæred. quæ ab intest. defer. num.* 3. con-
stituentium eandem regulam non admitten-
do repræsentationem in his, quæ iure hære-
ditario non deferuntur, nisi in tribus casibus.
Primò, in successionibus, in quibus linea
recta, & vice primogenituræ succedendum
est, & idem in iuribus patronatus, anniuer-
sarij, & emphyteusis iure primogenituræ re-
lictis. Secundò, vbi adest primogenitorum
perpetua vocatio. Tertiò, in fideicommisso
familiæ cognationi, seù propinquis relicto:
nàm licet in dictis casibus (subdunt ipsi) non
hæreditario, sed sanguinis iure succedatur,
repræsentatio admittitur, & proindè auge-
tur ratio eorum subdentium rectiùs intuenti
regulam inducendam esse facultatem repræ-
sentationis, scilicet fauorabilem esse, atqui in
dubio esse extendendam, & pro ea iudican-
dum, vt potiùs admittatur, quam excludatur
repræsentatio, secundùm *Decian. resp. p. lib.* 2.
& *Aurend. in l.* 40. *Thauri, gl.* 18. *num.* 6.

35 Quia respondetur, quod aut non est verè,
quod ipsi aut humani, aut omninò concilian-
da eorum opinio cùm nostra decreta repræ-
sentationis quidditate.

36 Quod non sit verùm probatur ex contra-
ria sententia, de qua apud *Bald. in leg. cùm*
ita. §. in fideicommisso, ff. de legat. 2. *Alex. conf.*
204. *num.* 4 *lib.* 1. *Castra conf.* 5. *num.* 5. *Ruin.*
conf. 169. *num.* 8. *conf.* 181. *num.* 5. *lib.* 1. *consil.*
163. *num.* 13. *lib.* 3. *Dec. conf.* 1. *num.* 6. *vers. Et*
dico, & conf. 217. *num.* 4. *vol.* 1. *& conf.* 43. *n.*
10. *vol.* 2. *Tiris conf.* 70. *num.* 19. *conf.* 18 *num.*
79. *lib.* 2. *conf.* 2. *num.* 2 *lib.* 3 *Gratian. conf.* 27.
num. 10. *lib.* 1. *Gozzad. conf.* 29. *nu.* 18. *Bellon.*
conf. 5 *num.* 2. *Roland. à Valle conf.* 18. *nu.* 33.
Ioann. Anton. Lanar. consil. 69. *num.* 25 *Gugl. de*
Benedict. in d. cap. Raynut. in verbo, Et vxorem
nomine Adelasiam, num. 60. *Magon. decis. Luc.*
cap. 82. *num.* 22. & hanc eandem opinionem
strenuè defendit *Robles d. tract. cap.* 1. *num.* 9.
& 17. & *lib.* 3. *cap.* 7. & hanc eandem senten-
tiam *Baldi.* & sequacium sequuti sunt etiam
Couar. pract. quæst. cap. 38 *nu.* 4. *vers. Sic sanè,*
& *vers.* 3. *ad intellect. Rota Aurea apud Hiero-*
nym. de Laur. decis. 37. *in fine, Osasc. conf.* 82. *n.*
8. *Gabr. comm. conclus. lib.* 4. *tit. de fideicomm.*
conclus. 3. *in princ. Terra Placent. de fideicom-*
miss. quæst. 11. *num.* 8. & 14. *post eos, Thesaur.*
decis. 15. *in princ. Dom. Reg. Rouit conf.* 76. *n.* 9.
vndè *Barbatus noster in d. tract. par.* 2. *cap.* 4.
sub num. 9. asseuerat, nec esse antesignanam
opinionem *Glos. in d. §. in fideicommisso,* pro
sententia contraria.

37 Illius igitur casus est in fideicommisso, sci-
licet ascendentis, nempè patris, aui, patrui,
vlterioris etiam remotioris ascendentis fi-
lius subintret in locum patris, & in isto ca-
su concedunt Doctores desuper allegati pro
prima opinione, de quibus, & alijs etiam à
Barbato nostro d. cap. 4 *sub num.* 23. vbi affert
huiusmodi casus ampliationes, & limitatio-
nes. Immò sub *num.* 24. refert casum *Camil-*
li de Medices in conf. 99. *num.* 32. qui ex sen-
38 tentia *Baiccarij in d. Auth. ex fundo,* in hoc
casu extendit repræsentationem, etiam ad
ascendentes, quàm sententiam nos suprà re-
spuimus, adde *Vi. decis.* 418. *in fine.*

39 Contraria opinio, quod neque in descen-
dentibus detur talis repræsentatio, quo ad
ascendentium fideicommissum probatur ex
disparitate casus repræsentationis ab intesta-
to, quàm dari intelligunt Doctores eis, qui
coniuncti sunt defuncto tempore mortis eil-
licet, & in fideicommissaria substitutione si
nati, vel concepti sint proximiores eo tem-
pore, quo fideicommissi conditio existit: li-
40 cet nati, vel concepti sint post mortem te-
statoris: cùm talia fideicommissa vt plu-
rimùm conditionalia sint, vel hoc ipso, quod
post grauati mortem relinquuntur, *Doct. in l.*
quod dicitur, ff. de verbor. signif. Fab. lib. 4.
coniect. iur. cap. 9. *pag.* 106. & *de error. Prag.*
decade 54. *err.* 9. non æquiuoca symbola est
41 ratio, quia scriptum reperimus, quod in
dispositionibus conditionalibus, conditio-
nis, non dispositionis, aut mortis testatoris
tempus attendendum venit, *l. intercedit, l. cùm*
qui post, ff. de condit. & demonstrat. l. cùm pa-
ter, § hæreditatem filius, ff. de legat. 2. Leuat
42 conditio habens tractum temporis, ibi om-
ninò expectari debet vltimum temporis
momentum, adhoc vt possit esse. Aliter agi,
licet sit certum, quod amplius possit fieri
antè dictum, quæ erat in dispositione, etiam
purificata, vt diximus in *tract. de symbol. con-*
tract. lib. 1. *tit.* 1. *cap.* 8. *sub num.* 31. ac in succes-
43 sione intestati attenditur tempus mortis, aut
saltem delatæ hæreditatis, siuè successionis.

l. 2.

l. 2. §. proximum, ff. de suis, & legit.
44 Vndè resultat, quod si in fideicommissis
repræsentatio quoque locum haberet, con-
sequentia esset certa, vt daretur etiam in fi-
deicommissis conditionalibus contra om-
nes iuris regulas, & ait *Faber in suo Codice,
lib. 6. tit. 29. de his, qui antè apert. tab. & eod.
lib. tit. 19. defin. 10.* cùm descendens ille post
45 possessoris mortem fuerit vocatus, & sic
sub conditione: cùm dies incertus, qualis est
mortis, pro conditione habeatur, *l. 1. §. 2. l.
dies incertus, ff. de cond. & demonstrat. l. talis
scriptura, §. sed & si sub conditione, ff. de legat.
2.* ergo antè vltimi possessoris mortem tran-
smitti non potuit, *Dom. de Franch. decis. 525.
nu. 1. Maranta cons. 6. antè nu. 7. Decian. resp.
29. num. 15. & seq. vol. 4. Ludou. Peguera dec.
Cath. 100. Anton. Gama decis. Lusit. 160. nu. 1.
& 2. Gail. pract. quæst. obseruat. 132. in princ.*
46 *Per. 2.* quia in alium nemo transmittere po-
test quod sibi quæsitum non sit, *D. de Franch.
decis. 541. num. 11.* & inter transmissionem,
& repræsentationem in hoc casu nullum ca-
dere potest discrimen, & si dici posset, quod
in eo vertitur differentia, quia transmissio il-
li etiam prodesset, qui ipse vocatus non es-
set, *l. vnica, C. de his, qui antè apert. tabul.*
47 Repræsentatio autem, quam in fideicom-
missis dari voluerunt supradicti interpre-
tes: cùm de ascendentis bonis agatur, non
alij accommodatur, quàm qui ipse vocatus
48 probetur; & nil mirùm, quia potest aliquan-
do fieri, vt facultatem transmittendi sibi vē-
dicare velit, qui ex vocatis scilicet, vel cùm
proximioribus concurrat, à quibus alioquin
ante arceretur, vel ijs, qui in eodem con-
stituti sunt gradu, præferatur, quique alio-
quin cum eo concurrunt: exemplum erit.
Testator, instituto fratre, & exhæredatis Ti-
tio, & Mæuio eius filijs, siuè bona, siuè ma-
la mente, subindè rogasset fratrem, vt post
mortem suam Titio, & Mæuio, & familiæ
bona restitueret, vndè, viuo adhuc hærede, Ti-
tium decessisse, superstite fratre Mæuio, atq;
etiam superstitibus liberis exhæredati Ti-
tij, adhuc fideicommissum liberos Titij, non
ambigitur, tanquam de familia non fuisse
vocatos, sitque tamen quamdiù Mæuius vi-
uit, proprio iure, & propria persona fidei-
commissum petere posset, duplici scilicet ac-
cedente ratione. Prima, quia Mæuius eos
antecedit gradu; altera quod ille coniunctim
vocatus est, qua de causa, etiam si gradu po-
sterior esset præferri tamen deberet, *l. vnùm
ex alijs, l. omnia, §. in fideicommisso, ff. de le-
gat. 2.* & sic etiam, cessante vltima ratione, so-
la prior sufficeret: cùm non sit illud omninò
verùm transmissionis iure eos admitti debe-
re ob id solùm, quod fuerint & ipsi vocati,
abundantius operaretur transmissio, quàm
vocatio, quia faceret, vt tanquam transmis-
sarij concurrerent cùm patruo: cùm quo
tanquam vocati concurrere non possent: eu
igitur repræsentationis facultate eos potius
admittemus? fortè, quia transmissio est
49 odiosior? Immò fauorabilior est; repræsen-
tatio enim facit, vel fingit id, quod non est
respectu personæ repræsentatæ, licet vera
respectu sui quidditatis, prout homo pictus,
qui talis non est, licet pictura sit vera; trans-
missio autem etiam est iuris, quod vel in re,
vel in spe, saltim vera est, vt cernere est à trā-
smissione legati, siuè purè, siuè in diem reli-
cti, *l. si post diem §. 1. ff. quando dies leg. ced. §.
sub condit. vers. Ex condit. stipul. inst. de verb.
obligat.* symbola stipulationis comprehensis
in dictis iuribus.
50 Deindè in ipsis quoque ascendentium hæ-
reditatibus symbolum est, et latius transmis-
sionis, quàm repræsentationis facultas pa-
tent. Antè *Iustiniani* tempora, lex ista fuisse
comperimus, vt in suis duntaxat repræsen-
tatio locum haberet, non tamen in cæteris
ascendentium hæredibus haberent descen-
dentes transmissionis facultatem, post Con-
stitutionem Theodosianam existentem in *l.
vnica C. de his, qui antè apert. tabul.* Cur ergo
Titij liberos ad conditionale fideicommissū,
quod patri, & patruo, ipsisque quoque fuerit
relictum magis admittemus, vt in bonis aui,
per ius repræsentationis, quàm iure trans-
missionis succedat, aut quod eis noceat iu-
ris ratio, quæ transmissionis viam præclu-
dit, si cum interpretibus facias, et ijs via re-
præsentationis pateatur: cùm facultas re-
præsentationis etiam in suis hæredibus, nō-
nisi ex transmissionis facultate nasci videa-
tur: Nec in aliquo symbolizatur ratio illius
casus, in quo descendentibus concessum fuit,
vt ascendentium suorum hæreditates ad
alios descendentes transmitterent, vt si ali-
quod ijs fideicommissum sub conditione ab
aliquo ex ascendentibus relictum sit, ad suos
descendentes id transmittere possint, si ergo
facultas transmissionis in ascendentium hæ-
reditatibus familiariter inductum ad condi-
tionalia fideicommissa, quæ ab ascendenti-
bus fuerint relicta porrigi non potest, *d. l. in
cal.* quis repræsentationis facultatem, quod
propter annexam fictionis, & mendacij na-
turam, minùs est fauorabile ad fideicommis-
sum conditionale ab ascendente relictum,
porrigi ferat, ob id solùm, quod in casu legi-
timæ ab intestato successionis à *Iustiniano*
inductum fuerit. Hæc mirum intelligimus,
quemadmodum nihil commune, nec aliquod
symbolum habere ius ab intestato succeden-
di, cùm iure succedendi ex fideicommisso.
51 Non obstat, quod transmissio illa Theo-
dosiana, de qua in *d. l. vnica*, tantò facilius
ad

ad fideicommissa conditionalia coniungi potuisset, quatenus illa ad successionis testamentariæ causam proprius accedunt, nam quoque cùm extrà testamentum, puta codicillis, siuè ex testamento, siuè ab intestato facta, relicta sunt, omni enim casu, & patrisfamilias voluntate, vt expressa dispositione, in quo maximè differunt à legitima intestati successione, quæ tacitam dumtaxat patris familias habet voluntatem conformatam cùm dispositione iuris, nec tam semper: veputa si intestatus decederet is, qui testamentum facere voluit, nec potuit, vt filios sibi eligat hæredes, quàm quos lex ei ab intestato datura esset, l. conficiuntur, §. codicillis, ff. de iure codicill.: Cùm igitur magis à legitimis ascendentium hæreditatibus ad fideicommissa conditionalia ad facultatem repræsentationis inducendam, quàm à testamentarijs ad ius transmissionis inducendum argumentari licebit. Nam si de testamentaria alicuius ex ascendentibus hæreditate agatur, nùquam auditum extitit nepoti danda repræsentationis facultas, vt in ipsa hæreditaria portione, ex qua pater eius fuisset institutus ex testamento, tanquam institutus succedere posset, alioquin in excogitanda posthumi in-
52 stituendi formula sancta Gallus Aquilius tantoperè laborasset facta viterius lex Velleia de nepotis Velleiani institutione, frustrà denique Iurisconsulti illam, vt nostri vocant causatiuam vocationem, siuè necessitatem, idem nati nepotes instituendi induxissent, etiam q. testamenti tempore à filio antecederetur: nè si eum in suis hæredis locum, viuo testatore succedere contingeret, quasi sui hæredis agnatione testamentum rumperetur, prout in l. Gallus Aquilius, cum suis §§ ff. de liber. & posth. & in l. posthumorum, ff. de iniusto rupto.

Potuisset benè facultas repræsentationis sufficere, si in causa testamentaria, etiam tùnc cùm de aui hæreditate agatur, locum habere potuisset, quod si facultas repræsentationis in testamentarijs ascendentium hæreditatibus, nè quidem futurorum hæredum fauore
53 locum non habet: itaut testamentum quamuis alioquin per se fauorabilissimum, rompi facilius patiatur legislator, quàm hanc inducat absurditatem, quamuis ab intestato aliud semper obtinuisset, quod refert supremum condere elogium; nihil aliud quis facere velit, nisi quod etiam non disponente ipso, lex facturà erat, nihil prorsus: concludimus igitur, quod siuè de ascendentium, siuè de transuersalium bonis disputetur in fideicommissis, repræsentationis locum non dandum, non à testatoris affectione referenda est, vt à Baldo, & Doctoribus factum fuit, sed ad veram iuris rationem, quæ pluribus sub nomine collectiuo ad eadem bona vocatis, siuè ab homine, siuè à lege, graduum distinctionem seruare vult, vt qui proximior est cæteris præferatur. Ad quid nostra graduum obseruatio, & distinctio apud Iurisconsultos, nisi vt seruaretur ordo succedendi, siuè ab intestato, siuè ex testamento, l. Iurisconsultus, & tot. tit. ff. de grad. nisi si quo casu alitèr nominatim cautum est, quod in hæredibus legitimis aliquos casus, & pro temporum varietate alitèr, atque alitèr constitutum est, & in testamentarijs æquum receptum est: in fideicommissis verò, siuè ab intestato, siuè ex testamento relicta proponantur, multò minus dicendum, & hanc vltimam principalem opinionem tenet Bald. in d. §. in fideicommisso in fine, quem sequuntur viginti sex Doctores, quos refert Iacob. Menoch. in sua addit. lib. 4 præsumpt. 95. suprà num. 14. in princ. & alios trigintaquatuor Doctores reperies apud Vincent. Honded. cons. 70. nu. 19. lib. 1. post multos alios Aluar. Valasc. de iure emphyt. quæst. 50. num. 31. Mil. enras. d. cons. 9. n. 41. & magis communem appellant Remin. al. iun. cons. 542. num. 69. lib. 1. Gaspar. Thes. lib. 1. forens. quæst. 33 num. 40. & Anton. Fab. d. decade 55. quos etiam sequitur Robles d. lib 3. cap. 7. num. 42.

54 Vndè non obstant contraria relata pro prima distinguente opinione, de qua apud Barbat. nostrum loco cit. quia illud procederet, quando veritas opinionis benè percipi non posset; secùs autem esset, quando ex verà legis primis principijs alitèr constet, vt in nostro instituto; cum omnibus veritas erit præponenda, l. Imperatores, §. mulier in fine, C. de sent. interloq. omn. iudic. cap. veritate 4. dist. 8. & ad eorum instantias sigillatim respondet Robles loco cit. sub num. 43. vsque ad finem: proindè indefinitè concludimus in fideicommissis omninò cessare facultatem repræsentationis, nulla habita ratione distinctionis casuum, an scilicet loquatur in fideicommissis ascendentium, an transuersalium primi gradus, vt in casu à Barbato proposito loco cit. & deniùm, quoad tertium casum de fideicommissis inter se transuersalium vlterioris gradus. Et videamus si veræ sint infrascriptæ coniecturæ.

55 Primam coniecturam ponunt interpretes, quando aliqui minùs dilecti magis dilectis anteponentur: nam tunc in successione fideicommissi transuersalis vltrà patruum repræsentationi locus est, probant Rein. Socc. iun. Menoch. & alij relati per Robles d. lib. 3. cap. 8. sub num. 1.

Secunda coniectura adducitur, quando testator tàm erga patris filium, quàm erga fratrem eandem, paremque affectionem demonstrauit: tunc enim fratris personam fi-

illus

lius repræsentat, vt cum patruo concurrat,
Menoch. d. conf. 124. *nu.* 76. *& conf.* 357. *nu.* 11.
lib. 4. *& de præsumpt. lib.* 4. *præsumpt.* 95. *n.* 97.
56 Has duas coniecturas respuit *Robles*,
quia in repræsentatione inducenda mera iu-
ris ratio, & non testatoris affectio attendi-
tur *d. l. iuris reg. & tot. tit. ff. de grad.* vt probat
in cap. præced. sub nu. 17. vbi contra *Baldum*
ait, vt quamuis charitatis ordo faciat, vt
57 qui frater eius fratris filium habeat in ma-
iori studio, & amore fratrem, quàm fratris
ipsius filium prosequatur, vel ob hoc, ipse,
quod fratris filius vno gradu remotior sit:
non idem tamen est in eo, qui fratrem, & al-
terius fratris prædefuncti filiū habet, quem
ex fratre nepotem vulgò appellamus: hic
enim quemadmodum fratres ambo quan-
diù vixerunt, æquè dilexerit, & diligere de-
buit, si nihil nisi ordinem charitatis ex dile-
ctionis naturalis consideret: ità, prædefun-
cto altero, credendum est in filium eius su-
perstitem eandem transtulisse affectionem,
quam patri viuus prosequebatur, nè ali-
58 quid eueniat, vt cuiset fratris filius, amisso
patre, patruum quoque hoc ipso amisisse in-
telligatur, quàm potiùs exindè incipere de-
bet habere pro patre: si *Ambrosio Calepino*,
& ijs, qui de verbis iuris scripsere, creda-
mus, qui patruum ex eodem dicto volunt,
vt sit alter pater, matertera, quod sit altera
59 mater, sicut & frater, qui sit alter ego, quan-
do etiam aptius, & conuenientius dici id
possit, quàm nò verus pater nullus superest,
aut nulla vera mater: Neque verò alia æqui-
tatis ratione, aut potiùs alio colore mouerì
potuisset *Iustinianus in Nouella* 118. *& in*
auth. cessante C. de legit. hæred. facultatem re-
præsentationis dare filijs fratrum, si quan-
do de patrui hæreditate cum patruo super-
stite decertarent; cùm igitur quod à Iusti-
niano in hac specie constitutum est de re-
præsentationis facultate aduersus iuris ve-
teris rationem ex verisimili affectione pa-
trui ergà fratris filium proficiscatur: ne-
mo vtique cum *Baldo* inferre possit, aliud
igitur in fideicōmissis dicendum esse ob id
solùm, quod in fideicōmissis affectio testa-
toris potissimùm spectanda sit, quod in de-
scendentibus fideicommissum relinquenti-
bus rectiùs procedere, affirmant interpre-
tes, quia eadem testatoris affectio, quæ erga
filium est, eadem erga nepotem ex illo filio
extitisse creditur vi amoris descendentis,
secundùm *Curt. iun. conf.* 165. *num.* 13. *lib.* 1.
Cassan. conf. 67. *nu.* 30. *Surd. conf.* 325. *num.* 4.
vol. 3. qui omnes concludunt, auum potiùs
nepotes, quàm filium diligere, quod non
est in fratre respectu sui nepotis ex altero
fratre.
60 Tertiam coniecturam adducunt Docto-
res, quando testator fratres, & eorum libe-
ros, seu descendentes vocauit, tunc deniquè
aiunt, vno fratre præmortuo, filius eius vnà
cum patruo ad alterius patrui, vel transuer-
salis successionem admittitur, *Menoch. conf.*
124. *num.* 78. *vers. sexto succedit, & conf.* 20.
nu. 63. *& seq. lib.* 2. *& conf.* 357. *nu.* 14. *lib.* 4.
61 Hanc eandem coniecturam respuit simi-
liter *Robles d. lib.* 3. *cap.* 7. *sub nu.* 3. quia illud
verbum, *liberos, & descendentes*, collectiuum
est, & sic operatur contrarium effectum
impeditionis scilicet repræsentationis, pro-
ùt suorum filiorum descendentium familiæ,
agnatorum, & cognatorum: Vnde in fidei-
commissis familiæ relictis non currit illa
regula, vt aliqui putarunt Doctores, eodem,
quo ab intestato ordine succedendi, *l. vlt.*
C. de verb. sign. quia in prima ter. parte *in d. l.*
familiæ nomine, parentes, liberos, patruos,
nec eos seruos contineri, Iustinianus statuit,
posteà de fideicommissis familiæ simplici-
ter loquens, propinquos, sed etiam his defi-
cientibus generum, nurum, post quam libe-
ros gradatim venire, dicit, ex quibus con-
stat ibi, non eodem ordine, quo ab intesta-
to succedi; verùm quia substitutionis verba,
hæc, & *hæc*, gradatim fieri protulit, vbi re-
præsentationem denegauit præcipuè in
huiusmodi fideicommisso, quod prima suc-
cedentis agnatione extinguitur: cùm fami-
liæ tantùm nomen fideicommissorum mul-
tiplicationem inducere non possit, & cum
fideicommissaria censeatur facta substitu-
tio, vt latè hanc opinionem defenderunt
Molina de Hispan. primog. cap. 5. *nu.* 24. *Simon*
de Pretis lib. 3. *interpr. vlt. volunt. interpr.* 3.
dub. 1. *resolut.* 9. *& Ant. Fab. lib.* 4. *coniect. cap.*
14. *& tom.* 3. *de error. pragm. decade* 34. *err.* 8.
cum duob. seq. cùm etiam quia si talis ordo in
ea lege omninò seruandus esset, non admit-
teretur ad tale fideicommissum generas,
nurus, & liberti, quos ab intestato exclu-
sos omnibus patet.
62 Quartam coniecturam extollunt Docto-
res, quando testator dixerit, quod in stirpes,
& non in capita succedatur, rationem addu-
cunt, quia stirps ex pluribus, diuersisq; gra-
dibus conficitur, & ex toto ipso genere
vnum corpus reputatur; ideòque inter pau-
lò proximiorem, & paulò remotiorem dif-
ferentia nulla est, sed adest symbolum inter
eos cùm is paulò remotior vnitatis ratio-
ne symbolizetur proximiori, *Menoch. de præ-*
sumpt. lib. 4. *præsumpt.* 94. *nu.* 19. vbi dicit sub
filiorum nomine nepotes contineri, quotiès
filij in stirpes, & non in capita fuerunt sub-
stituti, *Gabr. lib.* 3. *commun. opin. tit. de fideicom.*
concl. 3. *nu.* 20.
63 Hanc coniecturam similiter non esse ve-
ram, probat post multos, & sequentes post
Ant. Fabr. d. decade 33. *err.* 10. *Robles loco cit.*
sub nu. 6. *& seq.* ex regula illa, quia qui pro-

ximior est ad fideicommissum duntaxat admitti debet, nulla habita ratione de illa clausula, quia licet dicta clausula facere posset, vt ex omni parte voluntas testatoris conseruetur, idest vt ex ea parte, qua praeceperat, & in stirpes, & in capita succederetur nimirùm relata, restrictaue ad eum casum, quo fideicommissum pertinet illis, qui aequè proximi, & in eodem gradu succedendi essent, quod contigisset, si ante fratrem, de cuius bonis tractatur, alij fratres duo decessissent: vno quidem filiorum superstite, altero autem, pluribus relictis: tunc enim dubitari non potuisset, quin aequo iure fratrum omnium filij ad fideicommissum admitti deberent, quando admitterentur, si ab intestato succederent, tanquàm omnes aequè proximi, & in pari gradu existentes, *d. §. cum filius*, an in capita, quomodò succedere hodiè illos patruo debere, & magis in capita communiter vulgò probatur, licèt secundùm communem in stirpes repraesentatio detur, vt strenuè pugnat, probat, & concludit *Robles par. 2. cap. 26. nu. 15. vsque ad finem*: maximè in fideicommissis, in quibus nullatenùs in stirpes succedi potest omninò in capita: nisi cùm testator aliud voluerit, quia nec alij, nec fideicommisso vnquam succedere possunt, quàm qui ex propria persona tanquàm vocati, & inuitati succedunt, quae res successio in capita, & repraesentatio in stirpes admissionem inducit, & proindè cùm inter fratrem superstitem, & fratris praedefuncti filium, quorum vnus proximior, alius verò remotior erat de fideicommisso, contenderetur, illa clausula, per quam testator in stirpes succedi iusserat, inanis considerabatur, quia nec de illo, an in stirpes, an in capita succedendum sit, disputari potest, nisi cùm de successione inter eos contendatur, qui pari, & aequo sunt gradu: cùm repraesentationis priuilegium faciat, vt qui in gradu sunt remotiores, cùm proximiore nihilominùs concurrant, nunquam aequum putatum fuit illos, qui ex vna persona plures supersint, in capita succedendos, ità si quidem fieret, vt multo plus ferrent illi, quàm proximiores, à qua in totum summo iure excludi deberent, adeòque plusquam laturus esset ille, cuius gradum repraesentant, quod nimis absurdum, iniquumque foret, at cùm ij, qui succedunt pari gradu, sunt nec tamen in primo, sed in remotiori, quòd persona nulla sit, quae primum occupet gradum, cùm verò de successionis forma quaerendum est, idest an in stirpes, an in capita succedi oporteat, quod vtroque modo succedere, nihil teneat pro arbitrio legislatoris in capita quidem, quoniam ex propria persona singuli succedunt, *l. 2. §. hac hereditas, ff. de suis, & legit.* In stirpes quidem, quia aliud praecedat gradus, qui repraesentationis beneficium commodè admittit. Porrò, testamento ritè condito, non alius quàm testator ipse quaerendus est legislator, cuius quaelibet voluntas si modo iusta sit, *lex est §. disponat auth. de nupt.* cùm ergò vt in stirpes, & non in capita succederetur, testator cauerit, non aliud is voluisse, credendum est, quàm si contingeret proximiores plures in remotiori, sed pares tamen gradu constitutos esse, eo deinde casu in stirpes succedant, quasi facultate repraesentationis, quod nullo proximitatis obstaculo impediretur, ac non idem si quidem essent proximiores, alij verò remotiores, tamen enim proximiorem causam potiorem omninò esse oporteret, nec remotioribus permittendum, vt in stirpes repraesentationis facultate succedant, quod nullatenùs succedere valent tanquàm nullo iure vocati, si quidem inter eos, qui dispares sunt gradu, ordo proximitatis necessariò aliquis est, facultas tamen repraesentationis necessaria non est, sed tantùm esse potest eo nimirùm casu, quo vel testator, vel alius quilibet legislator, ità perceperit Proximitas, & proximitatis paritas in gradu, quamuis remotiori ad succedendum non indiget quidem repraesentationis facultate, si modo prioris gradus persona nulla existeret, quae proximiorem se dicere valeat, sed tamen capax est repraesentationis admittendae, si gradus sit remotior, qui ab alio gradu vacuo antecertatur, cuius repraesentationis primus gradus non aequè capax esset, etiam si à pluribus personis occuparetur, & hoc certè est, quod plerumque fallit existimantes ad inducendum necessariò repraesentationis facultatem sufficere, cùm testator in stirpes, non in capita succedi voluit, vt nulla sit repugnantia ex parte rei, quo minùs induci possit: nec animaduertentes illud vlterius requiri, vt testatoris voluntas, verba illam patiantur interpretationem, substitutiones proponuntur, latisque esse debet, quod aliquo casu possit contingere, vt & proximiores soli admittantur, ità tamen vt in stirpes succedant, qui alioquin in capita tamen succederent, sic post *Cart. iun. cons. 22. nu. 26. & cons. 128. nu. 3. & cons. 161. nu. 7. vers. ad secundum, Soc. cons. 149. num. 8. lib. 2. Marzar. epit. de fideicom. quaest. 34. Honded. cons. 63. nu. 2. lib. 1. Surd. cons. 263. nu. 19. vers. quarto respondetur col. 3. Mantic. de coniect. lib. 8. tit. 8. num. 18. Ant. Fab. d. decade 55.* voluit *Robl. loco cit. sub nu. 11.*

64 Quintam addunt Doctores coniecturam repraesentationis, quando scilicet testator cuilibet heredis lineam distributiuam considerauit, vt scilicet ex qualibet linea existens in stirpes, & non in capita succedat iuxtà sententiam Doctorum relatorum à *Me-*

noch.

barb. d. conf. 100. nu. 79. lib. 2. & de præsumpt. lib. 4. præsumpt. 97. nu. 39. Contrà quam coniecturam faciunt relata mox suprà in quarta coniectura.

65 Sextam coniecturam dicunt esse Interpretes, quando sub qualitate hæreditaria fratribus, & eorum descendentibus fideicommissum relictum fuerit, hoc enim in casu, asserunt ipsi, dari repræsentationem, quod semper intellige eorum dictum in qualitate hæreditaria ab intestato, non autem ex testamento, ex fortissima regula repugnanti, quod nunquàm in fideicommissis datur repræsentatio, sed vocatio duntaxàt, vt suprà diximus, & etiam declarat *Antonius Fab.* in *eius Codice tit. 19. de verb. signif. & d. decade 10. per totam*, nisi velimus dicere vocationem hominis symbolam vocationi legis, quam repræsentationem vocamus, & est in diffinitione.

66 Vndè rectè aduertimus (si recta ratio est pro nobis & veritas) errasse interpretes in laborando pro conseruatione aliarum contrariarum coniecturarũ ad regulam, quam communem putant ipsi repræsentationis fideicommissariæ, siuè ascendentium, siuè collateralium ea sit. Quarum decem enumerat *Barbatus noster d. part. 3. cap. 5. num. 31. vsque ad nu. 44.* quia dictæ coniecturæ pro limitatione earum regulæ positæ magis firmant opinionem nostram, & ei deseruiunt ampliatiuè ad illam stabiliendam ex termino analogato, vt scilicet si intelligatur de quæstione in genere, eò magis intelligi debet de quæstione in specie confirmante quæstionem in genere impediente repræsentationis facultatem, quæ etiam in aliquibus casibus pariunt effectum contrarium.

67 Nàm prima illa coniectura, si testator per fideicommissum substituit liberos, aut cognatos; quasi eo *superstitum* nomine, ij comprehensi, & vocati duntaxàt intelliguntur, qui ex propria persona admitti possunt, si sint ipsi superstites, non etiam qui in præmortuorum locum successerint, prout succedere illos necessè est, qui repræsentationis facultate admitti velint, vt post alios *Mantica de coniect. vlt. volunt. lib. 8. tit. 9. nu. 4. Menoch. conf. 124. nu. 95. & d. conf. 300. nu. 93. & allegata præsumpt. nu. 12. Alex. Raud. de analog. & æquiuoc. in appendice cap. 1. nu. 198.* ordine, & modo, quo ab intestato essent successori supradictis succedant. *Dec. conf. 79. nu. 2. Paris. conf. 37. nu. 53. lib. 2. Couarr. pract. quæst. cap. vlt. nu. 8. vers. 8.* tùnc enim sentit testator, locum esse habere huic repræsentationi; quam lex ipsi concedit *Robles d. lib. 3. cap. 9. sub nu. 2.* qui duobus alijs modis illud declarat *sub nu. 3. & 4.* nempè si dixisset testator superstites, vel eorum filios substituo, vel si aliter ex mente testatoris appareat, nõ
obstante verbo illo, *superstites*, quæ declarationes procederent, si opinio repræsentationem denegans, quotiès testator vsus fuit
nomine *superstitum*, vera fuisset, quia con-
68 traria vera est opinio: nàm auditio illa, qui
mortis vltimi possessoris tempore superstites fuerint tacitè insunt de iure, cùm non
69 possint ad fideicommissum alij admitti,
quàm qui existens conditionis tempore superstit, *l. cùm quidam, & l. cùm pater, §. hæreditatem filium ff. de legat. 2.* Vndè quamuis exprimantur, nihil vlterius operarentur, quàm veluti de iure *l. 3. ff. de legat. 1. l. 1. l. conditiones, & l. aliquando ff. de condit. & demonstr.* Et
70 auditio *superstitum* potentior est ad transmissionis, quàm repræsentationis facultatem, in eo quoque transmissio à repræsen-
71 tatione differt, quod illa transmittentis,
hæc verà repræsentantis personam respicit, transmittitur, qui in proximiore repræsentat, qui in remotiori gradu est, adeòque filius est, vt substitutis superstitibus transmissio, quàm repræsentatio impediatur, quomodo enim, & quo iure possit quis tãquàm substitutus fideicommissum transmittere, ad quod non alij sunt vocati, quàm superstites, si ipse præmoriatur? aut quod tàm contrarium, quàm superstitem esse quem, & præmorientem? adest *text. in l. si hæreditas §. cùm ità ad Trebell.* vbi testator proponebatur grauasse filios, vt qui eorum prior decederet partem suam hæreditariam superstiti fratri restitueret, & præmortui filios ad fideicommissum admitti posse, negat *Papinianus* in illis verbis, *cessante prima substitutione*; non enim eo minùs verum fuisset conditionale fideicommissum esse, quod ad hæredes nunquàm transmittitur, at repræsentatio non solùm non impeditur ad id, quod qui etiam proximiores in gradu præcesserint, sed nec alitèr induci potest, quàm si præcessisse probetur, quod Placidum illud, si testator, pluribus substitutis, substituit inuicem superstites, & eorum liberos, & aliquiex eis prædecesserint, superstitibus liberis, præmortuorum quoque tamen liberos ad fideicommissum admitti, non quidem iure transmissionis, sed ex propria persona, & tãquàm expressè vocatos, quasi ea dictio, nè eorum personæ ipsæ substituentium, non quasi superstitum in abstracto, sed quasi substitutorum, & in concreto significata intelliguntur, substituerique ipsorum liberi in eum casum, quo parentes non superstites, sed prædefunctos esse contingerit, at si testator scripsisset, substituo fratres meos, si tùnc erunt superstites, sit minus, aut fideicommissum petere nollent eorum liberos, qui tùnc supererunt *Costa conf. 37. n. 3. vol. 1. Paris. conf. 91. nu. 3. lib. 2. Decian. respons. 52. num. 26. lib. 3. Ant. Fab. in eius Codici tit. 22.*

lib.6.desin.7.num.24. & 37. igitur si semper vera est Doctorum sententia, coniecturæ supra positæ impeditiuæ facultatem repræsentationis, non tamen verum semper est, adiectam dictionem, *superstitum*, impedire, quominùs personarum liberi repræsentationis facultate succedere possint, si modo aliquo nomine proprio, aut appellatiuo, siuè collectiuo vocati sunt.

74 Secundam adducunt coniecturam impedientem repræsentationis facultatem, quando scilicet testator proprio nomine fratres vocauit, deindè appellatiuo nomine eorum filios, tùnc enim præsumitur voluisse, quod frater priùs succederet, & deindè præmortui patris filios, atqui ità quod filius in sui patris locum non ingrederetur, *d. §. in fideicommisso, l.cùm ità ff. de legat. 2. & d.l. heres meus §.vlt. ff.ad Trebell. Mantica d.lib.8. tit.9. nu.8. Menoch.cons.124.nu.80. & d. cons.100. nu.12.& 17. & d.præsumpt.93.nu.23. Fusar. de fideicom.quæst.489.nu.70.Gabr.tit. de fideicom. concl.3.nu.6. in suis communibus Barbosa d.cap.6.sub nu.34.* qui pro quarta refert hanc coniecturam.

75 Talis coniectura nec etiam iure aliquo probari potest: nàm si nepotes sub nomine communi, & appellatiuo vocauerit testator, putà filios, & descendentes substituerit, dictio enim *descendentes* post expressam aliorum mentionem adiecta non possit videri, nisi ad eos etiam comprehendendos, qui filiorum appellatione alioquin comprehendi non potuissent, & nè nepotibus, qui ex prædefunctis filijs supersunt, iniuria fiat, si non superstitibus filijs, non admitterentur: sic enim ad fideicommissum, quod familiæ relictum est, etiam remotiores cum proximioribus admittuntur, dummodò ad eos voluntatem suam testator extenderit, vt *in d. §. in fideicommisso*, quantò magis ij admittendi venient, qui pro se habent, & verba testatoris, & beneficium iuris, vt parentis prædefuncti personam repræsentare valeant, prout si testator dixisset Petrum, & Ioannem, & eorum filios substituo: aut Petri filij cum patre instituti vocati sunt, aut post eû ordine successiuo per vulgarem, nec etiam alter horû modorû euadi potest: si primo modo dicamus iuxtà legis dispositionem *cap. Raynu. de testam. in 6.* vtroque eueniente fideicommissi casu, vocatis filijs Petri in suam portionem, in portionem quoque patris vacantem ad exclusionem Ioannis patrui admittuntur vti patri ipsi magis coniuncti, *l. heredi §. qui discretas, ff. de vulg.* nam respectu patris portionis duplici iure, & accrescendi, & substitutionis muniti sunt, aut volumus, quod ordine successiuo per vulgarem vocati sunt iuxtà materiam *l.Gallus §. quidam rectè, ff. de liber. & posth.* & tali in casu, sublato patre de medio, nepos per vulgarem locû eius intrabit, hanc secundam coniecturam expressè reprobant *Peregr. d.art.2. nu.31. Mantica d.tit.9.nu.8. Ant.Fab. d.decade.55.err.7. in prim. Decian.respons.56.nu.5 lib.3. Ruin.cons.168. nu.11. lib.2.*

76 Tertiam coniecturam adducunt Doctores repræsentationem impedientem, si tempore mortis testatoris nepotes non essent nati, neque concepti, quasi non possent isti repræsentationis venire ad successionem aui, quem nullo vnquàm cognationis iure tetigerunt, *l.Titius ff. de suis, & legit. l.1. §.si quis proximior ff.vnde cognati. l. si cognati ff. de reb.dub. Bald. cons.488. lib.3.* Tales enim nepotes post aui mortem concepti abusiuè nepotes appellantur, *l.item pater, ff.de suis, & legit.* Vndè postponi debent ante testatoris mortem conceptis tanquàm minùs dilectis concludit post alios *Mantic. d.tit.9. num.31.* qui *lib.8.tit.8. nu.10.* hanc limitat coniecturam, quando sub incerto futuro euentu fideicommissum ordinatum esset, quoniam illud tempus inspicitur, quo fideicommissi dies cedit.

77 Contrariam opinionem, quod itidem hæc tertia coniectura non sit impeditiua repræsentationis, tenet *Bart. cons.157. num. 3. lib.4. Gabr. lib.4.tit. de fideicom. concl.3. nu.9. in suis commun. Menoch. cons.124.nu.11.lib.2. & d.præsumpt.93.nu.17. Peregrin. d.artic.22. nu.77.* ex quo in fideicommissi successione euentus conditionis attenditur tempus, an scilicet eo tempore sit quis proximior, vt succedere possit, *l. non oportet ff. de legat. 2. l. cum, qui ff. de condit. & demonstrat. l.interdum ff. de legat.præst.*

78 Cæterùm pro prima opinione facit recta ratio: cùm non alia ratio in alijs casibus repræsentationis facultatem in fideicommissis admittit, quàm quibus in successione ab intestato locum habeat *Anton. Fab. in suo Codice tit.22. de fideicom. defin.10.* adeò quod si testator voluit, vt succedatur secundum iuris communis ordinem, eoque turbato, impeditur facultas repræsentationis, *Menoch. loc.cit.nu.26. Fusar. nu.58.* certû vtique est, nullo iure posse quem ab intestato ei succedere, quàm illo sanguinis, & agnationis vinculo contingat: cùm omnes intestati successiones nonnisi sanguinis iure deferantur, vel graduum coniunctione seruatis ordinibus succedendi, de quibus hactenùs suprà *in præced. tit. de hered. ab intestato*, cum verò, qui post alterius mortem non solùm editus, quinimmò nec etiam conceptus nullatenùs succedere potest suo prædefuncto, cui nullo proximitatis gradu ipsum esse contingerit, nec inuenitur cui succedere valeat, *d.l. Titius cum concordantib.* semper relatis, & proindè symbola est ratio eius, de quo apud *text. in*

l.cum

l. etiam itâ, alias *l. omnia §. in fideicommisso, ff. de legat. 2.* admittendos esse scilicet ad familiæ fideicõmissum relictum eos, qui eo tempore, quo testator moreretur, in familia fuerint; vt intelligamus cæteris, si superuenerunt ad fideicommissum non pertinere, tanquam qui de familia eiusdem testatoris: nisi valdè, & impropriè abusiuè non sint: vndè illud etiam est, quod si ex eis aliquo medio tempore, nempè à morte testatoris, vsque ad diem cedentis fideicõmissi fuerint emancipati, non eo minus ad fideicommissum admitti possunt, *l. pen. ff. de legat. 2.* ex quo, vt ex voluntate admitti possint, non sufficit, vt sint de sanguine, & agnatione, sed etiam quod sint in familia tempore mortis testatoris, qui ad personas eo tempore existentes potius, quàm ad ius ipsum familiæ inspexisse intelligitur.

Non obstat ad fideicommissum conditionale admitti omnes eos posse, qui conditionis euenientis tempore, & superstites, & capaces reperiuntur *ex d. l. cum qui sine contrahunt.* quia illud est cum fideicommissi verba eam patiuntur interpretationem: nàm in dispositionibus conditionalibus regulare est, vt existentis conditionis non dispositionis tempus spectetur, at verba non patiuntur, quando testator familiæ suæ fideicommissum relinquit; aut proximioribus, siuè expressè, siuè tacitè inuitauit *d. §. in fideicommisso*, quomodò ergò inuitatos eos fuisse quærendum est: cùm de repræsentationis facultate disputetur? Quid enim attinet de repræsentatione quæreri: nisi cùm de proximitatis gradu quærendum sit? Proximior verò, necessè, nec fieri vnquàm posse, qui nullo proximitatis gradu defunctum contingit siuè ex propria, siuè ex repræsentatione succedere velit.

77 Quartam coniecturam repræsentationis facultatem impedientem afferunt etiam interpretes, quando pater illius repræsentare volentis supervixerit testatori, *auth. post fratres in 1. C. de legit. hered. Bald. cons. 498. lib. 3. Iason inter cons. Rubei . Alex. cons. 57 nu. 3.*

Aduersus hanc coniecturam non desunt obstantes Doctores relati per *Mantic.* & cum ipsis idem *Mantica d. tit. 9. nu. 12. vers. sed ego considero*, ex eo quod alia sit ratio successionis intestati; quæ purè per legem statim defertur, atque intestatum decessisse patremfamil. certum est. *l. 1. §. proximum ff. de suis, & legit.* alia verò fideicommissi conditionalis. In quo spectandum est potiùs tempus euenientis conditionis, quo demùm tempore dies fideicommissi cedit.

Manticæ argumentum minimè obstare videtur in hoc casu: nàm eadem ratio, tàm de fideicommisso, quàm de intestati successione agitur, concludendum est: cùm duo exigat repræsentatio, vt sibi locum vendicare possit. Primum, vt aliquo sanguinis gradu contingat is, qui repræsentationem prætendit. Alterum, vt eo tempore, quo pater iam moriatur, de cuius disputatur bonis, præcedens gradus, de quo repræsentando agitur à nemine occupetur: nam tùnc si occupatus reperiatur omnem repræsentationem viam prorsus precludit, & in perpetuum siquidem illius demùm tempus inspiciendum est, vt sciatur quis proximior, aut quis æquè proximus esse, vel videri possit, vt per *Modestinum in d. §. in fideicommisso*, cuius responsum traditie explicatum *Barbatus noster in suo toto tract. de fideicom. maior. & primogen. person.* & cuius verba recitat in principio, ibi: *In fideicommisso, quod familiæ relinquitur, ij ad petitionem eius admitti possunt, qui nominati sunt, aut post eos omnes, qui ex nomine defuncti fuerunt eo tempore, quo testator moreretur, & qui ex his primo gradu proximi sunt, nisi specialiter defunctus ad vlteriores voluntatem suam extenderit.* Vndè in proposito nostro non solùm ad fideicommissum familiæ relictum admittendos eos, qui in familia fuerint, sed etiam ex his, qui fuerint in familia eo tempore priùs admittendos illos, qui sunt gradus proximiores, ne dubitari possit, quin gradus proximitas attendenda sit, eo tempore quoque mortis testatoris; licèt fideicommissum conditionale proponatur, quale non est illud, quod familiæ relinquitur; at is, qui habet patrem superstitem tempore mortis testatoris, licèt iam non ipse conceptus, & natus sit, contingit quidem aliquo sanguinis gradu testatorem, sed cum eo, qui facere possit, vel vt proximus tùnc esset, vel nunquàm fieri posse, frustra ergò posteà certat de repræsentando patre, quem repræsentare non potuit eo tempore, quo vel proximior, vel æquè proximus esse, aut videri potuit.

Prout nec intestati successione accidere potest, fieri scilicet quem proximum post delatam hæreditatem, si eius delatæ tempore proximus non fuit, *d. §. proxim.* alioquin successio in agnatis induceretur contrà iuris veteris rationem, de qua *in §. placebat, Instit. de legit. agnat. succ.* quam explicat *Ant. Fab. de error. decade 17. err. 1. & decade 39. err. 10. Gasbar Schifordegh. lib. 3. ad Ant. Fab. tract. 19. quæst. 13. tol. 3. Hugo Donellus lib. 7. comment. iur. ciuil. cap. 2. in prin.* quod ius quamdiu à Iustiniano emendatum sit, adducta etiam in agnati successione, vt scilicet agnato proximo excluso ab adeunda hæreditate, sequens in gradu admitti possit, ac si delatæ hæreditatis tempore proximior fuisset, qui re verâ erat remotior. Nemo tamen idcircò dixerat inductam fuisse à Iustiniano, & constitutione facultatem repræsensentationis in fauorem illius, quem alius mortis tempore antecessisset, nihil enim aliud Iustinianus constitutionis ut posterioris gradus agnati, qui mortis tempore fuerunt remotiores, possint nihilominus post agnatos proximiores exclusos, eos admitti & quidem ex proprio iure, & propria persona tanquam agnati: cùm antea nonnisi tanquàm agnati admitterentur per Praetorem ex proprio tamen quisq; capite, & persona, igitur si etiam concedamus in eo differentem esse rationem successionis fideicommissariae, & legitimae, si vera iuris ratio inspiciatur, quod fideicommissariam tractum temporis habere, & successionem graduum in tempus vsq; conditionis euenientis, non etiam successio legitima extra causam dici, *d. §. proximam, & §. vlt.* posteà quam Iustinianus constitutione hoc ius commutatum est, inductaque in agnatis etiam graduum successione, videtur vtriusque successionis hac parte comparatio saltim hactenùs, vt sicuti Iustinianus inducendi ius illud successionis inter agnatos, non ideò tamen induxit ius repraesentationis: adeoùt alia opus fuerit constitutione ad faciendum, vt fratris filius in successione patrui defuncti concurrens cum patruo superstite, possit gradum sui patris repraesentare, nec id tamen aliter, quam si pater, viuo fratre suo, decesserit, *auth. post fratres C. de legit. hared.* Itaque neque possit quispiam affirmare in successione fideicommissaria locum esse debere repraesentationi in fraudem eius, quem frater, moriente testatore, antecesserit ob id solum, quod ex causa fideicommissi possint diuersi esse gradus succedendi: vtrumque enim simul stare potest, vt succedendi gradus sint diuersi, & tamen singulis gradibus succedatur iure proprio, & citrà facultatem repraesentationis: nisi eo solo casu, quo repraesentationis facultas nata, formataque fuerit iam indè ab eo tempore, quo viueret adhuc his, de cuius bonorum successione altercatum: cum in omni iure succedendi nõ aliud tempus inspiciendum sit, quàm quod fuerit in morte testatoris, quoties de proximitate, & gradu quaerendum sit.

78 Quintam coniecturam impedientem repraesentationem firmant Doctores, quando testator in primo institutionis gradu magis filios, quàm nepotes, vel magis fratres, quã eorum filios, quos non nominauit, dilexit: nàm si postea substituat in hac verba, *eorumque filios inuicem substituo*, dicendum est, quod sicuti filios, & fratres, eos instituendo, magis dilexisse videatur, & vno eorum moriente alter frater tanquàm magis dilectus potiùs, quàm nepotes, qui minùs fuerint dilecti, admittantur, *Menoch. d. praesumpt. 85. nu. 24. Fusar. d. loc. cit. nu. 14. Mantica d. tit. 9. nu. 7. Barbatus d. cap. 4. nu. 39. & 40. idem Menoch. cons. 269. nu. 57. lib. 3.* vbi multas alias cumulauit coniecturas maioris huius dilectionis ergà fratres, quam ergà filios.

79 Haec quinta coniectura similiter redditur turbida ex regula illa dubia, quam negant Doctores, scilicet eos, quos testator in institutione dilexit, in substitutione quoq; praedilectos fuisse videri, aliter si ex claris verbis testatoris excipi possit, alijs ad fideicõmissum vocatis, quàm qui fuerunt instituti, praesertim verò, cũ substitutio facta esset per expressionem specialis nominis, siuè proprij, siuè appellatiui, cuius propria significatio nullum charitatis locum relinquat, de quibus personis, aut de quo personarum gradu testator senserit, vt in proposita specie, in qua fingimus substitutos expressè fuisse, non tamen eos, qui fuerunt instituti, sed etiam eorum filios: nàm qui simul, & aequè sunt substituti, adeòque nominati, licèt diuersis nominibus, cur non simul, & aequè succedere non debent alioquin dicendum esset, si quis Titio, Meuio, & Sempronio haeredibus institutis, Titio absque filijs morienti substituerit ex fideicõmisso Sempronium, Meuium, & Cornelium, solos Sempronium, & Meuium ex fideicommisso successuros, non etiam Cornelium, quia cùm fuerit ille cum caeteris institutus nominatus, quod tamen dicere absurdum esset, cùm expressio nominis faciat, nec dubitari possit, quia ad fideicommissum inuitari sint omnes ij, qui nominati fuerint, etiam si neque in institutione nominati reperiantur, neque sint in gradu aequali, vt ad intellectũ *d. §. in fideicommisso*, explicuit *Ant. Fab. de err. pragm. tom. 3. decade 14. err. 7.* solusq; ille casus excipiendus est, in quo testator aliquos ex haeredibus institutis specialiter inuicem substituerit, tunc enim licèt post omnes constitutionis clausulas subiecerit, eosque omnes, eorumque liberos inuicem substituo, ij tamen non continebuntur, inter quos specialis substitutio facta est, neque ipsorum liberi, *Fab. sapè alleg. decade 55. err. 6. Barbat. d. tract. cap. 2. sub nu. 25.* vide *Peregrin. art. 3. nu. 18.*

80 Sextam coniecturam impedientem repraesentationem adducunt Doctores, quotiès testator substituit his verbis, *praedictos haeredes inuicem substituo*, de qua post *Fusar. & Menoch.* meminit etiam *Barbat. in d. cap. 4. sub nu. 39. vers. nona coniectura*, *Ant. Fab. d. decade 55. err. 6. vers. secundo saně*, vbi dicit hanc coniecturam omni dubitatione carere, *Menoch. cons. 124. nu. 95. vers. respondeo lib. 2. & cons. 115. nu. 132. lib. 3.*

Haec eadem coniectura nec reduci potest ad quaestionem sicuti de indubitabili, quia instituti, & substituti sunt à prouidentia testatoſtatoris vocati, igitur quale impedimentum eſſe poterat in quæſtione, quando verſamur in clauſul *l. non aliter ff. de legat. 3.*

81 Septima eſt coniectura repræſentationem impediens, quando aliqua extat qualitas eam excludens, prout in caſu ſtatuti excludentis filias fœminas propter maſculos, nepotis ex filio maſculo patrem repræſentare non poteſt, quia qualitas maſculinitatis deficiens repræſentationem impedit *Oldr. conſ. 324. nu. 37. Tiraq. de retr. conſang. §. 1. gloſ. 9. nu. 110. Molina lib. 3. de Hiſpan. primog. cap. 7. nu. 3. & cap. 8. nu. 8. Menoch. d. conſ. 215. & d. præſumpt. 95. nu. 24. Fuſar. loco cit. nu. 56. Barbatus d. cap. 4. nu. 35.* Et hæc coniectura tanquam illibata pertranſit abſque aliqua alia difficultate.

82 Octaua coniectura eſt, quando teſtator vocauit immediatè natos, putà ſi dixerit, *ſuccedant filij ex, vel de Caio nati,* tùnc ceſſat dicta repræſentatio *Caſſan. conſ. 53.*

83 Hanc coniecturam reddit dubiam, *Menoch. d. conſ. 124. nu. 99. verſ. ſequitur primò, & nu. 104. vol. 2.* nempè quod in hoc caſu magis prævalet fictio, quàm veritas, quia lex facuit filium ingredi in locum patris, vt concurrat cum patruo in ſucceſſione aui, *§. cùm filius Inſtit. de hæred. quæ ab inteſt. defer.* ducens *Bart. in l. 2. §. hoc autem Senatusconſultum. ff. ad*
84 *Trebell.* quod quando fictio concurrit circa idem eodemque reſpectu, fictio prævalet *Ruin. conſ. 115. nu. 18. vol. 3.* maximè quia filij ex, vel de vocati cenſentur cum eadem perſona cum Caio, & ſic cum ij fictè repræſentantes Caium patrem eorum, & perſonam eius aſſumant, & à Principe approbatum eſt, veritati prævaleat talis fictio, *Iaſon in l. 1. §. Domini col. 3. nu. 24. ad Syllan.*

85 Nonam, quam adducunt Doctores, coniecturam, ea eſt impediens repræſentationem, quotiès aliquibus coniecturis conſtat teſtatorem ordinaſſe ſuccedere ordine ſucceſſiuo, ſiuè ſecundùm iuris communis ordinem, prout ab inteſtato ſucceditur, *Menoch. d. præſumpt. 95. num. 3. & d. conſ. 215. nu. 110. Fuſar. loc. cit. num. 49. Barbatus d. cap. 4. nu. 42. Robles d. cap. 9. nu. 45.*

86 Decima eſt coniectura impediens repræſentationem, quando teſtator filium nominatim vocaſſet, quia tùnc ceſſat repræſentatio, ſed ſuperſtites coniunctim admittuntur, excluſo iam alterius defuncti filio, *Curtius. conſ. 32. nu. 8. & conſ. 160. nu. 4.* ſequitur *Peregr. d. art. 22. nu. 36.* licèt per ea, quæ ad-
97 ducit *Menoch. d. conſ. 124. ſub nu. 105.* dubia reddatur hæc itidem coniectura.

88 Duodecima coniectura impediens repræſentationem eſt, quando vocauit teſtator, vt ſuccedatur, ſalua graduum prorogatiua, quoniam neque tùnc eſſet repræſentationi locus, *Menoch. d. præſumpt. 95. nu. 20. Fuſar. d. quæſt. 485. nu. 2. Paſchal. de virib. patr. poteſt. part. 4. cap. 9. nu. 16. Gabr. comm. opin. tit. de fideicom. concl. 3. nu. 3. Capyc. deciſ. 1. Barbat. d. cap. 4. nu. 31. verſ. prima contelata, Couar. variar. reſolut. cap. 38. num. 4. Maria de claſſ. quæſt. 3. clauſ. 74. Menoch.* ſibi contrarius *d. conſ. 124. nu. 85. & conſ. 200. nu. 79. Faber d. decade 33. error. 6.*

89 Et licèt pro contraria opinione in hac vndecima coniectura ſteriſſent plurimi alij, de quibus apud *Robles d. lib. 3. cap. 10. in princ.* per rationes ibi adductas à nu. 1. vſque ad nu. 9. tamen prima opinio eſt ratione, & authoritate magis fulcita: Vndè *Robles* agnoſcens difficultatem inter vtramque ſententiam, voluit pertranſire per aliquorum caſuum diſtinctionem, quorum.

90 Primum eſſe ait, ſi Petrum filium, Ioannem, & Iacobum eius nepotes nominatim vocauit, tùnc abſque controuerſia ſimul admittuntur, *Rubeus in l. Gallus §. quidam rectè nu. 48. ff. de liber. & poſth.* cum alijs à *Robl. citat.*

Secundum dicit, eſſe caſum, quando ſuos deſcendentes non vocauit teſtator, ſed fratres, & nomine collectiuo eius liberos, vel deſcendentes, ſeù eius familiam fratris vocaui, & tùnc regulariter ordine ſucceſſiuo ſuccedunt, *Ant. Fab. d. err. 8.* licèt Senatus Sabaudiæ ſimul admiſſos deciderit, vt *in d. deſin. 7. in princ. Mantica d. tit. 9. n. 18. Menoch. de præſumpt. præſumpt. 70. nu. 24. & 25.* ſed ſi fratrem, & eius filios vocauerit tùnc non ordine ſucceſſiuo, ſed ſimul admittuntur. *Couar. d. §. 2. in princ. KilKanus in d. §. quidam rectè nu. 22. Peregr. de fideicom. art. 17. ſub n. 31. Barbatus d. part. 4. cap. 10. ſub nu. 40. & 41.*

92 Tertius caſus eſt, quando teſtator penitùs extraneum, & eius filios vocauerit, & tùnc recepta eſt omnium ſententia æqualiter eodem tempore cum patre filios ſuccedere, *gl. verbo cum exprimat in d. §. quidam rectè,* vbi *Bart. nu. 4. Alex. nu. 6. Boer. deciſ. 183. in princ. Menoch. d. præſumpt. 70. nu. 35. Barbat. d. cap. 10. per totum,* vbi refert alias limitationes, & ampliationes, qui ſunt intelligendi in inſtitutione: Nam ſi teſtator fundum in familia relinqui præceperit, omnes ad illam vocati videntur, qui nõ ſunt in familia, ſed ità tamen non ſunt eiuſdem gradus, proximus quiſq; in primo loco inuitatus cẽſetur, & poſt eum cæteri, *d. § in fideicommiſſo, & l. peto. §. patre, & l. cum patre. §. peculium. ff. eod. tit. de legat. 2. l. vlt. C. de verb. ſignif. Faber lib. 9. coniect. iur. cap. 12.* Et in materia fideicommiſſaria, an
93 talis ordo ſucceſſiuus ſit accipiendus per vulgarem, vel per fideicommiſſariam, ardua ſemper reputata fuit quæſtio: vndè *Barbat. d. cap. 10.* relatis hinc indè opinionibus, & rationibus pro vtraque parte recenſitis, illam diffinit per caſuum diſtinctionem, quem vide.

His recensitis, dicendum veniet in omnibus supradictis casibus, in quibus succeditur ordine successiuo per iuris dispositionem, etiam si clausula, *salua gradus prorogatiua*, apposita non fuerit, repræsentationi locum non esse, in casu verò, vbi non ordine successiuo, sed simul succeditur, si apponatur clausula ista, *salua gradus prorogatiua*, non habebit locum repræsentatio, tam ex consideratione *d. auth. defuncto*, quàm ex prorogatiua, nempè gradus prælatione, quam testator obseruari iubuit.

Nec in aliquo suffragatur responsio aliquorum dicentium, hanc clausulam, *salua gradus prorogatiua*, superfluam non esse, etiam si repræsentationem non impediat, quia cùm in fideicommisso per nomina collectiua relicto succedatur ordine successiuo, satis operatur, cùm per eam redditur expressum id, quod priùs erat tacitum, *Io. Andr. in cap. solitæ de Maior. & obed. Alex. cons. 33. num. 9. lib. 1.* vbi etiam subdit, quod idem
94 est, quando in specie exprimitur id, quod generalitèr inerat, quia magis attenditur, quod specialitèr iniungitur, quàm quod generalitèr imponitur, *cap. quamquam 6. dist. 23. cap. si aduersus de hæretic.* & superfluè loqui non videtur, qui verbis ad clariorem
95 rei explicationem concipitur exprimendo id, quod tacitè inerat, *cap. 1. de Summa Trinit. & fide Cathol. Mantica de coniect. lib. 3.*
96 *tit. 6. num. 3. & seq.* & sæpè toleratur, quod ad tollendam dubitationem exprimit id, quod tacitè inerat, *Ruin. cons. 134. in fin. lib. 3. Peregrin. de fideicom. art. 14. nu. 21. Tomasg. decis. Lipsiens. 9. num. 10. Herrig. de fideicom. cap. 27. part. 1. num. 2.* maximè quando aliquod magis operatur *Hieronym. Gabr. cons. 121. nu. 32. lib. 1. Mantica. tit. 6. nu. 6.* Vndè cum ista clausula, *salua gradus prorogatiua*, operari possit repræsentationis exclusionem, dictum est non inducere expressionem, seù declarationem illius, quod tacitè inerat.

Alio modo probat hanc opinionem *Robles d. cap. 10. nu. 25. vers. principalis nostra sententia*, vbi adducit, quod illa vis, atque potestas est repræsentationis, quoties ei locus datur, vt graduum distinctionem, & prorogatiuam tollat, quia facit, vt qui realitèr deterioris est gradus, videatur esse in vlteriori, & succedat cum eo, qui re vera proximior est, ac si parem, eundemque gradum haberet, *d. auth. cessante*; quod aliud videtur esse in eo, qui in fideicommissaria substitutione adiecit verba illa, *salua gradus prorogatiua*, quod illud dumtaxàt voluit, vt nullum non solùm repræsentationi, sed ne quidem quæstioni repræsentationis locus relinqueretur; cùm meritò contraria videantur esse, succedere aliquos ex fideicommisso ex facultate repræsentationis, & succedere, *salua gradus prorogatiua*, vt probatur *in d. auth. cessante*, nec obstat, quod verbum illud, *prorogatiua*, variè sumatur apud latinos, iurisque interpretes; verùm in nostra subiecta materia sumi debet *pro prælatione*; cùm ipsum nomen priuilegium significet, quoque prælationem, & prorogatiuam quidem, quæ intrà alios meritur personas, *l. si sponsa ff. de iure dot. l. ex facto §. 1. & vlt. ff. de peculio, l. cum donus, alias l. si fratres §. idem respondit, l. 2. ff. pro socio, l. si cum dotem §. vlt. ff. solut. matrim. cum concord. relat. per Brisson. lib. 4. de ver. signif. verbo priuilegium, & Calepinum in lexicon, verbo Priuilegium in fin.* sumitur pro *prælatione*, vndè si secundùm gradus prælationem est succedendum, non potest prælationi locus esse: verè opposita, & ex diametro contradictoria essent succedere secundùm gradus prorogatiuam, & prælationem, & succedere per repræsentationem, quid enim commune habet repræsentatio personæ cum gradus prærogatiua, *d. Auth. cessante*.

Nec veritati obsonum est dicere, verba illa, *secundum*, vel *salua gradus prorogatiua*, non inducere dispositionem, sed relationem, quia si vtitur dumtaxàt dictione, *secundum*, non solùm disponit, immò dispositionem limitat, restringit, & coarctat præcedentem, *Bart. in extra. ad reprimendum, verbo proht, & in auth. Presbyteros C. de Episc. & Cleric. Dec. cons. 195. in princ. vol. 1. Gonzad. cons. 31. nu. 18. Socc. iun. cons. 121. nu. 33. lib. 3. Neuiz. cons. 13. nu. 4.* Sin verò ea dictione non vtatur, sed testator dicat dumtaxàt, *salua gra-*
97 *dus prorogatiua*, tùnc oblatiùs absolutus iste operatur etiam dispositionem, *l. qui fidem ff. de transact. l. fideicommissa §. cùm esset ff. de legat. 3. l. facta §. rescripto ff. ad Trebell. Ruin. cons. 75. nu. 10. lib. 2. Paris. cons. 23. nu. 26. lib. 2.* præcipuè quando ablatiuo absoluto vtitur ista persona, quæ disponere poterat, *Surd. cons. 371. nu. 28. vol. 3.* tùnc námque censetur disposuisse, & prohibere repræsentationem.

98 Nequaquam iterùm obstat illud axioma, quod expressio illius, quod tacitè inerat, nullius est momenti, *l. non aliter ff. de legat. 1. l. cùm vestè C. de fideicom.* quia respondetur. Primò, dictam regulam procedere, quando exprimitur illud, quod tacitè ex necessitate inest, secùs si ex voluntate *l. scriptura ff. de legat. 1. Mantica. d. tit. 9. nu. 10.* atqui in proposito dubium non est, quod testator possit repræsentationem impedire, ergò cùm dicta clausula vsus sit, visum fuit illam respuere. Secundò dicta regula cessat, quoties exprimitur alio modo, quàm quo tacitè inest, *Decian. resp. 99. nu. 6. lib. 2. Honded. cons. 4. nu. 19. lib. 2. Surd. cons. 189. nu. 9. lib. 2. Crauetta cons. 1. nu. 61. Hugo Donellus lib. 8. comment. iur. ciuil.*

ciuil. cap. 32. §. sæpè numero, idoc enim mutari rei effectum, Marcellus scribit, quamquam id expressisset testator, quod & si non fecisset tamen, in l. seruo in fine ff. de condit. & demonstr. quia etiam rectè diximus, illud non exprimi, quod tacitè inest, si aliud est, vel aliam vim habeat id, quod exprimitur, exemplum
99 sit illud. Fundum Tusculanum do, lego, in illo puro legato, semper illa conditio tacita inest, si legatarius voluerit, inuito enim beneficia non conferuntur, l. hoc iure §. non potest
100 ff. de donat. At si ità expressum sit, si volet, do, lego, legatum esse conditionale placuit, quod non alitèr ad heredem transmittitur,
101 quàm si legatarius voluerit, quamuis sine ditione illa ad hæredem legatum transmitteretur, l. si ità legatum §. 1. ff. de legat. 1. l. si ità expressum ff. de condit. & demonstr. & non per modum conditionis habentis se ad esse, vel ad non esse exprimatur, dicendum est aliquid operari Barz. decis. Bonon. 73. num. 12. quia non eadem conditio est, quæ intelligitur, cum quæ exprimitur, ex illa regula, postposita conditione, emolumento quæsito, vel antepòsita priùsquam emolumentum quæratur, quà viuntur Doctores, ad intelligendum legatum an sit taxatiuum, vel demonstratiuum, & symbola, Donell. lib. 8. commentt. iur. ciuil. cap. 19. in princip. nos diximus ad aliud propositum in tract. de symbolis. contract. , nu. . & hoc omninò animaduertendum est in hærede extraneo, qui non antè fit hæres, quàm voluerit, cui denique hæreditas nisi destinatione animi haud acquiritur; ideò constat, siuè simpliciter instituatur hæres, siuè hac eadem conditione, si volet, æquè hæredem futurum, & hanc conditionem, si volet, superuacaneam, quia nihil obijcit, aut auertat, l. Cornelia ff. de hæred. instit. aliud exemplum suprapositæ distinctionis symbolum esse poterit, si scilicèt aliquod Sempronio legetur. Si Mæuius voluerit, & in Capitolium ascenderit; nàm hac conditione, si Mæuius Capitolium ascenderit, legatum valere non dubitatur, vbi tamen insit hæc conditio, si Mæuius voluerit, quoniam is non ascendet, nisi velit, illa autem conditione expressa, si volet, iuris taciti certi est legatum esse inutile, vt in hac quoque specie apparet non idem iuris esse tacitum, conditio intelligatur tacita, an eâ verbis exprimatur, l. nonnunquam ff. de condit. & demonstrat. quod & in institutionibus hæredum receptum est, l. si quis Sempronius ff. de hæred. instit.

Vlterius nèc minus oblitas, gradum per repræsentationem non rumpi, nèc alterari, sed potiùs repræsentari, quasi quidem inter gradù, & gradus prorogatiuam nihil interesse, est hoc verum, gradum per repræsentationem nó corrùpi, quoniã qui fuit primus gradus, semper primus gradus remanet, itemque posterior semper, qui ab initio posterior fuit, quamdiù persona aliqua illum implet, sed non est verum, fieri posse, vt inducatur repræsentatio, quin hoc ipso prærogatiua gradus corrumpatur, quæ tota in eo est, vt qui præcedit in gradu, sequentium graduum personas omnes in successionis causa antecuerrat, quod tamen né fiat, impedit repræsentatio: Non potest enim testator, qui fideicommissum ordinauit, præcipere, vt ex fideicommisso succedatur, salua gradus prærogatiua, quia hoc ipso apertissimè facultas repræsentationis excluderetur: Vndè nèc venit in clasis limitatio illa, quam addunt nostrates, vt in coniectura ista intelligi debeat, nisi testator adiungat, seruato ordine successionis ab intestato, vel à iure tradito, quæ in specie limitant repræsentationi locum esse omnibus illis casibus, quibus etiã ei ab intestato locus esset. Dec. cons. 79. sub nu. 1. vol. 1. Couar. pract. quæst. cap. 38. nu. 4. Mantica d. lib. 9. in fin. implicat similitèr contradictionem, vt ex fideicommisso succedatur, salua gradus prærogatiua, & seruato ordine successionis ab intestato, præterquàm in casibus, in quibus ab intestato quoque succeditur, salua gradus prærogatiua, quod contingit in transuersalium successionibus post fratres, fratrumque filios, nèc alio prorsùs vllo casu, vt aduertit Ant. Fab. d. decade 33. err. 9.
102 Quid si in fideicommisso sub nomine collectiuo relicto testator proximiores expressè vocauerit, an repræsentationi locus sit, dipartita est opinio. Prima eorum tenentium, esse locum repræsentationi, vt apud Robles lib. 3. cap. 11. sub num. 2. per rationes ibidi sub nu. 3. & 4. relatas. Nempè prima, quia lex ad hæreditatem proximos vocat in fideicommisso familiæ relicto. l. 1. C. de verb. signif. cùm ergò in fideicomissis familiæ relictis is ordo seruãdus sit, necessariò dicendum est in ea successione repræsentationi, prout in successionibus ab intestato locum esse: nempè in descendentibus vsque ad infinitum, & in transuersalibus vsque ad filios fratrum dicta Nouella 118. Secunda, quia lex ad hæreditatem proximos vocat, l. 2. §. legitimæ ff. de suis, & legit. & nihi ominùs repræsentatio datur, auth. post fratres C. de legit. hæred. ergò idem dicendum est, quando testator proximiores vocauit: cùm quod tacitè à lege inest, nihil operatur, ac si expressum non fuisset, l. 3. cum similibus ff. de legat. 1.
103 Contrariam principaliorem sententiam esse affirmat Robles d. cap. 5. nu. 11. quàm non tantùm ex longissima Doctorum remissione probat, sed etiam rationibus à nu. 7. vsq; ad nu. 15. respondere contrarijs argumentis à nu. 16. vsq; ad nu. 17. idque limitans multis modis à n. 24. vsq; ad finem, et ipsum remissiuè citamus cum materia de repræsentatione.

ne non spectet ad nostrum tractatum de
hæredibus, sed incidenter illud idem tracta-
mus, ceu vestimentum ad ornatum nostræ lim-
pidissimæ diffinitionis in repræsentatione
104 excogitatæ per nos iuxtà terminos à iure
diffinitos, pro cuius tutamine sustinemus,
quod nec etiam in contractibus inter viuos
repræsentationem concedimus, prout in
Feudis, Maioratibus, Primogenijs, Dona-
tionibus, Emphyteusi, & similibus, quicquid
aliqui affirmatores, ex eo quia in donationi-
bus locus est substitutionibus, *l. vt hæredibus*
ff. de legat. 2. l. vnica § sin autem C. de cadu. tol-
lend. vndè in contractibus, & dispositioni-
bus inter viuos dari repræsentationem, af-
firmant *Socc. iun. cons. 185. nu. 6. & cons. 118.*
nu. 8. lib. 1. Rol. à Valle cons. 34. num. 67. lib. 4.
Crauetta cons. 130. nu. 10. & 11. Tiber. Decian.
respons. 41. n. 17. & resp. 30. nu. 54. lib. 1. Ceph.
cons. 611. nu. 11. lib. 4. Odd. cons. 29. n. 33. Surd.
cons. 90. nu. 1. vol. 1. & cons. 375. nu. 11. vol. 3.
Ossasc. decis. 85. nu. 6. alijq; quamplurimi, quos
sciens omitto. Secundam rationem addu-
cunt, quia in feudo ex pacto, & prouidentia
habet locum repræsentatio, quod cùm con-
trahatur inter Dominum, & Vassallũ, erigi-
tur ex pacto, *cap. 1. §. his verò deficientibus de*
succ. fratr. vel de grad. succed. in feud. cap. 1. in
princ. de feud. succ. gl. in cap. 1. verbo salua de
nat. succ. feud. idem dicendum est in cæteris
successionibus, quæ ex contractibus proce-
dunt. Tertiam rationem assignant, quia
maioratus, & primogenium in contractibus
institui potest, *Molina de Hispan. primogen.*
cap. 12. lib. 1. est maximi effectus, secundùm
Barbatum d. part. 1. cap. 4. inspect. 3. sub nu. 19.
105 qui nunc fiet irreuocabilis; secus si in vlti-
ma voluntate instituatur, in maioratibus
datur repræsentatio, *Molina d. tract. cap. 7.*
nu. 14. Mieres part. 2. eod. tract. quæst. 7. nu. 33.
Castill. lib. 3. quotid. contr. iur. cap. 19. à nu. 351.
106 Ideò etiam in cæteris successionibus in
contractibus constitutis; quia contraria
opinio verior est, quod immò in contracti-
bus non detur repræsentatio.
107 Probatur primò, quia in contractibus
verba sunt naturaliter, verè non autem ciui-
liter, & fictè intelligenda, *l. vlt. C. de his, qui*
ven. ætat. impetr. l. ex capite § in Insulam ff. de
verb. obligat. sed nepos est pars remotior ve-
rè, & realiter, licèt æquali gradu à lege con-
sideretur, ergò repræsentatio non est admit-
tenda.
108 Secundò probatur, si in fideicommissis
sub nomine collectiuo relictis non est locus
repræsentationi, ac si ex hominis dispositio-
ne succedatur, quantò fortiùs in contracti-
bus, quorum interpretatio strictè, & non
extensiuè facienda est, *l. quicquid astringendæ*
ff. de verb. oblig.
109 Tertiò probatur, quia leges de repræsen-
tatione tractantes loquuntur in materia suc-
cessionis hæreditariæ; vndè in alijs locum
non habent, generaliter argumentando.
110 Non obstat prima ratio pro contraria
opinione assignata, quia in contractibus ad-
datur substitutio, iuxtà sententiam *Pauli de*
Castro in l. qui Romæ § hæredes ff. de verb. oblig.
nu. 2. Cum. nu. 4. Alex. nu. 4. Soccin. nu. 19. Ias.
nu. 19. Menoch. cons. 85. nu. 28. vol. 1. substitu-
tio enim sub se hæredis institutionem con-
tinet, vt *comm. DD. in rubr. ff. de vulg. & pu-*
pill. hæreditas autem pactionibus, & con-
uentionibus dari non potest, *l. hæreditas C. de*
pact. conuent. l. pactum C. de pact. l. stipulatio ff. de
verb. oblig. & quamuis in aliquibus legibus
substitui dicantur, illud verbum, *substitui*,
æquiuocè, & generaliter sumendum est, nem-
pè pro subrogatione, prout in substitutione
Iudicum, *l. pen. ff. de Iudic. sol.* vt in eorum lo-
cum alij substituantur, *l. proponebatur ff. de*
Iud. dicti locumtenentes sic in demortuarũ
arborum locum aliæ substituræ, *l. agi vsuf-*
fructus ff. de vsufructu, l. in fraudem § pen. ff. de
iure fisci, & proinde licet in contractibus
abusiuè substitutio dari dicatur, hæc substi-
tutio conuentionalis non est sufficiens vlti-
mæ voluntatis, secundùm *Fabr. de err. prag.*
tom. 2. err. 10. decade 47. & sic sunt intelligen-
di Doctores relati à *Fusario de subst. quæst. 14.*
111 *in princ.* Et per consequens cessat repræsen-
tatio, prout nec etiam fideicommissa in con-
tractibus ordinari possunt, *Corn. in d. l. qui*
Romæ § hæredes nu. 4. ff. de verb. obligat. Castr.
cons. 385. col. 1. in princ. Cassan. cons. 53. nu. 25.
Ruin. cons. 214. nu. 16. lib. 1. & cons. 7. num. 14.
lib. 3. Dec. cons. 488. nu. 18. in fine. Guid. Papa
cons. 114. in princ. Menoch. cons. 85. nu. 28. cons.
323. nu. 7. cons. 369. in princ. & seq. vbi re-
spondet ad multas authoritates in contra-
rium adductas. *Peregr. art. 1. nu. 15. Petr. de*
interpr. vlt. volunt. gl. 315. nu. 5. Gall. de except.
success. tit. 4. except. 23. nu. 46. part. 2. Fabr. d.
err. 10. per totum, & quod dicunt contrarij,
est intelligendum de fideicommisso abusiuo,
Fusar. d. quæst. 14. sub nu. 8. & 9. vel compara-
tiuo *Andreol. contr. 36. nu. 1. & 2.*
112 Nec obstat dispositio *textus in l. quoties*
C. de donat. quæ sub. modo, quia loquitur de
donatione sub modo constituta, vt post
mortem donatarij, vel post certum tempus
id, quod donatum est, alteri restituat, vt pa-
tet *in d. textu*, certum enim est licere cuili-
bet rem suam gratiosè tradenti quam vult
legem imponere, *L. in traditionibus ff. de pact.*
l. vlt. C. de pact. inter empt. & vend. l. 2. & 3. C.
eod. tit. de donat. quæ sub modo, Et qua actione
113 experiri quis possit ad condicendam rem
tali modo donatam, videndum eleganter
apud *Barbat. in propugn. verit. ad tract. de Ma-*
ior. & primog. sub nu. 9. & seq. vbi ad intelle-
ctum dicti textus plura cumulat notabilia à
d. nu.

à nu. 11. ad nu. 16. vbi etiam explicat, quando competat actio condictitia, & vtilis, adnotans rursus errores multorum Doctorũ
in confundendo dictas actiones respectu
114 temporis, causæ, & personæ. Non enim
iste secundus donatarius propriè substitutus dici potest, quemadmodùm neque ille,
cui hæres, vel legatarius hæreditatem, vel
legatum restituat tet, grauatus est, qui fideicommissarius vniuersalis, vel particularis
dicitur, vt suprà de hærede ex testamento
propè finem conclusimus.
115 Quòad instantiam repræsentationis in
feudo ex pacto, & prouidentia non est similiter tota illa opinio, quod simpliciter
ita sincùm valdè hoc controuersum fuerit
apud Doctores, & si illud esset, iure speciali procul dubio inductum fuit, vt repræsentatio habeat locum in feudis, vt infrà dicemus, sic etiam in Maioratibus, & Primogenijs, & consequenter concludimus nullatenus, nèc etiam dari repræsentationem in
contractibus.

Cæterùm, vt magis elucescat suprapostra
opinio, oportet per distinctionem aliquorum casuum eam examinare.
116 Primò, an in emphyteusi sit locus repræsentationi. Nos diximus *in tract. de symbolicis contractibus tit. . cap. nu.* . emphyteusis magis deriuati à verbo *emphy-*
117 *tra.*, hoc est melioratio, & implantatio, duplex est, vna, quæ conceditur à priuata persona, altera, quæ ab Ecclesia cum illa differentia, quod si à Priuato concedatur, aut
simpliciter per te concessa fuit, non facta
mentione filiorum, aut hæredum, & tùnc ad
quoscumque transit hæredes, quia inter contrahentes id actum intelligitur, vt hæredibus prospiciatur, *l. tale pactum §. Pater ff. de pact. l. si pactum in fin. ff. de probat. Calderin. cons. 6. de locato, Clarus §. emphyt. quæst. 28.* &
in tali casu datur repræsentatio in omnibus
illis casibus, in quibus cùm de successione
ab intestato conceditur, vt *in §. cum filius Instit. de hæred. quæ ab intest. defer. Auth. cessante, & seq. C. de legit. hæred. Nouella 118.* & in
hoc casu sunt inuistiactè intelligendi, *Corn. cons. 24. col. fin. vol. 1. & cons. 131. col. 2. eod. vol. Angel. in l. Gallus §. quidam recte ff. de liber. & posth. Ruin. cons. 163. vol. 2. Tiber. Decian. responsf. 9. nu. 5. vol. 1. & resp. 55. num. 18. & 50. vol. 3. Thobias Nouius cons. 4. nu. 5. Gabr. com. concl. tit. de iure emphyt. concl. 1. nu. 11. & 31. Tiraquell. de primogen. quæst. 40. nu. 33.*
118 Aut emphyteusis pro se filijs, & hæredibus suis dumtaxat conceditur, & tùnc ad extraneos hæredes transire nõ potest, filius autem, qui in ea succedere vult, hæres esse debet, & sic cum qualitate hæreditaria. *Bart. in l. vt iuris iurandi §. si liberi n. 4. ff. de oper. libert. Alex. cons. 128. post num. 6. Clar. d. §. emphyt. quæst. 37. nu. 1. Caner. pract. quæst. cap. 38. nu. 2. Surd. cons. 395. nu. 6. & 12. vol. 3.* & in hoc casu, aut vltimus possessor particulariter inter
liberos in vltima voluntate disposuit, & licèt filios, & nepotes reliquerit repræsentationi locus non est, sed eius dispositioni omninò parendum, *Menoch. cons. 200. à num. 54. vsque ad 61, lib. 2.* aut defunctus in genere, siuè collectiuo nomine vocauit eos, qui
de familia sunt, & patruus, & nepos supersunt, & hoc casu repræsentatio procedit,
prout contrà communem opinionem tenet
Caldas Pereyra de nomin. emphyt. quæst. 17. nu. 29. Menoch. d. cons. 200. nu. 41. Cætero in hoc
119 consimili casu repræsentationem adhùc
cessare probabilior opinio est secundum
media, quibus suprà probauimus, & *Ant. Fabr. d. decade 55. nu. 4.* vel vltimus possessor
intestatus decessit & tùnc, cùm eiusmodi
emphyteusis hæreditaria sit, est regulanda
iuxtà terminos successionis ab intestato, in
qua filius in locum patris ingreditur *dicta Nouella 118. Menoch. d. cons. 200. nu. 49. 53. & seq. & d. præsumpt. 95. num. 41. Gabr. cons. 156. lib. 1. Odd. cons. 39. lib. 1. Canols. decis. 34. num 70. part. 3. Castill. quotid. resolut. cap. 18. num. 140.*
120 Vel insuper ista emphyteusis pro se, suisq;
hæredibus, facta hæredum mentione simpliciter concessa est, & emphyteusim non esse
hæreditariam, & in ea succedere filios, vel filios, non verò vti hæredes, & posse eos spreta paterna hæreditate, emphyteusim retinere
voluit, *Clar. d. §. emphyt. quæst. 37.* adeoùt
pater filio per contractum, testamentum,
aut delictum minimè possit præiudicare,
Ioseph Ludouic. decis. Luc. 48. num. 34. Alex. Trentacinq. var. resol. tit. de feud. resol. 3. nu. 3. Lanar. cons. 89. nu. 6. Fontanella de pact. nupt. claus. 4. glos. 9. part. 1. post nu. 7. 11. & seq. secus
121 cùs quando ex coniecturis aliter non appareat, patrem voluisse prospicere filijs, vti
filijs, *DD. relati à D. Hodierna ad Surd. decis. 321. in prim. Fratres Anellus de Amato cons. 68. num. 24.* qui loquitur in donatione contemplatione matrimonij, cum certa persona, cui
etiam ius fuerit acquisitum sicuti filijs nascituris, vt commodius viuere possent, tùnc
censetur donatum certæ personæ, & eius filijs, vti filijs, non vti hæredibus, prout decisum fuisse per S. R. C. in causa Aloysij Incarnati in Banca Carboni, qui est casus sin-
122 gularis, quemadmodùm in dubio pater
censetur stipulasse filijs, prout hæredibus in
materia emphyteusis, *Alvar. Velasc. de iure emphyt. quæst. 43. nu. 4. Gratian. discept. forens. cap. 345. nu. 12. tom. 3.* & cum ista emphyteusis sit hæreditaria, repræsentationi locus est,
Gratian. cap. 347. nu. 3. & seq. Magon. decis. 19. per totam.
123 Vel iterùm in emphyteusi ab Ecclesia

concessa pro te, nulla facta mentione filiorum, neque hæredum, & tunc ad filios, neque hæredes transire, sed cum primo inuestito terminare dixit *Clar. d. quæst. 28. in prin. per text. in auth. de non alien. aut permut. reb. Eccles. §. emphyteusis Nouella 7. cap. 3.*

124 Contrarium, quod imo talis emphyteusis pertineat etiam ad filios, etsi de ipsis in inuestitura nulla fuerit facta mentio, tenet *Bald. ad Specular. lib. 4. part. 3. tit. de locato col. 2. in fin. vers. Ecclesia potest dare emphyteusim, per d. cap. 3. Ias. in l. certi conditio §. si nummos nu. 17. ff. si cert. petat. & in l. 2. nu. 160. C. de iure emphyt. Cotta in suis memorab. verbo emphyt. Couarr. var. resol. lib. 2. cap. 17. nu. 6. vers. quarta conclusio,* post alios *Canal. decis. 30. nu. 30. part. 2.* & in hoc casu *in d. §. emphyt.* dicitur non vti hæredibus concessa emphyteusis, sed vti filijs, & proinde patrem filijs præiudicare non posse. *Ruin. cons. 46. nu. 6. & 16. vol. 1. Dec. cons. 339. nu. 6. Alex. cons. 106. num. 4. & cons. 107. num. 10. lib. 4. Gozad. cons. 73. nu. 4. Conar. d. cap. 18. num. 2. in princ. Peralla decis. Rot. Rom. 302. part. 3.* & in hoc ipsi idem repræsentationem admittunt. Tamen ex *Antonio Fabro decade 33. err. 10.* dicendum est, filios vti hæredes, dumtaxat non vti filios esse admittendos, id omne totum probant ex eodem *textu in §. emphyteusis,* ibi: *Et in duobus eiusdem personæ hæredibus*; supple, hæredum gradibus, deinceps filijs tantum solis masculis, aut fœminis, aut nepotibus vtriusque naturæ, insuper patet ex illis sequentibus verbis, *Alioquin non tradere ad aliquem alterum hæredem,* illa igitur dictio, *alterum,* implicat hæredes etiam debere illos, in quos prius dixerat, emphyteusim transire: cum sit symbola dictio illa, & præcedentium declaratiua, *gl. in l. si fugitiuum vbi DD. C. de seru. fugit. Afflict. decis. 244. in princip. Cabedo. decis. 167. nu. 7. Canalo. decis. 25. nu. 15.* & sic simpliciter accepta emphyteusis de sui natura ad accipientis filios, & nepotes transire, quamuis eorum nulla mentio facta sit cum etiam ad pronepotes, ac etiam ad extraneos hæredes, etiam si de ipsis expresse cautum proponatur, licet *Honded. cons. 94. lib. 1. nu. 41.* dicat, quod in hoc casu non comprehenduntur nepotes, ex quo in contractibus non veniunt nepotes, *Canalo. decis. 36. part. 2. nu. 103. Gabr. comm. concl. tit. de verb. sign. concl. 1. nu. 64.* & in viro, vxoreque

125 illud tamen exigitur, vt scilicet nominatim vocetur, si ad emphyteusim comprehendi desiderant non tanquam vir, & vxor, quod neque filijs tanquam filijs conceditur, sed tanquam hæredibus si tales reperiantur, vt patet apud *Iustinianum,* ibi: *Aut vxore, aut viro, si hoc videlicet de vxore, aut viro expressim nominetur;* & hoc in casu non est dubium, quia non fit locus repræsentationi cum ista

emphyteusis pro te simpliciter, non facta mentione filiorum, hæreditaria est.

126 Aut emphyteusis concessa est pro te, & hæredibus tuis, & tunc departita est Doctorum opinio: nempe aliqui, ad hæredes extraneos transire, affirmarunt, quia tametsi in *d. §. emphyteusis* constitutum videatur quoad extraneos hæredes, præterquam quoad maritum, & vxorem, nisi de eis fuerit in inuestitura facta specialis mentio, transire non posse, & quoad descendentes vsque ad tertiam dumtaxat generationem, postea vero *in Nouella 120. cap. 6. §. 1. alias §. licentia igitur, de alien. & emphyt.* constituit *Iustin.* quod aliæ Ecclesiæ præter Vrbis Constantinopolitanæ, de quibus *eadem Nouella cap. 1. & 6.* non solum

127 ad tempus, verum perpetuo emphyteusim dare possunt, & proinde ex verbo illo, *perpetuo,* Doctores stabilierunt, emphyteusim, quæ ad alias Ecclesias, præter Constantinopolitanam pertinet, ad quoscumque hæredes etiam extraneos transire posse, nam descendentes non perpetuo durant, sed multoties subito deficiunt, hanc sententiam præcæteris tenet *Abb. cons. 18. & seq. Speculator tit. de emphyt. in rubr. nu. 8. & 141. Bart. in auth. perpetua C. de Sacros. Eccles. Mantua de tacit. & amb. lib. 22. tit. 19. à nu. 4. ad 11. Rota Romana decis. 143. nu. 3. apud Canal. Reg. de Marin. quotid. resol. lur. cap. 97. nu. 20.*

128 Contraria opinio, quod immo ad descendentes dumtaxat emphyteusis transeat, patet apud *Speculat. in d. rubr. nu. 139. Doctores* communiter *in l. Gallus §. etiam ff. de liber. & posth. glos. & DD. in l. etiam ff. sol. matrim. Anch. cons. 38. nu. 1. & cons. 134. num. 1. Alex. cons. 23. nu. 10. lib. 1. Gugl. de Benedictis in verb. & si absque liberis moreretur à nu. 19. Afflict. decis. 100. in princ. vbi per Vrsill. Magon. decis. Luc. 12. per totum, Mantica d. tit. nu. 22. cum seq. Trentacinq. var. resol. lib. 1. resol. 3. tit. de iure emphyt. nu. 6.*

129 Et quamuis pro conciliandis Doctorum opinione aliqui voluerunt, quod hæc postrema opinio procedat in illo dumtaxat casu, quando scilicet in emphyteusis concessione non interuenerit solemnitas requisita *in cap. sine exceptione 12. qu. 2. & cap. 1. de reb. Eccles. non alien. & clem. 1. eod. tit. Cæsanat. cons. 57. Curt. iun. cons. 4. & 103. Gozad. cons. 86. Paris. cons. 84. nu. 13. & seq.* & ita fuisse decisum per S.R.C. testatur *Afflict. d. decis. 100.* Et prima opinio procedat, quando dicta requisita interueniunt *Afflict. decis. 386. sub nu. 5. vbi per Vrsill. sub nu. 1. D. de Franch. decis. 233. Conar. lib. 2. var. resol. cap. 17. nu. 5. vers. quarta conclusio, Thom. compen. d. decis. Regni part. 1. verbo emphyteusis concessa, Barbat. d. tract. de matrimonio part. 2. cap. 3. sub nu. 36.*

130 Tamen secunda opinio indistincte est verior, & tanquam talis in consulendo, & iudican-

dicendo indistinctè tenendum *Cenar. d. vers. quarta conclusio. Iul. Clar. §. emphyteusis quæst. 28. vers. tertius est casus*, & melius in *vers. quicquid tamen*, *Vin. opin. 248.* quia in quacumque materia non transitoria ad hæredes extraneos, appellatione hæredum non veniunt extranei, secundùm communem opinionem, de qua apud *Dec. cons. 171. nu. 5. Trentacinq. d. resol. 3. nu. 11. Andr. Facch. contr. iur. cap. 378. nu. 11. Rota decis. 427. part. 9. recent. tom. 2. & decis. 209. part. 10. recent. & decis. 340. part. 11. recent. Canalc. decis. 119. & 283. Buratt. decis. 87. in princ. Merlin. decis. 680.* In isto casu, quando ab intestato descendentes inuestito succedunt, repræsentatio in infinitum procedit, quando verò extranei: nempè transuersales cõsanguinei succedunt post fratres, filiosque fratrum non datur repræsentatio, si verò sub nomine collectiuo disposuit, nunquàm datur repræsentatio, *Robles d. lib. 3. cap. 17. sub nu. 25. in fine.*

131 Vndè ex suprapositio casu habes, emphyteusim Ecclesiasticam concessam pro se, & hæredibus transire ad descendentes in infinitum, præterquàm si esset Ecclesiæ Constantinopolitanæ, quicquid dissentiat *D. de Luca de linea legali art. 11. n. 2. vers. contrarium, & nu. 3.*

132 Excipies secundò, non transire ad hæredes extraneos, sed ad hæredes sanguinis dumtaxàt, & in eo dari repræsentationem iuxtà ordinem succedendi ab intestato, tradit *D. de Luca loc. cit. sub nu. 3.*

133 Rursus autem si emphyteusis pro se, & filijs suis cõcessa fuerit, tùnc nõ est dubium, neque ad extraneos hæredes illam transire, *Iul. Clar. d. quæst. 28. vers. quintus casus est*, & quod tantùm filij, & descendẽtes succedant, etiam si hæredes non sint, *Menoch. d. cons. 200. nu. 61. Trentacinq. d. resolut. 3. nu. 7. Clar. d. §. quæst. 37. Corbul.* qui alios adducit *de iure emphyt. tit. de causis priuat. ob vitium emule nu. 29.* verùm & si emphyteusis ista non sit cum qualitate hæreditaria, nihilominus in ea admittitur repræsentatio, hanc sententiam probat *Robles d. cap. 17. sub nu. 27.* authoritate viginti Doctorum mihi per ipsum citatorum, ratione similitèr *sub num. 28.* quia contrahentes censentur se velle cum iuris dispositione conformare, at secundum disponunt iura communia, & municipalia censetur disponere homo in particularibus successionibus, quæ ex testatoris, vel disponentium prouidentia deuoluuntur, & per consequens quemadmodùm in successione ab intestato repræsentatio locum tenet, ità paritèr in hac dispositione hominis, & sic in ordinem repræsentationis, prout volunt in successione similitèr testamentaria.

134 Cæterùm, quod pro indubio tenent Doctores in suprapositio casu, quod scilicet isti filij non vti hæredes, sed vti filij in emphyteusi ità concessa admittantur, reputatur nõ esse verum: nàm aut ex patris stipulatione filijs acquisita, & tùnc pater filio suo, vt filio tantùm stipulari nequit, sicuti nec alteri extraneo, ergò vti hæredi stipulatum necesse est: ideò non potest succedere filius stipulationis virtute, *Ant. Fab. tom. 3. de err. decade 31. err. 10.* & ex dicto §. *emphyteusis* dictum fuit in terminis *dicti §.* filios, & nepotes non posse in ea succedere, nisi iure hæreditario, nempè nisi stipulatoris sint hæredes, & proindè mirum non est, cum viuentis hæres patris esse non possit, *l. 1. ff. de hæred. vel act. vend. l. qui hæreditatem, l. nemine, l. qui superstite ff. de acq. hæred.* post patrem, & ordine successiuo eos admitti, *Bart. in l. Galius §. quidem recte*, vbi communitèr *DD.* omnes, *ff. de liber. & posth. & in l. quod dicitur ff. de verbor. obligat. Gratian. discept. forens. cap. 147. in princ. vol. 2. cap. 407. vol. 3. & cap. 481. nu. 48.* quæ enim ratio esse posset, propterquàm possit pater acquirere filio suo in emphyteusi potius, quàm in cæteris rebus, nonnè eadem ratio, & iuris dispositio symbola est in vtroque?

135 Nèc Notarij acceptatio pro absente facere potest, quominùs talis generalis consuetudo stipulandi pro absente, & ignorante nõ sit in hoc casu supervacanea, quia dato absq; veri præiudicio, illud posse fieri, *Andr. d. contr. 379. n. 4.* intelligitur tamen, vel in stipulationibus iudicialibus, *Tiraq. de retr. §. 3. limit. 30. n. 49. Facch. contr. iur. c. 91.* vel quando sibi ipsi stipulando acquirere potest, in quorum numero non est filiusfamilias, qui si ipse siuè solus, siuè coniunctus cum patre stipularetur, patri, & non sibi acquireret. *l. si filiusfam. ff. de verb. oblig. & l. si filiusfamil. ff. de reg. iur.* quibus vt locus sit, stipulationis tempus est inspiciendum, quoties quæritur, cui actio ex stipulatu acquiratur, quod diuersum est in legatis conditionalibus, vel in stipulatione vsusfructus, quoad stipulationem vt hæredibus, vt diximus *in tract. de symbol. contract. par. 2. cap. 6. nu. 12. 13. & 14.* & si nihil impediret, quominus eiusmodi stipulatio valeret in personam symbolam, viuo etiam patre, saltim accedente Notarij stipulatione, admittendos vtiq; liberos cum patre nõ ordine successiuo, sed simul, & semel, quoniam stipulationis verba sic operarentur, quibus pater, & filij coniunctì fuissent, nullo addito, per quod videri possit in tempus mortis patris stipulatio collata propter liberos potiùs, quàm propter patrem indè sumitur, quod neque ferenda est stipulatio illa, quàm filiusfamilias in mortem patris tempus contulit, tanquàm res pessimi exempli captanda mortis votum inducens, quam ob causam nullibi reperitur tale exemplum stipulationis, sed illud dumtaxàt, quo pa-

tens

rentes sibi sic prospexerint, vt post mortem suam filijs, vel nepotibus dare voluerint, vt *l. quodcumq; §. si quis ità ff. de verb. oblig. et l. pater C. de pact. conuent.* quibus tamen placitis nonnisi actio vtilis conceditur, ex ipsius quoque patris stipulatione, quamuis ea patris voluntas culpa, & mala suspicione careat, siuè patris, siuè filij personam inspiciamus, quantò minùs igitur siuè directa, siuè vtilis dabitur ex stipulatione filij collata in tempus paternæ mortis? Hoc igitur si sic habetur, vt nèc ab ipso filio interposita stipulatio valitura sit, quæ expressè collata fuit in tempus obitus paterni, non magis quàm quæ pariè licet alia, atque alia ratione, cùr magis deferendum est stipulationi à Notario pro patre, & filijs simul interpositæ, aut cùr eis dabitur interpretatio, vt videatur Notarius filiorum nomine stipulatus in id tempus, quo pater sit mortuus, cum eo modo stipulari nèc filijs ipsis præsentibus permitteatur, concludendum est, igitur in hoc casu, filios vti patris hæredes ad emphyteusim admittendos, vt si patri ab intestato dumtaxàt succedunt repræsentationi locum esse ex regula suprapofita, *Andreol. loco cit.*

137 Aut emphyteusis ista Ecclesiastica pro se, filijs, & hæredibus, siuè pro se, & descendentibus, & hæredibus concessa est. & tùnc pro hæredibus extraneis etiam, emphyteusim concessam intelligendam, quia verbum illud, *& hæredibus*, concessionem extendit: nisi ab Ecclesia Constantinopolitana facta sit, tùnc enim restrictiuè excipitur, & de hæredibus extraneis nullo modo intelligi potest, *d. Nouella* 120. *cap. 6.* §. 1. aliàs *licentiam. auth. de alien. & emphyt. Bart. in l. vt iurisiurandi §. si liberi ff. de oper. libert. Imola in l. quod dicitur nu. 17. vers. item patet ff. de verb. oblig.* ex quo colligitur verbum illud, *filijs*, & aliud, *descendentibus*, intelligenda erant de filijs, & descendentibus, etiam si hæredes non sint: cùm illa dictio, *&*, inter diuersa apponitur *DD.* communitèr *in rubr. de iur. & facti ignor.* & sic illud verbum, *filijs*, propriè de filijs sine hæredum qualitate, & illud *hæredibus* de extraneis intelligi debeat, & respectu filiorum est, ac si pater solus stipulatus esset pro se, & filijs non facta hæredum mentione, & nihilominùs *DD.* in hoc casu repræsentationem concesserunt: si enim hoc verum fuisset, repræsentatio non procederet, cùm illis dumtaxàt concedatur, qui hæredes sunt, & ab intestato succedunt illi, de cuius hæreditate agitur, vt sæpè probauimus.

Verùm pro veritate affirmandum est, filios, & descendentes in huiusmodi emphyteutis concessione admittendos non esse, nisi stipulatoris patris hæredes sint, primò quia ex natura emphyteusis filius, qui succedere intendit, debet esse hæres, vt iàm probauimus. Secundò, quia pater non potest filijs stipulari, nisi vt hæredibus. Tertiò, quia verba illa, *& hæredibus*, posita fuerunt qualificantia verbum, *filijs*, vt scilicèt nō tantùm sint filij, sed etiam simul, & semel etiam hæredes, quia quando emphyteusis de sui natura ad hæredes extraneos non transit, tùnc verbum *hæredibus* debet intelligi de hæredibus dumtaxàt sanguinis, & nō de extraneis, vndè vtrumque copulatiuè requiritur *Aldobrandinus cons. 42. nu. 4. lib. 1. Clar. §. emphyt. quæst. 37. vers. tu dic, quod emphyteusis concessa, & d. quæst. 23. vers. primus casus, Couar. lib. 2. var. cap. 18. n. 3. Trentacinq. consim. tract. lib. 3. resolut. 3. nu. 9. Hieronymus Gabr. cons. 30. nu. 24. lib. 1. Menoch. cons. 773. nu. 6. lib. 8. Surd. cons. 395. num. 12. vol. 3. Rimineld. iun. cons. 393. nu. 23. & 24. Mantica de tacit. & ambig. conuent. lib. 23. tit. 19. num. 26. Gratian. discept. forens. cap. 351. num. 1. & 7.* sequitur *Robles d. cap. 17. nu. 46.* subdens *sub nu. 47.* quod in hoc casu est locus repræsentationi, si descendentes ab intestato stipulanti succedant, si verò ex testamento, siuè specificè, siuè nomine collectiuo disposuerit stipulans, non procedit repræsentatio, & *d. §. 1.* aliàs *licentiam* intelligi debet de descendentibus hæredibus. Vide pulchrum casum, de quo apud *Horatium Montanum controu. 3. per totam.*

138 Intricata, ac ferè terribilis succedit ad explicationem quidditatis nostræ repræsentationis quæstio, an scilicèt illa locum teneat in feudis, & difficultas magis augetur in feudis indiuiduis, in quibus vna sola persona succedit, an inquam in illis nepos ex primogenito prædefuncto præferatur patruo in successione aui, alteriusque ascendentis: Item an nepos ex secondogenito prædefuncto præferatur tertiogenito, vel deinceps.

Antequàm deueniamus ad huiusmodi articuli resolutionem, est videndum, an in feudis diuiduis, in quibus succeditur iure Romanorum, detur repræsentatio, vt ab eiusmodi cognitione deuenire possimus ad casus practicabiles maximè in hoc nostro Regno, pro resolutione similitèr primi quæsiti in feudis indiuiduis, & in quibus succeditur iure francorum.

Et vt clariùs procedamus, distinguendum est inter feudum hæreditarium, & feudum familiare ex pacto, & prouidentia: si in feudo hæreditario, & tùnc indubitati iuris est dari repræsentationem, vt est *text. in cap. 1. § his verò de grad. succ. in feud.* adnotarunt *Bald. & Andr. de Isernia* inibi, est etiam *text. in cap. 1. de succ. feud.* inibique etiam *gl.* & communitèr *DD. Surd. sen. cons. 252. lib. 2. Rol. à Valle cons. 68. nu. 29. & cons. vlt. sub nu. 35. lib. 1. Ceph. cons. 124. sub num. 40. lib. 2. &*

cons.

cons. 313. *sub nu.* 20. *lib.* 3. *Decian. resp.* 3. *sub nu.* 132. *lib.* 4. *Bursat. cons.* 1. *nu.* 24. *vol.* 1. *Menoch. d. cons.* 200. *n.* 54. & 64. *lib.* 2. & *cons.* 189. *nu.* 20. & 21. *lib.* 5. & *d. præsumpt.* 93. *nu.* 41. *Peregrin. cons.* 59. *per totum lib.* 1. *Alex. Raud. cons.* 4. *vol.* 2. *Surd. cons.* 403. *vol.* 4. *Fab. de Anna alleg.* 125. *nu.* 37. *Gram. decis.* 1. *per totam, Gaspar Thes. in quæst. forens. sub decis. Mant.* 35. *sub nu.* 18. *Andreas Molfes. super consuetud. Neap. part.* 4. *tit. de succ. ab intest. quæst.* 33. *Paschal. de virib. Patr. potest. part.* 4. *cap.* 9. *nu.* 6. *Franc. Milan. decis.* 8. *sub num.* 198. *Valasc. de iure emphyt. quæst.* 50. *num.* 4. *Barbatus noster d. cap.* 4. *sub nu.* 68. adde *Gratian. discept. forens. cap.* 456.

Hæc conclusio intelligitur primò, quotiès ab intestato aliàs successuri culpa carent, & vltimo possessori non sint hæredes, qui à sorte hæredes extraneos instituit, tunc nihilominùs in feudo succedere debent, vt post alios summo calamo probat *D. Præses de Franch. decis.* 1. *nu.* 16. *Afflict. decis.* 383. *nu.* 5. *Capyc. decis.* 64. *nu.* 7. *Couar. d. cap.* 18. *nu.* 3. *in fin. Mantic. d. lib.* 23. *tit.* 30. *nu.* 29. ideóque repræsentationi locus est *Robles d. lib.* 3. *cap.* 18. *sub nu.* 6.

Secundò intelligitur supradicta conclusio in feudo Auito, fuit originale dictum, *gl. in d. cap.* 1. *de nat. succ. feud. vbi Aluarot.* & *in cap.* 1. *de succ. feud.* vbi notat *Bald. Aret. cons.* 154. *Socin. cons.* 152. aliijque apud *Peregr.* cum quibus ipse pariter pertransit *de fideicomm. art.* 21. *sub nu.* 14. *Barbat. loco cit. sub num.* 63. prout etiam in feudo paterno *Rol. à Valle d. cons.* 63. *nu.* 29.

In feudo autem nouo non concurrere subingressionem, & repræsentationem pro indubitato tenent *DD.* ex eo quia frater non succedit fratri in illo feudo, prout est *text. de natu. feud. in cap.* 1. §. *fin autem vnus,* & *fratribus de his, qui feud. dare poss.* & *in cap.* 1. *in fine de duob. fratr. ex cap. inuest.* & *in cap.* 1. *vers. similiter si duo fratres,* vbi notat *Isernia de feud. March.* & *in cap.* 1. vbi idem *Andr. nu.* 9. *de nat. succ. feud.* & *in cap. alio de succ. feud.*

Dubitatur circà id, an in illis locis, quibus frater succedit fratri in feudo nouo, nempè ab ipso fratre acquisito, qualis est consuetudo in Francia, & in quo admittitur frater in feudo nouo, teste *Raym. Ruffo in tract. de elect. feud.* de quo meminit *Marta summa succ. leg. part.* 1. *quæst.* 25. *art.* 3. *num.* 4. apud quem vide.

Item in hoc nostro Regno Neapolitano, in quo tàm virtute Constitutionis ipsius, *Vt de successionibus,* per quam in feudo nouo sunt vocati etiam fratres, & collaterales, quàm virtute capituli eiusdem *considerantes,* per quod in feudis acquisitis à fratre habilitati fuerunt, & eorum filij, dato adhùc quod in inuestitura fuerit receptum pro se, & hæredibus ex corpore legitimè descendentibus, tùm etiam virtute nouarum gratiarum, à retroregibus Baronibus elargitarum, per quas ad feudum nouum acquisitum à fratre fuerunt etiam habilitati vterini, ac etiam amitæ, & materteræ transumpta in *d. in pragm.* 21. *sub tit. de feud.* & absque dubio, vel scrupulo aliquo id procedit in Regno, prout etiam id decisum fuit per capitulum Papæ Honorij incipit, *Si verò feudum. D. Rouitus pragm.* 11. *de feud. nu.* 59. *Loffred. cons.* 38. qui ità hoc in Regno receptum testatur *de Ponte de potest. Prorex. tit. de successi. mod. in feudo* §. 1. *in princip. Reg. Tapia lib.* 6. *iuris Regni tit. de success. feud.* & *parag.* quod procedit non solùm in feudo nouo, sed etiam si frater fratri succedit in feudo, quod ad illum ex successione alterius fratris peruenit: nam si frater succedit fratri in feudo nouo, quando feudum à defuncto sumpsit exordium, multo magis quando ab alio fratre sumpsit principium à faciliori argumento ad difficilius.

His modò sic generaliter positis, facilius est cognoscere, quando nepos ex primogenito, vel is, qui primogenituræ locum tenebat, subingreditur locum patris in feudis ad exclusionem secundogeniti, licèt propinquioris gradu defuncto hæreditario, & proindè sunt infrascripti casus distinguendi.

Primus ergò casus est in successione ascendentium, putà aui, vel proaui in illis feudis, in quibus viuitur iure francorum, & in illis dari repræsentationem, siuè subingressionem nepotis ex primogenito ad excludendum filium secùdogenitum, ex magis Doctorum communi opinione, quam sequuti sunt *Napod. in consuetud. si moriatur nu.* 18. cum alijs relatis à *Barbato d. cap.* 4. *sub n.* 71. adeò quod *Anna cons.* 125. *nu.* 41. asserit esse penitùs refellendus, & non audiendus qui contrarium attentare auserit.

Secundus casus est de transuersalibus in genere, an scilicèt nepotes ex fratre, vel sorore iure repræsentationis, & subingressionis admittantur ad excludendum patruum, & licèt quæstio istæc sit satis controuersa inter *DD.* adeò quod *Card. Mantica de coniect. vlt. volunt. lib.* 8. *tit.* 10. *nu.* 9. testatur fuisse magnam olim, & hodiè etiam disceptationem, tamen quicquid pro patruo contrà nepotem voluere plurimi relati per *Fusar. de fideicom. subst. quæst.* 387. *nu.* 29. vbi etiam pro patruo Venetijs iudicatum tradidit in casu substitutionis factæ de filio suo sub conditione, quod eius bona irent de primo hærede legitimo eius Colondelli in primum hæredem, & fuit resolutum patruum secundogenitum excludere nepotem filium primogeniti, sed illud fuit, quia in fideicommissis non sic de facili admittitur repræsentatio,

tatio, vt suprà hactenùs probauimus.

Aliam decisionem inspiciendam censeo apud *Annibalem Robertum rer. iudicat. lib. 3. cap. 15.* & similitèr in ea nec repræsentatio, nec subingressio ex pluribus rationibus considerari non poterat.

Adest & alia decisio apud *Alex. Raud. cons. 1. nu. 66.* pro D. Petro Filingerio fratre tertiogenito contrà D. Laurentium Filingerio D. Virgilij fratris secondogeniti filium, & Imperatorem Carolum Quintum causam patrui contrà fratris filium probasse testatur *Curtius de feud. lib. 2. tit. 11. Vrsin. de succ. feud. part. 2. quæst. 1. art. 2.* qui alia cumulat inibi exempla, quibus sigillatim respondet.

Pro nepote tamen contrà patruum steterunt ferè omnes longissima remissione relati à *Barbato nostro d. cap. 4. sub nu. 72. vers. pro nepote*, quos repetere esset laboriosum potiùs, quàm fructuosum, adde *Vrsin. loco cit. nu. 10.* recensct insuper *Barbatus* media, quibus Doctores id stabilierunt, vt *in nu. 74. vsque ad nu. 80.* & decisiones S.R.C. pro hac opinione, quas recitare non pigebit pro earum notitia hic.

Prima decisio est in causa relata per *Oldrad. cons. 224.* quod consilium omnibus esse notum, refert *D. Reg. Rouit. super pragm. 11. de feud. nu. 54.* vbi *Oldrad. in fine* tradit indicatum per Regem Robertum præsentibus duobus Cardinalibus pro nepote contrà Iacobum Sanseuerino Comitem Tricarici secondogenitum super Comitatu Marsici, & Comitatu Sanctæ Seuerinæ, licèt ipse Rex Robertus in Regno nostro fuerit admissus contrà nepotem ex declaratione Sũmi Pontificis, ex quo dictus Robertus erat adeò prudens, quod alter Salamon reputabatur, & proindè concurrebat materia in eius persona necessaria ad gubernandum Regnum, *Reg. Tapia decis. 2. S.R.C.*

Secunda decisio est in causa Baroniæ de Senerchia, in causa illorum de Sanfraimondo, & in causa eorum de Candellis, de quibus apud *Capyc. in addit. ad Napod. in consuet. Neap. de succ. ab intest. tit. 1. sub nu. 121.*

Tertia decisio in causa Status Magdaloni, de quo testatur *Anna sing. 356. & allegat. 15. nu. 4. & in repet. cap. 1. de vassall. decrep. ætate nu. 110.*

Quarta in causa Ducis Floreti, de qua apud *D. Rouit. super d. prag. 11. nu. 66. & in alleg. inserta per Thor. compend. decis. Regni par. 2. sect. 2. in verbo nepotis ex sorore.*

Quinta in causa illorum de Gaietano super successione Ducatus Traiecti, *Gram. decis. 1. per totam.*

Sexta in causa Iulij Cæsaris Caraccioli Ducis Acheruntiæ decisa per S.R.C. de anno 1622. de qua in allegationibus relatis per *Thor. compend. decis. Regni d. part. 3. in verbo Amita*, quæ Ciuitas hodiè possidetur per Dominos de Pinello.

Septima in causa successionis Terræ Rhodij inter Alexandrum Ionata, & Zenobiam de Blasio, *D. Reg. de Marin. quot. resolut. iur. cap. 126. num. 56. Thor. compend. decis. Regni part. 2. verbo nepos ex filio primogenito.*

Octaua in causa Ducatus Sanctæ Agatæ Gotorum, de qua apud *D. Rouit. decis. 51. per totam, & D. Reg. Marcian. decis. 1. D. de Marin. d. cap. 126. sub n. 53. & Thor. d. par. 3. in verbo Amita, Nouar. super pragm. 6. de feud. collect. 7. per totam*, adeò quod hoc in Regno tanquàm de indubitabili quæstione non est amplius reuocandum in dubium, *D. Consil. Frat. ad D. Paschal. de virib. Patr. potest. Theoremate 4. art. 10. nu. 6.* vbi alia plurima affert exempla.

In feudo verò familiari, nempè ex pacto, & prouidentia similitèr variarunt Doctores nam ij admittentes repræsentationem ex eo mouentur. Primò *ex cap. 1. in princ. de success. feud.* Secundò *ex cap. 1. de succ. fratr. vel grad. succ. in feud.* quibus iuribus cùm generalitèr sit dispositum, nullam admittunt differentiam in successione feudali, siuè illud hæreditarium sit, siuè mixtum, siuè ex pacto, & prouidentia *Rmin. iun. cons. 410. nu. 19. lib. 4.* Tertiò, quia feuda regulantur secundùm ius commune, si aliud in cõtrarium in ipsis feudis dispositum non sit, *cap. 1. vers. firmum de feudi cogn.* sed in feudis magis ex pacto, quã hæreditarijs expressè decisum non reperitur, quod patruus excludat nepotem, imò dicta iura simplicitèr, & indefinitè cum patruo nepotem admittunt, ergò hic casus secundùm ius commune paritèr decidendus est, & hanc opinionem tenuerunt *gl. in verbo solus in cap. 2. de nat. succ. feud. Ias. in l. si Amita nu. 5. C. de suis. edict.* & post multos *Rol. à Vall. cons. 68. per totum, Menoch. de cons. 200. nu. 64. lib. 3. & cons. 498. nu. 21. lib. 5. & d. præsumpt. 95. nu. 45. Petra de fideicom. quæst. 11. sub num. 144. Peregr. art. 21. nu. 13. Gratian. discept. forens. cap. 436. nu. 24. & 65. Rosenthal de feud. cap. 7. concl. 56. nu. 11.* aliįque passim.

Contrariam sententiam amplexi fuerunt quamplurimi alij, quod immò in feudo ex pacto, & prouidentia, & mixto non detur repræsentatio, inter quos *Ant. Rub. cons. 82. nu. 4. & cons. 85. nu. 6. Rmin. cons. 25. nu. 23. & cons. 162. nu. 10. & 11. lib. 1. & cons. 100. n. 13. & cons. 134. num. 25. & cons. 169. nu. 9. lib. 1. Caual. pract. quæst. cap. 38. num. 8. Menoch. sibi contr. cons. 498. nu. 19. & 20. lib. 7. Freccia de subfeud. lib. 3. in princ. differ. inter feud. hæred.* & ex pacto *Paschal. de virib. Patr. potest. part. 4. cap. 9. nu. 12. Rota Romana decis. 219. recollect. per Farinac. D. Reg. Capyc. Latro decis. 176. in fine.*

138 Sed quid in casu, quo vocetur primogenitus, an scilicèt, facta vocatione primoge-

nita

[illegible] primogenituræ succedat [illegible] verò [illegible] persona tempore pri- [illegible] ad exclusio- [illegible], & *Gamma decis.* [illegible] *& Petro Molina num.* 3. [illegible], dari in hoc ca- [illegible], rationem assignant, [illegible] hæredis fuerit confo- [illegible] exclusione parvum: cùm [illegible] succedebant in hæreditate avi, [illegible], quia leges admittentes [illegible] fundantur in æquitate, ini- quum esset [illegible] excluderent pa- [illegible].

[illegible] opinio est rationabilior, & ac- [illegible] *decis.* 391. *par.* 4. *in no-* [illegible] ubi num. 7. habetur, quod ius primogeni- turæ est transmissibile ad filium primogeni- [illegible] quod moriatur pater, ef- [illegible] primogenitum ipsi avo, quoniam effectu [illegible] in ipsa primogenitura, non solùm [illegible] repræsentationis, sed etiam ratione [illegible] primogenituræ ad se transmissi, [illegible] quæ in persona [illegible] pa- [illegible], potest probabiliter prætendi [illegible] vel ius verè formatum ab ipsa [illegible], & separatum, iuxta communi- ter Doctorum sententiam [illegible] tradita per [illegible] *lib.* 2. *cap.* 30. *sub num.* 18. *vers.* [illegible] *&* 27. quod tamen habet locum in maioratibus: cùm nihil dif- ferat inter se maioratus, & primogenium quoad effectum: nisi quoad solum nomen, [illegible] *lib.* 1. *quæst.* 35. *num.* 2. [illegible] videtur contrarium sentire in casu, quo dispositio [illegible] maio- [illegible] de eo, qui est senior ætate, & prouectior, idque antiquior [illegible] tempore. Et talis est casus apud eundem [illegible] per [illegible] dicta [illegible] *num.* 16. *in fine*, de vocatione facta ma- ioris de domo, & antiquioris de familia, ubi extendit etiam idem in vocatione facta de an- tiquiore in antiquiorem, videndi *Covar. pract. quæst. cap.* 18. [illegible] *Molina de Hyspan. primog.* [illegible] *cap.* 6. *num.* 2. *Fusar. quæst.* 483. *num.* 2. [illegible] apud *Valasc. de iure emphyt. quæst.* [illegible] *num.* 35. *& Gamma decis.* 174. *&* 307. [illegible] *Barbos.* [illegible] *cap.* 4. *sub num.* 92. ubi [illegible] casum relatum à *D.* [illegible] *lib.* 1. [illegible] 48. *per* [illegible] maioratus instituti, [illegible] tempore mortis, [illegible] quo- [illegible]. Primo scilicet [illegible] maioratus, & demum tertio [illegible] tempore mortis [illegible] proprerea in cal- [illegible] ad pro-

[illegible] *Thesaur.* [illegible] *quæst.* 33. *lib.* 1. *num.* 6. *& seq.* [illegible] casus, an scilicet primo- [illegible] vo- catus, ex [illegible] vocatus à lege. Tertio [illegible] in- vestitura, & privilegio [illegible] quando an à [illegible] ex eo [illegible] casu, cum circa [illegible] bola iam præfata.

Advertas insuper [illegible] ad casum relatum per [illegible] *quæst.* 392. *per totam*, de [illegible] facta de primogenito [illegible], quia fuissent plures vocati, & [illegible] catus extitisset [illegible] primogenitum in sin- gulari [illegible] casu quod di- [illegible] vocati habeant [illegible] ex ipsis primogenitum vocatum, [illegible] scilicet [illegible] ex [illegible] qui prius natus est, [illegible] & videtur sentire de primo nato, dum ha- bet quod se [illegible] à iuniore, *Alex. cons.* [illegible] 4. *Gamma decis.* [illegible] 39. *Peregrin.* [illegible] *lib.* 4. *Afflict.* in [illegible] 1. *num.* 17. [illegible]

Quia in vocatione primogeniti, & eius fi- liorum, ut casu [illegible] ad- mittatur primogenitus [illegible] *Fusar. quæst.* 389. *per totam*, [illegible] *Dom. de Luca* [illegible] primo- geniture, *&* [illegible] videndus dictus *Fusar.* [illegible] tur de vocatione facta de [illegible] ad fi- deicommissum, cui [illegible] vocari [illegible] descendentes gradatim, an verò post admis- sionem factam de primogenito, [illegible] fideicommissum, & an facta vocatione ma- ioris de domo, vel primogeniti moriatur qui erat [illegible] tempore mortis testatoris, an admittatur, qui tempore mortis testatoris vel delata successionis est maior, disputat quæstionem ad ea, *Fusar. dicta quæst.* [illegible], per totam, quod etiam [illegible] pro [illegible] nobi- litatis, vide [illegible] *Gosfan.* [illegible] *peregr. quæst. lib.* 1 *cap.* 2.

140 In iure patronatus [illegible] repræ- sentandi, [illegible] *&* [illegible] *Adolphus* [illegible] *de primog. quæst.* [illegible] 21. *Cons. Caprinus de* [illegible] *lib.* [illegible]. Hæc quod [illegible], sed non perperam.

Ad [illegible] repræsentatione [illegible] plures esse hæredes ex repræsentatione, quorum

141 Primus, [illegible] positum est [illegible] probabi [illegible] scilicet, ascendens verò [illegible] ut sup diximus. Se-

142 Secundus hæres est repræsentationis collateralis in primò duntaxàt existens gradu, cùm deinceps sit talis facultas preclusa per *Iustinianum*, ne scilicet æquitas conuerteretur in despectum iuris naturæ, vt habetur in tota materia successionis.

143 Tertius hæres est repræsentationis adoptiuus, siuè adrogatus in illis terminis successionis, in quibus talis verè est hæres, & reputatur pro filio legitimo, vt diximus supra de hærede adoptiuo, siuè adrogato, hanc opinionem optimè probat *Robles lib. 2. cap. 8. sub num. 13. vers. Nihilominus, vsque ad finem*, respondens ad contraria.

144 Quartus hæres est repræsentationis legitimatus per Principis rescriptum, *Robles d. lib. 2. cap. 9. per tot.*

145 Quintus hæres est repræsentationis emancipatus, *Robles d. lib. 2. cap. 10.*

146 Sextus hæres est repræsentationis filius naturalis, respectu successionis auiæ maternæ, vel nepos ex spurio, respectu successionis matris naturalis, vide *Robles lib. 2. cap. 15.*

147 Septimus hæres est repræsentationis filius spiritualis in illis terminis, in quibus succedit de iure ab intestato, cùm generalis regula symbola sit, quod omnes, qui vocantur à iure ab intestato, ij etiam sunt hæredes ex repræsentatione, comprahensiuè scilicet, non exclusiuè, vt apud *Robles loc. cit*

148 Cætero sciendum est etiam, quod talis repræsentatio fuit inducta à *Iustiniano*, vt hæres repræsentans succedat ex propria sua persona, non autem ex persona patris repræsentata, resultat ex hoc maxima vtilitas cùm potentius sit ius, quo ex propria persona, quã aliena quis potiatur, *L. mora*, ibi: *Suo iure, non alieno beneficio, ff. de iurisd. omn. indic. L. pater, §. 1. ff. de legat. 3. L. si filius, ff. de fideicomm. libert. L. si quid in bello*, vbi *Glos. ff. de capt. & postlim. reuersa. L. fratres familia, C. de Sacros. Eccles.* licet aliqui voluere succedere ex persona patris filiũ. Primò, quia patre de medio sublato, filius in eius locum intrat, *L. Gallus, §. etiam si parente, ff. de liber. & posth. l. posthumorum, ff. de iniusto rupto, §. sui instit. de hæred. qualit. & differ. §. posthumorum, instit. de hæred. libert. §. cùm filius, instit. de hæredit. quæ ab intest. defer. Nouella 118. cap. 1. vers. Sic tamen, & Nouella 127. in præfatione*, igitur ex parentis persona admittitur. Secundò, ex *L. filio, §. si filius, ff. de coniung. cum emancip. liber.* vbi emancipatus confert, quia nepos emancipatus patrem repræsentans ex eius persona ad hæreditatem veniebat, alioquin non conferret, *l. 2. §. si res, & l. 3. §. si quoties. ff. de collat. bonor. l. si emancipati, C. eod. tit.* vbi *Doct.* sic intelligunt, *d. §. si filius*, hanc principalem sententiam post multos videtur tenere, *Tiraquell. de iure primog. d. quæst. 40. sub num. 132.*

Et quod ex propria persona, & non patre-na datur repræsentatio. Probatur primò, nã vt nepos, nepti siuè sui hæredes sint, non sufficit eum, eamuè in potestate aui tempore mortis fuisse, sed requiritur etiam, vt pater eius, viuo patre suo, suus hæres esse desierit, aut morte interceptus, aut qualibet, & aliacatione à paterna potestate liberatus, tunc etiam illi in patris sui locum succedunt, *d. l. Gallus, § aum de lege, ff. de liber. & posthum. d. §. sin autem, instit. de hæred. qualit. & differ.* si ergò nepos, neptisuè non aliter sui fiunt hæredes, patris locum ingrediuntur, quàm si pater morte naturali, vel ciuili suus hæres esse desierit, consequitur ex persona patris in nepotem, nepotemuè ius suitatis non transmitti, sed id, extincto illo, & delato suitatis iure in patre, nepoti, neptiuè ex propria persona, & qualitate conseruantur.

Probatur secũdò, si ex persona patris succederet nepos, non esset necesse Auo nepotem instituere, si filius esset institutus, cùm transmissio fiat in successorem cum eisdem qualitatibus, sed hoc est falsum, vt patet in *L. 3. C. de liber. præt. & d. L. posthumorum, & d. §. posthumorum*, etiam ex propria persona succedit, hanc eandẽ sententiam tenuere Doctores plurimi longissima recensione citati per *Robles lib. 1. cap. 11. sub num. 3.* qui *sub num. 6. vsq. ad 14.* respondet ad contraria.

Ex qua resolutione infertur primò, quod pactum factum à filia de non succedendo nõ nocet nepotibus, præmoriente filia, ex ea natis, quia nepotes succedunt Auo ex propria persona, non matris renunciantis præmortuæ, quod non esset dicendũ, si concederemus nepotes ex persona matris succedere, *Dom. Reg. Capyc. Latro decis. 4.* videnda, vbi *Gizz.* qui plurimos alios cumulat, & refert decisiones, tàm in gradu ascendentium, quàm collateralium.

Secundò infertur, nepotes ex propria persona auo succedentes non teneri conferre dotem matri datam, aliter esset dicendum, si ex persona matris succederet, *Robles lib. 2. c. 16. sub num. 103. & 104. Maria fiamma fuit legals, par. 1. quæst. 28. art. 2.*

Tertiò infertur, nepotem non teneri ad debita patris successoris Auo ex propria persona: secus si succederet ex persona patris, *Robles loc. cit.* apud quẽ habebis alia corollaria.

Alij distinxerunt inter repræsentationem, quæ competit descendentibus, & inter illam, quæ competit transuersalibus, de competenti descendentibus valet ratio vltima mox supra posita, quod scilicet succedant ex propria persona, quando verò agitur de competenti transuersalibus omninò repræsentare debent personam defuncti, vt apud *Robl. loc. cit. sub num. 17.* & quomodò videndus dictus *Dom. Capyc. Latro loc. cit. in fine.*

Et proinde ex alia distinctione detegitur, quæ-

quando patris incapacitas obstet filijs nolem, quotics pater omninò incapax non fuerit, sed potius aliquandò capax, & ad successionem vocatus, licet ob aliquem euentum exclusus, tamen si transuersalis succedendum sit, eo tempore, quo si pater superstes esset, admitti non posset, eius filius similiter succedere non poterat: nisi pater repræsentans ex eius persona admitti desideret, si verò ascendenti sit succedendum, licet eo tempore pater si superuixisset repellendus esset, nihilominus eius filius gradum suum repræsentans ex propria persona esset admittendus, vt post multos consuit *Robles loc. cit. sub num. 18.* si tamen incapacitas est absoluta, & perpetua, nunquam datur repræsentatio.

Et an, & quando fœmina repræsentet patrem quoad gradum, & qualitatem masculinitatis ad excludendum masculum remotiorem, vel amitam, disstante statuto, quod stantibus masculis, fœminæ non succedunt, vel in Maioratu, Ducatu, & Regno, videndum *Robles lib. 1. cap. 13. per totum*, vbi pertransit per eorum distinctionem: cum materia de repræsentatione non sit absolutè nostri instituti, sed de hærede ex repræsentatione dumtaxat, & de repræsentatione ex statuto in transuersalibus vltra primum gradum, prout est *Consuetudo Neapolitana. Si quis, vel si qua*, vide *Dom. Reg. de Ponte cons. 39. vol. 1.* vide nouissimè *D. Brill. in prompt. ad Consuet. Neap. tit. 1. cap. 3.* qui non viso me in *tract. de assistentia in quæst. 28.* vbi maxima diligentia tractauimus de officio Baiuli, quod exercebatur de iure Constitutionis Regni, & quod exercetur hodiè per dispositionem *Reg. Pragm. vnic. de officio Baiuli*, iterum confusit materiam non distinguens naturam vtriusque quamquam valdè differentem, tàm circa administrationem, quàm etiam concessionem, & proindè scribentes non despiciant lecturam nouissimorum Authorum maximè viuentium: prout apparet in *d. prompt. tit. 16. cap. 2.*

DE HÆREDE
EX TRANSMISSIONE.

SVMMARIVM.

1 *Hæres transmissionis non est neque legis, neque hominis.*

2 *Succedens iure transmissionis dicitur succedere testatori, intellige, n. 3.*

4 *Transmissio quid.*

5 *Transmissio duplex propria, & impropria.*

6 *Transmissionis propriæ tres sunt species, & n. 7. & 8.*

9 *Transmissio impropria est, quando aliqua res fit ad alios transitoria.*

10 *Transmissio aut est naturalis, aut conuentionalis, aut legalis.*

11 *Hæres ex transmissione tenetur creditoribus hæreditarijs, secùs ex vocatione, & earum differentia, n. 12. 13. 14. & 15.*

16 *Transmissionis prima species est illa, quæ fit ratione ac beneficio suitatis, quod extenditur pluribus modis, num. 17. 18. 19. 20. 21. 22. 23. 24. & 25.*

26 *Transmissio an habeat locum in hæreditate, quæ ex statuto contra ius ciuile defertur, n. 27. notatur esse turbulentam quæstionem.*

28 *Transmissio suitatis iure habet locum non tantum in hæreditate paterna, sed etiam materna, etiam in hæreditate fratrum, n. 29.*

Limitatur primò de iure prætorio, num. 30. 31. 32. 33. 34. 35. 36. & 37.

Limitatur secundò, si detur terminus ad deliberandum, n. 38.

Item si statuto, vel consuetudine Patriæ esset filia, aut filius exclusus, n. 39.

Limitatur tertiò, quando filius se abstinuerit ab hæreditate, n. 40. & 41.

42 *Immixtio non semel facta non potest ampliùs reuocari, repudiatio verò sic, n. 43.*

44 *Immixtionis, & aditionis differentia, num. 45. & 46.*

47 *Immixtio cur faciliùs inducitur, quàm aditio, num. 48.*

49 *Transmissio conceditur, etiam si succedatur contra voluntatem testatoris.*

50 *Querela non præparata quando transmittatur, n. 51. 52. 53. & 54.*

55 *Querela reuocandi donationem propter vitium ingratitudinis, an, & quando transmittatur ad hæredes, n. 56. 57. & 58.*

59 *Hæres iure transmissionis in secundo ordine est ille, qui succedit ei, qui transmittere potest iure sanguinis, & quomodo, n. 60.*

61 *Transmissio hæreditatis, & iure sanguinis differunt, tamquam excetras, & excessum, & illa, quæ sunt symbola, n. 62.*

63 *Transmissio iure sanguinis vt habeat locum, quæ requirantur, n. 64.*

66 *Hæres iure transmissionis in tertio ordine est ille, qui succedit cum beneficio L. antiquioribus,*

Cod. de iure deliberandi.

67 *Hæreditas semel transmissa semper sit transmissibilis.*

68 *Ius deliberandi transit ad quoscunque heredes, & quomodo, n. 69.*

70 *Transmissio iuris deliberandi plenior, & quare, n. 71.*

72 *Transmissionis hæreditatis ex iure sanguinis in quo differant cum transmissione iuris deliberandi, n. 73. 74. & 75.*

76 *Transmissionis species subalterna qua, num. 77. 78. vsque ad 101.*

102 *Pater faciens substitutionem vulgarem filio, an faciat eius heredem voluntarium, nu. 103. 104. 105. 106. 107. 108. & 109. cum suis ampliationibus, vsque ad n. 137.*

131 *Infans in infantili ætate decedens, an, & quando transmittat hæreditatem, & num. 132. 133. 134. & 135.*

136 *Hæres ex transmissione in quarto ordine est ex substitutione directa, & an ex vulgari, n. 137. declaratur pluribus modis, nu. 138. 139. 140. & 141. quid in substitutione pupillari, nu. 142. cum suis declarationibus, nu. 143. 144. 145. & 146. limitationibus, nu. 147. 148. 149. 150. & 151. quid in substitutione exemplari, nu. 152. 153. 154. 155. & 156. quid in hærede ex pacto, nu. 157. 158. & 159. & donatione contemplatione matrimonij.*

160 *Fideicommissum vniuersale an; & quando transmittatur cum declarationibus, num. 161. 162. 163. 164. 165. & ampliationibus, n. 166. 167. 168. 169. & 170. & limitationibus, nu. 171. 172. 173. 174. dubia n. 176.*

177 *Legata particularia an transmittantur, n. 178.*

179 *Fideicommissa conditionalia an transmittantur cum ampliat. num. 180. 181. 182. & 183. enumerantur casus subalterni in conditionem, nu. 185. 185. 186. 187. 188. 189. 190. 191. 192. 193. 194. 195. 196. 197. 198. 199. 200. 201. 202. 203. & 204. enumerantur aliqui casus non impedientes transmissionem, n. 205. 206. 207. 208. 209. 210. 211. 212. 213. 214. & 215.*

216 *Coniectura debent esse probabiles, & euidentes ad causandam transmissionem legati, vel fideicommissi conditionalis, & enumerantur coniecturæ, nu. 217. 218. 219. 220. 221. 222. 223. 224. 225. 226. 227. 228. 229. & 230. cum ampliationibus, num. 231. 232. 233. 234. 235. 236. 237. 238. 239. 240. & 241.*

242 *Substitutionis primi gradus caducitate an, & quando caducatur & reliqua transmittuntur.*

TITVLVS OCTAVVS.

1 Hæres ex transmissione non est hæres legis, neque hominis, sed facultatis duntaxat eius, qui legitimus, vel testamentarius hæres est, quia succedere intendens iure transmissionis oportet omnimodò vt hæres sit transmittentis, *l. qui se patris, C. vnde liberi, Ruin. cons. 3. num. 16. lib. 3. Paris. cons. 32. num. 2. lib. 1.*

2 Nec obstat, quod succedens iure transmissionis dicatur succedere testatori, *Ruin. cons. 40. num. 7. lib. 3. Menoch. cons. 105. nu. 92. Zanch. in l. hæres meus, § cum ita, nu. 200. & 209. ff. ad Trebell. Socin. sen. cons. 67. col. pen. lib. 4.*

3 Quia respondetur, quod licet veniens ex transmissione dicatur succedere testatori, illud intelligitur impropriè, & secundum quid; propriè tamen succedit transmittenti, *Zanch. loc. cit. num. 202.*

4 Est enim transmissio quædam prorogatio successionis eiusdem formæ, & materiæ, *Bald. in l. cum proponas 3. num. 5. vers. Secunda, C. de hæred. instit. Marta summa succ. leg. par. 1. quæst. 24. art. 1. in princ. Vasq. de succ. progr. § 6. in prim. Gomes. var. resolut. tom. 1. cap. 9. nu. 46. in fin. Noal. de transf. in præl. num. 3. fol. 2.* Vnde licet veniat ex iudicio defuncti, *l. 1. C. de his quib. ante apert. tabul.* tamen illud erit in casu dubij, an scilicet transmissarius excludat substitutum, vt infrà dicemus.

5 Transmissio insuper est propria, & impropria, propriæ de qua suprà, tres sunt species, quarum

6 Prima ratione, & beneficio suitatis, ratione cuius, si filius, vel nepos in potestate morientis patris, vel aui constitutus moriatur antequam adiuerit patris, vel aui hæreditatem, siuè sciat, siuè ignorat sibi delatam hæreditatem, semper transmittit eam ad hæredes sibi succedentes, siuè extranei, siuè suisuè ex testamento, siuè ab intestato ei succedant, *l. apud Iulian. C. de suis, & legit. hæred. l. 3. C. de iure delib.*

7 Secunda species transmissionis est, quæ non ratione patriæ potestatis, siuè suitatis, sed ratione sanguinis liberi descendentis, vel ascendentis, nam si moriatur aliquis ex descendentibus hæres ascendentis, cuius non adierat hæreditatem, siuè in potestate eius fuerit, siuè non, hæreditatem traditam transmittit ad liberos descendentes, ex beneficio legis vnicæ, C. de his, qui ante apert. tab.

8 Tertia species est transmissionis, quæ fit beneficio legis *cum antiquioribus, C. de iure delib.* quando quis sciens sibi delatam hæreditatē infrà annum sibi à iure datum deliberandi si adire velit, vel non, moriatur, & sic pendente dilatione ad deliberandum, transmittit non quidem hæreditatem, sed ius illud ad deliberandum, siuè potestatem adeundi, & à quo tempore incipiat annus, an à die delatæ hæreditatis, an à die scientiæ, dicemus suo loco mox infrà.

9 Impropria transmissio dicitur illa, quando aliqua res fit ad alium transitoria, vtputà priuilegium, actio, contractus, & similia, quæ in proprio suo significato, transitio vocatur, *Crass. in § transmissio, quæst. 7. & 19.* & proinde

dd *Guglielm. de Benedict.* in cap. *Raynu.* in verbo, *Mortuo* [illegible], *sub num.* 107. distin-
10 guit transmissionem in tres species, in natu-
ralem, conuentionalem, & legalem.

Naturalis dicitur ea, quæ [illegible] ni, & [illegible], sic dicimus [illegible] *C. de contrahe. & commit.*

Conuentionalis, quæ ex virtute pacti [illegible], siue conuentio [illegible] transfertur [illegible] successores [illegible] *l. de pactis* [illegible] *ff. de* [illegible] [illegible], de quibus infrà suo dicemus loco.

Legalis, siue [illegible] dicitur, quæ [illegible] *L. legitimam, ff. de* [illegible] transmissio differt etiam à vocatione, quia succedens iure transmissionis debet [illegible] ipsius [illegible] vt [illegible]. Succedens verò iure proprio vocationis, & ex propria [illegible] personæ, necesse non habet, vt [illegible] *Tornelius in d. §.* [illegible] *vers. Vtilitas autem est,* & ibi, *Zanch.* num. 103. quos sequitur *Neul. loc. cit. sub num.* 9. & [illegible] supra in præcedenti [illegible].

12 Et proinde succedens iure transmissionis [illegible] legatariis, & creditoribus [illegible] transmittentis [illegible], vel quod vnus [illegible]

13 quæ successor iure vocationis [illegible] [illegible] transmissionem, vt [illegible] in inuentario ipsius transmittentis describere, cum illud non facere [illegible] heres iure vocationis. Differt insuper [illegible]

13 quandoquis venit [illegible] vocatus, & [illegible] re propria, & ex propria persona, tunc legatum, & fideicommissum, si legatarius, vel etiam fideicommissarius moriatur ante testatorem, [illegible] caducum, [illegible] *C. de caduc. tollend.* [illegible] *vers. Hæc & in* [illegible] *per* [illegible] §. [illegible], vbi *Tornell.* [illegible] *ff. ad Trebell.* aliud esset [illegible] iure transmissionis, quia tunc legatum, & fideicommissum [illegible] morte legatarii, & fideicommissarii sequuta, viuente testatore, efficitur quasi caducum, *d. l. Augusto, ff. de legat.* [illegible] [illegible] *vers. Vel* [illegible] *& d. §. pro secundo, C. de caduc. tollend.* differt in super, quia succedens ex

14 propria persona & pluræ fuerint, succedunt in capita, succedentes verò iure transmissionis succedunt in stirpes. Vlterius pro [illegible] quia licet [illegible] concepti post mortem [illegible] vel [illegible] de cuius [illegible] hereditate, non admittantur ad successionem ex persona eorum propria, *l. si quis* [illegible] *vers. Sed hoc* [illegible] *ff. de* [illegible] *l.* [illegible] *C. de* [illegible] vbi [illegible] *Doct.* [illegible] *de præsumpt. lib.* 4. [illegible] [illegible] casus hic distinguit [illegible] tamen admittuntur ex persona parentum, vigore [illegible] transmissionis beneficii *l. vnica,*

C. de his, qui ante apert. tabul. vt per [illegible] apud *Neul. loc. cit.* [illegible]

15 Differt etiam transmissio à repræsentatione, quia transmissio [illegible] est repræsentatione, repræsentatio enim verò [illegible] vel fingit id quod non est, iuxtà quæ supra in præcedenti *titulo* diximus. Transmissio verò [illegible] est iuris, quod vel in re, vel saltem in spe [illegible] est, vt [illegible] est in transmissione legati, siue puré, siue in diem certum relicti, & stipulationis conditionalis, *l. si post diem, §. 1. ff. quando dies legati cedat, §. sub conditione, vers. Ex conditionali stipulatione, instit. de verb. oblig.*

16 His sic modo præcognitis, est [illegible] sciendum, quod prima species, & sic primus ordo heredis ex transmissione, est ille, qui succedit ratione, ac beneficio [illegible] ratione [illegible] filius, vel nepos in potestate mortui patris, vel aui hereditatem, siue sciat, siue ignoret sibi delatam, semper eam transmittit ad heredes sibi succedentes, siue ij sint sui, siue extranei, siue ex testamento, siue ab intestato succedant, *l. ap ud* [illegible] *C. de suis, & legitimis hered. l.* 3. *C. de iure delib.* [illegible] [illegible] hæc transmissio, non solùm per filium tempore patris mortis in potestate constitutum, sed etiam per filium, qui [illegible] patris non esset in eius potestate constitutus, *Gl. singularis in cap. Solicitarum* [illegible] *quæst.* [illegible] *num.* 4. & [illegible] verò est, iura patriæ potestatis retinuit, & consequenter hanc facultatis hereditatem [illegible] quod [illegible] heredes etiam non aditam transmittunt, *Barbat. in rubr. de prob.* [illegible] *col.* 2. sequitur *Guglielm. de Benedict.* [illegible] *sub num.* 108. cum transmissio ad heredes extraneos extendatur licet [illegible] filij, de cuius successione agitur, qui etiam hereditatem transmittere [illegible] hanc opinionem veriorem, & receptiorem comprobat *Vasq. de succ.* [illegible] *lib.* 3. §. [illegible] *num.* 168. & *in* [illegible] *lib.* 1. §. [illegible] *Franc.* [illegible] *de succ.* [illegible] *de transm. hered. sub num.* 2. vbi notat [illegible] *Fabro* [illegible] *lib.* 1. *cap.* 10. quando dicitur, si cùm heredem non esse filium, qui succedat ex testamento patri suo, tanquam [illegible] contra *tex. in* [illegible] *instit. de hered. qualit. &*

17 *differ.* quod [illegible] etiam ad possessionem bonorum ex illa ratione, quod statim filius ipso iure efficitur heres, & possessio hereditatis [illegible] [illegible] quod [illegible] *§. sui instit. eod. tit. de hered.*

18 *qualit. & differ.* adeò quod bona patris damnati, quæ hodie filijs reseruantur, per *Auth. bona damnat. C. de bon. damn.* non aquita per [illegible] transmittuntur ad quoscunque heredes, siue ipse filius decedat intra annum à tempore hereditatis ei delatæ, siue post annum, quia talis transmittendi [illegible] iure [illegible] filio competens durat perpetuò, saltem spatio triginta annorum, per *l. Sicut, C. de*

iure

iure deliб. & est communis opinio, quam refert, & sequitur *Alex. in d. l. cum antiquioribus col. 1. & 2.* quicquid dicat *Bartolus,* & male *in l. ex militari §. fin. ff. de testam. milit.* concludit etiam *Gugl. de Bened. d. verbo mortuo itaque testatore sub nu. 109. Ranch. decis. part. 2. conclus. 182.*

19 Insuper pari modo censendum, si fuerit praeteritus legitima, aut minus legitima relictum, quo casu filius agere non potest, nisi ad eius supplementum *l. omni modo C. de inofficios. testam.* filius moriens ante agnitam legitimam, vel illius supplementum transmittit iure suitatis facultatem petendi ad
20 quoscunque haeredes, quia pro complemento legitimae competit filio conditio, ex *d. l. omni modo,* & sic actio personalis, igitur transmittitur ad quoscunque haeredes, sicuti quaelibet alia actio personalis, secundum *Doct. in l. scimus §. 1. C. de inoffic. test. Alex. cons. 33. col. 4. vol. 2.* & est originale dictum *Bald. in l. arrogatorio secunda oppositione ff. de adopt.* ubi magis videtur inclinare in contrariam partem, & *in l. 2. quaest. ultim. C. de lib. praet.* adeo quod si filius fuerit a patre haeres institutus sub conditione casuali, vel mixta, etiam si conditio foret potestativa, puta si haeres esse voluerit, quo casu antequam declaret, si voluerit, moriatur, hereditatem transmitteret, *l. si ita legatum §. illi si volet ff. de legat. 1. gl. in l. unica C. de his qui ante apert. tabul.* ubi communiter *DD. Gabr. commun. l. 2. nu. 1. conclus. nu. 10. tit. de haered. instit. Gomes. var. resol. cap. 3. nu. 48. vol. 1.* prout videtur esse in fideicommissis, & legatis conditionalibus, quia licet ibi ante eventum conditionis neque
21 ad liberos transmittantur, *Bald. in l. si personam nu. 3. C. de fideicom. Bal. à Valle cons. 38. nu. 31. vers. conclude lib. 4. Crauetta cons. 153. n. 7.* & communiter *DD. in l. liberos enim §. cum ita ad Trebell.* tamen cum filijs heredibus, quod
22 hereditatem transmittunt, talis conditio reijcitur quoad quantitatem legitimae concurrentem, *l. quoniam in prioribus C. de inoffic. testam.* Idcirco si institutus sit filius sub conditione, nihilominus institutio respectu legitimae remanet pura, & absoluta ab omni
23 conditione, & consequenter conditione pendente, eo mortuo, legitima transmittitur ad eius haeredes quoscunque, *Salyc. in d. l. unica in fin. vers. quaero decimo C. de his qui ante apert. tabul. Gabr. comm. l. 2. nu. 12. d. tit. de haered. instit. Peregr. de fideicom. art. 16. nu. 61. Gugl. d. verbo mortuo testatore el 2. sub nu. 110.*
24 ubi subdit, quod si filiae fuerit relictum, quod nupserit, vel prodotem, quo casu relictum pro non pareat, donec nubat, ut per *Bart. in l. Titius centum §. Titio Genero ff. de condit. & demonstrat.* talis filia, antequam nubat, moriatur, transmittit ad suos haeredes illud relictum, saltem quoad suam legiti-

mam; secundum *Alex. cons. 33. & cons. 136. part. 2.* & idem esse in facultate se dotandi de bonis paternis restitutioni subiectis, quam habet filius ... *C. ... de legat.* ... si filia fideicommisso gra-
25 vata alteri nupserit, ... quae casu etiam post nuptias potest dotem dare de fideicommisso, ut ibi concludunt Doctores, & ... quam sibi dotem constituere mariatur, ad haeredem transmittit illam facultatem de se dotanda secundum qualitatem viri, & quantitatem fideicommissi, quia si ... doctas..., dos haeredibus pertinerent, secundum *Paulum singulariter in d. auth.* ergo facultas petendi ad eos transmittitur, quod est notandum, dicit *Gugl. loc. cit. sub n. 110.* ... idem est in facultate se dotandi.
26 An autem transmissio habeat locum in haereditate, quae ex statuto contra ius civile defertur, ut si extaret statutum, ut scilicet, omnibus masculis foeminae non succedant, veluti in hoc Regno per *Constitutionem ...* aliquibus nam si pater decesserit filio, & filia relictis, & mox etiam filius, nulla intestatione facta, relicta una sua filia, quae omnia bona vendicaret ex dispositione statuti contra Amitam, Amita e contra contenderet partem dimidiam ad se pertinere ex iure communi, dubitatum fuit in hoc casu, an filius per eius suitatis transmittat ad filiam, suam etiam illam dimidiam, quae sibi a statuto contra ius commune delata fuerat, ... scilicet filio dicti masculi excludentis foeminam, quae non possit excludi a statuto, suam Amitam, quae nisi a masculis excluditur, & non a foeminis iure transmissionis excludat, & cardo difficultatis eiusmodo quaesiti in eo vertit videtur, quia apparet ordinare ratio dicti statuti, ut scilicet bona conserventur in familia, prout est symbola quaestio de eodem statuto, quod extantibus masculis foemina non succedat, sed dotari debeat, dubium symbolum est, an illa facultas dotandi filiam ad effectum illam excludendi a successione transmittatur ad haeredes ipsorum filiorum masculorum nam si haeredes illius sint masculi, utique quia in eis conservaretur mens statuti, poterit absque difficultate decidi pro transmissione, ut probat *Natta d. tract. casu 2. per totum.* ceterum dubitatio exstitit, quando sunt foeminae haeredes masculi excludentis, de qua non tractat *Natta,* prout in casu nostro, in quo utraque est foemina, ideo sive bona transmittantur ad filiam, sive non, utroque casu bona non remanebunt in familia, in agnatione scilicet masculorum.

Non obstat, si diceretur, quod ista filia admitteretur contemplatione patris masculi, sive ex eius persona, cum habeant eius locum, *§. cum filius l. ... de haered. quae ab intest. defer.*

Quia

Quia respondetur, quod quando filia succedit in locum patris, non venit ex persona patris, sed ex sua propria persona, vt [illegible] in tit. *[illegible] de [illegible]*, & tunc [illegible] eius qualitatem, non verò ipsius patris, vt docuit *Bart. in l. 2. §. si filius ff. de [illegible]. [illegible] [illegible] filiju. & in l. 1. §. si [illegible] ff. de collat. bonor.* & plenè per [illegible] in l. qui [illegible] C. [illegible] liberi: Vnde ista filia succedens in locum patris, succedit in eodem gradu cum Amita, sed si considerantur qualitates filiae, & [illegible] patris, prout consideranda veniunt, ista filia non dicitur habere qualitatem, propter quam excludere posset amitam, cum non sit masculus, neque de agnatione, & neque de familia.

Hic passus est terribilis, [illegible] disputabilis, adeò quod aliqui [illegible] contrà hanc filiam, alij pro transmissione fauore filij, & caeteri transeunt cum distinctione nam *Salyc. in l. 1. C. ad legem Iuliam de adult.* sustinet, portionem delatam filio masculo virtute statuti, si non fuerit per eum viuentem agnita non transmitti ad eius filiam, sed ad amitam, sororem scilicet defuncti deberi, duplici quidem ratione mouetur.

Prima, quia quando aliqua portio defertur contrà ius commune alicui iure speciali, ità demùm defertur, si portio delata capresenté acceptetur, aliàs nullatenùs defertur *L. emancipata C. qui admitti ad bonor. possess. L. 1. §. [illegible] ff. de collat. bonor.* sed sic apparet in proprio casu, in quo portio illa non est acceptata per filium, ergò.

Secunda ratio, quia quando filius transmittit ex potentia suitatis haereditatem patris, illam transmittit non tanquam acquisitam, sed tanquam adeundam, vt *in l. 2. C. de his qui ante apert. tabul. & in l. si quis filium in princ. ff. de acqu. haered.* si ergò portio statutaria transmittitur tanquàm adeunda, & in filia masculi nō reperiatur illius qualitas, per quam excludere posset amitam, ergò adire, & per consequens succedere non potest, ex eiusdem rationibus inclinant in hanc partem, *Ludou. in L. ventre ff. de acqu. haered.* subiungens, quia statutum excludens foeminas, stantibus masculis, intelligitur, stantibus ijs, qui patri succedant, aliàs si non existerent foeminae non excluderentur, secundum *Bald. in L. [illegible] C. de liber. & posthum. & Bart. in L. 3. §. sed [illegible] ff. ad Trebell. & in L. 1. §. si filium ff. de bon. possess. secund. tabul.*

Insuper regulare est, quod quando aliqua portio alicui defertur de iure speciali, in ea locum non habet beneficium iuris communis, prout notatur *in L. mulierum, & Titio ff. de condit. & demonstr.* ergò ad illam partem per statutum delatam non veniunt masculi iure communi, sed statutario, & sic iure speciali, non habebit locum beneficium iuris transmissio scilicet.

Opinio pro filia contrà amitam fuit *Baldi in cap. 1. in tit. Episcopum, vel Abbatem, qui feuda dare non possunt*, vbi per illum textum dicit, quod filia semel exclusa in successione paterna semper censetur, diceturque exclusa, adeò quod mors masculi filia non proderit, quod reputat notabile propter statuta excludentia foeminas, stantibus masculis, quia licèt moriatur masculus, non relictis filijs, vel relictis idem qualificatis, tamen propter illud solum, quod foemina propter extitutionem masculi fuit semel exclusa, amplius ad successionem paternam non admittitur, ergò tota hereditas apud filiam foeminam, exclusa amita, remanebit, & ità concludit *Franc. Aret. in cons. 50. col. pen.* & idem tenuit *Bald. in auth. sed si quis, & in L. quibus C. de secund. nupt. & Ludou. in d. L. ventre*, ex alia ratione, quod scilicet filius masculus haereditatem patris transmittit ex potentia suitatis, igitur sicuti transmittit illam partem, quae sibi defertur de iure communi, sic etiam transmittere debet aliam partem, quae sibi defertur iure speciali, nempè statutario, nè scilicet sequatur absurdum, vt filius pro parte dicatur suus, & in alia parte non suus contrà communiter notata *in L. 2. ff. de acqu. haered.* & eadem res non debet diuidi in iure censeri, *L. cum qui [illegible] ff. de vsucap.* l aut. et *Castro in l. fin. ff. de acqu. haered. Alex. cons. 20. [illegible] promissa*, vbi principaliter ex altero mouetur, quia cùm statutum disponat, quod stantibus masculis, foeminae non succedant, eo casu filia sit exclusa, & priuata à successione paterna, desinit esse sua, ac si pater eam exhaeredasset, vt singulariter affirmat *Bart. in L. 2. ff. secundum in fin. per illum text. ff. de suis, & legit. haered.* & sequitur *Bald. in d. L. maximum vitium, & Imola in d. L. ventre, & Ludou. in l. apud Iulian. §. idem Iulianus ff. ad Trebell.* ergò cùm filia per existentiam masculi in successione patris desinit esse sua, filius masculus in tota successione patris dicitur esse suus, & sic totam debet posse transmittere haereditatem ex potentia suitatis, hanc partem, disputato articulo, defendit *Anch. cons. 26. in fine*, vbi concludit, quod etiam si non probatur aditio, & quod masculus fuisset haeres cum effectu, tamen quia existentia sui haeredis confirmat tabulas pupillares, & commoda, quae concernunt cōmoda filiorum suorum, ideò haereditas habetur pro adita ad effectum transmittendi ad suos heredes ex capite suitatis, *Zabarella cons. 80.* vbi eo ipso, quod fuit suus, & non expediauit, dicitur verus successor ad hunc effectum, *de Perus lib. 3. interpret. [illegible] fol. 4.* & idem *Salyc. sibi contr. in auth. bona damnat. C. de bonis proscript.*

Sunt

Sunt & aliqui distinguentes, vt reducere possint has duas contrarias opiniones ad concordiam, dicunt, quod aut statutum loquitur purè, simpliciter, & absolutè, propter existentiam masculorum excludens fœminas vt sui in totum, & tùnc est verùm dicere, quod masculus totam hæreditatem transmittit, etsi in vita sua illam non adiuerit, tàm ad suos filios, quàm ad alios suos heredes, quia cùm virtute statuti fœmina exclusa non sit de suis, ac si esset exhæredata, imnò solus existentia masculi, tempore mortis patris eà perpetuò excluserit, ideò decedente postea masculo, nihil potest ad eam peruenire, tanquam semel exclusam, totamque hæreditatē pertinere ad liberos filij, etiam non masculos; aut statutum non excludit simpliciter filias, propter existentiam liberorum, sed iubet eam dotari, vel vult à fratre dotari, prout extat in *Constitutione, In aliquibus*, ibi *Dummodò sint dotatæ de paragio*, & tùnc quia dos succedit loco legitimæ, *Bart. in l. Titio centum, §. Titio Genero, ff. de condit. & demonstr.* sequitur, quod statutum vult eo tùnc, quo fœmina habet legitimam suam sit exclusa, & sic eam non priuat in totum, & per consequens non desinit esse suam propter existentiam masculi, vt limitando opinionem *Bartoli d. §. sciendum*, resoluit *Alex. cons. 131. in princ. vol. 7.* Ideò si filius ante aditam portionem ei à statuto delatam decesserit, illam partem non trāsmittat ad filiam in partem domestică sibi à iure communi contingentem, aliam verò habebit soror sua filia sua amita.

Nescio si hæc vltima opinio sufficiat saluare opinionem *Matthæi de Afflictis in Constit. Regni, Vt de successionibus, nu. 6.* vbi mouet quæstionem per rationes symbolas, inibi per ipsum relatas, sed ex eo scilicet, quia secundùm casum, quem *sub num. 5. vers. Iuxtà*, hoc proposuit. Filius feudatarij coniugatus decessit, viuo patre, relicta sua vxore prægnante, quæ peperit, mortuo feudatario, tùnc distinguit *Afflict.* quod aut posthumus est masculus excludit amitam, aut fœmina, & secùs, quia qualitas masculinitatis, quæ est in masculo, non est in ista fœmina posthuma; non inquam illa est ratio, sed quia præmortuus pater posthumæ filius, viuo suo patre feudatario, sibi ius aliquod non erat quæsitum in hæreditate paterna: Benè verum ius illud succedendi Auo posthumæ aderat, adhùc in suspensum circa qualitatem nascituri: Vnde si nasceretur masculus, nulla vnquam poterat adesse difficultas, quia certè per eum cōseruabatur familia, iuxtà considerationem, & mentem illius *Constitutionis*; Sin verò fœmina nasceretur, quia per eam non conseruatur familia, & ipsa reperiebatur in vlteriori gradu, quàm sua amita, absque neque iure repræsentationis, & transmissionis, nihil mirùm, si excluderetur ab amita, sed essò, quod præmortuo patre feudatario, relicto filio coniugato, & filia, si postmodum mortuus fuerit filius, relicta vxore prægnante, ante aditam hæreditatem, & vxor peperit postea fœminam, an talis posthuma excluderet amitam, hic punctus cum *dicta Constitutione, Vt de successionibus*, non est symbolus cum *Constitutione, In aliquibus*, ex quo per *dictam Constitutionem, Vt de successionibus*, semper excluduntur per existentiam masculorum fœminæ, siue sint, siue non dotatæ de paragio à successione feudi: cùm ipsis solùm remaneat actio ad agendum pro dote de paragio; aliter est in *Constitutione, In aliquibus*, ex qua excluduntur fœminæ conditionaliter, dummodò scilicet sint dotatæ de paragio, vt per eundem *Afflict. in vtraq. Cōstitutione, & Isern. ibi, De Petr. d. resolut. 4. num. 11.*

Veritas est, vt indistinctè filius masculus transmittat statutariam successionem ad suā filiam fœminam ex illo iure sibi quæsito in hæreditate paterna in eius vita post mortem patris, nec scilicet dicatur iste filius diuisus in transmissione, vt scilicet pro parte transmittat, & pro alia parte non, quod iura non cōpatiuntur in successionibus indiuidualibus, licet bona in eius existentia sint diuersi iuris, *Marta d. quæst. 34. art. 1. sub num. 8. vsque ad 15. Bari de succ. ab int. d. tit. de transm. hæred. sub nu. 3. in vers. Sed his distinctionibus*, prout neque hæres esse potest pro parte cum beneficio inuentarij, & pro altera parte absque eo beneficio, *Andreola*...

28 Transmissio ex isto suitatis iure obtinet locum non tantùm in hæreditate paterna, sed etiam materna, putà si statutum excluderet filiam dotatam à fratre à quacumque successione tàm paterna, quàm materna, & aliorum, super quo punctio licet *Soccin. teneat* idē ius esse in hæreditate materna, quod est in hæreditate patris, *in cons. 68. col. 3. vol. 4.* tamen in eo differt, quod hæreditas matris debet esse adita per filium, vt transmittere eam valeat ad suos heredes, quod non est in hæreditate patris, quia in matre nulla suitas considerari potest, cuius fundamentum est patria potestas, quam mater non habet in filium, *Marta loc. cit. sub num. 13. vers. Secundus casus est.*

29 Item transmissio ex iure suitatis augetur etiam in successione, siue hæreditate fraterna, vt si pater fecerit per pupillarem substitutionem filio suo impuberi heredem eum, qui suus sibi heres erat, putà alium filium, quem in potestate sua habet pater, tùnc tamen si hæreditas fratris transmittatur iure suitatis, transmittetur quando defertur fratri ex substitutione pupillari, quia tùnc idem iudicium esset de ea, quàm de paterna, *Trentacinque de subst. par. 2. cap. 17. Sauigl. de substitut.*

cent. 1. quæst. 97. *Alex. consil.* 15 *lib.* 2. *De Petris lib.* 3. *interpret.* 1 *dub.* 3. *num.* 72. quod extenditur vlterius ad bona aduentitia etiam impuberi, *Vasq. de succ. progr. lib.* 1. §. 7. *num.* 7. sequitur *Barry* [illegible] *num.* 6.

30 Limitatur primò dicta regula transmissionis inter infantes, non procedere eam scilicet in casu succedendi de iure Prætorio, putà in bonorum possessione, quæ per filium nõ agnitam in successione ab intestato ad eminentem, id transmittit ex potentia suitatis. *Alex. in d. l. emancipata. col. penult. vers. Non obstat*, dicens, hoc esse subtile, & non traditum ab aliquo. Doctores in isto puncto suitatis, probant eam intentionem, quia transmissio ex potentia suitatis fit, ex quo incontinenti filius ita parentare, mortuo patre, absque aliqua alia patentæ hæreditatis aditione, censetur idem esse hæres ipso iure, ac si adiuisset, inspecta dispositione iuris ciuilis. *l.* 1. §. *qui sunt in potest. ff. si quis omiss. caus. testam.* & *in l. filium qui patri. ff. de vulg. & pupill.* igitur nil mirum si facilis sit transmissio, id enim haud dici potest in transmissione bonorum possessionis.

31 quia Prætor ex potentia suitatis non facit eum ipso iure bonorum possessorem, cùm in bonorum possessione acquirenda requiratur iudicialis agnitio, *l. fin. C. qui admit.* vel saltem actus extrinsecus coram quocunque declaratus, propter deficientiam iudicis, quæ in ea requiritur ex illa solemnitate defecta hodiè agnoscendi coram iudice. Et proinde dicendum, quod ideò secundùm *Bald.* *Salyc.* & *Cyn. in d. l. emancipata.* potentia suitatis bonorum possessio non transmittitur non

32 agnita, quia requiritur actus extrinsecus ad illam agnoscendam, & ea, quæ sunt facti non transmittuntur ipso iure ad hæredes, *l.* 1. §. *Seruiale. ff. si quis [illegible]* & *in l. cum hæredes. ff. de acquir. possess.* quod intellige de

33 bonorum possessione decretali non bonorum possessio edictalis, quæ filio competit ipso iure ex edicto Prætoris, certè talis bonorum possessio tanquam symbola hæreditati de iure ciuili competenti sine procul dubio absque aditione transmittitur, prout sic manet Doctores de iure Prætorio, sicuti trans-

34 mittitur de iure ciuili. Immò eius hæres potest eam non agnoscere, & repudiare, quod facere non posset si semel eam filius agnouisset; etiam filius semel agnoscendo patris suam hæreditatem eam ampliùs repudiare non

35 potest, *l. [illegible] hæres. C. de acquir. hæred.* minorsq; potest [illegible] etiam transmittit, vt agnoscendi, prout [illegible] in integrum restitu-

36 tione, quæ licet [illegible] requirat causæ cognitionem, videlicet declarationem [illegible] sibi competere, attamen si minor [illegible] ante impetrationem, transmittetur ad hæredem, *l. [illegible] ff. de in integr. restit.* & *l. minor*, §. *fin. ff. de minorib.* facit tex. *in l. Pomponius*, *ff. de acquir. hæred.* & *l. qui duos. ff. de vulg. & pupill.* & ibi post longam disputationem, concludit *Ias. in d. prælud. d. l. emancipata n.* 2. 5. & *quæst.* 1.

37 Contrarium tamen *Iasonis* sententia placet, etiã in edictali bonorum possessione, nam licet in decretali requiratur iudicis sententia, hodiè antiquata iure differentia, & sufficit in vtraque bonorum possessione quæcunque declaratio, coram quocunque facta, per *l. fin. C. qui admit.* & consequenter remanet solùm edictalis, quæ tribuit ius. & proinde ius illud competere transmitti potest in tempore habili, atque si intrà annum non fuerit declaratus animus agnoscendi, alias ad ius illud hæredis extranei non extenditur, vt plenius docetur in tract. de hæred. ad. sicut ob ius illud restitutionis in integrum temporale.

38 Secundò limitatur in casu, quo mortuo patre, fuisset filio hæredi statutus terminus à superiore ad declarandum an velit esse hæres patris, an non, quoniam eo casu, quo decedat filius infrà eum terminum sibi datum ad deliberandum, censetur esse tanquam extraneus. Ità quod non transmittat ex potentia suitatis ad quoscunque, nisi illud reliquũ temporis assignatum à iudice, *Bart. in l. ex milite* 21. §. *fin. in fine, ff. de testam. milit.* pat. [illegible] *C. de iure delib.* & in l[illegible]

39 [illegible] consuetudine patrem esse filio, aut filius [illegible] casu [illegible] esse hæres patris [illegible] suitatis, aut dicatur [illegible] sed voluntarius, secundùm *Bart. in l. [illegible], ff. de suis, & legit. hæred.* & *Ang.* in §. *autem habet in fine, instit. de hæred. quæ ab intest. defferunt.*

40 Tertiò limitatur in casu, quo filius se abstinuerit ab hæreditate, siue eam repudiauerit in vita sua, *Doct. in d. [illegible]* & in *l. fin. ff.*

41 *de inoffic. testam.* nisi filius in vita sua non reuocasset abstentionem, vel repudiationem, ad quam reuocationem faciendam duo requiruntur. Primum, quod infrà triennium eam reuocet, & secundum, quod res sit integra, idest quod bona non sint alienata, vel per aliam hæredem legitimum sequentem in gradu hæreditas [illegible] esse bona alienata, & hæreditatem esse alteri quæsitam per aditionem, *Bald. in l.* 2. *C. de iur. & fact. ignor.* vel nisi minor 25. annis de iure communi, & decem, & octo de iure Regni agat ad reuocationem ex capite restitutionis in integrum infrà legitima tempora sibi elargita: tunc enim si bona essent alienata, & hæreditas ab alio adita potest adiri à filio minore, vt in *l. fin. C. de repud. & abst. hæred.*

42 Cur enim filius immixtionem sibi semel factam paternæ hæreditatis ampliùs reuocare non potest, *l. sum hæres*, ibi: *Cum res[illegible] quæsitam. C. eod.* secundùm veram opinionem, de qua etiam apud *Anton. Fabr. de err. Pragm.*

 [illegible]

dicendo 3. *cer. 6.* qui in fine refert rationem, dicens, quod cùm se immiscendo obligauerit filius, fieret iniuria creditoribus, & legatarijs, si ab ea obligatione, quam sponte per immixtionem contraxit, ijs inuitis, eximeretur per nouam abstentionem, quicquid dicat *Bart.* & alij quidem in *l. si maior, C. eod. tit.* in abstentione aliter est: nã hîc filius suus de iure ciuili, siuè velit, siuè nolit, sẽper est hæres, & licet à Prætore habeat beneficium abstinẽdi, & se abstineat: adhùc tamen non amittit reliquias suitatis, quæ sufficiunt ad confirmandum testamentum, ac si hæreditas adita fuisset, prout hic, & plures alij effectus suitatis, notantur in *l. cùm quasi, §. sed & si quis suus, ff. de fideicom. lib. libert. Gl. in l. quidem elogio in fine, Gl. magna, C. de iure deliberandi,* & propter illas reliquias, quæ durant post abstentionẽ, mediante suitate, facta abstentione non obstante, lex permittit in filio suo dumtaxat, quod possit abstentionem suam reuocare; cùm facilius res reducatur ad suam naturã, *l. si vnus, §. pactus ne peteret, ff. de pact.* quanquã in nostro proposito, non solùm res reducitur ad suam naturam, sed quod magis in sua natura conseruatur per reuocationem abstentionis; neque iuris ratio repugnat, quæ è cõtrario potiùs fauet, neque aliqua iniuria fit creditoribus, & legatarijs, quorum interest potiùs aliquem hæredem esse, & haberi, quã pro faciliori eorum crediti exactione conuenire possint, quàm extare neminem, qui à Prætore hæredis loco habeatur. Et hoc beneficium extenditur [illegible], & deinceps in potestate [illegible], secundùm *Bart. in l. fin. & in l. si quis suus, ff. de iure deliber. & in l. nonnunquam,* vbi *Gl. ff. de collat. bonor.*

43 Adeò quod si filius habeat coniunctum, siuè cohæredem extraneum sibi datum in testamento paterno, dummodò cohæres ille non adierit, antequam filius ille reuocet abstentionem, & sic res sit integra, poterit suam abstentionem reuocare, & hæreditatem paternam adire, quia per dationem cohæredis extranei non tollitur suitas quoad ea, quæ testator in testamentõ disposuit, secundùm communem Doctorum opinionem in *l. apud Julian. §. idem Julianus, ff. ad Trebel. l. Bart. in l. pro hærede, §. Papin. ff. de acquir. hæred.* & ità cõcludunt omnes contrà *Glossam in dicta l. fin. C. de repud. hæred.* secundùm *Jason. ibi,* & talis abstentationis reuocatio non solùm potest fieri per filium ex actibus positiuis, sed etiam animum declarantibus, vt probat *Guglielm. de Benedict. in verbo, Mortuo itaque testatore* à *sub num. 131. & seqq.* quam regulam limitat pluribus modis, vt inibi per ipsum, & est vna ex differentijs inter hæredẽ suũ, & extraneum inter quas iudicio meo, & obseruo apud pro-
44 batos Authores, quòd illa est magis notabilis, nempè quòd si extraneus, cui delata est hæreditas, siuè ex testamento, siuè ab intestato, antequàm adierit, aliquam rẽ hæreditariã subtraxerit, non dicetur adijsse hæreditatem, quia ex illo actu contrariam potiùs voluntatem declarat, vt inquit tex. in *l. si quis, ff. de acquir. hæred.* id est quia ex qualitate facti apparet non eo animo attigisse res hæreditarias, vt hæres fieri, sed potiùs è contrario, quàm hæres esse vellet: cùm si voluisset vtique iure suo valuerit sas res hæreditarias tanquam suas contractare, deque ijs suo arbitrio statuere potuisset, neque consilium expilandæ hæreditatis inire debuisset, quod repugnat animo gestionis pro hærede: cùm actus ille expilatæ hæreditatis fieri potest extrà nomen, & ius hæredis aliàs pugnaret manifestè cum *d. l. si*
45 *quis.* Secùs est in suo hærede, qui si idem faciat, prout extraneus, idest rem aliquam hæreditariam contractauerit ante immixtionem, etiam animo surripiendi, furandique, non fit indè suus hæres, qui ab initio talis
46 fuit & suus, & necessarius, & tamen se obligat hactenus, vt abstinendi beneficium sibi eripiat, prorsusque perdat, qui se immiscet, quid enim aliud est paternæ hæreditati se immiscere, quàm ex paterna hæreditate ali-
47 quid, vel minimum contractare, seù attingere; cùm faciliùs admittatur hæreditatis immixtio, quàm aditio, quia immixtio hæredẽ non facit, sed declarat, immo confirmat voluntatem eius, qui iàm hæres est, quod scilicet non inuitus hæres fit, & licet symbola appareat aditio immixtioni, quia vtraque voluntatem exigit ad illas inducendas, tamen suî hæredis, qui rem hæreditariam contrectat, & expilat, voluntatem illam esse non posse, vt hoc potiùs quàm vt hæres fiat, ex quo cùm iam ipso iure hæres sit furtum sibi ipsi nullo modo facere potest, nec si velit, consequens proindè videtur, vt hoc ipso se immi-
48 sceat, atque ità beneficium abstinendi à se abdicat, & è cõtrario si hæres extraneus post repudiatã hæreditatem aliquid faciat, quod fieri non poterat citra ius, & nomen hæredis, adhùc nec hæres est, quia dicatur cùm in sua potestate non sit, vt fiat hæres postquam repudiauit hæreditatem, & semel repudiata hæreditas non magis adiri potest, quàm adita repudiari, *l. sicut, C. de repud. vel abst. hæred.* & de hac materia fusiùs dicemus in suo loco in *tract. de hæred. ast.*

49 Iterum etiam intellige, quod fiat descendens iuxta ad hæreditatem ascendentis vocatus, & sic ei succedens ex sua expressa voluntate, videlicet, & institutione ex testamento, vel ex voluntate tacita, ab intestato scilicet, hæreditatem non aditam erat finiuit, pari modo transmittit, si succedit contrà eius voluntatem ex querela inofficiosi testamenti, tanquam exhæredatus, quia eo tunc querelã testamenti inofficiosi ei competentem ad te-

sta-

stamentum subuertendum, etiam non agitatam, nec aliquo modo præparatam transmittit. Et quod est mirabile, etiam transmittit ad suos liberos, siuè sint sui, siuè non; quia suitas in hoc non attenditur; Itá quod
50 filius contrà testamentum patris, & matris transmittit querelam non præparatam ad suos liberos hæredes, nõ verò ad extraneos, vt in l. si quis filium C. de inoffic. testam. l. scimus §. fin. eod. tit. & DD. in l. cum antè C. de transact. quod intelligitur, vt non solùm transmittatur ad liberos, qui sunt sui, sed
52 etiam ad eos, qui non sunt sui, vt probat Salyc. in d. l. cum antè, quem sequitur Iaf. ibidem num. 13. nisi, & quoad extraneum hæredem querela inchoasset, aut intentare velle declarasset coram testibus, & postea morte præuentus intentare non potuit, quo casu eam intentare poterit hæres extraneus,
53 Guido Papa decis. 214. & transmittitur ad nepotem Aui non dùm tantùm seq; conceptum tempore mortis eiusdem Aui, Natta cons. 12. sub nu. 7. & in hoc datur differentia,
53 an filius succedat ex voluntate patris expressa, vel tacita, an verò contrà eiusdem voluntatem; Quia primo casu transmittit
54 ad quoscumque hæredes: In secundo verò ad suos hæredes duntaxat, prout etiam consideratur in querela inofficiosæ donationis, Bald. in l. 1. quæst. 1. C. de inoffic. donat. plenius dicemus in tract. de hæred. ab.
55 Cæterum facultas reuocandi donationem propter vitium ingratitudinis non transmittitur per donatarium in suos, vel extraneos hæredes, nisi in vita sua donator litem mouerit. l. fin. C. de reuocand. donat. vel apertè declarauerit eam reuocare voluisse, quod postmodùm, morte præuento, fuit sibi impeditum, arg. tex. in l. posthumus §. fin. &
56 l. seq. ff. eod. tit. quod secus est, si ingratitudinem ignorabat donator, quia tùnc indistinctè eam transmittit; cùm nihil donatori tùnc imputari possit, vt voluit Abb. in cap. fin. de donat. & sequitur Iaf. in d. l. cum antè col. 3. post nu. Gugl. loc. cit. sub nu. 145.
57 Sed in isto vltimo casu (ni fallor) erit tenendum oppositum, indistinctè scilicèt non transmitti querelam; quia cùm talis reuocatio sit fundata in iure ingratitudinis cõmissæ per donatarium, ingratitudo ista non poterat practicari absque iniuria per donatarium donatori illata, quæ non fit nec absenti, nec ignoranti, Boss. in tract. de iniur. sub nu. 13. & seq. & post eius mortem non potest amplius in eius animo reuocari, quia mortuus caret animo, nec hæres potest in animum suum reuocare tanquam non factam sibi: nisi fuerit facta iniuria contemplatione mortui donatoris. putà quia non curauit donatarius, illum sepeliri facere, vel honestè in funere associari: tùnc enim quia infertur iniuria contemplatione mortui; poterit donatarius redargui de ingratitudine, sed non ab hærede hæreditario nomine, sed suo duntaxat nomine, vt habetur in l. 1. §. sed & si forte ff. de iniur. quasi verè propriè videtur facta iniuria hæredi viuenti, qui defunctum repræsentat, quàm ipsi defuncto, Tiraq. Decian. in tract. crimin. lib. 6. de excusat. ... sub nu. 1 parum. 2.
58 Et ... de ascendentibus exhæredatis, tùnc nullatenus ij transmittunt querelam non præparatam adversus testamentum filiorum etiam ad suos liberos, Angel. in l. nam & ijs nu. 2. ff. de inoffic. testam. Raph. Fulg. in d. l. scimus §. fin. C. eod. Iaf. in d. l. quis si filium nu. 7. vers. 2. C. eod. Rol. cons. 53. nu. 15. lib. 3. Gugl. loc. cit. nu. 147. Natt. d. cap. 12. sub num. 10. Et an ius dicendi nullum testamentum transeat ad hæredes, vide Natt. cons. 12. cum suis declarationibus.
59 Secundus hæres ex transmissione ille est, qui succedit ei, cui transmittere potest iure sanguinis, prout est text. in l. vnica C. de his, qui ante apert. tabul. ratione scilicet sanguinis lineæ descendentis, vel ascendentis: nam si moriatur aliquis ex descendentibus hæres ascendentis, cuius non adierit hæreditatem, sed in potestate eius fuerit, siuè non, hæreditatem non aditam transmittit ad liberos descendentes succedentes ex beneficio legis vnicæ ijs qui C. qui ante apert. tabul. hæc trans-
60 missio nec habet locum, nisi ille, qui transmittit, sit vnus ex liberis, & nonnisi in liberos transmittentis, nec ad collaterales, nec ad ascendentes fieri potest, vt declarat Bart. in d. l. vnica, & Petrus Gregor. Tholos. syntagm. iur. ciuil. vniu. lib. 46. cap. 11. sub nu. 24. vers. secunda species, & Berry loc. cit. lib. 9. vers. venio ad transmissionem, Gugl. loc. cit. sub nu. 151.
61 Et hæc species transmissionis differt ab antecedente tanquàm excedens, & excessum nam transmissio hæreditatis iure suitatis fit ad quoscumque hæredes, sed ista, quæ fit beneficio dictæ legis vnicæ habet locum ad liberos descendentes duntaxat, & non ad extraneos, & è contrà hæc secunda species excludit primam in alio, quia illa non habet locum nisi in hæreditate patris filium in potestate habentis, sed ista locum habet generaliter in hæreditate cuiusque ascendentis, descendentem puta emancipatum, aut alias in potestate non habentis. & consequenter etiam locum habet in hæreditate matris, & lineæ maternæ.
62 Sunt symbolæ in vno, quia sicuti prima species non habet locum in ascendentibus, quando ordine turbato succedunt descendentibus, cùm non sint in potestate descendentium, & sic cessat suitas, nec etiam locum habet in collateralibus, l. quamuis C. de iure delib. sic etiam d. l. vnica in hanc secun-

dam

dam speciem inducens, locum non habet in ascendentibus, vel collateralibus, quando succedunt ex testamento, vbi testari possunt, vel ab intestato ipsis descendentibus, *Bart. in d.l. vnica contra gloss. ibi, Bald. in l. a. C. ad Orfitianum*, & in *l. cum antiquioribus C. de iure delib. Aret. & Iaf. in l. si infanti col.* [illegible] quae transmissio, de qua non curatur de iure suitatis, sed tantum de iure sanguinis, extenditur etiam, vt procedat de iure praetorio. *Gagl. loc. cit. sub nu. 158.* quod *sub nu. seq.* restringit *in bonor. possess. secund. tabul.* vt est videre apud eundem.

63 Vnde vt haec transmissio iure sanguinis sibi locum vendicet, tria exiguntur. Primum, quod hereditas sit alicuius ascendentis. Secundum, quod ille, qui transmittit, sit de eius descendentibus. Tertium, quod ille, qui admittitur, sit similiter de descendentibus

64 transmittentis, *Barry loc. cit. sub nu. 9.* qui reprehendit *Antonium Fabrum in eius Codice lib. 6. tit. 27. defin. 1.* vbi dicit transmitti etiam ad quoscumque heredes, & quod ita indicatum fuisse à Senatu Sabaudiae, intelligendo illud secundum tempus deliberandi de iure ciuili, idest intrà annum à morte eiusdem, de cuius hereditate quaeritur, ex *l. cum antiquioribus C. de iure delib.* & subdendum de iure praetorio intrà tempora elargita, de quibus sigillatim apud *Gagl. loco cit. sub nu. 158.*

65 Est etiam ius symbola transmissio iure suitatis cum hoc de iure sanguinis in eo, vtrumque scilicet habere locum etiam si transmittens ignorauerit hereditatem esse sibi delatam, *Vasq. de succ. progr. lib. 1. §. 6. num. 39. & §. 7. nu. 15. Cuiac. in rubr. d. l. vnic.* sequitur *Barry loco cit. sub nu. 10.*

66 Tertium habes ex transmissione est is, qui succedit ex beneficio *l. antiquioribus C. de iure delib.* quando quis scilicet sibi delatam hereditatem scit, infrà annum sibi à iure elargitum adire velit, vel non, quo tempore pendente, moritur, & sic pendente tempore ad deliberandum, nec adiuit, nec hereditatem repudiauit, transmittit non quidem hereditatem, sed ius illud deliberandi, & potestatem adeundi, & vt talis transmissio [illegible], necesse est, vt ille, qui transmittit, sciuerit hereditatem sibi delatam, alio igno[illegible] non transmittit ex hoc capite, *Petrus Gregor.* [illegible] *11. sub nu. 23. Alex. cons. 103. l. 6. 2. Vasq. de succ. progr. lib. 1. §. 8. nu. 11. Gomez var. resol. tom. 1. cap. 9. num. 32.* [illegible] *de* [illegible] *nu.* [illegible] *Barry loc. cit. sub nu. 12.* & here-

67 ditas sic à transmissibilis ad primum heredem transmittitur, & semper transmittitur ad sequentes heredes cum ius semel transmissum, semper est transmissibile vt factum hereditarium, *Bart. sing. 131. Petrus Rauenna sing. 166.* diximus *in tract. de* [illegible] *quaest.*

68 Hoc quidem ius deliberandi transfert ad quemcumque heredem, non quod heres habeat integrum annum ad deliberandum, sed residuum duntaxat anni indulti à lege, quod remanebat ipsi heredi defuncto deliberanti. Ita quod si heres transmissarij permittat labi illud residuum temporis, nunquam amplius adiri potest hereditas, etiam si heres defunctus, qui ius deliberandi transmisit, impetrasset à Principe alium nouum annum, vel nouum tempus à Iudice, prout facere potuit ex beneficio *d. l. fin. §. hoc quidem C. eod. tit. de iure delib.* quia illud tempus impetratum non est transmissibile, nec praedictis heredibus, secundum *Fulgos. & Alex. in d. l. fin. & gl. ibi, in verbo* [illegible] *& Iaf. eod. l. cum antiquioribus*, ità tamen vt [illegible] cadem transmissio [illegible] etiam tenet *Gagl.* [illegible] *sub* [illegible]

70 Sic etiam transmissio ex [illegible] beneficij illius est longè plenior, & vtilior quam quid, quam sunt duae praecedentes transmissiones, quia illa transmissio non solùm habet locum in hereditate patris, vt praecedens, in successione vtriusque ascendentis, vel [illegible] sed habet locum indistinctè in quacumque successione [illegible] etiam [illegible] dari ab intestato, quam ex testamento, & [illegible] eius resultat vtilitas, quia ad hoc vt competant duae praecedentes transmissiones, oportet probari heredem defuncti [illegible] esse filium in potestate, vel saltem quem primum locum [illegible] tenere, vt in prima. Aut fuisse ex descendentibus emancipatis, aut primum locum [illegible] [illegible] illius, de cuius hereditate agitur, vt in secunda. In illa autem tertia specie transmissionis non est opus talia probare, sed illud demonstrare, quod heres defunctus hereditatem transmittentis, [illegible] hereditatem sibi esse delatam intrà annum deliberandi, [illegible] *Bald. in d. l. cum antiquioribus* [illegible] & sequitur [illegible], quod [illegible] missio, quae fit beneficio huius legis, [illegible] locum non tantum in extraneis, [illegible] in filijs, posito quod filij transmittentes [illegible] possint ex potentia suitatis, [illegible] vtilitèr, quia in transmissione ex beneficio *d. l. cum antiquioribus* non est necesse probari

71 eum esse filium, vel in potestate, quod est difficile, *l. huius ff. de* [illegible] *&* [illegible] *Barbatius noster in tract. de* [illegible] *part. 1. cap.* [illegible] *num. 132. & seq.* [illegible] procedit, conditum testamentum, quia ab intestato non admittuntur, nisi probet se filium, vel proximiorem, vti de iure hereditas defertur.

72 Differunt istae duae primae transmissiones cum hac tertia in pluribus. Primò, quia illae duae primae transmissiones sunt per [illegible]

saltem

[illegible] vsq; ad triginta annos de iure ciuili, & de iure prætorio intra ad tempora per illud elargita secundum gradus succedendi de illo iure; nempè vndè liberi, vndè agnati, & vndè cognati, sed ista tertia non transmittit nisi residuum temporis, quod superest ad deliberandum, vt suprà dictum est.

73 Secundò differunt, quia in ista tertia specie transmissionis requiritur, quod hæres defunctus sciuerit hæreditatem sibi fuisse delatam ex testamento, vel ab intestato, cum aliàs non possit dici mortuus deliberatus in sua vita, si nesciuit hæreditatem sibi delatam, licet Barry loco cit. sub nu. 3. in vers. Ego contrà, dicat, quod illud annale currit etiam ignoranti, & licet tēpus curreret ignoranti, tamen eius successor poterit restitui ex capite ignorantiæ sui prædecessoris, sed illæ duæ præcedentes locum habent, siue hæres transmittens sciuerit, siue non hæreditatem sibi fuisse delatam, vt iam probauimus.

74 Tertiò differunt, quia per illas duas species transmissionis hæreditas ipsa [illegible] tur, per hanc tertiam ius deliberandi [illegible] tantum vt diximus, Barry loc. cit. sub nu. 3. vbi in fine reprobat Petrum Gregor. Tholos. dicentem nullum esse d. [illegible] temporis hæredi [illegible], & benè tanquam [illegible] contra expressa iura: nisi velis dicere Petrus Gregor. an illud tempus ad adeundam currat à die scientiæ, vel à die delatæ hæreditatis, quod tanquam quid valdè [illegible] sum [illegible] in suo loco.

75 Quartò differt transmissio illa iure suitatis ab alijs duabus, cùm illa suitatis obtineat locum in hærede etiam demente, & furioso, quia sui hæredes etiam si sint furiosi, efficiuntur ipso iure tales. §. sui Instit. de hæred. qualit. & differ. aliæ verò duæ non obtinent locum, si hæredes sunt dementes, & furiosi, de Pinelo [illegible] & 60. de remedio iuris deliberandi, an illud sit hodie, vel non introductum, [illegible] remedio inuentarij suo dicemus loco in tract. de hæred. ad.

76 Sunt etiam notandæ aliæ species subalternæ transmissionis, quæ continentur sub genere supradictarum enarratarum positarum respectu vniuscuiusque, de earum prima [illegible] quæ excipitur ex dispositione [illegible] l. 3. §. [illegible] ff. ad Syllan. quo cauetur, vt hæredibus eius, qui à familia occisus dicitur, non antea adeantur, quàm de familia quæstio habita sit, [illegible] in quo dominum [illegible], & si ante aditam sit, Fisco applicetur [illegible] hæres, qui [illegible] pœnæ illius [illegible] non adierit hæreditatem sibi delatam, [illegible] ità mortuus ad suos hæredes transmittit, Barry loco cit. sub nu. 1 [illegible].

77 Secunda species subalterna est transmis-

[illegible], de qua [illegible] ff. de acqu. hæred. in cuius legis interpretatione dicit Barry in d. cit. sub nu. 17. vers. [illegible], quod fuerunt allucinati Cuiac. obseruat. lib. 3. cap. 22. & ad African. cap. 24. & Ant. Faber. [illegible] lib. 1. cap. 10. cùm in ea lege agatur de filio instituto à patre suo posthumo prætérito, qui erat, vel existimabatur esse in ventre [illegible] testatoris, & fuit dubitatum, an subito post mortem testatoris, instituto filio, debeatur hæreditas, distinguit Iurisconsultus, vt satisfaciat [illegible], inter filium, qui est in potestate testatoris, & filium emancipatum, item inter casum, quo re vera venter plenus fuerit, & casum, quo opinione casus, quo venter fuit plenus, [illegible] ab initio legis, vsque ad [illegible], sed si verum, & deinde resumitur in versiculo, ego, in quo casu tamen ab initio legis distinctum fuerit de filio emancipato, [illegible], qui comparatur extraneis institutis, tamen, in eodem versiculo subsequitur absolutè de filio, & in illo casu nulla procedit distinctio inter vtrumque filium emancipatum scilicet, & in potestate retentum, & tunc vtrique sunt ij [illegible], vt in vers. [illegible] decisio denique eiusmodi casus [illegible] in principio legis, vt filio instituto non possit deferri hæreditas ex testamento [illegible] posthumus est adhuc in ventre, quia incertum est, an nasciturus, & [illegible] incertum quam an testamentum rumpat nec nè, quamdiu autem testamentum rumpi potest, ex eo nunquam defertur hæreditas, vt in ea lege proponitur, sic si interim institutus decedat, non transmittit in hæredes suum hæreditatem ex testamento.

78 Verùm Pegnas, vt patet in fine dictæ legis, [illegible] filio instituto sit è [illegible], siue emancipatum ex suo decreto, quod debet intelligi de decretali bonorum possessione contrà, vel secundùm tabulas, vt statuitur in l. 4. & 5. ff. de bonor. poss. contra tabul. quas bonorum possessiones filios institutos posse petere, licet posthumus præteritus sit adhuc in ventre, & si interim institutus decesserit, eis non petitis, eos ad hæredes suos transmittit d. l. 5.

79 Insuper illud, quod in d. l. ventre dicitur accipi debet de hæreditate, quæ defertur ex testamento: nam de alia specie habetur in d. §. filium ff. de liber. & posthum. in qua agitur de hæreditate, quæ defertur ipsi filio instituto ab intestato cùm moriatur postea, præterito [illegible], & in d. l. ventre agitur de filio instituto [illegible], qui erat etiam in potestate testatoris, vt patet in verbo illo, existat, nam solus ille filius existit hæres suo patri, quemadmodum emancipatus non existit, sed habet necesse adire, sic filius institutus, si posthumus, [illegible] sit, adhuc in vtero

cui-

calisit hæres suus patri ab intestato : cum ex testamento nullatenus existere possit, *l. ratio differentia est, & vlt. ff. commun. prædior.* vbi
80 dicitur actus viuentium suspendi non posse, qua ratione cum filius institutus moritur: necesse est duorum alterum fieri: nempè deferatur hæreditas testamentaria, vel vt omninò perimatur eadem hæreditas testamentariæ cùm non delata possit suspendi, & multò minùs possit, si abortiatur partus differri, neque vtiq; morienti deferatur. At primum illud, scilicet vt morienti deferatur, non potest admitti in eius speciebus, quia re vera plenus erat venter, & incertum an nasceretur partus, vel abortus causaretur, atque ideò an non rumperetur, vel valeret testamentum, igitur quandiù testamentum concipi potest, ex eo nunquam defertur hæreditas, ex *dicta l. venter.*

81 Sic in alijs speciebus dicendum est, necessario morienti filio, deficiente omninò causa testati, qua defecta, fit statim locus causæ intestati, ex qua quidem causa, filio morienti debetur hæreditas, nam illud quidem momentum pati mori semper est via, donec finiatur viuere, *l. prima, §. si emancipato, ff. de collat. bonor.* vbi legatum filio emancipato factum cum hac conditione: *Cum pater eius moreretur*, confertur, licet alioquin acquisitum
82 post mortem patris non conferatur, *l. 3. 15. & 16. C. de collat.* & sic hæc obtinent in filio patri mortuo nam quamdiù filius viuit, quia pendet testamenti causa, ei non potest ab intestato hæreditas deferri, *l. quamdiù potest, ff. de acq. hæred.* quæ intelligenda sunt de ventre repleto:

83 Cæterum de alio casu, quo existimabatur plenus venter, cum re vera esset vacuus, loquitur gl. *in d. l. venter in vers. Sed si vacuus est*, vbi distinguitur in filio instituto, an is sit suus, vel extraneus, suus decedens dicitur hæres ex testamento, quemadmodum verum est, suum existere hæredem, etsi putat prægnantem mulierem, quæ talis non est, *l. cùm quidem, §. suum, ff. de acq. hæred.* aliter in emancipato, qui nullatenus fit hæres, discriminis ratio est,
84 quia emancipatus institutus, vt fiat hæres habeat necessitatem, vt adeat, & vt hæres possit ex testamento adire, non sufficit ventrem esse vacuum, ex quo ideò agnatione alicuius posthumi præteriti non possit rumpi testamentum tanquam præteritum, sed necessarium viterius est, vt vacuo ventre existente, hæres institutus certò sciat, quod sit vacuus, nec sit in dubio si vacuus, vel plenus sit venter *d. l. cùm quidem. §. suum, ff. de acq. hæred.* è contrà cum ipsum ius citrà nullam aditionem, & factum hominis faciat, vt filio retento in potestate hæreditas acquiratur, etiam ignoranti, *l. 1. §. qui sunt, ff. si quis omiss. caus. test. §. 1. Instit. de hæred. qualit. & differ.* & vt ita semper sit vera, ex eo, quod est hominis incertitudo non vitiat acquisitionem, quæ per legem inducitur. Vndè restringitur, quod si venter est plenus, filio instituto interim decedente, siuè emancipatus sit, siuè suus, hæreditatem non acquiri ex testamento, sed benè ab intestato, sin autem sit vacuus suo acquiri ex testamento emancipato ne quidem ab intestato, casibus verò, quibus non acquiritur, Prætor tamen emancipato, quam suo succurrit suo decreto, & sic semper hæreditas transmittitur, extraneo autem instituto, Prætor non succurrit, quia in eo cessat ratio, ob quam succurrit filio, quæ habetur *in d. l. venter.*

85 Tertia species transmissionis subalternata est, de qua *in l. 6. ff. eod. & in l. si filius qui, §. vlt. ff. de bon. liber.* vbi quis successurus erat ab intestato ipsi defuncto fuerat ab eo institutus, & deindè cùm adijsset hæreditatem ex testamento fuit accusatum testamentum falsum, qua accusatione adhuc pendente, institutus decesserat, & deindè post eius mortem fuerat pronunciatum testamentum esse falsum, etsi institutus non adijsset hæreditatē ab intestato, nihilominus dicitur eam transmittere ex causa intestati, ratio est, quia videtur hæreditatem prosecutus vtroque iure, iure scilicet testati, & si eo iure non obtineret iure intestati, argum. *l. 9. ff. de milit. testam.*

86 Quarta species transmissionis subalternata est, quæ desumitur ex *l. si infanti, C. de iure delib.* vbi hæreditas infanti delata sit, & in infantia decesserit, hæreditatem non aditam dicitur trāsmittere ad patrem suum, & ascēdentes masculini sexus, siuè in eius potestate, siuè ab eo liberatus sit, quia per *dicta l. si infanti* plurima priuilegia videntur concessa infanti. Primum, quod pater solus possit adire pro infante, & dicunt *Salyc. & Bart. ibi*, quod pater in hoc debet esse cautus, vt expressè dicat se adire nomine infantis, aliàs viciaretur aditio, quod de iure digestorum non erat ita patri indultum, qui solus de eo iure poterat agnoscere bonorum possessionem, *l. infanti, ff. de bonor. possess. furioso infanti delata*, sed non poterat adire hæreditatem prout potest hodiè ex hoc iure non solùm hæreditatem matris, sed cuiuscumque extranei, ibi: *Vel alijs quibuscumque.*

87 Secundum speciale est, quod inducitur ex hoc iure, ibi: *Sed si parens*, contrà regulam, quæ se habet, quod hæreditas non adita non transmittitur, *l. quoniam sororem, C. de iure deliberandi, & l. vnica, §. in nouissimo, C. de caduc. toll.* hoc igitur singulare dispoiit contrà hāc regulam, quod hæreditas sit delata infanti, & infans sit mortuus antequam pater eius suo nomine adierit tamen talis hæreditas transmittitur ad patrem, & sic ex isto singulari resultat & alterum, quod licet pater fuerit in negligentia adeundi hæreditatem filio infan-

[illegible] quod transmissibilis [illegible] ximus, habet locum non solum [illegible] qui est sub potestate patris, sed [illegible] in eo, qui [illegible] [illegible] quod longe [illegible] [illegible] Papa [illegible] [illegible] lib. 1. §. [illegible] in primo [illegible] hoc est communis opinio [illegible] d. l. si infanti [illegible] Au-[illegible] vt probatur [illegible] num. 59. & [illegible] 15. februarii. 1 [illegible] dicta hereditas [illegible] ad [illegible] transmitteretur ad parentes per disposi-tionem d. l. si infanti, [illegible] [illegible] infantis in pari gradu existentes [illegible] Auth. defuncto, C. ad Trebell. [illegible] [illegible] quic-quid contrarium [illegible] Bald. & [illegible] in d. l. si infanti. & [illegible] [illegible] sub num. 11. [illegible]

89 [illegible] patri infantis [illegible] [illegible] vt in d. l. si infanti. [illegible] [illegible] quae erat de iure Co-dicis personale, [illegible] & ad

90 [illegible] supradictas personas [illegible] per d. [illegible] [illegible] contrarium per [illegible] [illegible] [illegible] [illegible] in cor-pore iuris [illegible] [illegible] [illegible] [illegible] [illegible] per [illegible] 175. In hoc casu pa-ter [illegible] pro vehiculo ad [illegible] [illegible] transmissionis.

91 Tertium [illegible] [illegible] l. si infanti. [illegible] [illegible] infanti [illegible] [illegible] adita, & [illegible] [illegible] vt pater [illegible] [illegible] [illegible] infantis, in qua [illegible] [illegible] per [illegible] [illegible] quaestionem, [illegible] [illegible] [illegible] [illegible] re-[illegible] pater [illegible] adeat,

92 [illegible] [illegible] [illegible] [illegible] [illegible] pa-tris, [illegible] [illegible] [illegible] [illegible] [illegible] [illegible] [illegible] filij sed [illegible] sui infantis. [illegible]

93 haereditario [illegible] [illegible] non [illegible] haereditatem [illegible] [illegible] descendentes transmittunt haere-ditatem [illegible], vt suprà probaui-mus.

94 Aliud speciale esset, quod si pater veniret tanquam haeres filij teneretur creditoribus insolidum, etiam vltra vires haereditarias, l. 1. & l. si is qui ff. ad Trebell. sed cum pater oc-cupet iure peculij, nunquam tenetur in plus quam sit in peculio. & ratio est, quia pater est magis successor bonorum, quàm haere-ditatis.

95 Aliud singulare esset, quod si pater veniat tanquam haeres filij tenebitur perpetuo cre-ditoribus, si verò iure peculij non tenetur, ni-si ad vnum annum post mortem filij, vt in tit. quando de peculio actio annalis.

96 Aliud postremò singulare esset, quia pater si venisset iure haereditario tanquam haeres fi-lij teneretur conficere inuentarium, alias in-solidum teneretur, vt habetur in l. fin. C. de iu-re delib. secus si veniret iure peculij, quia nunc non teneretur conficere inuentarium.

97 Caetero vt hoc sit verum, vt pater in isto casu possit occupare bona filij sui infantis iu-re peculij, vel teneatur illam adire tanquam haeres, receptum est contra [illegible] Gloss. opinionem in d. l. si infanti. quod de iure Co-dicis, cum filiusfam. etiam habens bona ca-strensia, vel quasi, nunquam poterat habere haeredem, quia pater post mortem filij omnia occupabat iure peculij, hodiè tamen de iure nouissimo Authenticorum illud expiravit [illegible], quia hodie filiusfamilias habere ab intestato haeredem, & proinde in praesenti-tiarum pater venit tanquam haeres, & iure haereditario communiter Doct. in d. l. si infan-ti. Ideo nullum mirum si pater hoc in casu succedat infanti secundum dispositionem d. Auth. defuncto, solus, vel cum aliis in gradu succedendi existentibus. Verall. decis. 67. par. 2. Thesaur. decis. 44. Dom. de Ponte cons. 19. lib. 1. Dom. Rouit. cons. 98. num. 24. lib. 1. Anna cons. 8. num. 14.

98 Quarta species subalterna transmissionis est, quae desumitur ex dispositione textus in l. scriptum, C. de carbon. edict. cuius species est de filio praeterito, qui dicebatur suppositus, & filio praeterito datur bonor. poss. contr. tab. quae impedit ne haeres extraneus institutus possit adire; vel bonorum possessionem secundum tabulas petere in eadem specie, quia filius erat adhuc impubes, intra quod tempus in-stitutus decesserat, ac tandem post pubertatē iudicatum fuerat, filium hunc esse suppositū, dubitabatur an institutus transmisisset haere-ditatem non aditam in successores suos, re-sponderetur in ea lege, transmissibile, quia regu-la quae vult, vt haereditas non adita non trans-mittatur debet intelligi de haereditate non adita, quae posset adiri, & haec non poterat in-terea adiri ob impedimentum quaestionis status.

Quin-

99 Quinta est species subalterna transmissionis, quæ desumitur ex capite restitutionis in integrum nam & si infans, cui delata hæreditas, decederet ante aditam hæreditatem sine patre, quamuis haberet matrem, siue fratrem, aliosque hæredes, nunquam dictam hæreditatem transmitteret, ac perindè haberetur ac si ea non fuisset delata, & sic deuolueretur ad proximiores illius, cuius erat hæreditas, prout habetur in *d. l. si infanti*, vt *Bald. Angel. & Salyc. Anch. cons. 363. Franc. Aret. cons. 161. col. 3. & 5.* & inter cæteras considerationes ponderant textum *in d. l. si infanti* verbum illud, *Hæreditas ad alias personas peruenit*, illud nempè verbum *peruenias*, denotat cum effectu *l. 1. §. peruenisse, ff. de hæred. vel act. vendit.* propter dictionem, *per*, denotantem perfectionem. *l. Vrbana, §. permolestare ff. de verb. sign.* quod non esset si hæres infantis haberet in integrum restitutionem. Præterea, quia in *d. l. si infanti, vers. Vel si non sit tutor*, dicitur, quod quando infans moritur sine patre, & sine tutore, qui adire negligat hæreditatem infanti delatam, talis hæreditas habetur pro non adita, & ad illos debet peruenire, ad quos esset delata, si hæres infantis relictus nō fuisset, igitur in illo casu peti non potest restitutio, quia minor non restituitur, nisi aduersus damnum, vel lucrum amissum, vt in *l. ait Prætor, §. si a. cum l. seq. & in l. non omnia, ff. de minorib.* cùm ergo eo casu hæreditas fingatur non adita, sequitur, quod nullum lucrum amisit infans, quod non fuerat debitum cum carentiæ sint habentium, & priuatio supponat habitum, & consequenter videtur non habuisse, in quo possit restitui per carentiam.

100 Verùm contrà stat communior, & magis rata recepta sententia, quod immò talis restitutio transmittatur tàm à pupillo, quàm ab infante, videlicet, vt quilibet eorum, tametsi non transmittat hæreditatem non aditam ad hæredes, tamen benè transmittit beneficium restitutionis in integrum aduersus aditionem hæreditatis omissam, secundum *Bart. in d. l. si infanti, & in d. l. si quis dacis, ff. de reb. dub. col. 5. Bald. in l. vnica, §. in nouissimo, C. de caduc. tollend. & in l. 1. C. ad Orphit. & Ioan. de Imola in d. l. ventre, & Iasan. Andr. in cap. in præsentia de probat.* & secundum hanc opinionem consuluit etiam *Petrus Ancharr.* sibi contrarius *in cons. 104. Ludou. in cons. 38.* & respondet ad textum qui primo aspectu videtur contrarius *in d. l. si infanti*, dum dicit, *At si ab initio non essent delata debent hæreditates ad alias personas peruenire*, dicendo textum illum procedere inspecto iure communi dicendo scilicet, quod licet secundum ius commune dictæ hæreditates eo casu perindè habeantur, ac si nunquam infantibus delatæ essent postquam non sunt additæ, nec patre superest sed non inspecto priuilegio speciali restitutionis in integrum, quo hæredes infantis, vel pupilli restituuntur aduersus hæreditatis omissam restitutionem, quia regula est, quod per verba quantumcumque generalia legis, & statuti nunquam intelligitur derogatum beneficio restitutionis in integrum, nisi de eo fiat specialis mentio, prout non fit in *d. l. si infanti*, vt per tex. in *cap. coram*, iuncta *Gloss. de in integrum restit. Gloss. in l. postquam, lit. C. de pact.* & ab hac communi opinione non esse recedendum, fatetur *De Petris lib. 3. tit. 1. dub. 5. num. 74. Gaill. obseruat. lib. 2. cap. 131. Barry loc. cit. sub num. 21. vers. Vna species est*, qui in fine illius numeri asserit, cessare illud quoties posset agi contra tutorem negligentem, nempè si tutor esset soluens. *Guglielm loc. cit.*

101 Septima species subalterna transmissionis ea est, quæ desumitur à voluntate testatoris: nàm disponens testator se velle, vt hæreditas non adita transmittatur, benè in omni casu hæreditas fit transmissibilis ex testatoris voluntate, *Dilect. de arte test. tit. 12. caut. 2. in fin.* ex eo, quia quod non est transmissibile ex dispositione iuris fiet benè transmissibile ex lege testatoris, *arg. auth. de nupt. § deinceps*.

In istis supra positis speciebus transmissionis, antequàm deueniamus ad hæredem transmissionis ex fideicommisso, vel legato, sunt consimiliter, & opportunè inspiciendæ species contrariæ impedientes huiusmodi transmissiones, & proindè exordium capiemus.

102 Primò ab illa specie impediente transmissionem, nempè quando pater facit substitutionem vulgarem filio, vt in *l. si filius hæres, ff. de liber.* & post tunc enim pater substituendo filio per vulgarem, nempè si non sit hæres, videtur eum voluntarium facere hæredem, auferendo ab eo necessitatem succedendi, *Bart. in d. l. 1. ff. de vulg. & pupill.* & plenius in *l. si haec qui patris, ff. eod. tit.* sed an hoc sit verum,

103 quod per dationem substituti vulgaris tollatur suitas terribilis fuit semper reputata quæstio diuisa in quatuor Doctorum opiniones, quarum

Prima opinio fuit eorum dicentium, quod per dationem substituti vulgaris filio familias tollatur existentia, & potentia suitatis ex in-

104 frascriptis rationibus probata, quia per ipsam substitutionem videtur pater dedisse licentiam filio se abstinendi, & sic videtur eum de necessario fecisse voluntarium hæredem, nam existentia suitatis à *L. duodecim tabularum* inducta fuit fauore patris: sicuti igitur potest filius suo renunciare fauori, abstinendo se scilicet ab hæreditate paterna, *l. filio præterito, ff. de iniusto rupto*, sic etiam potest & pater, *l. si quis in conscribendo, C. de pact.* cum eo ipso, quod pater concessit filio substitutum vulgarem videtur suo renunciasse fauori: cùm illa substitutio concipiatur in casu, quo noluerit filius esse hæres, vel non potuit, *Ledus pro-*

popunit, C. de hered. instit. cùm igitur ipse pater sciat ipsum filium necessarium heredem, velit, aut nolit, dando ei substitutum, in casu, quo heres esse nolit, ex hoc videtur pater velle non habere filium necessarium heredem, aliàs frustrà ei substituisset vulgariter, si voluisset eum remanere necessarium, quia substitutione heredis effectum sortiatur, cessat substitutio, *l. post aditam, C. de impuber. & aliis subst.* hanc eandem opinionem sequitur *Glos. in l. Papinianus, §. quoniam autem, ff. de inoffic. testam. circa medium originalis Glossæ*, quam sequuntur *Dyn. & Bart.* dicentes de hoc esse casum in *d. l. filius, qui patri, ff. de vulg. & pupill. subst. & in l. precibus, C. de impub. & aliis subst. Bald. in l. si arrogator, ff. de adopt. & in l. ex suis, C. de liber. & posthum. & in l. quod hostes de suis, & legit. hered. Alex. cons. 72. lib. 2. Socin. sen. cons. 10. num. 11. lib. 1. Fach. controvers. iur. lib. 4. cap. 2.* aliique quamplurimi relati à *Fusario de vulg. subst. quæst. 72. in princ.*

Secunda fuit eorum opinio penitùs supra positę contraria, videlicet, quod per substitutionem vulgarem non tollatur existentia suitatis, etiam quantumcumque filius à paterna hereditate se abstinuerit: Quinimò per existentiam sui heredis, etiam si filius se abstineret, tollitur, & evacuatur ipsa substitutio, quo casu effectus suitatis erit mirabilis, quod filius heres institutus eo momento, quo pater erit moriens, & sic repellatur suus heres excludet substitutum in perpetuum sola existentia, & potentia suitatis, adeò quod si filius posteà abstineat se à paterna hereditate, substitutio nunquam reconvalescit, [illegible] fuerit extincta ex potentia sui heredis, hanc opinionem tenuere *Glos.* arguendo in *l. si patur, §. fin. ff. de vulg. & pupill. Bald. in l. si filium heredi. & in l. Papinianus, §. 4. ff. de inoffic. testam. & in l. qui alienam, §. interdum, ff. de acquir. hered. Franc. Ferret. in l. Gallus in princ. ff. de liber. & posth. Coras. lib. miscell. cap. 2. Vasq. de succ. creat. §. 21. num. 583.* vbi tamen primam probat pro communi opinionem *Anton. Gomez. lib. 2. resolut. cap. 3. num. 15. Didacus Spino in spec. testam. tit. de vulg. num. 8. Pirrendus in §. sed divinitùs sub num. 19. & seq. Instit. de hered. quæ ab intest. dicens sub num. 19.* substitutionem vulgarem non tollere suitatem existentem in filio, nec effectum eius, sed necessitatem præcisam duntaxat adeundi inductam favore patris de iure antiquo, quo se immiscere tenebatur, *l. necessariis, ff. de acquir. hered.* & ma-

105 ior ratio stringens hanc opinionem ea esse videtur, quia beneficium abstinendi concessum filio à iure Prætorio, de quo in *§. sui, Instit. de hered. qualit. & differ. & in d. l. necessarios, & in l. si filius, qui patri, ff. de vulg.* non tollit suitatem, & continuationem, sed necessitatem duntaxat, vt expressè probat *Papin. in d. l. si filius, qui patri, vers. Etenim, ff. de vulg.* in illis verbis: *Etenim ius dicentis propositum fuit: liberos oneribus hereditariis non sponte susceptis liberare, non verò eos invitos ab hereditate removere*. Et nos suo loco clariùs probabimus.

106 Porrerea viget abundantius pro hac sententia, quia suitas est obligatio quędam passiua ex iure succedendi, quod filius habet in bonis patris, non debet proindè esse in potestate, atque patris arbitrio eam tollere quandocunque velit: nisi in casibus à iure expressis, arg. *l. nemo potest, ff. de legat. 3.* prout nec potest inuitum filium emancipare potest, *Gl.*

107 *fin. in fine, §. fin. quib. mod. ius patr. potest. solui.* ad eò neque suitatem tollere erit sibi arbitrium: neque est verum dicere per vulgarem substitutionem censeri filium institutum sub conditione, si voluerit, quia conditio si heres non erit, vel si voluerit esse heres, sub qua concipitur vulgaris substitutio, vt in *l. 1. ff. de vulg. in princ.* inest substitutioni, non autem institutioni, institutio enim pura est, & purè concipitur, nec redditur conditionalis per substitutionem, arg. *l. sub conditione, ff. de hered. instit. l. si in diem, ff. de condit. & demonstrat.* & indè verius est, quod facta substitutione, intelligatur conditio, nisi institutus heres esse voluerit, quę cùm sit resolutiua non cedit dispositionem conditionalem, vt in *l. 1. ff.*

108 *de in diem adiect.* prout dicimus in legato, in quo non intelligitur conditio illa, *Si legatarius voluerit*, & legatum acquiratur etiam ignoranti, *L. cùm pater, §. . . . . ff. de legat. 2.* quod vtique non acquireretur, si subintelligeretur prędicta conditio, vt per tex. in *L. si mihi legatum, §. illi si volet, ff. de legat. 1.* & tamen certum est in quocumque legato intelligi conditionem illam: *Nisi legatarius voluerit, l. seruum filij, ff. de legat. 1. & l. 1. §. verùm, ff. si quid in fraud. patron.* ergo filio abstinente, et si deficiente conditio, & admitteretur substitutus, interim tamen filius ipse antequam se abstineat tanquam purè institutus suus heres manebit.

Tertia fuit eorum opinio, qui distinguentes sic diffinierunt quęstionem, quod aut scilicet substitutus adiuit ex substitutione hereditatem, & tunc dubio procul abolita est suitas, aut non adiuit, & tunc secus quam quidem opinionem refert *glos. in d. §. quoniam autem quarta in princip.* & talis opinio nullam videtur habere posse substantiam: nam si ab initio non fuisset sublata suitas, sed expectaretur aditio ad illam tollendam, daretur, vt heres fuisset in tempore talis, & in alio tempore non heres contra tex. in *l. ei, qui, ff. de hered. instit.*

Quarta fuit opinio eorum concordare satagentium duas primas contrarias opiniones desuper relatas sic asserentium, quod per substitutionem non tollitur suitas, nec per solam suitatem tollitur substitutio nisi sequatur filij immixtio: vnde volunt ipsi, quod

quod patre mortuo, si enim hereditas quaeritur filio iure suitatis: licet habeat substitutum, perinde ac si non haberet, postea verò siquidem filius se immiscuerit, & non est dubium, quod substitutio eo tunc tollitur, vt in *d.l. post aditam iuncta l. cum bonis ff. de acq. hered.* si verò abstineat, tunc remanet heres nomine non effectu, & ideò substitutus admittitur, vt ex *l. ex contractu ff. de re iudic.* adhuc se nō immiscuit, neque abstinuit, & tunc filius interim est heres ipso iure ciuili cum beneficio tamen abstinendi sibi à Praetore indulto, ità quod ex euentu apparebit, verum substitutus admittetur, vel non: hac itidem opinio nihil ad Rhombum, quae si benè ponderetur, apparebit, quod per dationem substituti vulgaris non tollitur suitas.

109 Harum quatuor enarratarum opinionum eligenda secunda, quod immo per dationem vulgaris substituti non tollitur habitus suitatis, nisi in quantum consentiat filius, prout de emancipatione dictum fuit, qui consensus non poterat esse expressus declaratus per filium post mortem patris, se nolle heredem esse ad forum, vt fit locus substitutioni, aut tacitus, quotiescumque filius faceret actum contrarium, per quem videretur inducta abstentio, aliàs semper erit in patris terminis habitus suitatis ex eo, quod pater non potest tollere illum, inuito filio.

Tenendo hanc opinionem, amplies eam primò in vulgari tacita contenta sub pupillari expressa, quia huiusmodi substitutio tacita inducta est à lege, & non ab homine, & proinde non potest dici, quod testator

110 dedit licentiam abstinendi, quia existentia sui heredis, siuè habitus suitatis operatur, quod per ipsam confirmentur tabulae pupillares, *d. l. si filius qui patri ff. de vulg. & pupill. l. filius, qui se patrono ff. de acqu. hered.* ideò non potest operari effectū contrarium, *Vasq. de succ. creat. §. 21. nu. 189. Noualis d. casu 8. sub nu. 45. Fusar. de vulg. subst. quaest. 73. nu. 10.* amplians id etiam si substitutus esset coheres.

111 Ampliatur secundò, quando coheredi fit succedit ex iure accrescendi, quia tunc etiā censetur substitutus à lege, & ex eadem ratione, de qua tunc etiam censetur substitutus à lege, & etiam ratione, de qua mox supra non censetur sublata suitas, & quod directò iure accrescendi succedat ex ministerio iuris, patet, vt *l. si Titio & Meuio §. Iulianus ff. de legat. 2. iuncta l. 3. C. de iure delib.*

112 Ampliatur tertiò, quandocumque vulgaris substitutio fuerit per patrem facta filio iuxtà consilium *Galli*, vel legis *Velleiae* nempè dicendo, *Si filius, me viuo, moriatur, tunc [illegible] ei substituo*; adeo si filius non decesserit eo viuo, erit suus heres post mortem patris, non obstante substitutione, *l. si*

[illegible] §. fin. & ibi gl. & communiter Doctores, *ff. de vulg. & pupill. & in d. l. si filius heres, & in l. 2. ff. de vulg. & pupill. Gugl. loco cit. sub nu. 195. Vasq. d. §. 21. nu. 190. Noualis d. casu 8. nu. 47.* ex quo talis substitutio restringitur in casum, quo filius moriatur in vita patris, & in eo tempore filius adire non potest, nec consequenter dici possit ei datam esse licentiam se abstinendi, quia non dicitur nolle, qui velle non potest, *l. Pater Seuerinam ff. de condit. & demonstr. l. nolint est velle ff. de reg. iur.*

113 Ampliatur quartò, vt non procedat, quando per repudiationem filij testamenti vitiaretur legata, quae regulariter non intelligerentur repetita à substituto, latè notata per text. *in l. heres Imperator ff. de legat. 2.* tunc enim per dationem vulgaris substituti non videretur testator dedisse licentiam filio abstinendi, nè pereant talia legata, vt substantiae iudicium ipsius testatoris, *arg. l. 3. ff. de milit. testam.* & proindè in hoc casu non dicitur sublata suitas.

114 Ampliatur quintò, quando vulgaris substitutio effici[illegible] caduca, putà quia viuente testatore, deficeret substitutio per mortem substituti, tunc non etiam tollitur habitus suitatis, quia ex quo per dationem substituti vulgaris videtur filium instituere conditionaliter, si heres esse voluerit *l. cum proponas C. de hered. instit.* quae conditio secundùm illam primam opinionem tolleret suitatem, proindè nihil interest, quod substitutio non habuit effectum, quia sufficit suitatem fuisse sublatam ab initio per testatoris impartitam licentiam abstinendi, si voluerit cuius effectus est substitutionis vulgaris à principio, & sic per deficientiam effectus huiusmodi substitutionis non redditur ad habitum suitatis, *arg. l. qui res §. aream ff. de solut. l. inter stipulantem §. sacram ff. de verbor. oblig.* hanc opinionem tenuit *Gugl. loc. cit. sub nu. 202.* & post alios sequitur *Noual. loco cit. sub nu. 50.*

115 Contrariam opinionem tenuit *Bald. in l. si mater, §. filius, ff. de vulg. & pupill.* per ibi notata in *Gloss. magna*, vbi *Imola in d. l. si filius heres, num. 5. lim. 9. & Ias. num. 59. Alex. Tr[illegible] de subst. par. 1. cap. 14. num. 13. & seqq.*

116 Ampliatur sextò in legitima, *Ias. in l. si filius, num. 61. Ioann. Baro. relatus à Baldo in l. si arrogatus, num. 5. vers. Secundò quaero, ff. de adopt.* quem sequitur *Alex. in d. l. si filius heres, num. 6. vers. Decimò fallit, Gugliel. loc. cit. sub num. 201. Vasq. d. §. 21. nu. 199.* rationem, quam adducunt etiam *Noual. d. casu 8. sub n. 52.* quod scilicet si diceretur sublata suitas vsque ad legitimam, non posset filius ius petendi dictam legitimam transmittere ad heredes, nisi priùs declarasset se velle, *arg. l. si ad legatum, §. illi si volet, ff. de legat. 1.* sed auferre voluntatem transmittendi videtur esse

sit contra, *l. Pomponius, ff. de acquir. hæred.* quod reijcit legitima, *l. quoniam in prioribus, C. de inoffic. testam.* Ergò

117 Contraria opinio fuit *Baldi in l. si adrogator, num. 6. vers. Sed è opposito, ff. de adopt. & in l. ex facto in 2. opposit. ff. de hær. & post eum Alex. Trentacinq. d. cap. 14. num. 9. & sequ.* ratio, quam adducunt, illa est, quia substantia sui hæredis est principaliter introducta fauore patris, igitur si pater vult eam locū non habere, non est in quo videatur grauatus filius in sua legitima: cùm vti iure suo potestatiuo, vel permissiuo non est grauare aliquem, sed est vti iure à iure permisso, *l. Papinianus, §. quarta, ff. de inoffic. testam. l. si cum dotem, §. si pater, ff. solut. matrim. Fusar. loc. cit. sub num. 31.* & licet pro tuenda *Butrigarij* opinione, *Neol. loc. cit. sub num. 51. in fine*, repetat eandem rationem ab ipso *Butrigario* adductam: nempè quod institutio illa, *Si hæres esse nolueris*, est facta sub conditione, quę reijcitur vsque ad legitimam tamen nō est recedendum ab opinione pro transmissione, ex quo opinio contraria deleitur ex rationibus desuper adductis pro regulari opinione: nempè, quod non est in potestate patris tollere suitatem, inuito filio, nec filius potest decedere pro parte transferendo, & pro altera parte non transmittens, & sic partim iure suo, & partim extraneus.

118 Ampliatur septimò, quando scilicet vulgaris est coniuncta cum fideicommissaria, vt post alios de communi testatur *Trentacinq. d. cap. 54. sub num. 9.* sequitur *Fusar.*

119 *d. quæst. 73. sub n. 11.* quod procedere etiam testatur ipse *sub num. 12.* idem esse quando vnus institutus est vulgariter, alter per fideicommissum, quando scilicet substitutus vult hæreditatem ex fideicommisso. *d. l. ita*

120 *tamen, §. pater, ff. ad Trebell.* nàm si vult succedere ab vulgari, tunc dicit, suitatem sublatam fuisse: cùm facultas sit substituti eligendi an velit succedere ex vulgari, an ex fideicommissaria. *l. verusare, §. Titius*, vbi communiter *Doctores ad Trebell. & l. si quis seruo, ff. de manum. testam. Doct. in l. centurio, ff. de vulg. & pupill. Peregrin. de fideicomm. art. 2.*

121 *nu. 67.* ita quod ad dignoscendum vtrum ex huiusmodi substitutione sit sublata suitas expectandus est exitus, an scilicet substitutus hæreditatem adierit ex vulgari, vel ex fideicommissaria, *Neol. post alios d. casu 8. sub num. 54. in fine.*

122 Contraria opinio, quod scilicet non obstante dicta facultate eligendi, semper dicatur sublata suitas haberet pro constanti ab alijs, quia electio illa, aut fit in casu habili ad transmittendum, veluti quando non vult esse hæres substitutus, & tunc aut substitutus adit hæreditatem ex vulgari, & cessat suitas ab effectu sequuta licentia impartita à testatore hæredi, si velit, vel nè esse talis, aut eligit viam fideicommissariæ substitutionis, & tunc aut restitutio fit ab eodem hærede instituto viuente, & in eo casu dicta restitutio habet effectum suum, quia hæres vult adire hæreditatem, & posteà restituere, ille enim volitus restituendi resultat similiter à libertate sibi concessa à testatore si vult esse hæres, nec nè, & sic reflectitur ad actum indifferentem dispēsatum per testatorem, & proindè actus ille non est amplius necessarius, vel saltem reuocabilis à beneficio prętoriano abstentionis, sed voluntarius dependens ab illa impartita licentia testatoris. Aut substitutus agnoscit hæreditatem post mortem instituti, qui nihil in vita sua declarauit, & tūnc operatur optio eligendi, quia aut non adiuit, & sumus in casu vulgaris, quia noluit, aut adiuit, & expirauit vulgaris, remanente fideicommissaria, & tunc nulla est facultas eligendi in substituto: cùm necessariò succedere debeat ex fideicommissaria, expirata vulgari per aditionem, quę aditio habuit suum effectum à libera voluntate hæredis ex illa licentia testatoris sibi impartita, quicquid sit, semper tenendum est pro transmissione, ex regula generali desuper posita.

123 Ampliatur octauò, quando filius institutus esset sibimet vulgariter substitutus. *l. sin. §. Titium, ff. de vulg. & pupill. & l. 1. §. si proponatur, ff. si quis omiss. caus. test.* quia cùm per repudiationem primi gradus purificata sit tacita conditio, quæ substitutioni inest, ideò statim, quod excluditur à primo gradu fit suus, & necessarius hæres ex secundo, *Gozl. loc. cit. sub num. 200. Vasq. d. §. 21. nu. 194. Ost. de compend. subst. quæst. 5. effectu 5. Fusar. loco citato sub num. 17.* adde *Neol. dicto casu 8. sub num. 57.*

124 Ampliatur nonò, quando quis esset substitutus sub conditione, quæ vltimæ vitæ spiritu impleri potest, *Fusar. loco citato sub num. 32.*

125 Ampliatur decimò, quando substitutus repudiat hæreditatem, nàm in hoc casu non videtur filius desiisse esse suus, secundū *Gloss. in l. Papinianus, §. quarta in verbo ad substitutum, ff. de inoffic. testam.* quam *Glossam* impugnat *Angelus ibi, & Vasq. d. §. 21. sub nu. 208.* quia cùm suitas iàm semel extincta per aditionem substituti vulgaris non potest amplius reuiuiscere per repudiationem substituti post mortem filij. *Neol. loc. cit. sub num. 58.* [illegible] *de Menoc Spec. in l. si fratris, C. de iure delib. Trentacinque d. cap. 14. num. 72. Fusar. loc. cit. sub num. 31.* tandem non est recedendum à *Glossa* tanquam ab omni iure approbata.

126 Ampliatur vndecimò, idem esse in vulgari comprehensa in compendiosa, quia

nec tunc tollitur suitas, *Angel. in d. l. Papinianus, §. quarta, col. fin. ff. de inoffic. testam. Vasq. d. §. 21. num. 200. Guglielm. loc. cit. sub nu. 203. Trentacinqu. d. cap. 84. num. 7. Angel. consil. 132. Ioannes de Montesperella loc. cit. Natal. loc. citato sub num. 50.* maximè si compendiosa contineat etiam fideicommissariam, quicquid dicat *Gomez variar. resolut. tom. 1. cap. 5. de transm. hered.* voluit *Petrus Gregor. Tholos. syntagm. iur. ciuil. lib. 42. cap. 16. num. 12.*

127 Ampliatur duodecimò, idem esse in vulgari comprehensa in breuiloqua, siue reciproca, quia haec pariter suitatem non tollit; cùm in reciproca comprehendatur vulgaris expressa saltem verbis generalibus, secundùm *Ang. in d. §. quarta*, communiter Doctores in *d. l. si filius haeres, Vasq. d. §. 21. nu. 201. Guglielm. loc. cit. sub num. 203.* quàm esse opinionem communem colligitur ex eo, quia in breuiloqua, seu reciproca nulla continetur fideicommissaria, nisi secum admixta sit compendiosa, veluti si testator dixerit, *Caium, & Titium filios meos haeredes instituo, & quandocunque decesserint eos inuicem substituo.*

128 Ampliatur decimotertiò, quando substitutus vulgaris non est substitutus in tota haereditate, sed in parte eiusdem haereditatis dumtaxat, quia nec in hoc casu censetur sublata suitas, *l. si solus. ff. de acq. hered. Vasq. d. §. 21. nu. 242. Guglielm. loc. cit. nu. 196. Odd. d quaest. 5. effectu 5. Trentacinqu. d. cap. 14. num. 9. Natal. loc. cit. num. 62. Fusar. loc. cit. sub n. 16.*

129 Ampliatur decimoquartò, quando testator filio suo instituto nepotem ex eo vulgariter substituisset, *Ang. in l. 2. ff. de vulg. & pupill.* quicquid dicat *Guglielm. loco cit. sub num. 198.*

130 Ampliatur decimoquintò, quando substitutus vulgaris datur in casu impotentiae cùm agit, quia tunc nec tollit suitatem in casu noluntatis, post multos *Natal. loc. cit. sub num. 67.* melius per *Fusar. loc. cit. sub num. 6.* vbi n. 7. sub ampliat etiam si substitutus esset cohaeres, *Ripa d. l. 1. num. 177. ff. de vulg.*

131 Ampliatur decimosextò, & vltimò pro nunc quando testator expressè disposuit nè per vulgarem substitutionem suitas tolleretur, per tex. in *l. in conditionibus, ff. de condit. & demonstrat. Iason. in l. pupillari, ff. de vulg. & pupill. & in d. l. si filius haeres, num. 69.* Doctores desuper citati.

132 Infans in infantia decedens transmittit haereditatem extraneorum aditam suo nomine à tutore, *l. 2. §. sed si infanti, ff. ad Tertul.*
133 *l. infantis, C. qui admitt.* an idem sit in furioso dicendum quod non, quia licet infans, & furiosus sint symboli, *l. in negotijs, ff. de reg. iur.* ex eo, quia vterque caret intellectu,
133 & nesciunt, tamen furiosus haereditatem extraneorum per curatorem additam non transmittit ad haeredes, nisi in casu, quo eam approbauerit postquam resipuit, sed illa tali modo non approbata refertur ad alios, ac si nomine ipsius furiosi, adita non esset, *l. fin. §. fin verò si furor. C. de curat. fur. Ias. in l. infans, num. 2. C. qui admitt.* vbi quinque rationes diuersitatis commemorat inter vtrumque, & *Bart. in l. si infanti, lib. 6. C. de iure delib.* Secun-
134 tur ex rationes, nempe quod maior sit potestas tutoris in infantem, qui principaliter datur personae, *§. certè Instit. qui testam. tutor. dar. poss.* quàm potestas curatoris in furiosum, qui principaliter datur rebus, est bene ve-
135 rũ, quod licet furiosus nõ transmittat haereditatẽ, trãsmittit tamẽ legata, *d. l. fin. §. fin autẽ in furore, C. de curat. furios.* quia in legatis quaeritur dominium rectà via, *l. a Titio, ff. de furt.* etiã ignoranti, *l. cùm pater, §. secundò, ff. de legat. 2.* haereditas autem requirit aditionẽ, quae sine animo fieri non potest, *§. fin. in fine, & ibi, Gloss. Instit. de hered. qualit. & differ.* vel quia legata debentur absque onere, haereditas verò cum onere, vt aequa ratio non faciat diuersitatem inter pupillum, & furiosum, quia quemadmodum haereditas adiri non potest per infantem, quia ipse etiam caret animo, nisi ex priuilegio, vt suprà diximus, idem in furioso, & ità dicimus de onere non debito legato, & debito haereditati, sed diuersitatis ratio esse poterit, quia infans habet priuilegium clausum in corpore iuris transmittendi haereditatem, quod non extenditur ad personas symbolas.

Hactenus de transmissione haeredis directi, nempe haeredis ex transmissione primi gradus, videndum de haerede ex transmissio-
136 ne secundi scilicet gradus, idest substituti directi, & sit in quarto loco haeres ex transmissione ex directa substitutione, ille scilicet, qui succedit substituto directo ex transmissione, an scilicet substitutus decedens ante haeredem, vel antequàm ipse haeres repudiet haereditatem transmittat ius substitutionis ad haeredes, itaut haeres substituti veniat ad haereditatem instituti post eius mortem.

137 Pro regula erit dicendum in vulgari substitutione non habere locum ius transmissionis, prout patet in textu in *l. quoties, C. de acquir. hered.* & in *l. si ex pluribus, §. alia causa, ff. de suis, & legit. l. Lucius, §. fin. ff. de vulg. & pupill.* nec ad filios, & descendentes, *Peregr. de fideicommiss. art. 41. sub num. 6. Odd. de compend. subst. par. 6. ar. 2. num. 8. & 11.*

138 Haec regula declaratur primò non procedere in substitutione vulgari, quae coniuncta ab eam iure accrescendi, *l. cum ex filio, §. fin. ff. de vulg. & pupill. l. qui ex duob. ff. de acqu.*
139 *hered.* quod intellige, quando sunt duo dumtaxat substituti secùs si sint plures, ita quod supersit aliquis ex eis substitutis, qui potest venire ad portionem deficientem, sic

illius

illius existentia facit cessare ius accrescendi, & consequenter transmissionem, *l. fin. si plures in princip. ff. de vulg. & pupill.* cum concordantibus relatis à *Noal. d. casu 7. sub num. 4.* subdente rationem sub num. 5. quia ius substitutionis est potentius iure accrescendi, *Auth. hoc amplius, C. de fideicomm. l. 2. §. si duo ff. de bonor. possess. secund. tab. Mantica de coniect. vltim. volunt. lib. 4. tit. 12. num. 15. Cast. §. substitutio, quæst. 13. in princ.* & cum substitutio habeat voluntatem testatoris expressam, cessat tacita coniecturalis substi-
140 tutio: cum expressum faciat cessare tacitum, *l. ex filia, §. filio, ff. de vulg.* & prouisio homi-
141 nis facit cessare prouisionem legis, *l. fin. C. de pact. conu.* & licet ius substitutionis vulgaris non transmittatur ad heredes, bene transmittitur ad substitutum, *Noal. d. casu 7. num. 8.*

142 Idem dicendum in substitutione pupillari, prout diximus de vulgari: nam si ille substitutus premoriatur pupillo, vel post pupillum moriatur ante euentum conditionis, ius substitutionis pupillaris ad heredes substituti non transmittitur, *l. sed si plures ff. de vulg. & pupill. l. qui habebat,* & ibi communiter Doctores, *ff. eod. Soccin. sen. cons. 53. nu. 12. vers. Secundus casus, Dec. cons. 472. in fine, Parisi. cons. 18. nu. 45. lib. 2. & cons. 73. num. 40. lib. 3. Socin. iun. cons. 114. num. 25. lib. 2. Gomez variar. resolut. tom. 1. cap. 4. num. 15. Bertr. do. ... 38.* quos citat, & sequitur *Noal. loco citato sub num. 9.* illud amplians, atque transmitti ad proprios descendentes. Imò, subdo ego, etc ad matrem etiam quoad legitimam, quia ... expressam excludimus matrem, [illegible] legitimam, ... *tex. in l. Papinianus,* [illegible] *ff. de inoffic. testam.* in quo [illegible] est decisum, pupillarem [illegible] expressam excludi matrem [illegible] & ea decisio procedit non [illegible] iure ciuili, sed etiam de iure canonico [illegible] foro poli, vt probatur in *cap. si pater* [illegible] vbi habetur ratio, quod [illegible] filius matrem in testamento suo [illegible] iure naturæ debita priuare non [illegible] verò in testamento, quod filio [illegible] facit, potest ea ratione, quia pater [illegible] proprio suo iure fieri substitutionem [illegible] & ipse pater nullam debitam [illegible] matre pupilli, prout haberet ipse [illegible] suo iure cessaretur, ... eò fortius, [illegible] argumentum de legitima [illegible] ... ad debitam parentibus ... positiuo, *tex. in l. nam & si parentibus, ff. de inoffic. testam.* vbi dicit turbari ordinem mortalitatis, ergò si turbatur ordo mortalitatis, legitima debita parentibus est contra, non verò secundùm ordinem naturæ, licet ex pietate debita, sed extrinsecè, non intrinsecè, nec obstant verba in *d. cap. pater,*

vbi dicitur nõ posse filium priuare matrem portione debita iure naturæ, quia ibi intelligitur iure naturæ extrinsecè, nam aliàs daretur contradictio, & per illa verba non impropriatur textus, ex quo sumus in iure canonico, quod imitatur æquitatem, & inspecta æquitate, vtitur illis verbis, proindè sicuti legitima debita parentibus iure positiuo, & non naturali, sic etiam contrario iure positiuo tolli potest, vt in *d. l. Papinianus* in nihilo consideratâ ratione, an testamentum pupillare sit verè testamentum filij, quia tali lege condi, & ordinari potest à patre, qui, vt diximus, testando, nullam pietatem habet in matrem pupilli, ac proindè nullam iniuriam intulit, vtendo iure suo.

143 Declaratur primò, non procedere, quando substituto pupillari datus est alius substitutus, quia tametsi ius pupillaris substitutionis non transmittatur ad heredes ipsius substituti, transmittitur bene ad eiusdẽ substituti substitutum, *Guglielm. de Benedict. in cap. Raynut. verbo. Si absque liberis el 2. in rub. pupill. subst. num. 119. Gabriel. conclus. 1. num. 41. de hæred. instit. Menoch. cons. 506. num. 398. & 399.* nam substitutus vocatur ex iudicio testatoris, quod non dicitur de hærede eiusdem substituti, in ea dispositione, vel iudicio testatoris non vocati, *l. qui liberis ff. de vulg. & pupill. Fusar. de pupill. subst. quæst. 164. sub num. 2. & quæst. 469.*

144 Declaratur secundò, non habere locum in substitutione pupillari, quæ vnita est cum iure accrescendi, quia hæc ad heredes transmittitur, *l. qui patroni ff. de acquir. hæred.* & ibi tradunt. *Bart. Roman. & Alex.* sic etiam, reprobata opinione *Aretini*, tenet *Crot. in l. reconiunctis, num. 116. vers. Depositio tamen, ff. de legat. 3. Natta cons. 68. nu. 8. lib. 1. Cephal. cons. 114. num. 13. cons. 116. num. 46. Gabriel. d. conclus. 1. de hæred. instit. num. 41. Petra de interpetr. vltim. volunt. fol. 113. num. 16. Mantica de coniect. lib. 12. tit. 10. nu. 13. Alex. Trentacinq. de subst. par. 4.* adde *Noal. d. casu 7.* vbi dicit, quod ratio adducta in *dicta l. pater,* eodem modo militat in tacita pupillari, sicut in expressa, quia taciti, & expressi idem est iudicium, *l. cùm quid, ff. si cert. petat. l. item quia in princip. ff. de pact.* & transmittitur in hoc casu ex pupillari, non autem ex iure accrescendi, quia ius accrescendi symbolizatur, siuè sequitur naturam pupillaris substitutionis tanquam dignioris, prout de pacto adiecto contractui diximus in *tract. de symbol. contract. lib. 1. cap. 3.* & hæc sit prima ampliatio ad regulam, *Dom. Merlin. controu. forens. lib. 2. cap. 1. num. 25. & 26.*

145 Ampliatur secundò, & si pupillus, cui datus est pupillariter substitutus non adierit paternam hereditatem, quia adhuc transmittit, *Gloss. fin. Bald. Comm. Castr. & Alex.*

in

in d.l. qui patri. Contraria opinio refertur à
Trentacinq. d. cap. 14. num. 11.
146 Ampliatur tertiò, etiam si pupillus, cui
facta est pupillaris substitutio esset exhære-
datus: cùm exhæredato possit substitui pu-
pillariter, *L. 1. §. substituerit. ff. de vulg. & pu-
pill. §. non solùm. Instit. de pupill. subst. Roman.
d. l. qui patri col. 3.* & ibi, *Imola col. 2. Crot. l. re-
cusantisti, num. 121. ff. de legat. 3. Gabriel. d. con-
clus. 2. num. 31. Trentacinq. d. cap. 14. num. 14.*
147 Limitatur modò, primò, quando substi-
tutus erat in re certa institutus, pupillus ve-
rò vniuersaliter, quia tunc non transmittit,
Trentacinq. d. cap. 14. num. 15. ratio est, quia
aditio hæreditatis facta per institutum illa
est, quæ non obligat, vt non possit recusare
hæreditatem pupilli, sed institutus in re
certa non dicitur adire, quia non est hæres,
sed habetur loco legatarij, ergo eandem opi-
nionem sequitur *Nual. d. casu 7. sub num. 10.*
contraria opinio, quod immò transmittat
habetur apud *Castr. d. l. qui patri, num. 9. Ro-
man. col. fin. Bald. in l. quidem elogio, col. fin. C. de
iure delib. Natta cons. 68. in princ.* quos refert
Fusar. loco mox cit. sub num. 16. vers. Contrarium.
148 Limitatur secundò, si pupillus, cui facta
fuerit substitutio in re certa erat institutus,
& substitutus in omnibus bonis, quia tunc
non transmittit, *Angel. Imola, & Alex. in d. l.
qui patri, Crot. in d. l. recusantisti*, sequitur *Fu-
sar. loco citato sub num. 17.* cōtrariam opinio-
nem, quod immò in isto casu sit locus trans-
missioni, tenuerunt *Bald. in d. l. quidem elogio,
col. fin. Roman. d. l. qui patri, col. 4.* & ibi, *Castr.
num. 10.* sequitur *Trentacinq. dicta quæst. 14.
num. 15.*
149 Limitatur tertiò, quando essent alij sub-
stituti, quia tunc cessat transmissio, *Gloss. vl-
tim. vers. In hoc pacto, in d. l. qui patri*, & ibi,
*Bart. num. 3. vers. Dicit tamen, Paul. de Castro
col. 1. & seqq. Roman. col. 3. Ang. col. fin. Imola
col. 2. Bart. in d. l. recusantisti, col. 12. Bald. in d. l.
quidem elogio, col. penult. Gabriel. d. conclus. 1. n.
93. Petra de interpetr. vltim. volunt. fol. 213. n.
18. Trentacinq. d. cap. 14. num. 18. Fusar. loc. cit.
sub num. 13. Nual. d. casu 7. sub num. 21.*
150 Limitatur quartò, quando testator insti-
tuit superstitem ex eis, quia tunc transmissioni
locus non erit, *Bald. in d. l. quidem elogio, num.
28. Trentacinq. d. cap. 14. num. 16.* contrariam
opinionem inuenies apud *Roman. in d. l. qui
patri, col. 4. Alex. col. fin. Castr. in fine, Crot. d. l.
recusantisti, col. 40. vers. Secundò fallit.*
151 Limitatur quintò, quando substitutio
est facta per verba, *Quisquis mihi hæres erit*,
quia tunc similiter cessat transmissio, *Bald.
in d. l. quidem elogio*, contrariam opinionem
tenuerunt *Roman. in d. l. qui patri. col. 4.* & ibi,
*Castr. col. fin. Alex. num. 15. Crot. in d. l. recusanti-
sti, num. 108. Alex. Trentacinq. in d. cap. 14. nu.
16. vers. His verbis sequitur, Nual. d. casu 7. nu.
16. Fusar. d. quæst. 69. sub num. 27.*
152 Idem est de substitutione exemplari, &
breuiloqua, & in omni alia substitutione,
*Bald. in d. l. quidem elogio, num. 28. vers. In con-
tr. Alex. cons. 36. num. 3. vers. Informamur præ-
dicta lib. 3. Cravett. cons. 67. nu. 3. & cons. 131.
num. 3. & cons. 132. num. 3. Gama decis. 397.
Bonr. decis. 314. num. 3. Gabriel. d. conclus. 2. nu.
12. de hæred. instit. Zanch. in l. hæres mei, §. cùm
ita, num. 164. ad Trebell. Peregrin. de fideicom.
art. 33. num. 6.* ratio est, quia substitutio directa,
quæ nondùm competit, non dicitur esse
in bonis nostris, vt possit transmitti, *L. resti-
tut. ff. de acquir. rer. domin.* item quia substitutio
est symbola institutioni, *l. in ratione in prin-
cip. §. si seruo, ff. ad legem falcidiam*, atque in-
stitutio ante aditam hæreditatem finitur est
personalis, non transmittitur ad hæredes, attē-
to, quod hæres ante additam hæreditatem
non habet aliquā actionem, vel ius radica-
tum, quod transmittere possit, ideò non
transmittitur, neque substitutio, *Gloss. in l. si
ex pluribus in verbo, Alia causa, ff. de suis, &
legit. & in l. vnica §. his vel deficientibus in verbo,
Defuncto, C. de cadu. toll. Pract. Papiens. in
forma libelli, quo agitur ex substitutione. Gloss.
qui ex eis superuixerat, num. 4.* Ratio, quia
153 quælibet substitutio appellatur conditio-
nalis ex dispositione testatoris, *l. coheredi. §.
exhæres, ff. de vulg. & pupil. l. in ratione, §. quod
154 vulgò, ff. ad l. falcidiam*, & conditionalis ad
hæredes non transmittuntur, *d. l. vnica. §. sin
autem aliquid, C. de cadu. toll. l. hæres meus, ff.
de condit. & demonstrat.* legatarius, & fideicō-
missarius conditione pendente non dicun-
tur creditores, *l. legata, ff. de condit. & demon-
155 strat. l. is cui, ff. de oblig. & act.* immò neque in
Fiscum, *Peregrin. de iure Fisci, lib. 5. tit. 5. n. 94.*
adde *Nual. d. casu 7. n. 23.*
156 Est bene verum omnia prædicta tàm
casus, quàm limitationes in quibus dixi-
mus esse, vel non esse locum transmissioni
non habere locum quando de contraria vo-
luntate testatoris apparet ex coniecturis, ex
quibus transmissio pendet, & quod non est
transmissibile potest ex voluntate testatoris
tale fieri, *Zanch. in d. l. hæres mei, §. cùm ita, nu.
195. ff. ad Trebell. Menoch. cons. 416. in princ.*
qui loquitur in terminis pupillaris, *Cephal.
cons. 320. num. 57. Ruin. cons. 95. num. 6. lib. 2.
Mantica de coniect. vltim. volunt. tit. 10. num. 8.
Petra de interpetr. vltim. volunt. fol. 214. nu. 34.*
adde *Fusar. loc. cit. sub num. 61. Nual. loc. citato
sub num. 27. & 30.* coniecturæ enumerantur
infrà.
156 Est alius hæres directus præter de super
enarratos, qui dicitur ex pacto, nèpe scrip-
tus in contractu, de quo latè dicemus in
tit. de hærede ex pacto. Ideò videndum an pa-
ter, cuius filius vxorem ducturus, eum fecit
hæredem in cōtractu matrimoniali, & mor-
tuus

tunc deindè fuerit ille filius, viuo adhuc patre, an transmittatur hæreditatem ad alios hæredes, *Tholos. syntagm. iur. ciuil. tom. lib. 41. cap. 7. num. 10.* dicit, quod transmittit præferens hæredes si sint eius liberi. Similiter si substitutio sit aliqua contractualis, transmissionem fieri, licet substitutus decesserit
158 ante conditionem: *Peregrinus* verò, *d. art. 31. num. 20.* asserit, id demùm verùm esse, si conditio extiterit post mortem substituti, quia in conditionibus contractuum spes transmittitur, dummodò posteà conditio existat secùs si deficiat. Vndè infert idem *Peregrin.* ad propositum, si substitutus sit quis post mortem donatarij, substituto præmoriente periculum substitutionem: sicuti in vltimis voluntatibus non transfert, *Bert. cons. 122.* Ratio est, quia mors primi donatarij faciebat conditionem, quæ conditio deficit, præmoriente substituto: Immò quod magis est, facta donatione Petro, eius vita durante, & post eius mortem Mænio, & eius hæredibus, præmortuo primo donatario, donationem omninò deficere, etiam respectu hæredum Mænij substituti, nec obstat adiectio, *&* hæredibus, quia intelligitur quatenus ius esset quæsitum instituto, & sic in sensu composito, non autem in sensu diuiso: cùm non sit verisimile, donatorem magis dilexisse hæredes vnius, quàm alterius, diximus suprà de hærede ex repræsentatione, &
159 *Menoch. cons. 103. nu. 30. lib. 1.* ponit alium casum symbolum: nempè si pater in contractu matrimonij filij sui instituerit hunc filium suum hæredem, & post filium liberos, qui ex matrimonio susciperentur, & deindè mortuus fuerat filius hæres institutus in capitulis matrimonialibus, & postremò liberi eius matrimonij, superstitibus Auo, & Matre, an isti liberi transmittant hæreditatem Aui ad Matrem, videtur dicendum, quod non, quia Auus vocando liberos sui filij videtur exclusisse alios, qui ex liberis nō essent, stante quod ius transmissionis non legis dispositione, sed testatoris voluntate vires sumit, & donatio facta filijs, contemplatione matrimonij, eo soluto, superstite matre, non resoluitur, sed transmittitur ad hæredes filij, probat *Andreolus controu. 132. n. 6. Bero. de Mariotis*, & alij, quos ipse allegat. Et Ego habui in facto pulchrum casum, & fuit: Nàm Ioannes Dominicus de Vincalibus senior donauit bona sua R. D. Aloysio de Vincalibus suo fratri cùm pacto, quod post eius mortem bona donata remanerent in beneficium filiorum, & hæredū dicti donantis masculorum duntaxat, an scilicet Ioannes Dominicus iunior tanquam filius, & hæres Ioannis Baptistæ filij dicti donantis præmortui donatario, comprehendatur saltem iure transmissionis in dicta donatione, stante quod donatarij in secundo loco sunt præmortui dicto D. Aloysio donatario primo.

Nàm pro parte negatiua stetterunt *Peregr. d. art. 51. sub num. 20.* ante eum *Alciat. in cons. 3. num. 88. lib. 8.* qui in terminis concludit pro Illustre Marchione Guasti, sequitur *Mascard. de probat. conclus. 265. num. 3. Gryphanius in l. quoties, num. 29. C. de donat. quæ sub modo Pinzardus in §. aliero instit. num. 27. de inst. stipulat. Menoch. cons. 388. Marta suarum succes. leg. par. 4. quæst. 21. art. 13. sub num. 83.*

Pro parte affirmatiua, quod immò censeatur comprehensum iure transmissionis, voluerunt *Zanch. in l. ad hæres tuti, §. cùm ita, quæst. 4. num. 181. ad Trebell. Bald. in l. quoties in fine, Iason. in l. quæ delegatio, ff. de legat. 1. Oldrad. cons. 224. num. 27. & 28. Fontanella de pact. nupt. claus. 4. gloss. 15. num. 10. & 11. Carb. decis. 14. num. 2. Gratian. discept. forens. cap. 147. num. 6. Cancer. variar. resolut. tit. de transm. cap. 15. num. 95. cum seqq.* qui in specie confutat opiniones *Alciat. & Peregrin.* asserendo illas falsas, & contrà eas fuisse decisum, *Barbos. in tract. de maior. & primog. persona in propugnaculo veritatis, cap. 7. vers. Cæterum sub num. 21.* vbi ex nonnullis instantijs reprobat *Gryphanij*, & sequacium opinionē.

Quicquid sit pro vtraque opinione in tecto pouendo iustitiam D. Ioannis Dominici de Vincalibus iunioris, affirmabam ipsum omninò in casu eiusmodi donationis fuisse, & esse comprehensum in donatione prædicta iure transmissionis.

Et omissis rationibus excogitatis in genere à tractantibus posteriorem partem affirmatiuam, adducebam Ego ex abundanti duas alias præcipuas rationes, quarum prima erat, quia dictus Ioannes Dominicus tanquam nepos dicti quondam donantis est de liberis ipsius donantis, & proindè comprehensus in donatione prædicta, hanc eandem rationem posuerunt pro limitatione etiam Doctores contrariam partem tenentes, inter quos *Menoch. d. cons. 388. in fine, & Marta loco citato, vers. Quintus casus est sub num. 60.* alteram rationem, quàm assignabamus, ea erat, quia donans voluit filios suos, & hæredes masculos duntaxat vocare in secundo loco ad donationem, quo fit, vt etiam nepotes censeantur vocari iure transmissionis, vt voluit *Dezian. in resp. 38. num. 30. vol. 2. Menoch. cons. 117. num. 114 Mar. ā loco citato*, & proindè casus incumit nectibilis fauore D. Ioannis Dominici de Vincalibus iunioris.

Diximus de hæredibus directis tàm ab intestato, quàm ex institutione, & substitutione transmissionis, remanet videndum de hærede fideicommissario ex transmissione, an, & quando is etiam ex transmissione suc-

succedat, & est quintus hæres ex transmissione, & in hoc casu duplex erit inspectio, vna de hærede fideicommissario purè, altera de hærede fideicommissario sub conditione.

160 Et exordium capiendo ab hærede fideicommissario purè, statuimus in primò loco regulam, vt fideicommissum vniuersale non transmittatur, nisi agnitum ex sententia *Accursij in l. cum filiusfamilias in verbo, Acceptaret, ff. de legat. 1.* sed contraria est Doctorũ opinio, quod tale fideicommissum transmittatur ad hæredem fideicommissarij, *Decius cons. 488.* hanc opinionem esse receptiorem, affirmat *Andr. Gail. pract. quæst. lib. 2. obseruat. 131.* & rationem esse, testatur *Cuiac. cons. 3. ad regul. Catom.* quod licet directa substitutio non transmittatur, nisi in certis casibus suprà diximus, fideicommissaria semper transmittitur, *Peregrin. de fideicommiss. art. 31. num. 5.* Item fideicommissum vniuersale purum, siuè in diem certum relictum, fideicommissario succedentem, non solùm ante restitutionem sibi factam, sed etiam ante additam hæreditatem, cedere, & transmitti statim à morte testatoris, si fortè fideicommissarius decederet, *Peregrin. d. art. 31. num. 3. De Petris lib. 3. interpret. tit. 1. dub. 5. fol. 4. n. 86. Vasq. de succ. progr. lib. 3. §. 7. num. 43. Calcan. de condit. par. 2. cap. 6. quæst. 8. Crass. §. fideicomm. quæst. 67. num. 3. Cutter. cap. Raynald. §. 1. num. 3. Gomez var. resolut. to. 1. cap. 5. nu. 9. & 14. Syluester Aldrig. de subst. cent. 3. quæst. 45. & 46.*

Cæterùm, vt clariùs procedamus in hac supraposita materia est obseruanda distinctio casuum relata ab *Alciato in d. l. cum filiusfamilias, num. 13. ff. de legat. 1.* quorum

161 Primus est, quando hæres grauatus legata, vel fideicommissa post hæreditatem aditam fuit in mora retinendi, hoc in casu esse locum transmissioni sine controuersia dicit *Alciat. ex textu in l. si vsusfructus legatus, ff. de vsufr. & quemadm. quis vtatur, & in l. 3. §. 1. vers. Idem, ff. de adim. legat.*

162 Secundus est casus, quando talis est mẽs testatoris, vt legatum, & fideicommissum transmittatur, vel in omnibus casibus, in quibus hæreditas ipsa non adita, suadente æquitate, transmittatur in eis casibus, si eadem prouidebit æquitas, transmittatur etiã legatum, & fideicommissum purum, ratio est, quam adducunt *Barry de succ. test. & intest. tit. de transm. fideicomm. vniuers.* quia licet ante aditam ab hærede scripto hæreditatẽ,

163 fideicommissario vniuersali non competat actio ex testamento, quo compellat hæredem, vt sibi restituat hæreditatem: tamen competit ei officium iudicis, quod non minùs quàm actio transmittitur, quod etiam extendit sub num. 2. in fideicommisso non agnito debito vi clausulæ Codicillaris coiterà *Bart. in l. 1. ff. de iure Codicill.* adde *Phan. de transmiss. par. 6. num. 23.*

164 Tertius casus est, quando fideicommissarius rei singularis, vel legatarius decessit post aditam hæreditatem, quia tunc etiam absque controuersia locus est transmissioni, *Paul. de Castro in d. l. vnica in princ.*

165 Tutior erit distinctio, an scilicet agatur de fideicommissis particularibus, vel de fideicommissis vniuersalibus. In primò casu illud, quo ad transmissionem cedit à die mortis testatoris, ita vt si legatarius, aut fideicommissarius post mortem eiusdem testatoris quocumque tempore decedat, legatum, & fideicommissum, illorumque petitionem ad eius hæredem transmittit, *l. si post diem in princ. l. 1. ff. quando dies legati cedat,* quo verò ad obligationem cedit à die aditæ hæreditatis, & non ante, ex eo, quia obligatio oritur ex quasi contractu, qui resultat ex aditione *l. apud Iulianum in fine, & l. seq. ff. quib. ex caus. in possess. eatur, §. hæres in fin. de oblig. quæ ex quasi contr. nasc.* quo vt rò ad translationem dominij cedit verò ab adita hæreditate, *l. si tale homo, §. consensus. ff. de legat. 1. l. & eleganter, § item si fenseam. ff. de dolo,* quia non possunt peti, nisi hæreditate adita, hæc autem cedit à die mortis testatoris, *Gloss. in d. §. cum seruus in verbo, Adita, & in d. l. quod attica si seruum in verbo, Factum, & in l. Titius in verbo, Remanens, ff. de furt.*

166 Hic primus explicatus casus obtinet locum etiam in institutione purè facta in re certa, dato cohærede vniuersali, hæc enim cùm habeatur loco legati, eiusque naturam sortiatur, similiter transmittitur ad hæredes, ipso instituto in re certa, ante aditam hæreditatem ab hærede vniuersali, præmortuo *Nasl. d. casu 7. vers. Ampliatur primò.* Et fit pro prima ampliatione.

167 Ampliatur secundò, vt locum habeat in legato, siuè fideicommisso particulari, siue generali, quotiescumque conditio ei adiecta sit purificata, vel cessit dies, *l. fin. ff. quando dies leg. ced. l. fin. C. eod.* Ratio est, quia fideicommissum conditionale dicitur purum

168 postquàm conditio aduenerit, diesque cesserit cùm purum, & purificatũ sine symbolis, *l. si pupillus, ff. de condit. in 6. l. sed & si de sua in fine, ff. de acquir. hæred. l. pariter, §. videamus, ff. qui pot. in pign. hab.* cùm concordantibus relatis à *Nasl. d. casu 7. sub num. 21.*

169 Ampliatur tertiò, vt habeat etiam locũ in legato, vel fideicommisso relicto ab vno in alterum, *Cremens d. l. cum filiusfam. par. 2. num. 270. & 271. ff. de leg. 1.*

170 Ampliatur quartò, procedere similiter quando legata, siuè fideicommissa relicta sunt à substituto: nàm legatario, siuè fideicommissario quandocumque post mortem

tes-

testatoris decesserit, non solùm quando venerit dies institutionis, sed etiam antequā institutus hæreditatem adierit, legatum, siue fideicommissum quoad petitionem ad hæredes transmittitur, l. hæredis aditio, §. [illegible], ff. quando dies legat. ced. quod procedit etiā [illegible] fiat à pupillariter substituto, d. l. hæredis aditio, §. [illegible], & d. l. 1. eod. tit. Nouel. [illegible] sub [illegible].

171 Limitatur primò supraposìtus casus, vt non habeat locum, quando legatum, vel fideicommissum, si dies illius statim cederet à die mortis testatoris, redderetur inutile, vt quando testator in testamento relinquit hæreditatem seruo, eique aliquid legauit, hoc enim in casu legatum illud nō cedit, nec [illegible] transmittitur à die mortis testatoris, sed à die aditæ hæreditatis, [illegible] hæreditas [illegible] §. [illegible] ff. quando dies leg. ced. l. 1. [illegible] Gloss. in verbo, [illegible], ff. ad [illegible] §. libertatibus, C. de caduc. toll. ratio est, quia si dies legati cederet à die mortis testatoris, illud fieret inutile, quia datū seruo sine libertate, l. seruus, C. de legat. [illegible] debetur absque libertate, quia aliàs sequeretur, quod hæreditatem acquireret sibi ipsi: cùm quicquid acquirit seruus acquirit Domino, & [illegible], libertas autem non competit ante aditam hæreditatem, & postmodum contingerit hæreditatem non adiri, absurdum esset libertatem reuocari, Gloss. in d. l. libertatibus in verbo, Libertatibus, tex. in l. epistola, §. mulier, ff. ad Trebell. vbi Auia instituit nepotem, quem grauauit restituere nurui suæ, eadem quidem nurum grauauit restituere filio hæredi instituto ab Auia, & sic ei, à quo acceperat, [illegible] nurus grauata post mortem, in eo quidem respectu, quia aliàs fideicommissum nurui inutile esset, secundùm declarationem Bartoli in d. §. mulier, & [illegible] cons. 155. num. 1. vers. Nec obstat, Ruin. in cons. 152. num. 6. lib. 2. Menoch. de præsumpt. lib. 4. præsumpt. 199. num. 9.

172 Limitatur secundò, non procedere in legato, quod facit testator seruo, similiter alteri legato, l. hæredis, §. interdum tàm l. seq. & l. cùm legat. ff. quando dies legat. ced. quia cùm legatarius non habeat ius in seruo legato [illegible] aditam hæreditatem, consequenter [illegible] ei non acquiritur, l. cùm itd. §. [illegible] seruo, ff. eod.

173 Limitatur tertiò, non procedere in legato vsusfructus, vsus, & habitationis, in his enim non cedit dies à morte testatoris, sed ab adita hæreditate dumtaxat, & decedente legatario ante aditam hæreditatem non transmittit legata, nec eorum petitionem ad hæredem, l. 2. ff. eod. & d. §. libertatibus. ratio est, quia talia nō sunt ad hæredes trāsmissibilia, l. 3. l. habitatio, ff. quando dies, prout è contrario in his, quæ ad hæredes transmissibilia sunt regulariter cedit dies à morte testatoris, vt per communiter Doctores in d. l. vnica, §. in nouissimo, C. de caduc. toll. vbi reprobata Gloss. asserit, quod seruitutes reales cedere à morte testatoris, sicut cætera legata, ea

174 quidem ratione, quia illæ seruitutes sunt transmissibiles ad hæredes: nam dies legati dicitur cedere quoad tres effectus, transmissionis scilicet, obligationis, & translationis dominij, Doctores in d. l. vnica, §. cùm igitur, C. de caduc. toll. quando primum effectū legati dies cedit à die mortis testatoris, quoad alios duos cedit à die aditæ hæreditatis, deinde quando sumus in materia ad hæredes non transmissibili vanum esset quærere, an ad effectum transmissionis dies cedat ante aditam hæreditatem, l. 3. ff. quando dies leg. ced.

175 Limitatur quartò, non procedere quando legatarius, vel fideicommissarius successerit, superstite testatore, tunc tametsi legatum, & fideicommissum sit purum, ita tamen non transmittitur, sed efficitur quasi caducum, l. si Augusta, ff. de legat. 3. d. l. vnica, §. & cùm triplici, & §. pro secundo, C. de caduc. toll.

176 Sublimitatur eiusmodi limitatio, quando aliter ex coniecturis constaret voluisse testatorem legatum transmitti, etiam ipso viuente, cùm possit testator id, quod de sui natura transmissibile non est, facere vt transmittatur, & è contra, Bald. in l. si pater, nu. 15. C. de instit. & subst. post alios Nouel. d. cons. 7. num. 16. subdens sub num. 17. quod transmissibile est à morte testatoris fiat transmissibile post aliquod tempus, exemplum si idem testator dixerit, Titio centum dato, aut si Titius ante decesserit, quàm acceperit, eadem centum Sempronio dato, tunc si Titius decesserit ante legati exactionem, illud ad hæredes non transmittit, & sic nō attenderetur dies mortis testatoris, sed exactionis, quod reputat Nouel. indifferenter verum, si verba exequutiua referuntur ad ipsum Titium legatariū, si autem referuntur ad hæredem, distinguit, quod aut hæres fuit morosus in soluendo legatum, & tùnc transmittitur, aut non fuit morosus, & non transmittitur, l. 3. §. si quis Titio, vbi Bart. ff. de adim. legat. Peregrin. d. art. 31. num. 5. vers. Adde. & sic verba, quæ aliàs important conditionem ex coniecturata mente testatoris, important diem, d. §. tàm itd. vbi Zan. [illegible] 109. per tex. in d. l. in conditi. §. hæc scriptura, ff. de condit. & demonstr. l. seruis [illegible], ff. ad Trebell. adeò quod legatarius, & fideicommissarius ex coniecturata testatoris mente transmittat etiam si is ante testatorem decedat, Ruin. cons. 156. in princ. vol. 2. Crauetta cons. 184. num. 4. & cons. 369. in princ.

177 Talia legata, & fideicommissa particularia

laria purè relicta etiam non agnita cedi, donari, & in alium transferri possunt. *Ruin. cons.* 136. *num.* 8. *lib.* 3. & absque ministerio transeunt in legatarium, *Dom. Reg. Capyc. Latro decis.* 184. *nu.* 13. *vol.* 2. quod aliter est
178 in fideicommissis vniuersalibus: nam talia etsi pura, & in diem certū relicta quoad transmissionem cedunt à die mortis testatoris: tamen antequam agnita sint non possunt alteri cedi titulo singulari, vel particulari, ità quod cessionarius cogere possit hæredem adire, & restituere, ex *Trebelliano l. si mulier in 2. §. ex affe. ff. de iure dot. Bald. in l. 2. in princip. C. de pact. & in cons.* 219. *num.* 1. *lib.* 2. *Iason. in l.* 1. *num.* 96. *ff. de legat.* 1. *& in l. cum secundum, num.* 2. *C. de fideicomm. Ruin. cons.* 136. *num.* 12. *lib.* 3. *Ripa in l. hæres meus, §. cum ita, num.* 63. *ff. ad Trebell. Tiraquell. de retract. lignag. §.* 26. *Gl.* 1. *num.* 32. *Roland. à Valle cons.* 28. *num* 35. *lib.* 2. alias restitutio non fieret, secundum quod testator disposuit, *Peregrin. d. art.* 31. *num.* 30. ideò *Bald. in l. scimus, num.* 2. *C. ad Trebell.* dicit hoc esse [illegible]re in restitutione ex *Trebelliano*, ea ratione, quia non potest sperari à persona fideicommissarij, sed oportet, quod sumat vim in eius persona.

Vndè secundus casus de fideicommissis vniuersalibus puris remanet declaratus, vt scilicet in his etiam cedat dies, quoad trāsmissionem tempore mortis testatoris, sicuti si in legatis, & fideicommissis particularibus, *Doct. in l. cum filiosfam. Guid. Papa consil.* 132. *num.* 4. & 5. Ratio est, quia fideicommissario vniuersali, statim sequuta morte testatoris, competit officium iudicis nobile, quo compellat, & hoc officium nobile transmittitur ad hæredes, sicuti qualibet actio, vt suprà diximus *Barry de transm. leg.* vbi distinguit inter legatum purum annuū, & conditionale.

Hactenùs de fideicommissis puris, vidēdum de fideicommissis conditionalibus, an scilicet ea similiter transeant ad hæredes fideicommissarij conditionalis, & in quibus
179 casibus, & proindè sciendum est, quod fideicommissa, & legata conditionalia cedūt à die impletæ conditionis dumtaxàt, & proindè, ea pendente, nullatenus ad hæredes fit transmissio, sed legatum illud, vel fideicommissum remanet penitùs extinctum, *l. intercidit, ff. de condit. & demonstr. d. l. vnica, §. fin. autem [illegible] conditionem, C. de cadu. toll. l. ita legat. [illegible] §. hoc autem, ff. de legat. [illegible] meus, §. si sed, & l. legata sub conditione, ff. de condit. & demonstr. l. si pecunia, §.* 1. *ff. de legat.* 2. *l.* 4. *& si decesseris, ff. de alim. & cibar. legat. l. quidem ita in princ. ff. ad Trebell. l.* 4. *& l. huiusmodi, & l. Titio, ff. quando dies leg. ced. d. l. si in persona, C. de fideicommiss. Gloss. & Doct. omnes in l. vnica, C. de his, quæ ante aperi. tabul. & l. hæres meus, §. cum ita in verbo, Susceperis, ff. ad Trebell. Bart. in l. centum. & in l. si ex pluribus, ff. de acquir. hæred.* vbi dicit, quod ius accrescendi respicit rem, ideò ad hæredes transit, sed ius substitutionis respicit ad personam, ideò ad hæredes non transmittitur, *Bald. cons.* 49. *num.* 2. *vers. Et licet. col.* 2. *& in l. vnica, §. fin autem, col.* 2. *vers. Sed numquid,* vbi dicit, esse casum legis, *C. de caduc. toll. Alex. cons.* 36. *vol.* 7. *per tex. in l. qui liberis, §. hæc verba, & l. sed si plures in princ. & l. qui plures, ff. de vulg. & pupill. & cons.* 61. *nu.* 7. *&* 14. *claus.* 7. *per tex. in l. hæres meus, §. cum ita ad Trebell.* & ibi [illegible] *Ripa in vers. Verior, Zanch. in* 2. *addit.* 1. *[illegible] Caterum, & Soccin. & [illegible] in verbo, Non transm. Roland. à Valle [illegible]* 11. *& seq lib.* 4. *Tiraquell. de retract. [illegible]* 1. *Gloss.* 2. *num.* 25. *Gabriel. [illegible]* 1. *[illegible]* 2. *de hæred. instit. Gaill. obseruat.* 132. *lib.* 2. *Mastr. de [illegible] lib.* 13. *[illegible] princ. Peregrin. d. art.* 31. *[illegible] Barry tit. de transm. fideicomm. sub cond.* 4. *Marta summa success. legali, par.* 3. *quæst.* 34. *art.* 5. *in princip. N[illegible] num.* 16.

180 [illegible] dicta regula, vt habeat [illegible] in [illegible] filio testatoris [illegible]o, quia nunquam transmittit, *C[illegible] quæst.* 67. *Peregrin. d. art.* 31. *nu* 6. *Di[illegible] de arte testandi, tit.* 3. *caut.* 23. *Gomez variar. resolut. tom.* 1. *cap.* 3. *num.* 9. *Dec. cons.* 55. *num.* 8. *Alex. cons.* 132. *lib.* 6. quicquid dicat *Gloss. in l. [illegible] ff. de oblig. & act.* quæ est [illegible] reprobata, vt testatur *Arg. [illegible]* 287. *nu.* 3. *[illegible] lib.* 11. *tit.* 20. *in princip.* hanc sententiam esse veriorem, voluit *Cauar. resolut.* 13. *Gabriel. in d. art. de hæred. instit. col.* 2. *num.* 10. *Rum. cons.* 181. *in princ. vol.* 2. vbi dicit, se in hoc casu fuisse consultum, vt secundum suam conscientiam responderet, atque respondisse, illam *Glossam* communiter damnatam, & quod neque ad liberos huiusmodi quidem transmissio fieri potest, *[illegible] cons.* 160. & in Parlamento Parisiensi continuo iudicari, dicit *George Leuen. in suis arrestis, cap.* 2. *lit. F. et cap.* 8. *lit. H.*

181 Amplia secundò, illud locum habere nō solum in fideicommissis, sed etiam in legatis, *d. l. vnica, §. sin autem sub conditione, C. de caduc. toll.* qui tex. loquitur tàm in substitutione, quàm in legato, & fideicommisso, *l.* 4. *vers. Sed si decesseris, ff. de alim. et cib. legat. l. in causa, §. Pomponius, ff. de minor.* & ibi, *Gloss. in verbo, Hæredi, l. in singulas, ff. de annuis legat.* cū concordantibus, de quibus suprà adde *Barry loc. cit. Marta similiter loc. cit.*

182 Amplia tertiò, si fideicommissum sit ordinatum in diem incertum, quoniam dies incertus in testamento conditionem importat, *l. dies incertus, ff. de condit. & demonstr. & d.*

§. fin

§. si autem, l. 4. ff. quando dies legat. cedat. l. liberti
meus in 2. responso. ff. de condit. & demonstr. etiã
si apponatur executioni legati, totum le-
gatum conditionale redderetur, itaut si inte-
rim prædecesserit legatarius, non transmit-
titur, *l. quibus diebus §. quidem Titio, ff. de con-*
dit. & demonstrat. Gloss. & communiter Docto-
res in l. Seius saturninus. ff. ad Trebell. Bart. in l. si
cui, §. 1. ff. de legat. 2. & in l. 1. ff. de condit. &
demonstrat. Alex. consil. 83. num. 2. & 9. vol. 2.
Menoch. de præsumpt. lib. 4. præsumpt. 101.
num. 40.

181 Amplia quartò in iure, & facultate im-
plendi conditionem in vltimis voluntati-
bus, quia pariter regulariter ad hæredes nõ
transmittitur, *l. à testatore. ff. de condit. & de-*
monstr. l. fin. ff. de arbitr. instit. Ratio est præ-
dictorum omnium, quia substitutio, quæ non
dum competit, non dicitur esse in bonis no-
stris, *l. substitutio. ff. de acquir. rer. domin.* Ideó-
què legatarius, & fideicommissarius, pendẽ-
te conditione, non dicitur esse creditor, *l. le-*
gata, ff. de condit. et demonstr. l. is cui, ff. de oblig.
& act. ob id cessat transmissio, *arg. l. traditio.*
ff. de acquir. rer. dom. l. nemo plus, ff. de reg. iur.
Item quia non consideratur ex aliqua parte
animus prospiciendi hæredibus beneficio
transmissionis, non ex parte testatoris, quia
non præsumitur hæredibus legatarij, vel fi-
deicommissarij prospicere, qui succedunt
magis ex dispositione legis, & fortuito, quã
ex iudicio testatoris, *l. sed & si sit in fine. ff.*
de legat. 3. l. qui liberis, §. hæc verba, ff. de vulg.
Soccin. in repet. in l. si post mortem, num. 2. vers.
3. add. pro euidentia alterit. C. de fideicommiss. Et
illam sequitur *Mantica d. lib. 11. cap. 10. nu. 2.*
Maria loco citato sub num. 11. non ex parte le-
gatarij, & fideicommissarij, quia ex parte
eorum nullum factum interuenit, *Gloss. vlt.*
in l. si vxorem, C. de condit. insert. Gloss. vltima
in §. ex conditionali, Instit. de verb. oblig. Ias.
in l. si pro emptore, num. 319. in prim. ff. de vsu-
cap. & proinde hæredum grauatorum com-
modo cedunt, *Maria loc. cit. sub n. 13.*

Cæterum, quia anceps est illa materia, &
ampla, adeò quod in materia symbola ca-
duci gradus summopere variarunt Docto-
res, vt obseruare habes apud *Bart. in l. quin-*
tò vlt. ff. de acquir. hæred. et in d. l. hæredes mei,
§. cum ita, num. 17. ad Trebell. Guglielm. de Be-
nedict. in verbo, Et absque liberis el. 2. tit. de pu-
pill. num. 119. Bald. consil. 139. lib. 9. Paul. de Ca-
stro consil. 151. col. 1. lib. 1. Corn. consil. 298. lib. 3.
Soccin. sen. consil. 60. col. penult. in primo casu.
Ruin. consil. 94. in princ. lib. 2. Soccin. iun. consil.
381. num. 97. lib. 2. Dec. consil. 519. num. 9. Curt.
iun. consil. 83. Cassan. consil. 62. num. 13. Menoch.
consil. 106. num. 374. et seqq. Decian. resp. 81. n. 4.
lib. 3. et resp. 91. num. 5. et seqq. lib. 5. Oll. consil.
56. num. 3. Taruiell. consil. 78. num. 31. et seqq.
Mandel. consil. 49. lib. 2. Peregrin. consil. 40. nu. 6.
lib. 1. et consil. 95. num. 8. lib. 5. et de fideicom. ar.
15. num. 13. Fr. Ferr. de compet. [illegible] fol.
24. et 39. Dom. Praesis Merlini controuers. forens.
cap. 1. num. 2. Barr. decis. 38. aliique passim,
quos secutus incurtatis gratia omittere prop-
terea sum arbitratus, eam excutere per ca-
suum distinctionem antequam descendam
ad casus, quibus ex coniecturis talis trans-
missio locum teneat, vel non, & etiam primi
casus subalternis, in quibus dignoscitur si sit,
vel nõ locus transmissioni.

184 Primus casus subalternus erit de condi-
tione tacita, & illa tacita conditio duplex
est, vna quæ tacitè inest legato, siue fideicõ-
misso ex natura ipsius rei legatæ, vel ex legis
dispositione extrinsecùs ex testamento, alte-
ra, quæ tacitè resultat ex ipso testamento, si-
ue ex dispositione testatoris.

185 Prima conditio illa, quæ tacitè inest ex
natura rei legatæ, vel legis dispositione, non
alterat legatum, vel fideicommissum quoad
impediendam transmissionem, sed legata-
rio, vel fideicommissario quandocumque
post mortem testatoris decedente, legatum,
& fideicommissum ad eius hæredes trans-
mittitur, *l. conditiones extrinsecus, & ibi, Gloss.*
vlt. ff. de condit. et demonstr. l. quod pure, ff. quã-
do dies leg. cedat, quia sublata conditione, re-
manet purum, & eius dies quoad effectum
transmissionis cedit à morte testatoris, vt
de legatis, & fideicommissis particularibus
dictum est suprà, & tacitè inesse dicitur ex
natura rei legatæ, putà si legentur fructus,
qui ex aliquo fundo nascuntur, *l. 1. in fine, ff.*
de condit. & demonstrat. l. cum illud in fine, ff.
186 *quando dies legat. ced.* ex dispositione legis
dicitur tacitè inesse, veluti si relictum sit le-
gatum, si heres hæreditatem adierit, *l. 3. vbi*
Gloss. ff. de legat. 1. l. aliquando. ff. de condit. &
demonstrat. hæc enim dicitur conditio indu-
187 cta à lege, quia legatum non deberetur lega-
tario, nisi heres hæreditatem adierit, *l. si ne-*
mo, ff. de reg. iur. l. si nemo, ff. de testam. tut. l. cum
188 *quem, C. de fideicomm.* Idemque est de con-
ditione apposita primæ substitutioni, quamuis
licet ea tacitè insit secundæ, ita quod se-
cundus substitutus non possit admitti, nisi
verificata ipsa conditione, verum quia talis
verificatio à legis dispositione dependet, ob
id transmissio non impeditur, prout hæc, &
alia exempla cumulat *Peregrin. d. art. 31. sub*
num. 33. & 34. quod procedit etiam si talis
conditio, quæ inest tacitè, exprimatur à te-
statore, quia adhuc locus est transmissioni,
putà si testator dixerit, lego Titio centum
sub conditione si heres hæreditatem adie-
rit, *Alex. in l. 3. in princ. & Ripa num. 13. &*
14. ff. de legat. 1. Ruin. consil. 83. num. 11. & consil.
85. num. 8. lib. 3. Zanchan d. [illegible] n. 318.
Mantica d. tit. 10. num. 31. Aret. consil. 92. prope
finem, Ancharan. consil. 75. in princ. Grauetta consil.

51. *in princip.* vel si testator dixerat, si ad hæ-
redem hæreditas peruenerit, *Menoch. consil.*
207. *nu.* 174. *Ferrar. cons.* 100. *Cirier. contr511.*
179. & 805.

189 Quod non procedit quando hæc con-
ditio exprimeretur alio modo, quàm tacitè
inerat, veluti si testator dixerit, lego Titio
centum, si volet, talis expressio censetur fa-
cta alio modo, quàm tacitè inerat, & conse-
quenter arguitur animus faciendi legatum,
vel fideicommissum esse conditionale, & nõ
transmissibile, *l. si ità legatum, §. illud si volet,*
ff. de legat. 1. *l. si ad expressum, ff. de condition. &*
demonstrat. tùnc enim oporteret, quod legata-
rius declaret, se velle, *d. §. illud si volet,* quæ
declaratio aliàs necessaria non esset, cùm
legatum acquiratur ipso iure etiam ignorã-
ti, & transmittitur absque alia declaratione,
vt suprà diximus, quod extenditur procede-
re quoque in legato quantitatis, vel gene-
ris, vel rei alterutrius, vel si sit legata in spe-
cie res, quæ sit alterius tertij, aut hæredis, *Ia-
son. in l. si ità legatum d. §. si volet, nu.* 8. & *seqq.*
ff. de legat. 1. aliter esset si opponatur ista cõ-
ditio, *si volet,* in institutione, quia tunc non
faceret dispositionem conditionalem, nisi in
hærede necessario, scilicet filio, & seruo, quia
tunc illum faceret voluntarium, *l. verba hæc,*
ff. de condit. & demonstrat. vel ex quo talis cõ-
190 ditio tacitè inerat, ex eadem ratione, quia
ignoranti quæritur legatum, & ignorans
non habet velitum, sed quia non inest lega-
to dicta conditio, *si volet,* ideò aliquid ma-
gis operatur dicta expressa conditio, *si vo-
let,* quàm si tacitè inesset, & diximus in præ-
cedenti titulo.

191 Vel si conditio à testatore expressa esset
potestatiua, quæ scilicet refertur ad potesta-
tem legatarij, talis enim conditio, & si ve-
niat extrinsecus à testamento, & tacitè insit
ex natura rei legatæ, vel ex dispositione le-
gis, tamen impedit transmissionem, ac si ea
præcederet ex testamento, *Natal. casu* 1. *sub
num.* 31. quod probatur *ex textu in l. mulier, §.
pro parte, ff. de legat.* 2. vbi hæres decedens an-
te additam hæreditatem non transmittit ad
hæredes suos illam actionem prælegati sibi
facti, quæ capitur ex parte sua, quamuis cõ-
ditio illa, quæ tacitè sibi inest, videlicet, *si
hæres erit,* sit ex legis dispositione, & ex natu-
ra rei legatæ, item si conditio hæc tacita re-
spicit substantiam legati, & fideicommissi,
quia tali casu fieret ex conditionalia, & con-
sequenter non transmissibilia, *Natal. loco citato,
num.* 22. vel si aliter appareret ex volunta-
te testatoris alterante dictam conditionem,
quæ tacitè inest, *Natal. loco citato sub num.* 25.

192 Secunda conditio est, quæ tacitè resultat
ex testamento, seu ex testatoris dispositione,
in hoc casu non transmittitur legatum, vel
fideicommissum, nisi à die impletæ ipsius
tacitæ conditionis. *l. aliquando, vers. Ex di-
uerso, ff. de condit. & demonstrat. l. quod pure, ff.
quando dies leg. ced. l. legata in pure, ff. de adim.
legat.* vel si legatum purè relictum est, & de-
indè illud ademptum sit sub conditione, si
Nauis ex Asia venerit infrà annum, censetur
ipsum legatum tacitè relictum sub condi-
tione, & sic ex tacita voluntate testatoris, de
puro efficitur conditionale, & consequenter
pendente conditione, non transmissibile, vel
si testator dixerit, lego Stichum, qui meus
erit, cùm moriar, vel lego Stichum, qui erit
hæredis mei cùm moriar, *Mantica de coniect.
lib.* 10. *tit.* 5. *num.* 3. *vers. Sextum. in l.* 1. *nu.* 5.
vers. Sed si ponatur, ff. de condit. & demonstrat.
quod procedit etiam in tacita conditione
repetita in altero legato, & si vni apposita,
Mantica d. lib. 10. *tit.* 6. *num.* 19. *Menoch. de
193 præsumpt. lib.* 4. *præsumpt.* 180. nisi dicta ta-
cita conditio non sit adiecta in pœnam; tùc
enim legatum purè datum sub hac condi-
tione legati ademptum remanet purum, &
transmissibile, *Ruinb. in d.* 5. *cùm ad. nu.* 183.
Ruin. cons. 132. *num.* 10. *vers.* 1. & *cons.* 190. *nu.*
8. *lib.* 1. *Alciat. resp.* 494. *in fine,* vel si talis ta-
cita conditio respiceret executionem, vel
legati solutionem, tùnc nonquam impedit
transmissionem, *l. si Titius, §. item ad,* vbi *De-
ciani ff. de legat.* 2. diximus *in tract. de symbol.
contract. tit.* 1. *cap.* 8. *sub num.* 63. *et seqq.* vide
nunc *Barry de transm. legati, vers. Restat ter-
tius casus,* vbi refert exempla, quando condi-
tio adijcitur substantiæ, & quando execu-
tioni legati, & quod in dubio censeatur
adiecta substantiæ.

194 Tertia conditio est, quæ propriè expri-
mitur per dictionem, *si,* & dicitur expressa,
*l. quibus diebus, §. quidem Titio, ff. de condit. et
demonstrat. l. si Titio in princip. ff. quando dies
leg. ced.* vel symbolis dictionibus, quibus ad-
mittitur expressa conditio, vt per *Bart. in l.*
1. *et* 2. *ff. de condit. et demonstrat. Barry tit. de
condit. et demonstrat.* tùnc nullatenus trans-
mittitur legatum, vel fideicommissum cum-
plicatum cùm hac expressa conditione, vt
suprà diximus, & in ista conditione duo sūt
casus limitandi ad transmittendū, vel expres-
sus scilicet conceptus testamento, vel tacitus,
qui ex aliquibus coniecturis percipi possit,
& respectu huius expressæ conditionis facit
pro materia adnotandi alij casus subalter-
ni, quarum

195 Primus est, quando testator alternatiuè
duas res relinquit, vnam puram, & alteram
sub conditione: nam nulla debebitur si lega-
tarius moriatur ante conditionem, *Roman.
singul.* 89. *Gaig. de condit. par.* 2. *cap.* 6. *quæst.* 8.
per *tex. in l. cùm illud ff. quando dies leg. ced.* ra-
tio est, quia vnum dumtaxat est legatum,
quo non vtraque res, sed altera legatur, ea
scilicet quam legatarius elegerit, in hoc ca-

su

sa [illegible] electio illius, vel illius rei cùm autem legatur res vtraque coniunctia, quae [illegible] fieri poterit antequam extiterit conditio, sic igitur non competit electio antequam extiterit conditio, sequitur inde nullam ex parte cedere diem antequam extiterit conditio, legatum, aut quid non cessit non transmittitur, idem habetur in l. cùm dici, ff. eod. nempè si ità legaverit testator, lego Stichum, aut quod ex Pamphyla nascetur, tùnc vnum est legatum, cuius dies non cedit antequam Pamphyla pepererit, ideò praemoriente legatario, nihil transmittitur ad heredem suum, quod aliud esset, si alicui mulieri alternatiuè dem partem, aut summam si pepererit nàm licet mulier decedat antequam pepererit, transmittit legatum, l. si vsumfructum, ff. quando dies, ratio diversitatis est, quia licet viua muliere, dies legati nulla ex parte cedat antequam pepererit, & conditio extiterit, tamen ea morti patiente, dies legati cedit, quia ab ipso articulo mortis legatum [illegible] extinguitur, quoniam certum esse cœpit, eam amplius parere non posse; & si ità legatum esset, lego Titio fundum Cornelianum, & si Navis ex Asia venerit Tusculanum, tunc etiam legatario decedente ante conditionem, nihil transmitteret, secus si conditionale legatum fuisset vnum purè vnius rei, & alterum sub conditione alterius rei, tùnc demum, quia duo essent legata, tamen si decederet legatarius ante conditionem expletam, transmitteret legatum purum, Cuiac. in d. l. cum illud.

196 Secundus est casus subalternans, si testator dixerit, relinquo Caio centum, si filius meus decesserit sine liberis, tùnc enim etiam si certum sit conditionem omninò esse extituram, vtpotè si constaret ipsum filium esse sterilem, decrepitum, vel aliàs inhabilem ad procreationem liberorum, putà professum in aliqua Religione, tamen si idem Caius decesserit, vivente ipso filio, legatum, vel fideicommissum ad ipsius heredem non transmittitur, per tex. in l. heres meus. ff. quando dies, Galgan. de condit. part. 2. cap. 6. num. 8. quia hoc legatum intelligitur relictum sub duplici conditione, nempè si filius moriatur ante legatarium, & fideicommissarium, & si moriatur sine liberis, Rota. cons. 83. num. 2. vol. 2. Idcircò licet certum sit, ipsum filium non esse suscepturum liberos, tamen nò sufficit, quia requiritur, etiam quoad decesserit ante ipsum legatarium, arg. l. si heredi plures. ff. de condit. & demonstrat. §. prouide. Instit. de hered. instit. l. si quis ità stipulatus, ff. de verbor. oblig. Alex. cons. 2. num. 10. lib. 1. Bertr. dec. 354. num. 13. vers. Tertiò, Mantica de coniect. vlt. lib. 11. tit. 7. num. 23. Peregr. art. 28. num. 83.

197 Contrarium quod immò, quando legatarius decessit tempore, quo certum erat omninò extituram conditionem fieri, tenet De Petris lib. 1. dubio 5. num. 12. in suis interpretationibus, vbi affert exemplum de legato relicto Titio, & eius vxori, quod testator voluerat, vno decedente, perueniret ad alium, & ambobus decedentibus sine liberis communibus, perueniret ad Mevium: Nàm cùm vxor decessisset priùs absque liberis, deindè Mevius, & posteà Titius, scribit De Petris, Mevium transmisisse illud legatum ad heredem suum, & citat Bald. cons. 83. lib. 2. & in repet. l. heres meus, ff. de condit. & demonstr. Ve-

198 rùm De Petris non est audiendus, cùm prima opinio sit verior, & tutior, quia tametsi certum sit casum exiturum, non tamen antè debetur, quàm extiterit, vt probat etiam Cuiac. d. l. 8. §. si id. ff. de peric. & commod. rei vend. Barry loco citato sub num. 9. prout in cotractu diximus in tract. de symbol. contract. lib. 1. cap. 8. sub num. 31. & seqq. adde pro usu in materia Dom. Praes. Merlin. d. cap. 1.

199 Tertius est casus subalternans, quando quis nullos habens liberos, sed vxorem praegnantem, legavit certò Titio, si eius vxor filiam pareret, & deindè mortuo testatore, filius decesserit in ea opinione, quod nasceretur filia: Nàm licet posteà post mortem Titij comprobata sit eius opinio, & nata filia, &

200 licet quidam velint opinionem vehementem facere conditionem impletam, quae deindè impleta est, Tepat. var. sentent. tit. de condit. cap. 4. Hyppolitus de Marsiliis sing. 203. tamen vera opinio est, legatum non transmitti, Vasq. de succ. progr. lib. 1. §. septimò, num. 17. idem dicitur, quando legatum, vel fideicommissum relictum est sub conditione, si filius nasceretur, & filius sic editus, secto ventre matris, hoc casu nec dicitur conditio extitisse, nec purificata censetur, & consequenter impeditur transmissio, Socin. iun. cons. 197. lib. 1. Menoch. de praesumpt. lib. 4. praesumpt. 201. num. 75. item si testator instituerit filium, quem pareret vxor, vel si filiam pareret, & non filium, tam instituerat in re certa, & Titium heredem vniversalem, qui Titius posteà decessit, & post eius mortem vxor parit filiam, de quo quidem casu dubitauit Schuliglius ad Bert. decis. 36. nàm cùm quis fuisset substitutus sub conditione, si heres absque filijs masculis decederet, & deindè hares decessisset, vxore praegnante, & posteà etiam substitutus, & tandem ex vxore relicta praegnante nata est filia, in quaestione an transmittatur ius substitutionis, dubitat Schuliglius, Bursatur. verò cons. 79. & Anchar. cons. 354. & 392. tenent non transmitti: Nàm quamdiù conditio pendet, transmissioni locus non est, & qui decedit, conditione pendente, transmittere non potest; item actus moriturum non suspenditur, Ludovic. Cons. [illegible] praedict. sic accessit, & vt ille cui de-

lata

lata est hæreditas statim transmittitur, vel omninò non transmittitur.

201 Quartus casus est subalternus si hæres promisisset in contractu adimplere omnia legata, & fideicommissa contenta in testamento etiam in vim dispositionis inter viuos, ac etiam addita clausula, *omni meliori modo*, quia decedente legatario, vel fideicommissario ante ipsum hæredem, vel ante euentum conditionis, non fit transmissio ad suū hæredem, *Riminald. sen. cons. 126. lib. 1. Rum. cons. 7. num. 20. lib. 3. Zanch. in d. §. cum ita, nu. 186. Galgan. d. quæst. 8. Barry loco citato, versic. Quarta extensio.* Nam tamets si fideicommissum factum in contractu transmittatur ad hæredem, si fideicommissarius decedat ante grauatum non ante impletam conditionem, tamen idem non est quando fideicommissum est constitutum in testamento: tunc enim promissio symbola est naturæ vltimæ voluntatis, *Rum. cons. 7. num. 20. lib. 3. Noal. d. casu 1. num. 56.*

202 Quintus casus est subalternus quando legatum est relictum cum clausula, *ex nunc prout ex tunc*, vt si testator dixerit, & si conditio extiterit ex nunc lego fundum meum: nam non per hoc existentia conditionis retrotrahitur ad diem mortis testatoris, prout probat *Mantica d. lib. 11. tit. 20. sub num. 11. Crass. §. legatum, quæst. 51.* quamquam *Rolerf. ad l. 3. §. detinere in verbo, Insuper de verb. sign.* & ipsi *Manticæ* placuit opinio pro transmissione: tamen prima opinio est verior, & secunda habet locum saltem quoad fructus, vt retrahretur conditio, quæ aliàs non retraheretur.

203 Sextus casus est, si legatum fuerit relictū cum conditione pro dote, vel pro matrimonio: nam tales adiectiones sunt voluntariæ, & reddunt legatum conditionale, & non transmissibile, *Peregrin. d. art. 31. n. 22.*

204 Septimus est casus subalternus pro nūc in confiscatione bonorum, nam tunc non veniunt, nisi ea, quæ transeunt ad hæredem extraneum, *Galgan. d. quæst. 8.* cum etsi Fiscus valdè sit priuilegiatus, tamen si huiusmodi bona fideicommissarij, vel legatarij publicari cōtingerint, legata, vel fideicommissa cōditionalia non transeunt ad Fiscum, si publicatio bonorum contingerit ante conditionis euentum, *Gloss. in l. si non ad ea, & in l. præsens, ff. de condit. & demonstrat. Bald. in l. 3. num. 4. C. ad legem falcidiam, Angelus de malefic. in verbo. Et eius bona public. versic. Et vtrà. quod facta dicta publicatione, num. 12. Boss. tit. de bonor. public. num. 15. vers. Item non transit, & num. 18. Peregrin. de iure Fisci, lib. 5. tit. 1. num. 93. & d. art. 31. num. 35.* nam Fiscus, exceptis iuribus, in quibus reperitur priuilegiatus, in cæteris vtitur iure priuatorum, *Gloss. in l. isti venient, §. in primatorum, ff. de pen. hæred. Dec. cons. 531. num. 3. Menoch. de præsumpt. lib. 4. præsumpt. 72. num. 3.*

205 Casus verò non impedientes transmissionem sunt. Primus, quando testator expressè ordinauit, quod legatum, vel fideicommissum conditionale transmittatur ad hæredes legatarij, vel fideicommissarij, etiam eodem legatario, vel fideicommissario decedente ante euentum conditionis adiectæ in ipso legato, vel fideicommisso, *Iason. consil. 154. num. 4. lib. 4. Bald. in l. pater, num. 19. C. de instit. & substit. & in l. 1. C. vt act. ab hæred. & contra hæred. Rum. cons. 93. num. 6. lib. 2. Mantica d. tit. 20. num. 8. Peregrin. d. art. 31. num. 9. Veral. decis. 21. in prim. par. 2.*

206 Secundus casus est non impediens transmissionem in subiecta materia, quando scilicet testator instituit aliquos suos hæredes, nempè filios, & si decesserint sine filijs, substituit fratres, & eius hæredes: tunc si frater præmoriatur antequam conditio verificetur, illius hæredes venire iure transmissionis, voluisse *Socin. in l. hæres mei, §. cum ita, num. 56. ad Trebell. Natta cons. 551. num. 17. Zanch. d. §. cum ita, num. 223. Noal. loco citato sub num. 69.*

207 Contraria opinio est verior, quod dicti hæredes non veniant iure transmissionis, sed iure vocationis expressæ, *Ripa in d. l. hæres mei, §. cum ita,* quem sequitur *Zanch. in par. 4. nu. 151. & 155. vers. Veruntamen prædictis, Bald. cons. 306. col. 1. Dilect. de arte testand. tit. de legat. caut. 38. ante nu. 13. Alexan. cons. 99. nu. 13. in fine, Rum. cons. 28. col. 2. & cons. 179. col. 2. eod. vol. 2. Dec. cons. 519.* qui cōsuluit super casu, quo adiecta fuerat eiusmodi clausula, & intelligitur etiam in filijs, quàm in ex parte bus in infinitum, *Socin. Iun. cons. 118. & in d. §. cum ita, num. 32. Rota Romana decis. 380. in princ. par. 2. in nouiss.* & sic fuisse decisum in S. R. C. testatur *Marta summa successi. legal. par. 1. quæst. 24. art. 3. sub num. 20.* cùm testator sciebat, fideicommissum conditionale non transmitti de iure, ideò addēdo clausulam, *& eius hæredes*, voluit prouidere in casu, quo substitutus præcedat defunctio, aliàs hæredū adiectio esset frustratoria appposita, vide *Fontanell. de pact. nupt. vol. 4. Gloss. 15. num. 10. & 11. Gratian. discept. forens. cap. 247. num. 6. Cancer. variar. resolut. tit. de transm. cap. 21. num. 93. cum seqq. Barbat. de maior. & primog. in propugnacula, cap. 11. versic. Cæterùm sub num. 22.*

208 Effectus resultat ab eiusmodi declaratione, quia isti hæredes ex propria succedentes persona tamquam vocati dicuntur succedere testatori, & sic per vulgarem, *Castr. in cons. 434. in princip. vol. 2.* vbi in fine se recte iactat, dicens: *Ad hæc probandum sufficit authoritas mea, quia video, & agnosco hæc omnia esse vera, Alex. cons. 36. vol. 3. Crauetta consil.* 331.

151. num. 6. Zanch. d. q. cum sed. par. 4. num. 163. vers. Cæterum, & licet hæres dicti fratris censeatur contemplatione ipsius vocatus, [illegible] in tali casu cessat regula, Gloss. in l. [illegible] si plures, & per ipsam inibi concordan. [illegible] in integrum, ff. de vulg. quod proinde dictus hæres teneatur dicta bona, ad quæ vocatus existit, describere in inuentario, sicut cætera bona dicti fratris, vt voluit etiam Bald. in l. 1. num. 3. C. de edit. ab hered. & contra legat. quia regula in d. §. in adrogato, præsupponit acquisitionem esse factam, viuente persona contemplata, cuius fauore alteri delata erat, sed hic præsupponitur dictum hæredem succedere vel vocatum, fratre substituto præmortuo, ante aditionem capientem, & sic propriè iure vocationis venire, [illegible] dicuntur hæredes primi testatoris, [illegible] verò fratris contemplati tempore [illegible] præcessit, prout firmat Tor[illegible] sed, num. 60. quem ad hoc citat, [illegible] Dom. de Franch. decis. 385. num. 6. [illegible] testator non potest facere, vt quod [illegible] non est possit transmitti, dicit [illegible] d. l. 8. quia non totis nullæ sunt qua[illegible] l. eius qui in prouincia, ff. si cert. petat. [illegible] multò minus facere potest, vt is, qui [illegible] est delegatus contemplatione [illegible] in casu, quo illa persona contemplata mortua esset, eidem defuncto hæredi [illegible] acquireret, quamobrem Dom. de [illegible] d. decis. 385. considerauit, quod cùm [illegible] veniat ex propria vocatione, non autè [illegible] in inuentario haud descri[illegible] teneatur, & ratio est, quia huiusmodi [illegible] non augent hæreditatem illius, sed ex [illegible] vulgari succeditur primo te[illegible] clausa sub num. 32. in fine. [illegible] [illegible] à testatore vocatus [illegible] succedit, & venit per capi[illegible] per stirpes, sed per ius transmis[illegible] succedit in stirpes, quia plures veniũt [illegible] personã parentum, Crauetta in d. l. cũ [illegible] 341. ff. de legat. 1. vbi aduertit, quod [illegible] venit iure vocationis omnino [illegible], licet primo vocatus fuerit su[illegible] gratiarto, quando primus vocatus [illegible] secus si quis veniat ex iure trans[illegible] duntaxat, quia superstite trans[illegible] transmissio, Tormell. loc. cit. [illegible] fine, quia in transmissione agitur [illegible], sed nulla spes potest esse apud [illegible] & gratuatum, adhuc viuente testatore, vt obseruant Doct. in l. is potest. ff. de acquir. hered. & in l. fin. C. de pact.

211 Tertius casus est non impediens transmissionem, quando scilicet transmissio cœpta est impleri, Galgan. d. par. 4. & par. 6. qu. 77. num. 3. De Petris lib. 5. tit. 1. dub. 5. fol. 4. n. 15. quod intellige quando legatum est firmatum: secùs si omnino Maria lib. 11. tit. 10. n. 7. conditionis sic. cessimus exemplum, refert De Petris, vt si testator legauerit ducatos florenos vxori suæ cum conditione, si habitauerit cum filiabus, donec [illegible], vel dedicabuntur alicui Monasterio, vel morietur, etiam si nunquam aliquid bonum contingat, vxor moriatur, eo casu legatum ad hæredes suos transmitteret, tenet De Petris [illegible] supra, Peregrin. verò art. 18. num. 12. [illegible] Cephal. cons. 358. prim. 1. talem adhibet distinctionem, vt si in conditione mentio mortis facta sit, nempè si testator dixerit, lego vxori fundum [illegible] vineæ in vita vidualis, [illegible] ad eius hæredes [illegible] vixerit vxor, & è contra transmittitur, si nulla [illegible] mentio de morte, [illegible] non [illegible] non resoluitur morte, sed per casum superuenientem [illegible] in primo casu legatum resoluitur morte, sed transmittitur ad hæredes: prout si socrus legasset nurui suæ sub hac conditione, si cum filio meo in matrimonio [illegible], morte sua legatum [illegible] Cuiac. in leg. [illegible] ff. de condit. [illegible] etiam sub [illegible] vbi tradidimus, quod si testator legauerit alicui annuos centum, si legatarius decedat intra annum, quod legatum transit ad hæredem legatarij illius totius anni, in quo moritur, & si non sit completus annus, iuxta [illegible] legat.

212 Quartus casus est non impediens transmissionem in subiecta materia conditionali, quando testator non solùm expressè disposuit, quod voluerit legatum, siuè fideicommissum conditionale ad hæredem transmitti, sed etiam quando disposuit tacitè, & ex coniecturis, & præsumptionibus constare possit de intentione eiusdem testatoris, quod voluerit legatum, vel fideicommissum ad hæredes, etiam pendente conditione, transmitti, Bald. in l. [illegible] num. 10. C. de his, qui ante apert. [illegible] d. cautel. 2. nu. 15. de hered. [illegible] tit. 10. nu. 8. vers. [illegible], quod extendit etiam fauore extraneorum, Rota Romana decis. 785. num. 3. par. 1. diuers. Noal. d. casu 1. sub num. 71. & si

213 substitutus vocatus esset sub nomine proprio, Gabriel. cons. 131. num. 12. lib. 1. Menoch. cons. 200. num. 96. & seqq. etiam si substitutio fiat de superstitibus, vel superuenientibus reemissiuè à Noal. d. casu 1. num. 75. 76. & 77.

214 vsque ad 83. etiam extante dictione alius, vel aliter, etiam cum substitutionibus diuersis, etiam si legatum esset quasi caducum, vide

de *Fasar. de fideicomm. subst. quaest. 490.* vbi sigillatim adducit opiniones diuersas, & concordantes.

215 Cæterùm ad effectum huiusmodi transmissionis legati, vel fideicommissi conditionalis coniecturæ debent esse necessariæ concludentes, & probabiles. [illegible] *ad. num. 64. ff. ad Trebell. Gabriel. d. conf. 12. lib. 2. Mantica d. tit.* [illegible] *in fine.* Immò quando [illegible] transmissio, [illegible] vrgentiores, quia difficilius [illegible] transmissio ad extraneos, quam ad haeredes, *Crauetta d. l. cum filio, par. 2. num. 386. Rota Romana d. decis. 781. num. 3. par. 1.* [illegible] & proinde declarata regula ex quibus dicta testatoris voluntas deprehendi valeat, de quibus [illegible] per *Mant. d. tit. 30.* [illegible] *fol. 210. Peregrin. d. art. 31.* [illegible] *Fusar. de pupill.* [illegible] *Dom. Merlin.* [illegible]

216 [illegible] Prima, quando fideicommissum [illegible] cum iure accrescendi, vt quia filios [illegible], & semicò substituerit sub conditione, si hoc liberis decesserint, in hoc casu substitutio fideicommissaria est volita cum iure accrescendi. Ideò si is, qui prior decesserit, relictis filijs, adiuerit suam portionem, poterit transmittere ius accrescendi, *l. qui patri et l. qui ex duobus, ff. de acq. hered. l. si ex pluribus, ff. de suis, & legitim. Bald. in l. vnica,* [illegible] *sub conditione, C. de cadu. toll.* [illegible] & est communi testatur, [illegible] *45. vol. 1.* & istam esse magis communem [illegible], *Bursat. in conf. 71. num. 15. vol. 1.* [illegible] *conf. 176. num.* [illegible] *& seqq. vol. 5. Menoch. conf.* [illegible] *num. 221. Hondedeus conf. 70. num. 40. & seqq.* [illegible] *Alex. conf. 20. num. 7. lib. 1. Iason.* [illegible] *lib. 4. Cassan. conf. 16. num. 6.* [illegible] *conf. 81. col. vlt. & conf.* [illegible] *10. conf. 136. nu. 4. conf. 178. & 201.* [illegible] *& 7. vol. 2. Paris. conf. 25. num. 8. & 9. & conf. 76. vol. vlt. num. 15. & conf. 77. num. 27. conf. 91.* [illegible] *44. & 45. lib. 2. Crauetta conf.* [illegible] *in fine,* [illegible] *conf. 37.* [illegible] *num. 11. & 12. Anton. Gabr.* [illegible] *Alex. Trentacinq. de subst.* [illegible] *14. num. 8. Petr. de* [illegible] *fol. 214.* [illegible] *7. Vivald. decis. 21. par. 2. Fusar. conf. 51.* [illegible] *decis. Rot. Rom. 319. num. 9. & seqq. Prosper Farinac.* [illegible] *501.* mouentur supradicti Doctores ea ratione, quia instituti sunt coniuncti, & ideò propter vnitatem sermonis quasi in vnum corpus sunt redacti, & vice vnius personæ finguntur, *l. re coniuncti. ff. de legat. 3. d. l. vnica* [illegible] *C. de cadu. toll.* & quia ius accrescendi transmittitur ad haeredes, *l. qui ex duobus, ff. de acquir. hered. l. si ex pluribus, ff. de suis & legit. hered.* pariter per eandem transmittitur ius succedendi ex substitutione, [illegible] *patri,* & sic substitutio vnita iuri accrescendi [illegible] assumit naturam eiusdem iuris, & par [illegible] qualitatem transmittendi, *Andr.* [illegible] *179. in fine.*

217 Contrariam sententiam probarunt *Angel. in l. qui patri, col. 1. ff. de acquir. hered.* vbi communiter Doctores, *& in d. §. cum* [illegible] *Alex. conf. 20. num. 15. lib. 1. Socin. sen.* [illegible] *69. col. 8. lib. 3. Ruin. conf. 181. num. 8. conf. 201. col. 4. lib. 2. conf. 125. num. 11. lib. 2. Alciat. conf. 585. num. 9. Crauetta conf. 367. num. 4.* [illegible] *Gabriel. conf. 91. num. 27. & seqq.* [illegible] magis communi opinione testatur [illegible] *conf. 200. num. 115. Facch.* [illegible] *10. cap. 21. Peregrin. d. art. 33.* [illegible] *autem, & in conf. 33. num. 6. lib. 4.* [illegible] *art. 20. num. 12. 13. & 14. Phan. de* [illegible] *6. num. 101. Rota Romana decis.* [illegible] *par. 1. recoll. per Farinac.* [illegible] *20.* vbi dicit esse communiorem opinionem [illegible] & hanc etiam tanquam veriorem [illegible] etiam *Maria loco citato sub num. 11.* [illegible] omnes Doctores contrariam opinionem [illegible] sectantes, ex eo mouentur, quia pupillaris [illegible] substitutio, quæ est coniuncta cum iure accrescendi transmittitur, quamuis ex sua natura non sit transmissibilis, ad tex. *in d. l.* [illegible] *patri, ff. de acquir. hered.*

Cæterùm ex illa ratione [illegible] gul de pupillari ad fideicommissariam [illegible] quoniam in pupillari transmissio [illegible] tacita, vt firmant omnes Doctores in [illegible] *patri,* & diximus supra. In fideicommissaria verò substitutione cessat ratio necessitatis [illegible] & ius accrescendi reperitur praeiudicatum, & ideò non consideratur. quo[illegible] connexitas spectatur tempore delationis [illegible] cessionis, *Alex. d. conf. 20. num. 15.* [illegible] opinio procedit in pupillari, & est [illegible] *Castr. d. l. qui patri, num. 10. vers. Et pr*[illegible] *sta,* non verò in fideicommissaria substitutione. *Gabriel. d. conf. 91. num. 24. vol.* [illegible] contraria sententia sit contra [illegible] ris, probat *Alciat. conf. 117. num.* [illegible] & contrà eam fuisse iudicatum [illegible] testatur *Maria nouissimo loco citato* [illegible] *in fine,* quia quod quasi nunquam [illegible] lectura deest: ideo fideicommissi com[illegible] nibus semper, & indifferenter fieret, *D*[illegible] *lim. loc. cit.*

218 Secunda est coniectura ad eliciendam voluntatem testatoris, quod voluerit [illegible] mitti fideicommissum, quando extraneus [illegible] præferetur descendentibus testatoris, [illegible] remotior præferetur proximiori, *Bart.* [illegible] *d. §. cum ita in fine ad Trebell.* vbi communiter Doctores, *& in d. l. vnica,* [illegible] *Gabr.* [illegible] *clar. 1. num. 22. & 23. Mantica d. tit. 20.* [illegible]

n. 1. *Crass. d. quæst. 68. Trentacinq. d. cap. 14. nu. 7. Vestius commun. opin. conclus. 844. num. 6. Roto Romana decis. 782. num. 15. par. 1. in recoll. per Farinac. decis. 380. num. 3. par. 2.*

219 Contrariam sententiam probarunt alij tenentes etiam in hac coniectura non esse locum transmissioni, *Molinæus in d. §. cum ita, & in l. 4. §. cato, ff. de verb. oblig.* cum cæteris, de quibus apud *Fusar. imo mox supra cit. sub num. 101.*

220 Tertia coniectura est, quando minus dilectus, non facta transmissione magis dilecto, præfertur, adhuc enim vt tale non sequatur absurdum, erit facienda transmissio, exemplum erit, quando testator proprias exclusis filias instituendo masculos, & non faciendo transmissionem fœminæ prædefuncti, admitteretur, quod neptis præferretur filiæ magis dilectæ, *d. l. cum aute. conf. Nemo lices, C. de bon. matern. l. publius, ff. de condit. & demonstrat.* & proinde erit locus transmissioni, prout etiam voluerunt Doctores *in d. §. cum ita, & Crauetta in d. l. cum filiusfam. num. 349. ff. de legat. 1. Iason. cons. 52. col. 3. & vlt. lib. 3. Curt. sen. cons. 76. col. 8. Socin. sen. cons. 6. col. 3. & 4. lib. 3. Cassan. cons. 62. vol. 4. Ruin. cons. 178. col. 2. in fine, lib. 2. & cons. 79. col. penult. & vlt. lib. 3. Paris. cons. 77. Crauetta cons. 438. num. 3.* vbi vocat hanc fortissimam coniecturam, *cons. 384. num. 1. consil. 649. num. 3.* vbi extollit hanc coniecturam. *Decian. resp. 88. num. 72. lib. 2. Menoch. consil. 325. num. 62. cons. 333. in princ. & cons. 421. n. 33. & cons. 432. num. 21. & cons. 661. num. 22. & cons. 706. num. 54. & cons. 793. num. 14. & cons. 1154. num. 34. Anton. Gabriel. d. conclus. 2. num. 11. Mantica d. tit. 10. num. 21. Trentacinq. d. cap. 14. num. 7. Cauale. decis. 19. num. 99. par. 3. Farinac. decis. 506. num. 3. Roto Romana dec. 782. num. 11. par. 1. in nouiss. Mantica dec. 319. num. 4. Fusar. cons. 51. & d. quæst. 490. n. 105.*

221 Quarta est coniectura quando testator in alia substitutione facta de minus dilecto vocasset etiam eius hæredes, nam in hoc casu alia substitutio facta de magis dilecto ad eius hæredes pariter transmitteretur si idem substitutus præmoreretur pendente conditione fideicommissi, quia non præsumitur testatorem velle præferre hæredes minus dilectos hæredibus magis dilectis, *d. l. publius, & Tiraquell. et d. l. cum auite*, voluerunt *Ruin. d. cons. 79. num. 14. Crauetta cons. 130. nu. 6. vers. 3. cons. 125. num. 6. et cons. 62. num. 10. et consil. 367. num. 7. et cons. 384. in princ. et cons. 591. n. 3. et d. l. cum filiusfam. par. 2. nu. 194. ff. de legat. 1. Roland. cons. 82. num. 20. et 21. lib. 3. Gabriel. d. conclus. 2. num. 19. et 30. Decian. resp. 88. nu. 72. lib. 2.* quicquid alias contrà dixerunt *Ruin. lib. 2. citato cons. 29. num. 10. vers. Ex his, lib. 2.* idem *Crauetta cons. 67. et Gozzadin. consil. 29. num. 16. vers. Quartò,* ex illa quidem ratione, quia substitutio, quæ in testamento non legitur, non habet locum, & dicenti incumbit onus probandi, *Socin. sen. cons. 61.*

222 *col. 3. vol. 3.* quia prima opinio est tutior, nec obstante authoritate Doctorum in contrarium relata, ex quo cùm plures probauerint alteram peiorem opinionem illa dicitur esse illorum opinio, *Iason. cons. 89. num. 24. lib. 3. Roland. cons. 67. nu. 33. et cons. 60. nu. 45. lib. 1. et cons. 28. in fine lib. 3. Menoch. consil. 3. num. 29.* & contrà eos fuit etiam iudicatum in Senatu Gratiopolitano, vt testatur ipsemet *Crauetta in d. l. filiusfamilias, num. 349.* & poterit adaptari casus, in quo consultum

223 dicit extitisse, *Fusar. d. quæst. 490. sub num. 105.* & proinde non obstat, quod casus omissus à testatore remanet sub dispositione

224 iuris communis *l. commodissime, ff. de liber. et posthum.* & propositum in mente retentum nil operatur *l. si repetendi, ff. de condit. ob*

225 *caus.* quia illud procedit in voluntate omnino tacita, & omissa; secùs quando voluntas eius colligi potest ab ipso expressa, *Dec. cons. 314. in fine, cons. 136. num. 4. Roland. cons. 18. num. 18. et 19. vol. 4. Ruin. cons. 29. nu. 11.*

226 *lib. 2.* & in substitutione sola voluntas testatoris totum operatur, *l. ex facto. in grandi, §. si fuit, ff. de hered. instit. l. 1. ff. de legat. 1.* etiã si sit tacita resultans ex coniecturis *l. cum proponebatur in fine, et l. qui solummodo, §. cum post mortem, ff. de legat. 2.* & semper inspicitur potius voluntas, quàm verba testatoris in vltimis voluntatibus, *l. 3. §. conditio, ff. de adim. legat. l. cum viro, ff. de fideicomm. Natt. d. cons. 2. nu. 132.* declarans hanc eandem coniecturam alijs duobus modis. Primò, vt procedat solummodò in substitutione facta de eadem re; secùs si tractaretur de diuersa re; tunc enim benè cessaret coniectura, & consequenter secundo substituto etiam magis dilecto ante aduentum conditionis fideicommissi decedente, ad eius hæredes nõ transmitteretur. Secundo non procedere vbi est diuersa ratio; puta si substitutus, qui est minùs dilectus, est de agnatione, & testator vocasset hæredes etiam ipsius substituti pro agnatione conseruanda, vide ad hunc vltimum casum distinctionem adhibitam per *Menoch. cons. 485. et cons. 452. num. 52. et cons. 706. num. 50. Odd. cons. 44. num. 37. Mantic. loco citato sub num. 33. vers. Quartus casus est.*

227 Hanc coniecturam pro conseruanda agnatione explicant Doctores, de quibus apud *Fusar. d. quæst. 490. sub num. 107.* quando testator fecit mentionem de descendentibus masculis, non per hoc pro conseruatione agnationis daret locus transmissioni; licet contrariam teneant alij coacernati per ipsum sub num. 108. quas quidem opiniones contrarias conciliandas statuo, vt supra diximus, & dummodò ratio tedij sermonis

pariatur transmissionem, *Alex. Trentacinq. d. cap. 14. num. 59.* vel si bona, non facta transmissione, exirent à familia; secùs si remanerent in familia, *Rain. conf. 181. num. 8. versic. Non obstat. lib. 2. Menoch. conf. 200. num. 10. Mantica d. tit. 20. num. 23.*

228 Contrarium opinio melius in hoc casu fuit probata à *Parisio conf. 76. num. 5. lib. 2. et conf. 39. num. 22. lib. 3.* ipseinet *Menoch. consil. 315. num. 64. & 65. & conf. 492. nu. 37. & cons. 793. num. 26.* maximè si bona conservarentur in eadem stirpe, *Menoch. conf. 492. num. 52.* vel quando ratio agnationis esset restricta ad personam nominatam, tùnc nec erit locus transmissioni, *Menoch. conf. 706. num. 59. Dom. Rouit. conf. 34. sub num. 6. vol. 1.*

229 Quinta est coniectura, quando testator vocauit substitutum, & eius hæredes, vel eius filios, vel aliter de nepotibus mentionẽ fecerit, tùnc enim fieret locus transmissioni, vt longa Doctorum remissione, probat *Fusar. d. quæst. 490. num. 114.* maximè si vocasset filios, & eius descendentes de gradu in gradum, vsque in infinitum tunc ij non tanquam venirent iure transmissionis, sed quod magis iure propriæ vocationis, vt suprà diximus.

230 Ampliatur primò hæc coniectura etiam quando testator expressè non vocauit in ea substitutione filios, vel hæredes substituti, sed de eius aliquam dumtaxàt mentionem fecerit ante, vel post, & sic de eius cogitauerit, *Anton. Gabriel. d. conclus. 2. num. 17. Mantica d. tit. 20. num. 19. Rota Romana decis. 782. num. 11. & seqq. par. 1.* dummodò dispositiuè sit facta talis mentio; secùs conditionaliter *Menoch. d. conf. 200. num. 113. et d. conf. 337. num. 17.*

231 Ampliatur secundò, vt si testator substituat Titium, & eius filium, & Titius, & Caius filius ille substitutus sint præmortui, fit transmissio ad filium postea natum, *Mantica d. tit. 20. num. 33. Trentacinq. d. quæst. 14. num. 25. vers. Et hinc, Peregrin. d. art. 31. num. 14. Petr. de interpret. vltim. volunt. fol. 214. num. 34. Dell. in d. §. cùm ità, Odd. de compend. subst. par. 6. quæst. 1. art. 2. nu. 19.* dummodò filius, qui vult admitti esset natus in vita testatoris, in qua poterat ipse testator mutare testamentum, *Odd. loc. cit. num. 19.*

232 Limitatur primò hæc eadem coniectura, vt non procedat quando plures, & eorum liberi, & hæredes essent substituti, quia si vnus ex substitutis, conditione pendente, moriatur, non transmittitur eius portio ad eius hæredes, vel liberos, sed ad substitutos superstites, *Angel. conf. 305. Menoch. consil. 109. num. 36. et d. conf. 200. dub. 2. num. 99.* vbi dicit, quod si testator excludit repræsenta-
233 tionem, censetur etiam excludere repræsentationem, *Peregrin.* qui sic intelligendus. *conf. 63. num. 25. lib. 2.* sed contrà vide *Fusar. quæst. 493. sub num. 4. vers. Sed contrà,* vbi dicit, quod magis dilectus dicitur vocatus in portione sua, non autem alterius, & proindè alter transmittit ad suos hæredes, *Rain. consil. 18. sub num. 2. Peregrin. art. 31. num. 33. Rota Romana decis. 416. num. 4. par. 4. in nouiss.* & respondet ad contraria.

234 Limitatur secundò in hærede extraneo, quia mentio de hærede intelligitur in dubio de hærede sanguinis, & ideò tale verbum non operatur transmissionem ad hæredem extraneum, *Zamb. in d. §. cùm ità, num. 330. Gabriel. conclus. 2. num. 28. Odd. de compend. par. 6. quæst. 1. art. 2. num. 1. Trentacinq. d. par. 4. cap. 19. num. 20.* vide *Peregrin. conf. 63. num. 25. vsque ad finem, lib. 2.* vide, quæ diximus in *tit. de hærede dubio.*

235 Sexta est coniectura, quãdo testator substituit hæredes alicuius, quia tunc accipiuntur tàm primi, quàm vlteriores hæredes, *Zamb. d. §. cùm ità, num. 33.* vbi dicit tùnc venire iure propriæ vocationis. *Alex. cons. 36. lib. 1.* vbi dicit tùnc venire iure propriæ vocationis, *Alex. conf. 36. lib. 3.* vbi in fine similiter asserit venire iure propriæ vocationis. *Cephal. conf. 490. Menoch. d. conf. 333. num. 4. Fusar. d. quæst. 894. sub num. 26.*

236 Septima coniectura, quæ desumitur ex æqualitate seruanda inter coniunctos, quia si testator in substitutione de vno facta, vocauit etiam eius hæredes, censetur etiam voluisse vocare liberos, & hæredes alterius, licèt non expresserit, *Zamb. d. §. cùm ità, num. 344. Rain. conf. 145. col. penult. & vlt. et consil. 128. num. 7. lib. 2. Menoch. conf. 209. num. 38. et d. conf. 333. num. 34. et conf. 610. num. Gabriel. d. conclus. 2. num. 35. Mantica d. art. num. 25. Trentacinq. d. cap. 14. num. 22. Peregrin. d. art. 31. nu. 9. Ioseph Ludou. decis. Perus. 16. num. 13. Rota Romana in recollect. per Farin. decis. 59. nu. 2. par. 1.* licet contrarium teneat *Magon. decis. Lucens. 82. num. 128.* adde pro prima opinione *Nouel. d. casu 1. num. 356.* quã coniecturam declarat sub *num. 357.* quando substitutus esset alius, quam sit de descendentibus testatoris, etiam si nõ esset par in gradu, ex *Zamb. in d. §. cùm ità sub num. 338. versic. An autem.*

237 Octaua coniectura est symbola suprapositæ, quãdo testator substituit filios vnius fratris prædefuncti, & fratrem, qui tùnc viuebat, vel nepotes filij prædefuncti, & filium viuentẽ: nàm si iste frater, vel filius moriatur ante grauatum, transmittit fideicommissum ratione secundæ æqualitatis seruandæ, *Fusar. post alios d. quæst. 190. num. 137.* contra quam coniecturam etiam facit *Magon. decis. 21.* vbi testatur ità iudicatum.

238 Nona coniectura est, quando testator plures gradus substitutionum fecit, & in vltima

tiones post filiorum mortem extr[illegible], vel remotiorem in gradu succedendi ab institato substituti; itaque similiter fit transmissio, vt ex longa Doctorum remissione, probat *Fusar. d. quæst. 490. sub num. 34.* licet contrariam opinionem referat sub num. 143. quàm primam ampliat, & limitat, vt per ipsum inibi.

139 Decima, & vltima est pro nunc coniectura; nã si aliàs videre cupis reperies apud supracitatos Authores, quando scilicet filij substituti positi sunt sub conditione, quia moriantur eorum patre, conditione pendente, ad eos fit transmissio, *Fusar. loco citato sub num. 147.*

140 Veritas est, quod talis sola coniectura non sufficit, vt sit locus tali transmissioni, sed requirerentur aliæ vrgentiores coniecturæ, vt apud *Peregr. dec. 1008. & Vin. dec. 398. Lucan. decis. Perus. 101.* & proinde *Mantic. d. art. 5.* aduertit, Aduocatos non esse securos ad obtinendam transmissionem ex ea sola coniectura in hoc casu, vt dicit sub num. 34. *in fine*, alias coniecturas vsque ad vigesimã-quartam, vide apud *Menoch. d. præsump. 101. per tot.*

241 Et an mulier in Ciuitate Neapolitana, virtute *Consuetudinis, Viro mortuo*, transmittat vsumfructum dotium ei debitũ ob moram hæredum non soluentiũ, etiam quod si mulier cesserit sua iura alteri, an intelligatur cessum tale priuilegium, vide *[illegible] decis. 293. De Marinis resolut. iur. cap. 29.*

241 An caducato primò gradu substitutionis, caducentur & reliqui, vide tex. in *L. vnica, §. pro secundo, & §. sin autem aliquid sub conditione, C. de caduc. toll. Gallus, ff. de lib. & posthum. L. cum pater, ff. de legat. 3. & in L. si ab [illegible] ff. de vsufr. legat.* & quod non caducentur

consistentibus omnes in *L. quamuis, ff. de acquir. hered. & in L. qui habebat, ff. de vulg. & pupill. & in L. Seruulo, ff. ad Trebell. Paul. de Castro. & Ripa in L. 1. ff. de vulg. Zamb. in L. haeres mei. §. cum ita, num. 4. ff. ad Trebell. Alexãd. consil. 34. & cons. 103. lib. 9. Aret. cons. 135. num. 4. Menoch. cons. 166. num. 391. & 139. & 215. Crauetta cons. 283. vol. 3. Ruin. cons. 84. num. 4. & consil. 34. & cons. 96. num. 14. lib. 1. Surd. cons. 279. n. 10. & seqq. Decian resp. 62. nu. 11. & resp. 81. lib. 2. Dom. Reg. Capyc. Latro cons. 77. vol. 1. Mans[illegible]. variar. resolut. cap. 74. Borr. decis. 86. Sese decis. 30. num. 4. & 7. Scrupb. decis. 472. n. 13. Aluar. Valasc. decis. 139. nu 5. & 17. Card. Papa decis. 550. Dom. de Franch. dec. 196. Surd. decis. 37. Dom. de Marin. lib. 2. resol. 219.*

Pro caducatione videndus tex. in *L. quamdiu, ff. de acquir. hered. l. qui habebat, ff. de vulg. & pupil. Oldrad. cons. 81. & cons. 177. & 179. Alex. cons. 1. num. 9. & 17. lib. 1. & cons. 139. num. 4. & 6. lib. 5. Ruin. cons. 104. & cons. 172. lib. 2. Gabriel cons. 05. lib. 7. & cons. 117. num. 3. vol. 1. Surd. cons. 370. num. 1. & cons. 485. & decis. 144. num. 20. & 72. Roland. à Valle cons. 97. num. 56. & seqq. lib. 4. Bursat. cons. 1. & cons. 137. num. 76. & cons. 161. num. 9. Menoch. cons. 1088. num. 22. & cons. 1137. nu. 21. Dom. Reg. de Ponte cons. 136. num. 156. lib. 1. Ioseph Rainonius cons. 100. Gratian. discept. forens. cap. 57. num. 26. cap. 536. num. 33. & cap. 771. num. 44. & seqq. & cap. 288. nu. 4. Canale. decis. 85. num. 1. & seqq. decis. 18. num. 44. & 48. & dec. 14. par. 1. num. 1. & decis. 457. par. 1. num. 3. Antun. Monach. decis. Florent. 10. Dom. Merlin. disp. 68. per tot. Eminentissimus Cardinalis de Luca de fideicommiss. disc. 107. Ciriac. controuers. 579. & 603. Altograd. cons. 96. per tot. lib. 1.* ad quos recurre, quando casus contingerit secundum eius contingentiam in facto.

DE HÆREDE
EX PACTO.

SVMMARIVM.

1 *Hæres d[illegible] causa mortis est symbolum hæredi ex testamento.*

2 *Hæres ex pacto regnũ in contractu adscribi potest.*

3 *Ius omne, quo vtimur, aut in acquirendo, aut in conseruando, aut in perdendo consistit.*

4 *Hæres ex pacto, aut in acquirendo, aut in conseruando, aut in perdendo consistere potest.*

5 *Hæres ex pacto hæreditatis voluntate regulariter constitui non potest.*

6 *Causa testati fauorabilior est causa dotis.*

7 *Persona Ecclesiastica stricèius iura seruare tenetur.*

8 *Pactum de succedendo, vel de substituendo filiorum in capitulis matrimonialibus adiectum non valet.*

9 *Rei suæ quilibet est moderator, & arbiter.*

10 *Filij nati ex matrimonio ad Morganaticam qui sint. Et quid importat verbum illud ad Morganaticam.*

11 Liparulis lapsus notatur in explicando verbum ad Morganaticam.

12 Morgincap apud Mediolanenses quid significat.
13 Lex Salica ubi est symbolum statuto ad Morganaticam.
14 Statuti Mediolanensis de matrimonio ad Morganaticam constituta [illegible] per Authorem.
14 Pauper nubens cum una manu [illegible], & altera [illegible], exemplum in Sacra Scriptura [illegible] Isaia [illegible] Genes. [illegible] & num. 16.
17 Adagium [illegible] [illegible] capite palea plenum, quid significet.
18 Adagium ab illis paleas, ab istis collige grana, quid significet, & non est triticum sine purgamentis.
19 Proverbium ingenua procubuit, quid significat.
20 Pecunia & opibus abundans omne bonum dicitur habere.
21 Morga quid.
22 Adagium naribus Morga aspersis, quid significet.
23 Matrimonium ad Morganaticam nihil aliud est, quam ad nares morga aspersas.
24 Mediolanenses cur nō debeant [illegible] de vana [illegible] expositione matrimonij ad Morganaticam, & num. 25. 26 & 27.
28 Pactum de succedendo est symbolum donationi omnium bonorum.
29 Exurbia Prophetae [illegible] [illegible].
30 Promissio de dando an sit symbolum dationi.
31 Pactum vendendi an [illegible] donationem de futuro.
32 Promissio de vendendo an sit symbolum promissioni de donando.
33 Haeres an fieri possit ex pacto cum [illegible], quid de iure communi, num. 34. 35. & 36.
37 Iuramentum dupliciter potest reuiniri, & [illegible] quibus, num. 38.
39 Pacti symbolo universalis successionis differentia a pacto symbolo universalis donationis.
40 Pactum de succedendo in aliquibus bonis valet quibuscunque verbis conceptum.
41 Donatio omnium bonorum praesentium, & futurorum an valeat quoad bona praesentia saltim.
42 Pactum de futura successione an valeat, consentiente eo, de cuius haereditate agitur, quid si esset statuto, vel consuetudine approbatum, num. 43. & 44.
45 Conventiones de futuro inter [illegible] [illegible] observandae.
46 Pactum de aequaliter instituendo an valeat.
47 Pactum de futura successione an valeat a militibus factum.
48 Pactum de succedendo an valeat fauore pia [illegible], & num. 49. & 50.
51 Mulieres [illegible] [illegible] fugiendae maxime a personis Ecclesiasticis, etiam ab Eremitis, ut [illegible] [illegible] probatur [illegible] [illegible], num. 52.
53 Monasteria Monialium, & Monachorum ut sint simul sanctissimum [illegible] Summus Pontifex.
54 Amor [illegible] superat, & omnia [illegible] amor.
55 Pactum de succedendo reciprocum an valeat.
56 Pactum de haereditate [illegible] factum an generat, & de pluribus haeredibus [illegible] an valeat.
57 Pacta inter Principes non recognoscentes Superiorem sunt servanda velut leges.
58 Pactum factum cum [illegible] de succedendo cum proximioribus, qualis natura sit.
59 Pactum de conservanda successione quale.
60 Statuto disponente, quod stantibus masculis feminae non succedant, an fieri possit pactum, ut feminae aequaliter cum masculis succedant, & num. 61. 62. 63. 64. 65. & 66.
67 Maximus dux Augusti fidelissimus Miles in bello Antoniano [illegible] [illegible] quam Antonio parere hosti, sic de Marco [illegible], & Fabricio Romanorum Consulibus, n. 68. & Camillo [illegible] Consule Romanorum, num. 69. de Lelio Crasso, num. 70. & de Iosepho [illegible], num. 71.
72 Fides honesta, & [illegible] [illegible] servanda [illegible] non promissa.
73 Pactum de haeredibus certo modo [illegible] quale.
74 [illegible] an possit pacisci de paterna haereditate [illegible], [illegible] patre, [illegible], num. 75.
76 Pater [illegible] haereditatem [illegible] suae [illegible], ut [illegible] ex filijs haereditatem [illegible], an [illegible] disponat.
77 Pactum factum inter duos fratres approbantes testamentum patris, quod erat [illegible], an subsistat.
78 Pactum ad [illegible] [illegible] [illegible] de non petendo an valeat.
79 Pactum de non succedendo an valeat, & [illegible].
81 [illegible] non decet secundum [illegible] Dei. [illegible]
82 Matrimonij pluralitas [illegible] probabilis legibus [illegible] [illegible].
83 Pactum de non succedendo consuetudine, [illegible] statuto approbatum valet.
84 Pactum de non succedendo ex [illegible] [illegible].
85 Pactum per filium patri factum de non agendo querela inofficiosi testamenti an valeat, & [illegible] non petendo supplementum legitimae, & [illegible].
86 Primogenitus a iure primogeniturae se abdicare potest.
88 Pactum de lucranda dote an valeat, & an [illegible] [illegible] sint de [illegible], [illegible], & [illegible], usque ad num. 103.

TITVLVS NONVS.

HActenus de haeredibus ex voluntate defuncti, siue expressa, siue tacita, & intestati dispositione, & [illegible], succedit in praesenti titulo [illegible] de haerede ex pactis
1 licet [illegible] [illegible] [illegible] [illegible] [illegible] mortis symbolum sit quoad [illegible] [illegible] haeredi ex testamento, [illegible] [illegible] ex pacto
differt

differt ab omnibus suprapositis; In enim
2 omnia in contractu adscribi licet.
3 .. Vt hæres ex pacto habeat etiam suas specialitates, & ordinare est præmittendum,
quod omne ius, quo vtimur, consistit vel in
acquirendo, vel in conseruando, vel in amittendo, *l. fin. ff. de legib.* & proinde ex illis tribus ordinibus creabimus hæredem ex pa-
4 cto, scilicet, aut de succedendo, & sic de acquirenda hæreditate, aut de conseruando,
nempè de hæreditate conseruanda, aut de
dimittendo, hoc est de hæreditate repudianda.

In primo ordine de acquirendo; nempè
in pacto de succedendo inspiciendum est,
an agatur de hæreditate viuentis, an verò de
hæreditate defuncti, & secundum hanc primam distinctionem duo colliguntur verissima axiomata, super quibus stabilietur hic
primus ordo hæredis ex pacto.

Primum, quod pactum de succedendo
hæreditati defuncti valeat, alterum, quod
pactum de succedendo hæreditati viuentis
sit improbum, & exordiendo à pacto hære-
5 ditatis viuentis dicimus, illud nullatenus
regulariter valere, per tex. in *l. stipulatio hoc
modo concepta de verb. oblig. l. ex eo. ff. de inutilib. stipulat. l. fin. in prin. C. de pact. cap. accepimus. de pact. & cap. 2. de succ. præb.* & est illud
pactum, quod fit de vniuersa successione
post mortem paciscentis, quod non valet
etiam si stipulatione sit vallatum, firmat
Crass. §. successio ab intestato, quæst. 9. voluit *Peregrin. de fideicommiss. art. 51. num. 25. Facchin. controuers. iur. lib. 5. cap. 84. & 85.* etiam si adijciatur capitulis matrimonialibus, & dotis fide constituta, *l. pactum quod dotale, & l. pactum dotale, & l. hæreditas, C. de pact.* quamuis dos
sit valdè priuilegiata, *l. 1. ff. solut. matrim.* tamen hæreditas non potest dari per pactum
in causa dotis, *l. hæreditas. C. de pact. conuent.*
6 quia fauorabilior est causa testati, quàm
causa dotis, *Iason. & Dec. in d. l. pactum quod
dotali in fin. Menoch. cons. 92. nu. 41. Vin. com.
opin. in verbo, Pactum, Fontanella de pact. nupt.
claus. 4. gloss. 9. par. 4. num. 14. & 15. Guglielm. de Benedict. in repet. cap. Raynut. in verbo, Duas
habens filias sub n. 198.* qui dicit, quod idèo
talia pacta fieri non debent tanquam omni
iure damnata, & maximè per personas Ec-
7 clesiasticas, quæ strictius iura seruare tenentur. *Angel. cons. 177.* tamen, quod paciscens
de bonis suis disponendo, non teneretur ad
aliquod interesse, ratione pacti minus seruati, secundum *Bald.* singulariter *in l. eum
Archimedorum. vers. Vlterius quæro. C. de in ius
8 voc.* vbi dicit, quod si quis caperet vxorem intuitu pacti per socerum facti, quod
filiam faceret hæredem, si posteà socer alium
hæredem instituat, non potest agi contra
eum ad interesse, vel ob hoc reuocabitur
matrimonium, quia cùm talia pacta nullam
pariant obligationem, nec etiam actionem
aliquam parere possunt, *Alex. in d. l. pactum
quod dotale, Rainb. decis. 1. conclus. 241. Tiraq.
de primog. quæst. 6.* licet alias ille maritus non
fuisset vxorem ducturus. *Barry de succ. testat.
& intest. tit. pactum de hærede instituendo, siue
de succedendo sub num. 1. fol. mihi 224.* In Cathalogo maiorum differentiæ hæreditatis
non est pactum, *Vsatib. decis. Pedem. 100. nu.
17. & 21. Thesaur. decis. 225. in princip. Robles
de repræsent. tit. 1. cap. 16. num. 3. & 4. Fusar. de
subst. quæst. 308. in prin. Andreol. controu. 27.
sub num. 1. 2. & 3.* de rationibus, & exemplis
vide apud *Tholos. syntagm. iur. uniu. vniuers.
lib. 41. cap. 4. per tot.*

9 Cæterùm vrget aduersus dispositio, *tex.
in l. re mandata. C. mandati,* vbi habetur, quod
quilibet est rei suæ moderator, & arbiter,
& proindè sicuti quis potest donare omnia
sua bona, sic etiam pacto relinquere prohiberi non debet. Vndè tale pactum in Cathalonia vsurpatur pro donate, *Cancer variar.
resolut. cap. 8. de donat. num. 87. Fontanella de
pact. nupt. claus. 4. gloss. 6.* ibi *Faciant donationem, & hæreditamentum,* hic actus interpretatus est fauore matrimonij, vt actus potiùs
valeat, quàm pereat, accedente maximè iuramento, & stipulatione, & intelligitur symbola donatio de bonis præsentibus, quæ illos tempore haberent donatores, & quod
sic passim deciditur in Senatu Cathaloniæ,
testatur *Fontanella d. gloss. 9. par. 4. sub num. 4.*
vbi ad id plurima conducit exempla per vniuersas res iudicatas per illum Senatum,
Guid. Papa idipsum tenet *decis. 167. & 565.*
& alij quamplurimi, quos citat, & sequitur
*Menoch. cons. 1. num. 161. & 163. & cons. 97.
num. 59. lib. 1.* vbi cathalogat ducentos
Doctores, qui de consuetudine diuersarum
Prouinciarum eiusmodi donationes, & pacta de succedendo fauore matrimonij facta
approbantes, significantèr in Gallia, Italia, &
Regno Aragonum, in quo aliquandò ita
obseruatum fuisse, ac etiam in multis Germaniæ Principatibus, *Michael Crassus §. successio ab intest. quæst. 9. num. 4. Anton. Faber in
suo Codice, lib. 1. tit. de pact. conuent. defin. 6.* vbi
sic fuisse decisum in Senatu Sabaudiæ, testatur *Bertg. Ferrar. in prælud. ad cap. 1. de filijs
natis ex matrimonio ad morganaticam, contrib.
6.* vbi huiusmodi pactum fauore matrimonij defendit ex consuetudine.

Cæterò hac occasione verbi *ad morganaticam*, volo quid noui de meo ingenio in
medio afferre, illud scilicet quid sibi vult
dicere, *Filij ex matrimonio ad morganaticam in
susceptione* quo vsque adhùc non reperio Doctores illud rectè intellexisse; & vt sit mea
nouitas, sunt verba textus vice præludij adnotanda, quæ talia sunt.

Quidam habens filium ex nobili coniuge post
mor-

uxorem eius non valens continere aliam minus nobilem duxit, qui malens existere in peccato eam desponsauit, ea lege, vt nec ipsa, nec filij eius amplius haberent, quam dixerit tempore sponsaliorum, videlicet decem libras, vel quantum voluerit dare, quando eam desponsauit, quod Mediolanenses dicunt accipere vxorem ad morganaticam, alibi legem Salicam. Hic, filijs ex ea susceptis, decessit, qui in proprietatem succedunt, alijs non existentibus. sed nec in feudo, etiam alijs non existentibus, qui licet legitimi sint, tamen in beneficio non succedunt: In proprietate verò succedunt patri, prioribus non existentibus, succedunt etiam fratribus sine legitima prole decedentibus secundum vsum Mediolanensem. Hæc tex.

Et si ille textus de per se videatur litteraliter figuratus, tamen apertiùs sic figurari potest: Titius duxit legitimam vxorem nobilem Bertam nomine, ex qua, constante matrimonio, suscepit filium. mortua dicta Berta; cùm non valeret ipse Titius continere, duxit secundò loco Mariam minùs nobilem: cùm qua permansit in concubitu per aliquod tempus. Agnoscens verò peccatum suum, & quàm grauis culpa sit viuere in concubitu, proinde eam dictus legitimè sibi desponsauit dictam Mariam: verùm antequam sibi desponsasset, in capitulis matrimonialibus speciale pactum adhibuit, vt nec ipsa, nec filij eius de bonis suis amplius haberent, quàm dixerat tempore sponsaliorum, videlicet decem libras aut aliquod certum, quod pactum fecerat quando desponsauit eam, quod matrimonium taliter contractum appellant Mediolanenses accipere vxorem ad morganaticam. Alibi verò appellatur matrimonium ad legem Salicam. Iste Titius decessit, relictis filijs ex dicta sua secunda vxore, sub propterea post eius mortem dubitatum qualiter isti filij ex secundo matrimonio suscepti succederent, & textus duo bonorum genera distinguit, quippè proprietaria, siue allodialia, & feudalia, dicens, quod quoad proprietaria siue allodialia, stantibus filijs ex primo matrimonio, isti filij ex secundo matrimonio non succedunt, sed seruandum fore pactum initum cum vxore de non succedendo, nisi in expressis; quo verò ad feudalia, subdit, nullo modo succedere, adhùc etiam non existentibus filijs primi matrimonij, & quia exhitatio contingebat: cur scilicet non deberent in feudis succedere, stante quod erant legitimi, & etiam iam præmortui filij primi matrimonij, quorum fauore videbatur inductum pactum de non succedendo, concludit tandem, quod tametsi ipsi legitimi sint, adhùc tamen non succedunt in beneficio. & sic in feudo, quo ratione, quod tamen id contingat non aperuit tex. Reuertitur deinde ad bona allodialia et inquit, quod non existentibus filijs ex primo matrimonio, succedunt in ipsis patri. & subdit, quod non tantùm patri ex defectu filiorum primi matrimonij; verùm etiam succedunt fratribus in casu, quo ipsi fratres sine legitima prole decederent, concludit tandem hoc euenire ex peculiari casu, & Consuetudine Mediolanensium, quicquid

10 sit de verbis dictæ Consuetudinis, vt infra dicemus, esse considerandum duntaxat prouidemus, quid scilicet sibi velint verba illa, contrahere matrimonium ad morganaticam, & sic quid dictio illa ad morganaticam significet.

In huius dictionis explicatione post Andream de Isernia in hoc tit. sub nu. 1. excepto Iacobo Cuiacio in loco mox infrà allegando, Doctores nostri tàm classici, siuè Expositores, quàm alij quicumque in eorum peculiaribus tractatibus multum insudauerunt, sed aut gratis sunt Andream sequuti, aut nihil prorsus dixere.

Nos ad altiùs explicationem adducemus in primum locum vtriusque sententiam, postmodum verò nostram opinionem dicemus.

Andreas itaque in dicto textu sub num. 1. voluit verbum illud ad morganaticam idem significare, quod morgincap, esse nomen illud morgincap, vitatum apud Lombardos denotans illud, quod mortis causa à marito capitur, allegat Andr. tex. in L. 1. in Longobard. tit. de his, qui à viro in mulierem dant, loquitur etiam de eo alius tex. ab Episcopo Liparulo dictus in addit. ad Andr. hic, lit. B. videlicet in L. 4. tit. de sponsal. eod. libro. Addit quod plura Liparulus [illegible], sic verò alludere vocabulo, & subdit dicit vulgariter in Regno, chi more se incappa, quæ vulgaris expositio fuit prius de mente Vincentij Marilli, à quo ipse Liparulus est mutuatus, tacito nomine, ad Consuet. Barens. incipit: Si mortis mane sub tit. de donat. inter vir. & vxor. sub num. 1. vbi ipse dicit, spreta Barij explicatione, morgincap, chi more chi se incappa, aut mane, chi nge incappa, quare subdit mox Liparulus, declarando Andream, tantùm esse dicere ad morganaticam, quantùm ad promissionem, & sponsalitium contractum habendi, quod de bonis disponeretis in morte eius per disponsatam, vel filios. Hactenùs vtrque.

Iacobus Cuiacius de feud. lib. 4. tit. 3 2. transit cum Andrea, dicens, verè verbum illud ad morganaticam, significare idem, quod morgincap, verùm traditionem ipsam esse vocem Germanicam, dicique morgincaps, siue morghengebe, qua vox denotat iuxtà quam matrimoniale donum, eo quod à marito in mulierem inferri solet manè die nuptiarum, subdit insuper Cuiac. quod quando in matrimonio interuenit donatio, dicunt Mediolanenses ad morganaticam, hoc est dato symbolo, data morghengebe probat in similiter ex lege Salica iure Francorum Orientalium introducta: Nàm manè diei nuptiarum maritus constituit donationem. Hæc Cuiacius, quem nedùm sequitur Liparulus loc. cit. verùm etiam eum plurimum magnificat, ipsumque extollit, dicens, nos multum ei debebere, cùm vsque ad hæc secula Doctores merè legum hæc ignorauerint, & quod magis carpit *Lucas de Penna in l. 1. C. quando ex quib. par. 4. lib. 1. num. 31.* subdens, quod quia *Lucas* non intellexit hanc vocem, ausus est affirmare, quod verbum hoc puderet fieri.

Cæterò vacuus *Lucas* [illegible] nam ista expositio fuit priùs de mente *Gl. in Constitutione Regni, Mulier, quæ dotata* [illegible], *in verbo Mulier,* vbi refert ritum Longobardorum, quod talis est: *Nam sequenti die nuptiarum habet* [illegible] *ad vxorem coram parentibus, & amicis, & cum instrumento scripto de morgincap,* & dicere, *in* [illegible] *de quarta omnium bonorum* [illegible], & subdit *Gloss. ibi,* quod ex ea traditione instrumenti transfert dominium quartæ in vxorem, sine aliqua rerum traditione. *Glossam* illam sequitur ibidem *Afflict. num. 4. vers. Secundo* [illegible], *& Matth.* [illegible] *num. 3. & 4.* [illegible] *de Isernia,* [illegible] dictionem illam exponentem sequuntur communiter omnes, inter quos *Alvarotus* [illegible] *S. Georgio in* [illegible] *feud. in verbo, Et* [illegible] *dictis Vasallis, num. 1.* quod morganatio significet idem, quod per mortem viri capitur, quamuis non expressam mentionem faciat de morgincap.

31 [illegible] longobardorum *Isernia*, [illegible] [illegible] pace rectorum virorum [illegible] contradicendum supposuit quod [illegible], quod morgincap significet idem, quod donationem, ante nuptialis donum secundum priscos, & [illegible] verè loquatur, [illegible] *de feud. fœm. contr.* quæ donatio est idem, quod donario propter nuptias, quod antephatum in Regno, idest [illegible], quod donatarium [illegible] in Regno, vt in *Constitutione Mu*[illegible] [illegible] [illegible] idem, quod [illegible], [illegible] longè differt verum [illegible] non sic de vno ad aliud [illegible] argumentandum.

Discriminis ratio [illegible] intelligitur, & quoad ethymon, & quoad iuris dispositionem, siue effectum. Quoad ethymologiam nam quia [illegible] morgincap [illegible] siue ablationem sumere [illegible] quis [illegible] contrà morgincap [illegible] morganaticae [illegible] dictiones [illegible] ethymo [illegible] inter se differentes, [illegible]

32 [illegible] dispositionem [illegible] parer [illegible] dispositione [illegible] quod & mero [illegible] propter nuptias, siue antephatum [illegible] dixi mus, morganaticam verò, [illegible] ad morganaticam est successio limitata pacto, & sic restricta in certa tantùm parte hæredita-

tis paternalis, [illegible] pacto de non succedendo, siue succedendo in certa portione duntaxat: Vnde morgincap respicit personam vxoris, cuius fauore constituitur; morganatica verò respicit personam filiorum, quorum odio fuit appositum pactum de successione limitatiuè: quare non videtur idem subiectum vtriusque: cùm in morgincap. certetur de lucro, quod confertur vigore donationis dictæ de morgincap. In morganatica verò certatur de damno, quod infertur filijs vigore pacti de succedendo in aliqua exigua parte hæreditatis, & in se continet pactum de non succedendo, vel de succedendo in illa exigua parte: Vndè aduertendum est, quod vulgaris Codicibus, desit negatiua, ibi *In feudis succedunt,* vt in *cap. filij nati si de feud. fuer. contr.* & proinde legendum est non affirmatiuè, sed negatiuè, hoc est *In feudo non succedunt,* & ita fore ipsam emendandam, docent *Eguin. Baro, ibi: & Iacob. Cuiac. de feud. lib. 4. tit. 16. & Andreas,* ante ipsos ibidem, & quamuis in *textu* fiat mentio de vtrinsque, filijs scilicet, & matre: dùm dicitur in eo, vt nec ipsa, neque filij amplius habeant quam dixit in tempore sponsaliorum, quæ verba videntur directa ad vtramque ad vxorem scilicet, & ad filios, cum tamen [illegible] illa, [illegible] intelligitur ordine successionis scilicet vt post mortem filiorum [illegible] ipsa succedat: & ista quæ successorum filijs patet est eodem textu, In quo [illegible] cautum circa successionem nunquam fit mentio de matre, nisi de solis filijs, ibi: *Soli in proprietate succedunt, alijs non existentibus,* rursus ibi: *Sed nec in feudo, alijs etiam non existentibus,* item ibi: *Succedant* [illegible] [illegible] *legitima prole descendentibus.* & in [illegible] nunquam mater mentionatur in eo [illegible], & est dum succedendi, sed filijs [illegible], & quamuis appareat pactum in odium vtriusque, idque non alia [illegible] ratione, vt dixi, nisi quia ordine successiuo vocatur exclusiuè mater, non autem coniunctiuè, aut principaliter, vt de se patet: Vltrà quod dato etiam, quod de matre intelligeretur; dum vigore pacti excluditur à successione quacunque vltrà limitatam in pacto, semper reperitur ipsa in damno: cùm deficiat illud magis, quod ex pluri sibi de iure contingeret, & deberetur circumscripto pacto. & in morgincap. semper certatur de lucro, nunquam verò de damno.

Confirmo secundò loco ex vulgari expositione illa, quam dant communiter Feudistæ ad verbum *morgincap.* videlicet *ob mo*[illegible] *incappa,* quæ expositio, quod damnum erga donantem, aut hæredes eius: nam ipsi sunt qui *incappant,* vt ipsi sunt in damno, non verò respicit mulierem, cuius fauore constituitur morgincap [illegible] ipsa certat de lu-

mortem eius non valens continere aliam minus nobilem duxit, qui volens existere in peccato cum desponsauit, ea lege, vt nec ipsa, nec filij eius amplius haberent, quam dixerit tempore sponsaliorum, videlicet decem libras, vel quantum voluerit dare, quando eam desponsauit, quod Mediolanenses dicunt accipere vxorem ad morganaticam, alibi legem Salicam. His filijs ex ea susceptis, decessit, qui in proprietatem succedunt, alijs non existentibus. sed nec in feudo, etiam alijs non existentibus, qui licet legitimi sint, tamen in beneficio non succedunt: In proprietate verò succedunt patri, prioribus non existentibus, succedunt etiam fratribus sine legitima prole decedentibus secundum vsum Mediolanensem. Hæc tex.

Et si ille textus de per se videatur litteraliter figuratus, tamen apertiùs sic figurari potest: Titius duxit legitimam vxorem nobilem Bertam nomine, ex qua, constante matrimonio, suscepit filium. mortua dicta Berta, cùm non valeret ipse Titius continere, duxit secundò loco Mariam minùs nobilem: cùm qua permansit in concubitu per aliquod tempus. Agnoscens verò peccatum suum, & quàm grauis culpa sit viuere in concubitu, penitentia ductus legitimè sibi desponsauit dictam Mariam: verùm antequam sibi desponsasset, in capitulis matrimonialibus speciale pactum adhibuit, vt nec ipsa, nec filij eius de bonis suis ampliùs haberent, quàm dixerit tempore sponsaliorum, videlicet decem libras, aut aliquod certum, quod pactum fecerat quando desponsauit eam, quod matrimonium taliter contractum appellant Mediolanenses accipere vxorem ad morganaticam. Alibi verò appellant matrimonium ad legem Salicam. Iste Titius decessit, relictis filijs ex dicta sua secunda vxore, fuit propterea post eius mortem dubitatum qualiter isti filij ex secundò matrimonio suscepti succederent, & textus duo bonorum genera distinguit, quippè proprietaria, siuè allodialia, & feudalia, dicens, quod quoad proprietaria siuè allodialia, stantibus filijs ex primo matrimonio, isti filij ex secundò matrimonio non succedunt, sed seruandum fore pactum initum cum vxore de non succedendo, nisi in expressis; quo verò ad feudalia, statuit, nullo modo succedere, adhùc etiam non existentibus filijs primi matrimonij, & quia exhibitio contingebat: cur scilicet non deberent in feudis succedere, stante quod erant legitimi, & erant iam præmortui filij primi matrimonij, quorum fauore videbatur inductum pactum de non succedendo, concludit tandem, quod tametsi ipsi legitimi sint, adhùc tamen non succedunt in beneficio. & sic in feudo, qua ratione, quoue iure id contingat non aperit tex. Reuertitur deinde ad bona allodialia, et inquit, quod non existentibus filijs ex primo matrimonio, succedunt in ipsis patri. & subdit, quod non tantùm patri ex defectu filiorum primi matrimonij: verùm etiam succedunt fratribus in casu, quo ipsi fratres sine legitima prole decederent, concludit tandem hoc euenire ex peculiari casu, & Consuetudine Mediolanensium, qui quid

10 sit de viribus dictæ Consuetudinis, vt infrà dicemus, esse considerandum dumtaxat pro nunc, quid scilicet sibi velint verba illa, contrahere matrimonium ad morganaticam, & sic quid dictio illa ad morganaticam significat.

In huius dictionis explicatione post Andream de Isernia in hoc tit. sub nu. 1. excepto Iacobo Cuiacio in loco mox infrà allegando, Doctores nostri tàm classici, siuè Expositores, quàm alij quicumque in eorum peculiaribus tractatibus multum insudauerunt, sed aut gratia fuit Andream sequuti, aut nihil prorsùs dixere.

Nos ad altius explicationem adducemus in primum locum vtriusque sententiam, postmodum verò nostram opinionem dicemus.

Andreas itàque in dicto textu sub num. 1. voluit verbum illud ad morganaticam idem significare, quod morgincap, esse nomen illud morgincap, vitiatum apud Lombardos denotans illud, quod mortis causa à marito capitur, allegat Andr. tex. in L. 1. in Longobard. titul. de his, qui à viro in mulierem dant, loquitur etiam de eo alius tex. ab Episcopo Liparulo ductus in addit. ad Andr. hic, lit. B. videlicet in L. 4. tit. de sponsal. eod. libro. Ait quod plus Liparulus loco citato, sic verè alludere vocabulo, & subdit dici vulgariter in Regno, che more te recappa, quæ vulgaris expositio fuit priùs de mente Vincentij Marilli, à quo ipse Liparulus est mutuatus, tacito nomine, ad Consuet. Barens. incipit Si maritus morte sub tit. de donat. inter vir. & vxor. sub num. 2. vbi ipse dicit, spreta Boerij explicatione, morgincap. che moro, che te rimappa, aut amaro, chi ne rimappa, quare subdit mox Liparulus, declarando Andream, tantum esse dicere ad morganaticam, quantum ad promissionem, & sponsalitium contractum habendi, quod de bonis disponentis in morte eius per disponsatam, vel filios. Hactenùs vterque.

Iacobus Cuiacius de feud. lib. 4. tit. 32. transit cum Andrea, dicens, verè verbum illud ad morganaticam, significare idem, quod morgincap. verùm traditionem ipsam esse vocem Germanicam, dicique morgincapt. siuè morghanchebe, quæ vox denotat idem quam matrimoniale donum, eo quod à marito in mulierem inferri solet manè die nuptiarum, subdit insuper Cuiac. quod quando in matrimonio intercedit donatio, dicunt Mediolanenses ad morganaticam, hoc est dato symbolo, data morghanchebe probat in simili ex lege Salica iure Francorum Orientaliū introducta: Nam manè diei nuptiarum maritus constituit donationem. Hæc Cuiacius, quem nedùm sequitur Liparulus loc. cit. verùm etiam cum plurimum magnificat, ipsumque extollit, dicens, nos multum ei debelere, cùm vsque ad hæc secula Doctores verè legum hoc ignorauerint, & quod magis carpit *Lucam de Penna in l. 1. C. quando ex genit. par. 4. lib. 1. num. 21.* scribens, quod quis Lucas non intellexit hanc vocem, ausus est affirmare, quod verbum hoc poderre facit.

Caeterò vacatus *Lupanitur*: nàm ista expositio fuit prius de mente *GL. in Constitutione Regni, Mulier, quæ dotem habet, in verbo Mulier*, vbi refert ritum Longobardorum, quod tale est: *Nam sequenti die nuptiarum habet itaque ad vxorem mitam pertinebunt, & amicis & alijs instrumento scripto de morginicap.* & dicere, *interdixit, & de quarta omnium bonorum* meritis, & ibidem *Gloss.* ibi, quod ex ea traditione instrumenti transfert dominium quartæ in vxorem, sine aliqua rerum traditione. *Glossam* illam sequitur ibidem *Afflict. num. 4. vers. Secundo* [illegible], & *Matth. de* [illegible] *num. 3. & 4. Andream* [illegible] *de Isernia*, cuius dictionem istam expositionem sequuntur communiter omnes, inter quos *Alvarotus hic, num. 2. Iacobus à S. Georgio in tract. feud. in verbo. Et* [illegible] *num. 1.* quod morganaticæ significat idem, quod per mortem viri capiat, quamuis non expressim mentionem faciat de morginicap.

21 Sic [illegible] longè aberrauit *Isernia*, sic cùm [illegible] vxorum dictum [illegible] supposito, quod [illegible], quod morginicap, significet idem, quod donationem, aut [illegible] praefatos, & [illegible] *in cap. filij si de feud. fuer. contr.* quæ donatio est idem, quod donatio propter nuptias, quod antephatum in Regno, id est, quod donatur [illegible] in Regno, vt in *Constitutione Mu-* [illegible] *Mulier* [illegible] significat idem, quod [illegible], sed longè differt [illegible] non sit de vno ad aliud [illegible] argumentandum.

Discriminis [illegible] verumque colligitur, & quoad ethymum, & quoad iuris dispositionem, siue effectum. Quoad ethymum [illegible] quis [illegible] morganatic [illegible] sumere [illegible] quis è contra morginicap è morganatica: sunt dictiones [illegible] & ethymo [illegible] inter se differentes, [illegible]

22 Quoad [illegible] dispositionem [illegible] dispositione [illegible] quod & [illegible] propter nuptias, siue antephatum [illegible] verò, [illegible] ad morganaticam est successio limitata pacto, & sic restricta in certa tantum parte hæreditatis, siue pacto de non succedendo, siue succedendo in certa portione dumtaxat: Vnde morginicap. respicit personam vxoris, cuius fauore conceditur; morganatica verò respicit personam [illegible], quorum odio fuit appositum pactum de successione limitatione: quare non videtur idem subiectum vtriusque: cùm in morginicap. certatur de lucro, quod confertur vigore donationis dictæ de morginicap. In morganatica verò certatur de damno, quod infertur filijs vigore pacti de succedendo in aliqua exigua parte hæreditatis, & in se continet pactum de non succedendo, vel de succedendo in illa exigua parte: Vnde aduertendum est, quod vulgaris Codicibus, deest negatiua, ibi: *In feudis succedunt, vt in cap. filij nati si de feud. fuer. contr.* & proinde legendum est non affirmatiuè, sed negatiuè, hoc est *In feudis non succedunt*, & ità fore ipsam emendandam, docent *Eguin. Baro*, ibi *& Iacob. Cuiac. de feud. lib. 4. tit. 16. & Andreas*, ante ipsos ibidem, & quamuis in *textu* fiat mentio de vtrinque, filijs scilicet, & matre: dùm dicitur in eo, vt nec ipsa, neque filij amplius habeant quàm dixerit tempore sponsalitiorum, quæ verba videntur directa ad vtramque ad vxorem scilicet, & ad filios, cùm tamen [illegible], intelligitur ordine successiuo, respicit vt post mortem filiorum mater non ipsa succedat: nisi in quo succedere [illegible] patet ex eodem textu. In quo [illegible] distinctione casuum circa successionem nunquam fit mentio de matre, nisi de solis filijs, ibi: *Soli in proprietate succedunt, alijs non existentibus*, rursus ibi: *Sed nec in feudo, alijs etiam non existentibus*, item ibi: *Succedunt etiam fratres [illegible] legitima prole decedentibus*, & [illegible] quam mater mentionatur in eo [illegible] circa dotem, & est [illegible] succedendi, sed [illegible], & quamuis appareat pactum in odium vtriusque, idque non alia siquidem ratione, vt dixi, nisi quia ordine successiuo vocatur exclusiuè mater, non autem coniunctiuè, aut principaliter, vt de se patet: Vltrà quod datio etiam, quod de matre intelligeretur; dum vigore pacti excluditur à successione quacumque vltra limitatam in pacto, semper reperitur ipsa in damno: cùm deficiat illud magis, quod ex pluri sibi de iure contingeret, & deberet in circumscripto pacto, & in morginicap. semper certatur de lucro, nunquam verò de damno.

Confirmo secundò loco ex vulgari expositione illa, quàm dant communiter Feudistæ ad verbum *morginicap.* videlicet *die morgen incappa*, quæ expositio, quoad damnum erga donantem, aut hæredes eius: nàm ipsi sunt, qui *incappant*, vt ipsi sunt in damno, non verò respicit mulierem, cuius fauore constitutum morginicap. cùm ipsa certat de lu-

lucro. In *marganatica* verò totum oppositum: nam donās, siué paciscens est in dāno, & sic non est ille, *chi ce incappa*, sed benè filij, in quorū odiū est constitutum pactum de non succedendo, vel succedēdo in minimo, qui que tanquam exclusi à residuo hæreditaris ipsis debita de iure, de damno vtique certant, non de lucro: vndè cessat illatio in vtroque. *l. Papinianus ff. de minor.*

13 Confirmo tertiò loco, quia *textus æquiparat marganaticam leg. Salicæ. lex autem Salica respicit odium filiarum excludendarum*, non verò patris: cum *lex Salica* fuerit introducta ad excludendas fœminas à successione, vt rectè monet *Guglielm. in d. cap. Raynut. in verbo, Duas habens filias, num. 29. 73. & seqq. & in verbo eod. testam. num. 167. & 168. cum seq. & Ioannes de Lisier de primog. quæst. 22.* vbi asserunt formalia verba *dictæ legis Salicæ*, hęc *lex Salica* excludens fœminas in successione de regali dominio fuit Constitutio Regia sub *Pharamundo Primo Francorum Rege*, responsis quatuor prudentum ab eo deputatorum lustiata, subsequenter à Principibus corrogata, & deinceps, variatis temporibus, per varios Reges emendata, & aucta, & dicitur *lex Salica*, secundùm aliquos à Ciuitate *Salmchausi* vltrà Rhenum fluuium Alemaniæ, vbi eo tempore Galli habitabant, sita, eo quod in dicta Ciuitate Authores, nempè *Vsugastus, Locogastus, Salegastus, & Visogastus*, authoritate communi procerum ipsi leges conscripsere, quas *Pharamundus*, addidit, atque promulgauit *Guglielm. dicto verbo, Duas habens filias, num. 74. & seqq.* Vndè quia æquiparatorum eadem debet existere ratio, & disciplina, eiusque dispositio, *l. 1. ff. de legat. 1. Gloss. in l. si quis seruo C. de furt. & in cap. si postquam, 4. fin. de elect. in 6.* cū concordantibus per *Barbos. axioma 14. in prim.* non benè connecterent inter se, si extenderetur dispositio marginacapitis ad marganaticam, nec è contra à marganatica ad marginacap. cùm, vt diximus, marginacap. constituatur in fauorem beneficiati: in odio verò donatoris, marganatica verò, siuè *lex Salica* tanquam symbolo in odium filiarum exclusarum in fauorem verò patris, aut causam ab eo habentium, quare satis ex his iure apparet non benè explicata dictio illa per *Andream*, eiusque *Assetlas*, & malè etiam intellecta ab omnibus ad hæc vsque tempora, & si deferendum *Caiario*, cui multum deberi fatetur *Liparulus*, vt diximus.

14 Adversum illius intellectum, vt mediam in medio exponam sententiam, recurrere oportet ad *Pædagogiam*, siuè ad *Baculum*: nam ipse facillimè transcendere faciet huius difficultatis fluuium, super igitur baculo reique firmiter innixus præmuniendum existimo, lignū *Moysis* edulcebat aquas *Exod. 15.* ibi: *Ostendit ei lignum, quod cùm misisset in aquas, in dulcedinem versæ sunt*, ita etiam vtique, & baculo, & trāsmigrabilem hanc difficultatem, existimo quæ ad dulcedinem valdè conduceret.

15 Vulgare scilicet, & in ore omnium versari solere prouerbium, siuè adagium, quod quando aliquis facultatibus lapsus, opibusque destitutus exijt aut de domo, aut de Pago, aut de Ciuitate, aut simili, dici solet: *Ea esci misero tòm vna mano auāti, e l'altra verò retrò*, ad demonstrandum, quod nudus, & discoopertibus natibus miser exit ad effugiendam ignominiam, & cooperiendam nuditatem pudendorum, opus sit, vt incedat cū vna manu antè, & altera retrò, sanet in hoc

16 *Sacræ Scripturæ* locus. Estque *Isaiæ cap. 20.* vbi loquitur *Sacer Textus* de captiuitate Ægyptiorum, & de transmigratione Æthiopum, & inquit: *Sicut ambulauit Seruus meus Isaias nudus, & discalceatus trium annorum signum, & portentum erit super Ægyptum, & Æthiopiam, sic minabit Rex Assyriorum captiuitatem Ægypti, & Æthiopiæ transmigrationem, & senes nudam, & discalceatam discoopertis natibus, ignominiam Ægypti*, sic communiter depinguntur à pictori parentes *Adam*, & *Eua* tempore, quo fuerunt electi à Paradiso terrestri, antequam consuerent sibi perizomata de folijs ficus ad tegendam nuditatem. *Genes. cap. 3.*

17 De Colono, & Agricola similiter fertur, qui excusso grano, nihilum sibi reportauit, dici inquam solet, remansit sibi tantummodò caput palea plenum: nam frumentum alij exportarunt, & de Pastore, cuius pecudibus mortuis, dici solet. rediit cū campanulis in pera: *E tornato con le campanelle* vaine, contingit adhoc disparitas illa, quam

18 constituunt Doctores inter scientiam legalem, & medicam: nam illam tritico, hanc verò paleæ æquant. Vidē *Gloss. in proœm. Digest. §. non verò*, refert illos duos versus *Dat Galenus opes, dat sanctio Iustiniana, ab illis paleas, ab istis collige grana*, & facit illud adagium, *non est triticum sine purgamento* de quo prouerbio alloquitur *Gotifr. prouerbio 176.*

19 Simile est etiam aliud prouerbium, *inopemque prouerbais*, de quo etiam *Gotifr. prouerbio 78.* & significat hominem grauiter lapsum suum animo, vel viribus, vel facultatibus, vel quocumque felicitate bonorum, siquidem gentibus istis labitur, vt experientia docet. Hinc dicebat quidam *Histrio siuè scurra, vel Buffonus*, pecuniam esse remedium contra nonaginta nouem infirmitates, pecuniam autem hic accipias, teste *Hermogeniano*, non solum pecuniam numeratam, verum etiam omnes res, tàm soli, quàm mobiles, & tàm corpora, quàm iura, & rectè quidem: nam

20 qui abundat pecunia, & opibus omne bonum

nam dicitur habere, qui verò è contra, caret pecuniis omnes orbatos, omnia infortunia, omnesque morbos, omnia mala patitur. Hinc Bald. in l. si vnis. C. de oper. libert. arg. l. adiuuamus C. de adiuncta. diuers. iudic. vbi Arcimurumeae per illum tex. authoc dicit pecuniam esse vitam hominis, addit Bald. in l. 1. col. 2. ff. de constit. pecun. quod qui habet pecuniam habet omnem rem, quam desiderat, & Cato in suis versuum aliud in verbo, Pecunia ex Arabicis sententiis, inquit, quod Pecunia est vna solamen sui futura necessitatis.

Hoc praeludij vice posito, aliudis tuos Mediolanenses adagio desuper per nos pluribus exemplis relato, & mutando tantummodò verba, & corticem, non verò substantiam adagij, quod alibi dicitur de vestibus discooperetis, vel cùm vna manu antea, & altera verò retrò ad cooperienda pudenda, vel cùm capite pleno palea, vel cum campanella in pera, Mediolanenses ad murgantinam, hoc est marga ad nates, siue aspersa.

22 Marga est faeces illa, quae exit de oleo expressa infusa cum oleo, remanetque post pressuram solum oleum separatum. Sic illam vbique passim vulgus appellat latino idiomate muream, siue amurcam, vt patet ex Dioscoride lib. 1. cap. 120. vide etiam Matthiolum Senensem, effectus illius est maculare vestes, & corpus, tamen ad aliquid etiam deseruire possit, vt apud Dioscorid. & Matthiol. loc. cit.

Ad demonstrandum ergo, quod isti filij procreandi ex secunda vxore, cùm qua fuit pactum, ad succederent nisi in quadam portione exeunt de domo patris paternę facultatis substantiarum pressi, & destituti, & sic cùm vna manu antea, alterâ verò retrò non ab se veniunt hoc symbolo adagio, videlicet cùm natibus marga aspersis, constituendo dif-

23 ferentiam illam, illud paruum, quod accipiunt, & multum, quod amittunt, quæ cōstituit inter murgam, & oleum, & sic successio limitata respectu patrimonij est ad instar marga, iure igitur meritò appellant Mediolanenses matrimonium illud ad murgana-

23 neam, hoc est Ad nates, siue natibus marga aspersas, cuius aspersionis effectus est sfeuare vestes, & corpus iacis sua foeditate, & quod plus patenti ad eo, & notabiliter, quæ non ita de facili nec purgatur, nec simplici aqua ablauatur: Patet ab effectu hoc in terris: nam adeò foedati remanent isti filij exclusi, vt nunquam admittantur ad se lucrandum in paternis opibus: cùm non solù sint semper exclusi præsertim à feudalibus in quibus nunquam admittuntur tanquam murgati, sed etiam ab alijs bonis.

24 Et si adijcietur aduersus, quod videtur expositio rudis, vilis, indignaque tàm illustri Ciuitati, qualis Mediolanum vbi fuit introducta talis consuetudo.

25 Respondeo, quantum fieri potest, vocabula, siue adagium istud ortum habuisse primum à viris vulgaribus, & idiotis, postea verò tractu temporis fuisse illud effectum commune, adeò quod communiter capitur vocabulo illo vti. Nam similiter in Regno nostro, relictis pluribus similibus, ambigimus

26 de moneta illa diminuta à viris vulgaribus primitus fuisse fortita nomen Zanetum, cursu tamen temporis omnes tali nomine iudiscreanter vti sunt, teste Ioanne Dominico Tassone ad Pragm. de antephato, vers. 5. obseruat. 3. num. 12. & 13. Neapoli etiam nonne videmus matrimonia diuerso nomine fortita: nam alia nuncupantur alla vecchia maniera, alia alla nuoua maniera, alia all' vsanza di Capuano, e Nido. In Insubria id fortiùs, in qua, aut ex eodem proprio more deficit, aut ex more Longobardorum, qui olim tenuerunt Imperium in ea, & Principatum per plures annos ibidem residendo, aut quia eo communiter omnes nationes Mūdi, ac gentes ex omnibus partibus appulere, potuisse & similia vocabula barbara introducere, quæ eo

27 potiùs inexplicabilia vertuntur, & diminutum proferuntur ex more eodē Insubriæ, quorē cùi aspici propriè verba diminuta proferre apparet hoc in omnibus eorū verbis proferentium in dictione murganap, & similibus. Iure igitur meritò ductus, Lucas de Penna loco supra citato, loquendo de murganap, quod verbum illud pudet inserere, quid dixisset de murganatica loquente seruitutem, & turpitudinem! & hæc satis pro explicatione eiusmodi dubij à nemine adhuc concepti, nisi perperam, & extra rem.

Verùm (& redeamus ad institutam materiam) pro constabilimento textus nostri, sunt qui conari fuerunt distinguere has pugnantes opiniones, illasque inter se conciliare, vt Boer. decis. 353. num. 10. Molin. de primog. Hyspan. lib. 20. cap. 10. num. 17. & 18. Curt. de iur. ferm. par. 1. cap. 11. num. 19. distinguentes inter pactum, quod fit fauore matrimonij contrahendi, & quod fit fauore matrimonij contracti, vt primum valeat, secundum sit prorsùs inualidum, Molina verò Iesuita de iustitia, & iure, disp. 280. nu. 11. hanc distinctionem existimat in primò casu, quoties donatio fieret ob causam certam matrimonij cùm certa muliere contrahendi: secùs si genericè causa matrimonij, & quod sic possit conciliari doctrina Molina, & Curt.

Prima enim opinio, quæ nihil defert fauore matrimonij, vt propter ipsum validetur tale pactum, est de iure consona, nec ex aliquo addoctiorum pro parte contraria potest sustineri eorum opinio, nec de iure, nec de consuetudine aliqua, vel coniecturis, nisi essemus in considerata mente disponentis: nam haud tex. expressè illud improbat, in clausula coniecturę nihil ad contradictionem praualere possunt, & signanter coniectura illa, vt actus potiùs valeat, quàm pereat, in qua collocant totum eorum praesidium contrarij, quae est praesumptio approbata per tex. in l. quoties, C. de rei. dub. l. quoties, ff. de verb. oblig. l. 3. C. de testam. milit. c. Abbate sane, vbi Gloss. de verb. signif. & quod vincat caeteras omnes praesumptiones, probat Ripa in l. Centurio, num. 100. ff. de vulg. Surd. decis. 292. num. 16. Menoch. de praesumpt. lib. 3. praesumpt. 29. num. 45. & lib. 6. praesumpt. 4. per totum, & talis praesumptio est de genera legis, quae dat facultatem patrisfamilias de disponendo, & arbitrando de bonis suis ad libitum absque aliquo alio freno, vt in d. l. ex mandato, saltim de rebus praesentibus ex alia praesumptione desumpta ex textu in l. ad legatum, ff. de [illegible], vt arg. leg. Cancer. [illegible] quaest. cap. 21. num. 3. Castillo Sotomaior de vsufructu lib. 1. cap. 44. Cancer. lib. 1. variar. resol. cap. 80. 89. et 90. de donationibus, & donationem haereditariis valere, ex quo per illud pactum videtur contrahens facere filios nascituros haeredes in rebus donatis, quia intelligitur, quod teneatur post mortem restituere bona donata liberis suis. Dec. in d. l. fin. ad finem, C. de pact. quos Anton. Faber in suo Codice, lib. 3. tit. 9. de pact. conuent. def. 8. num. 4. haeredes conuentionales appellat Gregorius de [illegible] sub num. 239. vers. Plus dico, vbi dicit, quod si alicui bona mea post mortem meam promitto, talis promissio valet, quia intelligitur non de vniuersa haereditate, sed de bonis, quae habebat tempore huius pacti, Vrsill. ad Afflict. decis. 398. num. 7. Hieronymus Gabriel. cons. 137. num. 24. et 25. vol. 1. Tamen contrà respondet Fachin. controuers. iur. lib. 9. cap. 57. dicens, quod nostris legibus nullum fuit datum responsum ex contrariis sententiae Authoribus, contra verò ad leges contrariae sententiae plana est responsio, cum scilicet loqui de pactis circa dotem, & donationem propter nuptias, vt patet ex verbis dictarum legum, & proindè non est in controuersia, quin talia pacta non valeant, sed quaestio bene est, an tale pactum valeat extra dotis, & donationis propter nuptias causam, & idem Diocletianus ad d. leg. haereditas, C. de pact. conuent. tale absque ministerio addidit verba illa: Quae dotis titulo tibi non sunt obligata, quia bene sciebat talia pacta circa dotem, & donationem propter nuptias inter coniuges valere, & seruanda esse, & quoad consuetudinem oportet, vt illa legitimo modo probetur, & quando in regionibus est recepta, quemadmodum tota haec materia à pactorum conditionibus regulatur. Dec. in cap. quamuis pactum de pact. in 6. Nam potest dari casus in pacto, quod de per se non est improbum, & moribus consonum, & proindè admittendum de sui natura, non tamen ex eo, quia consuetudo vigeat in genere repugnans, & derogans dictis legibus etiam in genere loquentibus, prout fuit declaratum per Cappell. Tholos. decis. 33. Vndè vt in aliquo casu clarè pro validitate pacti assistere possimus, ex quo regula est cla

28 ra contrà inualiditatem eiusmodi pacti, est ante omnia sciendum, pactum illud esse symbolum donationis omnium bonorum, & illo iuribus exosum, quia in vtroque casu non amplius redditur dispositionis arbitrium, & est causa finalis, propter quam l. C. improbaret tales symbolicos contractus, & si adsistet facultas disponendi, & arbitrandi ad libitum, arbitrium remanet liberè largiri, & approbatum à d. l. ex re mandata, debet regulari cum prudentia, & non cum tanta liberalitate, vt exinde nascatur aut prodigalitatis, aut fatuitatis vitium, & in [illegible] bolo est ex dispositio in d. l. [illegible] de temp. [illegible] d. l. ex mandata, quam [illegible] sum, vt aliàs diximus in nostris [illegible] conuersationes: Proindè pro [illegible] modi articuli sunt arbitrarius [illegible] casus diuersos, & distinctos. [illegible]

Hoc pactum in genere sumptum non solùm est irritum si proferatur per verba de praesenti, sed etiam si promitteret per verba de futuro, quod non solùm non valet, quia inducit votum captandae mortis, sed etiam tanquam donatio causa mortis, d. leg. stipulatio hoc modo concepta, leg. [illegible], C. eod. cap. [illegible] de pact. Decian. resp. 33. num. 111. col. 1. Afflict. in cap. si quis [illegible] fuerit de feud. dat. in vic. leg. commiss. Vin. [illegible] comm. opin. lib. 2. opin. 378. [illegible] decis. Flor. 103. in princ. Caprol. de success. ab intest. lib. 2. num. 553. & quia res maximè indecora Domino demonstratur ante tempus mortis sibi posterum, & quod iterum non reddit arbitrium, l. 1. C. de Sacros. Eccles. notat Petrus Gregor. Tholos. syntagm. iur. ciuil. vniuers. lib. 51. cap. 4. in tit. de pacto futurae successionis, [illegible] cap. 6. vbi adducit denunciationem Isaiae à Pro

29 pheta in Isaia 38.: quod fuit valdè [illegible] dicendo: Dispone domui tuae, quia morieris, & non viues.

Haereditas enim non est, nisi post mortem instituentis, & ideò per tale pactum [illegible] tatur eius mors, l. 2. §. [illegible], ff. de vulg. [illegible] l. a patre, ff. ad Trebell. l. 1. §. [illegible] ff. de collat. bonor. Dom. de Franch. decis. [illegible].

Tum etiam, quia pactum de haereditate [illegible] non est haeredem facere de praesenti, sed benè de futuro, & proindè non leges [illegible] aliud sit facere, & aliud promittere de faciendo, l. bonae fidei, §. fin. vbi Gloss. & Doct. ff. quod certo loco, l. quod si nolit, §. in [illegible], vers.

illud

l. bona planè. ff. de edilit. edict. Leon. mortis. ff. de rebus dub. & proinde Tiraquell. de retract. conuent. in fine, nu. 41. cum multis sequentibus, quæ sequitur *Petrus de fideicommiss. quæst. 8. num. 161. & Menoch. consil. 92. à num. 1. & seq. vol. 1.* plures casus conducit, in quibus promittere non sit facere, veluti de promissione de vendendo, quod non sit vendere, *Thes. dec. 233. & Vin. decis. 9 ep. lib. 3.* promissio de locãdo, quod non sit locatio, de ratificando, quod non sit ratificatio, de fideiubendo, quod non sit fideiussio, *Anton. Fab. in suo Codice, lib. 1. tit. 27. defin. 36. de fideiuss.* de mutuando, quod non sit mutuum, de credendo, quod non sit cessio, de faciendo contractum, quod non sit contractus, de renunciando, quod non sit renunciatio, de absoluendo, quod non sit absolutio, de accipiendo vxorem, quod non sit contrahere matrimonium, de infeudando, quod nõ sit infeudatio, de dotãdo, quod non sit dotare, de instituendo, quod non sit institutio, de restituendo, quod non sit restitutio, de alienando, quod non sit alienatio, de assignando, quod non sit assignatio, de dando in solutum, quod non sit insolutum datio, de se obligando, quod non sit obligatio secundum vnam opinionem, licet secundum aliam sit secùs, de transigendo, quod non sit transactio, de subijciendo, quod non sit subijcere, de permutando, quod non sit permutatio, de restituendo antephatum, quod non sit antephatum restituere, secundum vnam opinionem, licet secùs secundũ alteram, vt per *Petrum vbi suprà, n. 83.* prout de constituendo dotem, quod sit dotare, & dotem constituere, *Afflict. decis. 61. ibique Vrsillus.*

30 De promissione de dando sunt, qui voluerunt idem iudicandum fore de ea, quod de alijs promissionibus, quod scilicet propriè loquendo, diuersum sit promittere de dando ab ipsa datione, *Bart. in l. dedi, num. 8. ff. de condit. caus. dat. Andr. Angela in Comment. ad leges Regni tenbern. l. 6. gloss. 11. num. 3.* diceres, fortasse in pacto istis hanc fore opinionem veriorem, eo, quod licet pactum nudum donationis efficax de iure sit, & actionem producat, *l. si quis argentum, §. fin. C. de donat.* id tamen negat in pacto de donãdo, cùm aliud sit donare, aliud pactum de donando, & lex loquens in vno non debet extendi in aliud, *Barbosa in l. 1. num. 2. & 3. ff. solut. matrim. in 3. par. Anton. Fab. in eius Codice lib. 8. tit. 27. de sacrosanct. defin. 36. Parlador. quotid. lib. 2. cap. 3. nu. 8. & 9.* dicimus, quod licet verissimo iure, ex allegata lege si quis argentum, §. fin. C. de donat. nudo pacto donatio facta rata maneat, id tamen intelligit, quando verba donationem de præsenti sonarent, non de futuro, veluti *dabo, donabo*, quia tunc non magis donationem ea verba affirmarent, quàm venditionem, aut mutuũ promissionem de vendendo, aut mutuando, *Hyppolit. Bononiens. in §. 1. à num. 145. Instit. de donat.* vbi latissimè id probare conatur.

Verum ad euitandum inutilem circuitũ promissio de donando dicitur donatio facta de præsenti, *Accurs. in §. perficiuntur, verbo Manifestaui, Instit. de donat. Bart. in l. iurisgentium, nu. 3. ff. de pact. Ripa responso 144. Afflict. decis. 61. num. 1 Petrus in l. 1. par. 2. cap. 3. num. 30. C. de rescind. vendit. Cancer. in c. quamuis pactum, par. 3. in initio, num. 1. Menoch. consil. 92. num. 17. vol. 1. Roland. à Valle cons. 69. col. 3. Fachin. controuers. iur. lib. 1. cap. 7. & 8. Castillo Sotomaior. quotid. controuers. iur. lib. 1. cap. 2. per totum*, quæ opinio vires sumit à doctrina *Ioann. Andr. in addit. ad Spec. in tit. de obligat. & solut. in princ. super rubr. col. 1.* dicẽtis, promittentem se obligaturum ad decem intra certum diem, adueniente die, posse statim conueniri vt de præsenti se obligatum ad euitandum circuitum inutilem, quam doctrinam ex professò ab impugnationibus *Decij*, & aliorum defendunt *Fachineus*, & *Castillo in locis de super citatis. Cancer decis. Genuen. 9. per totam*, dicit, quod vbicumque verba futuri temporis deferuntur à contrahente in actu, qui dependet à voluntate, siue consensu ipsius proferentis dumtaxat, illa verba resoluuntur in tempus præsens, dispositionemque, & perfectionem actus peragunt. Hæc est illa donatio, quæ recipit à promissione, *Fontanella d. claus. 4. gloss. 9. parte 11. num. 30.* qui subdit, non obstare, quod supradictum est, dispositionem, scilicet *d. §. fin. C. de donat.* non habere locum in pacto nudo de futuro concepto, veluti *donabo, promitto donare*, sed debet de præsenti concipi, & per verba de præsenti donationem sonantia fieri, vt vim donationis perfectæ, vigore dictæ legis habere dicatur, ex quo vitta quod valdè controuersa est opinio prædicta, & nonnulli nõ inferioris authoritatis contrarium sentiant, quod sicuti dispositio *d. l. si quis argentum, §. fin. C. de donat.* habet locum nedum in pacto nudo donationis de præsenti, sed etiam in pacto nudo donationis de futuro, *Petrus Barbosa in l. 1. par. 3. nu. 3. cum seq. ff. solut. matrim.* vbi conciliare conatur has inter se pugnantes opiniones. *Iulius Clarus §. donatio, quæst. 14. Couarr. pract. quæst. comm. contra comm. lib. 1. quæst. 209. in prin. circa medium, et nu. 2. Cancer. variar. resolut. par. 3. tit. de pactis, cap. 7. num. 134.*

31 Quibus non obstantibus adhuc vera sententia est, vt pactũ nudũ non inducat donationem de futuro: cùm non solùm requirantur verba de præsenti ad inducendam hanc donationem, sed quod magis firmanda per verbum promitto, quod importat stipulatio-

nem in scriptura publica redactam, quod tale verbum *promitto* habeat etiam vim assistentiæ personæ absentis, etiam si Notarius sibi pro eis non sit stipulatus, firmat *Fontanella loco citato sub num. 5. vers. Non obstat in medio. Mascard. de probat. conclus. 1336. per tot. Afflict. decis. 120. Surd. decis. 115.* prout habetur in §. *scripturæ, Instit. de inut. stipulat.* ibi: *Si scriptum in instrumento fuerit, promisisse aliquem,* proindè habetur, ac si interrogatione præcedente, responsum sit. Vndè concludit *Fontanella sub num. 30.* quod si verbum *promitto* facit præsumere duo specialia, vnum, quod absens habeatur pro præsenti, alterum, quod censeatur præcessisse interrogationem, eo fortiùs præsumitur à Notario interrogatio pro absentibus, quando in eo vnum duntaxat speciale concurrit: nempè præsumpta interrogatio, quando iam habemus eiusdē præsentiam in scribendo contractum, & sic pluries per illum Senatum fuisse iudicatum testatur, & vlteriùs rationem intuens differentiæ, cur pactum de vendendo, & symbola suprapposita non importent contractum emptionis, pactum verò de donando importare perfectum donationis contractum, subdit, quod quando promissio quid certum, & determinatum habet, nihil penitùs à facto distat, etenim quando promissio interponitur super actum, in quo præter consensum, & voluntatem contrahentium nihil aliud desiderat, tunc sola promissio actum illum, & contractum perfectum inducit: Secùs verò quando ea non sufficiunt, sed aliquod factū extrinsecum vltra nudam promissionē exigitur, verbi gratia in promissione de ascendendo in arborem, quę non potest esse idem, quàm ipse ascensus, & demum ex *Blasio Florez in addit. ad Gammā, decis. 13.* quando promissio contractus in substantia nihil aliud continet, quàm ipsamet promissio, iudicatur promissio ex æquitate, vt contractus ad euitandum circuitum inutilem, quando verò contractus addit suprà promissionem, vel in modo, vel in tempore, aut alijs proprietatibus accidentalibus, vel substantialibus valdè differunt, & promissio non iudicatur, vt sunt actus; licet vi promissionis compellatur ad faciendum contractum.

31 Quoniam contrà rationes suprapositas resultat iuris regula: nempè, quod etiam promissio de vendēdo domum adhùc quid certum est, & determinatum habet contractum vēditionis domus, & tamen talis promissio sicut non obligat præcisè, sic idem in promissione de donando; cùm promissio de donando, adhùc alium actum indè desiderat: traditionem scilicet rei donatæ, vt perficiatur donatio, quæ debet incipi à traditione in sensu perfecto, non verò à promissione, & si donatio de præsenti, absque rei traditione dicitur donatio; quæ incipit à promissione, non à traditione, ergo promissio de donando de futuro nihil aliud operatur: nisi vt debeat fieri donatio de præsenti, quæ informat donationem promissionis, non verò traditionis, ac proindè subsequens actus donationis de præsenti requiritur ad perficiendam donationem promissionis, & item ideò differt promissio de donando à promissione de ascendendo ad arborem, vel librum conscribendo, quia in prima promissione nullum aliud factum requiritur, prout in promissione de ascendendo ad arborem, & librum conscribendo, quod non est in promissione de vendendo, postquam aliud factum non requiritur: cum sit contractus, qui perficitur re, & consensu, sicut donatio absque aliquo alio facto extrinseco: Tamen respondetur ad regulam, quod ideò in promissione de donando est vera donatio, quia est promissio dandi, non verò faciendi, & sic quando intercedit promissio de dando tenetur præcisè promissor dare, & non liberatur præstando interesse, prout liberaretur in promissione faciendi per ea, quæ diximus in nostro *tract. de symbolic. contract. lib. tit. 1. cap. 6. sub num. 5.* quia semper interest nostra nobis dari, & sic verificatur Domini, sed non interest nostra semper aliquid fieri: Vndè si fuisti in mora dandi, & posteà das semper vtilitatem sentio, sed aliquid fieri non semper interest mea, vt fiat, & consequenter si fuisti in mora faciendi, & posteà vis facere, potest esse, quod mea non interest nùnc fieri, sed bene interfuit tempore præterito, quo in mora fuisti, ideò agere possum ad mea, quod interest tempore præterito, quo in mora fuisti, *Bart. in l. vnica, nu. 39. C. de sentent. quæ pro eo, quod interest,* quod non sic est in promissione de vendendo, quia contractus de vendendo non solùm requirit actum præsentem, sed quod magis exigit factum, nempè rei venditæ traditionem, quæ consistit in facto, ad quod non tenetur præcisè vendens, vt satis probauimus in *d. tract. de symbolic. contract.* . . . . *& in Iudic. lit. I.* loko, quod in donatione non requiritur solemnis traditio, prout est facti, sed sola datio: Vndè quando damus animo donandi non est aliquid facti, sed nudum ministerium explicationis animi iam consummati in obligatione dandi, quæ in se habet antecedentem est. dum obligatarium ad præcisè dandi in actu, quod non est in venditione, & ideò dispar est ratio inter vtrumque contractum, & proindè marito fuit cōdemnata ad præcisè dandum bona donata in vim promissionis Maria Constantij, ex quo illa promissio tāquam de dando debebat præcisè adimpleri, prout per Senatum Cathalanum fuisse decisum, tradit *Fontanella*

nulla [illegible] [illegible] num. 33. in fine.

33 Quæ vsque [illegible] diximus, & in posterum dicemus [illegible] conducunt possunt casum, de quo agimus, an scilicet possit fieri hæres ex pacto: nam quicquid dicis semper in terminis donationis alioqui optimè, non verò in terminis hæreditamenti, & in illis terminis potest etiam fieri disputabilis casus an [illegible] talis donatio continens hæreditamentum [illegible], ex quo pactum de donando præsentia, & futura, & de hæreditando sunt symbola tanquam contrà bonos mores, etiam iuramento non validantur, *[illegible] in lege [illegible] l. 3. ff. de donat. cap. non est [illegible] [illegible] [illegible] Conrad. [illegible] cap. [illegible] de [illegible] q. 1. quæst. [illegible] num. [illegible] 431. in princ. & cons. 443. n. 19. & cons. [illegible] 12. Peregrin. de fideicomm. art. [illegible] num. 19. Gratian. [illegible] quæst. 19. [illegible] lib. 2. §. 18. num. 294. & 295. [illegible] 139. num. 10. Boer. de [illegible] 100. nu. 11. [illegible] Barry de [illegible] & [illegible] valer pactum de [illegible] col. 2. versic.* 34 *[illegible] hoc extendemus*, quod extendit etiam de iure canonico, & in pacto reciproco, siue illud sit de [illegible] vel de promittendo.

35 Contrariam partem tenet *Fortunius Garsia in [illegible] sub num. 396. fol. [illegible] Ad [illegible]*, quod pactum illud iuramento firmatum valet de iure canonico, quia potest seruari absq; interitu salutis æternæ, *cap. quamuis pactum de pact. in 6.* voluit ante ipsum *Bald. in cap. a [illegible] si de feudo fuerit contr. inter Dominum, & agnat.* Probatur 3. *Reg.* 1. vbi Dauid summus Propheta cum Bersabea coniuge iuramento pollicitus fuit, quod Salomonem eius filius sibi in Regno succederet, obsecrantem per eam [illegible] oraticnem: *Domine mi Rex, [illegible] per Dominum Deum tuum ancillæ tuæ, Salomon filius tuus regnabit post me, & ipse sedebit in solio meo. & [illegible] [illegible] regnat, te, Domine mi Rex, ignorante*, cui Rex considerans de pacto iurato astrictum, & obnoxium, respondet: *Viuit Dominus, qui eruit animam meam de omni angustia, quia sicut iuraui tibi, sic faciam hodie.*

36 [illegible] præualere prima opinio, quinimò quod etiam valeat tale pactum cum iuramento [illegible] per supradictos Doctores [illegible] sibi vendicat in casibus capitali [illegible], quando scilicet pactum [illegible] [illegible] in dispendium [illegible], quod secus est quando sumus in [illegible], quod pactum tendit ad [illegible], quod non potest seruari absque interitu [illegible], vt voluit *Cass. in Consuetud. Burg. rubr. 4. versic. Secundò [illegible] col. 4.* & est communis opinio, *secundum [illegible] in d. l. stipulatio hoc modo conceptam. & Gloss. in l. si quando, § illud, C. de inoffic. testam.*

Talia enim pacta votum inducentia captandæ mortis sunt contrà bonos mores naturales, *l. de fideicommisso. C. de transact.* nam per ea datur occasio malignandi contrà parentem, vt celeriùs deferatur hæreditas sibi pacto promissa, & ne dùm succedenti ex dicto pacto daretur occasio malignandi, sed quod magis cæteris fratribus contrà eundem parentem, qui in eorum exitium, alterum prætulit, ob quod & si fortè non malignerentur in mortem patris, saltem hoc facerent in despectum per subtractionem obsequiorum patri debitorum, & propterea malignantur contra ipsum fratrem per pactum succedere debentem, vt Sacra Historia docet inter Iacob, & Esau, *Genes.* 27. *& ibidem* 4. ex quo Deus Benedictus inspexerat ad Abel, & munera eius, ad Cayn verò non respexerat; iratus Cayn, quia frater præferebatur ei, occidit eum, molestiùs aliquandò quis se gerit videns res suas, aut sibi debitas fratri suo deferri, quàm si extraneo darentur, *l. [illegible] §. 1. ibi: Vel fratres suos, quod etiam grauidis malius esse videtur, C. de bon. quæ liber.*

Ideo oderat insuper Esau Iacob, quia benedictionem sibi Esau debitam, Iacob exceperat à patre eorum, & proindè aßiduè dicebat Esau in corde suo, *venient dies luctus patris mei*, ecce optio mortis patris, *vt occidam Iacob fratrem meum*, ecce malignatas contrà fratrem, & proindè non mirùm si ad vitanda tot iurgia, & rancores, odia, & machinationes tale pactum non valeat, etiam iuramento firmatum: cùm iuramentum esse non debeat occasio mali, & vinculum iniquitatis, *cap. [illegible] de iureiur.* minùsque fratres deducere ad inæqualitatem, quoniam concitantur propter inuidiam inter eos, vt habetur *in l. illam, & illum. C. de collat.* & proindè *Bald. in d. cap. moribus*, non audiendus; cùm ipse idem sibi contrarius in *d. l. pactum in prima oppositione*, dicit, tale pactum esse contrà ius diuinum, per *tex. in cap. 2. de concess. præb. Alex. cons. 18. ponderatis lib. 3.* vbi singulariter improbat *Bald. in d. cap. moribus.*

Nec obstat si diceretur, quod filia patri fecerit pactum de non succedendo cum iuramento, quod propter hoc pater ex tali pacto iurato sit astrictus facere, vel habere masculum heredem, ex regula exclusionis vnius, inclusionis alterius; quoniam non potest pater alium etiam extraneum hæredem instituere; cùm filio quantumcumque grato, & digno non teneatur relinquere, nisi legitimam, *l. cùm quæri. C. de inoffic. testam.* & consequenter nihil obstat pactum de non succedendo, vt infra dicemus.

Atqui datò, tale pactum nequaquam valere

re iuramento firmatum est vlterius quęrendum, an veniens contrà eiusmodi iuramentum sit periurus: *Imola in cap. cum contingat de iureiur.* soluit opinionem *Baldi*, dicens, quod licet tale pactum non firmetur iuramento; tamen veniens contrà illud sit periurus, pro quo facit *d. cap. cum contingat*, *& cap. sicut ex literis de sponsalib.* vbi si iurem, te ducere in vxorem, & per verba de praesenti cùm alia contraham, valet matrimonium, sed efficior periurus, sicuti in simili obseruamus, quia si iuro nō reuocare procuratorem, & posteà ipsum reuoco, valet reuocatio: verum tamen non euito periurium, vt per *Gloss. in cap. fin. de procurat. in 6. & Gloss. in cap. vltim. volunt. 13. q. 2.* hanc opinionem sequitur *Alex. in l. pactum quod dotale, num. 3. vers. Tamen est dubium*, *Imola in d. cap. cum contingat in 1. membro de iureiur.* subiungendo non obstare, quod tale pactum irritum sit contrà bonos mores, & consequenter nihil proficisci iuramentum, quia tale pactum est introductum artificio iuris ciuilis, non autem canonis, vndè iuramentum non ligat etiam si sit contrà mores ciuiles, *Ioann. Andrea in cap. quemadmodum de iureiur.* veniens contrà tale iuramentum esset periurus, quia iuramentum spectat ad forum Ecclesię, & se ad dispositionem iuris canonici, *cap. venit de iudic. & cap. ven. de cleri.* & proindè dicunt aliqui, de quibus apud *Staib. consil. 82. n. 18.* valere tale pactum in foro conscientię.

37 Ego verò dico, quod iuramentum dupliciter potest remitti, aut per modum dispensationis, & absolutionis relaxando vinculū obligationis Deo quęsitę, iustà intercedente causa, aut per modum iustę interpretationis, seù ordinationis ex parte ipsius, in cuius fauorem iuratum est.

38 Quod dispositum est per viam dispensationis, vel absolutionis, vinculum iuramenti à Summo Pontifice, vel ab eius Pręlatis Ecclesiasticis remitti debet, & potest, *cap. cum quidem 12. §. vlt. de iureiur.* quod verum per modum iustę interpretationis, licet Principibus secularibus partes suas adhibere, & iuramenta irrita esse respectu partium declarare, quia possunt ex ratione iuris diuini, naturalis, & humani, & ex natura actus interpretari an licitum sit iuramentum, & quando intelligi, & seruari debeat, quod apparet de iuramenti iniquitate, & recipientis turpitudine, veluti quando iuri publico, vel alterius aliquid detrahitur, & derogatur, *c. veniens, & d. cap. cùm contingat, & cap. intellecto de iureiur.* per quę tale iuramentum nullas vires acquirere videtur, & hoc intelligas à fortiori, quia agitur de relaxatione à iuramento pręstito, quę potest per Principem laicum fieri eo modo, quo declarat *D. Arias de Mesa variar. resolut. lib. 3. cap. 32.* quia minùs esset de iuramento pręstando, postquam fuit improbatum à lege, vt est exemplum de iure nostro Neapolitano in *Pragm. 1. ad Macedon.* vbi disponitur, quod filiusfam. non possit obligari etiam cum iuramento, & in alia *Pragm. 1. ad Velleian.* vbi habetur, mulierem nèc etiam fideiubere posse cùm iuramento, quod si fuerit pręstitum ab eisdem respectiuè non indigerent absolutione ab eo ad finem excipiendi, vel praeueniendi contra dispositionem *Ritus M. C. V. 166. Vrsill. ad Afflict. decis. 308. num. 2. Thoro compend. decis. Regni, tom. 3. par. 1. in verbo Contractus*, & cùm in nostra materia simus in casu contrà bonos mores etiam canonicos, ad quos tanquàm symbolos impossibilibus non astringimur. *l. impossibilium ff. de regul. iur.* veniens ergo contrà tale iuramentum tāquam iniustum interpretatum fuisse pręstitum, non fit periurus, *Alex. in d. l. pactum quod dotale, & in d. l. stipulatio hoc modo concepta*, & hanc nostrā opinionem sequitur etiam *Guglielm. de Benedict. in d. verbo Duas habens filias, num. 196. Marta summa successionis. part. 4. quęst. 25. art. 1. num. 2.*

39 Vndè rectè cōcludimus, quod aut agitur de pacto symbolo vniuersali successioni, aut de pacto symbolo vniuersali donationi, quod potest etiam cognosci quando sit pactum per modum obligationis, aut per modum simplicis donationis, promitto tibi, quod post mortem meam bona mea obuenient tibi, eruntque tua, peruenient ad te, habebis bona mea, per modum simplicis promissionis, putà promitto tibi bona mea, aut donabo tibi bona mea post mortem meam irreuocabiliter, vt per *Peregrin. d. art. 61. n. 32.* De primò omninò statuendum, non valere etiam iuramento firmatum, quia promittens non valet alium instituere hęredem vsque ad extremum suę vitę. De succedendo distinguendum, aut agitur de pacto symbolo donationi omnium bonorum pręsentium tantùm, & omninò valere, aut de symbolo pacto de donando omnia bona pręsentia, & futura, quod quidem pacti interpretantur Doctores symbolum de succedendo, vel donando mortis hęreditatem, & tūnc nequaquam valere, quicquid adijciant ex dispositione *d. l. re mandata*, quia in eo casu dicta *lex re mandata* regulatur per dispositionem *d. l. stipulatio*, tanquam à materia symbola, & proindè semper defendere decisionem contrà *Dom. Consiliarium Rocci* pro resolutione *Dom. Consiliarij Frati* in causa donationis quàm retuli in *tract. de symbol. contr. tit. 4. cap. 3. n. 139.* ad quod videndum *Anton. de Petra de fideicommiss. quęst. 4. vers. Tertiò*, vbi meliùs, quàm alij distinguit hanc materiam, & sequitur *Barry loco citato sub num. 3. in fine*, vide *Crauettam consil. 31. num. 45. Tepat.*

51. Curtius senior par. 2. lib. 2. titul. de donat. inter viuos, vers. Donatio seu promissio.

Quæ sententia sic firmiter de iure consta- bilita ampliatur etiam, vt nec possit pro parte subsistere, & pro altera parte corruere, ex quo successio non detur in diuisum, ne videatur disponens decedere pro parte testatus, & pro parte intestatus, etiam quoad bona particularia, verbi gratia, facio pactum de castro, de domo, de fundo, aliisq; aut de mobilibus, aut de immobilibus, aut de feudis, exclusis iuribus, & obligationibus, nisi quando verba eiusmodi pacti denotant successionem, vt si pactum sit, quod post mortem paciscentis succedant ii, in quorum fauorem dirigitur pactum in bonis suis immobilibus, vel quod [illegible] tenetur relinquere castrum primogenito masculo nascituro ex eo matrimonio, de quo castro testari non possit, nam in hoc postremo casu [illegible] etiam valet, secundum *Alciat. cons. 30. lib. 8. & cons. 128. Tiraquell. de iure primog. quæst. 6. num. 94. Matthæus Guid. Papa, quæst. 267. & 304.* cæterique relati per *Peregrin. d. art. 51. sub num. 28.*

40 Sed receptior est sententia pactum istud de rebus certis, vel de certo genere bonorũ valere, quibuscumque verbis conceptum appareat, vt tradit idem *Peregrin. d. art. 51. n. 29. & 30. Cons. 4. [illegible] quæst. 9. nu. 10. Alex. cons. 87. lib. 2.* & ibi, *Molinæus,* & idē *Molin. decis. 284. & cons. 916.* & ita decisum fuisse, asserit *Guid. Papa quæst. 267.* Immo *Crassus [illegible] d. cap. 9. sub num. 11.* valere pactum, quod fratres pro conseruanda agnatione inter se faciunt diuisionem bonorum paternorum, vt in iis, existentibus masculis, [illegible] non succedant, neque ex testamento, neque ab intestato, rationem assignat, quod sit de certis quibusdam bonis, sed non valere in hac postrema specie tale pactum iudicatum, refert *Chenardo resp. lib. 10. cap. 59.* qui d. lib. 9. c. 58. & si resolutum aliud refert, quod pronunciatum est donationem, siue pactum valere, nec reuocari posse, quo ita fratres cælibes donauerint ad inuicem irreuocabiliter omnia, quæ acquisiuissent, hæc enim est conuentio bonorum reciproca collata post mortem, nec tollit liberã testandi facultatem, cum talis obligatio incipiat à personis hæredum, *Gail. pract. quæst. obseruat. 126. par. 2.* dummodò aliqua bona supersint, in quibus possit habere hæredes, vt [illegible] *vol. 1, Marta* [illegible] *ar. 11. sub num. 4.* nec [illegible] obstat, quod quando aliquis [illegible] legauit, & promisit illud legatum [illegible] reuocare, & in casu reuocationis [illegible] promittit illam rem iure donationis donat, nihilominus legatum potest reuocari, & pa-

ctum, & donatio nullius est momenti, ratio est, quia legatum sui natura tale est, vt non possit reuocabile fieri irreuocabile, aliud esset si nomen legati non fuisset vsurpatum, vt dicit *Peregrin. d. art. 51. num. 31. & seqq. Barry loco citato sub num. 4. Marta d. art. 1. num. 13. & 14.* vbi declarat hunc casum *Andreol. controuersiarum d. controuers. 17. sub num. 11. Duard. de renunciat. cap. 5. vol. 1.* quidquid *Afflict. obseruat. 87. ad eandem decis. Dom. Rouiti, versic. Quod procedit.*

41 Sic etiam intelligas quoad donationem omnium bonorum præsentium, & futurorũ; nam nec ea subsistere potest pro bonis præsentibus duntaxat ex regula, vt actus magis valeat, quàm pereat, quia quod est nullum ex suo intrinseco principio non habet subsistentiam ex mente disponentis considerata, vt malè sensisse visus fuit *Afflict. ad Afflict. decis. 338. sub num. 3.* dixi num in tract. de [illegible] *lib. 12. 4. cap. 3. fol. 43 a.* potest hinc talis donatio subsistere velati donatio causa mortis, *Marta d. p. 4. quæst. 726. ar. 12. in fin. Afflict. in tract. de iure protimis. dub. 3. nu. 17.* vbi dicit è contrà, quod si donatio causa mortis omnium bonorum præsentium, & futurorum fuerit facta pro donatione inter viuos, quod esset nulla, *Petrus Greger. Tholos. syntagm. iur. [illegible] lib. [illegible]. Geraud. Maynard. decis. Tholos. 83. [illegible] 2. fol. mihi 150.* Decio responsis in cap. [illegible] de probat. *D. Prases de Franch. decis. 164. Paulus [illegible] decis. 21. par. [illegible], Fontanel. de dot. Claus. 142. num. 12. par. 1. Gamma decis. 339. Thesau. [illegible] decis. Regni, par. 1. in verbo, Donatio omnium bonorum, Andreolo controu. 397.*

42 Limitatur modo suprapolita regula. Primò, quando is, de cuius successione agitur consenserit, & in eodem consensu permanserit vsque ad mortem, *L. de quæstione, C. eod. Surd. decis. 294. Franc. Molin. de ritu nupt. lib. 3. cap. 79. [illegible] 22. & 24. & in cap. 84. Guglielm. de Benedict. in dicto verbo, Duas habens filias sub num. 215. Alex. cons. 11. num. 14. vol. 6. Menoch. cons. 1. num. 167.* qui consensus etiam tacitè præstari potest, quando conuentio cum eo fit, de cuius successione tractatur *Gloss. in L. hæred. C. de pact. conuent. Gabr. cons. 128. num. 7. vol. 1. Menoch. d. cons. 1. num. 167. Marta dicta quæst. 23. art. 3. in princ.* potest tamen ille consensus reuocari, vt per *d. L. fin. Cod. de pact. ex conuers. sensu, ibi: Vsque ad extremum vitæ eius spatium perseuerauerit*: Vndè si non perseuerauerit, reuocando, non valeret pactum, *Decian. cons. 473. num. 4. in fine, Aretin. cons. 103. Surd. cons. 355. num. 9. in fine, vol. 3.* nec etiam valeret tale pactum si constaret in fraudem legis fuisse adiectum, *Raph. Cuman. in d. L. stipulatio ista, §. quæritur, ff. de verb. oblig.*

43 Secundò limitatur nostra conclusio; quando pactum de succedendo esset factum, vel

con-

consuetudine approbatum; quoniam tunc valeret ex vi consuetudinis, *Menoch. d. cons. 1. num. 162. & cons. 93. num. 53. vol. 1.* vbi, vt suprà diximus, singulari labore enumerat ducentum Doctores, qui de consuetudine diuersarum Prouinciarum huiusmodi pacta de succedendo approbant, testatur, ratio est, quia lege, & consuetudine noua succedendi forma potest induci, & prohiberi, ne certæ personæ succedant ex testamento, vel ab intestato, *Bald. in l. cum Archimedorum, C. vt in possess. legat. Dec. in l. fin. num. 36. C. de pact. Peregrin. d. art. 51. num. 39. Fontanella de pact. d. claus. 2. Gloss. 9. par. 4. sub num. 16.* Consuetudo illa vim habet decreti, & authoritatis superioris, *Bald. in cap. 1. col. 5. qui feud. dare non poss.* ex quo etiam obseruantur talia pacta inter nobiles inita, & firmata valere, & effectum sortiri propter talem consuetudinem inter nobiles vigentem, quæ seruanda est, secundùm *Bald. in d. l. Archimedorum, in cap. mulier. vbi Alvarot. & in cap. filij si de feud. fuer. contr.* in quibus quippè iuribus præsupponitur pactum de succedendo interceßisse fauore filiorum primi matrimonij, & valere pro exclusione filiorum secundi matrimonij dumtaxat, & non in exclusione primi matrimonij descendentium, nempè nepotum, pronepotum, & deinceps, quos ex tali pacto exclusos intelligi haud deberet cùm satis dicantur ex illo descendere matrimonio, ex quo originem sumpserunt: tamen non ex alio nuntiali matrimonio per eosdem paciscentes post primum solutum, contracto, nullo modo dici possunt ex eodem primo matrimonio, & propterea succedere non possunt in præiudicium liberorum primi matrimonij, quibus fuerat ex pacto ius succedendi quæsitum, vt habetur in *d. cap. mulier. & cap. filij, & in l. cum vir vxori, ff. de condit. & demonstrat.* Immò faciet hoc pactum iustitia, & æquitate, secundùm *Bald. in d. cap. filij,* cæterique ibibi *Doct. Salyc. in d. l. pactum, C. de collat.* per *tex. in d. cap. vnico de filijs natis ex matrimonio ad morganaticam contracto,* desuper per nos explicato, & *Ioann. Fab. in l. 1. C. de emancip.* præterea lex hoc facere potest, *§. sed cum, Instit. de adopt.* ergo & consuetudo, quæ vim legis obtinet, *§. ex non scripto, Instit. de iure nat. gent. & ciuilis.*

Quibus non obstantibus in contrarium veritas currit in hac secunda limitatione, quod immò, non obstante quauis consuetudine, tale pactum nunquam valeat, *Bald. sibi contr. in l. 2. C. quæ sit longa consuet. Craff. d. §. successio d. q. 9. num. 9.* vbi dicit, statuto, & consuetudine fieri non posse, vt hoc pactum valeat, ratio est, quia illud, quod fieri non potest per pactum, eo quia aduersatur bonis moribus, nec per statutum, vel consuetudinem fieri valet, quæ consuetudo debet esse honesta, *cap. erit autem 4. dist.* prout è contrà, quæ possunt fieri per pactum, per consuetudinem, & statutum fieri possunt in materia symbola, *Gloss. in rubr. C. de decr. decur. Iudic.* diximus in *tract. de offic. quæst. 16. in fine,* & sic etiam construit *Bart. in l. omnes populi in 4. opp. ff. de iust. & iure* vbi alias refert symbolas rationes, & est communis opinio, de qua testatur *Alex. in addit. ad Bald. in d. leg. Archimedorum, & in d. l. pactum, C. de collat.* vbi idem sentit *Ias. in d. l. pactum quod dotale, Fusar. d. quæst. 308. num. 48.*

44 Nec refragantur rationes, & iura desuper allegatæ, allegataue pro contraria priuna opinione, cui inhæret etiam *Vasq. de succ. lib. 1. §. 18. num. 231.* quia supradicta omnia debent intelligi in pacto de non succedendo, quod, vt infrà dicemus, potest bené pacto, iuramento, statuto, & consuetudine firmari, quorum non est in pacto affirmatiuo de succedendo: nisi quando paciscuntur de aliqua bonorum portione, vt de bonis præsentibus dominantis, & non futuris, eo etiam modo, vt suprà diximus, & voluit *Marta d. art. 1. sub num. 10. Decian. resp. 48. num. 52. vol. 1. Tiraquell. d. quæst. 6. Vasq. d. §. 18. num. 204. & seqq.* quia olim dispositio de bonis suis post mortem erat de genere prohibitorum, *Gl. in l. institutio, ff. de hæred. instit.* ex quo post mortem desinebat esse Dominus, & concedendo suam dispositionem post mortem, perindè erat, ac si inter viuos disponeret de rebus alienis, sed posteà illud ex gratia permissum fuit, vt in *l. 1. C. de Sacros. Eccles.* nimirùm per certos modos solemnes à iure inuentos, ideò praeter eos nulla obligatio contrahitur aduersus eum, de cuius successione agebatur, prout dicitur *in l. pactum quod dotale, C. de pact.* sinè agatur de re vniuersali, siue de re particulari, secundùm *Alciat. cons. 74. num. 7. & seqq. lib. 8.* vel aliquid sibi reseruauerit ad testandum, & in eadem voluntate perseuerauerit vsque ad mortem, prout aperit *Ioann. Fab. d. l. 1. C. de emancip.* sic patet in Sacro Codice *Tobiæ 8. in fine,* vbi de omnibus quæ possidebat Raguel dimidiam partem dedit Tobiæ, hanc faciens scripturam, vt pars dimidia, quæ supererat post obitum eorum Tobiæ in dominium deueniret, quod intellige per viam obuentionis, non verò pacti de succedendo, vt suprà firmauimus, & sic intelligendus *Oldradus cons. 139.* per *tex. in l. scrupulosam, C. de contrah. & commit. stipula. & Bart. in cons. 72.* malè expensus per *Decium in d. l. pactum quod dotale, nu. 10. vers. Secundò limitatur,* quia *Bart.* loquitur de conuentione bonorum in vniuerso, idest quod bona paterna, & materna non perueniant ad certum genus personarum, quod pactum est de non succedendo, & conuentio erat facta inter paciscentes superiorem non recognoscentes

gnoscentes, & proindè pacta illa legis vim obtinuerunt *Gaill. obseruat. 137. num. 8. & seq. par. 2. & Iacob. Thiell. de arte testandi, art. 10. nu. 2.* vnde benè refert dispositionem, *l. si quis argentum, §. sed enim quis, C. de donat.* qui loquitur de donatione, & de contractu, scilicet quando quis bona alicui in casu mortis promittit, ita vt habeat locus, *tit. C. vt act. ab hæred. & contra hæred.* aliter est de simplici, & nudo pacto successionis bonorum, vel si ageretur de prima limitatione, nempè si in eo deesset perseuerantia vsque ad mortem inclusiuè, per *tex. in d. l. fin. C. de pact.* & hoc est, quod fuit expressum per *Dauidem* in eligendo Salomonem Regem, *3. Reg. 1.* vbi cùm Bersabee Regem Dauidem eius maritum de obseruando pactum iuratum obseruare, & subiungit: *Propterea mi Domine Rex in te oculi respiciunt totius Israel, vt indices ei, quis sedere debeat in solio tuo post te*, per quæ verba demonstratur, quod licet Rex iurasset pactū seruare: tamen perseuerantia requirebatur vsque ad mortem, vt in *d. l. fin.* nam ante suā mortem promiserat Rex Dauid Adoniam alterum eius filium eligere, vt regnaret, quia in omni casu symbolo, aut donationis bonorum præsentium, aut hæreditamenti particularis [illegible] semper requiritur iuramentū ad id firmandum: tamen aliàs esset pactum de futura successione, aut donatione, quod non ligaret vnquam nedum, nisi vestiatur iuramento in casu scilicet pacti hæreditarii [illegible], ex quo fit pactum, vt in dicta prima limitatione, & quod tunc nec etiam exigatur expectatio perseuerantiæ vsque ad mortem: cùm sufficiat iuramentum, quia tunc à principio tale valeret pactum tanquam symbolum donationi bonorum præsentium [illegible], ad quam confirmandam nullius mortis casus exigitur, quia eo pendente, posset reuocari, & proindè confirmatio Regis Dauid non fuit effectiuè post eius mortem, sed executiuè, vt patet in *d. cap. 1.* ibi: *Salomon filius meus regnabit post me, & ipse sedebit super solium meum post me.* Ideò quod illicò vocatis *Sadoc Sacerdote, & Nathan Propheta* fecit illum sedere super suam Mulam, dicique per Ciuitatem cum buccina promulgantibus mandatum Regis, & fuit prouidentia Dei sic habitum, vt patet in tota Sacra Historia inter Dauid, & Bersabeam, aut verò non valet tale pactum à principio, & tunc nec iuramento firmatur, [illegible] *art. 1. sub nu. 13.* adhuc in [illegible] vicecque marito, inter quos [illegible] donatio, si detur [illegible]; in quo [illegible], procedit [illegible] res [illegible] vxori, viuente marito, & sic ad [illegible], non verò consequendi, vt post [illegible] ab ipsis [illegible] censuere, *Cancer. in rubr. de testam. par. 3. num. 3. & Anton. Gomez variar. resolut. lib. 2. cap. 3. sub num. 24. vers. Aduertendum tamen*, & asserit pro ratione *Paschal. de virib. patr. potest. par. 1. cap. 4. num. 59.* quod quia talis donatio nullius est momenti, nihil est, quod per mortem donantis confirmari valeat; sed tunc demum valebit, si præcesserit traditio, ex quo tunc adesse actus, res, & voluntas, quæ confirmari possunt, & subdit, quod tota vis est in traditione, qua deficiente, nihil adest confirmabile.

45 Concurrentibus enim pacto, & iuramento, circumscripta perseuerantia vsque ad mortem in casu, quo non agetur de tota hæreditate, & donatione omnium bonorum præsentium, & futurorum, obseruantur conuentiones inter proceres factæ, quoad dominationes, iurisdictiones, & feuda, quæ quidem pacta benè Regni Consuetudine roborantur, prout sunt in hoc Regno Consuetudines feudales, & Consuetudines Neapolis, *Si quis, vel si qua*, quæ dicitur, *alia verba manent*, *Barbat. consil. de maior. par. 2. cap. 1. sub num. 63.* vt in Regno Franciæ talia pacta consuetudine roborantur, secundùm *Mansuet. in tit. de societ. §. item licet institutio testamentaria, & in tit. de succ. §. item institutio testamentaria*, vbi ait de Consuetudine illius Regni valere talem modum instituendi, & substituendi hæredem in pacto matrimoniali, quia etiam in actibus inter viuos substitutiones fieri possunt, *l. quoties, C. de donat. quæ sub modo*, quam vocant subrogationem, siuè substitutionem conuentionalem *Doctores*, & in duobus casibus valeret, in primo, quando fit in contractu societatis omnium bonorum, secundùm *Salyc. in d. l. fin. C. de pact. vers. Iuxtà hoc quæro pone, quod duo fratres*, vbi duo fratres pro bonis suis conferendis sibi ipsi solemni stipulatione promiserunt bona præmorientis, valet irreuocabiliter talis conuentio, *Pap. lib. 15. tit. 1. arresto 13.* de iure communi verò non valet, *Thesaur. decis. 213.* prout etiam pactum inter duos fratres ad inuicem paciscentes, quod altero decedente sine filijs, bona alterius morientis ad alterum transeant, *Marta d. q. 25. art. 2. sub nu. 4. vers. Primus casus est.* Secundò valet in contractu matrimonij ex Consuetudine, licet sit de viuentis bonis, modo in contractu matrimonij factum, & iuratum sit, *Papon. lib. 20. arrest. 1. & 2.* Immò etiam sine iuramento valeret, etiam inter ignobiles ex Cõsuetudine ferè vbique gentium recepta etiam irreuocabiliter modo in contractu matrimonij factum sit, *Bald. in d. cap. meminimus, ex textu in d. cap. mulier. & cap. fliq, Ant. Fab. in suo Codice, lib. 5. tit. 9. defin. 6. & 7.* quæ Consuetudo in Regno Franciæ non debet extendi, sed intra suos terminos contineri, dicit *Molin. ad Dec. consil. 223. in verbo Consuetudo*, quia, vt valeat pactum illud ex Consuetudine Regni Fran-

rie non sufficere, ut fiat contemplatione matrimonij, nisi fiat in ipsomet matrimonij contractu. *Maynard. lib. 3. cap. 90.* Nec hoc solum sufficere, sed etiam necesse esse, ut fiat in fauorem descendentis ab eo, de cuius hereditate agitur, dixit *Molin. d. cons. 115.* quod duobus modis accidere potest, testatur *Barry loco citato sub num. 9.* Vno, ut si qui matrimonio coniugatur, faciat id pactum in fauorem liberorum, qui ex suo matrimonio nascituri sunt, ut si paciscantur, ut primogenitus ex eo matrimonio succedat ipsis coniugibus, *Tholos. d. lib. 41. cap. 6. in fine, & cap. 7.* quod extenditur, ut procedat licet sit de uniuersali successione, *Iason. Phil. resp. 10. & 47.* quam conuentionem dicunt *Fab. ad leg.* [illegible] *C. de pact. Guid. Pap. quæst. 49. Alciat. consil. 135. Bart. decis. 119. num. 13.* posse reuocari. Contrariam sententiam videtur sequi *Menoch. cons. 91. num. 73.* quam opinionem conciliat *Tiraquel. d. § .* [illegible] hoc modo, ut de consuetudine generali reuocari non possit, de iure verò, quod possit, quae quidem consuetudo ubi viget magna solet æquitate ad honorem, & fauorem matrimonij, qui sub tali pacto nobiles nobiliores maritos, aut ditiores coniuges, quibus nobilitas crescit, sunt enim plures, qui sine tali pacto filias suas aliquibus quantumcumque virtuosis, & diuitibus non darent in vxores. Vnde habetur, quod non solum interest coniugum, sed etiam suorum parentum, ut sub fide pacti consuetudine tolerata, bonam sequendo fidem decipiantur, & sub spe bonorum, & præmij consequendi dispendium patiantur. Proinde æquum, & salutare est, talia valere pacta saltem fauore liberorum ex tali matrimonio procreandorum ex patre succedere debentium, quod sicut de [illegible] *in l. hereditas. C. de pact.* [illegible] *super dicta* [illegible] *fui* [illegible] *extraneis dari.* quasi dicat à contrario sensu, & per [illegible] hereditatem liberis dari per pactum etiam per modum hereditariæ institutionis [illegible] de quibus non [illegible] voluntate sed dispositione [illegible] *C. fam. ercisc.* Ita quod valebit pactum irreuocabiliter ex [illegible] *C* [illegible] *decis. 41. num. 7. Thesaur. decis. Pedem. 90. num. 8. vers.* Pro [illegible] *Thesaur.* [illegible] *ad* [illegible]

46 Alter modus est, ut si pactum factum sit à suo patre viuo, vel [illegible] matrimonium [illegible], sic etiam pater vnum filio, & de [illegible] promisisset in tabulis nuptialibus [illegible] filium sibi æqualiter successurum, aut si filio suo quicquam præcipuum daturum, sed donaturum in filiarum præiudicium, hos liberos æqualiter ad [illegible] ad successionem paternam [illegible] post habita præceptione, quam postea filium ipsum voluerit habere præcipuam, probat fuisse decisum *Aureum Rebuffus* [illegible] [illegible] *& Papon. lib. 20. tit. 1. arrest. 2.* idem consuluit *Iason. Philipp. resp.* [illegible] super pacto, quo mater in tabulis nuptialibus [illegible] filiis promiserat eum instituere heredem, aut vnum ex liberis eius [illegible]. Scilicet pactiones hæ appositæ in tabulis nuptialibus conceptæ fuerint [illegible] irreuocabiliter valent, quam ipsa institutio in ipsis facta, ut [illegible] *Tholos.* [illegible] dicit *Gerard. Maynard. lib. 7. cap.* [illegible] pactum in contractu matrimonij [illegible] [illegible] ut pater, & mater, qui filios [illegible] quibusdam bonis acquirunt [illegible] liberis [illegible] relinquere, valet [illegible] ne, dicunt *Ioann. Impert. in* [illegible] *bis institu. hered. C.* [illegible] dicta [illegible] tione causa mortis [illegible] lis, quæ [illegible] inter viuos irreuocabilem [illegible] *& Ludou. in l.* [illegible] *ff. de* [illegible] per [illegible] *l. cùm mortuis* [illegible] *ff. de pollicitationib.* [illegible] cùm non [illegible] etiam alterius interest non reuocari [illegible] dum *Bald.* singulariter in *l.* [illegible] *C. de heredit. act.* [illegible] *Doct. in l. qui Romæ. §. Flauius ff. de verb. oblig.* [illegible] *cons.* [illegible] *num. 7. Card. Mantica de tacitis & ambiguis conuent. lib. 13.* [illegible] *decis.* [illegible] *cap. 173.* [illegible] *num. 21.* [illegible] [illegible] *tract. de* [illegible] *cap. 7. sub num.* [illegible] qui plures conduxit casus, quibus [illegible] irreuocabilem dispositionem [illegible] *C. de donat. quæ sub modo,* ergo à [illegible] casu nostro hæc tria [illegible] scilicet conditio [illegible] ex illo matrimonio procreandorum [illegible] & interesse alterius, qui [illegible] heredem faciunt, videlicet [illegible] liber patris cui interest non decipi [illegible] filia [illegible] suos succedere aliis [illegible] trimonium non facturus sine illo pacto [illegible] [illegible] alterius conditionis, vel [illegible] [illegible] irreuocabiliter valere ex dispositione [illegible] sibi [illegible] Nec non [illegible] rit [illegible] causa, matrimonium [illegible] ex hoc [illegible] obligatur [illegible] [illegible] stipulatio, & [illegible] symbolice [illegible] matrimonium [illegible] ad principalem & [illegible] ad aliam [illegible] de se validum, ut est [illegible] iuncta *l. as. ff. de act. empt. & vendit.* [illegible] procùldubio validum tale pactum, sicut dona-

tio

[illegible] causa mortis symbolizans ad irreuocabilitatem ex accidentalibus irreuocabilibus, quibus symbolizatur dicta donatio, & non è contra, & ideò prout dicebamus quod libet contractus sufficiat ad firmandum [illegible] pactum absque etiam morte pacifcentis, prout decidit *Bald. in d. cap. filij*, & sic decisum testatur *Aufer. in Capella Tholos. quæst. 452.* maximè inter nobiles, contra quos nulla præsumi potest machinatio, sed realis pro [illegible] sinceritas, *Ias. cons. 135. col. 4. vers. Sequitur facit*, in hoc enim casu, quoad dominationes, & feuda Toga cedit armis, vt dicunt prædicti *Doctores in d. cap. filij*, & ideò Nathan Propheta consuluit Bersabee, vt accederet ad Regem pro confirmatione suprapositi pacti, quia haud sciebat eius valitatem, non quia de per se validum non foret, nisi data perseuerantia vsque ad mortem, sed quia absque illo casu, si nempè pactum Dauid Rex absque [illegible] eius [illegible], pro quo ad [illegible], & regnante Rege Adonias Regnum de facto occuparet, [illegible] appropriante, quia mortuo Rege Dauid difficilè poterant [illegible] absque publico scandalo, & belli [illegible], & subditorum præiudicio. Bersabee prouidè consilio Prophetæ Rex obsequutus, vt non [illegible] pactum de se validum, sed de ipso [illegible] in vita, vt eo mortuo nullum succederet scandalum, prout factum extitit consilio Prophetæ, qui etiam a Spiritu Sancto ducebatur, Salomonem post pactum [illegible], prout [illegible] scandalo Adonias, quando 3. *Regum* 2. [illegible] petebat in vxorem Abisag, quo [illegible] per Salomonem fecit necare Adoniam, & Ioab, & fuit confirmatum Regnum Salomoni à Deo, quando ei etiam [illegible] fuit Diuinam Sapientiam, vt 3. *Reg.* [illegible] quando [illegible] hoc pactum per ipsum confirmatum, [illegible] reuocari, videndus *Maria d. quæst. 35. num. 5.* & licet populus, siue Ciuitas non recognoscentes Superiorem possint facere, [illegible] statuere, vt pactum de futura successione valeat, tamen [illegible], aut familia aliqua præsertim Illustris [illegible] [illegible] inducere non potest, vt concludit *Barry loco citato sub num. 10.*

47. Tertiò limita dictam nostram conclusionem [illegible] in militibus ad prælium pergentibus, & [illegible] inter quos valet pactum de sibi [illegible] ut [illegible] singularis est in *l. licet, C.* [illegible] licitum est in [illegible] [illegible] contra [illegible], vt fiat in dispositione testi. Secundum [illegible] vt eas [illegible] sit pactum, & ideò, vt valeat in vim supremi iudicij, *Pass. d. q. 18. num.* [illegible] 18. *lib.* 3. & [illegible] perseuerantia [illegible] fiat, qui de conseruanda [illegible] integra posteris cogitasse viderentur maiorè,

qui casus bellici sufficiens visus est ad conseruandum pactum de futura successione, & ab alijs, quàm militibus factum, *Barr. decis. 395 num. 2. & 3. Petrus Gregor. d. lib. 41. cap. 3. num. 23. Afflict. in cap. si quis inuestierit, num. 44. de feud. dato inuenta leg. com. Peregrin. d. ar. 51. num. 57.* Vndè tale pactum etiam inter milites domi factum non valeret, nisi actualiter sint in bello pergentes, vel in Castris propè hostes, seù in tentorijs existentes, & in militibus non datur præsumptio capiendæ mortis, quia ipsi magis aliquo auxilio indigent, ac etiam, quia fratres in bello non timent de tali præsumptione, secundum *Guglielm. loco cit. sub num. 302. & 303.* adde *Farina. controu. iur. lib. 6. cap. 36. col. 632. Barry loco citato sub num. 4. vers. Quod dixi*, & ista dispositio *d. l. licet* habet locum dumtaxat in pacto reciproco, adeò quod cessante pacto reciproco, cessat & legis dispositio, vide *Maria d. art. 1. sub num. 9.* & male, vt suprà diximus, & infrà dicemus.

48 Quartò limita dictam nostram regulam, vbi pactum de succedendo fieret fauore piæ causæ contra sententiam *Baldi in d. l. fin. C. de pact. Capriol. de success. ab intest. lib. 1. n. 143.* eo scilicet argumento, quod si valet pactum fauore armatæ militiæ, eo fortiùs valere debet fauore cælestis militiæ, *l. cum* [illegible] *C. l. cc. C. l. eos l. milites, ff. de reg. iur.* prout symbolum donationem [illegible] præsertim, & futurorum valere, vt *Bald. in d. l. fin. & in Auth. si quæ mul. C. de Sacros. Eccles. & Abb. in cap. in præsentia de probat. Tiraquell. privileg. 100. piæ causæ, D. de Franch. decis. 168. num. 1.* [illegible] per *Episcopum Marcianum resp. 8. sub num. 9.*

49 Contrarium *Lodouicus in repet. Auth. similiter C. ad legem falcid.* tenet totum oppositum, dicens, quod si fauore liberorum tale pactum de succedendo non valet, vt in *d. l. pactum quod dotali*, eo minùs valere potest fauore piæ causæ, quæ non æqualiter fauetur, prout filij, secundum Diuum Augustinum transumptiuè *in cap. quicumque 17. q. 4.* vbi si quis vult instituere Ecclesiam, & præterire filium alium consiliarium quærat, quàm Augustinum, vt notat *Gloss. in l. si quis ad declinandam, C. de Episcop. & Cleric.* Propterea militiæ priuilegium [illegible] est symbolum in hac pia causa, cum [illegible] concurrentibus suprapositis, & non aliter, & inter priuatam personam, & piam causam tale symbolum cadere non potest, quia pia causa recipit, & nunquam dat, ex quo pia causa non habet factionem testamenti passiuam, quia ipsa persona est Ecclesia nunquam moritur, sed est semper perpetua, *Lib. in l. 1. C. de Sacros. Eccles. & cap. si gratiosè de rescript. in 6. & cap. quoniam, Abb. de offic. deleg.* & ex his rationibus videtur pactum de succedendo in piam cau-

[illegible]

Tu verò ad [illegible] opinionem, [illegible]

[illegible]

cesso-

[illegible] contra verò si non sit, [illegible] rebus, & sic particularibus, [illegible] renunciari non posse [illegible] verbisque, ac etiam cassaret [illegible] dispositio, [illegible] pactum, quodcumque [illegible] vitiosa, cùm ab intestato, quàm ex testamento, quàm ex codicillo, *Petrus* [illegible] *d.* [illegible] *q.* 1. *cap.* 8. quia [illegible] ad hereditatem [illegible] ad eam [illegible] *Barry* [illegible] *fub* [illegible] 3 *in fin.* [illegible] *Vasq. d.* [illegible] *nu.* [illegible] pactum illud habeat vim [illegible] [illegible] probari [illegible] per quinque [illegible].

63 Ego enim [illegible] intelligerem hanc postremam resolutionem, quando filia est exclusa per statutum, cùm ex testamento, quàm ab intestato in casu conseruandæ hereditaria [illegible] [illegible] favorabile [illegible] filie, [illegible] [illegible] est [illegible] ex quo contra naturam est, vt filia foemina excludatur à successione patris, propter masculos agnatos collaterales: cùm [illegible] etiam ad conseruationem humani generis procreandi masculum, & foeminam, & ideò [illegible] esse debeat in vtroque, vt in *l.* [illegible] *C. de* [illegible] & tale statutum est adeò odiosum, quod [illegible] contra [illegible] [illegible] Est contra [illegible] [illegible] ad [illegible] vt in *l.* [illegible] est contra ius commune [illegible] *C. de legit. heredib.* [illegible] [illegible]

64 [illegible] in hac [illegible] filia renunciat bonis paternis, [illegible] & omni hereditati in manus patris, reseruat sibi ius successionis agnatorum, quod pactum valere, affirmat *Cras. d. quæst.* 15. & hanc esse communem opinionem contestit, *Vasq. d.* § 18. *num.* 187.

à qua [illegible] de [illegible] valeat, quàm [illegible]

Item si pactum [illegible] conuentioni [illegible] pater filiæ exheredaret, quæ valet ex *l.* [illegible] *ff. de verb.* [illegible] *Calan.* [illegible] quidem, quod [illegible] esse [illegible] *Barry* [illegible] *de* [illegible] *in fi.* [illegible], quod etiam si non valeat dispositio [illegible] concepta, *sine* [illegible] [illegible], valet verò, si ità concipiatur, [illegible] [illegible] quod non [illegible] captari, quàm [illegible] videatur [illegible] hac dispositio [illegible] atque hac ratione expressa [illegible] pressa [illegible], prout [illegible] *Calan.* [illegible]

65 In Alœmia tales reseruationes [illegible] tractu matrimonij non ampliùs [illegible] [illegible] poterit disponi per [illegible] [illegible], sed benè per contractum [illegible] & per donationem, in alijs locis [illegible] scriptum [illegible] tales reseruationes [illegible] conseruandæ hereditatis, [illegible] est [illegible] de [illegible] est [illegible] effectus, [illegible] vim renunciationis, & sic hac [illegible] adhuc, quod poterit [illegible] succedere in illa parte, in qua successisset, [illegible] non renunciasset, prout ex *Bartolo* & [illegible] *in d.l.* [illegible] *C. de pact.* [illegible] *Cassan.* [illegible] *col.* 1097. [illegible] [illegible] [illegible] esse eandem rationem de [illegible] quod [illegible] de [illegible] [illegible] *de reb. Eccles.* [illegible]

Sed pone, quod pater, & mater [illegible] filiam, reseruantes ei, quod succe[illegible] [illegible], reportando dotem à patre, [illegible] datam, in quam [illegible] [illegible] [illegible] [illegible]

[illegible]

facta dicta referuntur, puta filia talis, dotata veniat ad successionem cuiusque reportando post mortem cuiuslibet ipsorum, ff. [illegible] quia est verbum [illegible], quod licet attribuat infinitum, ut per Bart. in l. [illegible], ff. de hered. instit. non sufficit, quod alter illorum sit mortuus, sed exigitur ut casus omnium distributorum, eo quod illa dictio est distributiva simplex, cuius natura est concursus omnium, ad quos refertur, alias esset falsa oratio, l. [illegible], §. cum plures, ff. de arbitr. l. si creditorem, C. de pact. l. si pluribus, ff. de legat. 2. Si vero diceretur in contractu per patrem, & matrem, si quis ex nobis moriatur, volumus quod filia nostra dotata veniat ad successionem reportando, tunc post mortem unius veniet filia ad successionem illius, quia dictio si quis est dictio distributiva, non requirens concursum omnium distributorum, sed verificatur in uno demonstrando, ut probatur in l. si mortuus, §. si [illegible] ff. de pign. act. ex quibus iudicatis possunt [illegible] quaestiones terminari, & decidi.

66 Aliud tamen signandum est ex hoc in pacto conservandae successionis, quando is, qui vult successionem conservare excludi [illegible] successione propter delictum; tunc [illegible] quod pacisceretur, excludat a bonorum [illegible] successione. Illud enim prius omni iure succedendi in genere, vel in casu, l. [illegible] C. de [illegible] & in l. quae pars ff. de [illegible], vel alibi [illegible], ubi loquitur de deportatis propter delicta, & tunc tales non possunt per pactum sibi reservare successionem, ut habetur in l. quisquis, C. ad l. Iul. Maiest. quia in [illegible] parentum non est habilitas incapacitatem ad succedendum: nisi Princeps [illegible] intelligendo, sed restituendo ad pristinum statum, ut per Picard. in [illegible] in §. [illegible], num. [illegible], Aretin. & etiam intelligendum in casu, l. 2. C. de liberti. & eor. liber. ubi liberto in servitutem propter eius ingratitudinem revocato non potest ingratitudo remitti [illegible] libertas per patronum dari, Princeps tamen [illegible]. Primo quod Doctor privatus propter delictum dignitate Doctorali non [illegible], C. de [illegible] lib. 12. Bald. per [illegible] ubi dignitate propter vitium [illegible] ad illud [illegible] potest, Bald. [illegible] ibi [illegible]. Notarius ab officio depositus [illegible] iterum creari tabellio, nisi [illegible] Principis sit restitutus ad fidem, non ad officium, [illegible] Bald. per illum tex. in l. si [illegible], ff. de [illegible]

vindicasse, vide Felin. in cap. ex litteris, col. [illegible] de constit. [illegible] quem habebis plura exempla de remoto ab aliquo officio.

Ulterius ex praemissis infertur, nec valere pactum inter Dominum, & vasallum peractum, quo Domino non liceat propter feloniam suorum vasallorum privare feudo, si felonia commitatur ex fide violata, aut ex aliquo delicto, quia cum sit remittere delictum de futuro, non permittitur fieri tam grave crimen, l. 1. ff. de constit. pecunia. Guglielm. loco supra citato, sub num. 118. ubi affert ad propositum multa insigniora exempla fidelissimorum hominum, qui maluerunt potius

67 mori, quam foedari, & signanter de Mevio Divi Augusti fidelissimo milite, qui in bello Antoniano captus mori maluit quam Antonio parere hosti, a quo propter fidelem constantiam vitam obtinuit, ut refert Valer. lib. 3 tit. de constantia, ubi talis profert verba: Sed ut ulla invenirent nobilem animum, & idem constantia propositum sequamur Mevius Centurio Divi Augusti cum Antoniano bello saepe numero excellentes pugnas edidisset, improvisis hostium insidiis circumventus, & ad Antonium Alexandriam perductus, interrogatusque, quid de eo statui deberet, iugulari me, inquit, iube, quia non salutis beneficio, nec mortis supplicio adduci possum, ut aut Caesaris miles desinam, aut tuus esse incipiam. Ceterum quo constantius vitam contempsit, eo facilius impetravit, Antonius enim virtutis eius incolumitatem tribuit.

De Marco Curio idem scribit Valerius lib. 4. de abstinentia, & continentia, sic aiens: Marcus autem Curius exactissima norma Romanae frugalitatis, idemque fortitudinis perfectissimum specimen Samnitum legatis agresti se in scamno assidentem, ac ligneo catino cenantem spectandum praebuit. Ille enim Samnitum divitias contempsit: Samnites eius paupertatem mirati sunt: Nam cum ad eum magnum auri pondus publice missum attulissent, benignis verbis invitatus, ut eo uti vellet, vultum risu solvit, protinusque supervacuae, inquit, ne dicam ineptae legationis, o Ministri, narrate Samnitibus, Marcum Curium malle locupletibus imperare, quam ipsum fieri locupletem, atque istud ut pretiosum ita malo hominum excogitatum munus refertote, & mementote me nec acie vinci, nec pecunia corrumpi posse.

68 Et de Fabricio Romanorum Consule fidelissimo, sic etiam fertur, quod cum Romani eum ad Pyrrhum Epirotarum Regem pro redimendis captivis suis legatum misissent, Pyrrhus sciens ipsum esse pauperem, quartam sui Regni partem ei obtulit, ut ad ipsum transiret, qui Pyrrhum, & eius pollicitationem contempsit, dicens: Se malle propterea in divitem Imperio, quam divitem in paupere, quod audiens Pyrrhus ingenti admi-

admiratione tractus est; & restitutis captiuis, confestim legatum misit. interiecto autem anno Fabritius Dux contra Pyrrhum à Romanis missus, quem cùm Pyrrhus diù auro tentasset in amicitiam suam allicere, Fabritius repulsans aurum respondit, *Romanos non quaerere diuitias, sed vt diuitibus imperent*, tunc quoque Rex, & Fabritius castra haberent vicina, Pyrrhi Medicus noctu ad Fabritium venit promittens veneno Pyrrhum necaturum, si ei aliquid polliceretur, quem mox vinctum Fabritius ad Pyrrhum subridens produci iussit cùm doli denunciatione, quemadmodum admiratus Rex ait, ille ipse est Fabritius, qui difficiliùs ab honestate, quàm Sol à cursu suo auerti potest, prout testatur *Boetius in secundo de consolatione, glos. 7.* dicens: *Vbi nunc fidelis ossa Fabritij?*

69 De Camillo etiam Consule Romano narrat *Valer. lib. 6. tit. de iustitia in princ.* qui cum Phaliscos circumsideret Magister ludi plurimos, & nobilissimos inde pueros velut deambulandi gratia adductos in Castro Romanorum perduxit, quibus interceptis, non erat dubium, quin Phalisci deposita belli gerendi pertinacia traditura se Romano Imperatori essent, ea recognita, Senatus censuit, vt pueri Victum Magistrum virgis caedentes in patriam remitterentur, qua iustitia animi eorum sunt capti, quorum moenia expugnari non poterant: Namque Phalisci beneficio magis, quàm armis victi portas Romanis aperuerunt.

70 De Lelio Crasso in eadem iustitia experimentum probatur, sic fertur *Gneum Carbonem nomen infestissimo animo reputate inimicissimum sibi deuenerat; sed tamen scrinium eius à seruo allatum ad se quamplura continens, quibus facilè opprimi posset, vt erat signatum cum seruo catenato ad eum remisit.*

71 Et de Iosepho Sancto, & iusto traditur in Sacra pagina, *Genes. 39. & seq.* qui maluit calumniam pati, & biennio carcerem, quàm fidem fallere Domino suo Principi exercitus Pharaonis: cùm ab eius vxore in adulterium inuitaretur, nò tantum non consensit, sed quod magis modestia ornatus, calumniam mulieris tacendo, in se patienter suscepit.

72 Verùm si fides, iustitia, & honestas hosti quamuis non promissa seruata, multò magis Domino, & Superiori seruanda veniet, & proindè non sine causa felonia procedens ex fide rupta, & ex alio turpi delicto remitti non potest, tamen remitti possit felonia illa insurgens ex reuerentia non praestita Domino, quia licèt reuerentia debita personae remitti non possit, prout est illa, quae debetur à filio patri, aut ab vxore marito, vt in *l. Labio, §. eleganter, ff. solut. matrim.* vel quae à Iudice debetur Doctori, vel alteri personae egregiae, *l. ad egregias, ff. de iureiur. Cyn. in l. nec honor, C. de Episcop. & Cleric.* tamen aliud est de reuerentia, quae debetur ratione contractus, prout est illa, quae debetur à vassallo ipsi Domino, quae bene remitti potest, *Gugl. loc. cit. sub num. 314.*

73 Pertinet ad speciem pacti conseruandae haereditatis etiam pactum de haereditate certo modo diuidenda, de quo etiam dubitari potest an iure subsistat, & receptior est sententia, vt regulariter non valeat, *Crass. §. successio ab intest. quaest. 9. Guglielm. de Benedict. loco citato sub num. 255. Barry dicto verbo Pactum de succedendo, num. 6. vers. Quaeritur*, quod intellige saltem valere in vim supremi iudicij: nempè si pater aliter non disposuerit postea, & quando pactum est factum consentiente patre: nàm reuocatio patris valeret, licet pater iurasset se non venturum, *Crass. d. §. 9. num. 14. Vasq. d. §. 18. num. 201. & 255.* quicquid voluerit *Couar. in cap. quamuis pactum, par. 3. num. 2.* quanquam non possit à patre reuocari, qui sibi super bonis conseruauerit alimenta, iudicatum refert *Chassaneus respons. lib. 7. cap. 208.* in eadem quaestione an pater possit reuocare diuisionem, quam ipse de suis bonis fecit inter liberos, distinguit *Alex. Valasc. in praxi partit. cap. 31. num. 33.* vt si eam simpliciter fecerit possit eam reuocare: sin irreuocabiliter subdistinguit; aut liberi, inter quos fuit facta diuisio sunt emancipati, & non potest, aut sunt sub potestate patris, & quod possit, quia donatio facta filijs existentibus in potestate patris non valet, sed melior est ponderatio *Cuiacij ad Nouellam 18.* quam sequitur *Barry loco num. supra cit.* plus scilicet posse vltimam voluntatem inter liberos, quàm inter extraneos: nàm inter liberos testamentum imperfectum non sit inane ratione solemnitatis, vt diximus suprà suo loco. Insuper inter liberos pater facit rectè praematuram omnium bonorum diuisionem quacumque scriptura, licet testamenti, neque codicillorum iure censeatur, & quacumque declaratione voluntatis. *L. quoniam in prioribus, C. de inoffic. testam. l. fi. §. si cogitatione, & l. vlt. C. famil. ercisc. l. filia, §. si pater, l. ex parte, §. quaedam, ff.* [illegible] hoc iure Codicis qualiscumque scriptura sufficiebat, & quodlibet iudicium voluntatis patrum: sed ex *Nouella 18. cap. 7.* id demum valet, & seruatur haec diuisio facta per scripturam circa formam testamenti, & codicillorum si ei subscripserint filij omnes, vel pater, alioquin, ex quo filij succedunt ab intestato à patre indistinctè reuocari poterit licet signata.

74 Suprapositis omnia sunt in aliam casum ducenda, quando scilicet fratres, inscio patre viuente, faciunt pactum de paterna haereditate diuidenda, tùnc nullius erit tale pactum,

[illegible] pro [illegible] [illegible]

[illegible] quod nam in-

[illegible] in [illegible] casu, de [illegible] licet quoad obstructionem [illegible] vero ad regulam, propter [illegible] Mantica [illegible] pacto [illegible] [illegible] & fac [illegible] primum [illegible] [illegible] secundum [illegible] [illegible], absque vlla mentione de priori, illud procul dubio primum reuocatum censetur. [illegible] clausula derogatoria facilius tra- [illegible] præterita testamenta, quam ad fu- [illegible] Socin. iun. in consil. 14. num. [illegible] Alex. in d. consil. 163. vol. 7. [illegible] Bart. dicat, quod apposito iuramento in primo testamento, requiritur specialis illius derogatio ad conualidandum [illegible] eius opinionem esse communem [illegible] Menoch. de præsumpt. lib. 4. præsumpt. [illegible] & seqq. tamen Bart. non dixit, [illegible] si in vltimo testamento [illegible] appositum iuramentum, quia [illegible] iuramentum in secundo appositum [illegible] debeat ad effectum derogandi [illegible] quam clausula derogatoria, quia [illegible] naturaliter est reuocabile, & clausula derogatoria plus trahitur ad præterita [illegible] extendatur ad futura [illegible] [illegible] [illegible] appositio habeat vim specialis [illegible] in primo appositum [illegible] [illegible], an [illegible] primum iuramentum efficiatur periurus, vt per Menoch. dicto præsumpt. 166. [illegible] iuramenti [illegible] [illegible] derogatoria, satis [illegible] quod per [illegible] derogatoria primum tolli possit.

76. [illegible] si defunctus [illegible] [illegible] suam [illegible] hæredem [illegible] cum [illegible] vt vellet hæreditatem relinqueret post [illegible] suam ex duobus filijs, & deinde [illegible] [illegible] conuenissent filij, vt quemcumque mater eligeret, hæreditatem diuiderent inter eos æquis partibus, & [illegible] [illegible] [illegible] vel [illegible], alter [illegible] tantum ex ijs, [illegible] posse venire contra [illegible] [illegible] bonis [illegible] [illegible] in integrum, & [illegible], [illegible] Gerardus Menoch. [illegible] [illegible] non est de [illegible], sed de [illegible] quod [illegible] electio eligendi alterutrum, & proinde est potius fauorabilis, quam odiosum [illegible] ad concordiam [illegible], & [illegible] inter eos [illegible]. [illegible] pacto [illegible] in [illegible] reciproca facta inter coniuges [illegible], vt qui [illegible]

cessari pacti [illegible] cam [illegible] aequalis partibus [illegible] marito [illegible] quo, postque [illegible], inter [illegible] superuixerint non possunt [illegible] tare pacti [illegible] tamquam [illegible] ipsis [illegible] & propterea improbatur contra bonos mores, ut etiam [illegible] refert *Maynard.* [illegible] *cap.* 69. [illegible] reciprocum inter eos [illegible] *de transact.* [illegible] Iterum si inter duos [illegible] reditas [illegible] rum, valere pactum [illegible] certum [illegible] esse, quia datur [illegible] priores [illegible] approbat [illegible] *ad Thes. [illegible]* 229. vel si fiat in consequ[illegible] pacti valida ratione symboli [illegible]

Et si pactum fiat de haereditate [illegible] ribus iam delata, nulla dubitatio erit [illegible] pactum valere, quod [illegible] fideicommissum, de quo [illegible] [illegible] & [illegible] ipsius [illegible] per *Craff.* [illegible] quia per fidei[illegible] missum succeditur testatori defuncto [illegible] haeredi grauato. Hac etiam ratione valere pactum approbamus [illegible] in [illegible] Actorum, quoniam [illegible] nec [illegible] prioris testamenti, [illegible] conuentio super certo genere bonorum [illegible] *Peregrin.* [illegible] 97. [illegible] de [illegible] *Petrus* [illegible] [illegible] pactum vero factum inter

77 duos fratres [illegible] quod erat [illegible] pro [illegible] [illegible] [illegible] valere in vim pacti [illegible] [illegible] in vita patris [illegible] *Peregrin.* [illegible]

78 Et si [illegible] rescriptum, [illegible] pater [illegible] plures [illegible] torem, [illegible] in vita patris [illegible] quid

[illegible]

si quis pro eo, ff. de fideiussor.

Quinta, & vltima ratio pro mente est, quia hæreditas debetur filijs de iure naturali, *leg. vnica & si pare-... ff. de inoffic. testam. l. cum varis, ff. de bon. damn. l. scripto, ff. vnde liberi*, quod magis de iure diuino, secundum Apostolum, *Es filius ergo heres, Galat. 4.* atqui naturalia, & diuina iura sunt immutabilia, *§. sed naturalia, Instit. de iure nat. gent. & ciuili, l. quas causas, ff. de capit. diminu.* Ergo.

80 Ex quibus rectè habemus regulam, quod pactum de nō succedendo est ipso iure nullum, comprobat *Petrus Gregor. Tholos. d. lib. 49. cap. 10.* qui nu. 8. ait etiam hoc pactum reijci à iure tanquam improbum inter patrem, & filium, inter quos non ciuilis, sed naturalis duntaxat oritur actio, *l. frater à fratre, §. quæsitum, ff. de condict. indeb.* ac etiam, quia hæreditas filio debita nullo alio titulo relinqui, aut adimi potest, nisi titulo institutionis, vel exhæredationis respectiuè, *§. aliud quoque capitulum, Auth. vt cum de appell. cogn. Auth. nouissima, C. de inoffic. testam.* adeò quod tales leges nec iuramentum in aliquo iota confirmant, *l. & quia inquilinos, §. fin. ff. de legat. 1. l. non dubium, C. de legib.* & confertur à patre authoritate, quam habet in filio, exportetur, *arg. l. fin. C. de liber. caus.*

Nec obstat pactum cum spurio de legitimando, vt legitimatus non succedat patri, prout statuitur in cap. *quamuis de pact. in 6.* quia spurius respectu patris censetur esse extraneus, quia pater est ei incertus, *l. vulgò concepti, ff. de statu hominum*, & ideò diuersa ratio, quia qui potuit statuere legem legitimationis, potuit & legem conuentam ex emancipatione formare, prout in patre filium emancipante, vt in *l. 1. §. si vel parens, ff. si quis à parent. fuer. manum.* & voluit *Gloss. in verbo Lex ... in d. cap. quamuis de pact. in 6.* Et hæc est

Prima limitatio ad regulam. Vnde ex hoc solebat dicere *Anton. de Butrio in cap. per venerabilem, qui filij sint legitimi*, patrem habentem ex vxore sua posse filium suum emancipare cum hac lege, quod sibi non succedat, *Angel. in l. si ab eo, & in l. si de emancipato, C. de legit. hæred.*

Secunda est limitatio succedens regulæ, si filius paciscens de non succedendo eorum acceperit à patre, quantum sufficeret pro eius legitima, quo casu pactum etiam valeret per *d. l. 1. §. si parens*, in quo nec posset pater aliquod præiudicium inferre filio, etiam si capiat ... emancipationis per text. in *l. cum ... §. si quis ... ff. de oper. libert.*

Tertia est limitatio ad supradictam regulam, si tale pactum de non succedendo fiat post mortem illius, de cuius successione agitur, quia tunc tale pactum de hæreditate iam delata, & non deferenda valet, & tenet, vt in *l. si quando, §. fin. ff. de inoffic. testam.* nā mortuo testatore, etiam fideicommissum remitti potest *l. si fideicommisso, C. de transact. l. 1. C. de pact. l. qui Romæ, §. duo fratres*, & ibi per *Bart. ff. de verbor. obligat.* & sic intelligendus *Staib. resp. 8 ... num. 100. & 115. Burrigl. de succ. ab intest. theorem. 49. num. 19.*

Quarta est limitatio in filio primogenito paciscente cum tertio, puta altero fratre de non succedendo patri cedendo sibi iura primogenituræ, prout exemplum habemus in Veteri Testamento, *Genes. 25.* vbi cauetur, quod Esau renunciauit Iacobo fratri suo iura primogenituræ, viuente adhuc patre Isaac, vt diximus in *tract. de symbolic. contract. lib. 1. cap. 19.* an scillicet contractus iste fuerat permutatio, vel venditio, nunc videndum, an de iure procedere potuerat. Et *Nicolaus de Lyra* hoc dubium excitās ad *Hebr. 17.* & post eum *Gloss. in cap. quàm sit periculosum 17. quæst. 1. & Gloss. in l. quoties, ff. de hæred. instit. & Bald. in d. l. pactum, & Gloss. in verbo Aduerti, in cap. Ecclesia vestra de elect. in 6.* dicunt non valuisse, prout etiam *Bald. cons. 143. & 145. in fine, par. 1.* vbi cōcludit, quod non potuit eum decipere sub falsa pelle, licet incommutabili voce absque dolo malo, & machinatione: alij dicunt illud fuisse permissum Dei inscrutabili iudicio, qui per Prophetam dixerat Malachiæ 1. Iacob dilexi, Esau autem odio habui, & sequitur Apostolus *ad Romanos*, & nos.

81 Verum quia nos non secundùm arcana Dei loqui decet, quia quæ suprà nos nihil ad nos dixit Philosophus, idcircò etiam nō rectè dixerat *Menoch. de arbitr. lib. 2. centur. 5. casu 420. sub num. 17.* quando voluit pluralitatem matrimoniorum fratribus antiquitùs fuisse permissam dispensatione Dei occulta, sed tacita inserta cordibus eorum. Ideò quia illud idem in ea lege haud quidquam prohibitum erat, vt patet apud *Diuum Augustinum lib. de virginitate*, antiquis sanctis

82 non fuit peccatum, quod pluribus fœminis vterentur, nec contra naturam hoc faciebant, nec contra morem, quia eo tempore, nec contra præceptum, quia nulla lege id prohibitum tunc erat, licet conatur, *Menoch.* declarare hanc scripturam *loc. cit. sub num. 37.* sed non probat ex aliquo documento scripto, vel saltem obseruato constitué. Lex enim, quæ iubet aliquid fieri esse debet, vel non fieri, *l. legis virtus, C. de legib.* ergo quando nulla fuit lex circa illud prohibens contrarium, nulla dispensatio exindè, nec expressa, nec tacita indigebat ritus ille, vt perperam induxit *Menoch.* quia dispensatio debet supponere obstaculum, in quo operetur, tanquam priuatio ad habitum, non est habitus, ergo nec priuatio, non fuit lex, ergo

nèc dispensatio, fuit illud in pueris principijs naturæ institutum cùm signaculo matrimonij tamen ad euitandam mœchationé, & concupiscentiam mulieris alterius, iuxtà præceptum Decalogi, *Non mœchaberis, nec concupisces, &c.* Volunt postmodum, crescente malitia, & genere humano, multa circa matrimonia Ecclesia non tantùm reformare, sed quod magis prohibere, quæ aliàs de iure naturali, & gentium essent permissa, nó vt antiqua iura immutaret diuina lex euangelica, sed vt exindè perfectiùs in charitate, & vnione viueretur, prout in vnione Ecclesiæ extranei magis per matrimonia concilientur, ad instar D.N.I.C. qui voluit esse finis Ecclesiæ veteris, & principium Ecclesiæ nouæ, veteris scilicet Testamenti per circumcisionem, & noui Testamenti per Baptismum, & si vtroque non indiguisset, & licet Christus Dominus id definitè ad suos posteros Christianos non reliquerat, an scilicet Christianus deberet circũcidi, & baptizari, prout ipse velati caput passum fuit, Concilio tamen congreto inter Apostolos Hierosolymæ sub consulente *Paulo Apostolo*, diffinitum non deberi Christianum duplici onere pergrauari, circumcisione scilicet, & Baptismo, & proindè remansit ad salutem Baptismum necessarium dumtaxàt, abolita penitùs circumcisione, & hoc mirã est pietate euãgelica, nám quod priùs abluebatur per sanguinem, incisionem, & dolorem: nunc abluitur per vndam iucundam, & amorem, & proindè leuior, & lenior est nostra lex Christiana, quàm Hebræorum, cùm pietate Christi benedicti datum nobis fuit iugum quidem leuè, sed non durum, quapropter omnis noster sanguis, ceu sordidus, & impurus ob peccatum originale, limpidum, & absconditum redditum per vndam Sacri Fontis debet semper esse paratus effudi, & purgitari ob amorem sanguinis purissimi Agni innocentissimi pro remissione nostrorum criminum effusi, prout ego indignissimus Christicola, & pessimus peccator, sic mecum habere paratum toto corde prophiteor, & similiter prohibetur hæc pluralitas matrimonij, vt *Matth. 9.* sic deiuxe probari poterat hoc ipsum à *Mounchio*: & quoad primogenituram ex duabus alijs naturalibus rationibus, cur Paulus circumcisit Timotheum, & Petrus Iudaizabat cùm Iudæis, dissentio est inter *Diuum Augustinũ, & Hieronymum Monacum*, vt in *Epist.* 12. num. 3.

Primò, quia lex illud primogenituræ fuit adinuentum contra ius naturale, quo æqualiter defertur successio, non inspecto ordine, vel cursu geniture, vt in *l. scripto, ff. vnde liberi, & l. cùm ratio, ff. de bon. damnat. & leg. maximum vitium, C. de liber. præteritis*: Vnde lex illud primogenituræ acquisitum primogenito tanquam sibi de iure positiuo quæsitum non est in quo prohibeatur, ac vendi, donari, & permutari possit, dummodò cum eo non renunciet totam hereditatem, ex quo aliud esset primogenitura in abstracto, aliud in congreto, cum successio Iacob obtinuit à patre primogenituã in abstracto, quoad benedictionem dumtaxàt, vt scilicet omnia opera sua redderentur benedicta in Deo Optimo Maximo, non autem quoad successionem: cùm legatur, quod successio Isaac fuerat tota Esau, & ipse Iacob nudus cùm baculo accessit ad Laban eius Auunculum, & suscepit suas filias in vxores Liam scilicet, & Rachelem, & ex [illegible] benedictione Dei post multa discrimina [illegible] ex cùm Laban regressus fuit [illegible] cum [illegible] beris, & familia, & iumentis, & quod [illegible] de pelle mea ita responderet, quod [illegible] ille fuit dolus optimus ex [illegible] priùs habito inter Esau, & Iacob, [illegible] do Esau primogenituram Iacobo [illegible] ticulis, vt iam diximus in *d. tract. de [illegible] loco citato*; & hæc deceptio post [illegible] fuit in ordinem ad contractum habitum inter Esau, & Iacob: Vnde de quo [illegible] conqueri Esau contra Iacobum post mortem eorum patris Isaac, de nihilo quidem.

Secũdò probatur per distinctionem aliorum, qui dixerunt, quod aut primogenitura renunciatur fratri, aut extraneo: si fratri subdistinguunt, si sunt plures fratres, & æqualiter in primogenitura succedunt, vt decisum testatur, *Papen. arresto T[illegible] sub die 9. Septembris 1552. lib. 2. respons.* [illegible] 2. & habetur in *l. cùm pater, ff. de legat.* [illegible] aut extraneo, & tùnc subdistinguitur [illegible] ter, aut est ius primogenituræ quæsitum [illegible] uè delatum per mortem patris, & [illegible] cedi, vendi, & donari, cùm quilibet in re sua sit arbitrator, & arbiter, aut non est quæsitum, & neque delatum, & tùnc nullatenus cedi potest extraneo, *Tholos. d. lib. 41. cap.* [illegible] 2. & melius dicemus mox infrà.

83 Quintò limitatur dicta regula, quando scilicet tale pactum de non succedendo consuetudine, vel statuto esset approbatum, vt habemus in Regno *Constitutionem In aliquibus*, quæ cautum reperitur, vt si nobilibus masculis, fœminæ non succedant, quæ aliàs de iure communi æqualitèr cum masculis succederent, vt suprà diximus, & visa Capuani, & Nidi, qui quomodò procedat, vide *Dom. Merlin. controu. for. cap. 49. tom. 2.*

84 Sextò limitatur dicta regula, quando scilicet tale pactum de non succedendo esset iuramento firmatum, per *tex. in cap. quamuis de pact. in 6.* vbi habetur, quod si filia tempore, quo nuptui traditur, bonis paternis cum iuramento renunciauerit, à paterna succes-

sione

sione perpetuò repellitur propter iuramentum, ac etiam si ageretur de iure patronatus. *Abb. in cap. cum sumus de iure patron.* diximus in *tract. de symbolis contract. tit. 3. cap. 4. n. 91.* vide *Guglielm. de Benedict. loco citato*, vbi de tali iuramento plenè tractat à num. 245. *vsque ad finem.*

85 Restat, vt inspiciamus de pacto per filium patri facto de non agendo querela inofficiosi testamenti, & de non petendo supplementum legitimę tanquam symbolo suprapositio in regula, an inquam pactum illud noceat filio, quominus post patris mortem possit ipsę agere, & quid si pactum fuisset factum cum heredibus patris.

Quoad priorem dubium concluditur sinaliter ex *l. si quando 35. §. illud, C. de inoffic. testam.* pactum nullius momenti esse, ex eadē ratione, quia filij prouocandi sunt meritis, & ex facultate succedendi naturali, *l. fin. C. quando bonor. l. 1. C. vnde vir, & vxor, §. legitima, Instit. de succ. & legit. hered.* & alijs rationibus, de quibus suprà diximus de pacto de non succedendo.

Verùm *Franciscus Molinaeus tract. de vita emphiteot. lib. 3. cap. 8. in princ.* dicit, quod possit liberè filium paterna successione priuari, *l. ad [illegible], §. si quis ita meam, ff. de bonor. poss. contra [illegible] l. filio praeterito ff. de iniusto testam.* Item

86 primogenitus iuri primogenituræ renunciare potest, & se ab eo abdicare, & in alterū transferre, *cap. quidam pertinaciter*, vbi *Gloss. 1. quaest. 11.* Insuper, quod quispiam potest renunciare ius nondum sibi competens in aliena hereditate, & valet renunciatio, *l. 1. et l. cum proponas, C. de pactis.* Iterum potest quis suo renunciare fauori, ad tex. in *l. si quis in conscribendo, C. de pact. l. pen. C. de Episcop. & Cleric.* Vltimò, quod operatur propositum in proposito, operatur oppositum in opposito, *l. fin. §. fin. ff. de legat. 3. l. fin. C. de seru. pign.* Vnde cùm pactum de succedendo sit à iure improbatum, quoniam inducitur ex eo votum captandæ mortis, & in huiusmodi pacto cessat illa ratio, & dispositio, *cap. cum cessante caus. de appellat.* consequenter valere debet.

Quibus non obstantibus, firmat *Molinaeus* pedes cum regula per nos suprapositā, licet rationibus relictis à *Petro Gregorio Tholosano loco citato*, & alijs quamplurimis ab ipso [illegible] aliquantulum impugnare videatur, respondendo similiter contrarijs dicit.

Non obstare primò dispositionem tex. in *d. l. non putauit*, quia ea loquitur in pacto, vel conuentione, qua filius se ipsum successione priuauerat, ex quo filius ibi voluntariè consensit exheredationi paternæ in testamento adiectæ, quo testamento successione datur, & adimuntur, *Ias. in d. l. si quando, §. 1.* *& seq. de succes. §. 10. num. 318.* aliter respondet, quando scilicet filius post mortem patris persenserit, vel ratihabuerit pactū, vt nos etiam suprà diximus. Secundò, quod ideò ius primogenituræ vendi, & cedi potest, quia ex pactio non successionem futurā respicit, sed ius illud, quod de praesenti competit, vt suprà diximus. Tertiò, quia licet renunciatum fuerit fideicommisso, mortuus etiam tamen is, de cuius successione tractabatur, & vulgò dicitur ex vniuersali fideicommisso succedi testatori grauanti, & non heredi grauato, *leg. cohaeredi cum alijs, ff. de vulg.* Quartò, quia Reipublicae interest ne quis sua malè vtatur, *§. fin. instit. de his, qui sui, vel alieni iur.* & ideò proditum est remedium prodigo de curatore. Quintò, quod etsi pactum de non succedendo non causat votum captandæ mortis: tamen eis rationibus improbatur hoc pactum, de quibus suprà.

87 Quoad secundum principale quaesitum respondendum per dictum tex. quod tale pactum, quod est inualidū cùm patre, redditur validum cum herede eiusdem, vt per *Salyc. & Ias.* ibi, adducentes rationem, quia legitima debetur post mortem patris, & querela competit, adita hereditate, ideò renunciatio facta cùm herede [illegible], quæ de iure præsenti est facta.

88 Quo verò ad pacta de lucranda tota dote per maritum, etiam extantibus liberis, non habemus iura expressa illa prohibentia; verùm habemus iura permittentia saltim statutum, vel consuetudinē, *Cyn. in l. foeminae, C. de nupt. l. inter ceteras, §. ex his rebus ff. de pact. dotalib. & l. Babius Marcellus, ff. eod.* immò etiam in praeiudicium legitimæ filiorum, *Dec. cons. 19. vol. 2. lib. 1. Roland. à Valle consil. 61. num. 31. & seqq. vol. 3.* ac etiam in praeiudicium dispositionis, *l. hac edictali, C. de secund. nupt. Menoch. cons. 4. Dom. de Marin. var. resolut. iur. lib. 1. cap. 274. num. 10. vers. Alium.*

89 Verùm, quia hæc etiam materia est practicabilis, & quotidiana non erit inciuile, si de ea breuem notitiam hic inseramus, & proindè etiam regula sit, quod tale pactum de lucranda dote iure subsistit, vt suprà diximus, & notat *Ofasc. decis. 30. in princip. Rol. à Valle loco citato*, & [illegible] *de lucro dotis, quaest. [illegible] tract. l. 1. num. 31.* & ca[illegible] statuti, & [illegible] loci variè Doctores assignarunt. Nam *Baldus in cons. 150.* dixit propter onera matrimonij, *num. 3. vol. 2. Alex. cons. 139. num. 4. vol. 7. [illegible] cons. 140. in princ. vol. 1. Alciat. cons. 103. num. 1. Menoch. cons. 76. nu. 10. vol. 1.* & quod sint expensæ in vestibus, & iocalibus, & alia onera matrimonij, notat *Roland. à Valle dicto tract. de lucro dotis, quaest. 106. num. 13. & 55. Tiraquellus* verò latè discutiendo hanc rationem

tionem *in l. si vnquam, C. de reuoc. donat. num.* 131. dicit, quod licet vir, & matrimonium ratio huius lucri, & consequenter, quod dicatur hoc lucrum aduentitium, & sic ex gratuito, vt ibi per eum num. 137. *Dec. cons.* 17. *et cons.* 160. *num.* 7. & quod illud dicatur habere titulo oneroso ratione matrimonij oneribus, *Fontanella de pact. nupt. Gloss.* 8. *claus.* 3. *par.* 3. *nu.* 12. & non habere locum dispositionem *l. si vnquam, & l. Nesennius, ff. de re iudic. Soci. cons.* 3. *vol.* 4. *Sola ad Consuet. Sabaud. tit. de edict. annon. Gloss.* 12. *num.* 7. *Marsili singul.* 71. *num.* 2. *ad finem, Ias. in §. item si quis, num.* 30. *vers. Et aduerte, Instit. de act. Dec. d. cons.* 12. *ad finem, & cons.* 67. *col. fin.* sed quod illud consequatur maritus ex titulo lucratiuo, sed firmat *Dec. sibi controuers. cons.* 260. *num.* 2. *ad fin.*, *Tiraquell. in d. l. verbo donatione largitus, n.* 233. *cum duobus seqq.* communem dicit *Laurent. Kirchouius suis commendatus cent.* 3. *concl.* 33. *lucrum dotis.*

Ex qua conclusione desumuntur plurimæ necessariæ illationes, quarum

90 Prima illa erit, quod si dos excedat summam ducatorum quincentorum, requiritur insinuatio, *Rol. d. tract. quæst.* 33. limitando, vt per *Phan. dicto loco, num.* 12. quem vide.

91 Secunda est illatio, illum scilicet lucrum reseruandum filijs eiusdem matrimonij, vbi illud lucretur vir ex statuto eisdem extantibus, si transierit ad secundas nuptias, vt notat *Roland. d. quæst.* 86. *cum seqq. Phan. ibid. num.* 14. vel filij repudiauerint hereditatem maternam, quia tunc pater non admitteretur, transeundo ad secunda vota, *Phan. loco citato sub num.* 15.

92 Tertia illatio est, posse maritum huic lucro renunciare, etiam in præiudicium creditorum, *Phan. d. loco num.* 16. *vsque ad nu.* 22. vbi ponit modum renunciandi, *nu.* 23.

93 Quarta est illatio, quod cum hoc lucrum sit, iuxta communem opinionem, aduentitium, quæritur dominium patri mariti vsusfructus. *Phan. d. tract. Gloss.* 8. *vir lucratur, nu.* 26. vbi plus dicit, acquiri marito filiofam. etiam in vsufructu.

94 Quinta est illatio, cum hoc sit lucrum non confundi cum legato [illegible] ab vxore marito, vt post [illegible] *Carpan. ad stat. Mediolan. cap.* 258. *sub num.* 12. subdens *sub nu.* 123. quod vbi vxor [illegible] legatum marito [illegible], vt illud compensetur [illegible], [illegible] possit aliquod plus petere, [illegible] legatum agnouisset, quod [illegible] esse lucro, non posset petere [illegible] notat *Phan. d. Gloss.* 8. *num.* 78. & 79. quod quidem procederet vbi [illegible] conditio apposita per vxorem traheret, aliàs [illegible] secundum *Phan. loco cit. num.* 73. & post eum *Carpan. dicto loco num.* 123.

91 Ampliatur suprapositæ regula. Primò, vt si vxor decedat ab intestato, quàm ex testamento, alio in eo constituto herede quàm marito, *Castr. cons.* 82. *vol.* 1. *Fulgos. cons.* 103. *col.* 2. *Cumanus cons.* 48. *num.* 2. *Paris in Auth. hæreditas, num.* 3. *C. vnde vir & vxor, Roland. d. tract. de lucro dot. quæst.* 3. *Phan. cons. tract. Gloss.* 10. *num.* 10. *Ostasch. d. decis.* 10. *nu.* 6. & 7. *Menoch. cons.* 76. *in princ. vol.* 1. *Bursat. cons.* 212. *num.* 12. *vol.* 2. *Lanfranch. Balb. suis commentarijs cent.* 3. *conclus.* 50. *Carp. d. cap.* 298. *sub nu.* 126. illud idem esse, non obstante stabilitione facta per patrem super dote data filiæ, *Natta cons.* 455. *num.* 5. *cum seqq. vol.* 2. *Cumanus cons.* 186. *num.* 12. etiam si mulier institueret... plani causam, *Corn. cons.* 205. *num.* 11. *in fine,* etiam si Princeps dispensauerit, vt posset libere mulier disponere de dote, quia tamen testando non posset hoc lucro priuare maritum, *Bald. in l. si quando, num.* 2. *C. de inoffic. testam.* per illum tex. sequitur *Graman. singul.* 134. *Boer. in suis Consuetud. in rubr. de coustumes concernens les Mariages.* §. 2. *col.* 3. *vers. Sed quid stante,* cum addit *Suis. in addit. ad Matthæi. singul.* 73. *num.* 5. *vers. Item habet, Phan. d. tract. Gloss.* 13. *vxor testari, num.* 1. *cum seqq.* etiam quod bona vxoris fuerint confiscata, per eius delictum, exceptuatis quoque casibus, de quibus per *Angel. in tract. de malefic. in verbo, Et eius bona publicauit, num.* 19. *Marsil. de Bandit. verbo, Confiscate, num.* 18. *Surdi. sen. cons.* 121. *num.* 19. & 20. *vol.* 4. *Phan. dicto tract. de lucro dot. Gloss.* 14. *num.* 9. *Sola d. Gloss.* 12. *num.* 7. vbi concludit etiam pro deductione legitimæ filio debitæ, non obstante confiscatione bonorum, etiam per crimen læsæ Maiestatis, & respondet ad obiecta [illegible] modò hoc lucrum non deberetur ex pacto cum vxore postquam esset heretica cum ei dicererur prohibita alienatio, & administratio. Item si maritus hæres institutus ab vxore eiusdem hereditatem adierit absque inuentario, adhuc hoc lucrum retinet *Phan. Gloss.* 9. *vir lucratur*, etiam si Ciuitas vbi viget tale statutum facta esse rebellis Principi, *Bald. cons.* 96. *num.* 3.

69 Ampliatur secundò dicta regula, vt procedat non tantùm in dote, sed etiam in augmento dotis, *Abb. cons.* 48. *in princip. vol.* 1. *Angel. in Auth. sed iam necesse, num.* 6. *C. de donat. ante nupt.* neque declarando, vt ibi per eum *Ias. in rubr. ff. solut. matrim. ad finem. Soc. sen. cons.* 25. *num.* 6. & 7. *vol.* 3. *Phan. d. Gloss.* 10. *decis. num.* 48. Idem in donatione propter nuptias, quod idem est, *Menoch. cons.* 91. *nu.* 13. *vol.* 1. & *cons.* 155. *num.* 13. *eod. vol. Rimin. iun. cons.* 89. *num.* 4. *vol.* 1. Nam hæc pari passu ambulant cum dote, *Bald. in l. fin. Fulgos. cons.* 92. *in fine, Bursat. cons.* 110. *num.* 3. *vol.* 1. vbi dicit, quod donatum propter nuptias absolutè, & in omnibus fuit pari passu am-

ambulanti, [illegible]
dinerunt [illegible]
contra [illegible]
fetti [illegible]
[illegible]
tacq[illegible]
dote pro[illegible]
d. tract. in [illegible]
§ Solut. matrim. [illegible]
ras. num. 127. [illegible]
formis. ex 1. art. [illegible]
per Consil. in verbis [illegible]
quæri, Cassan. consil. 83. [illegible]
seqq. Tiraquell. de retract. conuent. [illegible]

seqq. Michael Graff. [illegible] lib. 1. in verbis [illegible] quæst. 73 [illegible] lib. 1. in verbis [illegible] Roland. à Valle d. quæst. 3. num. 4. cum seqq. [illegible] de super [illegible] non [illegible] quæst. 6. num. 5. [illegible] num. 9. [illegible] 30. [illegible] 21. num. [illegible] non sit in mora [illegible] sub num. 174. vel si [illegible] de pretio, Barr. [illegible] declarationibus, vt per [illegible] 377. vsque ad nu. 392. [illegible] 386. qui [illegible] 710. lib. 2. & [illegible] de consistat. [illegible]

[illegible] do [illegible] vel [illegible] indefinitè, de [illegible] maritus, sic dictus, [illegible] semper lucrabitur, [illegible] in hoc interpreta[illegible] Roland. à Valle loco [illegible] loco citato, Gloss. [illegible] num. 10. in fine.

[illegible] si vxor non fuis[illegible] Roland. qu. [illegible] cum seqq. [illegible] vel ad domum [illegible] [illegible] cóclu[illegible] matrimonium, [illegible] ductio vxoris ad [illegible] loco citato sub nu. [illegible] dicitur mulier [illegible] quod debetur hoc lucru, [illegible] quid si mulier vadat ad [illegible] virum ægrotantē, [illegible] dicit, quod non [illegible] traductio non vide[illegible] secundùm [illegible] 10. ad finem, qui se[illegible] Gloss. 20. tanquam al[illegible]

[illegible] etiam si matrimo[illegible] per copulam [illegible] cum seqq. [illegible] quod non [illegible] matrimonio [illegible] tolleretur [illegible] dici [illegible] [illegible] num. [illegible] 30. num. 23. [illegible] num. 1. & seq. [illegible] num. 73. [illegible] quod habet [illegible] de primo [illegible] co[illegible] secundùm [illegible] ce[illegible] non [illegible] per [illegible] quia eam co-

cognosceret, sed per vxorem, & id probetur Roland. d. quest. 108. num. 7. Phan. d. Gloss. 2. nu. 53. 74. & 76. vel si fecisset multas expensas in ordinem ad copulandum matrimonium, & traducendam vxorem, tunc enim [illegible] lucretur maritus dotem, Phan. vbi supra, nu. 56. & 76. & si fugam crediam [illegible] sed non tamen [illegible], non dicitur consummatum matrimonium [illegible] in Consuet. Neap. tit. 4. de iure [illegible] in princ. [illegible] num. 31. [illegible] & non sacris in talicasu maritus [illegible] debi[illegible] consummato matrimonio [illegible] consummatum dici [illegible] maritum, & potest [illegible] modis. Primo, per [illegible] Secundo, si probetur [illegible] cubasse habitis [illegible] Tertio, si testes vi[illegible] lecto. Quarto, si [illegible] nisi taliter post [illegible] nec maritus ad[illegible] tem, Carpen. loco [illegible] ad 110.

108 Limitatur [illegible] gula, vt non [illegible] marita[illegible] etiam, quando nec [illegible] Bertach. in suo repert. [illegible] vers. 53. Ferron. in suis [illegible] tit. §. 8. col. 3. vers. Li[illegible] praxi criminali in pr[illegible] Dantur capienda, num. [illegible] quest. 62. & Phan. Gloss. [illegible] num. 6. vers. Secundum [illegible]

107 Limitatur secundo [illegible] infirmus negauerit [illegible] alia necessaria, & Ma[illegible] & Bald. cons. 53. num. 2. [illegible] fine, col. 2. Bruno tract. [illegible] Lucrum statuto [illegible] nu. singul. 955. Conte [illegible] verbo Maritus priuatur [illegible] id procedere, vbi [illegible] nunciata, Boer. [illegible] de Tours, tit. [illegible] art. 4. de dote, [illegible] ler. inuocatas [illegible] 2. Roland. d. [illegible] lucro dotis [illegible] num. 6. [illegible] [illegible]

[illegible] de dote, [illegible]

[illegible] regula, si vxor [illegible] & sacra [illegible] Monasterii intr[illegible] quam cum maritus, [illegible] quod matrimonium in- [illegible] dicitur nullum, Boer. in suis

109 [illegible] pluribus modis [illegible] procedat si magistra [illegible] a fratribus, vel parte vxoris, Roland. quest. [illegible] & quest. [illegible], Phan. Gl.

Con-

Consuetud. rubr. de coustumes concernans le Mariages, 5. quæstio ad finem. Ferrettus d. q. 6. concl. 3. vers. Octauò limita.

109 Septimò limitatur dicta regula, si maritus, non obstante statuto, vel pacto in eo, promiserat vxori restituere integram dotem, tunc enim nullum lucrum consequitur maritus, non obstante statuto, vel pacto, *Lossin. cons. 90. vol. 3. Marsil. sing. 487. num. 4. Bal. quæst. 3 8. num. 3. par. 4. vers. Sextò, quæro, Phan. d. Gloss. 1 num. 1. vers. Verùm prædicta. Surd. decis. 274. & cons. 164. & in tract. de alimentis tit. 2. quæst. 15. nu. 290. Menoch. cons. 496. Carpan. loco citato sub num. 182. Franciscus Mo*[illegible] post disputatum articulum, sic firmat de vita nupt. lib. 3. quæst. 36. per totum. Secùs esset

110 si maritus promisisset restituere dotem simpliciter, *Gloss. & Bald. in l. Neratius, ff. de relig. & sumpt. fun. Alex. in l. post dotem in fine. lib. verb. ff. soluto matrim. & cons. 183. num. 5. vol. 5. Bertachinus in suo Repertorio in verbo Lucrum dotis, vers. 13. Dec. cons. 195. col. 1. vol. 2. Alciat. de præsumpt. reg. 3. præsumpt. 2. num. 21. & 13. Gaglian. in Consuet. Alexandriæ in verbo Cùm posset, quæst. 1. num. 84. Phan. d. Gl. 2 4. vers. Coniungi dubitari,* sequitur *Carpan. loco citato sub num. 179.* vel nisi promissio illa de restituendo integram dotem fuisset facta per errorem, vt per *Phan. loco citato, cum Roland. post eos Carpan. loco citato sub n. 179.*

111 Limitatur octauò dicta regula in dote præsumpta à lege, *Borr. decis. 137. num. 3.* cũ alijs congestis per *Osasc. decis. 81. num. 3. Gaglian. d. cap. 12. num. 17.* sed contrarium tenet *Bart. sua disputatione Mulier habens amplum patrimonium col. 6. vers. Ad primum dico, Bald. in l. eam citat, & l. nulla, C. de iure dot. Campeg. de dote quæst. 10. num. 5. Bruu. super Consuet. in verbo Lucrum, vers. Statutum, quod vir lucretur, Ferrettus d. q. 6. vers. Has autem consuetudo, Tiraquell. tam in l. connubialib. Gloss. 5. nu. 61. quàm in l. si vnquam in verbo Donatione largitus, num. 151. & num. 170. C. de reuoc. donat. Ruin. cons. 114. nu. 10. vol. 1. latè Roland. à Valle quæst. 75. num. 15. cum seqq. Phan. Gloss. 10. dotis, & Corn. num. 6. & 7.* vbi declarat, quæ sit dos præsumpta, *Vrsill. ad Afflict. dec. 61. num. 6.* quas opiniones contrarias idem *Osasc. d. decis. 21. num. 13.* conatur conciliare, vt prima opinio procedat, non extantibus liberis primi matrimonij, quibus extantibus non possit lucrari maritus plusquam vnus ex filijs primi matrimonij, iuxtà *l. hac edictali, C. de secundis nuptijs,* vt notat etiam *Roland. à Valle quæst. 34. num. 3. cum seqq. Crauetta de antiq. temp. par. 4. vers. Vltimum, num. 44. & num. 48.*

112 Sed in hac subiecta materia est inquirenda non minus ardua, quàm vtilis quæstio, de qua apud *Thes. decis. Pedem. 184.* an pactũ hoc intelligatur, detracta priùs legitima per filios primi matrimonij, an detracto priùs lucro per maritum, ex hac investigatione [illegible] vtilitas, quoniam si priùs detrahitur per maritum lucrum, filij prioris matrimonij [illegible] consequantur legitimam, si contra vbi filij detrahunt ante maritum, is namque non nisi eorum detracta partem consequitur, item consequeretur si legitima de medio non adduceretur. Terribilis est quæstio, quæ, vt *Thesaur.* dicit *loco citato in prin.* indiget Cæsarea declaratione, adeò quod *Mensuet. in addit. ad Papiens. in forma libelli, quo vxor agit ad dotem, & vsufructum in verbo Dictà Domina,* quod cum quæstio hæc in Senatu illo Pedemontano tractaretur, nihil propter illius difficultatem decisum extitit, sed causa partium conuentione concordata, prout sic etiam testatur *Thesaur.*

113 Et non posse filium priùs legitimam detrahere, stante huiusmodi pacto, probatur ex textu in *l. hac edictali, C. de secundis nupt.* ibi: *Singulis æquas partes habentibus,* & ibi *Ità tamen, quod quarta pars,* vt per *Gloss. in verbo Diuidi,* quæ ibi expressè decidit, quod vbi vxor dedit secundo viro totum, quę in bonis habebat, & marito lucrum dotis, ipsa permittente, concessit, quod filij ex primo matrimonio tantum consequantur, vt ij vnà cum marito æquales sint, consequenter inducit, quod legitima filiorum confunditur in parte illa contingente filijs, adeò vt illius legis dispositio ea sit, vt voluisset *Iustinianus in Constitutione* æquales fore partes distribuendas inter filios, & secundum maritum, hanc *Gloss.* opinionem sequuti fuere, *Cyn. Iacob. de Rauenna, & Salyc. in d. l. hac edict. Aneh. cons. 103.* vbi testatur de communi, & alij quàmplurimi relati per *Roland. quæst. 27. Mensuet. vbi suprà, Thesaur. d. decis. 184. nu. 1. Bursat.* qui de communi testatur *cons. 211. num. 7.* & idem *Roland. cons. 62. lib. 3.*

114 Secundò eadem opinio iuuatur, quoniã quod percipitur ex dispositione legis, vel statuti id imputatur in legitimam iure naturæ debitam, *Gloss. & Doct.* communiter in *l. quinquam, C. ad l. falcid. Crauetta cons. 194. n. 1. in fine,* & lucrum hoc percipitur ex dispositione *d. l. hac edictali,* igitur in legitimam sibi imputari debet, quod si ità est, vbi filius præter hanc portionem legitimæ, haberet præcipuam, duas ex eodem patrimonio deduceret partes, quod absurdum videretur, & proindè concludunt supracitati *Doctores* ex istis duabus rationibus, filio imputandã portionem, quàm capit ex dispositione *legis hac edictali.*

115 Contrariam sententiam sequuti sunt quamplurimi alij, quod dēpta legitima, filius æqualem portionem cùm marito eius vitrico habere habeat, *Gloss. in §. ex quibus in*

Auth. de nupt. in verbo. Quippe, quæ apertissimè id docuit *Bart. in l. 1. C. de secund. nupt.* dicens, lucrum, quod reuocatur per dispositionem *d. l. hac edictali*, non computari in legitimam, quia querela inofficiosæ dotis datur ad detrahendum lucrum dotis vsque ad legitimam debitam filijs, remedium *d. l. hac edictali* datur, vt in residuo filij primi matrimonij ad æqualitatem cum vitrico reducantur, quem quidem *Bart.* sequuntur ibi *Bald. & Paul. de Castro* subdentes, ordinē hunc seruari oportere, vt primò petatur legitima per querelam inofficiosæ dotis, quæ ante omnia deducenda est, postea residuum æqualiter inter filium, aut filios prioris matrimonij cum vitrico erit diuidendum, addit etiam, quod ab hac opinione temerariū foret recedere in consulendo, prout ipse verè consuluit in *cons. 273. & 348. lib. 2. & cons. 462. Ioann. Petrus de Ferrariis in sua praxi Papiensi loco citato*, vbi *Mansuer. Anch. cons. 101. Cumman. cons. 108. Fulgos. cons. 88. & 97. Socin. cons. 35. ad finem, lib. 4.* vbi dicit, quod cum pro hac parte sit authoritas *Bartoli, & Baldi*, qui fuerunt viri illuminatores, non est ab ea recedendum *Bertrand.* qui de communi testatur *cons. 869. lib. 1. Ripa in l. in quartā, num. 118. ff. ad l. falcid. Roland.* qui alios adducit *quæst. 27. num. 3. Dec. cons. 246. lib. 2. Lucius in tract. de legit. in rubr. quæ in legit. sint imputanda, verbo ex subst. num. 2. Craff. in §. legitima*, quām receptissimam dicit, *num. 5. Grauetta cons. 194. Ferre quæst. 119. Phan. in verbo Superstitibus liberis, num. 43. Neuizan. consil. 84. num. 20.* alij plures apud *Thesaur. loc. cit. num. 4. & 5.* vbi per illum textum sic fuisse iudicatum, testatur, adeò quod nō sit amplius de hoc dubitandum, *Anton. Gabr.* qui alios etiam adducit *lib. 3. de secund. nupt. concl. 4. num. 61. vers. Contrarium in suis communibus, Peck. tract. de testam. coniugum lib. 2. cap. 18. n. 5. Surd. decis. 169. nu. 5. Vasq. de success. creat. lib. 3. §. 30. num. 233. Guid. Papa decis. 93. num. 1. Alex. cons. 8. num. 12. lib. 3. cons. 89. nu. 13. lib. 4. Dec. cons. 392. num. 4. cons. 523. num. 4. Bart. decis. 14. num. 6. Gram. decis. 102. num. 88. Ioseph Ludou. decis. Luc. 28. num. 18. Trangell. de iure permog. quæst. 55. num. 5. Rota Romana decis. 78. circa finem, par. 3. & in vxoria*, vbi ita quoque iudicatū legitur, *Zuccard. cons. 43. n. 2. & 31.* & hæc secunda opinio est Doctorū, & rationum authoritate fulcita, vt etiam confirmat *Francis. Molin. de ritu nupt. lib. 3. quæst. 27. num. 6. vsque ad finem*, & signanter *sub num. 9.* illud probat ex diuersis verbis dictæ Constitutionis *hac edictali*, ibi: *Ita tamen, vt quarta pars, quæ eiusdem liberis debetur ex legibus nullo modo minuatur*, & ex textu in *d. §. optimo*, ibi: *Quippe dudum quarta, nunc autem tertia aut danda, nisi rursus ingratitudinis ratio cōtradicant*, ex quibus verbis collocant totum

contra prædictum supra positi *Doctores, & signanter Ancharan.* ad seclus tandem hanc sicutum, quām dicunt communissimam opinionem. Debitum naturale legitimæ, & beneficium *Constitutionis hac edictali*, sunt diuersa in filiorum commodum posse, atque verum impedire aliud, cum ex diuersis principijs proficiscantur, legitima à iure naturæ, secundum ex delicto contrahentis ad secundas nuptias, *l. si pro iure, §. fere ff. de vulg. l. si pignore, §. cum furti ff. de furt. l. Iulianus ff. de act. & oblig.* vbi sic vna actio introducta obligationem nisi nomina [illegible] statuerat, vt sola ipsa actione vtamur, [illegible] eo contrarie ibidem actionem nobis [illegible] petunt, quæ sublata non consistunt, quod [illegible] argumento [illegible] fuit. *Roland. d. quæst. [illegible]*. cùm enim legitima à iure naturali debeatur, *l. cum ratio cum similibus de bon. damn.* & lucrū à principali Constitutione, proinde ad inuicem non conturbantur, & ideò sequitur etiā, quod vbi ex lucro dotis maritus quicquam ex pacto consequutus est, intelligitur, dempta semper legitima filijs prioris matrimonij debita.

117 Facit etiam pro hac posteriori opinione, quod voluit *Dom. Consil. [illegible] ad [illegible] decis. 119. ex Scipione [illegible]. in addit. ad Consuetud. Neap. incipit, Et si mulier, fol. 192. lit. D.* dicens, quod supposita dicta nostra *Consuetudine*, qua disponitur, quod si quis filios, & descendentes non habuerit de bonis suis non possit testari nisi de medietate, & reliqua medietas pertineat ad proximiores, si quis alicui proximiori agnato in testamento reliquerat aliquod legatum, illud non esse imputandum in medietatem sibi debitam vigore dictæ *Consuetudinis*, ex eadem ratione, quia illa medietas non est debita ab ipso testatore, sed à lege, & successione legando, non videtur compensare cum debito, ad quod non ipse tenetur, prout dicit etiam *Napod. in Consuetudine Si quis [illegible] num. 13. in nouiss.* quicquid sit de imputando vitæ militiæ contrà *Afflict. [illegible] 138.* voluit *Fab. Anna alleg. 120* & in eadem causa *Menoch. cons. 181.* probat etiam *Mangil. de imputat. legit. quæst. 7. sub num. 6.* contra opinionem *Zuccard.*

118 Non obstant relata pro contraria opinione, & signanter illud desumptum à *lege hac edictali*, quia ex Constitutionis verbis nihil aliud statuitur, quām æqualitas in [illegible] eandem inter liberos primi matrimonij, & maritum, cui vxor reliquit, non autem excludit legitimam filijs alterò iure naturæ scilicet debitam, enim alioquin expressa ratio necessaria erat *d. l. si quando, §. & generaliter*, & in dubio semper facienda est interpretatio, ne filij primi matrimonij priuentur legitima illius debita in bonis parentis.

Bald.

Bald. in l. illam, num. 3. C. de collat. & cons. 273. sequitur *Gratian. discept. forens. cap. 177. sub num. 6.*

119 Ex neque *Gloss.* quæ allegatur in contrarium *in d. l. hac edictali in verbo Diuidi*, sic intelligenda, & vt firmat contrariam opinionem, quoniam eam *Fulgos. in d. cons. 92.* sic interpretatur, vt solùm notet inter filios primi matrimonij, & secundo æqualitatem, quoad lucrum *d. l. hac edictali*, de quo etiam adest solemnis disputatio, & decisio indè sequuta apud *Dom. Reg. Rouit. decis. 12.* & de legitima nullum verbum, & probatum ius est, sic eam declaratione, ne sibi ipsi contradicat, cùm contrarium docuerat *in d. §. oportet*, & ideo consideravit *Roland. d. quæst. 27. num. 7.* sequitur *Molina loco citato sub num. 14. vers. Sed neque.*

120 Non obstat secundum argumentum, quoniam id verificari potest, quod dispositione legis, vel statuto percipitur non est aduersus expressam voluntatem testatoris, prout est *Trebellianica* expressè non prohibita, at quod filij primi matrimonij quod capiunt ex dispositione *d. Constitut. hac edictali*, id capiunt contra voluntatem patris expressam, & in eius odium propter transitum ad secundas nuptias, ità & taliter, quod in illius odium fuit constitutum, non debet in eius fauorem retorqueri. *Roland. d. quæst. num. 8.*

121 Et quod, distinguendo, statuunt *Bart. in d. l. hac edictali, num. 35. Cravetta cons. 324. num. 4.* alijque de quibus apud *Thesaur. loco citato, nu. 6.* contrarias scilicet has opiniones posse talimodo conciliari, vt prior opinio procedat, quando vigeret statutum, vel consuetudo, quæ tale lucrum marito tribuit. Altera magis communis, vbi lucrum ex pacto defertur, rationem reddunt diuersitatis, quoniam vbi maritus lucrum in vim statuti percipit, illud capit absque alio mulieris ministerio, & sic cessat ratio odij secundo nubentis mulieris, quæ ansam præbuit *Constitutioni hac edictali*. Secundò casu vbi ex
122 pacto, quia lucrum procedit ex facto vxoris, & ex illius voluntate descendit, in cuius odium lex ei resistit, propterea prioris matrimonij filij vocantur: Nec etiam aduersatur, quod aliud de statuto, aliud de voluntate loquamur, prout de pacto symbola est ratio in vtroque, quia si statutum hoc deferat marito propter onera matrimonij, vel vt meliùs nos suprà diximus, vt faciliùs inueniant viduæ maritos, & sic lucrum hoc ex causa lucratiua; non indè sequitur secundas nuptias odiosas non esse: Vndè cùm semper tales existimentur, ratio, quæ in pacto vindicat, eadem in statuti dispositione locum tenebit.

123 Ampliatur dicta communis opinio etiā si statutum, vel consuetudo vitrico daret vsumfructum omnium bonorum tempore suæ vitæ, vel ex pacto conuento, quia etiam tùnc filius statim legitimam consequitur post mortem matris, penitùs non expectata morte vitrici, quia in ea nulla dilatio imponi potest tanquam onus, *L. quoniam in prioribus, C. de inoffic. testam.* adeò quod integra legitima debetur in proprietate, & vsufructu, etiam in casu illo, quo relinqueretur vsusfructus omnium bonorum, vt ex longa Doctorum remissione probat idem *Molina loco citato sub num. 20.*

124 Limitatur verò supradicta communis opinio, quando statutum meminit de filijs primi matrimonij, vel aliter derogat *dictæ Constitutioni hac edictali*, quia tùnc dicitur statutum penitùs tollere legitimam filiorum saltim in parte marito delata, *Cart. Iun. in Auth. præterea, num. 17. C. vnde vir, & vxor. Dec. d. cons. 19. num. 5. Natta cons. 308. Roland. cons. 62. num. 53. vol. 3. & de lucro dotis, quæst. 30. num. 32. Bell. cons. 13. num. 21. Cravetta cons. 324. num. 4. Bursat. cons. 211. num. 35. Natalibr. ad Auguill. cons. 75. num. 134. Pliau. Glos. 5. num. 35.* qui reprehendit *Bald.* contra tenentem *in cons. 273. Albertus Brun. stat. femin. excl. art. 5. casu 4 quæst. 17 in princ. Gabr. in suis communibus, tit. de secundis nupt. conclus. 4. num. 16. Carpan. d. cap. 198. num. 298. Bart. decis. 108.* quod non tantum potest fieri per statutum expressè, sed etiam tacitè, vt per *Doctores* relatos per *Marsilium loco citato sub num. 58.* & per *Carpan. sub num. 299.* subdens *sub num. 300.* dubium esse, quando dicatur tacitè derogata dicta Constitutio, cùm *Doctores* sint varij in hoc ponentes casus differentes inter se.

Nàm si statutum dicat simpliciter, quod præmoriente vxore, vir lucretur dotem, quod censeatur derogatum *dictæ Constitutioni hac edictali*, & vir lucretur totam dotē in præiudicium filiorum primi matrimonij, tenet *Bald. in l. ea lege, num. 14. C. de condit. ob causam, præst. Papiens. in forma libelli, quo vxor agit ad dotem, d. vers. Dicta Domina, num. 6. & 7. & in forma libelli, quo agitur pro legato rei singularis, num. 80.*

125 Contraria tamen opinio, quod lucro tùnc non deroget, verior, & communior est, *Dec. cons. 19. num. 1. cum add. Iaf. in d. Authent. præterea, num. 15. vers. Aliquando*, vbi *Picus n. 40. Bart. decis. 183. num. 5.* qui testatur de communi, *Roland. quæst. 16. num. 8. Pliau. Glos. 5. in verbo Sine liberis, num. 36. Bursat. cons. 13. num. 30. & 40.* nisi statutum sic ordinatum, vt intelligatur ad literam, *Carpan. loco citato, nu. 302.* vel si dicat, quod lucretur omni casu, *Dec. cons. 294. num. 3. & 318. in princip. Bart. decis. 303. nu. 7. Vrsill. ad Afflict. dec. 216. num. 7.* & si dicatur, vt maritus lucretur to-

 tam,

tam, & integram dotem; *Iaf. d. Auth. praeterea, nu. 5. vers. Pro veritate*, Caphal. *conf.* 299. *num. 8. vol. 2.* contrarium, quod tunc nequaquam derogetur, testatur *Gabr. loco citato, n. 12. & 13.* sed si statutum dicat, quod nihil teneatur restituere, dicitur derogatum, *Carpan. loco citato, num. 305.* item si dicat, decedere sine filijs ex eis, vel communibus, *Carpan. sub num. 307. Mangil. loco citato sub num. 38.* vbi refert *Castr.* qui fuit vnus ex compositoribus statutorum Florentiae, addidisse ea verba, *Etiam stantibus filijs primi matrimonij.*

Sed dubium est, an tale statutum expressè, vel tacitè possit derogare roti legitimae debitae filijs, *Menoch. conf. 4. per totum*, dicit, quod sic, sed veritas est, quod quatenus legitima est necessaria ad filiorum alimenta, nunquam per statutum tolli potest, quasi quod tunc esset praestare ausam delinquendi in negando alimenta filijs, quod esset eos necare, & de iure naturali debita, *Ludouic. Molin. de Hyspan. primog. lib. 2. cap. 1. num. 14. Gratian. loco citato sub num. 8.*

Insuper dubitari solet, an praemortua vxore, attendatur consuetudo, quam maritus fouet, vel fouebat domicilio tempore contracti matrimonij, an tempore mortis vxoris suae, & an loci contractus, vel originis respectu bonorum mobilium, vide *tex. in l. 1. C. quae sit consuetudo lib. 8.* vide, quae pulchrè distinxit post *Alex. Salyc. & Bart. Petr. Gregor. Tholos. syntagm. canon. tit. de sponf. lib. 4. decret. tit. 1. sub num. 91. vers. Verum hac. fol. 371. iuxta impressionem Lugduni*, vbi dicit, quod respectu mobilium attendi debet locus domicilij, vbi bona, & vxor traducta fuit à marito, non verò locus contractus, vel originis, respectu verò bonorum mobilium seruatur consuetudo loci, vbi sita sunt. Sed quid si in loco originis mariti sit vnum statutum, aliud diuersum in loco domicilij eiusdem, aliud in loco, quo matrimonium contrahitur, quod erit potiùs sequendum, *Bald. in conf. 508. col. 4.* dicit, quod si in loco originis sit statutum de dote lucranda, & in loco domicilij seruetur ius commune, quod debet attendi ius commune, *Alex. conf. 100. num. 8. & 9. vol. 3.*

DE HÆREDE EX IVRE ACCRESCENDI,

Et cum Beneficio Legis, & Inuentarij, & in quo sunt Symboli.

SVMMARIVM.

1 *Haeres ex iure accrescendi, & cum beneficio an verè haeres sit, & n. 8.*
2 *Ius accrescendi principaliter fuit introductum à lege.*
3 *Iuris accrescendi diffinitio secundùm* Manticā.
4 *Haeres institutus in re certa, nullo dato haerede vniuersali, habet ius accrescendi in tota haereditate.*
5 *Haeres particularis habet certam quandam speciem de per se.*
6 *Ius accrescendi quid, secundùm* Petrum Gregorium Tholosanum.
7 *Ius accrescendi an sit ius quo, an ius propter quod.*
9 Coniunctio quid.
10 *Haeres ex iure accrescendi dicitur haeres necessarius quoad partem.*
11 *Ius accrescendi operatur ex iure communi, non verò ex priuilegio.*
12 *Rigor non parcit ignoranti.*
13 *Ius accrescendi cohaeret portioni, & non personae, & n. 14.*
15 *Ius accrescendi habet vocationem legalem.*
16 *Haeres incipiens à repudiatione, secùs ab aditione quid in materia iuris accrescendi.*
17 *Aditio haereditatis est fauorabilis.*
18 *Aditio haereditatis est habitus.*
19 *Haeres partem haereditatis adiens totam adijsse censetur, declara. n. 20. & 21.*
22 *Testator non potest ius accrescendi prohibere.*
23 *Haeres interpretatiuus qui.*
24 *Haereditatis pars vna debita per se ipsum, altera per seruum, vel filium spurij, an sit symbola iuris accrescendi. & n. 25.*
26 *Ius accrescendi an detur in simultanea vocatione, & n. 27.*
28 *Ius accrescendi, quod contingit ex identitate vocationis ab intestato, quomodò regulatur, & n. 29. & 30.*
31 *Ius accrescendi operatur secundùm portiones haereditarias.*
32 *Ius accrescendi in legitima quomodò regulatur, & n. 33.*
34 *Ius accrescendi non habet locum ex coniunctione contingente ex plurium simultanea emina-*

tio-

dicere, sed haud ex singularitate vocationis.

35 Beneficium l. cum hæreditate, ff. de acquir. hæred. in quo consistat, & quæ requirantur, n. 36. 37. 38. 39. 40. & 41.

42 Beneficium in l. si minor, ff. de acquir. hæred. in quo consistit, & n. 43. & quæ requirantur, n. 46.

44 Beneficium l. cum hæreditate, ff. de acquir. hæred. in quo differt a beneficio l. si minor, ff. eod. n. 45.

47 Ius accrescendi quando locum habeat in materia legati.

48 Ius accrescendi an habeat locum in retentionibus.

49 Ius accrescendi an habeat locum in missione in possessionem coniunctis.

50 Ius accrescendi habet locum non tantum in proprietate, sed etiam in vsufructu, & n. 51.

52 Ius accrescendi an habeat locum in coniunctis proprietate, & vsufructu.

53 Ius accrescendi quando locum habeat inter cohæredes, inter quos nulla facta est substitutio.

54 Ius accrescendi an habeat locum inter institutum vniuersaliter, & institutum in re certa.

55 Ius accrescendi an habeat locum inter coniunctos in donationibus causa mortis.

56 Ius accrescendi habet locum inter substitutos.

57 Ius accrescendi an habeat locum in contractibus, & num. 58.

59 Ius accrescendi an habeat locum in feudo ex pacto, & prouidentia, & n. 60.

61 Homo non potest pro parte esse liber, & pro parte seruus.

62 Ius accrescendi non habet locum in legato facto ducatorum mille pro dote filiabus, & n. 63.

64 Ius accrescendi non habet locum, quando testator limitationé loquitur.

65 Ius accrescendi deficit in legatis prohibitiuis.

66 Ius accrescendi cessat quando quis consequitur emolumentum contra testatoris voluntatem.

67 Ius accrescendi cessat in legato alimentorum.

68 Stomachos quis duos habere non potest.

69 Alimentorum in legatis censetur iussa taxatiua.

70 Ius accrescendi an habeat locum in causis taxatiuis.

71 Vsusfructus relictus pro alimentis respuit ius accrescendi.

72 Ius accrescendi cessat in legato victus.

73 Ius accrescendi cessat in legato alimentorum relictorum pauperibus.

74 Ius accrescendi non habet locum in legatis alimentorum, declara, n. 75.

76 Alimenta latius taxãda nobili, quàm ignobili.

77 Nobilis non cogitur vesci rustico cibo.

78 Alimenta sunt præstanda nobili non tantum pro sua persona, sed etiam sui famuli.

79 Peccat venialiter, qui rustico sumptuosa cibaria præparat.

80 Electus ad dandum duas buccellas pauperibus tenetur illam dare paruis, sicut adultis.

81 Ius accrescendi cessat in re acceptata ab vtraque parte, & n. 82.

83 Ius accrescendi cessat inter succedentes diuerso iure, & n. 84.

85 Ius accrescendi cessat quando portio redditur vacans non ipso iure, sed ope exceptionis.

86 Ius accrescendi non habet locum in re duobus relicta diuersis testamentis.

87 Ius accrescendi cessat in re legata a diuersis hæredibus.

88 Ius accrescendi cessat in legato, cuius portio defecit, nu. 89. 90. 91. 92. 93. 94. fatetur Author explicationem dicti assumpti esse valdè difficilem, n. 95.

96 Ius accrescendi cessat quando petens portionem veniret contra voluntatem defuncti.

97 Ius accrescendi cessat in fideicommissaria substitutione.

98 Ius accrescendi cessat in loco, in quo viget statutum, quod stantibus masculis, fœmina non succedant.

99 Ius accrescendi cessat in contractibus regulariter.

100 Ius accrescendi cessat in substitutione facta parti.

101 Ius accrescendi cessat, quando testator vsus fuerit clausula ad habendum.

102 Ius accrescendi cessat, quando institutio facta esset de bonis alicuius.

103 Ius accrescendi cessat in feudis, rebus emphyteuticis, & iure patronatus.

104 Ius accrescendi cessat in hæreditate vendita, et n. 106.

105 Hæreditarium est, quod per ius accrescendi quæritur.

107 Ius non accrescendi quid, & n. 108.

109 Iuris accrescendi, & non accrescendi differentia vsque ad n. 118.

119 Iuris accrescendi certa regula, & n. 120.

121 Hæres cum beneficio adhuc hæres verè est contra plures, n. 122. & 123.

124 Phanucius deceptus in non cognoscendo hæredem cum beneficio.

125 Hæres cum beneficio loco curatoris succedit.

126 Qualitates hæredis cum beneficio quales, & n. 127.

128 Inuentarium quale tempus habeat, a quo incboatur, controuersa quæstio, num. 129. 130. 131. 132. 133. 134. Authoris noua sententia, nu. 136. ampliata, nu. 137. limitata, nu. 138. & 139.

140 Inuentarium ut inchoatum dicatur an sufficiat, hæredem vocasse Notarium, & testes, & in principio posuisse signum crucis.

141 Inuentarij conficiendi tempus an possit per Iudicem ampliari, vel coarctari.

142 Inuentarij solemnia, n. 143. 144. 145. 146. 147. & 148. & n. 150.

149 Creditores absentes in confectione inuentarij quomodo citandi.

151 Hæres an teneatur petere se declarari facere talem

talem cum clausula illa beneficij legis, & inuentarij.

152 Barbati anima non defraudandum.

3 *Haeres cum beneficio legis, & inuentarij qualia beneficia consequatur.*

154 *Haeres cum beneficio potest assignare creditoribus hereditarijs tot bona hereditaria, quae sufficiant pro eorum credito, & quo pretio.*

155 *Haeres cum beneficio non tenetur in vniuersum, & regulariter approbare factum defuncti, etiam in facto proprio, n. 156.*

157 *Haeres non debet praecipitare aditionem hereditatis.*

158 *Deliberatio omnibus rebus necessaria agnoscitur.*

159 *Consilium adhibere volens non debet illud praecipitare.*

160 *Agrum emere desiderans, quae considerare debet.*

161 *Domum emere cupiens, quae considerare debet, & n. 162.*

163 *Presbyter fieri cupiens, quae considerare debet.*

164 *Ferdinandus Rex Primus huius nominis habebat libellum cum nominibus, & cognominibus virorum bona conditionis, & fama expertorum ad diuersa officia, tamen non est hodie sicut heri, & quare.*

165 *Doctor effici cupiens quae considerare debet.*

166 *Doctor sine scientia, & sicut Comes sine Comitatu.*

167 *Officialis fieri cupiens quae habere debet.*

168 *Iudex absque authoritate talis dici haud potest.*

169 *Dictio, deliberatio, dicitur à libella.*

170 *Cretio quid sit.*

171 *Tempus ad deliberandum olim non erat spatio definitum.*

173 *Haeres constitutus in agonia adire hereditatem non potest.*

174 *Constitutus in agonia quando hereditatem transmittat, & n. 175.*

176 *Tempus ad deliberandum an possit prorogari, & num. 177. 178. 179. 180. 181. 182. 183. 184. 185. & 186.*

187 *Ius deliberandi datur heredi scripto. Item datur pluribus heredibus, vt singulis, n. 188. demum datur Fisco, n. 189. veruntamen Tutori, & Curatori, n. 190.*

191 *Ius deliberandi an sit necessarium tempestate nostra, & n. 192.*

193 *Haeres cum beneficio etiam se obligans creditoribus hereditarijs proprio, & principali nomine, adhuc habet priuilegium discussionis inuentarij.*

194 *Specialitates inuentarij sigillatim habebis vsque ad n. 207.*

206 *Haeres cuiuscunque conditionis tenetur conficere inuentarium non praecise, sed causatiue.*

207 *Haeres rogatus restituere hereditatem an teneatur conficere inuentarium, & n. 208.*

209 *Fiscus an teneatur conficere inuentarium.*

210 *Ecclesia an teneatur cōficere inuentarium, & n. 211. & 212.*

213 *Executor testamentarius an teneatur conficere inuentarium.*

214 *Pater an teneatur facere inuentarium de bonis filij castrensibus, vel quasi, & num. 215. & 216.*

217 *Vsurarius, meretrix, & alij, qui conueniri non possunt vltra quam facere possunt, an teneantur conficere inuentarium, num. 218. 219. 220. & 221.*

222 *Haeres miles familiaris an teneatur facere inuentarium.*

223 *Haeres pauperis an teneatur facere inuentarium, & n. 224. 225. videndus* Tholos. syntag. iur. ciuil. vniuers. lib. 46. cap. 3. sub n. 6.

226 *Mulier siue foemina an teneatur facere inuentarium, & n. 227.*

228 *Minor an teneatur facere inuentarium cum ampliationibus, & limitationibus, num. 229. 230. 231. 232. 233. 234. 235. & 236.*

237 *Haeres subditus Terrae Ecclesiae an teneatur facere inuentarium.*

238 *Fideicommissarius an teneatur facere inuentarium, n. 239. & cuius expensis, n. 240.*

241 *Haeres succedens de iure Praetorio an teneatur facere inuentarium.*

242 Barbatia verbosus potiùs, quàm ingeniosus.

243 *Haeres ex iure accrescendi, & cum beneficio symboli.*

244 *Haeres ex iure accrescendi an teneatur facere inuentarium.*

245 *Haeres succedens hereditati minoris aditae per eum, & postmodum repudiatae, an teneatur nouum conficere inuentarium, non obstante primo facto ab herede minore repudiante.*

246 *Haeres an excipere possit contra vxorem relictam vsufructuariam de inuentario confecto per eandem vxorem agentem pro suis dotibus contra dictum heredem, & n. 247. & 248.*

249 *Inuentarium an probetur ex assertione partis, illud fuisse confectum.*

250 Creditores omnes an sint citandi in confectione inuentarij.

251 *Inuentarium an sit necessarium vbi constat alia bona non adesse in hereditate remansisse, nisi ea, quae heres asserit.*

TITVLVS DECIMVS.

DVbitatum fuit an heres iure accrescendi, & cum beneficio dicantur verè haeredes, & inter tales connumerari possint. Et quoad
1. heredem ex iure accrescendi dubium fuit, quia cum ius accrescendi nihil aliud sit nisi, *Tacita quaedā vocatio in portionem illam, quae fuit à lege, vel testatore coniuncto alteri portioni debitae, vel pluribus debitae, l. si Titio, §. Iulianus. ff. de legat. 2. Bald. cons. 379. in principio, lib. 4.*

Crass.

Craff. [illegible] Menoch. de [illegible] pre- [illegible] [illegible] addi- [illegible] ratione dif- [illegible] gnare semper po- [illegible] coniunctï, quan- [illegible] ratione, vt patet in toto tit. de [illegible], ibique per Doct. ius verò accrescen- di, si hæc tacita vocatio non habet locū, quando non interuenit talis coniunctio, hoc est quando in concessione, vel relicto disere- te [illegible] partes in singulos, l. huiusmodi, §. [illegible] ff. de legat. 1. & in l. reconiuncti, in [illegible] per omnes scribentes, Craff. §. ius ac- crescendi quæst. 4. Decian. responso 73. num. 18. [illegible]

2 Dixi à lege, vel testatore coniuncta, quia ius accrescendi principaliter fuit in- troductum à lege, vt disponitur in d. l. reconiunctï, vt scilicet defunctus pro parte testa- tus & pro parte intestatus videatur decede- re, [illegible] communi ff. de acquir. [illegible] & voluntas communiter [illegible] in d. l. [illegible] Craff. in d. §. ius ac- crescendi quæst. 3. adde Decian. resp. 40. num. 2. [illegible] & sic in legatis lex coniungit, vt mox infrà dicemus, & licet in eius sit arbitrij [illegible] agnitio, tamen eadem lex iubet, vt [illegible] accrescat heredi, vt in hoc casu lex coniungit legatarium cum hærede; in hære- ditate verò lex adeò coniungit, vt etiam in- uito hærede, portio accrescat, vt infrà dice- mus, secundariò verò à tacito testatoris iu- dicio, [illegible] Bart. traditionem in l. [illegible] num. 1. ff. de vulg. subst. [illegible] de adip. possess. num. 380. [illegible] resp. 39. num. 83. lib. 1. post eos Craff. d. §. ius accrescendi, q. 2. Menoch. de præsumpt. lib. 4. præsumpt. 14. n. 4. vel [illegible] ius accrescendi est introductum, ratione conseruandæ vnionis. Gugliel. de [illegible] in repet. cap. Raynutius verbo [illegible] Adeles. quæst. 4. num. 130.

3 Cardinalis Mantua verò in tract. de con- [illegible] lib. 10. tit. 3. num. 1 [illegible] [illegible], vt sit ius coniunctionis, [illegible] , sed deficientem por- [illegible] Mantua dif- finitione [illegible] mihi quandam voca- buli [illegible] quæ non congrua, nec [illegible] ius accrescendi est [illegible], ac si [illegible] [illegible] dicere [illegible] est [illegible] di [illegible] apud Dialecticos.

quàm etiam apud Legistas, vt in l. 1. §. dolū, ff. de dolo, & licet ipse mihi videatur impu- gnare diffinitionem traditam à Ripa in d. l. reconiunctï, nu. 7. dicens: ius accrescendi esse ius accumulādi portionis non petentium, siuè deficiē- tium portionibus petentium, confunditur (di- cit ipse) per tex. in l. 7 [illegible] in fine, ff. de vsufr. vbi in vsufructu portio deficiens non accre- scit portioni, sed personæ.

4 Planè hæres institutus in re certa, nul- lo dato cohærede vniuersali, habet ius ac- crescendi ad totam hæreditatem, l. 1. § si ex fundo, ff. de hered. instit. & l. quoties, C. eod. tit. quo casu dici non potest, quod hæreditas accrescat portioni, quoniam res certa non est pars hæreditatis, l. quæ nemus, ff. si quis omiss. caus. testam. & l. hereditas, ff. de petit. hered. de- fendi poterat Ripa diffinitio, quando non laborasset eodem morbo, quo laborat diffi- nitio Mantuæ, respondendo, quod licet ius accrescendi in vsufructu detur personæ, & non rei; tamen datur contemplatione rei co- hærentis, quia si vsusfructus esset disiunctim relictus, vtique contemplaretur persona, cui portio deficiens est accrescenda, sed quia in vltimo casu cessat contemplatio rei coniun- ctæ, quia est ea disiunctim relicta, cessat & vsusfructus, vt infrà patebit, & quod dicit de instituto in re certa, aduertere debemus, quod licet is habeatur loco legatarij, ta- men id cessat quando daretur alius cohæres vniuersalis, vt notatur in l. quoties, C. de hæ- red. instit. & in l. ex facto, ff. eod. cum concor- dantibus relatis à Peregrino de fideicommis. ar. 3. num. 7. & 9. Molin. de Hyspan. primog. lib. 1. cap. 17. num. 2. quos etiam sequitur Gratian. discept. forens. cap. 771. num. 17. & 18. tamen cessante hærede vniuersali, sic hæres vniuer- salis, non ratione coniunctionis, aut quod pars vniuersalis accrescat particulari, quod fieri non potest ratione coniunctionis ces- santis, sed ne scilicet defunctus videatur de- cedere pro parte testatus & pro altera par- te intestatus, quemadmodum testator potest dici institutio illa facta in re certa, vt per Glo. in d. l. quoties, in additione, quando sci- licet non accedit hæres vniuersalis: cùm hæres particularis habeat quandam certā speciem de per se, quæ vocatur hæres in re certa, quæ partim capit de natura institutī

5 vniuersaliter, & partim de natura legatarij, vt latius per Bart. & Bald. in d. l. ex facto, ff. de hæredib. instit. & proinde diffinitio à nobis desuper tradita debet in prima periodo in- telligi de hæreditate, & in cæteris orationi- bus de legatis, & alijs contractibus, de qui- bus infrà latè dicemus. Quo fit, vt eadem ra- tio impugnatiuè ab eodem aduersus Ripam possit, & retorqueri aduersus ipsum Mantu- am de parte hæreditatis ad partem, quæ nō ratione coniunctionis accrescit, sed ex re-

gula

[illegible], vel scilicet defunctus videatur [illegible] pro parte testatus, & pro parte intestatus.

6 *Petrus Gregorius Tholosanus syntagm. iur. [illegible] lib. 46. tit. 11. sub num. 2.* sic accrescendi ius diffiniuit, esse scilicet *ius, quo portio non agnita, vel defecta iusta agnitione portioni agnitae, vel personae habenti portionem accedit, vel communicatur*, credo, quod *Tholosanus* loquitur de iure accrescendi inducto à lege, quoniam talis definitio non comprehendit ius accrescendi hominis, vel ab hominis voluntate perueniens, nec ius accrescendi po-
7 test dici, quod sit ius, quo, sed bene ius propter quod consequimur: Nam ius, quo petimus, est quaedam ratio, qua petimus id, quod primordialiter relictum est, vt per *[illegible] in d. l. [illegible]*, quos sequuntur *Vasq. de succ. creat. §. 10. num. 518. Mart. a summa successi. legali, par. 4. quaest. 17. art. 4. num. 16. Crass. d. §. ius accrescendi in quaest. vlt.* & voluit etiam idem *Tholos. d. lib. 46. cap. 11. sub num. 22. [illegible]* verò in d. §. *eadem vers. sub num. 27.* asserit, *ius accrescendi esse ius retinendi, [illegible] portionem [illegible] deficientis*, & quia haec diffinitio non conuenit cum suo diffinito, & conuenit etiam iuri non decrescendi, vt ipse idem paulò infrà affirmauerat, quod non exequatur cum iure accrescendi, sed valdè illud differt ab eo, vt infrà demonstrabimus, ergò omninò standum nostrae diffinitioni desuper in primo loco positae.

Ex qua iuris accrescendi substantia, & quidditate excerpserunt aliqui, quod veniens ex illo iure non dicatur verè haeres directus à lege, vel testatore ad successionem vocatus, sed obliquè per viam substitutionis, quasi non primus, sed secundus haeres in defectum primi, vel à lege, vel à testatore, siuè defuncto contemplatus, *ad tex. & tota tit. ff. & C. de subst.*

8 Quoad haeredem cum beneficio dicitur similiter, eum non esse talem propriè simpliciter, sed bene secundùm quid, ratione adducitur, quia talis haeres non denominatur haeres simpliciter, sed cum adiuncto, scilicet cum beneficio inuentarij, & consequenter, quando aliquid non appellatur simpliciter tale, sed cum alio adiuncto, non est propriè tale, *Ias. in l. pater, & fili. num. 3. ff. de vulg. & pupill.* item, quia non est haeres naturalis, sed ciuilis, quia talis haeres reputatur de iure Praetorio, haeres verò simplex de iure ciuili. Insuper, quia differt in multis ab haerede simplici, igitur si differt vtcunque est, [illegible] aliàs lic[illegible] syn[illegible] verò idem, *l. [illegible] ff. de [illegible]* comprehensus subintelligitur in [illegible], dicitur impropriè, & per *Gloss. in l. fin. in §. in computatione,* relatum per *Cassan. in Consuet. Burg. rubr. 20. §. 1. col. 1513. sub num. 6.* vocatur quasi

[illegible]
non gaudet iure [illegible]
vero tamen [illegible]
to ob casum fictum. [illegible]

Nos verò subsumimus, [illegible] des & ex iure accrescendi, & [illegible] veros haeredes esse, & [illegible] ab haerede ex iure accrescendi [illegible] quod cùm ius introductum sit à lege [illegible] homine pro conseruatione [illegible] cessionis defuncti, vt suprà diximus, [illegible] ctius esse potest, quàm haeres in solidum [illegible] dem defuncti. Immò per ius accrescendi magis consolidatur tota [illegible] in vno haerede, quando [illegible] videbatur in plures, quia principal[illegible] illud, vt plurimum nascitur ex [illegible] ne, vt patet ex sepiùs citat[illegible] *leges. [illegible] l. vnic. §. vbi [illegible]*
9 *terrà, C. de cadu. toll.* quae [illegible] aliud est, quàm copulatio [illegible], vel [illegible] tionum ad vnam. *Tholos. d. lib. 46. cap. [illegible] principio*, vel [illegible] secundum nos in *tract. de [illegible] tis. 3. cap. 2. sub num. 10.* vbi diximus, [illegible] talis communio est [illegible], vt putà si duobus [illegible] testamento, vel [illegible] ex iure accrescendi copulatur ex [illegible] ctione tota [illegible] verè [illegible] dis, [illegible] accidente illo communionis, quando erant duo, vel plures cohaeredes, non dubitandum, quia [illegible] talis.

Et adhoc vt talis dignoscatur, [illegible] pretium [illegible] effectus [illegible] accrescendi: Primò, quia partes non [illegible] dum non accrescunt personis [illegible], sed portionibus [illegible], & succedunt [illegible] *l. 2. ff. de acquir. hered.* ergo [illegible] succedere volens capit portem vacantem [illegible] rae haereditatis, cui ipsa pars vacans [illegible] scit, proindè verè haeres, adeò quod si [illegible] res, adita portione sua, decedat, & [illegible] haeres partem suam repudiat, ille [illegible] haereditas defuncti totam habebit, *l. [illegible] §. fin. ff. de condic. & demonstrat.* & in hoc differt ius accrescendi à substitutione, quae cum personam respiciat substituti, ad haeredes non transmittitur, *l. si ex pluribus, ff. de suis & legit. hered.* sed extinguitur cum persona substituti ante conditionem substitu-

tionis

cationis defuncti: nisi vnita foret cum ipso
iure accrescendi, ratione cuius transmitte-
retur ad hæredes, non sui natura, sed potiùs
iuris accrescendi, cui vnita fuit, *l. qui patri,*
ff. de acquir. hæred. diximus *in tit. de hærede ex*
transmissione.

10 Secundò mirabilis consideratur eius ef-
fectus, ex quo cùm personæ non competat,
sed portioni, cohæres illud renunciare non
potest, adeò quod efficitur in illa parte hæ-
res necessarius insolidũ postmodum, quoad
totam ex principio voluntatis adeundi suã
partem, *Bart. in d. l. reconiunctis in 4. principa-*
li quæst.

11 Tertiò ius accrescendi operatur de iure
communi, & non ex priuilegio, & proindè
veniens ex eo iure omninò efficitur verus
hæres de iure ciuili, adeò quod portio hæ-
reditatis quantumcumque minima agnita
necessitat, vt totam hæreditatem agnoscat
petens, ac si fuisset ei ab initio insolidum
delata, *d. l. vnica, §. his itaque definitis, C. de ca-*
duc. toll. etiam si portio illi accrescens sit ei
damnosa, posito tamen, quod adeundo par-
tem suam intendat lucrari, & verè esset ei
lucrosa, vt quia fuit per testatorem ab omni
onere exempta, ac etiam posito, quod adeũ-
do, partem suam intendat lucrari, & verè
esset ei lucrosa, vt quia fuit per testatorem
ab omni onere exempta, & etiam posito,
quod partem accrescentem ignoraret esse
sibi damnosam ignorantia iuris, vel facti,
quæ ignorantia postquam originem habuit
à lucro non prodest ignoranti in damno
euitando, sicut nec in lucro captando, *leg. si*
12 *duo, iuncta Gloss. ff. de acquir. hæred.* quia in
his, quæ pertinent ad rigorem iuris obser-
uandum non parcitur ignoranti, sexui, æta-
ti, damno, ac rusticitati, *l. iuris ignorantia,*
vbi *Doct. C. qui admitti ad bonor. poss.* nec sta-
tuti, aut consuetudinis rigori. Addo, quod si
statutum prohiberet matrem succedere filio
ab intestato nisi in certa portione, stantibus
agnatis, si agnati omnes residuum succes-
sionis repudiarent, tota successio accrescit
matri, quæ suam particulam acceptat, non
obstante rigore statuti prohibitiui, ex eo,
quia ius accrescendi non personæ competit,
sed hæreditatis portioni additur, quam ille
cohæres sine residuo hæreditatis retinere
non potest.

13 Plus dicit *Bart. in d. l. reconiunctis, quæst. 5.*
prima par. quod si cohæres portionem, quã
adiuit cuidam extraneo vendiderit, reliqui
cohæredes suas repudiauerint portiones,
aut ab eis fuerint aliquo modo exclusi, tales
portiones non venditori, sed portioni addi-
tæ, & venditæ, & sic emptori accrescunt ex
eadem ratione accrescendi portioni, & non
personæ, adeò quod emptor hæreditatis fit
14 verè hæres, *l. 2. §. plane, ff. de hæred. vel act. ve-*
dit. & l. si totam, ff. de acquir. hæred. vbi portio
per cohæredem repudiata alteri non accre-
scit cohæredi, sed fideicommissario, cui hæ-
reditatem restituerat. Nec obstat, quod vẽ-
dita, vel restituta hæreditate, ipse vendens,
vel restituens remanet hæres, quia illud in-
telligitur nomine non effectu, prout est em-
ptor, & fideicommissarius, vt diximus in
tract. de symbolic. contract. lib. 4. cap. vlt. nu. 10.
& voluit *Anton. Fab. in suo Codice, lib. 8. defin.*
11. Andreolus controuers. 313. sub num. 21. re-
putaretur enim absurdum, duos esse eiusdẽ
hæreditatis hæredes: vnos nomine, alterũ
effectu, scilicet re, & vtilitate, *Paul. in l. fin. ff.*
de acquir. hæred. prout etiam obseruamus de
dominio directo, & vtili, quod vocant, vt
per *Bart. in l. si quis vi, §. differentia, ff. de acqu.*
poss. cui quidem dominio vtili omnis con-
solidatur vtilitas maximè iuris accrescen-
di, quod operatur causa, & ratione portio-
nis, & non personæ, aut nudi dominii.

15 Et habetur in hoc iure accrescendi legalis
ratio coniunctionis, quæ inter hæredes vo-
catos ad successionem consistit, qua inter se
iuncti re, & verbis coniuncti, secundum *Glos.*
in l. 1. §. idem ait, ff. de vsufr. accresc. quæ quidẽ
legalis coniunctio tripliciter contingere
poterit. Primò ex singularitate vocationis,
vt quando defuncto non superest, nisi vnus
proximior descendens, vel ascendens, vel
collateralis, in quo non est dubium omni-
modam esse coniunctionem, re scilicet: cum
eidem hæreditati succedat talis hæres, quia
solus ad eam vocatus ex verbis legis: Vndè
nil mirum si non possit talis hæres vnam
partem hæreditatis adire, & alteram repu-
diare, quia hoc esset diuidere, & separare
16 omnimodam vnitatem, & legalem coniun-
ctionem, etiam si sic expressè se protestaret;
quod secùs esset è contrà vbi hæres à repu-
diatione inciperet, non autem ab aditione,
vt quia vnam partem sibi delatæ hæredita-
tis renunciasset, vel repudiasset, reliqua sub
17 silentio posita, quia talis repudiatio nihil
valeret, nec partes reliquas ad se priuatiuè
traheret, *l. si solus, ff. de acquir. hæred.* discriminis
ratio est, quia aditio est fauorabilis, quæ fa-
cit quem decedere cum hærede: Vndè talis
aditio semper ampliatur, vt totum com-
prehendat tanquam fauorabilis: repudiatio
autem contrarium operans, nempè quod
defunctus per eam hæredem non habeat, vel
intestatus decedat, est odiosa, ac sic restrin-
genda, arg. *l. cùm quidem, ff. de liber. & post.*
18 *cap. odiosa de regul. iur. in 6.* Præterea aditio
hæreditatis est habitus, & sic est aliquid, ideò
apta ad recipiendum incrementum, sed re-
pudiatio est priuatio, & nihil, quod in se re-
cipere aliquid non est aptum: quæ omnia
etiam locum habent in coniunctione homi-
nis, quæ similiter est triplex, realis, verbalis,

& mista, re scilicet. & verbis, *d. l. ... & l. simplici de verb. signif. Piccardus d. § cadem rv. num. 17. & 18. Petrus Gregor. Tholos. syntagm. iur. univ. lib. 4. tit. 5. num. 11.*

Verbalis coniunctio in subiecta nostra
materia de harede, vt quando vnus solus
hares vocatus per testatorem fuit ex testa-
mento, qui si insolidum institutus hareditা-
19 tem in parte adiens de reliqua nihil dixerit,
totum adijsse videtur: siue institutus fuisset
simpliciter, siue in pluribus partibus hare-
ditatis nominatim, & separatim, vt in *d. l. 1.
& 2. ff. de acquir. hered.* ita quod aditio vnius
portiunculæ ad se singulas alias trahit par-
tes, etiam si haredi, adhuc delatæ non fuissent
tempore aditionis, vt quia pro parte, quam
adiuit, fuerat hares purè institutus, & in
alijs sub conditione, quæ posteà impleta
fuit, quia tunc non erit necessaria alia aditio
post impletam conditionem. Immò ipso
iure reliqua pars conditionalis accrescit
parti purè additæ, *l. liber homo, §. Titius. ff. de
hered. instit. leg. testamento, ff. de vulg. & alijs
subst.*

20 Quod procedit etiam si in parte, quam
hares adiuit institutus fuisset simpliciter, &
absolutè, & in reliquis partibus datus fuis-
set substitutus, aut in singulis ipsis partibus
dati fuissent diuersi substituti: nam talis ha-
res cum nullum habeat cohæredem, adeun-
do partem, videtur totum adire, & totum ei
accrescit, quia substituti in reliquis parti-
bus dati videntur in subsidium, scilicet ca-
su, quo hares institutus nullo modo adijs-
set, & aliquam partem non agnouisset: nec
censetur testator hoc faciendo diuidisse hæ-
reditatem, instituendo eum haredem sepa-
ratim in diuersis partibus, nisi in singulis
partibus diuersos instituisset haredes, quia
sola diuisio portionum facta non censetur
causa diuidendæ hareditatis, sed alio respe-
ctu, prout si fundus diuideretur per sulcos
gratia vberioris culturæ, remanente fundi
21 vnitate, *l. Caius. ff. de legat. 3.* prout etiam de-
monstratur in mensura, quæ palmis mensura-
tur, in qua licet sint plura demonstrantia
diuersas mensuras, putà diuersos palmos,
tamen non per hoc diuiditur vnitas illius
mensuræ, adeò quod hæres pro medietate
hareditatis potest adire alterius medietatis
partem, si dubitetur an cohæres existet, vel
non existet, *Caepyc. decis. 194. à num. 10. vsque
ad 14.*

22 Et ratione eiusmodi legalis vnionis cau-
satur etiam alius effectus, vt non possit te-
stator hoc ius accrescendi prohibere, secun-
dùm *Bald. in l. Dominus, §. per fideicommiss. ff. de
vsufr.* vt pro parte habeat haredem, & pro
altera parte minimè, post *Dynum tenet Imo-
la in l. 1. §. si ex fundo, ff. de hered. instit.* quia
tale ius accrescendi immediatè competit
haredi legis ministerio non testatoris; licet
causetur interdum iudicio testatoris, per
tex. in l. si in testamento, ff. de vulgar. & pupill.
proinde quod à lege prouenit non potest
23 per testatorem prohiberi, vt in *l. nemo potest,
ff. de legat. 1.* & quod *Bart.* asserit in *l. quotiens,
§ si duo, ff. de hered. instit.* habet locum in hæ-
rede interpretatiuo, qui est quando testator
in re certa vnum solum haredem instituisset
cum prohibitione iuris accrescendi, tali
enim in casu: cum talis haredis institutio
non sit purè vniuersalis, sed interpretatiuè,
vt etiam suprà diximus in *tit. de harede du-
bio, & interpretatiuo,* tùnc totum consequi-
tur, vt in *d. § si ex fundo,* & in tali casu cessat
procedit prohibitio, verùm si haredis insti-
tutio infirmetur ob talem prohibitionem,
tùnc testator prohibens tale ius videtur fa-
teri, velle decedere absque vllo herede, & sic
ab intestato, prout si prohibitio fieret vni
ex pluribus haredibus, quia tunc ex quo nõ
alteri accrescere possit, non videtur testator
decedere secatus ex ratione cessante, *Rota
Romana dec. 333.*

24 Verùm si vna pars esset haredi delata per
seipsum, altera verò per alium, putà per fi-
lium, aut seruum deferenda: cum in illa effi-
ci non possit hares, nisi mediante aditione
filij, vel serui: Vnde ante sui aditionem in
sua non fuit potestate illam adire: attamen
si filius priùs illam adiuit, aut seruus iussu
Domini cohæredis; tùnc statim ipsi haredi
acquiritur non tantum pars adita per filium, vel
seruum, sed etiam sua, quia acquisitionem
vnius sequitur acquisitio alterius, ex quo
cohæres iubendo filio, vel seruo adire, sanè
illam partem acquirendi, videtur suam
adire: cum tunc in sui sola potestate esset eã
adire, *l. si ergò, & d. l. si solus, ff. de acquir. hered.*
prout quando hareditas per Procuratorem
adiri non potest: tamen in eum constituen-
do satis declaratur animus adeundi, vt in-
frà suo loco plenius dicemus.

Et quod de repudiatione de vna tantum
parte per haredem facta, quod nec valeat,
nec quoad illam partem, nec quoad reli-
quas, vt suprà diximus, est etiam temperan-
25 da, quando plures portiones haredi defeũ-
rur diuerso iure, vt quia vna ei delata esset
iure institutionis; nempè ex quo institutus
in dimidia, altera verò iure substitutionis,
vt quia fecit cohæredi suo substitutum; si
partem, in qua fuerit institutus repudiaue-
rit, in reliqua prætrausit tacens, tùnc valet
repudiatio quoad partem repudiatam, nec
trahit se ad aliam: tùm sit odiosa, & non ob-
stante tali repudiatione, potest aliam partẽ
sibi iure substitutionis delatam adire, siue
tempore repudiationis esset etiam delata,
siue posteà ei deferatur, conditione substi-
tutionis adueniente, & adeundo secundam
ba-

habebit etiam primam adhuc repudiatam, *l. si ita sit parte, vers. Item si mihi, ff. de acq. hered.* intellige si nomine proprio sic fuerit substitutus, secus si nomine appellatiuo, putà substituo heredem, quia tunc ex quo nunquam fuit heres per repudiationem ipsam factam, nunquam similiter potest admitti per substitutionem, *l. qui plures, ff. de vulg. & pupillar.* cum concordantibus.

26 Secundò contingit hæc legalis coniunctio in successione ab intestato ex simultanea vocatione, vt quia defuncto ab intestato nō vnus solum, sed plures proximiores in eodē, pariq; gradu existentes simul ad eandem vocantur successionem, *l. 1. §. sorores, ff. ad Tertull. & l. si ex pluribus, ff. de suis, & legit. hered. & l. 1. C. quando non petent. part.* tales enim simul ad successionem vocati sunt pariformiter omnimoda coniunctione legali simul iuncti, quia primo sunt verbis legis coniuncti, eo quia simul à lege collectiuè, & sermonis vnitate vocantur, & quia ad eandem vocantur hereditatem, etiam simul dicuntur re coniuncti, idest hæreditate, & quod magis est, quod in hæc sanguinis coniunctio non est causa huiusmodi iuris, secundum *Bart. in d. l. recusandi, vers. Tertiò quæro, col. pen.* dicentis, quod si pater ab intestato moriatur, duobus relictis filijs ex prima vxore, & duobus ex secunda, vno repudiante non succedit solus alter frater vtrimque coniunctus, sed omnes simul, & sic etiam alij duo ex altera vxore procreati, eo quod coniunctio legalis materia proxima iuris accrescendi non contingit, quod plus, & pluribus modis sunt consanguinei, & inuicem successores; sed ex eo duntaxat, quia simul à lege vocantur, *l. 1. §. si quis ex nepotibus, ff. de coniung. cum emancip. liber.* tametsi contrarium voluisset *Dynus in l. heredes, §. qui discernes, ff. de vulg. & pupill.* per tex. *in Auth. cessante, & Auth. post* 27 *fratres, C. de legit. hered.* quæ non obstant, quia loquuntur in successione fratrum, premortuorum, in qua frater vtrimque coniunctus præfertur: secus in casu nostro, in quo tractatur de iure accrescendi in bonis patris, quæ nunquam quæsita fuerunt fratri repudianti, ideò omnes pariter vocantur tanquam in bonis paternis: nisi intelligatur *Dynus*, quod loquitur in substitutione pupillari, per quam succeditur pupillo, in qua successione frater vtrimque coniunctus præfertur, vt in *dictis Authenticis*, quod aliter esset in substitutione vulgari, per quam succeditur patri, hanc opinionem tenet etiam *Guglielm. de Benedict. in repet. cap. Raynutius, verbo, Et vxorem nomine Adelasiam, prælud. 4. sub num. 134. in fine, ex tex. in l. 1. C. quando nō pet. part.* quod extendit etiam in successione ex testamento, vbi plures fuerunt per testatorem instituti, & re, & verbis ex simultanea vocatione per testatorem ad eandem hæreditatem vocati: quorum vno illorum excluso, aut repudiante, cæteris sua portio accrescit ipso iure etiam inuitis æqualiter, si æquè fuerit instituti, vel dispariter pro portionibus ius per testatorem delatis: nisi heredi excluso, vel repudianti datus fuisset per testatorem substitutus, quia tunc ille præferretur coniunctis, & ius accrescendi impediret, quod oritur ex tacita voluntate testatoris, quę cessat propter expressā testatoris factam vocationem per substitutionem, *l. 2. §. si duo, ff. de bon. poss. secund. Tabul. & in Authent. hoc amplius, C. de fideicommiss. & in §. si quis autem non impleuerit, Authent. de hered. & falcid. & §. 1. & §. pen. secundò, C. de cadu. toll.*

28 Tertiò, & vltimò hæc coniunctio legalis, quæ ius accrescendi causat, contingit in successione ab intestato ex identitate rationis, vt quia plures simul per eandem rationem vocantur, putà si pater intestatus decesserit, duobus relictis filijs, & duobus, vel pluribus nepotibus ex alio filio præmortuo, quo casu per legem omnes simul vocantur, tam filij, quàm nepotes ad eandem successionem re, & verbis coniuncti, sed non omnes vocantur eadem ratione: nam filij ex eo, quod filij vocantur, & succedunt in capite, & viriles portiones, ità quod tot erunt portiones, quot capita filiorum: nepotes verò ex præmortuo filio vocantur, & succedunt omnes in stirpes: Vndè 29 sunt inter se nepotes plus coniuncti, quàm patrui: cùm solum ex simultanea legis vocatione coniungantur patruis suis, cum quibus ad succedendum Auo simul vocantur à lege, sed vltrà illam coniunctionem legalem, qua cum patruis coniunguntur, ipsi inter se iunguntur identitate rationis, eo quod omnes simul in eadem stirpe, & solum in vna, eademque portione succedunt æqualiter, in qua sola succederet eorum pater si viueret, vndè si alter ipsorum partem illius portionis repudiaret, vel tacitè, vt quia tēpore excluderetur, pars illa sic vacans solis alijs accresceret nepotibus fratribus suis, & non patruis, secundùm *Bald. in cap. 1. versic. Secundò nota de nat. success. feud.* illi enim cum sint dupliciter coniuncti præferuntur patruis solùm legali coniunctione coniunctis.

30 Si verò vnus ex fratribus, sed patruis partem suam repudiaret, quia tunc apud vnum vacat certa dimidiæ portionis repudiata soli reliquo eius fratri accresceret, & alia dimidia dictis omnibus accresceret nepotibus, sicut accresceret eorum patri, si viueret, & idem si omnes ex præmortuo filio omnes nepotes repudiarent, vel aliàs excluderentur tota illa portio: cum tunc totum illud caput sit vacans, ac si eorum pater re-

31 pudiasset, patruis defertur pro portioni-

bus, quibus vocati sunt ad successionem, quia ius accrescendi operatur solum secundum portiones hæreditarias, *l. Manio in princip. ff. de legat. 2. d. l. 2. & l. liber homo, §. cùm quis, ff. de hæred. instit.*

32 Prout etiam quod cùm plures filij sint eadem ratione in legitima coniuncti, vbi pluribus debetur, extraneo forsitan per fratrẽ vniuersaliter hærede instituto, si alter eorũ partem suam repudiaret, non hæredi vniuersali, sed reliquis fratribus in eadem portiuncula coniunctis accresceret, ex quo in legitima similiter locus est ius accrescendi quandiù est in acquirendo, quoniam si repudians portionem legitimæ prius acceptasset, vel filius fuisset donatione propter nuptias contentus, quia tunc censetur portionem suam habuisse, licet plus fortè legitima ascenderet, talis renunciatio non fratribus suis in legitima coniunctis, sed eius hæredi vniuersali proderit, vt illud, quod plus valebat, legitima penès eum remaneret, non iure accrescendi, quod in iam agnitis, & acquisitis locum habere non potest, sed iure retentionis, & exceptionis ex renunciatione expressa, vel tacita resultantis, & competentis hæredi vniuersali, aut alteri, cui facta fuerit, *Bald. in leg. Papin. §. Vnde si quis, ff. de inoffic. testam. & in l. huiusmodi, §. si Titio, & l. duobus, ff. de legat. 1.* si verò omnes filij in eadem legitima coniuncti eam repudiarent, tunc accresceret hæredi vniuersali,

33 quia tota vacat. Ideò quandocunque vocantur plures præcisè ad vnam partem, & vnus ad aliam, quod illi plures ad eandem partem vocati sunt præcisè, vt vnus, & loco vnius, *l. si nepotes, ff. de vulgar.* & illi sunt magis coniuncti tanquam vna voce magis inuicem concreti, *l. fin. C. de impub. & alijs subst. Bald. in d. l. 1. decis. 7. quæst. C. quando non petent. part.*

34 Quibus præcognitis in genere pro cognitione hæredis iuris accrescendi, vt est nostra instituta materia, deueniendum est ad casus, quibus ius accrescendi locum habeat, & quibus cessat, & ad differentias inter ius accrescendi hæredum, & legatariorum: quoniam ius accrescendi regulariter locum non habet ex coniunctione contingente ex plurium simultanea coniunctione, sed benè locum habet in eis ius accrescendi contingens ex singularitate vocationis, vt quia vni soli legatum: nam etsi legatum vni relictum diuidi non possit, vt scilicet in parte agnoscatur, & in parte repudiatur, etiam si consistat ex pluribus rebus collectiuis, *l. Manio cum l. seq. ff. de legat. 2.* tamen si pluribus eadẽ res legata esset, pars vnius repudiantis secundum veram naturam iuris accrescendi, quod operatur in inuitum, non accrescit alteri, nisi volenti; quod secus est in hæreditate, in qua etiam inuito accrescit, & ratio differentiæ ea est, quia legatum ascribitur mero fauore legatarij, sed institutio hæredis, vel successio, quæ fortè alicui debetur, vel ab intestato defertur, non fit mero fauore hæredis, sed etiam creditorum, & testatoris, vel intestati defuncti, ideò cogitur hæres inuitus, qui fauore alterius renunciare non potest, & proindè totam hæreditatem adire etiam damnosam, & sibi imputatur, qui partem suam adiuit, quia hoc faciendo videtur cum creditoribus hæreditarijs quasi contrahere, & proindè non potest consilium mutare, nec quoad partem, quam adiuit, vt illã dimitteret, nec etiam quoad partem illam accrescentem, vt eam refutare possit: nisi in aliquibus casibus, in quibus tali hæredi succurritur contrà rigorem iuris accrescendi ex quadam dulci, & benigna æquitate expressa in iure, quæ omnis iuris rigorem excludit, arg. *l. placuit, C. de iudic. l. quod si ephebus, ff. de eo quod certo loco, & cap. 22. de transact.*

35 Primò in casu singulari *l. cùm hæreditatem, ff. de acquir. hæred.* vbi habetur, quod si hæres, cui pars cohæredis repudiantis accreuit, à creditoribus hæreditarijs pro illa parte molestetur, vltrà vires hæreditarias illius portionis, vel molestari timeat, videns hæreditatem sibi damnosam, poterat suam partem aditam, quàm aliàs competeret sine reliqua sibi accrescente retinere, illicò dimittere, & primum consilium mutare, ac illam repudiare, & per hunc modum portionem accrescentem, & damnosam euitare, & refutare, nè pro illa vexetur vltrà eius vires, & valorem.

Et vt tali beneficio hæres gaudere possit quinque concurrere debent.

36 Primò requiritur, quod hæres vti volens dicto beneficio partem suam hæreditatis sibi ex testamento, vel ab intestato delatam adierit, antequam cohæres suus portionem suam repudiauerit, quia tũc nihil esset tempore aditionis, quod sibi imputari, seu propter quod videatur partẽ cohæredis agnoscere, quæ eo tũnc repudiata non erat, nec alio resoluto modo, certè dignus est tali beneficio, & idem si ignorasset repudiationem primo loco factam per cohæredem, vel ipsius partis resolutionem: cùm paria sint, cohæredem post aditam repudiasse, vel ante, & posteà ad notitiam eius peruenisse, arg. *l. in confirmando, & l. vtilitatem, ff. de confirm. tutor. & cap. insinuante de offic. deleg.*

37 Secundò requiritur, vt beneficio dictæ legis gaudere possit, quod adsint creditores hæreditarij, vel legatarij, *Bar. in d. l. cùm hæreditate*, quod si nulli essent, vel tam pauci, quod clarum, & notorium esset, hæreditatẽ esse soluendo, eo tunc locum non habet dictum beneficium.

Ter-

38 Tertiò requiritur, quod creditores hæreditarij præmissi petant ab herede integra debita illius portionis per hæredem repudiatæ tunc accrescentis: cùm parte sua adita hæres, qui adiuit indubitanter tenetur: quia tunc propter rigorem creditorum, nè hæres inuitus de casu incogitato teneatur, aut teneatur, poterit vti tali beneficio, partem suam aditam repudiando, & ius accrescendi, quoad partem cohæredi sibi delatam impediendo, quia parte sua repudiata, ius accrescendi operari non potest in præiudicium sui portione carentis, sed tota hæreditas vacans in manibus remanebit creditorum, & legatariorum pro tempore, & modo debitorum possidenda, vt in d. l. si minor. ff. de acquir. hæred. nisi creditores æquitate moti gratiosè procedentes consentirent, hæredem nō conuenire vltrà modum, & vltrà vires accrescentis partis: quo casu, si ad petitionem vnius creditoris, ad cuius instantiam alij creditores hæredi, vt adiret, aliquid remiserint ex debito, & hæres adierit hæreditatem, & nunc ipse, qui fuit aliorum inuitator quicquam remittere non intendit, certè compelleretur aliquid de suo remittere arbitrio boni viri, id est iudicis, qui
39 vir bonus dicitur, l. vir bonus, ff. iudic. sol. iunctâ Gloss. sing. in l. cùm in eo, ff. de pact. per l. si fundum, qui ex parte, ff. mandati, vel contrà.

40 Quartò requiritur hodiè, vt beneficium d. l. locum habeat, quod hæres, qui partem suam adiuit nullum confecerit inuentarium, quo casu tenetur indubitanter vltrà vires hæreditarias, & legatarijs vltrà dodrantem l. fin. C. de iure delib. & §. fin. Instit. de hæred. qualit. & diff. tamen concurrentibus suprà dictis, & infrà dicendis conditionibus vti poterit hæres beneficio d. l. cùm hæreditate, quæ non fuit per d. l. fin. correcta: nàm licèt hæres in solidum teneatur propter delictum suum, quia non fecit inuentarium, tamen quia hoc delictum non respexit portionem vlterius cohæredis repudiantis, non debet hæres, cui pars immaculata iure accrescendi defertur, circà quàm non fuit peccatum, perdere beneficium dictæ legis pro illa parte accrescente, arg. l. rescriptum, ff. de his quib. vt indig. aliàs frustrà quæreretur de beneficio dictæ l. cùm hæreditate, quando hæres ipse de bonis hæreditarijs suum debitè fecerit inuentarium, iuxtà formā dictæ legis fin.

41 Quintò requiritur, vt locum habeat beneficium dictæ legis, quod pars cohæredis repudiantis delata fuerit hæredi ex iure accrescendi, quia si ei delata foret iure substitutionis per testatorem factæ, tunc hæres, cui delata esset, vel non posset beneficio dictæ legis, vt suam partem repudiare possit ad euitandum partem ei delatam, secundùm Bart. in l. testamento, C. de impub. & alijs subst.

Vndè si testator duos instituisset hæredes Titium scilicet, & Caium, & si Caius hæres non erit, & substituisset eundem Titium; & contingeret, quod Caius partem suam repudiauerit, vel ante eam aditam decesserit; quia pars illa non defertur Titio iure accrescendi, sed iure vulgaris substitutionis, ergo locum non habebit dictæ legis beneficium, & ratio differentiæ est, quia ius, quod cohæredi defertur ex substitutione, ei defertur ex testatoris expressa voluntate, quam hæres ipse ignorare non potuit videndo se institutum, ergo illam partem cogitur accipere inuitus absque eo, quod creditores teneantur ei gratiam facere, quia eo ipso, quod scienter adiuit, censetur se obligasse ad recipiendum aliam partem, in qua vulgariter fuerat substitutus, prout pupillariter substitutus, qui testatoris adiuit hæreditatem, tenetur etiam recipere hæreditatem pupilli sibi delatam per pupillarem substitutionem, l. qui patri, ff. de acquir. hæred. quicquid de cōtraria opinione senserit ibi Bart. voluerūt
42 Ang. Imola, & Alex. in d. l. cùm hæreditate.

Secundus casus est, in quo hæredi adeunti contra iuris rigorem iuris accrescendi est in d. l. si minor. ff. de acquir. hæred. vbi portio cohæredis non iuri communi, putà repudiante, vel querela inofficiosi, seu alio iuris communis remedio vacans, sed priuilegio speciali, putà minoris ætatis, vt quia hæres minor annis postquam adiuit fuit in integrum restitutus, tanquam ex tali aditione læsus facilitate minoris ætatis, quia tunc ex causa illa portio nunc prætextu restitutionis vacans fuerit iure accrescendi delata adeūti, tamen eo inuito non accrescit, nisi accep-
43 tando, vellet iure accrescendi vti, sed relinquetur creditoribus hæreditarijs possidenda, vt in d. l. si minor. ex eo etiam, quia ille minor restitutus fuit semel per aditionem hæreditatis est verus hæres, & sic ius accrescendi extinctum, licet posteà per in integrū restitutionem fuerit restauratum, quod tūc non tantum potest, sicut ab initio potuisset, nec talis restauratio iure, & priuilegio speciali facta cedere debet cohæredi in sui dānum, vt in d. l. cohæredi, quod non est sic in illo casu, in quo ius accrescendi fuerat extinctum per querelam inofficiosi, vel nullitatis testamenti, quia tunc ius accrescēdi restauratū remedio iuris communis magis cogit hæredem, vt volens suam partem retinere non possit partem adiacentem repudiare: immò cogitur totum habere, quod ius illud speciale fauore minoris ætatis competens facere non potest, quod minor, qui semel adiuit, possit ipso iure desinere hæres esse, vt plenè habetur in d. l. si minor, & l. pen. in fin. ff. de acq. hæred.

44 Prout etiam contingit in assignatione libero-

berorum, vt notatur *in l. verum, ff. de assign. liber.* nam licet assignatio liberorum heri non possit emancipato filio, verum ratione vnionis cum filio in potestate, cui recte fit assignatio, dicitur etiam facta emancipato: verum inter eos cessat ius accrescendi, vt infra dicemus.

45 Et differt etiam hic secundus casus a primo, ex *d. l. cum hereditas*, quia in illo primo heres, qui vti vult beneficio *d. l.* refutare non potest portionem cohæredis repudiatam sibi accrescentem: nisi partem suam, quam adierat, repudiet, siue dimittat; sed in casu *d. l. si minor*, heres suam potest retinere portionem, & partem cohæredis in integrum restituti vacantem repudiare, etiamsi creditores vellent ei gratiam facere, ne vltra vires teneretur, quod est notabile.

46 Et vt hic secundus casus locum habeat duo necessario intercedere debent. Primum, quod heres iste, qui partem accrescentem accipere refutat, suam partem iam adierit antequam eius cohæres contra aditionem fuerit in integrum restitutus: cum tunc adeundo cogitare potuerit, ius accrescendi futurum ex priuilegio cohæredis sibi delatum non esse, quod ei imputetur, & idem foret si post restitutionem cohæredis, sciens illum eam obtinuisse, tunc teneretur inuitus portionem illius recipere. Secundum requiritur, quod partem suam iure proprio, & ex ipso adierit, eamque habuerit, si autem in portione sua ius haberet ex aditione alterius, vt quis erat in parte hereditaria fideicommissarius, qui aliquis alius heres insolidum institutus fuerat per testatorem grauatus partem restituere, quam sibi post aditionem restituit, quod facere non potuisset heres, nisi prius hereditatem adiuisset, & deinum heres quoad partem suam, quam sibi retinuerat contra aditionem, quia minor erat, & in sua restitutus fuit, certe tali in casu, quia iste heres fideicommissarius partem suam habuit non ex sua, sed alterius videlicet principalis, & directi hæredis aditione, non poterit partem illius tunc iure speciali vacantem, & sibi iure accrescendi delatam refutare absolute priuilegio *d. l. minor*, scilicet retenta parte sua sibi ante per fideicommissum restituta, vt est casus in *l. pupill. ff. ad Trebell.* poterit tamen hoc in casu iste fideicommissarius, si cum creditores exigere vellent, & excoriare vltra vires illius partis nunc iure accrescendi delatæ vti beneficio *d. l. cum hereditate*.

Ex quibus nunc clare constat, heredem ex iure accrescendi vere heredem esse tam ex testamento, quam ab intestato, quod proprie locum habet, & operatur effectum suum vbi relictum, de quo agitur, est pluribus delatum, & eis competit pro virilibus portionibus æqualibus, aut disparibus, vt scilicet pars repudiata per vnum, aut plures accrescat alteri, vel alijs petentibus, seu eorum portionibus, in quibus pro ista parte accrescente est plusquam vere heres.

Vnde ne sub incerto materiam colloceremus reassumo casus, quibus ius accrescendi locum obtineat, & quibus cessat, Quorum

47 Primus, in quo ius accrescendi locum habet in materia legati, quando scilicet legatarij coniunguntur verbis dumtaxat, puta quando eadem res relicta fuit, & tantum per intellectum est facta separatio, vt si dicatur, æquis partibus, tunc enim recte sunt coniuncti, *Marta summa successi. leg. par. 4. qu. 27. art. 1. sub num. 4. Crass. d. §. ius accrescendi, quæst. 8. sub num. 4. in vers. Quæro itaque.*

48 Secundus est casus, in quo ius accrescendi locum habet in re scilicet coniunctis, *d. l. si duobus § ff. de legat. 1. & §. si eadem res, Instit. de legat.* cum concordantibus apud *Doct. in d. l. reconiunctis*, licet aliqui affirmant in re coniunctis habere potius locum ius non decrescendi, quam accrescendi.

49 Tertius casus est, in quo habet locum ius accrescendi in mixtim coniunctis, quamuis in isto casu videantur conuenire Doctores ius non decrescendi similiter habere locum, quam accrescendi, quia partes sibi faciunt legatarij per concursum, *Crass. d. §. ius accrescendi, quæst. 10. Vin. decis. 406. nu. 8. Marta d. par. 4. quæst. 27. art. 1. num. 32. Episcopus Marotta, qui alios coaceruat responso 31. nu. 2. Menoch. de præsumpt. lib. 4. præsumpt. 139. num. 8.*

50 Quartus casus est, in quo habet locum ius accrescendi non tantum scilicet in proprietate, sed etiam in vsufructu cum hac tamen distinctione, quod si ante acceptum legatum portio deficiat per repudiationem, vel capitis diminutionem habet locum ius non decrescendi, post acquisitionem vero ius accrescendi, sicut in omnibus alijs casibus, in quibus coniunctionis effectus extenditur: Vnde si duobus, vel pluribus relinquatur vsusfructus, & vterque acceperit, & acquirat suam partem, & postea vnus eorum repudiet, vel moriatur, vel alias sua deficiat portio statim alteri accrescit, *Crass. d. §. ius accrescendi, quæst. 9. num. 18.* fuit originale dictum *Bartoli in d. l. reconiunctis, nu. 21.* qui defenditur a *Bologn. ibidem, num. 238.* sequuntur quamplurimi citati a *Menoch. in d. præsumpt. 139. num. 3.* cum quibus ipse consentire videtur.

51 Contraria opinio, quod immo etiam in hoc vltimo distinctionis casu non habeat locum ius accrescendi fuit *Fasquij loco citato sub num. 27. Guglielm. de Benedict. loco citato sub num. 140.* pro quorum opinione videtur assistere dispositio *tex. in l. 1. §. interdum, ff. de vsufr.*

usufr. accresc. qui tamen videtur facere potius contrà hanc vltimam opinionem, quàm eam probat per illa verba in textu posita: *Quoties vsusfructus legatus est, ità inter fructuarios est ius accrescendi, si coniunctim sit vsusfructus relictus*, *Mantica d. lib. 10. sub num. 10. Barry d. lib. 13. tit. quibus casibus ius accrescendi non obtinet in hæreditatibus, & legat.*

52 Quintus casus est, in quo ius accrescendi habet locum, quàdo vni est relicta proprietas, & alteri vsusfructus omnium bonorum cùm talis vsusfructuarius concurrat cum vsufructu dicti fundi cùm illo legatario, & dicuntur duo re coniuncti, *Menoch. præsump. 140. & præsumpt. 159. sub num. 6. vers. Extenditur, & in consil. 141. num. 16. Dec. consil. 190. num. 8.*

53 Sextus est casus, in quo ius accrescendi locum habet inter cohæredes, inter quos nulla facta est substitutio, adhùc si nulla sit coniunctio, *L. vnica, § in his ità definitis, C. de caduc. toll.* ex ratione desuper posita. *Mantica in d. tit. 10. sub num. 20. Marta d. parte 4. quæst. 26. art. 7. num. Crass. d. §. ius accrescendi. quæst. 11. in princip. Gomes. variar. resolut. tomo 1. resolut. 10. nu. 17. Tholos. d. lib. 46. cap. 31. num. 3.*

54 Septimus est casus, in quo ius accrescendi locum habet inter institutum vniversaliter, & institutum in re certa, vel quota hæreditatis, quia tunc institutus vniversaliter renuncians hæreditatem accrescit eam instituto in re certa, qui perindè est, ac si fuisset institutus in tota, *Marta d. parte 4. quæst. 27. art. 7. num. 7.* & diximus suprà.

55 Octauus casus est, in quo ius accrescendi locum habet inter coniunctos in donationibus causa mortis, *Crass. in § donatio causa mortis, quæst. 16. & d. §. ius accrescendi, quæst. 26. Tholos. lib. 4. cap. 3. num. 9. Gomes. d. resol. 10. num. 7. Mantica de coniect. vltim. volunt. lib. 1. tit. vlt. num. 2. Barry d. lib. 13. tit. in quibus dispositionibus, num. 9. Marta d. parte 4. quæst. 27. art. 4. num. 1. Dec. consil. 661.* & in mortis causa captione, *Guglielm. loco citato sub num. 149.*

56 Nonus est casus, in quo ius accrescendi locum habet inter substitutos quomodolibet coniunctos, post multos *Marta d. art. 4. num. 10. 11. & 12.* vbi declarat casum istum, vt procedat, etiam si alter est substitutus sit substitutus in re certa, & alter in residuo, quia substitutus in re certa per ius accrescendi totum consequi potest, *l. coheredi, §. fin. ff. de vulgar. & pupillar. Decian. resp. 40. nu. 3. vol. 2. Peregrin. de fideicommiss. art. 9. in princ.*

57 Decimus est casus, in quo habet locum ius accrescendi in contractibus, quando scilicet res esset individua, sicuti servitus, & similia, quia tunc sive contractus sit onerosus, sive lucratiuus, ius accrescendi, vel potius non decrescendi locum habet, vt vno contrahentium deficiente, totum accrescat alteri, *Barry d. lib. 13. tit. an in contract. in princ-*
58 *ip.* & proindè subsequitur alia distinctio in re individua inter contractum onerosum, & lucratiuum, in primo vindicare locum ius accrescendi, vt si quis rem mihi, & Titio vendat, qui Titius erat absens, quia tamen emptio sit inutilis respectu Titij absentis, tota efficitur mea, de lucrosa dicemus infrà, pro nùnc videndum *Barry loco citato.*

59 Vndecimus casus est, in quo ius accrescendi locum habet in feudo ex pacto, & providentia, iuxtà terminos relatos ab *Vrsilio ad Afflict. decis. 148. nu. 3.* meminit de eo, *Thor. compend. decis. Regni, parte 1. in verbo ius accrescendi*, vide *Guglielm. de Benedict. loco citato*
60 *sub num. 147.* dummodò feuda sint concessa à Principe: nàm in eis, quæ conceduntur ab inferiore, cessat tale ius accrescendi in actibus individuis, sed ad concedentem pars vacans revertatur, prout post *Bell. de iure accresc.* scribit *Dom. de Luca in tract. de linea legal. cap. 22. sub num. 31. de linea emphyt.* videndus *Dom. Revert. decis. Regiæ Cameræ 194.* vbi *De Marinis* ad intellectum *l. prima, C. si liberalitatis Imper. soc. sine hæred. decess.*

61 Duodecimus est casus in dispositione *L. fin. ff. quibus ad libert. proclam. non licet*, propter vnionem, & individuitatem, ex quo non posset quis pro parte esse liber, & pro parte servus, *Eminentissimus de Luca de iure patr. discept. 35.*

62 Casus verò, in quibus ius accrescendi locum non habet sunt. Primus quando testator reliquit filiabus suis ducatos mille pro qualibet earum in causam dotis, quia tùnc licet videantur coniunctæ verbaliter propter nomen collectivum, & vnitatem orationis, *l. vnica, § hoc tamen nostri, C. de caduc. tollend.* tamen quia legatum videtur factum per verbum distributiuum in re, videtur omninò filiæ disiunctæ vocatæ ad res diversas, vt voluerunt communiter *Doct. in L. huiusmodi, § quibus, ff. de legat. 1. & in d. L. reconiunctis,* sequitur *Vasq. d. §. 10. num. 130. & §. 13. num. 2. & seqq. Crass. in d. §. ius accrescendi, quæst. 8. sub num. 5. Marta loco citato, num. 36. & 37.* quod secùs esset, si dimisisset mille aureos lego filia-
63 bus meis, & non essent nomina distributiua, sive multiplicatiua, tunc dicuntur re, & verbis coniunctæ per nomen collectivum, & illud non destrueretur per nomen distributiuum, vt in primo casu, secundum communiter *Doct. in d. l. reconiunctis.*

64 Secundus casus est, in quo cessat ius accrescendi, quando scilicet testator limitatiuè disponit, quia tunc cum limitata causa limitatum producat effectum, *l. in agris, ff. de acquir. rer. domin. l. age cum Geminiano, C. de transact.* non mirum si cessat ius accrescendi.

di. Tholos. d. lib. 46. cap. 11. sub num. 16. vers. Referunt.

65 Tertius casus est, in quo ius accrescendi cessat, quando testator illud in legatis prohibuit, quod facere sibi permittitur, Clar. in § testamentum, quaest. 74. Surd. tract. de alim. tit. 9. quaest. 15. num. 15. Vasq. de success. progr. lib. 3. § 23. num. 104. Peregrin. d. art. 9. num. 3. in vers. Idem est affirmans sub num. 4. sufficere etiam tacitam prohibitionem, rationem probat Card. Mantica d. lib. 10. tit. 3. sub num. 21. vers. Illud autem, dicens, quod ius accrescendi in legatis, & fideicommissis, tam particularibus, quam vniuersalibus potest prohiberi, quia ex hoc non potest illud absurdum sequi, vt decedat quis pro parte testatus, & pro parte intestatus, & quod vnitatis formalitas destruetur, quia licet portio deficiens non accrescat coniuncto, debetur tamen haeredi scripto, vt supra diximus, ex §. in principio cum sequentibus, l. vnic. C. de cad. toll. & cum ius accrescendi sit tacita quaedam vocatio, vt supra diximus, expressa prohibitio eam tollere potest, l. ille, aut ille, §. cum in rebus. ff. de legat. 3. Barry d. lib. 13. tit. quib. cas. ius accresc. non habet locum, num. 1. folio mihi 167. Tholos. d. lib. 8. cap. 11. sub nu. 15. Marta loco citato in fine, & in decis. Pisana, voto 69. num. 18. & voto 12. in princ. Dec. d. resp. 90. num. 16.

66 Quartus casus est, in quo ius accrescendi cessat, quando quis consequitur emolumentum contra testatoris voluntatem, l. mulieri, & Titio in fine, iuncta Gloss. ff. de condit. & demonstrat. Tholos. loco citato, nempe in d. lib. 46. cap. 11. sub nu. 18. & Mantica d. lib. 10. tit. 3. sub num. 30.

67 Quintus casus est, in quo ius accrescendi non consideratur, quando pluribus est relictum in causam alimentorum, l. Dominus, ibique per Gloss. ff. de vsufr. l. penult. §. 1. ff. ad legem falcid. quia hoc legatum iterari, nec
68 multiplicari potest, l. alimenta, §. basilica. ff. de alim. & cibar. legat. quia nec duos habere potest stomacos, Mantica loco citato sub num. 24. vbi ex Alciato refert, non ideo pluris alendos
69 caeteros esse, quam alicuius portio defecerit. In legatis enim alimentorum censetur inesse taxatiua, & ideo cessat ius accrescendi, l. Lucius, §. quae habebat. ff. ad Trebell. cumque testator alimenta legauerit, videtur voluisse ne vltra modum alimentorum quicquam habeant singuli legatarij, Cress. d. § ius accrescendi. quaest. 171. Episcop. Marant. d. resp. 31. sub num. 9.

70 Nec obstare videtur, quod etiam in causis taxatiuis locum habet ius accrescendi, secundum Angel. in l. quaeren. §. si duo, col. 1. vbi etiam Imola ff. de hered. instit. & in l. 1. §. si ex fundo, & in l. hereditas, col. 8. ff. eod. tit. de hered. instit. Barbat. in consil. 71. col. 3. vol. 4. Cephal. consil. 153. num. 11. quia illud locum habet in institutione, in qua testator prohibere non potest ius accrescendi, vt supra diximus: secus in legatis, & fideicommissis, Surd. d. tit. 9. quaest. 6. in vers. Verum Bartoli.

71 Quod extenditur primo, vt locum habeat tametsi vsusfructus alicuius praedij relictus pro alimentis sit, vt disponit punctualiter tex. in d. l. Dominus, §. 1. ff. de vsufr. Aret. in d. l. si mihi, & Titio, col. penult. in fine de verb. signif. Abb. cons. 78. in fine, vol. 2. Ruinus cons. 86. per tot. vol. 1. Mantica loco citato sub num. 25. Surd. d. quaest. 6. sub num. 10. 15. & 22.

72 Extenditur secundo, vt procedat etiam in legato victus, in quo cessit ius accrescendi, secundum Ruin. d. cons. 86. sub num. 3. & seqq. rationem adducit Surd. loco citato sub n. 18. & 19. in vers. Amplia secundo, quia legatum victus aequiparatur legato alimentorum, & nihil aliud continet, quod alimenta, l. fin. ff. de alim. & cibar. legat. l. verbo victus, cum l. seq. ff. de verb. signif.

73 Extenditur tertio, etiam si legatum alimentorum sit relictum pauperibus, & consequenter ad pias causas, quia licet multa sint piae causae priuilegia, tamen in huiusmodi legato cessat ius accrescendi. Bald. in d. l. 3. num. 48. C. de Sacros. Eccles. Ripa in d. l. recommissi, num. 141. quod intellige etiam si legatum sit relictum duobus, vel pluribus pauperibus, quia praesumitur relictum esse pro alimentis, secundum Gloss. Bart. & alios in l. cum bi. §. si in annos. ff. de trans. Ripa in d. l. recommissi, num. 142. Crot. num. 71. Mantica d. lib. 10. sub num. 27. Surd. d. quaest. 6. num. 25. & 26.

74 Extenditur quarto, vt habeat etiam locum in legatis vestimentorum, in quo non est locus iuri accrescendi, secundum Bald. in d. l. Dominus, §. 1. & Ruin. d. cons. 86. num. 4. Lupus in cap. vestras in 3. notab. §. 25. num. 7. de cohab. Ias. in d. l. recommissi, num. 175. quia vestitus est pars alimentorum, & eadem est ratio partis quoad partem, quod totius quoad totum, l. quae de tota, ff. de rei vend. verum Surdus loco citato sub num. 16. & 17. tenet contrarium, quia vestitus est reiterabilis, & multiplicationem recipit, quoniam qui plura habet vestimenta, duplicationem quoque habere potest, quod non sic in alimentis, quia cum quis est alitus non potest iterum ali, vel cibari. Tu vero ne discedas a prima opinione, quia quando quis in ea vice est semel vestitus non potest amplius vestiri corpore induto, & sic respectu cibi, sicuti quis duo non habet stomacos, vt ambo impleri possint, sic etiam respectu vestitus, nec quis duas habet personas, vt ambae vestiri valeat, & sic licet plures quis patiatur habere vestitus, successiue tamen ad vtendum non vero simul, & semel, prout etiam in cibis, qui li-

cet

[illegible] plures non [illegible] tempore [illegible] [illegible] & corpore [illegible] videri, ideo verum est, quod [illegible] tanquam, sicut legatum [illegible].

75 Quæ omnia [illegible] *Surdus loc. cit.* in fine, [illegible] quando sufficienter [illegible] legatarij [illegible] ex voluntate legatarij, siue ex casu [illegible], ex voluntate scilicet si [illegible] quæ requiruntur ad vitæ sustentationem, vt si tribus, vel quatuor [illegible] oratione [illegible] vigiliis pro [illegible], quæ omnibus nullo modo [illegible], quia tunc, credit [illegible] quia cessante [illegible] possint [illegible], ex quo quoad [illegible] esse [illegible] sed quæ diminutæ [illegible], & ad [illegible] etiam naturalis taxatio, quia [illegible] non augentur ea, sed ob imperfectam [illegible] taxatione reducitur ad [illegible] regula, standum [illegible] per rationem, quod [illegible] prohibetur quod [illegible] non [illegible] quod vi[illegible] per *Surd.* [illegible] quod dessi pro alimentis necessarijs [illegible] eo, quod superest, quæ quidem *Surdi* [illegible] ratio tanquam [illegible], rationique [illegible] est nihil indu-

76 bitabiliter adeo quod si talia alimenta sint relicta duobus pauperibus, quorum vnus est nobilis, alter verò rusticus, lautiùs taxanda primo, quam secundo, *l. si cui, ff. de ann. legat. l. Meline* [illegible] *legat.* cui

77 [illegible] rusticorum cibo, [illegible] *Bald. in l. 1. in fin. C.* [illegible] *Cordub. in l. si quis à liberis. §. sed si filius, num. 47. ff. de liberis agnosc.*

78 Victus nobili præstanda sunt alimenta non pro illius sola persona, sed etiam pro famulis. *Cordub. in d. §. sed si filius, num. 49. Surd. d. tract. tit. 4. quæst. 18. sub num. 91.* vbi *nu. 92.* infert rustici non esse præstandos cibos delicatos, panemve album, sed grossum ex [illegible] [illegible] Ex li- [illegible] *de leg. n. 3.* & sub [illegible], vel debere ci-

79 bis grossis [illegible] venialiter quasi peccare qui [illegible] rusticis sumptuosa & delicata cibaria [illegible], *cap. criminis* [illegible] *30. num. 146.* [illegible] & non venum [illegible], vsque ad necessitatem eorum hos accrescendi sunt taxanda respectiuè, quoniam & si à principio non sit inspiciendæ inæqualitas personarum, quia alimenta [illegible] sunt relicta, & sic [illegible], vt [illegible] tara [illegible] *sed si filius,*

80 *num. 55.* [illegible] *8. sub num. 69.* [illegible] nis, quod si sint [illegible] duas buccellas pro [illegible] ità paruis dare [illegible] in casu quo aliqua certa portio [illegible] specifica [illegible] testatoris, qua videatur voluisse [illegible] conjunctis [illegible] debitum cessat: & [illegible] necessitate [illegible] cierit [illegible] noscit, qui [illegible] concedit, sed sicut [illegible] abstinentiam [illegible] dierum, & quadraginta [illegible] modicũ palmenti de [illegible] per Sanctissimam Mariam [illegible] suam Matrē ab Angelis suscepit, & [illegible] commiuium, prout depingitur [illegible] ab Angelis, qui & si ei ministrabant, in illo tamen modico, & suaui cibo [illegible] à Matre Sanctissima sua ad eum [illegible] ministrando.

81 Sextus casus, in quo [illegible] sat, est quando [illegible] vtraque parte. *L. 8.* [illegible] *verbo dimisit, ff. de vsufr.* [illegible] *ff. quemadm. seruit.* [illegible] *eadem re sub num. 60. Franc.* [illegible] *sub num. 7. Mantica loco citato, num. 23.* quod

82 sanè intellige, quoad proprietatem, non verò quoad [illegible] quod etiam non [illegible] quæ [illegible] turus fuerit [illegible] dictionem, vt suprà [illegible] *Mantica loco citato,* [illegible] *23. num. 182.*

83 Septimus casus est, in quo [illegible] crescendi inter succedentes [illegible] *sed si tam* [illegible] *Salyc. in d.* [illegible] licet vna, eademque [illegible] tur contra [illegible] hanc sententiam [illegible] *num. 49.* [illegible] *81. Tholos. loco citato, num.* [illegible] *crescendi, quæst. 20.* qui [illegible] non tantum in [illegible] hominis, exemplum [illegible] dari contra tertium fratrem [illegible] querelam mouerint, & alter à [illegible], & lite recedit, eius pars alteri fratri [illegible] git querelam, accrescit [illegible] *tex. est in l. pœnas, §. finali, ff. de* [illegible] hoc itidem, exemplum [illegible] *d. lib. 13. tit. supracit. sub num. 4.* qui videtur

illud confirmare, & [illegible] *Placentini de [illegible]* [illegible] faceret vtrique portio deficie[illegible] quia remedium competit [illegible] exhaeredato, exemplum [illegible] *de inoffic.* vbi institutus [illegible] ter exhaeredatus, [illegible] certam tamen [illegible] tia alteri soli [illegible] tus ex[illegible] [illegible] triens [illegible]

84 [illegible]

[illegible] 1. *C.* [illegible] ipso [illegible] [illegible] *Mantica de tacit. & ambig.* [illegible] *col.* 2.

85 Octauus est casus, in quo ius accrescendi locum non habet, quando portio redditur vacans non ipso iure, sed ope exceptionis, *l. si duo patroni, in* [illegible] *per Gloss. in* [illegible] [illegible] [illegible] *Pet. Gregor. Tholos.* [illegible]

86 Nonus [illegible]

[illegible] legatarius [illegible] quia ab initio partem habent legatarij, ex quo singuli haeredes pro portione tantum tenentur [illegible] *pro haered. C. de haered.* [illegible]

88 [illegible] est casus, in quo [illegible] portio [illegible] & [illegible] *Mantica* [illegible] 9. [illegible] sed legatum non valeat: tamen ipse facit partem, & impedit ius accrescendi, quia legatum in persona serui est validum [illegible] considerata requiratur, secundum quam [illegible] ipsius legatum praestare tenetur [illegible] rigore actio non datur. [illegible] num. 69. Vel si exhaeredato [illegible] Titij [illegible] Titij legatum non [illegible] *G. de legat.* [illegible] *& Mant.* [illegible]

89 [illegible] pro parte, *L. ad alienum, C. de legat.* [illegible]

90 [illegible] *Mantica*, quod legatum [illegible] recipit [illegible] [illegible] *l. si non* [illegible] *ff. de legat.* 2.

91 Haec tamen *Manticae* explicatio [illegible] nihil valde urgeat, & non facere [illegible] *d. §. si Titio*, quia [illegible] do rem alienam scienter, & [illegible] [illegible] in verbo illo, [illegible] quod [illegible] contra [illegible] *legat.* 3.

[illegible] vero lib. 4. [illegible] dispositionem *d. §. si T*[illegible] *Constantini* [illegible] *C. de* [illegible] ex *Duareni* sententia [illegible] cap. 18. cui sententiae subscrib[illegible] sed non ratione, [illegible] num. 9.

92 *Duareni, & Fachinei* consideratio videtur longe abesse [illegible] in *d. §. qui autem*, [illegible] de eo, qui non potest admitti, sed facere potest partem, vt in *d. §. Titio, & Mant.* sed tamen-

dem

dem de eo, qui [illegible] admitteretur ad faciendam partem, veluti si legaretur mihi, & ei qui non est in rerum natura tempore testamenti, vel legaretur mihi, & ei, qui decessit ante testatorem. Vndè tanquam inducens iurium correctionem non est sic de facili admittenda, l. 1. C. de impub. & subst.

93 *Picardus* verò *in d. §. si eadem res sub num. 80. in vers. Neque obstat*, omissa interpretatione caeterorum *Doctorum* ibi per ipsum nouam, & eleganti ratione explicare conatur hunc passum, dicens, quod impossibile fuisset in d. §. *si Titio*, vt legatum etiam in persona Titij, qui Stichi Dominus erat, subsisteret, & quod ambo ad legati portionem admitterentur, non tandem ad eandem rem concurrerent; nàm Meuius accipere debebat partem Stichi, quam à Domino redimere debebat hæres, iuxtà §. *non solum instit. de legat.* Titius verò collegatarius, si possibile fuisset, vt in eius persona legatum rei propriæ consisteret, non acciperet alteram partem Stichi, quia eam iure proprio, & tanquam Dominus habebat, non poterat ei amplius dari ex causa legati, *d. §. sed & si quis*, sed ipsius partis æstimationem hæres dare debebat, iuxta *l. si fideicommissa. §. si seruum, ff. de legat. 3.* & proindè alter partem serui, alter verò alterius partis æstimationem accipere debebat, & per consequens non ad eandem rem, sed ad diuersam concurrerent eo casu, quo possibile fuisset in vtroque legatario legatum consistere.

94 Eiusmodi *Picardi* interpretatio adhuc non stringit: cum verò si Stichus esset in cognitione testatoris, non suus, sed Titij esse, deberetur vtique æstimatio, *l. non dubium in fine, ff. de legat. 3.* Vndè cum legatum sic factum coniunctim in quantitate, ius accrescendi etiam in terminis *Picardi* cessare non debet, habita consideratione ad pretium succedens loco rei, quando Titius Dominus nō voluisset Stichum vendere: nec *Picardus* resoluit verba posita in textu, non admittatur imò per fictionem affirmat deberi Stichum saltim in pretio, quod textus negat.

95 Fateor, eiusmodi explicationem esse valdè difficilem, & intricatam. Vndè iudicio meo (ni fallor) [illegible] intellectum d. §. si Titio [illegible] [illegible] ibis, [illegible] enim [illegible] Titio, & [illegible] *Stichum* [illegible] *Meuio*, [illegible] bat, licèt de [illegible] Titij, medietas [illegible] ret deberet, quia [illegible] tem alterius medietatis [illegible] fuit à testatore relicta, non [illegible] subsequentia, ibi *Nam Titium*, [illegible] *ad legatum non admittitur, partem facere*, quia illa verba dirigantur ad proprietatem rei, quæ esset inutiliter legata Domino, per *tex. in d. l. proprius*, non verò ad quidditatem legati duobus facti, vt scilicet excluderetur collegatarius Meuius à toto, & admitteretur in parte non minus in numero filiorum, in quo concurrunt fœminæ, & si à statuto exclusæ, quia licet non admittantur eæ ad partem in successione, tamen faciunt partem in cōputatione numericè legitimæ, iuxtà terminos relatos per *Bursat. cons. 115. num. 4.*

96 Duodecimus est casus, in quo ius accrescendi cessat, quando petens portionem deficientem iure accrescendi veniret contra voluntatem defuncti, cum *Doctorum* tamen distinctione sic asserentium, an is est tantum coniunctus coniunctione reali, ex qua nasci dicitur, secundum aliquos, ius potius non decrescendi, quàm accrescendi, habebit locum in iure non decrescendi tam si legatarius esset, quàm si hæres, licet veniat contrà testatoris voluntatem, *Mantica d. tit. 3. sub num. 30. Crass. d. quæst. 18.* in cæteris conuentionibus distinguitur inter hæredem, & legatarium, in hærede locum sibi vendicat ius accrescendi, licet succedat iure singulari, & contrà testatoris voluntatem ratione, de qua suprà: nē scilicet fiat diuisio vnionis, in legatis idem esset, quotiescumque legatarius ex testatoris voluntate veniret, *Mantica d. num. 30. & 31.* exemplum etiam affert *Surdus d. lib. 13. tit. præd. sub num. 5.* de minore, qui admittitur beneficio restitutionis in integrum ad legatum per ipsum repudiatum, quod fallere affirmat, si hæres, à quo debetur legatum, veniret contrà voluntatem testatoris, putà per *bonor. possess. contrà tab.* quia eo casu, quo legatarius venit iure singulari ex voluntate defuncti non admittitur ad ius accrescendi, secundum *Mantic. & Crass. loc. cit.* & pro quibus facere videtur, *tex. in l. 3. §. sed, & si, ff. de legat. præst.* sed si iure singulari contrà voluntatem testatoris legatarius veniet; tametsi secundum voluntatem succedat hæres, non habet ius accrescendi legatarius, ex *textu in l. mulieri, & Titio de condit. et demonstrat.* in cuius casu mulier, & Titius erant coniuncti re, & verbis (coniunctione legali, non carnali, nè temerè iudices) & legatum mulieri factum, si non nuberet, quæ postea nupserat post testatoris mortem, in qua specie legatum habere dicitur, & pro medietate, vel sua parte, quia conditio illa de non nubendo reijcitur, & pro non scripta habetur, cùm sit contrà libertatem matrimonij, & aduersum bonum publicum [illegible] enim mulieri pars Titij, si repudiet, [illegible] quia mulier nubendo facit contrà testatoris voluntatem, & hanc eandem [illegible] post multos tenuit *Picard. d. §. eadem res, num. 93.* qui respondēs ad obiecta cōcludit, quod

si mulier paruisset conditioni habebit per ius accrescendi totum vsumfructum, dando in sua vita cautionem Mutianam de non nubendo, *Auth. cum relictum, C. de indict. vid. tollend.* nec aspectando finem mulieris, ei legatum dari non potuisset, putà quia post mortem; cùm agatur de vsufructu, *l. heres meus, §. quamuis, ff. de cond. & demonstrat. l. Titia, ff. de vsufr.* & si non paruit conditioni, licet Titij vera portio defecta esset; tamen quia necessario allegat se esse nuptam etiã à principio, quo nõ esset nupta, vsusfructus sibi deberetur, non auditur, quia non potest ad eundem vsumfructum, & tanquam nupta, & tanquam non nupta admitti, *l. Titia si non nupserit, ff. eod. tit.*

97 Decimustertius est casus, in quo cessat ius accrescendi ex fideicommissaria substitutione, in qua si vnus ex fideicommissarijs repudiaret partem suam, illa alijs non accresceret, *Pract. Papiens. in forma libelli, quo agitur ex substitutione in fine, gl. fin. l. prima, §. sed & quoties, & l. cogi, §. si quis heres, & §. Mutiano, & §. idem Mutianus, ff. ad Trebell. Tholos. d. lib. 46. cap. 11. sub num. 14. Peregrin. d. art. 9. sub num. 1.* quia presumitur hæreditatis aditio, *l. ille à quo, ff. si testam. & l. quia poterat, ff. ad Trebell.* quod secus esset in cæteris substitutionibus, putà directis, in quibus locum habet ius accrescendi, *Dom. Prasci Merlin. controu. for. lib. 2. cap. 1. sub num. 25. & seqq.*

98 Decimusquartus est casus, in quo cessat ius accrescendi, existente statuto in aliquo loco, quod stantibus masculis, fœminæ non succedant, quid si stante eodem statuto, fuerint duo, vel plures fratres, quorum vnus repudiet, & alter excludatur, portio illa deficiens solis alijs fratribus, vel etiam sororibus accrescat, dic quod solis fratribus, secũdum *Bald. in d. l. reconiunctis, num. 48. Ias. num. 191. Castr. in d. l. mulieri, & Titio,* ibique per *Cuman.*

99 Decimusquintus casus est, in quo cessat ius accrescendi in contractibus, regulariter tamen, quia in eis datur potius ius non decrescendi, vt diximus suprà in decimo casu, in quo ius accrescendi locum habere [illegible] ratio, quare in vltimis voluntatibus [illegible] ius accrescendi, & non in contractibus [illegible] quia plenior sit interpretatio [illegible]

[illegible]

ap[illegible] tribus, [illegible] aliud propo[illegible] tractib. titulo quarto [illegible] vers. Licet, pagina 328. col. 2. non sic in vltima voluntate, in qua

solus testatori est imponendum [illegible] cogitauit [illegible] hac consideratione, *Cepol.* [illegible] habeas pro regula, quod [illegible] in quibus reperitur ius [illegible] accrescendi habere locum in contractibus [illegible] intelligas illud esse verum: nisi illi, quibus [illegible] tur ad partem, faciant partem [illegible] ope exceptionis, putà in iure patronatus, quod est indiuiduum, *l. quotiens, ff. de* [illegible] *cifc. & l. fin. ff. de iure patron.* non habet [illegible] ius accrescendi, quia ibi ius patronatus [illegible] lius, contrà quem iuratum fuit, nõ [illegible] ctum ipso iure, sed ope exceptionis [illegible] randi, secundum *Gloss.* ibidem, [illegible] *vel. in l. praeiud. §. si seruus* [illegible] rex. vbi *Gloss. ff. de stipulat. seru.*

100 Decimussextus est casus [illegible] ius accrescendi per substitu[illegible] partis, *l. final. in princ. ff. de vulg.* [illegible] *si duo, ff. de bonor. possess.* [illegible] *§. in primo, & §. prosecundo* [illegible] *Maria d. parte 4. quæst. 27.* [illegible] cum *Fusar. de vulg. subst.* [illegible] suprà diximus, [illegible] gis dilectus, licet [illegible] contrarium teneant [illegible] est opinio contraria, quia [illegible] tur eos excludere per substitutionẽ expressam non vocando illos, quos expresse vocare potuisset, si voluisset, quod cum non fecerit, præsumitur voluisse, *Andr. Sicul.* [illegible] *cum acutissimi, col.* [illegible] *C. de testam.* [illegible] cum *Roman. cons. 370.* sequitur *Dec. cons.* [illegible] *col. 2. Decian. resp.* [illegible] *sub num. 18.* [illegible] aliter volunt [illegible] *& 34. vol. 3. Mantica de* [illegible]

101 Decimusseptimus est casus, in quo cessat ius accrescendi, quãdo testator vsus fuerit clausula *ad habendum, dicendum,* quia tunc censetur repulisse ius accrescendi [illegible] *cons. 87. num. 119. vol. 4. &* [illegible] *num. 3. vol. 4. & prosequ.* [illegible] *num. 63.* sequitur *Maria d. parte 4.* [illegible] *art. 4.* [illegible] quod bene procedi[illegible] [illegible] suprà.

[illegible] casus est, in [illegible] quando insti[illegible] [illegible] *Vasquez* [illegible] 261. [illegible] cap. 10. [illegible]

[illegible] Decimusnonus [illegible] ius accrescendi est in feudis, rebus [illegible] & iure [illegible], ad terminos [illegible] per *Gloss.* [illegible] accrescendo, quæst. 13. per totam, num. 3. vbi dat quandam distinctionem circa fecunditate quæ etiam per nos suprà, & in donationibus factis à Principe l. 1. C. si lib. Imper. fac. lib. 10. datur ius accrescedi, quod intellige, vt suprà diximus, adde Marescott. variar. resolut. lib. 3. cap. 1. num. 13. Bursat. consil. 381. num. 7. vol. 2. & cons. 252. num. 19. vol. 3. & cons. 263. num. 3. eod. vol. D. Rotæ in dec. Req. Cam. 193.

104 Vigesimus, & vltimus pro nunc, in quo cessat ius accrescendi, casus est, si scilicet hæreditas venderetur, nam tunc ex communi sententia traditur, tale ius non accrescere hæredi vendenti, sed bene extraneo emptori, & post aliquos rectè, & perbellè disputando vtramque partem affirmauit, Mantica de tacit. & ambig. conuent. lib. 4. tit. 11. per tot. vbi conformat opinione Doctorum contrarium tenentium, euoltis substantialissimis rationibus tenet, hoc ius accrescere emptori, & non venditori, nempè quia portio deficiens accrescit portioni, & non personæ, l. si autem, ff. de acquir. hæredit. l. hæc scriptura, §. vlt. cum cæteris concordantibus per eum, num. 9. &

105 nos probauimus suprà, & quod per ius accrescendi quæritur hæreditarium est, & sic ad emptorem pertinens tanquam lucrum hæreditarium, l. 2. §. non solum, ff. de hæred. vendit.

106 Si ergo ad emptorem hoc ius transmittitur, videtur etiam ad successores transire vniuersales scilicet, adeò quod si cohæres adierit, & postea decesserit, deinde eo mortuo, alter cohæres repudiauerit, ius accrescendi ad hæredem illius cohæredis, qui adierat transmissum intelligitur, Crass. d. §. ius accrescendi, quæst. 12. in principio, Alexan. cons. 58. num. 5. lib. 3. ex textu in l. qui ex duob. ff. de acquir. hæred. D. Capyc. Latro decis. 1. sub n. 93. vol. 1. quod procedit siue hæres ille, qui ius accrescendi transmittit, decesserit ante, siue post quàm defecerit portio, Barry d. lib. 13. sub tit. suprà cit. n. 11.

107 Pro terminatione totius huius tituli de hærede ex iure accrescendi est vlterius videndum, quid sit ius non decrescendi, & quid inter ius accrescendi differat, ne confunderentur termini: & quia tamen si inter aliquos [illegible] inter ea [illegible] differunt, & [illegible] Mantica, & Tholosanum locis [illegible] ius non decrescen[illegible] tamen to[illegible] est, ces[illegible] [illegible] 3. & quod [illegible] la, quam [illegible] vol. 1. num. 3.

109 Prima inter eas differentia constituitur, quia ius accrescendi est quædam tacita substitutio, siue vocatio, qua partem deficientiâ consequimur, & ius non decrescendi est propter quod detinemus: Vndè licet vtrumque ipso iure quæramus, vt in d. l. vnica, §. in his autem, tamen ius accrescendi non consequitur, nisi actione intentata, vt suprà diximus, ius non decrescendi verò immediatè, quod consequi desideratur.

110 Secunda differentia est, quoniam qui consequitur per ius accrescendi portionem, habet cum onere adiuncto, d. l. vnica, §. his autem legatarij, l. si Titio, & Mæuio, ff. de legat. 2. quod laud intellige in hæreditatibus, & in illis cum hoc tamen temperamento, secundum Crass. d. §. ius accrescendi, quæst. 30. Tholosan. d. libro 46. cap. 11. Barry d. lib. 13. in tit. an portio deficiens accrescat cum onere, Mantica d. lib. 10. tit. 3. sub num. 16. & 17. circà similiter legata: cum portio deficiat ex causa pro non scripto, vel ex causa caduca, vel caduca ex causa pro non scripto onus habetur pro non scripto, sicut & ipsum principale, ratio est, quia onus substinetur ab hæreditate, quæ repræsentat personam defuncti, ideò licet non fuerit in rerum natura tempore conditi testamenti, ac si hæreditas sit pro non scripta, onus eidem iniunctum sublinetur in persona repudiata, & sic hæreditas, quæ pro non scripto habetur, transit cum onere; quod etiam declara quoties onus esset nominatim vni iniunctum, quia talis portio deficiens non accrescit cohæredi cum onere, sed sine onere, quod vlterius intelligendum in hærede, qui decessit antequam portio sua hæreditaria sibi deferretur, quia si delatum repudiauerit accrescit cohæredi cum onere, l. si Titio, §. 2 in ff. eod. nam quod Constitutione Diu. Seueri, & Antonini sancitum est, vt legata ab instituto nominatim relicta cēsentur repetita à substituto vulgari porrectum est ad ius accrescendi in casu repudiationis, nè alioquin repudiatio fiat in fraudem oneris, vt docet Cuiac. obseruat. lib. 18. cap. 12. si pro caducata, vel quasi deficiat accrescit cum onere cum distinctione suprà relata, d. l. vnica, §. sed vt manifestius cum §. seq. eod. tit. de caduc. toll.

111 Et subintellige etiam, quod aut portio deficit pro non scripta illius, qui erat mortuus tempore testamenti, & tali in casu coniuncto, vel substituto accrescit sine onere, vel reuertitur ad hæredem testatoris, sine vllo, similiter Crass. & Gomes. in locis de super assignat. citatis, contrarium si legatum deficiat ex causa caduca, vel ex quasi caduca, vt si ille, cui relictum est, mortuus sit post testamentum, vel repudiauerit, tunc siquidem ad substitutum, vel coniunctum cum onere sine dubio peruenit, Bart. in d. l. vnica.

113 Dicitur relictum pro non scripto, ne subintelligo disputemus, quando ille, cui re-

lin-

linquebat, mortuus erat iam eo tempore, quo relinquebatur: in causa caduci, vel quasi caduci verò dicitur quando mortuus est, vel aliàs incapax factus est, post testamentū ante tamen mortis testatoris, caducum quādo post mortem testatoris, secundum *Cutac. ad rubr. de caduc.* intellig. hęc vltima om-
114 nia in verbis, vel re, & verbis coniunctos secus est in re dumtaxàt coniuncto, qui indistinctè portionem vacantem accipit siue onere, quia nō alieno, sed suo dumtaxàt iure illam consequitur, *d. l. vnica, §. si verò non omnes, & §. sin autem,* cum cæteris concordātibus adductis per *Martam loco paulò ante cit. sub num. 16.* & sic cum non alienam, sed eam suam consequitur, meritò sine onere habet, *Peregrin. de fideicomm. art. 11. num. 77. & 78. Gomes. variar. resolut. tom. 1. cap. 11. sub num.*
115 321. vbi refert mirabilem casum: videlicet si filius sit institutus in legitima cum onere aliquo; licet respectu filij onus illud reijciatur; si tamen filius repudiet suam legitimam, quæ peruenias ad substitutum, vel cohæredem filij transire, & accrescere cum suo onere adiuncto, ex quibus concluditur, quod quicumque deficientem portionem per ius accrescendi cōsequitur, debet agnoscere onus fideicommisso iniunctum, quod secus est in eo, qui iure non decrescendi retinet.

116 Tertia differentia est inter ius accrescēdi, & non decrescendi, vt venientibus iure accrescendi inuitis non accrescat portio delata deficientis, *d. l. vnica, §. vbi autem, & in l. si minor vigintiquinque annis, ff. de acquir. hæred.* in legatis scilicet, secus in iure non decrescendi, *l. nemine m, ff. de legat. 2.* quia is, cui totum ab initio delatum est, partem acceptare, & alteram partem repudiare non potest, *l. cui fundus, ff. de condit. & demonstr.*

117 Quarta, & vltima differentia est, pro nūc, quia ius accrescendi est introductum ad cōseruationem vnitatis, vt suprà pluriès diximus in hæredibus, in legatis verò, nè portio accrescat alteri contrà voluntatem tacitam
118 testatoris, vt idem etiam diximus: Ius non decrescendi verò introductum, nè voluntas testatoris expressa defraudetur, & portio coniuncto acquisita, & eius expressa dispositio ab eo ne auferatur, *Piccard. d. §. eadem ver. num. 32.*

119 In hac tota materia iuris accrescendi est in vltimo loco constituenda certa, & irrefragabilis regula quoad portiones hæreditarias an accrescat, non verò pro iuribus; nempè si testator habens quatuor filios, Camillum, Franciscum, Petrum, & Ioānem, legauit Camillo centum aureos, & si decesserit Camillus sine liberis, substituit Franciscum, & Petrum filium in duabus, & Ioannem pro vna parte, inter quos substitutos est ius accrescendi, quia omnes verbis saltem coniuncti sunt: verum deficiente Camillo, pars deficiens accrescit solum Francisco, & Petro, quia ij sunt re, & verbis coniuncti, & deinde si Petrus decesserit, hęc pars Petri accresceret Francisco, & Ioanni æqualis partibus, cum non inspiciendum sit, quod Petrus habet iure accrescendi, sed id tantum, quod habet iure directo legati, adeò quod illo iure legati amplius non habeat, quàm quartus filius, *Molin. ad Alex. cons. 198. vol. 6.* & habebis etiam pro regula illibata ad dictam leg.
120 *re coniunctis, ff. de legat. 3.* vt coniunctus duplici coniunctione præferatur eis, qui vna dumtaxàt coniunctione coniunguntur coniunctus, nè preferatur coniunctio verbis tantum, *Barry* post alios *loco citato sub num. 4.* Et hæc sufficiant pro hærede ex iure accrescendi.

Quoad Hæredem insuper cum beneficio Legis, & Inuentarij.

121 ADhuc substinemus illum verè, & effectiuè hæredem esse, oppositis desuper in principio non obstantibus nam in omni loco, & vbique Imperator eum hæredem appellat absque vlla improprietatis nota *d. l. fin.* & facit *Gloss. in l. pro hærede, §. Papinianus, ff. de acquir. hæred.* vbi enumerantur hæredes nomine tantum, & non effectu, inter quos iste non numeratur, & quando hæreditas est soluenda, trāseunt in eum actiones actiuè, & passiuè, prout transeunt in hæredem absque illo beneficio, vt in *d. l. fin.* [illegible] *computatione,* & falcidiam detrahit, actio[illegible]que hæreditaria agit, sine eius periculo, quod non posset, nisi esset verus hæres [illegible] *gulariter, ff. de pet. hæred. l. hæres, C. quib.* [illegible]

122 Et non est dubium, quin etiam [illegible]
ria stricta sub nomine hæredis com[illegible]
datur etiam iste noster cū beneficio [illegible]
cons. 1 p. lib. 5. Curt. sen. cons. 89. col. [illegible]
aliquo alteratur ex illo adiuncto, [illegible]
operatur accidentaliter dom[illegible]
quod aliàs teneretur, non conse[illegible]
rio, si scilicet verè in hæredi[illegible]
quod etiam absque inuentario [illegible]
fuisset, & consequenter nihil [illegible]
substantiam, nempè quod non [illegible]
res, quod verè non succedat [illegible]
non possit facere quæ defunct[illegible]
quando erat in humanis, quod [illegible]
trāseant iura actiua, & [illegible]
quod etiam non faciat [illegible]
tas appareat lactus [illegible]
quod ex hoc beneficio [illegible]
se iactus, quia effectus [illegible]
tradictoria, esse scilicet [illegible]
tem, & esse pleniam cum [illegible]

con-

[illegible], [illegible] esse, & non esse, lux, &
[illegible], [illegible] quemadmodum
[illegible] partes, licet nó quo ad ef-
[illegible] exceptionem, ad [illegible]
tur [illegible] hæreditatis, sed [illegible] est
in [illegible], quod accidit [illegible]
[illegible] cum qualitate veri hæredis, qui
[illegible] ne occupationis bo-
norum, ad nihil aliud teneretur: nisi ad
[illegible] hæreditate, & sic inuentarium
[illegible] dumtaxat hæredis in
[illegible] hæreditaria, quod simili-
[illegible] verò substantia, & quid-
ditas [illegible].

123 [illegible] est ii, qui restituit hæredi-
tatem [illegible], in quo casu non
cogitur à [illegible] hæreditarijs: nihilo-
[illegible] res, prout natura-
liter [illegible] homo liber, quàm
seruus, & quod dicit *Phanuc.* respondendo
[illegible] *de super cit. par. 5. sub*
[illegible] vbi ad conciliandam
Cæsari [illegible] fuit dicere, quod
[illegible] hæreditas dicitur
iacens, [illegible], & res non consideran-
tur [illegible] tis, & non vt talis
[illegible] ex eo, quia hæres
ex [illegible] sibi satisfacit, quod
[illegible] essent sua, *L. frater à*
[illegible] quæ sunt de hæredi-
[illegible] nec ipsius hæredis,
nec in eius bonis, *L. prædia* [illegible], *ff. ad leg.*
falcid. Ias. in [illegible], *C. qui admitti*, & sic
cum hæres non sit Dominus non videtur ex
sua persona posse esse locus retractui, item
nec etiam ex persona ficta hæreditatis, quo-
niam hæreditas ipsa non habet nec velle,
nec nolle, nec etiam possidet, *l. 1. §. Sceuola,*
ff. si quis [illegible] non inquam,
in tali ratione audiendus *Phanucius*, ex quo,

124 vt diximus, hæres adiens cum beneficio
efficitur verus hæres, & Dominus bonorum
hæreditariarum, nec amplius dicetur hære-
ditas iacens, vel taliter fingatur: cum si ia-
ceat hæreditas omninò repræsentat personã
defuncti, qui ante hæreditatis aditionem
Dominus adhuc est, nè bona hæreditaria
dicantur vacantia; Vndè post aditam hære-
ditatem [illegible] debet dominium
à defuncto, & [illegible] adeuntis, vt sint
[illegible] Domini insolidum.

125 [illegible] potest substineri, hæredem
[illegible], loco Curatoris succede-
re, quia [illegible] hæreditati iacenti dã-
dus, sed benè [illegible] bonis. *Anton. Fa-*
ber de err. Pragm. [illegible] 3. *err.* 2. & 3. hæres
verò cum beneficio hæreditatis hæres est,
non verò hæreditariorum bonorum, & con-
sequenter nunquam potest dici, quod hære-
ditas iaceat, quæ aliquandò tamen reperia-
tur sine hærede; nunquam tamen sine hære-
dis habendi facultate, & proindè malè *Pha-*
nucius asserendo rationem illam, quam nec
aliquis affirmare audet: nisi comparatiuè,
non verò effectiuè, vt scilicet hæres cum be-
neficio nè sit in damno symbolizatur extra-
neo in detrahendo sua credita ex peculiari
facultate illius beneficij, non quod amittat
habitum hæreditarium effectiuè, quem se-
mel per aditionem adeptus fuit; & proindè
validior est sententia, quæ subsequitur apud
Phan. vt scilicet omninò cesset ratio *Cassand.*
in terminis iuris retractus, & prorsùs habe-
re locum in hærede cum beneficio tanquã
verò Domino: nisi speciali constitutione
illius loci, de quo apud *Cassan.* aliter sit cau-
tum, & hanc opinionem sequuti fuerunt cõ-
muniter *Doct.* prout etiam Florentinis hæc
fundatur eorum speciali statuto, vt apud eũ-
dem *Phanucium par. 6. num. 138.* de quo me-
minit etiam *Dom. Reg. de Marin.* [illegible]
[illegible] *96. sub num.* 87. *Anton. Faber in suo*
Cod. lib. 7. tit. [illegible] *10. in appendice in princ.*
[illegible] verè hæres non habet in quo
[illegible] possit ab illo sine beneficio: nisi
in eo, quod hæres cum beneficio non tene-
tur vltra vires, secus sine beneficio, quia cõ-
[illegible], & [illegible] patrimo-
nium, hæres verò cum [illegible]
[illegible]
[illegible]
[illegible], & licet verè hæres tamen cum [illegible]
tione illa, quæ non alterat hæredis [illegible]
tanquam accidens.

126 Qualitates hæredis cum beneficio erunt.
Prima: nàm & si ipse adeundo hæreditatem
teneretur creditoribus hæreditarijs etiam
de proprio, & sic vltra fortunam, siuè vires
hæreditarias: tamen conficiendo inuentariũ
euitabit tale infortunium, & periculum,
quia interdum creditores hæreditarij ca-
rent, & non se ostendunt, donec hæredes
capiant consilium à *l. fin. C. de iure delib.* vt
scilicet hæres, omissa quacumque delibera-
tione, etiam dubius de viribus hæreditatis
adeat intrepidè hæreditatem, dum tamen
infra tres menses, vocatis creditoribus, le-
gatarijs, & cæteris, quorum interest, faciat
inuentarium iuxtà formam traditam in *d. l.*
fin. tunc enim non teneretur creditoribus
hæreditarijs, nec legatarijs vltra fortunam
hæreditariam; ueminè vltra hæreditatis va-
127 lorem, adeò vt si hæres hæreditatem valen-
tem centum vendat pro mille, non tenebitur
vltra centum, quia illud plus non habet ex
hæreditate, sed ex fortuna, & fatuitate em-
ptoris, *ex. t. in l. si hæres institutus, ff. ad leg. falc.*
Ias. in l. generalis, C. de legat. sequitur *Guglielm.*
de Benedict. in verbo. Mortuo itaque testatore [illegible]
1. sub num. 197. *in fine*, & in conficiendo ta-
le inuentarium debet hæres obseruare se-
quentia.

Pri-

128 Primò, quod inuentarium inchoetur infrà triginta dies, qui secundum communem magisque communem opinionem, vt infra ex meo probabo ingenio, incipiunt currere à die adita hæreditatis, illicò postquam hæredes adiuit, secundùm *Gloss. in d. l. fin.* vbi communiter Scribentes, *Dec. cons. 633. nu. 2. vers. Secundò quæritur*, alijque passim, quod probant.

Primò per tex. in d. l. fin. §. si verò postquam,

129 ibi: *Postquam adierit*, quod scilicet priùs aditur, & postea inuentarium conficitur, igitur post hæreditatis aditionem incipit tempus conficiendi inuentarium.

130 Secundò probant ex eo, quod quoties lex mandat aliquid fieri per hæredem infrà certum tempus, id semper intelligitur mandari, vt postquam hæres adiuerit, id fiat, & infrà tempus præfixum à die scilicet aditionis computandum, *Alex. cons. 36. col. 2. vol. 4. Corn. cons. 244. lib. 1. Dec. d. cons. 633*.

131 Tertiò ponderatur ad hunc textum tex. in *d. §. sin autem dubius*, in quo iubetur signum venerabilis crucis manu hæredis in inuentario apponi, quod est præambulum ad dignoscendum, aditionem hæreditatis præcessisse, quoniam aliàs id non posset facere.

132 Vltimò ex ponderatione tex. *in d. l. fin. §. donec*, vbi statuitur, quod durante confectione inuentarij, ne hæres inquietetur, quod esset frustratoriam indolem, si non præsupponeretur, præcessisse aditionem hæreditatis: cum ante aditam hæreditatem, [illegible] supposita scientia hæredis sibi [illegible] haud inquietari, aut vexari posse.

133 Contrarium, quod [illegible] inuentarij tempus incipi debere post apertas tabulas, vel à die scientiæ, non autem à die aditæ hæreditatis excipiunt *Doct.* ab expresso, & limpido [illegible] *in d. l. fin. §. sin verò*, rationem adducunt, quia cum hoc sit à leg. statutum expressè, contrariam opinionem tenentes contra stimulum recalcitrare [illegible], & [illegible] statutum. Et est, [illegible] *perator l. [illegible] l. [illegible] autem, C. [illegible] tur. [illegible]* scilicet sunt Constitutione [illegible] sentur ad exitiosam legum [illegible]. Et *Phanuc. loco citato*, non desinat admirari, quod hodiè sit tanta scribentium audacia, vt cum propria ceruice prætulerint sensui legis claro, & aperto: dum etiam legi quam [illegible] dura parendum sit, *l. qui prosp. [illegible] ff. qui, & à quib.* [illegible] ceruicem contrariam [illegible], non [illegible] magno [illegible] ad obiecta [illegible] dicentes [illegible] videtur & legere: non esse [illegible] posse [illegible] stare præcedentiam hæreditatis, & tempus conficiendi inuentarium incipere à die scientiæ hæreditatis delatæ, suadente æquitate, & iuris recta ratione hoc in casu, quod hæres ni-

bil [illegible] hæres [illegible] rio [illegible] *Mont[illegible]* hanc [illegible] cro[illegible] tium, [illegible] idem [illegible] *sequ[illegible]* bari [illegible] quo [illegible] tur longa [illegible] vsque ad trigin[illegible] te sicut à [illegible] machinatio, [illegible] quo securè [illegible] nulla expectatá [illegible] *Barbatus* [illegible] *persua*[illegible]

134 [illegible]

ca[illegible] ad [illegible], [illegible] pro actu [illegible] retentio, qui nihil operatur, & [illegible] audiamus verba textus: *Sin autem* [illegible] cie textus *Iterum ad administratio* [illegible], *sancti hæreditas, non putet sibi esse* [illegible] *deliberationem, sed adeat hæreditatem* [illegible] [illegible] *modo inuentar*[illegible] *sic* [illegible], *vel intrà* [illegible] *[illegible] postquam* [illegible] *larum, vel* [illegible] *cognouerit* [illegible] *toruum* [illegible] *pore habebat*. Hæc [illegible] hortatur

hæredem suel suum, sed extraneum non es-
se dubium ad adeundam hæreditatem, in
prima tamen periodo dat normam, vt omni-
nò fiat inuentarium si ex testamento esset
hæres infrà triginta dies post apertas tabu-
las, quando post sibi delatam hæreditatem
cognouerit exordium capiat inuentarium,
nota verba illud, exordium capiat inuentarii,
quod verbum tanquam relatiuum rei, & non
personæ est potius consilij, quàm præcepti,
iuxtà illud Cicer. orat. 301 A Bruto igitur exor-
dium capiamus, & sic voluit dicere Iustinianus,
quod non per hoc, quod hæres habeat bene-
ficium iuris deliberandi. Item & hæredita-
tis adeundæ perpetuum; tamen quia intro-
ducit ipse tàm salubrare inuentarij alterum
beneficium, poterit nunc hæres absque me-
tu, & inquisitione virium hæreditariarum adi-
re hæreditatem cum tali beneficio, & bonũ
esse si inuentarij exordium incipere faciat à
die notæ aperturæ tabularum, & si ab inte-
stato à die cognitionis delatæ hæreditatis
ad euitandam carpere suspicionem, quidem
de se capere possent creditores videntes cũ
procrastinasse inuentarium ex illa facul-
tate sibi elargita ad adeundum, quam per istã
Constitutionem non deducit Imperator, &
proinde, cum omnino tamen modo inuenta-
rium fieri debet, relatio est ad præcedentia,
ibi: Sed adeat hæreditatem, vel sese immisceat
esse necessariam, & si possibile est exordium
incipere faciat à die notæ aperturæ tabula-
rum, & si ab intestato à die cognitionis de-
137 latæ hæreditatis, hoc est consilium, adeò
quod si hæres non possideret, sed petitione
hæreditatis ageret non currit sibi tale tem-
pus, nec in pœnas iuris incideret, donec fini-
ta quæstione hæreditatis, qua finita tempus
curreret, & non prius, Bald. in leg. facultas de-
fensionis, C. de iure Fisci, lib. 10. arg. text. in l. si
quis in grad. §. fin. & l. ventri possessionem, ff. ad Syll.
quod dicit esse notandum.

138 Limitatur primò hæc opinio, vt non
procedat si dolo malo hæres aditionem di-
stulerit, & protrahat in id vsque tẽpus, quo
inuentarium amplius ex bona fide, vel parte
bonis iàm ex parte dilapidatis, vel occupa-
tis, tunc enim in odium dolosæ dilationis
haberet locum contraria opinio Anton. Fa-
ber in suo Codice, lib. 6. tit. 11. defin. 9. num. 10.
[illegible] conf. 73. num. 31. & 34. vol. 2. post De-
cian. [illegible] d. §. sin verò dubitat, & §. sin verò pos-
sessor.

139 Limitatur secundò in eo inuentario,
quod facere debet hæres antequam se deli-
beret an expediat, nec ne adire hæreditatẽ,
vt in d. l. fin. §. sin autem hos aliquis. ibi: Necesse
est eum omnimodo deliberantem inuentarium
cum omni subtilitate facere, quia tunc si fiat ta-
le inuentarium post tempus præstitum ad
deliberandum non iuuat, vt in d. §. sin autem
hos aliquis. ibi: Non liceat ei post tempus præsti-
tum, Franc. Marc. decis. Delf. 489. par. 2. Leo
Speluc. in tract. de arte Notar. in formula addit.
cum beneficio inuentarij.

140 Vt autem inchoatum dicatur inuenta-
rium intrà triginta dies, non sufficit, quod
hæres vocasset Notarium, & testes, & in
principio cartæ posuisset signum crucis, sed
requiritur, quod aliquæ res describi incepræ
fuerint, Bald. in d. l. fin. tamen licet inceptum
non fuerit intra triginta dies, dum tamen
infra alios sexaginta dies inchoatũ fuerit,
& perfectum sufficit, Bart. & Doct. in d. l. fin.
quia leuis est solemnitas prius inchoare, &
posteà perficere, cuius omissio nõ vitiat, l. 1.
ff. de ventre inspic. post multos Phan. d. par. 1.
sub num. 28. adde Gugl. loc. cit. sub nu. 198.

141 Et tale tempus non potest à Iudice nec
elongari, neque abreuiari, adeò quod, eo pẽ-
dente, non potest hæres inquietari, & si in-
quietaretur excipiat de inuentario non
perfecto, & impedit litis ingressum, Phan. lo-
co suato, nouiter D. Nicolaus Scoppa ad Nico-
linum, fol. 164.

142 Secundò requiritur in confectione in-
uentarij citatio creditorum: cum omnes
creditores, legatarij, & fideicommissarij,
quorum interest visura inuentarij, citandi
sunt §. sancimus in Auth. de hæred. & falcid. d.
§. sin autem dubitat, ex regula text. in leg. de vno-
quoque, ff. de in lit. vbi de alicuius interesse
agitur citari debet, quæ citatio multipliciter
fieri potest. Primò personaliter. Secun-
dò domi. Tertiò per schedulam, siue pro-
gramma ædibus, vel valuis loci publici affi-
xam affixaue, quando per edictum, quod
voce præconia enunciatum magis innote-
scat, vt habetur in l. 4. §. Prætor ait, ff. de damno
143 infecto, quæ citatio debet continere diem,
horam, locum, & personam Iudicis, & hære-
dis, ne perfunctoriè, aut indiligenter facia-
144 tur, l. aut qui aliter, ff. quod vi, l. aut clam nec
sufficere citationem esse factam, nisi nun-
cius relationem fecisset, vt certioretur Iu-
dex de citatione, & citatorum contumacia;
l. hæc autem, §. 1. ff. ex quib. caus. in poss. & cum
adhibitione testium, l. 1. C. de Cur. lib. 12. li-
cet Tiraquellus teneat soli nuncio credendũ
circa ea, quæ ad suum officium pertinet, in
inquam in tract. de vtroque retr. l. 8. gl. 9. In
Regno adest Regia Pragm. 1. de ordin. iudic.
quando expediuntur citationes extra Ciui-
tatem, vt scilicet fiat citatio coram duobus
testibus. Creditores, legatarij, fideicommis-
sarij, & cæteri, quorum interest, absentes, vel
incerti, licet præsentes non sunt citandi spe-
145 cialiter, & nominatim, d. §. sancimus, sed
sufficit generale proclama, prout notat
Bart. in d. §. sin autem dubitat, præsentes verò,
& certi citari debent personaliter, siuè spe-
cialiter, aliàs inuentarium respectu eorum

 esset

esset nullum. *Thor. compend. decis. Regni, par.*
1. in verbo, Inuentarij exceptio, & par. 2. in
verbo, Inuentarium confectum. sed sufficit vna
citatio pro omnibus, siuè fiat nominatim
pro præsentibus, & certis, siuè generaliter
pro alijs, *Guid. Papa in tract. de forma inuenta-*
rij, Nicolaus de Montarellis, & Bald. in d. §. sin
146 *autem dubius*, & quando fit huiusmodi de-
nunciatio præsentibus, siuè in eodem loco
commorantibus, valebit etiam si non fiat
ipsis principalibus, sed eorum Procuratori-
bus, vel inquilinis, vel consanguineis, magis
si principales personæ, vel propter ætatem,
vel propter sexum, vel propter imbecillita-
tem, vel propter aliud impedimentum sint
inhabiles, *dicto §. sancimus*, vbi *Gloss.* Vndè si
vxor sit creditrix, vel legataria sufficiet ma-
ritus citari, tanquam vxoris defensor, &
Procurator absque alio mandato, *L. a. & leg.*
maritus, C. de procurat. & sufficiat citari pa-
ter filijfam. creditoris, vel legatarij, *leg. 1. §.*
147 *permittitur, ff. de liber. exhib.* quid autem si
creditores hæreditarij, vel legatarij sint
Clerici, dic quod ij etiā poterunt citari per
proclama laicale, *§. sancimus, & §. penult. in*
Auth. de hæred. & falcid. nec mirum, quoniam
hæc citatio, seu admonitio vim obtinet
monitionis extraiudicialis, non autem ha-
bet vim diffinitiui præcepti, vt scilicet cre-
ditores, & legatarij periclitentur omninò,
licet non compareant, iuxtà notata per
Doct. in l. obseruatum, iuncta Auth. qui semel,
148 *C. quomodo, & quando Iud.* si verò illi Cleri-
ci litem principaliter exercere deberent de-
clinant forum Iudicis secularis, & sunt citā-
di coram eorum Iudice competenti, vt in
cap. forus, & cap. si diligenti de foro competenti.
149 Si verò creditores, vel legatarij sint ab-
sentes debent tali modo citari, vt hæres lit-
teras impetret citatorias à suo Iudice, quas
mittat ad Iudicem alterius Territorij, vel
Ciuitatis, quarum tenore prospecto, Iudex
statim per suum apparitorem exequatur,
quod obseruatur in omnibus citationibus,
mediantibus litteris ortatorialibus si com-
mittuntur à Superiore inferiori, deprecato-
rialibus verò si inter pares: Verum in hoc
attenditur stylus Curiarum *Dom. Nicolaus*
Scoppa ad Neapolitanum, fol. 3. 4. & 6.
150 Tertiò requiritur, vt in confectione in-
uentarij describantur omnes res mobiles, &
immobiles repertæ in hæreditate tempore
mortis testatoris, adeò quod scribi debent
etiam res alienæ veluti depositæ, vel com-
modatæ penès testatorem, & tali ordine
sunt scribendæ. Primò bona mobilia, & se
mouentia. Secundò immobilia, hoc est præ-
dia vrbana, & rustica, & tertiò nomina de-
bitorum, siuè actiones, cum confinibus, & si
postponeretur hic ordo non causaret nullita-
tem, *l. forma, ff. de censib. Sebast. Monticula cap.*
8. sub num. 48. in Regno, & penès probatissi-
ma Tribunalia tales res describuntur in in-
uentario per hæredem cum protestatione
addendi, & minuendi, vt si post factum inuenta-
rio, aliæ res deuenerint ad notitiam hæredis
possit eas addere, *Guglielm. loco citato sub nu.*
400. qui laudat hanc cautelam tanquam
optimam, & postea dictum inuentarium pu-
blicetur per Notarium publicum hora de-
signata in citatione, & loco similiter desi-
gnato coram testibus, & locupletibus, &
postmodum exaratur fides inuentarij stipu-
lati, & conseruetur penès acta preambuli, &
omittens aliquam rem describere in inuen-
tario, quod causet nullitatem, voluit *D. Reg.*
Capyc. Latro dec. 129. sub nu. 36. vol. 2. æquior,
& probabilior est opinio, vt hæres teneatur
ad duplum dumtaxat si est mobilis, si im-
mobilis ad nihilum, *Andreolus contro. 106.*
& 109. hanc opinionem tenet etiam *Anton.*
Fab. in suo Codice Fabr. loco iam suprà citato.
151 Sed dubia est quæstio, an hæres debeat
petere se declarari hæredem cum clau-
sula illa, beneficij legis, & inuentarij, & cum
tali etiam clausula debeat promulgari simi-
liter decretum præambuli per Iudicē, adeò
quod omissa tali clausula, vitietur aditio
etiam si postea sit confectum inuentarium,
ex quo apparet ob pręteritionem talis clau-
sulæ, deliberasse hęredem, se velle adire absq;
illo beneficio, & Iudicem decreuisse secūdū
formā libelli; *Barbatus noster loc. cit. sub n. 109.*
asseret penè S.R.C. (M.C.V. dicere voluit
ibi enim fuit præsidens) dicens: *Quod quā-*
do quis petit se declarari hæredem, instat id fieri
cum clausula beneficij tamen legis, & inuentarij,
& quando exinde subsequitur decretum concipi-
tur illud similiter cum clausula prædicta, quæ
clausula nihil aliud innuere videtur (subdit ip-
se) *vt scilicet quamuis præcedere videatur primo*
decretum præambulum aditionis, postea verò
præambulum ad additionem, itaut post factum
inuentarium sequuta videatur aditio, & possessio
bonorum hæreditariorum vigore aditionis factæ
non enim absre (subsequitur *Barbatus*) *inuen-*
ta est clausula prædicta, at proportio eiusdem mi-
rum aliud, attenta adhùc dispositione d. §. sin
autem dubius, appareret non fore necessariam
expressam aditionem, sed posse inchoari illam
à confectione inuentarij: dum terminus ad illud
conficiendum, vt suprà traditum est, non à die
additionis computatur, sed à die apertura tabula-
rum, siuè scientia aperturæ, siuè delationis ab in-
testato, & credo, quod sit de plano procedendum, &
absque difficultate aliqua: tametsi quòd clausu-
lam prædictam nullus alius ex Regnicolis nostris
aduertat, & quod casum, quando superuenerit
ius adeundi hæredi post aditam hæreditatem, &
confectionem inuentarij nullus alius Doctor nec
Regnicola, nec externus, nec ex antiquioribus, nec
ex Neotericis, & ideò si casus aduenerit, & fue-
nis

vis indicantur, vt sperò fucundam meam opinionem [illegible] Deum pro me. Hæc *Barbatus.*

152 Subtilis equidem *Barbati* inuestigatio, procede more, & proinde pro laboribus non defraudandum animæ suæ in oratione à Deum, congregati fuerunt *Doctores* amore ad scribendum, non odio differentiæ cum distructio amorem pariat ex emulatione ad bonum, & verum, germanamque amicitiam in animis colligat, *Gratian. discept. forens. cap.* 900. mira columnarum operatio amicitia fiat inter scribentes in distans non viso subiecto amabili, & adhuc ex notis amatur, defenditur, & symbolicè amplectitur, & deosculatur. Ecce idem nouerim ciò appulit interim tractatus noster *de symbolicis contractibus,* quanto subito, amicum habuit *D. Philippum Andream Oldenburgeri,* cuius cura, & studio, summaque charitate, & amore iterum imprimi Geneuæ festinauit, *Plausu equidem apprehendit suo doctissimæ Præfationis ad Lectorem cum reformatione corporis iuris* i conuersatio siquidem miraculosa citrà, & vltrà Montes, cui proinde talem amicum magnopere in memoriam reuocans ... voluit dicere *Barbatus* ad tuendam opinionem contrariam, quod decretum præambuli sub illa clausula, cum beneficio tamen legis, & inuentarij, est conditionale, idest facto prius inuentario declaretur hæres, ex dictionis illa, tamen quæ improprias [illegible], donec adimpleatur eius effectum totum quidem oppositum, si attendatur ordo scripturæ, declaretur hæres, idem confirmatur declaratione hæredis indefinitè, subsequitur cum beneficio, ecce adiunctum ceù accidens, quod haud stare potest absque subiecto, aliàs clausula prædicta redderetur [illegible] vacans adimant hæres perijsse se talem [illegible] tempus inuentarij, vel post tempus [illegible], si infrà tempus, & quia tale beneficium poterat sibi acquirere hæres industria sua, conficiendo quippè inuentarium, proinde frustrà quæreret, quod intus haberet, vel extra tempus, & quia lapsu temporis idem cecidit à tali beneficio, frustrà similiter quæreret, quod à Iudice impartiri non poterat, stante *Iustiniani Constitutione.* Vnde cum prius sit, vt quis sit hæres, quàm vt inuentarium conficiat, nec indiget inuentario, qui nonquam est hæres *d. l. fin. §. similiter modo,* at nullus potest dici hæres, quin prius sibi delatam hæreditatem adierit, *l. 2. §. quis autem. ff. quor. legat.* nec talis hæres potest molestari à creditoribus, durante tempore confectionis inuentarij, quæ dilatio intelligitur data post aditam hæreditatem, aliàs esset superflua, cùm ea non adita, nunquam hæres conueniri queat, *Crimell. decis. Dolan.* 143. *sub nu.* 4. & quæcumque dicuntur de hærede omninò intelliguntur, adita hæreditate, *Communit. Parisf. tit. de fend. §. 4. num. 6. Glos.* & resultat ex hoc, quod inde potest hæres declarari sequentem cum dicta clausula, [illegible] ea, dummodò conficiat inuentarium infrà tempus à Iure [illegible] semper [illegible] hæres cum tali beneficio, ex quo beneficium illud non consistit in voce, sed benè in facto, vt in *d. §. fin. autem dubitas,* ibi *Dummodò inuentarium ab ipso conficiatur,* & hoc sufficiat, & si non dixerat.

153 Ex isto beneficio subsequuntur duo [illegible] qualitates. Prima, vt hæres liberari possit à creditoribus hæreditarijs, offerendo eis totum bona hæreditaria [illegible] de ijs legata [illegible] tenta soluere [illegible]
[illegible]

154 Caueto [illegible] [illegible] contra [illegible] pro alio, creditor in [illegible] *2. §. [illegible] in fin. ff. [illegible]* Vnde [illegible] [illegible] esse [illegible] relaxatur [illegible] tea, vt ad [illegible] procedere [illegible] [illegible] magis [illegible] quid [illegible] S.B.C. [illegible] tiam [illegible] ex hæreditate [illegible] falis in [illegible] *De Fenis d. [illegible]* & contrà [illegible] qui legit.

155 [illegible] hæreditatis, quòd non tenetur hæres cum beneficio inuentarij in vniuersum, & regulariter approbare factum defuncti, sed potest venire contrà illud, *Peregrin. de fideicommiss. art.* 33. *num.* 22. nisi hæreditas sit opulenta, nam tunc tenetur habere illud ratum, nec potest contraueniré, *Barbat. loc. cit.*

156 Quod habet etiam locum in facto proprio, taliter quod nó poterit reuocare alienationem rei propria per defunctum, quan-

do in hæreditate reperitur æqualens, nec potest dicere redde mihi bona mea, & capias bona hæreditaria, quicquid dicat *Anton. Fab. in suo Codice, tit. de bonis, quæ liber. lib. 6. defin. 1.* Ratnerius *D. de Franch. decis. 153. num. 16. & 17. & decis. 353. num. 7. & decis. 565. num. 4. Fontanella de pact. nupt. clausul. 4. Glos. 5. num. 39. cum seq. & decis. Cath. 47. num. 8. Barbos. loco citato sub num. 77.* dicens, quod hoc non inducitur, quia actiones hæreditariæ sunt confusæ per aditionem, & consequenter extinctæ, sed quia cùm inuentarium fuerit adhibitum, ne hæres sit in damno per aditionem, sed præferatur ab eo, consultum videtur filiorum detrimentorum per præstationem facti desiderij, & solutionem in pecunia magis, quàm in corporibus hæreditarijs: dum hæreditas est opulenta, & ob id beneficium prædictum ei non suffragatur tali in casu, quoniam si secus induceretur confusio, esset penitus destruere priuilegia inuentarij, quæ perpetua, præcipuaque sunt, & adhuc sunt vires relinquit, & præferuntur bona, vinea, & actiones [illegible]. *D. de Ponte [illegible] fol. 102. num. 19. & seqq. [illegible] decis. Roman. 164. num. 33. D. Pascal. de virib. patr. potest. par. 1. cap. 2. sub n. 60. & 61.*

157 Tertia principalis specialitas est, quia *[illegible] tali beneficio adire*, siue hæreditatem repudiare, vel immixtionem facere, abstentionemque incurrere, item bonorum possessionem agnoscere præcipitanter quispiam volens [illegible] iudicij apud [illegible] diiudicant: Cùm [illegible] opulentæ, [illegible] apparet ne hæreditatem, nihilominus [illegible] alieni [illegible], quod post mortem solet [illegible], vel [illegible], & fideicommissorum, [illegible] hæreditatem, [illegible] [illegible] *de hæred. [illegible] de contract. in [illegible] 3. [illegible] cap. 17. [illegible] lib. 4. [illegible]*

Quo [illegible] Consiliarium [illegible] ius deliberandi, ad finem, ut in [illegible] debeat se alienis negotijs inuoluere [illegible], vel vtilitatem, *l. Aristo ff. de acquir. hæred. l. Aristo C. de iure delib.* quemadmodum deliberatio omnibus rebus necessaria inspiciatur, quæ hominum indiscussos calores possit refrenare, *cap. [illegible] 21. quæst. 6.*

158 Nàm si quis [illegible] vellet adhibere consilium, non debet illud præcipitare, ac immaturo, & sine vlla consideratione verba proferre corrumpendo similiter ordinem,

159 contra *text. in cap. ponderat 50. dist.* sed debet prius scripturas, quæstiones, atque articulos propositos diligenter, & maturè perpendere, & considerare, quod super eius [illegible] par: ne postquam susceperit [illegible] di cognoscat iniustitiam causæ, & [illegible] cogatur, vel cum rubore reijcere [illegible] probatam, vel cum deperditione conscientiæ iniustam tueri causam.

160 Insuper si quis vellet agrum, vel aliquem fundum emere debet prius deliberare ad videndum salubritatem Cœli, & vbertatem loci, teste *Columella de re rustica, lib. 1. cap. [illegible]* qui subdit, quod si eorum alterum deesset, & nihilominus quis vellet incolere mente esset captus, & ad agnatos, & ad gentiles esse deducendus: considerare etiam debet iter commodum, bonitatem aquæ, & agrum [illegible] quē meliorem esse propè montem, dicit [illegible].

161 Item si quis velit domum emere, eamque edificare deliberare debet aptum situm, in quo erigenda erit domus: tempè, quod æstiuo tempore sit ventilata, hiemali verò [illegible] primo Solis ortu reuerberata, vt etiam in cæteris rebus voluit *Arist. lib. 1. Oecon. cap. 6.*

162 *lit. B.* desideret etiam, quod sit moderata, quia edificanti absque necessitate dandus est Curator, tanquam prodigo, & furioso, *Pract. Papiens. in forma [illegible] oper. Glos. 1. in princ. C. [illegible] de seruit. vrban. prædior. cum. 26.* dicitur edificare dulce impauperari, secundum *Lucam de Penna in l. 2. C. de præd. & omnib. reb. nauic. col. 3.* vbi allegat illud prouerbium: *Prepara foris opus tuum, & postea edifices domum tuam*, sequitur *Neuizz. in Sylua nuptial. vers. Diuiti non est nubendum, num. 63. & 64.*

163 Rursus si quis velit Presbyterum dignitatem [illegible] debet se deliberare, [illegible] vir probis moribus, & doctrina imbutus, secundum *Ioannem Monachum in cap. cum in [illegible] de elect. in 6. Cotta in suis memorab. in [illegible] Abbas. Campegius super cap. Regal. [illegible] & [illegible] 34. sub num. 9.* & adhoc vt beneficia opulenta obtinere possit, quæ non sunt [illegible] danda doctis, quàm nobilibus, secundum eundem *Cottam loco citato*, qui subdit, [illegible] non sunt tolerandi Clerici Inferiores, qui adeò pauperes, vt necesse sit eis victum quærere proprijs manibus, si tantum sciunt, [illegible] simplex laicus circa Altaris Sacramenta, circa quæ quotidiè versantur plusquam laici, & eunt ad Altare, sicut Asinus ad lyram, *Menoch. de arbitr. iudic. casu 426. lib. 2.* & quibus sunt danda officia, vide eundem *Campegium loco citato sub num. 10.* memorans, quod Rex Ferdinandus Primus habebat libellum, siue memoriale cum nominibus, & cognominibus virorum probatorum bonæ conditionis, & famæ expertorum ad diuersa officia, quibus ipse conferebat absque ambitu, & sine pecunia, vtinam sic semper seruaretur pro tuitione rei publicæ, & animæ Principis.

Demum

165 Demum si quis intenderet hâc nostram legalem Philosophiam profiteri debet se deliberare, vt summo studio, summaque vigilantia laborem subeat, vt admonuit *Iustinianus in proœm. Instit. in §. summa itaque.* Vnde meritò *Gloss.* repetit illos versus suprà in *proœmio*, scilicet:

Si quis fortè velit Iurisconsultus haberi
Continuet studium, velit à quocunq; doceri
Inuigilet, nec vincat eum tortura laborum
Fortior insurgat cunctis recta iter horum.

Labor enim improbus omnia vincit. *L. 1. C. de pet. bonor. sublat. cap. cum in iuuentute. § ceterû de poenis*, vide *Hostiens. in proœm. decret. sub n. 2. & 3.* vbi etiam docet, quod studiosus debet de singulis dubitare, & signanter nota verbum illud in allegato *§. summa itaque*, operæ, quod nihil aliud adnotare voluit, nisi quod singulis addiscendis non sufficit mediocris labor, sed summus requiritur, iuxtà dictum *Horatij*

Multa tulit, fecitque puer sudauit, & alsit.

166 Aliàs non poterat acquirere legitimam illam, sine qua esset Comes sine Copiatam, vel fons sine aqua, vel mania [illegible], secundum *Neuizz. in sua Sylua in verbo, Quemadmodum indicandum, num. 40.* & qui non est doctus recte potest commensurari dolor. *Barbat. in cap. in [illegible] prima [illegible] de [illegible]*, *Petrus de las [illegible] tract. de Doct. [illegible]. quæst. 10. Gloss. Regul. Cancellariæ 27. & 121. Barzius in 2. parte § anni*, dicebat, quod vellet potius esse apparitor calcearum, quàm Doctor sine legibus, cui est necessariò [illegible] impensas dignitatis gradus sine vtilitate, vltra turpitudinem, de qua in *L. 2. vers. Seruius autem Sulpitius, ff. de orig. iur.* & in summa vide, quæ fusiùs de Doctore duodenç scripsimus in *tract. de [illegible]*.

167 Et si quis ambigit Officialem & iudici debet deliberare ante omnia, habeat talem scientiæ, & conscientiæ, *Bald. in L. 1. C. de seru. [illegible]* alias sine scientia esset insipidus, & sine conscientia esset *Diabolus*, [illegible], qui *iudicatis terram*, insinuat Spiritus Sanctus. *Follerius in sua praxi criminali in vers. Sindicis se ornauit [illegible] moribus, versic. Secundo*, & bonis moribus vtatur, vt subditi suum exemplum, & vestigium [illegible], & non in apotecis, & plateis, aliisque locis publicis conuersare, quia fiet contemptibilis, & pro nihilo reputaretur, vt aduertit *Baldus in tract. de [illegible]. § per tot.* Iudex ergo absque authoritate talis esse haud potest, & valet, nec iustitia cum scelerato commercium habet, vt notat *tex. in cap. fore in fine de verb. signif.* cauetur insuper *Exod. c. 18.* vt proindé de omni plebe viros potentes, & timentes Deum eligant, in quibus sit veritas, & oderint auaritiam, & qui iudicent populum omni tempore, *Nicolaus de Lyra*

168

explicat verbum *potentes*, idest *sapientes*, sapientia, inquiens, sapientia practica, quæ versatur circa operationes, idest prouidentia, de qua *Polidorus in verbo Prudentia* aduersus quàm quatuor sunt opposita, de quibus in *cap. quatuor 11. quæst. 3.* Timor scilicet siue metus hominum, cupiditas, amor, & odium.

169 Et vltimò si quis vult vxorem ducere deliberet absque præcipitio, cum agatur de re maximi momenti, de qua nullum iudicium habetur nisi quod rogat Deum benedictum, vt tibi [illegible].

170 Dicitur enim deliberare à libella, *Sext. Pompeius Fest. lib. 4. de verb. signif.* nam quemadmodum per libellam, siue libram ad certum, & [illegible] omnia reducuntur, [illegible], & consultatione, & perquisitione diligenti res, quæ dubia videtur, ad certitudinem quandam reducitur, num expediat hæredi adire, vel repudiare.

171 Quia quod olim deliberabatur per cretionem, nunc resoluitur per ius hoc deliberandi, & quid sit cretio, & qua forma olim vtebatur, vide *Gloss. in Lex. [illegible]*, vbi *Salyc. C. de iure delib. Piccard. in d. §. cretio. in princ. Tholos. [illegible] circa principium*, & quomodò pendente tali dilatione, possit [illegible] [illegible].

172 Tempus enim, quod impartiebatur hæredi ad deliberandum, non erat [illegible] præfinitum, sed dabatur à Prætore, secundum negotiorum necessitatem, vel longius, vel breuius, *L. 1. § pen. & fin. eod. tit. Montanus de [illegible], cap. [illegible] n. 28. Vlpianus enim in l. 1. § vlt. ff. eod. de iure delib.* non adiecit diem cum dicat ante tempus, [illegible] ostendit fuisse iudicis arbitrio, *[illegible] de [illegible]. Instit. lib. 2. cap. 1. in princ. Tholos. [illegible] sub num. 8. Iustinianus verò de iure [illegible] voluit hoc tempus præfinire, dum in *d. l. fin. § sed quia quidem, C. eod.* statuit peti posse à Magistratibus impetrata dilatio nouem mensium, à Principe anni excedat [illegible], absolutè [illegible], scrupulo tenentur, [illegible] à Prætore, & à Iustiniano præfinitum fuisse, à Prætore in *l. 1. § longius, ff. de [illegible]* à Iustiniano in *Lex. [illegible], C. de iure delib.* intelligi §. *largius, in bonorum possessione loqui*, ad quã petendam tantum tempus concessit Prætor, quod secus est in hæreditate, in qua nullum tempus præfinitum dignoscitur, & *tex. cum antiquioribus*, loqui duntaxat, quoad transmissionem, habita ratione annalis temporis, quod à Principe impetrari poterat in dubio benignius agens, quasi illud tempus proponat, quod verisimilius ab hærede petatur, est enim anni spatium à lege datum, in quo omnis deliberandi facultas includetur,

tor, dare nihilominus facultate transmittendi hoc ius ad successores, si intrà illud deliberandi tempus decesserit heres, qui adire, vel repudiare debebat, *Tholosan. loco citato, Pract. Papiens. in forma libelli quo petit. hered. ab intest. delat. vers. Certum tenias, num. 1. & 2.* quod vendicat similiter sibi locum in herede heredis.

173 Hinc est, quod licet heres constitutus in agonia adire non possit hereditatem, vt notat *Gloss. in l. fin. ff. quando dies legat. ced.* tamen alia via est ei succursum, quod transmittit ius deliberandi ad heres infrà annos, *d. l. in antiquioribus.*

174 Caetero cardo difficultatis consistit in eo, verum constitutus in articulo mortis sit adeò agonia pressus, & intellectu affuscatus, quod eius voluntatē penitus exprimere nō possit, iuxtà *tex. in l. hac consultissima, §. cum autem, C. de test.* nec poterat verisimiliter scire sibi delatā hereditatem, adhoc vt tale ius transmittere valeat: cùm verò sic ignorantem sibi delatam hereditatem transmittere non posse, vt ex littera *tex. apparet in d. l. cum in antiquioribus ibi: Et siquidem is, qui sciens hereditatem, vel ab intestato, vel ex testamento sibi esse delatam.* Vnde hereditas non aditanon transmittitur, *Salyc. in d. l. sub num. 5. & 6.* & ignorantē non quaeritur hereditas, *Ias. in d. l. cum in antiquioribus, num. 3. Tholos. loco citato sub num. 13.*

175 Certum est enim, quod si vocatus adeò in extremis laborasset tempore mortis testatoris, vt tamen distans poterat discernere [illegible], & victum tanquam ignorans non transmittit ius deliberandi, formam dispositione dicta *l. cum in antiquioribus:* si verò poterat vocatus discernere, & tunc quis potest adire, & sibi quaeri similiter hereditas tanquam sciente, non est dubium, quia verè transmittit, [illegible] nō adeat, nēc repudiet, quia in tantum repudiatur tandiu iuris dispositio, qua deliberare creditur, vt in *d. l. cum in antiquioribus,* vbi *Salyc. num. 9.* & an praesumatur potius ignorantia, quàm scientia, vide *Franciscum Andream contra. 163. num. 13.* vbi tenet pro ignorantia.

176 Et an tale tempus possit pluries prorogari, plus poterat per prius ante *Iustiniani Constitutionem, Menoch. lib. cap. 12. in §. & si praesentes sub num. 256.* asserit, quod Doctores aliqui tenent, quod nisi semel dari debet, alij quamplures, quod pluries dummodò non excedat annum, vel nonum mensem.

Menochius verò *in d. casu 1.* indistinctè tenet, quòd prorogationem à centum diebus vsque ad menses nonum, vel annum posse ex *d. l. fin. §. sed quia,* quā Constitutione certum temporis concessum fuit, post nonimestrem verò ad annum prorogari non posse ex claris verbis *d. §. sed quia,* ibi: *Vt neque ex imperiali largitate aliud tempus ei elargiatur, sed si fuerit datum pro nihilo habeatur,* declarat supradictam propositionem, *Menoch. ibidem in sub num. 6. & 7.* prorogationem [illegible] posse saltim dari partium consensu, [illegible] assumptum, quia dispositio partium [illegible] reductis fauore priuatorum, & hic clausula in tertio posita pro nihilo habeatur, quia [illegible] decreti annullatiua, vt affirmant *Doct.* post *Gloss. in cap. statutum in verbo Commissimus de rescript. in 6.* partium consensu renunciari posse.

177 Verum enim verò in hoc casu allucinatur *Menoch.* (pace tanti doctissimi viri dixerim) quatenus ex falsa hypothesi [illegible] prorogationem fieri posse partium consensu tanquam respicientem priuatorum commodum, quemadmodum [illegible] heredum, & creditorum [illegible] pus fuit constitutum, vel suffragijs, [illegible] stractionibus, vel expilandis hereditati[illegible] sa nimium morosis heredibus [illegible] elargitum, sed etiam vt sciret cum qu[illegible] experiti citiùs deberent. *l. 1. ff. de succ. edict. [illegible] si plures, ff. eod.* & vtrùm ad dominia rerum diu itià sola incerta vagentur, *d. l. 1. ff. eod.* quę valdè inutilia reputabantur, *l. 1. ff. de vsucap.* Item homines ad [illegible] & indistinctè [illegible] carent obligationibus, deinde sibi hereditatem repudiare consueuerint: cùm rei publicae videatur interesse, vltimas voluntates non destitui, *l. vel negare. ff. quemadmodum testam. aper.* Ignota & de publico agatur fauore, prorogari consensum potest etiam de [illegible] partium, quia argumentum de rebus priuatis ad publicum non valet. *l. 1. §. huius [illegible] ff. de testibus & dig. §. similiter. Instit. de ver. oblig.* [illegible] citra tradita per *Actionem Repoll. tract. [illegible]*

178 *cap. 5. tit. de dilat. sub num.* 20. qui ex pl[illegible] bus ostetur, prorogationē termini ad [illegible] bandum fieri non posse, etiam si partes [illegible] iuramento consenserint,

179 Coartari verò tempus centum dier[illegible] in praesenti casu, idem *Menoch. ibidem [illegible] num. 7. in vers. Hac in re,* distinguit duo[illegible] sus. Quorum

Primum asserit quoad hereditatem [illegible] dam, vel bonorum possessionem agno[illegible] dam infrà illud tempus certum dier[illegible] Praetore praefixum, & eo lapso exclu[illegible] heres.

Secundum recensēt quoad hoc vt bonis vacantibus dari Curator possit, qui creditoribus interim satisfaciat.

In primò capite statuit, non posse coartari illud tempus ex *Doct.* ab ipso inibi citatis, nisi iusta coartionis causa subesset.

In secundò casu refert affirmatiuam, & negatiuam sententiam *Doctorum.* Et demum deueniendo ad nostrum casum post[illegible] *sub num. 30.* sic ait: *Sed quid in aliis,* vel

se-

transferri ex Iustinianea Constitutione in d. l. vlt. §. sed quia, C. de iure delib. coartari an illud etiam fieri casu posset, *& posse aliquando credidi*: tum quia lex non prohibet, tum quia ad ius antiquum prætorium reuerteretur, quod esse fauorabile nõ ignoramus, *l. si tutor, §. pactus, vbi Ias. num. 6. C. de pact.* cum multis aliis à nobis congestis *in repet. pro Gen. sup. art. 2. num. 7.* nec ratio illa *Iurisconsulti in d. l. 1. § largius* hoc pertinet cum in bonorum possessione non in herede locum habeat; minus quoque locum habet ratio *l. 2.* quoniam non posset dici præcipitari hæres quando tantum temporis sibi tribuetur, quantum à iure illo antiquo à *l. 2.* tribuebatur, erit tamen in hac noua consideratione cogitandum. Hæc *Menoch.*

180 Inhærerem libenter *Menochij* considerationi, nisi mihi excogitanti non persuaderent in contrarium rectæ suadentes rationes: vel specialis restrictio conceditur fauore hæredis, aut fauore creditoris, aut vtriusque.

181 Si fauore hæredis dumtaxat, quia in tali casu læderetur ius tertij creditoris scilicet, cuius interest nullitates, & cauillationes abesse, nè tempus breue creditum contrà *Iustiniani Constitutionem* sit causa hæredi res hæreditarias destruere, vel negligere, & interim non conficere Inuentarium, quando nõ fuerit sibi legitimus assignatus terminus ad
182 deliberandum, intra quod inuentarium facere compellitur, aliàs teste *Phanucio in præfatione in eod. præf. tit. num. 14.* si non fecerit, vel nihil dixerit habetur tanquam adiens, vel repudians prout decretius; cùm semper poterit dicere hæres, assigna mihi præfixum tempus, vt deliberare possim, & cumulare protestationes protestationibus, & interim bona hæreditaria reducentur in collapsum: maximè quia tale tempus præfigitur à lege absque vllo hominis ministerio, & proindè à Iudice alterari in aliquo minimo non potest, licet secus quando ex ministerio hominis concederetur tempus, prout distinguit *Ioan. de Imola conf. 86. col. fin. vers. Circà quartum, et Ludouic. Roman. conf. 332. num. 3.* assignantes rationem, quia inferior non habet authoritatem in Superiorem, & post alios probat *Mantic. de inuent. cap. 9. num. 68.* punctualiùs *Phan. consim. tract. par. 1. sub num. 31.*

183 Si fauore creditorum idem esset, & [illegible] *Menochius* loco citato affirmat, consensus omnium, quorum interest id fieri posse [illegible] eorum, quæ notantur per *Gloss. Bald.* [illegible] *in l. properandum, C. de iudic. & Tiraquell.* [illegible] *retr. parte 1. §. 1. Gl. 10. num. 30. & 31.* [illegible] *ff. de pact.* tamen quia hoc in casu adest etiam rei publicæ fauor, vt iam suprà probauimus nequaquam poterit in aliquo tempore verificari omniũ consensus, & ideò si tali respectu augeri non potest, multò minùs coartari. Vnde meritò tamissime monet *Phan.* Iudici nè ex ficta sui capitis æquitate audeat legis dispositum immutare, *l. 1. §. item cum contrà Sacras, ff quæ sent. sin. appellat.*

184 Nec obstat assumptum *Menochij* dicentis, non posse dici præcipitari hæres, quando tantum temporis sibi tribueretur, quantum à iure illo antiquo *d. l. 2.* concedebatur, quia esset iterum repetere causam, cur nempè *Iustinianus* plenius, pinguiusque beneficium noua *Constitutione* hæredibus indulsit contrà dicta antiquata iura, & proindè si iam tale antiquatum ius per nouam *Iustinianeam Constitutionem* fuit ad optimum terminum collocatum, quomodo poterit nunc Iudex ex suo arbitrio illud ad insufficientem pristinum terminum reducere. *Polid. Ripa obseruat. 35. num. 6.* vide *D. Capyc. Latro dec. 8. n. 5.*

185 Modus enim deliberandi erit, vt antè omnia petatur dilatio, vt secundum terminum iuris, & non hominis eam adipisci possit, perindè tempore deliberandi currente forma seruetur, vt interim non tantum creditoribus, sed etiam hæredi instituto Prætor, vel Magistratus subueniat, ijsque copiã edat instrumentorum inspiciendorum: Vndè instruere se possint, expediatque nec ne hæreditatem, vel bonorum possessionem adire, agnoscereue respectiuè, item di bene inspici tabulæ testamenti aperiendæ, & describendæ, vt hæres certiorari possit de oneribus impositis. Rursus pendente deliberandi tempore, Iudex bonis prospicit, & hæreditati iacenti in prohibendo alienationes, exercitium rationum, & diminuere quæcum sufficit pro illa impendendi causa, potà funerum eorum, quæ sine periculo non potest omitti, si debitum vrget, ædificiorum, sarciendorum, quod solet fieri, aut dando facultatem deliberanti, aut ipse impendere cùm protestatione, quod non tanquam hæ-
186 res id faciat, aut Curatori, qui dari potest bonis hæreditarijs, vt interim conseruetur hæreditas, prout etiam beneficio huiusmodi iuris, pendente tempore deliberandi, non possunt pignora capi, vel vti executione, *Gloss. in l. si cum dotem, §. transgrediamur, ff. solut. matrim.*

187 Datur in primis hoc ius deliberandi hæredi scripto, dummodò seruus non sit, eo enim casu non seruo, sed Domino, cuius est seruus, elargitur, *l. 1. ff. de iure delib.* cum secus in iure ciuili pro nihilo reputentur, *Thesaur. loc. cit. sub num. 2.*

188 Datur secundò non tantum pluribus hæredibus in vniuersum, sed pluribus, & singulis, & pluribus singulorum, *l. si plures gradus, ff. eod.*

189 Datur tertiò hoc ius deliberandi Fisco succedenti tanquam hæredi, spurijs, vel alijs descendentibus ab intestato, siuè proximis, vel vxori, & si is, cuius hæres est, habuerit ius transmit-

transmittendi hoc eodem iure, vt quilibet alius heres vtitur Fiscus, *Tholosan. iure max. citato.*

190 Competit, sine datur quartò loco hoc ius deliberandi Tutori, vel Curatori nomine pupillorum. *L. ait Praetor, C. de iure delib.*

Tempestate verò nostra videtur nihil, vel parum prodesse hoc ius deliberandi, accedente iterum noua *Iustinianae Constitutione* surgiente beneficium legis, & inuentarij, qua prouidetur, & consulitur, nè dum ipsis heredibus, vt tempus ad deliberandum impetrare non sit amplius eius necessarium, sed statim absque vlla suspicione illaqueandi se debitis hereditarijs, queant hereditatem adire, *d. l. fin. §. sin autem dubius, C. eod.* sed etiã ipsis creditoribus hereditarijs, vt quantò citiùs habeant quem conueniant, *l. & si cum §. fin.* ibique per *Gloss. & Doct. ff. de pett.* cũ concordantibus apud *Pharm. loco pluries citato, num. 6. Montical. in antiphon. discurs. 1. num. 4.*

191 Caetero cautiùs agere intendens heres hoc iuris deliberandi beneficium omittere non debet, quia tametsi sibi sit succursum per beneficium legis, & inuentarij non teneri creditoribus vltra vires hereditarias, nihilominus amitteret beneficium transmissionis, quando non adiuisset hereditatem cum ius deliberandi differat à iure adeundis quia primum absque facto heredis transmittitur ad suum heredem Secundum verò adhoc, vt transmittatur requiritur eius factum, nempè aditio, vt transmitti possit ad eius heredem, quae aditio licet cum beneficio tamen periculosa aliquantulum ob inquisitionẽ quandam in conficiendo dictum inuentarium, quae cessat in iure deliberandi, *d. §. sin autem dubius, & d. L. in antiquioribus respectiue, C. eod. Marc. decis. Delfin. 15. Guid. Papa decis. 353.* & si possit per aliud longissimũ spatium, nempè 30. annorum hereditatem adire, vt voluit *Tholos. loco pluri. cit. num. 43.* verum, facto solemni inuentario, prout quotidiè practicatur, expeditur heres à tot supraposititis anfractibus, & inanibus disputationibus: cum certiori iure transmittendi hereditatem tanquam aditam, licet cum dicto beneficio.

193 Quarta est specialitas beneficij Inuentarij, quia licet heres se obligasset proprio, & principali nomine ad soluendum onera, & ad debita hereditaria, adhuc si nõ renũciasset expressè beneficio quartum dimidium S. R. C. non tenebitur, nisi vt heres cùm beneficio discusso Inuentario, ad tradita per *Dom. Reg. Capyc. Latro decis. 183. Thor. compend. decis. Regni parte 2. in verbo Heres cum beneficio, & in verbo Excussio inuentarij.*

194 Quinta est specialitas beneficij Inuentarij, quia licet heres vtatur iure defuncti, *leg. heres absens,* vbi *Gloss. ff. de iudic. L. qui in ius, ff. de regul. iur.* ergo vbi heres conueniri poterat, ibi heres conueniretur, non obstante quocumque priuilegio, vt in *d. l. heres absens, Dom. Consil. Carlenal. de iudic. fin. e dispu. iur. quaest. 5. nu. 298.* nisi esset mors in priuilegijs in corpore iuris clausulis, purà Clerici, Militis, Pupilli, & Viduae, prout in specie in hoc Regno habemus *Constitutionem Statuimus, & Ritum M. C. V. 234.*

De Clerici priuilegio habetur in *cap. forum, & in cap. si dilig. de foro compet.* adeò quod neque volens possit in foro defuncti laici conueniri, *Roland. à Valle in cons. 4. num. 9. vol. 1. Balbus decis. 36.* ratio est, quia per aditionem factam per Clericum heredem hereditatis defuncti fit nouũ patrimonium Clerici, *§. licet autem, instit. quib. ex caus. manum. non licet, §. 1. de hered. qualit. & differ. l. sed, & si plures, §. 1. ff. de vulg. & pupill. subst.* & proindè ex mutatione personae mutatur conditio rei, *arg. tex. in cap. vnico, §. fin. de iure patr. in 6. & l. per Procuratorem,* & ibi notat *Bart. n. 3. ff. de acquir. hered.*

Ex quo infertur primò, quod quando Clericus adit hereditatem defuncti laici, bona hereditatis praedicta redduntur immunia à quolibet onere fiscali, tàm ordinario, quàm extraordinario, *Guid. Papa decis. 381. & decis. 382.* vbi dicit *num. 2.* quod non debent, neque contribuere pro bonis obuentis ex successione patris, tàm ex testamento, quàm ab intestato cùm distinctione, de qua per *Barbos. de iure Ecclesiastico, lib. 1. cap. 39. §. 5. à num. 35. ad 39.* vbi retulit sic decisum per Sacram Congregationem.

Infertur secundò, quod si res Clerici detur in Coloniam laico, vel in pensionem, tùc ex quo res mutatur à Clerico in laicum laicus non gaudet priuilegio immunitatis, qua gaudere deberet Clericus, si res esset penès ipsum, vt probat *Gloss. in Clem. fin. in verbo Non negotiandi de censibus,* secundùm quam fuisse decisum in Regia Camera sub die 19. Nouembris 1583. refert *Dom. Rouitus decis. 71. Visconte verò in suis conclus. in verbo Colonus partiarius Ecclesiae, & Barbosa loco cit.* intelligunt id procedere praeter portionem Colonicam spectantem Clerico, vel si onera essent excessiua, & ità decisum per Sacram Congregationem.

Quod etiam extenditur si Clericus fuerit immissus in possessionem hereditatis per Iudicem laicum, quia tunc, oppositore veniente, debet conueniri coram Iudice Ecclesiastico, ad tradita per *Dom. Rouit. decis. 44. et Dom. Reg. Sanfelic. decis. 210.* quicquid fuerat aliàs decisum in Senatu Granat, teste *Larrea decis. 6. num. 18.* verum si instantia capta sit cum defuncto, ambigua est quaestio, vt videre est apud *Barbos. in tract. de iure Eccl. lib. 1.*

cap.

cap. 39. §. 2. à num. 101. ad 104. Conter. pract. quæst. cap. 8. num. 2. & 3. tamen ex communiori opinione, sequi debet instantia in foro, in quo cœpta fuit, Dom. Cardinal. de Luca de iudic. loco supra cit. sub num. 310. adde Ripa var. resolut. tit. de iurisd. omn. iudic. sub num. 183. & seq. Fontanella decis. Catb. 32. num. 32. & sic indistinctè obseruari testatur, Dom. Capyc. in instit. Canonic. lib. 3. in rubr. de off. & scrib. 9. laicus, nisi instantia fuerit perempta, Hodierna ad Surd. decis. 170. num. 17. Barbos. de off. & pot. Episc. all. 9. num. 32. Gallupp. in suo praxi, parte 2. cap. 6. num. 69. Dom. de Marin. quotid. resolut. iur. lib. 1. cap. 31. & executio fienda omninò fieri per Iudicem Ecclesiasticum, non verò per secularem, iuxtà decisa apud Dom. de Franch. decis. 545. Conter. pract. cap. 8. num. 37.

Si verò ageretur de hæreditate feudali, in qua etiam successerit Clericus, vel alia persona ecclesiastica, tunc ratione feudi, bonorumq; feudalium sortitur forum seculare, & pro illis ad iudicia secularia trahi possunt, text. in c. verum, vbi Doct. & in cap. ex transmissa extra de foro compet. & in cap. ceterum extra de iudic. cum concordantibus apud Afflict. de potest. feud. super Eccles. reg. 2. num. 2. & in Regno viget Bulla Papæ Honorij, de qua in Pragm. 2. de Cleric. seu Diac. seluat.

Quo verò ad personas miserabiles, puta viduam, & pupillum nō datur causa, ex qua possint illi Iudicem declinare, quem non posset declinare defunctus, cui successerunt, licet Bartholom. de Capua in Const. Regni Sanctimus, num. 12. quem sequitur Muscatell. in praxi S. R. C. lib. 1. parte 2. Gloss. competentes, n. 91. dicat contrarium, quia contra præfatos etiam de iure Regni stat communis opinio, quod hodiè nec etiam persona miserabili, si ea conueniatur vt hæres, vel successor non priuilegiatus non potest declinare forum defuncti, sed ibi conueniendus, vbi defunctus debuit, suo priuilegio quantumuis in corpore Iuris clausulo non obstante, Caramisa ritu 234. Franch. decis. 234. num. 3. & decis. 364. nu. 3. & 4. & decis. 553. Afflict. d. Constit. Statuimus, num. 26. Rouit. decis. 250. nu. 2. tunc enim si esset hæres cum beneficio, ex quo non repræsentat defunctum, deberet conueniri in suo foro, Montanus cap. 1. num. 149. sed contrarium est verius, cum in hoc casu nullum priuilegium præualeat, vt suprà probauimus.

195 Sexta est specialitas beneficij inuentarij, quia licet non possit esse melioris conditionis hæres, quàm defunctus, L. in his offic. ff. de reg. iur. & sunt symboli hæres, & defunctus in multis alijs regulis positis ad hunc propositum per Montic. loco citato sub num. 130. & 131. qui subdit esse aperiendā indiuidua, vt magis elucescant sub vna regula, quàm sub alia. licet symbola, vtpote quod sanè verbis exprimi non potest, ex ipsa iuà apparet, affert exemplum naturalem, nempè inspiciens quispiam faciem, lineamenta, & totam compaginem omnium, & singulorum hominum, videlicet omnium similitudinē, ita quod nihil similius excogitari poterit in toto terrarum orbe ex visione, & structura enim vnius hominis; ceterò obseruas specialitates, nempè animorum, corporumuè motiones, gestus, gressus, mensuras, quantitates, qualitates dissimiles reperies: in vna tamen disparitate, & discordia vnius hominis, facies, frons, intuitus, incessus, quæ tibi placebit, & arridebit, adeò quod concurrit in eum virtus quædam occulta ad illum amādum, quam sympathiam vocant, in altera disparitate, statim reformabilis, licet symboli ætate, ingenio, & moribus, atque etiam aspectu, causat tamen anthypathiam, adeò quod absque vlla extrinseca causa videtur gratis odio haberi, & ecce, duo ludunt incogniti inspicientur ab vno, qui mauult, vt alter vincat, & alter perdat, pariter in regulis Iuris nostri quamplures symbola eādem sapientes vim, & naturam prima inspectione, ceterò quando ad occursum veniunt, & ad opinionem singulorum casuum, & resu, vna regula ceteris omnibus statim aptior, & expolitior apparebit: Immò facta ex sympathia electione videntur cæteræ nauseam præbere, & vix diiudicantur aptæ, & casui applicabiles, cuius rei si quis causam, & rationem inquirat, resoluere conatur per verbum nescio cum sint arcana Dei, prout etiam fassus fuit ignorare Diuus Augustinus, cur Esau despectus, Iacob verò dilectus, dicunt aliqui, quod in verbis est quædam vis, & emphasis, siuè energia nobis prorsùs incognita, & imperscrutabilis, prout in precibus, & Richmis, & orationibus Fidei nostræ Catholicæ sunt verba mirum admodum pia, mystica, ineffabilia, & cor scasumque mouentia ad pietatem, ad fletum, ad Religionem, quæ etiam iaculatoria appellantur, & in Psalmis, qui lacrymas à corde excerpunt, vt notat idem August. in enarr. ad Psal. Tolle illa efficacia verba, & alia repone, deficiet ardor ille, impressio, & incitamentum nouaē idem in Rithmis, & Carminibus prophanis! An non Orator plus incutat, & flectit, dum in cursu orationis verba geminata, aspera, grauia, sonantia fulminat, & inculcat! Effectum experimus, rationem ignoramus: Vndè non immeritò dixit Diuinus Plato, quod verba quædam non sunt fortuito, neque ab ingenio hominum conficta, sed potius à natura, & Deo indita, & proindè oritur, vt ipse Dominus labia nostra aperiat ad nunciandam laudem suam, & beatificat hominem verbum Dei audientem, & custodientem, stude quantumuis eloquentiæ, tenebera quantumuis verba ad instar

Demosthenis, qui barbam, & comam sibi recidebat, vt inclusus antro se instrueret ad formandam vocem, non adest. *Dio su la mi de bene*, verbum nullum, hæc regula cum prioribus symbolis vel concurrerit, siuè cessent aliquantulum per inuentarium: cum ex nihilo de suo teneatur, neque vllum dispendium bonorum, aut incommodum personæ patiatur hæres.

196 Septima specialitas est inuentarij, quia licet regulariter dicatur, quem de euictione tenet actio, eundem agentem repellit exceptio, *l. vindicantem, ff. de euict. l. cum à matre, C. de reiuindic.* vbi communiter *Doct.* fallit per inuentarium quatenus lucrum non sentit hæres. *l. Seia, ff. de euict. & d. l. cum à matre*, vbi *Gloss. & Doct. ff. de distract. pign.*

197 Octaua specialitas est inuentarij, quod licet hæres adeundo fiat Dominus. *l. 1. §. tenetur*, vbi *Gloss. ff. de acquir. possess. l. sed si plures, §. filius, ff. de vulg. & pupill.* illud enim tunc erit in hærede cum inuentario quando scilicet eius interesse nempè si ei prodest, efficietur Dominus, & remanebit talis, quia inuentarium non adimit lucra, & commoda iuris communis, quod commune vult, vt hæres idem sit, quod Dominus, *l. hæreditas, C. de pos.* diximus in *tract. de symbolic. contract. tit. 4. c. 10. sub num. 14. vers. Vnde ex symbolo exciades.*

198 Nona specialitas est in gratificatione, quæ non habet locum nisi in casibus à iure expressis. *§. tamen, Auth. de nupt.* hæres verò cum inuentario si gratificare voluerit vni ex legatarijs, vel creditoribus, illis legatum, vel debitum soluendo, potest, *d. §. & si præstatum*, quæ tex. dispositio extenditur etiam, vt possit hæres se exonerare ab omni molestia, tam iuris, quàm facti, licet iudicium reddatur in inalituen, hoc est contrà hæredem absque inuentario, *l. inter stipulantem, §. 1. ff. de verb. obligat.* prout etiam hæres confestim liberetur ab omni obligatione quasi nudus minister, & dispensator si cum inuentario. *Thor. compend. decis. Regni. par. 2. verbo Hæres cum beneficio legis, & inuentarij an possit soluere*, secus in hærede absque inuentario, cui obstat regula, quod tempus non est modus, neque tollendæ, neque inducendæ obligationis. *l. obligationum ferè, §. placet, ff. de oblig. & act.* Imò potest hæres gratificari sibi ipsi, retinendo bona hæreditaria, & soluere pretium creditoribus, *Thor. compend. decis. Regni, part. 3. in verbo Hæres, qui confecit.*

199 Decima specialitas est, vt hæres cum beneficio legis, & inuentarij possit ius sibi discretè soluere, vnde hæres pro suo credito consequendo potest petere decerni Curatorem, vel citare facere creditores, & legatarios ad videndum sibi assignari suum creditum, secundum *Baldi cautelam in §. in computatione, & in l. debitori, C. de pact. Aretin. in §. extran. instit. de hæred. qualit. & differentiæ est in l. debitor, ff. de negot. gest.* quod secus est in hærede absque beneficio, quia tunc per aditionem extinguit suum creditum per symbolam solutionem, vt etiam diximus in *tract. de symbolic. contract. d. lib. 4. cap. 10. sub n. 8. & 9.* est tex. in *l. Stichum, aut Pamphilum, §. aditio, & in l. si in omnibus, ff. de solut. l. hæres à debitore, §. vlt. & l. Vrbani, ff. de fideiuss. l. debitis 2. C. de pact. Gratian. discept. forens. cap. 203. in princip. Barbat. nostr. de fideicommiss. quinter. & primog. person. parte 1. cap. 7. sub nu. 42. & 43. Marta voto Pisano 17. in fine*, quod intelligitur tàm in agendo, quàm in excipiendo, *Anton. Fab. in suo Codice, lib. 8. def. vndecima, Andreolus controuers. 313. sub nu. 12. in vers. Prædicta tamen*, quia talis solutio est realis, distractio symbolica non ficta, vt aliqui per prius voluerunt ex *textu in l. & si, §. 1. ff. de euict.* vbi *Bart. & in l. per aliam in 2.* vbi *Paulus de Castro sub num. 2. Mantua. controuers. 1.* non adhùc cognoscentes symbolum, aliàs sequeretur, quod in obligatione extincta per symbolam realem distractionem remaneret hæres adhùc creditor excipiendo contra omnia iuris principia, *instit. quib. mod. tollit. obligat.* essentque penitus contradictoria, vt existeret obligatio in eodem subiecto, existeret excipiendo, & non existeret agendo, quando funditus destruitur obligatio, cum tamen notabili distinctione, *Afflict. decis. 8. & decis. 16.* an scilicet reuocabiliter hæreditatem acquisierit, an irreuocabiliter, prout in casu relato à *Barbato d. cap. 7. sub num. 121. & 122.* quod adeò verum est, vt habeat etiā locum in hærede, qui nullam commisit fraudem in non conficiendo, vel conficiendo inuentarium minus tamen solemne, *Dom. Reg. Capyc. Latro consult. 121. sub num. 41. & 42. vers. Nec obstat, vol. 2.* quia licet cesset fraudis præsumptio, inducitur tamen præsumptio respectu hæredis, sequeretur aliud inconueniens, dare scilicet hæredem pro parte cū beneficio, & pro altera parte absque beneficio, quod nullatenus in iure conceditur, probat idem *Dom. Capyc. Latro decis. 197. sub num. 58. & 59.* vide, quæ diximus in *d. tract. de symbolic. contract. loco citato sub num. 10.* vbi hoc limitauimus in hærede grauato, ex quo principium formale ipsius aditionis resoluitur per restitutionem, quæ fit ex *Trebellianam*, remaneret hæres potius nomine, quàm effectu, nec habere locum in *Consuetudinibus Neapolis*, probauimus in vno responso pro Ill. Principe Colubrarij D. Dominico Carafa contra Ill. Ducem Magdaloni, vide *Barbat. loco citato*, vbi quamplurimas alias refert limitationes, quibus probat non extingui iura, & actiones per aditionem factam absque inuentario.

200 Vndecima specialitas est hæredis cum be-

beneficio; quia licet vitium de functi transeat in hæredem, *l. in his essentijs, ff. de reg. iur. l. cum vitium, ff. de diuers. temp. præscript.* in hærede cum beneficio fallit dicta regula, quod secundum *Mantical. loco citato sub num. 163.* prodest ad vsucapionem, & præscriptionem *cap. possessor de reg. iur. in 6.*

201 Duodecima est specialitas, quia & si testator possit disponere de re hæredis, & bona eiusdem obligare, *l. cum. §. si rem, ff. de lega. 3.* fallit in hærede cum dicto beneficio, vt plenè diximus in *tract. de symbolic. contractib. lib. 4. cap. 8. sub num. 37. vers. Nec in aliquo.*

202 Decimatertia est specialitas, quia & si hæres hæredis testatoris hæres sit, *l. fin. C. de hæred. & falcid. l. si quis filium, §. fin. ff. de acquir. hæred.* secundum ea, quæ diximus suprà *in cap. de exhærede dubio*, talis regula cessat quotiescumque primus hæres faciat inuentarium, & ego postea sim hæres dicti hæredis, nam primam testatoris hæreditatem possum spernere, & repudiare etiā quasi nunquam aditam, & commixtam cum bonis antecessoris mei, tamen quæ per defunctum meum perperam de hæreditate sui defuncti recæbet ego, ne cum aliena iactura videar locupletari, *Mantical. loco citato sub num. 183.*

203 Decimaquarta specialitas inuentarij est, quia tamen post litem contestatam hæres tenetur ex omni causa, *l. omnes enim, ff. de reg. iur.* quia in iudicijs quasi contrahitur, *l. 3. §. idem scribit, ff. de peculio*, & ideò litis contestatio perpetuat, & transmittit actionem, vt in *l. vnica, C. de delict. defunct.* vbi *Gloss.* & communiter *Doct.* fallit in hærede cum beneficio, in quem non transeunt, nisi iura, quæ supponunt bona hæreditaria, quod est notabile.

204 Decimaquinta specialitas est, quod licet legitima debeatur sine onere, *l. quoniam in prioribus, C. de inoffic. testam.* & ob id licet filius rogatus restituere non solum ipse, sed etiam hæres eius possit detrahere legitimā, non obstante quauis patris prohibitione, *Gloss. in l. præcibus, C. de impub. & alijs substit.* tamen si testator iubeat fieri inuentarium per filium hæredem, & expressè prohibeat omnem alienationem saltem post mortem filij, valebit talis prohibitio, *Ancharr. consil. 365. Caphal. consil. 153.* & pro singulari, & quotidiano aduertit *Menochius loco citato sub num. 156. in fine.*

205 Decimasexta est specialitas inuentarij pro nunc, quia tametsi dos, & donatio, propter nuptias imputentur in legitimam, & conferantur, *l. omnimodo ne ille, C. de inoffic. testam. l. aliud, C. de collat.* non habet locum in filio, siue se credentibus patri cum inuentario, & postea noluit hæredes esse: nam cohæredes, vel fratres, vel alij, nec creditores, nec legatarij, nec fideicommissarij coge- re possunt ad imputationem, vel collationem, vt tantò opulentior reddatur hæreditas, quia inuentarium fecerit bona, & facile conferri hæredi non adiuuisse. Et proinde succedit regula, non adiens non confert, *l. pen. & vlt. ff. de collat. dot.* nisi quatenus esset in hæreditate opulenta.

206 Succedit videre an quilibet hæres teneatur conficere inuentarium, & pro regula statuo, quemlibet hæredem cuiuscumque sit status, conditionis, sexusque debere facere inuentarium non præcisè, sed causatiuè, vt probatur in *d. l. fin. §. pen.* nempe vt ex eo consequatur effectus, de quibus suprà, & alij, si qui sunt.

207 Cæterò obstare videtur, quia hæres rogatus restituere hæreditatem in aliquem euentum cogitur præcisè à fideicommissario vniuersali conficere inuentarium, prout probant communiter *Doctores in l. cum tale, §. 1. ff. de condit. & demonstrat. Oldrad. consil. 134. Curt. fen. cons. 29.* nam indubitati iuris est, quod hæres tenetur reddere administrationem rerum hæreditariarum ipsi fideicommissario, *d. l. cum tale, §. 1.* igitur sequitur, quod etiam tenetur facere inuentarium, quod est de administratione, *l. repertorium, ff. de administrat. tut.* & vlterius hæres tenetur legatarijs, & fideicommissario cauere de restituendo, aduenientem die cessionis legati, vel fideicommissi, vt in *toto tit. ff. vt legat. seu fideicomm. seru. causa. l. Archimedorum*, vbi communiter *Doct. C. vt in possess. legat.* ergo in restituendo non debet esse hæres suspectus in occupando bona hæreditaria, quod talis non esset si faciet inuentarium ad iura suprà tradita.

208 Respondetur non esse verum, hæredem teneri conficere inuentarium fideicommissario, prout tenet *Alex. in l. in ratione, §. quod vulgò, num. 14. ff. ad l. falcid.* nec currit argumentum, tenetur hæres reddere rationem, ergo tenetur facere inuentarium, quia regula illa habet locum in tutore: cùm actio ex testamento, quàm habet fideicommissarius sit stricti iuris, actio tutelæ, quæ dirigitur contra tutorem est bonæ fidei: cum satis sit, vt restituat hæres illa bona, quæ remanserant: nec fideicommissarius auditur plus petens: nisi expressim probaret, quod hæres fraudulenter res fideicommisso subiectas intercepterit, *l. mulier, §. sed enim, l. deducta, §. ante diem in fine*, & ibi communiter *Doctores*. Vnde ex istis conclude, hæredem grauatum non teneri conficere inuentarium fideicommissario, qui contentus esse deberet ordinaria cautione, seu satisfactione, *l. 1. ff. vt legat. nomin. caue.* adeò quod hæres, vt suprà diximus, omnia sua deducet, licet non faciat inuentarium, & hoc pro limitatione *d. §. si verò non fecerit, & § in computatione*, vt non cō-

prehendas in fideicommissario vniuersali, *Mantic. d. cap. 6. sub num. 5. & 6.* qui dubitat in prælegatis: de equitate tamen affirmandum est teneri; dummodò per fideicommissarium non permitteretur hæredi se immiscere rebus hæreditarijs more sapiente in non inuigilando, & petendo hoc inuentarium, nisi instaret fieri, omninò per Iudicem concedendum, *Fusar. de fideicomm. subst. quæst. 512. sub num. 6. vers. Dubitar. primò*, sed non vt fiat in forma solemni inuentarij: cùm sufficiat qualibet bonorum descriptio, *Roland. à Valle cons. 72. lib. 1. & de inuent. parte 2. quæst. 39. Mantica de coniect. vltim. volunt. lib. 7. tit. 6. num. 4.* quicquid dicat *Vsasc. decis. Pedem. 247. vers. Neque obstat scriptura, Ruin. cons. 19. lib. 2.* præter in vsufructuario, tradunt *Doct. in repet. l. Titia, ff. de legat. 2. quæst. 31. & in l. hac edict. C. de sec. nupt.*

209 Ab illa generali regula excipitur etiam à confectione inuentarij Fiscus, qui si alicui succedat non tenetur vltra vires, adhuc si inuentarium non faciat, *Bart. in l. 1. §. cum bona, ff. de iure Fisci, Bald. in d. l. fin. in princip. C. de iure delib.* quod verum est in bonis vacantibus, vel cuiuspiam delinquentis: Secus si Fiscus iure communi hæres instituatur, quoniam hoc casu teneretur vltrà vires non conficiens inuentarium, *Imola, & Rom. in rubr. ff. de acquir. hæred. Bernardinus de Plumbino in l. quod Diuò Marco, ff. de manumiss. testam.* nec mirum, quia etiam Imperator, qui est Dominus totius orbis, *l. Imperator, ff. ad l. Rhod. de iact.* tali lege est ligatus, & constare ex Iustiniani Constitutione in d. §. pen. neque obstat, quod par in parem non habet imperium, quia clara voce multi Cæsares statuerunt iure communi vti non dedignari, *l. digna vox, C. de legib.* nam cum Imperator hæres instituatur, vel hæredem instituit in nihilo differt à priuato, *l. cum hæres, C. qui testam. fac. poss.* & de institutione in persona Principis non recognoscentis Superiorem, vide *Thor. compend. decis. Regni, parte 2. in verbo Hæres an possit institui Princeps.*

210 Secundò excipitur Ecclesia, si scilicet ipsa hæres instituatur, *Abb. in cap. 1. de testam. & in cons. 73. num. 9. lib. 2. Florentin. in cap. 1. de solut. Bart. in l. 2. num. 45. vers. In contr. C. de Sacros. Eccles. Monticellus loco citato sub nu. 12. vers. Secundò excipitur*, explicans, quòd Ecclesia non nomine proprio, sed ad commodū vniuersale hæres institueretur, alioquin si quispiam Clericus, vel Sacerdos nomine proprio, non autem contemplatione Ecclesiæ institueretur, secūdū ius cōmune teneretur, rationem adducunt. Primò, quia Ecclesia æquiparatur Fisco, qui succedens vltra vires hæreditarias non tenetur, *l. 1. §. cum bona, & l. non possunt, ff. de iure Fisci.* Secūdò ius ciuile nunquam potest Ecclesiam astringere ad ea, quæ sunt pro obseruantia introducta, ab eodem iure ciuili, *cap. quæ in Ecclesiarum, extra de constitut.* maximè, quia de iure canonico, cui subest Ecclesia, non obligatur quis vltra vires hæreditarias, *Bart. in l. 2. ff. de iure Fisci, Bald. in rubr. de acquir. hæred.* Vltimò probatur, quia cum Ecclesia sit cæteris instituta, in ea nulla potest considerari suspicio fraudis, ob quam fuit introducta lex inuentarij, vt in §. sancimus, *Auth. de hæred. & falcid.* & Ecclesia adeundo hæreditatem damnosam ex ea non obligatur, arg. tex. in *Auth. sicuti, C. de Sacros. Eccles.*

211 Quibus argumentis pro Ecclesia adductis non obstantibus, contraria opinio, quod immò Ecclesia etiam tenetur conficiendum iudicem inuentarium magis probabilis est, eo quod Ecclesia non est immunis ab illa quasi naturali obligatione adeundi hæreditatem, & proinde non obstat.

Primum argumentum, quia est fundatum super falsam propositionem, ex eo, quia etiā Fiscus secundum veram opinionem, de qua supra, ad id tenetur.

Secundum argumentum nec obstat, quia quamuis inuentarium operetur liberationem hæredis, scilicet ne teneatur vltrà vires, vtique non ligat, sed dissoluit, ac liberat ab obligatione, & proinde distrahitur, & non contrahitur, & confert Ecclesiæ beneficium, & commodum, & non onus, si forma legis

212 seruaretur, quæ omninò seruanda est, vt habetur in exceptione non numeratæ pecuniæ, quæ ità demum datur, si forma iuris in ea seruetur, si scilicet infrà biennium proponeret, iuxtà quod & Ecclesia illa proponere debet, *cap. si cautio extra de fide instrum.* cum enim principalis intentio legis non est, nisi ad beneficium conferendum, & quando lex ciuilis est principaliter pro commodo ſancita, etiam quasi onus est ab Ecclesia recipienda tanquam lex rationabilis, & honesta, & in hoc fulcitur eius iustitia, *cap. commune statuta extrà de constit. Barbat. cons. 16. col. pen. lib. 1.* In hisce terminis inuentarij Papa vtitur iuribus Imperialibus rationabiliter disponentibus circa res seculares, *cap. verò, dist. 96. cap. quo iure, dist. 8. Felin. in cap. Ecclesia Sanctæ Mariæ, num. 67. extra de constit. Mantic. in disp. 8. num. 19.* Nec obstat, quod de iure naturali, vel diuino hæres non obligatur vltra vires, eo quod nostra obligatio sit de iure ciuili, quia respondetur, quod inspiciendum est caput, ex quo defertur hæreditas Ecclesiæ, *d. cap. quo iure.*

Tertium argumentum non concludit, quia & in pupillo cessat etiam fraudis suspicio, & nihilominus tenetur ad inuentarium, quoniam non est pro causa finali, sed impulsiua, *l. 1. §. etiam medium ff. de postul.*

Vltimum argumentum nec obstare videtur,

[illegible] *ferme* procedit quando [illegible] particulares, aliquid acquirit [illegible] Secùs quando titulo vniuersali, *l. quædam*, *ff. de acquir. rer. domin.* [illegible] cauet [illegible] prohibentur [illegible] quando [illegible] in [illegible] in adicione hæreditatis, quando [illegible] inuentario est approbata à iure [illegible] *Gloss. in cap. 1 extra de testam.* à quo [illegible] excepta [illegible] *Alex. in d. l. fin.* [illegible] *Guid. Papa decis.* 333. & in tract. de [illegible] num. 13. *Tiraquell. in tract. de priuil. piæ causæ priuil.* 88. *Couarr. in cap. 1. num.* 13. *extra de testam. Dom. Reg. Capyc. Latro decis.* 13 [illegible] *Guid. Papa decis.* 371. *num.* 4. quæ mihi dicit, quod [illegible] relaxatur.

313 Tertiò excipitur executor [illegible] tum, qui vulgò appellatur commissarius, *Spec. in tit. de testam.* [illegible] *§ nunc verò* [illegible] communiter per [illegible] *C. ad l. falcid.* [illegible] in cum [illegible] ex hæreditate sit [illegible] beneficio inuentarij non possit agere, nec scilicet teneatur creditoribus, & legatarijs vltra vires, quia non possit ipse aliter obligari, nisi ad reddendam rationem [illegible] quod [illegible] & si desideret aliquod inuentarium fieri, sed non hoc [illegible] si fecerit ipse executor [illegible] prodest hæredi, vt dicitur in S. R. C. [illegible] *Thes. comprob. decis. Regni,* [illegible] *verbo Inuentarium confectum.* Et de [illegible] testamenti, vide apud nostri tract. [illegible] *syndicatu* [illegible] *tit. 2. cap. 6. sub num.* [illegible]

314 Quartò excipitur pater, qui castrensi, vel quasi peculium filij obtinuerit, ratio est, quia iure proprio occupat castrensi peculium, quasi semper remansit in bonis, *l. 2. &* [illegible] *ff. de castr. pecul.* [illegible] pater in dicto peculio [illegible] vires, *Bald. in Lombard.* [illegible] *Tiraquell.* [illegible] filio, vt hæres [illegible] & [illegible] capiat iure hæreditario, tunc obligatur in solidum non confecto inuentario, ex [illegible] generalibus *d. §. pen.* rationem differentiæ [illegible] inter vtrumque casum, refert [illegible] *ad d. loco sub num.* [illegible] quod scilicet in peculio pater non succedit velut hæres; [illegible] verò [illegible] *sub num.* 9. dicit, quod quando [illegible] deferretur ab aliquo [illegible] accipit, et hæreditatem [illegible] talis succedere subrogetur loco hæredis, quod reprobat [illegible] falsum, quia [illegible] differentia, prout de ea habetur in [illegible] *l. quod fortis, C. de bon. quæ liber.* vbi sit differentia, an iure peculij, an iure hæreditatis bona hæreditaria filij capiantur, quod intellige de filio existenti in potestate

315 dumtaxat, cui pater possit succedere [illegible] rio, & diuerso iure, vt suprà plenius proba-

[illegible] ab arrogato, non ipse recipit bona filij adrogati vt verus hæres, & proinde ad hoc inuentarium faciendum non tenetur, *Bald. in d. l.* [illegible] *sub n.* 15. *Phan. post Vasq. d. parte 2. sub num.* 14. Patet [illegible] filij, ac si ipse viueret. Vnde si pater [illegible] bona filij [illegible] creditoribus, ad nihil aliud tenetur, *&* [illegible]

316 [illegible] *de acquir. per adrog.* [illegible] is, cui bona libertatis causa addicta sunt, tenetur tale conficere inuentarium, *Angel. in l. 1.* [illegible] *& plerumque per leg. falcid.* maximè quia hodiè vix talis addictio fit. Et an hæres [illegible] teneatur conficere hoc inuentarium, puta mater [illegible] in medio, & [illegible] *Phan. loco citato,* concludit, quod tenetur.

317 Quintò excipitur hæres illius, qui si viueret non posset conueniri à creditoribus vltra quam facere possit, inter quos connumeratur vsurarium, maritus de[illegible] filius cedens bonis, & similes.

318 Verùm discurrendo materiam per singulos casus, dicimus primò, quod vsurarij hæredem [illegible] conficere inuentarium, quotiescumque bona sui defuncti non sunt [illegible] tunc quia credi[illegible] est patrimonium vsurarij sub [illegible] & [illegible] indiget inuentario conficiendo ab hærede [illegible]

319 dignat demonstrationem hæreditatis, quæ [illegible] demonstrationem prout de Doctoris [illegible] aliquod officium [illegible] si ipse demonstrat [illegible] habilitatem per demonstrationem, compositionem [illegible] impetratam, [illegible] & [illegible] & ignauet si non [illegible] indignum [illegible] doceat debet subire [illegible] *Neap.* [illegible] *sub num.* 4. & [illegible] *Const. Pont.* & alij [illegible] materiam relati per *Dom. Bella* [illegible] *super Consuetud. Neap. tit.* 31. *cap. vnico sub num.* 35. & *seqq.* quod magis probo in Aduocatis primarijs S. R. C. qui quotidie coram eius insigni Tribunali, immò sæpiùs [illegible] Regio Collaterali Consilio, & sic coram [illegible] Principe, & quasi coram populo coram [illegible] & [illegible] in referendis tot causis quotidie approbantur cum motiuum Regia, & Catholicæ literæ, prout in dicta *Regia Pragmatica* [illegible] pro Doctorellis, quibus summoperè abundat hoc sæculum, & maiorem in illo examine maiorem fortunam [illegible] qui nesciunt loqui, [illegible] doctis, & discipulos ex aliquo [illegible] casu maior videtur effectus Magistro, & verò bona non sunt adhuc adnotata

per

per Fiscum, & hereditatem adierit haeres,
vtique teneretur ad inuentarij confectionē,
nē sit melioris conditionis haeres [illegible]
quām haeres probi viri, *Montic. loco citato sub
num.* 19.

220 Quoad haeredem mariti respectu debiti
vxoris, & ē contra erit vera sententia, si ipsi
sint filij, secus si essent haeredes extranei suc-
cessores, *l. cum. ff. solut. matrim. l. scientiam,
ff. de instit.* *Gloss. & Doct. in l. [illegible], ff. de re-
cept.* sequitur *Montic. loco citato sub nu.* 39.
221 *vers. Quoad haeredem mariti*, proinde etiam
intelligas quoad alios symbolos haeredes
tamen si sint filij gaudent tali prorogatione, se-
cus si haeredes extranei.

222 Quintò excipitur haeres miser, & proba-
tae sanctitatis, maximè si succederet tanquā
exoneraturus conscientiam defuncti, quia
in eo cessat praesumptio, *d. §. sin autem dubius.*
*Host. in cap. fin. de dolo, & contumacia, Gloss. in
cap. expedit* 11. *quaest.* 1. *Doct. comm. in l.* 1. *C. de
Sacros. Eccles.* sequitur *Montic. loco citato sub
num.* 36. subdens obstare *tex. in §. pen. Auth.
de haered. & falcid.* Vndè diffusius terminare
hunc punctum concludit his verbis, *solue si
potes*, *Phoenomius* verò *loco citato sub num.* 75.
soluit dubium, includendo talem haeredem
in regula, nisi executor pro distribuendo in
pauperes esset institutus haeres, *Bald. in Auth.
sed cum testator in fine, C. ad leg. falcid.* cum cō-
cordantibus inibi ab ipso citatis.

Sed dices, quod includitur in regula ex
eo, quia potest falli in non cognoscendo
quicquid lateat in haereditate. Vndè ex quo
debet exactè incueri lecte illibatam suam
conscientiam in lucrandis haereditatem, de-
bet omnimodò ad exemplum aliorum om-
nis probatorum hominum inuentarium
conficere, nē committat contra leges, & fa-
ciat suam conscientiam erroneam, ex quo
amplius non dicatur vir probus.

223 Sextò excipitur haeres pauperis, & igno-
bilis, qui tantum ferè esset in conficiendo
inuentarium expensurus, quantum reperire-
tur in haereditate, *Bartholomaeus à Platea in l.
multiterrae, C. de exat. trib.* 10. quod perpetuò
notandum est, dicit *Montic. loco citato sub
num.* 38. circa haereditatem vilium personā-
rum, maximè si haeres sit, probitateque
conspectus sit, qui non attenderet vltra vires,
etsi inuentarium praetermiserit. *Phoenomius*
224 verò *loco citato sub num.* 22. dicit, quod re-
stituitur hic pauper in integrum damnatus
ad conficiendum inuentarium tanquam ex-
cusatus à paupertate, prout pauperi appel-
lanti, & non prosequenti appellationem ob
paupertatem datur restitutio, nē currat tē-
pus fatalium tamen in abstracto currunt fa-
225 cere inuentarium. Tu dices, quod probato,
nihil aliud fuisse in haereditate, quàm quod
alienum est, & non haereditatis, non potest

compelli iste haeres vltrà vires, etiam si non
confecerit inuentarium, vt apud *Crauett. de-
cis. Dolan.* 38.

226 Septimò excipitur mulier, quae licet te-
neatur hoc nostrum conficere inuentarium
tamen aduersus suam fragilitatem potest
restitui in integrum, quia licet non excuse-
tur ob sexum, ex eo, quia quae sunt indocta
ad iuris rigorem constringendum sibi non
parcitur, sicut nec rustico, *Bald. & communi-
ter Doctor. in l. iurisgent. C. qui admitt.* tamen
indistinctè debet admitti in integrum, secū-
dum aequiorem opinionem, quam sequitur
Phoenom. loco citato sub num. 22. *Dom. Prof. de
Franch. decis.* 229. *nouiter Dom. Nicolaus Vin-
centius Scoppa ad Nicolinum, fol.* 104. *num.* 40.
prout succurritur etiam rustici, pupillis, &
minoribus, si scilicet sint laesi in aditione
haereditatis, qua restitutione pendente, vel
donec ea concordatur, semper pro validita-
te aditionis, & teneri vltra vires, *Phoenom. lo-
co citato sub num.* 21. vbi dicit talem restitu-
tionem in integrum concedendam istis mi-
noribus tam aduersus haereditatem, quàm
aduersus inuentarium non factum, vel si fa-
ctum minus tamen solenne, & hanc esse cō-
munem opinionem testatur *Oddus de restit. in
integr. parte* 2. *quaest.* 89. *art.* 7. *sub num.* 52. *vers.*
227 *Sed contra est*, quam opinionem amplias.
Primò, vt procedat etiam in restitutione ex
edicto minorum, quam etiam ex alia, quā-
do magna causa adest, putà si minor post
aditam haereditatem reperiat maximum
aes alienum, quod ignorabat, tunc etiam ex
capite iustae ignorantiae succurritur etiam
maiori, vt per *tex. sing. in §. ex transuerso, inst. de
228 haered. qualit. & differ.* Secundò amplias nō
interesse patiatur aliquem creditorum mo-
229 lestiam. Tertiò amplias, vt procedat etiam
si minor fuisset condemnatus per duas sen-
tentias ad soluendum aes alienum sui Au-
thoris nam nihilominus poterit restitui ad
conficiendum inuentarium, vt ostendat
quod haereditas non est soluendo, & audiri
230 debet minor etiam non refectis expensis.
Et demum quartò si minor confecerit inuē-
tarium minus rectè tamen, quia tunc etiam
potest restitui, vt per eosdem inibi per ipsum.
231 Limitatur modo, quando minor habe-
ret regressum contra tutorem, vel curatorē,
Alciat. cons. 1. *num.* 37. *& cons.* 160. *nu.* 19. vbi
dicit deberi prius excuti tutor, sed *Alciati*
assumptum non est simpliciter verum, quia
pupillus habet duplex beneficium restitu-
tionis in integrum: nempè primum aduer-
sus aditionem sine solennitate factā quoad
inuentarium per tutorem, vel regressum
contra eundem tutorem, quod ob eius cul-
pam non fuit confectum inuentarium quo-
rum remediorum electio videtur ei dari, per
tex. in l. plerumque in fine, ff. de iure dot. cap. in
aliter-

a hæred. de reg. iur. in 6. & talis restitutio in
integrum possit habere locum, tam si agat
minor, quàm si excipiat, vel replicet, Dec.
cons. 445. num. 56. Franc. Marc. decis. 302.

Et ad videndum concedi restitutionem
in integrum citantur ij, quorum potest in-
teresse illam non concedi, vel pro generali
proclama quoad incertos, & ignotos, vel
particulares citationes quoad certos, ad
tradita per Doct. in Auth. si omnes, C. si minor
ab hæred. Berton. in cons. 103. num. 58. lib. 2.
Franc. Marc. dec. 249. & d. dec. 249. et dec. 302.
232 n. Natta in cons. 314. col. 3. lib. 1. vbi impugnat
in integrum restitutionem ad hunc effectum
concessam, ex quo citationem emanauerit
ad videndum fieri inuentarium, & non ad
videndum minorem in integrum restitui
aduersus læsionem inuentarij, vt oportebat
primo loco fieri, & cum causæ cognitione,
præmissa circa hoc, & demum procedere ad
decernendam petitam restitutionem, & de-
inde deuenire ad aliam citationem pro fa-
ciendo inuentario ad interessendum eius
233 confectioni. Vnde in suo casu meritò im-
pugnabant, quia citatio emanata pro vno
actu, si alias in tempore comparitionis fa-
ciendæ geratur nihil operatur, Bart. in l. qui
aut aliem, ff. quod vi, aut clam, & causæ cogni-
tio versatur etiam in eo, quod scilicet con-
cludenter constat de læsione, quam minor
234 dicit pati ob hæreditatis aditionem absque
inuentario factam, quæ læsio non probatur
ex eo solo, quod ostenditur in hæreditate es-
se debita, vel æs alienum, quando quidem
possent esse tot bona, vt non modo hæredi-
tas non sit damnosa, verum etiam illis de-
ductis, quod sit lucrosa, secundum Nattam
d. cons. 314. Alex. cons. 31. lib. 2. num. 6. licet
Guid. Papa in cons. 180. asserat contrarium,
quod sufficiat damnandæ ostendere debita,
donec per alteram partem non ostendatur
de sufficientibus facultatibus hæreditatis,
idemque videtur tenere in decis. 14. Franc.
235 Marc. in decis. 302. Bero cons. 68. num. 3. lib.
1. dicens, quod sufficit minori allegare, &
probare, quod in hæreditate adsunt [illegible]
negotia implicata, quod benè contendit
procedere, quando minor velle restitui ad-
uersus aditionem hæreditatis, quia vellet il-
236 [illegible] repudiare, secundum tex. in l. minori-
bus [illegible]. Vnde tutior erit cautela, vt
p[illegible] in hæreditate non adesse, nisi tot,
& [illegible] esse tantum, ex quo appareat,
quod [illegible] æs alienum, quàm valor hæ-
reditatis, quia tunc qui contrarium asserit
probare debet, l. qui ait, ff. de probat. cum con-
cord. & hanc cautelam posuit etiam Oddus
loco citato in fine.
237 Octauò excipiunt hæres subditus terræ
Ecclesiæ, qui in foro Ecclesiastico conueni-
tur, quia tunc hæres non conficiens inuen-
tarium non debet ex æquitate canonica ar-
ceri vltra vires, licet non conficiat inuenta-
rium. Sed probabilior est opinio, vt dictus
hæres subeat etiam nostro inuentario, per
ea, quæ adnotarunt Doct. in d. l. fin. in princip.
C. de iure delib. & Cammusa in cap. 1. de test. cum
vt est Bulla, lib. 3. cap. 84. §. & à die obitus, vbi
disponitur inuentarium conficiendum in-
tra duos menses à die obitus testatoris: nisi
forte creditores, & legatarij fatentur nihil
aliud in bonis adesse, quàm quod hæres ore
proprio, vel alio expressisset modo, & hoc in
omni hærede locum habet, adhoc non te-
neatur vltrà vires, licet falcidiam amittere
digni sint ob pœnam legalem in l. cum de le-
ga. ff. de probat. Bald. in l. scimus, quem habemus,
C. fam. ercisc. vbi dat consilium, quod hæres
faciat per Iudicem interrogari creditores,
& legatarios an plus credant esse in hære-
ditate, vel illicitas faciat exactiones, l. illicitas,
ff. de offic. Præs.
238 Nono excipitur fideicommissarius, Ioh.
Fab. in d. §. extraneis instit. de hæred. qualit. &
differ. dicens, quod institutio inuentarij est
correctoria iuris antiqui, & de fideicom-
missario generali nullam mentionem fecit
ad eum ergo non debet extendi, quoniam
in correctorijs non datur extensio, Gloss. &
Doct. in d. l. si constante, ff. solut. matrim. & à contra
argumento hac parte, Ripa in l. 1. §. si is qui
quadr. col. 2.
239 Tamen hæc contraria opinio est ab omni-
bus reprobata, cum vera sit illa, fideicom-
missarium teneri vltra vires omissionis in-
uentarium, probatur ex eo, quia fideicom-
missarius decedens ante fideicommissi re-
stitutionem transmittit ius deliberandi ad
suos hæredes, iuxta Gloss. sing. in l. pater filio, ff.
de legat. 3. ergo ex causa, quia fideicommissum
vniuersale symbolum est hæreditati, ideircò
ex quo fideicommissarius hæredi est symbo-
lus, l. si filius, §. 1. ff. quod cum eo, quia in vtro-
que transitum, vt in l. si cum, §. si quis, instit.
de fideicomm. hæred. [illegible]
liter tenetur vltra vires, si [illegible]
r hæc inuentarium [illegible]
Trebell. [illegible]
re [illegible]
sub num. [illegible]
[illegible]
[illegible]
L. 2. [illegible]
rius [illegible]
in hoc [illegible]
[illegible]
loco [illegible] etiam
fideicommiss[illegible]
240 [illegible]
re [illegible]
m [illegible]
re, [illegible]
fi-

stitui hæreditatem, an ex sua propria persona, *Bart. in d. §. quod vulgò dicitur*, affirmat, quod si hæres restituit incontinenti hæreditatem, & sic adhuc durat tempus illud conficiendi, fideicommissarius poterit tunc ex persona hæredis illud facere, quia ex restitutione sibi facta in eum transfertur etiam ius illud, *d. l. 1. ad Trebell.* sin verò lapsum est tempus hæredi conficiendi inuentarium, tunc debet fideicommissarius facere dictum inuentarium ex persona sua. *Phanucius* verò *loco citato sub num. 92.* sustinet fideicommissarium in omni casu teneri facere inuentarium ex sua persona dumtaxat, quia sicuti velle, & nolle hæredem fieri non potest ab alieno arbitrio dependere, *Bald. in l. cum fi-* [illegible] *C. de fideicomm. Doct. in l. per Procuratorem, ff. de acquir. hæred.* ita nec potest illud pendere ab arbitrio fideicommissarij, videlicet qualiter ille hæres sit an cum, vel sine beneficio, quia illud totum est vnica hæredis voluntas, qui solus debet declarare an velit esse hæredem, & qualiter.

Probo ego, quia hæres grauatus per successionem non confunditur, sed eius in restitutione aduersus fideicommissarium liberè, & absque contradictione ex fideicommisso deducit, *l. Stichum, §. aditio, ff. de solut. Bald. in l. debitorí, vbi etiam Dec. col. 1. C. de pact. Alex. in l. ità tamen, §. ex Trebell. ff. ad Trebell. & in cons. 124. lib. 7. Aym. cons. 316. num. 4. Socc. sen. cons. 44. lib. 3. Parif. cons. 19. num. 63. Dec. cons. 89. num. 2. vers. Item detrahere, lib. 2. Grat. discept. forens. cap. 203. sub num. 7. Mantica de coniect. vltim. volunt. lib. 7. tit. 8. num. 19. Peregrin. de fideicomm. art. 6. in princip. Simon de Pr. tr. de interpret. vlt. volunt. fol. 114. nu. 13. Crass. §. fideicommiss. quæst. 47. nu. 7. Fusar. de fideicomm. subst. quæst. 663. num. 1. Barbatius* [illegible] *cap. 7. num.* [illegible] *decis. 310. num. 13.* [illegible] quæ [illegible] vera est dicta conclusio, vt procedat nō solum facto inuentario per hæredem [illegible] [illegible]

persona in omni tempore [illegible] quatenus ipse fideicommissarius vellet [illegible] contra hæredem de non confecto in sui dumtaxat præiudicium, si forsan dubitaret fuisse occupata bona per hæredem ante restitutionem hæreditatem, in tali casu scilicet iuxtà terminos desuper à nobis positos.

Decimò, & vltimò pro nunc excipitur is, qui succedit de iure prætorio, siue ex testamento, siue ab intestato, secundum *Barbat. in repet. rubr. C. qui admitt.* vbi per tres columnas examinat hanc difficultatem leniter per ipsum positam, secundum *Phan. loco citato sub num. 55.* vbi in fine vocat *Barbatium* verbo-
242 sum potiùs, quàm ingeniosum, & non est solus ad id affirmandum cum *Suarez in repet. l. 1. tit. de las ganancias sub num. 44. Non tamen* [illegible] *mihi placuerunt dicta istius Doctoris, quod ipse consuluit prafert,* [illegible] *quod* [illegible] *fuit,* [illegible] *considerata sunt debilia,* [illegible] *qua illa authoritas* [illegible] *adduci potest. Contra solitum, quod* [illegible] *consueverunt Iudicibus,* [illegible] *post tergo semper opinionem* [illegible] *vana enim cogitationes hominis sunt, &* [illegible] *gloria,* [illegible] *sequentibus,* de quibus *Suarez* [illegible]. Observa Lector *observationem d. Prætii* [illegible] *symbola*. Vndè cum hæres ex Prætoris beneficio hæres sit succedit in vniversum ius defuncti non excipitur ab oneribus hæreditarijs absque dubio inuentarium conficere debet, secus si succedat iure proprio, *Dom. Reg. Reuit. decis. 83. sub num. 14. Prases de Franch. decis. 321.* vbi refert decisionem in fine, & succedens ab intestato ignorans [illegible], si postea adit ex testamento [illegible] conficere inuentarium, vide [illegible] 75.

243 Sed quia obscurata est materia in præsenti decimo titulo de hærede ex iure [illegible] & cum beneficio debemus [illegible] & symbolizatione [illegible] [illegible] inquirere: [illegible] vtroque separatim.

244 Primò [illegible] [illegible] pro [illegible] partibus ei accre[illegible] [illegible] conficere inuentarium, [illegible] hæredem non indigere nouo [illegible] quia sicuti pro his non est nouus [illegible] cessaria, ità nec opus est nouo [illegible] & ipso iure hæreditatis portio augetur [illegible] eodem inuentario, quia frustra fit [illegible] stratio rei semel demonstratæ, & [illegible] ista demonstratione restè facta erisset [illegible] cio, insuper quod accrescit recipit qualitatem eius, cui accrescit, *l. vnica, C. de iure dot. l. si conuenerit, §. vnde, vbi Doctor. ff. de pign. act.*

quod

quid è contra, si illi cohæredes adierint absque inuentario, vtrum ex eo à se non facto adiuuari poterunt. *Phan. loco cit. sub num. 58.* dicit quod non, sed opus est eis illud facere, *Alex. in d. l. fin. nu. 15. C. de iure delib. Ias. inibi col. 3. vers. sed luca nu. 5.* vbi ponderat ad hoc textum in verbo *ex asse*, ante ponderatum ab *Alberico in d. §. sin autem dubius*, vbi dixit per omnes hæredes cõficiendum esse inuentarium, vel in vna, eademque scriptura, vel in pluribus, & quando in vna scriptura fit, quilibet eorum apponet in ea signum Venerabilis Sanctæ Crucis, *l. Argulatio, § quæsitum, ff. de damn. infect. l. si quis ex argent. C. de edendo*, quando esset requisitum necessarium, & posse ab vno fieri tàm sui, quàm cæterorum nomine, si hoc illi consenserint, seù mandauerint, *Salycet. in d. l. fin. num. 14. vers. quæro ab extra. & Alberic. in d. §. sin autem dubius, Bero. cons. 51. nu. 14.* & quando vnus facit inuentarium, alij nequeunt ipsum impedire, quin inuentarium faciet, vt eius beneficio potiatur, vt latè deducit *Montic. fol. 7. nu. 23.* vbi vult, posse illos compelli ad se ei obscribendum, quod *Phanutio* non videtur necessarium, si nolint eo se adiuuari, & eorum nomine fieri, & subdit etiam, quod ille, vel illi, qui inuentarium non fecerant, si cohæredes decoquantur pro eis ad soluendum queant insolidum cogi, secundùm *Montic. fol. 32. nu. 85. & fol. 131. nu. 19.* cui non assentitur *Phan.* Immo miratur de eo, quod non tantùm firmauerit, sed quod potuerit in talem phantasiã, seù dubietatem venire, quia pro indubitato habere debuit, quod nunquam quis tenetur nisi pro sua portione hæreditaria, *l. si adulta, C. de hæred. act.* & ad hoc non respondet *Montic.* in suo *Antiplasmate*.

245 Secundò quærendum est, ecce minor adiuit hæreditatem cum hoc beneficio pœnitentia ductus obtinuit aduersum dictam aditionem in integrum restitutionem petitam. Vndè ad alium heredem hæreditate deuoluta, intendit ipse adire, nũquid sit opus sibi aliud facere inuentarium? *Phan. loco cit. sub nu. 46.* post *Bartoli* disputationem *in d. §. vulgo col. vlt. vers. vlt. quæro nu. 6.* inclinantem pro opinione negatiua, concludit, quod tenetur ex rationibus inibi per ipsum adductis.

246 Tertiò quærendum est à prædictis non dissimile, testator instituto hærede vniuersali, reliquit vsusfructuariam omnium bonorum vxorem suam, quæ cum fecisset inuentarium conuenit hæredem pro dotibus suis volens fortasse nubere, & vsufructu carere, hæres excipit bona hæreditaria non sufficere producens ad illud probandum inuentarium ab ea confectum, an benè, & rectè excipiat hæres, *Bald. in cons. 321. lib. 4. & inter cons. Alex. 70. lib. 4.* respondet, hæredem in eo se fundare non posse, tùm eo quia non fuerãt omnes iuris solemnitates obseruatæ, tùm etiam quia poterat hæres bona hæreditaria nihilominus subtrahere, modo mutando sententiam aliter argumentatur: nempè omissionem inuentarij non officere, quando ex confessione patris constat de viribus hæreditatis, & per inuentarium per eam confectum, quasi per eius confessionem videtur constare de quantitate bonorum hæreditariorum, huiusmodi inuentarium hæredi prodest cõtrà eam petentem dotem, alioquin negando hoc, quod scilicet non esset plus in hæreditate redargueretur de fraude, quod scilicet ipsa non descripsisset omnia, seù quod aliqua occupauerit, *l. fin. C. de arbitr. tut. l. antiqua, C. ad Vell. l. in fideicommisso, § 1. ff. de vsur.* & detegendo suam turpitudinem ubi contradiceret, quod non esset stendum, *l. contrà, C. de non num. pec. l. cum te, C. de transact. Phan. loco cit.* respondens ad argumenta concludit, quod *Baldus* fallitur, quoniam vxor potest meritò dicere se in suo inuentario descripsisse bona, quæ ad manus suas deuenerant, quorum aliquam notitiam habuit, sed quoad ipsam nõ deuenerunt omnia, & quod hæres plura subripuerit secundùm iuris præsumptionem, ex eo quod contrarium ipse non fecit, *d. § sancimus, auth. de hæred. & falcid.* & scriptura eius inuentarij probat quidem affirmatiuè quæ ibi descripta fuerint, sed non negatiuè, quod propterea non fuerint alia bona, vt dixit *Rom. in cons. 40. n. 75. lib. 1.* allegando *text. in l. quidem & ibi tradita per DD. C. de transact. & in l. ratione, C. de prob.*

247 Fallitur quoque asse *Phanutius* cum ipsius antesignanis hoc itidem affirmantibus, fallentia patet ex eo, quia cum vxor vsufructuaria vniuersalis habeat in tota hæreditate vsumfructum videtur hæres instituta cum onere reddendi proprietatem cohæredi instituto in ea, & proinde habetur, ac si ipsa esset hæres instituta in primo capite cum illo onere in secundo capite quoad hæredem in proprietate: dummodò vxor non sit relicta vsufructuaria, Domina, & Patrona, instituto filio in proprietate, tùnc secundùm *Bulgari* receptam sententiam vxori illi deberentur alimenta dumtaxat cum præeminentia, non diceretur hæres vniuersalis, sed quando hæres institutus in proprietate est extraneus, vtique vxor erit hæres vniuersalis in primo ordine cum onere restituendi hæredi post eius mortem instituto in proprietate, vt est inconfessum apud omnes: vndè cum regula sit, quod ea non confectione inuentarij in caput primi hæredis redundat necessitas debendi vltrà vires, *§. si verò non fecerit, auth. de hæred. & falcid.* cuius ratio est, quod hæres subtraxerit res hæreditarias, secundùm *Afflict. decis. 44. nu. 35. vers. ex his consideratis,* Ideò è contra, confecto solemni inuentario

ad pœnam illato non teneretur *l. 8. si autem dubitet* vnde confecto inuentario per heredem primi ordinis, non videtur cur citandum nō sit tanquam eius confessioni, ad relata per *Mascard. de probat. concl.* 851. *sub num.* 10. adeo quod talis cōfessio excludat præsumptionem, quæ alias non excluderetur tanquā iuris, & de iure contra hæredem non conficientem inuentarium, vt per eundem *Mascard. loc. cit. sub nu.* 11.

248 Ex quibus patet nulla fulciri ratione responsionem adaptatam per *Phan.* quam fundauit in parte negatiua, quia contrum oppositum est in iure, tum quia negatiua remanet sub regula nullius probationis ex parte rei, tùm etiam quia allegans negatiuam, alia bona nō fuisse in hereditate, recipit in se credentiam, donec aliter probetur per interesse prætendentem, vt ex longa dictorū remissione probat *Mascard. concl.* 853. *in princip.* igitur quando ex contrario diceretur per mulierem conficientem inuentarium bona in eius manus, & notitiam peruenta descripsisse in eo, excludit cætera bona suspicata surrepta per hæredem, illa exclusio est sua intentio, quam opponit contra hæredem inducentem delictum, igitur si est eius intentio, cur per eam non erit probanda? Maximè quia sapit delictum, quod in nemine præsumitur, vt est videre apud eundem *Mascard. loco mox cit. sub nu.* 3. præbet praxim probandi creditoribus, & legatarijs, si voluerint probare plura bona fuisse in hæreditate, quam descripta in instrumento confecto per eundem hæredem, quantò magis in confecto per interesse prætendentem in eadem hæreditate, quod cum sit absque alio dubio nihil deferendum *Phanutio* in hoc tanquam vulgare.

249 Bene verum hoc inuentarium nullatenus probatur ab assertione partis illud confecisse, licet in aditione hæreditatis sic specialiter fuerit is protestatus, imò ab allegante fuisse confectum omninò est producendum, nec sufficit indicare Notariū, vel Scribam, penes quem dicit reperiri inuentarium, *Carlev. de Iudic. siue disput. iur. lib.* 1. *tit.* 3. *disp.* 23. *sub num.* 3. *vbi sub nu.* 4. subdit probationem istam fieri debere per hæredem incontinenti maximè in causa executiua. *Consil. Prat. ad Consil. Paschal. de virib. patr. potest. p.* 1. *cap.* 2. *in vers. quæstio illa, & pract. quæst. part.* 2. *cap.* 43.

250 Et an in citatione requirendi sint omnes creditores, adeò quod vno non citato, dicatur respectu eius inuentarium inualidum, *D. Reg. Capyc. Latr. decis.* 139. *vol.* 2. refert decisum, esse nullum inuentarium respectu illius creditoris non citati; æquior tamen est opinio, de qua apud *D. Reg. de Marinis resol. iur. lib.* 2. *cap.* 133. *sub nu.* 8. vbi etiam refert decisionem eiusdem S. R. C. iunctis Dominis Consiliarijs duarum Aularum, quia sufficit fuisse confectum inuentarium, & contraria decisio haberet locum, quando nullum confectum fuisset inuentarium, *Grat. discept. for. cap.* 797. *num.* 16. *Ant. Fab. defin.* 2. *C. rei inter alios act. D. Reg. de Ponte cons.* 71. *lib.* 1. vbi rectè consuluit, discussionem inuentarij factam cum vno ex creditoribus cæteris omnibus nocere, & prodesse adhùc non citatis, nec auditis, adeò quod omninò cessare debet reiterata discussio, quia tùnc lex non omninò contemnitur, & an hæres agens debeat se declarare ad instantiam rei, si agat cum beneficio, vel simpliciter videndus *Ant. Fab. de err. pragm.*

251 Vltimò pro conclusione totius præsentis tituli in practica nō omittas, nam si aliquod inuentarium non fuerit per hæredem factum, tamen si constat alia bona in hæreditate non remansisse nisi ea, quæ hæres asserit, quia forsitan hæreditas in aliquibus certis corporibus cōsisteret, non teneretur hæres vltrà vires hæreditarias, quia ideò hæres, non confecto inuentario, vltrà patrimonij vires molestatur, ex quo lex præsumit, ipsum subtraxisse, & occultasse res hæreditarias, & supponit, hæreditatem in dubio esse locupletem, *l.* 4. *foemina*, ideò constito de contrario, cessat legis præsumptio, *D. Praes. de Franch. decis.* 316. *Gizzar. decis.* 56. & ità obtinuisse in puncto testatur *D. Reg. de Marin. resol. iur. lib.* 2. *cap.* 11. *sub n.* 3. nam ex quo in illius facti contingentia constabat, testatricem non aliud nisi dotem reliquisse in numero certo ducatorum 16. m. & proindè fraudis suspicionem omninò cessare, prodesse voluit ante cum *Fontanella de pact. nupt. lib.* 2. *clausul.* 4. *gl.* 3. *nu.* 47. fuit in eius fauorem decisum; verum in hoc non potuit obtinere D. Dux Magdaloni in exceptione opposita contra Dom. D. Dominicum Carafa Principem Colubranij, cuius ego fungebar officio Aduocati, ex quo dicebam alia bona fuisse in hæreditate qu. D. Margharitæ Acquauiua olim Ducissæ Magdaluni præter eius dotem designatam, & proindè omninò astrictus D. Dux ad conficiendum inuentarium tanquam eius filius, & hæres ex testamento, & obtinui, mediante laudo DD. Arbitrorum D. Vincentij Rabani tùnc Aduocati primarij, nùnc dignissimi Reg. Consiliarij, & D. Amati Danij similiter Aduocati primarij.

Finis huius operis sit ad laudem, & gloriam D. N. I. C. eiusque Sanctissimæ, & Purissimæ Matris Mariæ semper Virginis, omnium Sanctorum meorum Aduocatorum, cum alius tractatus de Hæreditarijs actionibus cudetur, Deo adiuuante, quamprimum.

FINIS.

INDEX
LOCVPLETISSIMVS RERVM OMNIVM,
Quæ in hoc Opere continentur.

Alfabetica serie non inconcinde digestus

Prima litera T. titulum }
Secunda litera N. numerum } Indicant.
Tertia litera F. folium }

A

Adagium.

ADagium, remensis copiæ paleas plenas, quid significet t.9.n.17.fol.176. Ab aliys paleas ab ipsis collige grana, quid significet ibid. n.18. Genua procumbunt quid ibid. Naribus murga aspersis quid ibid.nu. 22.

Aditio hæreditaria.

Aditio hæreditatis est fauorabilis t.10.n.17.f.209. Est habens ibid.n.18.

Adoptantes. Adoptio. Adoptiui.

Adoptantes debent imitari naturam t.3.n.86.f.48. Eorum ætas, quæ requiratur ibid.n.88.

Adoptio est prima causa filiationis t.3.n.3.f.39. Legalis quibus modis fit ibid. n.43. Quid sit ibid. n.47. Non fit ad tempus ibid.n.87. Eius effectus ibid.n.47. Si probetur facta in fraudem ascendentium quomodo differat ab adrogatione ibid. nu. 105. Soluta per emancipationem nō admittit successionem ibid.n.106. Ratio, quæ fuit ibid. n.83. Cui sit symbola ibid.n.63.

Adoptiui, & adrogati legitimi hæredes sunt t.3.n.2. f.39. Tenetur adoptiuus in ius vocare patrem adoptantem absque venia ibid.n.66. Quomodo succedunt ibid.nu.80. Sub cautione de non offendendo non veniunt ibid.n.68.

Adrogatio.

Adrogatio per quæ verba fieri solet t.3. n.99. f.49.

Æquiuocum.

Æquiuocum idem est dicere, quod homonymum t.2. n.109.f.30.

Araneæ tela.

Araneæ tela quomodo inspici debet t.2.n.159.f.35.

Affectio.

Affectio testatoris an militet cum persona incognita t.4.n.6.f.54.

Affinitas.

Affinitas non habet neque lineam, neque gradum t.3.n.163.f.36. an contrahatur cum Hæretico, Iudeo, & Pagano t.3.n.73.f.47.

Agnatio.

Agnatio denotat coniunctos per virilem sexum t.2. n.130.f.33. Est duplex ibid.n.132. Limitata quæ ibid. nu.133. Artificiosa quæ ibid. nu.134. Agnationis, & cognationis differentia hodie antiquata t.6.n.166.f.109. Quid in feudis ibidem n.167.

Agrum.

Agrum emere desiderans quæ considerare debet t.10.n.160.f.

Alexander Macenas.

Alexander Macenas infamia notatur tit.2. nu.81. f.178.

Alimenta.

Alimenta lautius taxanda nobili, quàm ignobili t.10.n.76.f.117. Sunt præstanda nobili non tantum pro sua persona, sed etiam sui famuli ibid. nu.78. In legato censetur inesse taxatiua ibib. nu.69.

Aliud.

Aliud est authoritati credere, aliud rationi assentiri t.2.n.156.f.34.

Amicitia.

Amicitia rara inter Reges t.2.n.12.f.17.

Amor.

Amor trahit superos, omnia vincit amor t.9. n.54. fol.188.

Angelus.

Angelus matris Custos est fœtus in ventre t.1. n.43. f.13.

Anima.

Anima viuens datur per sanguinem t.2.n.4.f.15.

Antonius Alderisius Pater Authoris modestè laudatur t.2.n.92.f.28.

D.Augustinus quæ cupiebat intueri in Deum t.2. n.70.f.25.

Author duxit in vxorem Pontiam Caldera, & notatur eius familia t.2.n.63.f.18.

I N D E X.

B

Baptismus, Baptizatus.

Baptismalis effectus t. 2. n. 79. f. 47. Baptizatus & si aliquis non sit, creatura tamen Dei est t. 3. n. 74. f. 47.

Barbatia.

Barbatia verbosus potius, quam ingeniosus tit. 10. nu. 242. fol.

Barbatus.

Barbati opinio laudatur ab Authore, sed cum declaratione t. 4. n. 68. f. 63. Defraudatur à morsu Mastrilli, & Prati t. 3. n. 44. f. 43. Eius anima non defraudandum t. 10. n. 151. f.

Bastardi.

Bastardi non succedunt in feudis t. 2. n. 73. f. 37. Non comprehenduntur in dispositione emphyteuticaria ibid. n. 74.

Beneficium.

Beneficium l. cum haredit. ff. de acq. hared. in quo consistit t. 10. n. 35. f. 212. Et qua requiruntur ibid. n. 36. 37. 38. 39. 40. & 41. l. si minor, ff. eod. in quo consistat ibid. n. 42. & 43. & in quo differet ibid. n. 44. & 45.

Bona.

Bona patrus deferenda parentibus, quando contra t. 6. n. 32. f. 97. Eorum divisio an sit facienda in successione parentum tit. 7. nu. 8. & 9. f. 114. Et quod non fiat talis separatio, volunt etiam Barbarus de divis. fruct. lib. 2. cap. ultim. in fin. part. 2.

Botticarius.

Botticarius in auth. de fructo confutatur ab Authore t. 7. n. 5. f. 114.

C

Cadaver.

CAdaver non respicit resurrectionem de iure naturæ t. 4. n. 59. f. 60.

D. Carolus Antonius de Luca.

D. Carolus Antonius de Luca amicus Authoris in suo tract. de Linea Legali cap. 23. sub nu. 25. vers. præterea benigne confutatur, dicendo Domum, familiam, & agnationem non habere lineam tit. 2. n. 103. f. 29. Item enumerans signa ostrumesiri eod. tit. nu. 62. Rursus in scribendo titulum de linea legali ibid. nu. 164. Et in quem errorem incidit in diffinitione repræsentationis, t. 7. n. 17. f. 115.

Capti ab hostibus.

Capti ab hostibus an testari possint t. 5. n. 105. f. 82.

Casata.

Casata appellatione veniunt ij qui sunt de domo, & agnatione t. 2. n. 145. f. 33.

Castra.

Castra, & fossata sunt loca, in quibus milites fixunt tentoria sua t. 5. n. 109. f. 82.

Causa.

Causa testamenti multis regulis, & iuris censura est obnoxia tit. 5. n. 27. f. 74. Causa pia favor solemnitates de iure civili respuit ibid. nu. 76. Testari favorabiliter est causa dotis t. 9. n. 6. f. 173.

Circumciso Rege.

Circumciso Rege, facilimè circumciduntur Vassalli t. 3. n. 36. f. 42.

Christus.

Christus semper benedictus quomodo electus Sacerdos docens in templo t. 3. n. 20. f. 41. Cur voluit nasci ab alienigenis ibid.

Codicillus.

Codicillus quid t. 5. nu. 136. f. 85. Eius vesus à quo tempore sumpsit principium ibid. nu. 137. f. 85. Fit pluribus modis ibid. n. 138. Inter testamentum differentia ibid. n. 140.

Cognationis nomen.

Cognationis nomen comprehendit specialiter coniunctos per fœminas, licet specialiter etiam qui per masculos, & qui veniunt t. 2. n. 143. fol. 33.

Coloniæ.

Coloniæ in quem locum ducebantur t. 1. n. 77. f. 10. Dictæ à colendo, & quomodo instructæ ibid. n. 78. & 79.

Commoda.

Commoda ad quem spectant, spectare debent incommoda t. 6. n. 11. f. 94.

Compaternitas.

Compaternitas à quo derivetur t. 2. n. 71. f. 37.

Concubina.

Concubinæ dignitas Viri non communicatur tit. 6. n. 71. f. 37.

Concubitus.

Concubitus est extra Sacramentum t. 2. n. 88. f. 38.

Conditio.

Conditio, quæ impleri debet in forma specifica, quomodo censeatur impleta in harede haredis tit. 4. n. 17. f. 53. Liberorum tacita non includit bastardos t. 2. n. 65. f. 37.

Coniectura.

Coniectura debent esse concludentes ad confundam transfusionem t. 8. n. 213. f. 166.

Coniunctio.

Coniunctio quid t. 10. n. 9. f. 208. Coniunctorum appellatione qui veniant t. 2. n. 149. f. 34.

Coniux.

Coniux putativus an excludat Fiscum tit. 5. n. 170. fol. 110. Pauper quomodo succedat diviti coniugi etiam extantibus filijs ibid. nu. 176. Succedens in quarta habetur loco haredis, & tenetur pro rata ad onera hereditaria ibid. n. 183.

Consanguinei.

Consanguinei proprie dicuntur agnati tit. 3. n. 152. fol. 34.

Consensus.

Consensus tacitus filij primi matrimonij an sufficiat ad excusandam Matrem secundo nubentem tit. 5. n. 54. usque ad nu. 115. f. 78.

Consilium.

Consilium adhibere volens non debet illud præcipitare tit. 10. n. 159. f.

Constitutus in agonia.

Constitutus in agonia quando hereditatem transmittat t. 10. n. 174. f. 230.

Con-

I N D E X.

Consuetudo.

Consuetudo tollit legum solemnitates requisitas in testamento t.5.n.126.f.83. An valeat, quod quis censeatur nobilis t.2.n.33.f.10.

Conuentiones.

Conuentiones de futuro inter Proceres quomodo obseruandae t.9.n.45.f.181.

Creditores.

Creditores in confectione inuentarij quomodo citandi t.10.n.149.f.226. An omnes sint citandi ibid. nu.150.

Cretio.

Cretio quid t.10.n.171.f.229.

Crimen.

Crimen vt enitetur, confitetur semper quis vel inuersim t.6.nu.117.fol.14.

D

Declinatio nominis.

Declinatio nominis non est perpetuo curanda tit.1.nu.9.fol.3.

Decurionatus, Decuriones.

Decurionatus an sit dignitas tit.1.n.80.f.10. Eius officium an necessarium ibidem n.85.

Decuriones quomodo olim erant Romae tit.1.n.82.fol.10. Quomodo in municipijs ibid.n.83. Quomodo excusentur ab onere administrandi ibidem n.86. Poterant filios legitimare, & cur hodie non habeant talem legitimandi potestatem ibid. n.89.

Definitio.

Definitio omnis constare debet ex genere, & differentia t.7.n.18.f.415.

Deliberatio.

Deliberatio omnibus rebus necessaria tit.10.n.158. fol.228.

Derogatio.

Derogatio expressa requiritur in testamento inter liberos t.5.n.74.f.80.

Descendentes.

Descendentes simpliciter adoptiui quomodo succedunt t.8.n.103.f.40.

Deus.

Deus facit omnia vt placent t.2.n.49.f.21.

Dictio.

Dictio proinde quid importat tit.3. nu.51. fol.45. Quasi quid significet ibid. nu.56. ex quando declaret, vel coniungat t.4.n.66.fol.62. Nisi quid natura ibid. nu.64. Deliberate quid significat t.10.n.169.f.229.

Dispensatio.

Dispensatio facilius conceditur in affinitate carnali, quam spirituali t.3.n.76.fol.47.

Diuisio.

Diuisio inter liberos priuilegiata tit.5.nu.66.f.79.

Doctor.

Doctor officium capiens quae considerare debet tit.10. n.163.f.229. Sicut scientia est sicut Comes sine Comitatu ibid. nu.166. Doctorum calculus non attenditur in decidenda ratione, sed vera ratio tit.4.nu.63.f.61.

Dominium.

Dominium est quaedam plenitudo, quae plures non capit insolidum, t.1.n.48.f.7. Feudi dicitur continuari a patre in filium t.4.n.61.f.60.

Dominus.

Dominus donorum dicitur il Ceppo, siue la Casterza t.2.n.146.f.34.

Domus.

Domus idem est, ac si decernetur de domo, vel de agnatione t.2.n.158.f.33. Domus vendita, remota superficie, non valet tit.3.nu.31.f.41. Domum emere cupiens quae considerare debet tit.10. n.161.f.228. Domo vocata qui veniant tit.2. nu.139.fol.33.

Donatio.

Donatio omnium bonorum praesentium, & futurorum an valeat quoad bona praesentia tantum t.9. nu.41.f.183. Facta a marito palatino vxori an valeat t.3.n.126.f.52.

Dyna.

Dyna filia Iacob quomodo capta, & violata tit.3. n.35.f.42.

E

Ecclesia.

Ecclesia an teneatur conficere inuentarium t.10. n.210.f.236.

Electus.

Electus ad dandum duas buccellas pauperibus tenetur indifferenter dare t.10.n.80.f.237.

Episcopus.

Episcopus potest ordinare non suum subditum iure familiaritatis, & quomodo t.2.n.106.f.30. Non potest eligere sibi successorem t.6.n.4.f.91.

Executor.

Executor testamenti an teneatur conficere inuentarium t.10.n.215.f.237.

Extraneus.

Extraneus ob exules indicitur eorum parentibus, & consanguineis t.6.n.23.f.9.

Expeditio.

Expeditio quae tit.5.n.92.f.83.

Expositus.

Expositus quis dicatur t.6.n.88.f.104.

Ezechias.

Ezechias Propheta nuncium bellicosum tit.9. n.39. fol.228.

F

Familia.

Familia nomen est comprehensiuum, & duplex tit.2.nu.110 108.101.102.& 104. fol.30. Quatenus in personam dirigitur comprehendit in plures diuersas ibid. nu.105. Familiae nomen est aequiuocum secundum aliquos ibid.n.108. Potestatiua triplex & quae ibid. num.111. & 112. Quando aequiuoce, & quando analogice capiatur ibid. nu.124. Appellatione vero agnatio ibid. nu.115. Vt etiam descendentes domus naturaliter ibid.n.116. Familiae nomen quatenus familiae effectiue habet multa synonyma ibid.nu.118.

Fa-

I N D E X.

Familiae appellatione veniunt etiam filij naturales, ibid. nu. 119.

Fauor liberorum.

Fauor liberorum dispensat, & minuit numerum testium requisitum in testamento t. 5. n. 63. f. 79.

Felicitas.

Felicitas prima in Ciuitate nasci t. 2. n. 21. f. 18.

Foemina.

Foemina non potest esse causa efficiens liberorum tit. 2. nu. 170. f. 28.

Feudalia, Feudum.

Feudalia, & emphyteuticaria veniunt sub generali dispositione t. 4. nu. 24. f. 56.

Feudum habens pro se, & haeredibus, de quibus intelligatur t. 4. n. 32. f. 56.

Feudum delatum ad masculum vltimum possessorum non potest exire à tramite illius lineae tit. 4. nu. 59. fol. 60.

Ferdinandus Rex.

Ferdinandus Rex Primus huius nominis habebat libellum cum nominibus, & cognominibus virorum bona cognitorum, & fama expertorum ad diuersa officia t. 10. nu. 164. fol. 228.

Fideicommissum, Fideicommissarius.

Fideicommisso familiae relicto quando succedatur tit. 4. n. 55. f. 60. Fideicommissum vniuersale an & quando transmittatur t. 8. n. 160. cum declarationibus n. 161. 162. 163. 164. & 165. ampliationibus nu. 166. 167. 168. 169. & 170. & limitationibus nu. 171. 172. 173. & 174. dubia nu. 175. f. 160.

Fideicommissaria substitutiones regulantur secundum successionem ab intestato t. 4. nu. 52. f. 60.

Fideicommissarius an teneatur conficere inuentarium t. 10. nu. 217. f. 219.

Foetus.

Foetus quamdiu est in vtero matris sequitur eius conditionem, & effecta matre martyre, efficitur & ipse martyr t. 3. n. 41. f. 24.

Fides.

Fides, bonitas, & iustitia bono seruanda t. 9. n. 72. fol. 192.

Filiatio, Filius.

Filiatio spiritualis est certissima t. 3. n. 7. f. 46. In quo sit symbola filiationi adoptiuae ibid. n. 17.

Filius in vtero existens habetur pro nato in fauorabilibus t. 3. n. 41. f. 30. Adoptiuus an habeat iura suitatis ibid. n. 43. Pupillariter substitutus fratri suo impuberi an dicatur suus, & necessarius t. 2. nu. 44. existens in patria potestate per dignitatis apicem non amittit suitatem ibid. n. 45. Cur respectu matris non dicitur suus, & necessarius ibid. nu. 46. Sui dicuntur pars patris ibid. n. 49. Summopere debitur matri obligatus ibid. n. 53. Filiorum naturalium legitimatio, quae olim frequentabatur ibid. n. 76. Per legitimationem ad iura suitas reducuntur ibid. n. 91. Naturalis prior natus, & legitimatus per subsequens matrimonium post natiuitatem filij legitimi, & naturalis an praeferatur in maioratu ibid. nu. 93. Regis habet primam dignitatem, & in quo consistit t. 2. n. 8 fol. 16. Oriundus dicitur, vnde suis pater ibid. n. 19. Quomodo sequitur conditionem matris, & non patris ibid. n. 34. Naturales sunt iure sanguinis procreati, & enumerantur species ibid. n. 62. 63. & 64. Est caro de carne parentum ibid. n. 66. Quis dicatur simili modo ibid. nu. 67. Illegitimi sordidi ibid. nu. 68. Bastardi quamplurimi fauorabiliores parentibus ibid. n. 69. Bastardos habere semper ignominiosum fuit ibid. n. 72. Naturales quales esse debeant, vt tales sint ibid. n. 84. Naturali an competat ius vendilia ibid. n. 98. Naturales veniunt appellatione filiorum in conditione positorum, & quare ibid. n. 120. & 121. Diaboli infidelitas facit tit. 3. n. 6. f. 39. Adrogati legitimi, & naturales sunt symboli quoad acquisitionem patri respectiue tit. 3. nu. 5. f. 42. Item quoad legem Patriam ibid. n. 16. Item quoad alimenta egentes ibid. n. 18. Item quatenus sunt in sacris patrijs ibid. nu. 18. cum eius effectibus nu. 19. 20. 21. 22. & 23. Item circa iura vocandi patres ibid. n. 24. Item non tantum circa personam, sed etiam circa bona ibid. nu. 25. 26. 27. 28. 29. & 30. Adoptiui sunt tantum legales, & ciuiles tit. 3. n. 51. f. 43. An excludant filium legitimum, & naturalem, dictante statuto, quod stantibus masculis, foemina non succedant, ibid. n. 58. Adoptiui an excludant fideicommissum, ibid. nu. 59. & 62. remissiue. An succedant in Regnis ibid. n. 63. An comprehendantur sub dispositione L. si vnquam C. de reuoc. donat. & an in dispositione L. si cum Auus, & L. cum auus C. de fideicom. ibid. nu. 64. 65. & 66. Spirituales Summi Pontificis omnes per baptismum efficiuntur ibid. n. 73. Adoptiuus post mortem patris naturalis an conseruet vtramque successionem ibid. n. 118. Proximi qui & quomodo vocantur ad successionem, ibidem n. 119. & 120. Quomodo succedant in fideicommissis ibid. nu. 121. 122. 123. & 124. An succedant in feudis, & dignitatibus ibid. nu. 126. Adoptiuus an habeat vocem, & militiam in feudis patris adoptantis remissiue, ibid. nu. 137. Patris dicitur proximus successor tit. 4. nu. 137. f. 65. Legitimus, & naturalis est primus in ordine succedendi ab intestato tit. 6. n. 18. f. 96. Vterini fratris quomodo succedant cum altero fratre ad haereditatem patris t. 7. n. 9. f. 114. Spurij quomodo succedant Matri t. 6. n. 31. f. 96. An succedant vt filij, an vti haeredes in emphyteusi, t. 7. nu. 94. f. 133. Nati ex matrimonio ad Morganaticam qui sint, & quid importat verbum illud ad Morganaticam tit. 9. n. 30. f. 174.

Fiscus.

Fiscus succedit in bonis expositorum tit. 6. nu. 192. f. 112. Succedens in bonis caducis an teneatur praestare legata, & fideicommissa ibid. nu. 193. fol. 112. Non succedit in bonis Clericorum, sed Ecclesia, & quomodo nu. 194. f. 112. Est haeres ab intestato in quarto ordine positus ab Authore ibid. n. 190. An teneatur conficere inuentarium t. 10. nu. 209. fol. 216.

Fran-

I N D E X.

Franciscus Barry.

Franciscus Barry confunditur ab authore in non agnoscendo haeredem necessarium t.1.n.13.f.3.

Frater.

Frater utrinque coniunctus excludit fratrem ex uno latere tantum t.6.n.135.fol.136. Quid in feudis ibid. n.136. & 137. Quid statuto masculo excludente feminam propter masculum ibid. nu.139. Quid in fideicommisso ibid. n.140. Quid si tractetur de succedendo nepoti ibid.nu.143. Exempla nu. 183. Notantur singularia in ordine succedendi inter fratres ibid.nu. 144. Spurij an succedant sibi ipsis ad inuicem ibid. nu. 145. usque ad nu. 153. Fratres ex pacto, & amicitia facti quomodo inter se succedant ibid.nu.159.& 160. Frater occidens fratrem an succedat in haereditate fratris ab eo occisi ibid. nu. 154. Et quomodo n.155.& 152. Authoris opinio n.157. & 158. An possint patris de paterna haereditate diuidenda, veniente patre tit.9.nu.74.f.192.

Funiculus.

Funiculus triplex magis ligat tit.5.nu.30.fol.74.

G

Generatio.

GEneratio siue genus complectitur tantummodo descendentes, licet aliquando generationis nomen sumatur pro gradu descendentium, tit.2.nu.126.& 127.fol.31. Quomodo computetur, si dictum sit usque ad quartam, & quintam generationem ibidem n. 139. Generationes quatuor, & quae tit.2.n.11.& 12.fol.41.

Gordius.

Gordius, & eius nodus notatur, tit.2.n.80.f.26.

Gradus.

Gradus propriè accipitur ratione consanguinitatis, tit.2.n.166. fol.36. Computationis differentia inter ius Canonicum, & ciuile in materia matrimoniali, & statutaria, qui comprehendantur, ibid.nu.182. Ascendentium in repraesentatione non est symbolus in gradu transuersalium tit. 7. nu.25.f.116. Descendentium quomodo extendatur in repraesentatione ibid.nu.26.

H

Haereditas, Haeres.

HAereditas non omnis dici potest quod capitur, vel adipiscitur, tit.1.n.6.f.2. Nobis perueniens ab intestato iusta est haereditas tit.5. nu.29. f.73. Semel transmissa semper fit transmissibilis, t.8.n.67.f.148. Haereditatis pars una debita per se ipsum, altera per seruum, vel filium spurij an sit symbola iuri accrescendi, tit.10. n.24.f.110.

Haereditas iura est, quod per ius accrescendi quaeritur tit.10.n.105.f.331.

Haereditaria res dicuntur, quae inueniuntur in haereditate t.6.n.6.f.94.

Haeres denominatur ab hero secundum aliquos t. 1. nu. 1. fol. 2. Apud antiquos pro domino tenebatur ibid.n.2. Denominatus ab haereo ibid. n.3. Item denominatus ab aere ibid.n.4. Eorum repugnantia notatur ibid. n. 5. An habeat verbi deriuatio ibid.n.8.

Haeredis prima diuisio quae tit.1.n.10.f.3. Necessarius, & suus, & necessarius in quo differant ibid. nu. 11. Necessarius cur ita dicatur ibid. nu. 12. Extraneus dicitur voluntarius, qui nullatenus cogitur esse talis inuitus ibid.n.14. Alius haereditatis, alius sanguinis, & eorum differentia ibid. n. 15. Qui sunt in prima causa institutionis sunt sui, & necessarij ibid. n.17. Sui, & necessarij, & necessarij tantum in quo sunt symboli ibid. n.20. usque ad nu.27. Sui sunt liberi, qui in potestate morientis fuerint, & quos mortis illius tempore nemo proximiori gradu antecessit secundum aliquos ibid.nu.29. Sui non omnes dicuntur, qui in potestate sunt ibid. nu. 30. Suus dicitur quasi sui ipsius haeres, secundùm aliorum sententiam ibid. n.31. Suus quando sit nepos Auo ibid.nu.34. Ad hoc ut possit dici suus, & necessarius, quae requirantur ibid. n. 37. Suus cur ita dicatur secundùm Authorem ibid.n.56. Potius institui debet magnus Dominus, quàm vilis seruus ibid.n.71. Haeredes & si liberi sint, tamen statim quo nati sunt in potestate parentum non sunt ibid.n.73. Legitimatus quando erit ibid. n.91. In quo differat, data existentia legitimorum, & naturalium, vel eadem adempta ibid.n.94. Haeres ratione iuris patronatus qui ibid. nu. 97. Anomali qui remisiue ibid. n.105. Addititij qui remisiue ibid. n.106.

Haeres sanguinis dicitur absque qualitate haereditaria tit.1.n.1.f.15.

Haeres in genere sumitur pro haerede sanguinis, & haerede extraneo tit.4.n.1.f.53. Haeres haeredis quando veniat appellatione haeredis ibid. nu. 10. usque ad nu.16. Ultimus, & incertus qui ibid. n.5.

Haeres haeredis petens haereditatem, quae probare debet ibid. n.28. Vniuersus an veniat appellatione haeredis ibid.n.29. Extraneus an veniat appellatione haeredis in materia transmissibili, ibidem nu. 30.

Haeredum appellatione in feudis qui veniant ibid. nu.31. In feudo haereditario qui ibid. n 38. Haeredis appellatione non venit extraneus quando resultat absurdum, & inconueniens ibid. nu.40. Haeres interpretationis qui remisiue ibid. n.147.

Haeres ex testamento meliorem conditionem in successione, quàm haeres ab intestato tit. 5. num. 1. fol. 72. Ex testamento praefertur haeredi ab intestato ibidem num. 2. Ab intestato causam subsidiariam succedendi agnoscit ibidem nu. 3. Ab intestato succedit casu ex testamento inutile testatoris ibid. nu. 12. Haeredum institutio quid sit ibid. nu.13. Venientes ab intestato quibus iuribus limitantur ibid.n.19. Ex testamento quibus iuribus imitantur ibid. nu.21. Ex testamento duplex competit actio ibid.nu. 25. Ex testamento venit primo, qui est sollemniter institutus ibid. num. 31. Militaris in quo differat ab haerede pagano ibid. n. 80. Testamentarij appellatione venit Codicillaris ibid. nu. 130. Ex Codicillo an sit ex testamento. Per epistolam qui ibid. num.142. Numij

qui

INDEX.

qui ibid. nu. 144. Codicillaris symbolus est haredi relicto in donatione causa mortis ibid. n. 145. Testamentarius non solum dicitur ille, qui est scriptus in primis tabulis testamenti, sed etiam qui in secundis ibid. n. 146.

Hares ab intestato quis nam dicatur tit. 6. n. 1. f. 93. Legitimi appellatione an veniant descendentes, ibid. n. 38. Ab intestato tertius gradus succedendi est transuersalium ibid. nu. 128. Ab intestato qui sint post fratres, fratrumque filios ibid. nu. 161.

Hares ex repraesentatione in duplici dumtaxat ordine est t. 7. n. 1. f. 113. In primo ordine est descendens ibid. nu. 141. In secundo ordine est transuersalis ibid. n. 142. Quarum comprehenduntur in alio primo ordine adoptiuus ibid. nu. 143. In alio secundo ordine legitimatus ibid. nu. 144. In alio tertio ordine adrogatus ibid. nu. 145. In quarto ordine filius naturalis ibid. nu. 146. In quinto ordine filius spiritualis ibid. nu. 147.

Hares transmissionis non est neque legis, neque hominis tit. 8. nu. 1. fol. 140. Tenetur oneribus hareditarijs, secus si ex vocatione, earumque differentia ibid. nu. 11. vsque ad nu. 13. In secundo ordine iure transmissionis est ille, qui succedit ei, qui transmittere potest iure sanguinis, & quomodo ibid. nu. 59. & 60. In tertio ordine est ille, qui succedit cum beneficio L. antiquioribus C. de iure delib. ibid. nu. 66. In quarto ordine est ex substitutione directa ibid. n. 136. Et an ex vulgari ibid. nu. 137. Declaratur pluribus modis n. 138. vsq. ad nu. 141. Quid in substitutione pupillari ibid. n. 142. cum suis declarationibus nu. 143. vsque ad n. 146. Limitationibus nu. 147. vsque ad nu. 151. Quid in exemplari nu. 152. vsq. ad nu. 156. Quid in harede ex pacto nu. 157. vsque ad nu. 159. Ex donatione contemplatione matrimonij ibid.

Hares ex donatione causa mortis est symbolus haredi ex testamento tit. 9. n. 1. fol. 172. Ex pacto non nisi in contractu adscribi potest ibid. n. 3. Ex pacto aut in acquirendo, aut in conseruando, aut in amittendo constitui potest ibid. n. 4. An fieri possit ex pacto cum iuramento ibid. nu. 13. Quid de iure Canonico ibid. nu. 14. 15. & 16.

Hares ex iure accrescendi, & cum beneficio an sit verè hares tit. 10. nu. 1. f. 106. Institutus in re certa, nullo dato harede vniuersali, habet ius accrescendi in tota hareditate ibid. nu. 4. Particularis habet quandam certam speciem de per se. ibid. nu. 9. Ex iure accrescendi dicitur necessarius quo ad partem ibid. nu. 10. Incipiens à repudiatione seruis ab aditione quid in materia iuris accrescendi ibid. nu. 16. Partem hareditatis adiens totam hareditatem adijsse videtur ibid. nu. 19. Interpretatur quis ibid. nu. 13. Hares cum beneficio adhuc verè hares est contra plures contrariam tenentes ibid. nu. 122. Cum beneficio loco Curatoris succedit ibid. nu. 125. An teneatur petere, se declarari facere talem cum clausula illa beneficij legis, & inuentarij ibid. nu. 131. Cum beneficio legis, & inuentarij qualia beneficia consequitur ibid. nu. 153. Cum beneficio potest assignare creditoribus hareditarijs tot bona hareditaria, quot sufficiant pro eorū credito, & quo pretio ibid. nu. 155. & 156. Non debet praecipitare aditionem hareditatis ibid. nu. 157. Constitutus in agonia adire hareditatem non potest ibid. num. 178. Cum beneficio etiam se obligans creditoribus hareditarijs proprio, & principali nomine adhuc retinet priuilegium discussionis inuentarij ibid. nu. 191. Cuiuscumque conditionis tenetur facere inuentarium non praecisè, sed causatiuè ibid. nu. 206. Rogatus restituere hareditatem an teneatur conficere inuentarium ibid. nu. 207. Mira sanctitatis an teneatur conficere inuentarium ibid. nu. 222. Pauper an teneatur conficere inuentarium ibid. nu. 223. 224. & 225. Subditus terra Ecclesia an teneatur facere inuentarium ibid. nu. 237. Succedens de iure praetorio an teneatur facere inuentarium ibid. nu. 242. Ex iure accrescendi, & cum beneficio symboli ibid. num. 243. Ex iure accrescendi an teneatur facere inuentarium ibid. num. 244. Succedens hareditati minoris addita per eū, & postmodum repudiata an teneatur non conficere inuentarium, non obstante primo facto ab harede minore repudiante ibid. nu. 245. An excipere possit contra vxorem relictam vsufructuariam de inuentario facto per eandem vxorem agentem pro eius dote contra dictum haredem ibid. nu. 246. vsq. ad nu. 248.

Hareticus, Haresis.

Hareticus an sit de corpore Ecclesia tit. 3. nu. 72. fol. 46.

Haresis, & excommunicationis macula transit ad proximiorem tit. 6. n. 17. fol. 95.

Homo.

Homo non potest pro parte esse liber, & pro parte esse seruus tit. 10. nu. 61. fol. 215.

Hydalghi.

Hydalghi à quo dicti tit. 2. nu. 23. fol. 18.

I

Iacob.

Iacob dictus supplantator tit. 2. nu. 15. fol. 17.

Iactantia.

Iactantia filiationis reprehenditur tit. 2. n. 78. f. 27.

Iesus.

Iesus Dominus noster non fuit Filius Ioseph per adoptionem, sed per reputationem tit. 3. nu. 72. fol. 48.

Immixtio.

Immixtio cur semel facta non potest amplius reuocari, repudiatio verò secus t. 7. nu. 42. f. 145. Cur facilius inducitur quam aditio ibid. n. 47. Earum differentia ibid. n. 44.

Immunitas.

Immunitas concessa Patri propter multitatem filiorum non extenditur ad adoptiuos tit. 3. n. 63. f. 46.

Impubes.

Impubes quomodò adrogetur t. 3. n. 39. vsq. ad n. 42. fol. 43.

I N D E X.

Infamia.

Infamia defuncti transit ad eius proximiorem tit. 6. n. 13. f. 45.

Infans.

Infans in infantili aetate decedens an & quid de transmittat hereditatem tit. 8. nu. 131. usq; ad n. 135. fol. 156.

Infideles.

Infideles succurrisse in bello mancipant bona sua t. 3. n. 13. fol. 41.

Instantia.

Instantia transit contra Fiscum t. 6. n. 190. fol. 111.

Institutio.

Institutio filii heredis an cumulpi possit per verbum relinquo, tit. 1. nu. 58. f. 8. *Quid si per verbum* lego, *ibid. nu. 67. usq; ad n. 71.*

Institutio heredis, & exheredatio separant testamentum ab aliis ultimis voluntatibus t. 5. nu. 11. fol. 73. Directa quando detur in Codicillis tit. 5. nu. 17. fol. 71.

Institui causa.

Instituti causa maius ignorat tit. 5. nu. 17. fol. 71.

Instrumenta.

Instrumenta dotalia quomodo necessaria in nuptiis, & quid de iure Canonico tit. 1. n. 95. & 96. f. 12.

Investitura.

Investitura fundi facta Sacerdoti, & eius heredibus, de quibus intelligitur tit. 4. n. 35. & 36. f. 96.

Inventarium.

Inventarium heredis quale tempus habeat, à quo tempore incipiatur, controversa quaestio tit. 10. nu. 128. usque ad n. 134. fol. 134. Antiquioris communis sententia ibid. n. 136. amplata nu. 137. limitata nu. 138. & 139. Ut inchoatum dicatur, an sufficiat, heredem vocasse Notarium, & testes, & in principio posuisse signum Crucis, ibid. n. 140. Conficiendi tempus an possit per Iudicem ampliari, vel coarctari, ibid. n. 148. Bis fieri an possit ibid. nu. 149. usque ad num. 150. An probetur ex assertione partis, ibid. nu. 143.

Ioseph.

Ioseph Sanctus Sponsus Mariae Virginis quot Fratres habuit t. 3. n. 8. f. 94.

Iura, Ius.

Iura civilia naturalia tollere non possunt tit. 3. nu. 108. fol. 99.

Ius, quo utimur, aut in acquirendo, aut in conservando, aut in perdendo consistit tit. 9. nu. 1. f. 173.

Ius accrescendi.

Ius accrescendi principaliter fuit introductum à lege, tit. 10. n. 2. f. 207. Eius definitio secundum Mediolanum ibid. nu. 3. Quid secundum Petrum Gregorium Tholosanum *ibid. nu. 7. Operatur ex iure communi non autem ex privilegio, ibid. num. 12. Cohaeret portioni, & non personae, ibid. n. 13. Habet vocationem legalem ibid. n. 15. An detur in simultate vocationis ibid. nu. 16. & 17. Quid contingit ex identitate rationis ab intestato quomodo regulatur ibid. nu. 28. 29. & 30. Operatur secundum portiones hereditarias, ibid. nu. 31. In legatis vero quomodo regulatur ibid. n. 32.*

[illegible]

INDEX.

[illegible]

L [illegible]

[illegible]

Locus non [illegible]
fol. 193.

Lillus defen[illegible]
tit. 6. nu. 10 fol. 94.

M [illegible] fol. 7. Car [illegible]

[illegible]

Matrimonium [illegible]

[illegible]

[illegible] fol. final.

simul, sanctissimè statuerunt Summi Pontifices, tit. 9. nu. 53. fol. 169.

Morgincap.

Morgincap. apud Mediolanenses quid significet, tit. 9. nu. 12. fol. 174.

Mulier.

Mulieri pauperi, cui debetur quarta in bonis viri, competit querela inofficiosæ donationis, & in quibus casibus non succedat quartæ remissive, tit. 6. n. 184. f. 111. Quid in viro paupere habeat officium ibid. nu. 284.

Mulieres etiam vetustissimæ fugiendæ, maximè à personis Ecclesiasticis etiam ab Eremitis, ut maledicta caro prabeatur macerandæ mulieribus tit. 9. nu. 51. & 52. fol. 188.

Mundus.

Mundi tota machina in sanguine est, tit. 2. n. 2. f. 15.

N

Naturalis filius.

Naturales filij, qui casti dicuntur, tit. 1. nu. 93. fol. 19. Qui contra matris testamentum querelam movere possunt ibid. nu. 94. Quando succedunt patri remissive ibid. n. 95. Comprehenduntur in legatis pro maritandis virginibus, ibid. nu. 96. An succedant in emphyteusi Ecclesiastica, ibid. nu. 114.

Natus.

Natus in octavo mense an sit aliquid prodigiosum, tit. 2. nu. 60. fol. 23.

Necessitas.

Necessitas sollemnitates de iure civili in testamenta præscriptas sæpè mutat, & tollit, tit. 5. nu. 119. fol. 83. Exempla nu. 120. usque ad nu. 135.

Nemo.

Nemo potest admitti, nisi probet se esse talem, qualem se facit tit. 4. nu. 139. fol. 70. Suam sobolem extimare antepenere non creditur, tit. 5. nu. 130. fol. 75. Bene nasci non efficitur servus parua tit. 5. nu. 13. fol. 74.

Nepos.

Nepos institutus in testamento Avi non alterius hæreditatem, an confirmat tabulas exhæredationis filij tit. 1. nu. 15. f. 5.

Nobilitas. Nobilis.

Nobilitas ex iure sanguinis tit. 2. nu. 16. fol. 18. Nobilis non cogitur vesci rusticorum cibo, tit. 10. nu. 77. fol. 217.

Nominatio.

Nominatio facta hæredis sui in materia transmissibili porrigitur ad extraneum hæredem, tit. 4. num. 19. fol. 53.

Notarius.

Notarij enarratio in capite testamenti tit. 5. nu. 10. fol. 72.

O

Octavianus Cæsar.

Octavianus Cæsar adoptavit Iucium, tit. 5. nu. 103. fol. 49.

Oltimonstris.

Oltimonstris an sit vitalis ardua quæstio, tit. 2. nu. 46. fol. 22.

Officialis.

Officialis fieri cupiens quæ habere debeat, tit. 10. nu. 167. f. 229.

Onus tutelæ.

Onus tutelæ est primum incommodum, quod defertur proximiori defuncti, tit. 6. nu. 13. fol. 90.

Ordo.

Ordo præcipuus debet esse semper plenus, tit. 1. nu. 84. fol. 10. Succedendi ab intestato notatur tit. 6. nu. 7. fol. 94. Inter ascendentium, & descendentium in quo differat in repræsentatione tit. 7. n. 1. fol. 114.

P

Pactum.

Pactum de succedendo, vel de instituendo filium adiectum in capitulis matrimonialibus non valet, tit. 9. nu. 8. f. 173. De succedendo est symbolum donationis omnium bonorum, ibid. nu. 28. Nudum an inducat donationem de futuro, ibidem nu. 31. Eorum differentia nu. 39. De succedendo aliquibus certis bonis valet quibuscumque verbis conceptum ibid. nu. 40. De futura successione an valeat, consentiente eo, de cuius hæreditate agitur, quid si esset statuto, vel consuetudine approbatum ibid. nu. 42. & 43. De æqualiter instituendo an valeat ibid. nu. 46. De futura successione an valeat à militibus factum ibid. nu. 47. De succedendo an valeat favore piæ causæ ibid. nu. 48. De hæreditate viventis factum in genere, & de pluribus hæreditatibus an valeat ibid. nu. 56. Inter Principes non recognoscentes superiorem an valeat, ibid. n. 57. De conservanda successione quale ibid. n. 59. De hæreditate certo modo dividenda quale ibid. nu. 71. Factum inter duos fratres approbantes testamentum patris, quod erat invalidum, an valeat ibid. nu. 73. De liberando pariferentem à creditoribus de non petendo an valeat ibid. nu. 78. De non succedendo an valeat ibid. nu. 79. & 80. Quid si sit consuetudine, vel statuto approbatum ibid. nu. 83. Quid si firmetur iuramento, ibid. num. 84. Per filium patri factum de non agendo querela inofficiosi testamenti an valeat ibid. n. 85. De lucranda dote an valeat ibid. num. 88. & 89. cum suis declarationibus, ampliationibus, & limitationibus usque ad nu. 103.

Papatus.

Papatus cur est ab uno reg. adiut tit. 2. nu. 10. f. 17.

Partus humanus.

Partus humanus saeculo nostro monstrum editur in lucem naturaliter tit 2. nu. 47. fol. 21.

Pater.

Pater, & filius una persona reputatur, & quomodo tit. 1. nu. 47. fol. 6. In procreatione filiorum præbet formam, & mater materiam ibid. nu. 50. Neque principaliter concurrunt ad generandum filium ibid. nu. 54. & 55. An teneatur pater filium instituere, & de formis institutionis, ibid.

I N D E X.

nu. 57. Pater non habet filium in potestate in vtero existentem tit. 2. nu. 44. fol. 21. Pater, & filius non constituunt lineam, sed bene formam, & principium lineæ ibid. nu. 161. Generans duos filios vnum masculum, & alterum fœmineum constituit duas lineas, ibid. num. 167. Carnalis, & spiritualis in quo sint symboli tit. 3. nu. 80. f. 47. Arrogans quomodo succedat filio adrogato, ibid. n. 109. Naturalis, & adrogans quomodo concurrunt ad successionem filij, ibid. nu. 112. Quando Annum adoptantem excludunt ibid. nu. 113. Relinquens hereditatem vxori suæ cum onere, vt cui vellet ex filijs hereditatem relinquat, an vtiliter agat tit. 9. nu. 76. fol. 119. Pater filijs non è contra thesaurizat tit. 6. nu. 26. f. 96. Est in secundo ordine succedendi ab intestato ibid. nu. 37. Pater, & filius non distinguuntur quoad in versione ordinis fatalis ibid. nu. 31. Secundas nuptias repetens non succedit in proprietate bonorum premortuorum à primo coniuge ibid. nu. 60. Malitractans filium quomodo priuetur eorum successione ibid. n. 119. Succedit filio naturali in duabus vncijs ibid. nu. 47. An teneatur facere inuentarium de bonis filij Castrensibus tit. 10. nu. 134. f.

Patria potestas.

Patria potestas oritur à iure sanguinis, tit. 2. nu. 30. fol. 19.

Patritij Neapolitani.

Patritij Neapolitani sunt nobilissimi inter cæteras nationes tit. 2. nu. 34. fol. 19.

Patronus.

Patronus potest castigare libertum, tit. 3. n. 99. f. 12. Quomodo succedit liberto ibid. nu. 102.

Pauper.

Pauper nudus exit cum vna manu ante, & altera retro exemplum in Sacra Scriptura tam Isaiæ 34. quàm Genes. 2. tit. 9. nu. 14. & 15. fol. 176.

Peccatum.

Peccatum originale à Patre, non à matre originem trahit tit. 2. nu. 15. fol. 19. Peccat venialiter, qui rustica sumptuosa cibaria praeparat tit. 19. nu. 79. fol. 217.

Pecunia.

Pecunia, & opibus abbundans omne bonum dicitur habere tit. 9. nu. 20 fol. 176.

Persona.

Persona Ecclesiastica strictius iura seruare tenentur t. 9. n. 7. f. 171.

Pharao.

Pharaonis prudentia notatur tit. 3. n. 79. f. 17.

Phanucius.

Phanucius deceptus in nõ cognoscendo heredem cum beneficio t. 10. n. 134. f. 231.

Planeta.

Planeta quomodo operentur in fœtu, & in eorum fabella tit. 2. nu. 48. f. 21.

Poligamia.

Poligamia quæ tit. 2. n. 110. f. 30.

Positio.

Positio est nobilior negatione tit. 5. nu. 14. fol. 74.

Possessio.

Possessus ab alio nihil possidere videtur, tit. 3. nu. 32. fol. 42.

Posteritas, Posthumus.

Posteritas continet descendentes tit. 2. n. 148. fol. 34. Posthumi institutionem non fuisse frustra excogitatam à Gallo Aquilio, & Felicio demonstratur, tit. 7. n. 32. fol. 120.

Prætor.

Prætor quam considerationem habuit in successione liberorum tit. 6. nu. 32. f. 96.

Primogenitus, Primogenitura.

Primogenitus an à iure primogenituræ se abdicare possit tit. 9. nu. 86. f. 197. Primogenitura fundata in sanguine absque qualitate hereditaria, tit. 2. n. 7. f. 16. Est prima dignitas post paternam ibid. nu. 14.

Principatus.

Principatus ambitio odiosa miseratio est tit. 2. n. 12. fol. 17.

Principium.

Principium actiuum in generatione est à patre tit. 2. n. 16. fol. 19.

Priuilegium.

Priuilegium concessum marito vero an extendatur ad maritum putatiuum tit. 3. n. 123. fol. 52. Militare non extenditur ad bona aliena tit. 5. n. 106. fol. 82. Concessum magno Domino an transeat in eius successorem inferioris conditionis, tit. 7. nu. 105. fol. 109.

Promissio.

Promissio de dando an sit symbola dationi t. 9. n. 10. fol. 170. De vendendo an sit symbola promissioni de dominio ibid. n. 32.

Prosapia.

Prosapia significat omnes illos, qui sunt de agnatione, t. 2. n. 147. f. 34.

Prouerbium.

Prouerbium gerens prouenbus, quid significat tit. 9. n. 19. fol. 176.

Proximus, Proximior.

Proximus qui dicatur tit. 4. n. 130. vsque ad n. 134. fol. 69. Proximior prædicatur de agnatis, & cognatis tit. 2. nu. 13. f. 14. Proximorum appellatione regulariter veniunt fœminæ ibid. n. 131. Proximior qui tit. 4. n. 133. Qua probare debet ibid. nu. 140. 141. & 142. Proximitatis allegatio non admittitur absque quod probetur ibid. nu. 18. Qui dicatur in succedendo t. 6. n. 9. f. 94. Proximiori sicuti defertur incommodum, æquum est, vt ei deferatur hereditas ab intestato ibid. nu. 12.

Pupillaris substitutio.

Pupillaris substitutio cuius sit testamentum an patris, vel filij, & defenditur Barbatus noster à morsu Mastrilli, & Prati, tit. 3. nu. 14 fol. 93. Extinguitur per adrogationem ibid. nu. 111.

Q

Qualitates.

Qualitates heredis cum beneficio legis, & inuentarij quales tit. 10. n. 136. fol.

Qua-

INDEX.

Querela.

Querela non præparata quando transmittatur tit. 8. n. 50. f. 147. Revocandi donationem propter vitium ingratitudinis, an & quando transmittatur ad hæredes ibid. n. 55.

R

Rex.

Regis filius, vivente patre, quodammodo dicitur Rex. & traditur historia Senecæ, tit. 2. nu. 5. fol. 16.

Repræsentatio.

Repræsentatio non potest esse ius successionis tit. 7. n. 19. fol. 115. Eius definitio tradita per authorem ibid. nu. 20. Introducta ex privilegio ibid. n. 21. Quibus competat ibid. n. 22. Est nomen compositum ibid. nu. 23. Eius privilegium pie ad argutum per Iustinianum ibid. n. 24. An consistat in gradu, vel in persona ibid. nu. 29. Habet locum in casibus à iure expressis dumtaxat ibid. n. 30. An cognita de iure divino ibidem nu. 31. An habeat locum in fideicommissis ibid. nu. 33. usque ad nu. 49. Datur in successione non hæreditaria secundùm aliquos ibid. n. 53. Et cum quæ differentia num. 54. Eius definitio exemplificata in suis casibus ibid. nu. 55. Eius & transmissionis historia ibid. nu. 50. Admittitur ex testatoris coniecturata mente, ibidem nu. 54. Enumerantur coniectura usque ad n. 71. Impedientes enumerantur ibid. nu. 72. usque ad nu. 101. In fideicommisso sub nomine collectivo relicto quomodò detur, si testator pro nominibus vocaverit ibid. nu. 102. & 103. An detur in contractibus inter vivos ibid. n. 104. usque ad nu. 114. An in feudo, & emphyteusi ex pacto, & providentia ibid. nu. 115. usque ad nu. 137. An habeat locum in feudis, declaratur cum distinctione ibid. n. 138.

Res.

Rei suæ quilibet est moderator, & arbiter tit. 9. n. 9. fol. 173.

Rigor.

Rigor non parcit ignorantiæ tit. 10. n. 13. fol. 109.

Rubica.

Rubica errauit in definitione repræsentationis tit. 7. nu. 16. fol. 115.

S

Schedula.

Schedula patris, in qua apparet institutio facta inter liberos quomodò probet t. 5. n. 70. f. 79.

Servitus.

Servitus capiti, membris quoque deservire videtur tit. 3. nu. 32. fol. 42.

Specialitas.

Specialitas inventarij sigillatim enumerantur, tit. 10. nu. 194. usque ad nu. 107. fol.

Spurij.

Spurij in aliquibus regionibus filij nobilium sunt nobiles tit. 2. nu. 183. fol. 32.

Statutum.

Statuto cavente, quod de legatis factis filio non solvatur gabella, non comprehenditur legatum filio bastardo relictum, de quo solui debet gabella tit. 2. num. 71. fol. . Disponens de filijs nunquam intelligitur de adoptiuis, quid in feudis tit. 3. nu. 56. fol. 45. An possit restringere numerum testium in testamento requisitum, tit. 5. nu. 135. fol. 84. Statuto caveri potest, ut omnes de familia teneantur pro delicto unius, tit. 6. n. 12. fol. 121. Statuti Mediolanensis de matrimonio ad morganaticam nonissimus intellectus per Authorem tit. 9. nu. 14. fol. 176. Statuto dicente, quod stantibus masculis, fœmina non succedant, an fieri possit pactum, ut fœmina æqualiter succedant ibid. nu. 60. usque ad nu. 66.

Stipendia.

Stipendia emerita quæ tit. 5. nu. 102. fol. 81.

Sthomacos.

Sthomacos quis dum habere non potest, tit. 10. nu. 48. fol. 216.

Stipulatio.

Stipulatio filijfam. collata in tempus mortis patris non valet tit. 7. n. 136. fol. 133

Stirpis.

Stirpis est verbum collectiuum tit. 2. n. 165. f. 32.

Submissio.

Submissio quando fiat tit. 3. n. 37. fol. 42.

Substitutio.

Substitutionum species duplex tit. 5. nu. 147. f. 90. Fideicommissaria quid ibid. n. 48. Eius primo gradu caducato, an caducentur & cæteri remissiuè tit. 8. n. 252. fol. . Substitutione an extinguatur adrogatio tit 3. nu. 43. fol. 43.

Successio.

Successio in feudo hæreditario datur in infinitum tit. 4. nu. 33. fol. 56. In feudis quem respiciat ibid. nu. 54. Deficiens ad unam lineam non debet fieri transitum ad aliam lineam, superstite uno de illa linea, ad quam successio devenerat ibid. nu. 62. Naturaliter fluit sicut flumen ibid. nu. 61. Cui sit symbola ibid. nu. 63. & 64. Ab intestato recepta triplici ratione, tit. 6. nu. 8. fol. 94. Ex lege duodecim tabularum quomodò deferebatur ibid. nu. 19. Fratrum quando admittitur parentibus ibid n. 49. Repræsentatione non eiusdem rationis, tit. 7. n. 6. f. 114. Succedentes ex repræsentatione in stirpes admittuntur ibid. num. 7. Succedere in stirpes quomodò sumitur ibid. nu. 10. Quomodo de iure ciuili ibid. nu. 15. Succedens iure transmissionis dicitur succedere testatori tit. 8. nu. 2. fol. 40. intellige nu. 3.

T

Tempus.

Tempus ad deliberandum olim non erat spatio definitum tit. 10. nu. 172. fol. . An possit prorogari, vel coarctari ibid. nu. 176.

Te-

I N D E X.

Testamentum.

Testamentum ab antiquissimo iure gentium initium sumpsit tit.5.in.1.n.3.fol.72. Testamenti tota in duplici consistit mirabili effectu, ibid. nu.6. Testamentum quid ibid.nu.7. Eius facultas ex gratia ibid. nu.8. Eius anima heredis institutio est ibid. nu. 9. Permissum ex pluribus causis ibid. nu.14. Eius facultas remedium subsidiarium nu.15. Contrarium nu.16. Est de communi iure ibid.nu. 22. In scriptis condere periculosum est ibid.nu.32. Eius formula ibid.n.33. vsque ad num. 41. Eius apertio quomodo facienda ibid. nu.41. Eius publicatio à quo peti potest ibid. nu.44. Forma quæ, & eius requisita ibid.nu.45.vsque ad nu.51. Nuncupatiuum dicitur sine scriptis ibid.n.55. Potest fieri absque Notario ibid.nu.56. Eius testes debent specificè rescribi ibid. nu. 57. Palam factum coram minori numero septem testium est nullum, ibid. nu. 59. & 60. Eius testes quas conditiones habere debeat ibid. nu. 61. Eius numerus à quo dispensatur ibid. num. 62. Inter liberos quando nullum ibid. nu.67.68.& 69. Est priuilegiatum inter legitimos, & naturales, non verò inter naturales dumtaxat, ibid. num.71. Patris casti quæ requisita habere debet, ibid. nu. 75. Ad pias causas quot testes sufficiant, ibid.nu.77 & 79. Ad pias causas non rumpitur ob legitimam non relictam filio ibid. n.81. Minus sollemne ad pias causas an sit validum quoad extraneum, & quid è contra ibid. nu. 82.& 83. Et quid quoad substitutionem, ibid. nu. 84. Factum ab ingrediente religionem fauore eiusdem religionis valet, & si minus sollemne ibid. nu. 85. Militare fauorabile paganico oppositum ibid. nu.87. & 88. Militare quid ibid. num.88. Militare ad hoc vt habeat suum priuilegium, quæ requirantur ibid. n.99. Militare imperfectum à quo initio confirmetur ibid.nu.120. Filijfamilias militis quomodo recommendetur ibid. nu. 111. Militare aliquando in se præscriptam formam non habet ibid. nu. 112. Testamenti tenor deperditus quomodo probetur ibid. nu. 149. Non cognitum ab aliquibus nationibus t.6.n.3.f.93. Testamentum in aliquibus regionibus factum post mortem defuncti ab Episcopo improbatur ab Authore, & notatur norma Innocentiana, ibid. num. 5. Quanto fauorabile, tanto frangibile, tit.7.n 37. fol.120.

Testator.

Testator vocans agnationem intellexit de familia sua tit.2.nu.117. fol.32. Habens considerationem familiæ, & non personarum, tunc non solùm veniunt descendentes, sed etiam collaterales ibid. n.131. Censetur disponere de eo iure, quod habet tit.4.n.23 fol.55 Est in causa fideicommittendi, cui obediendum, & à quo denominatur actus, ibid. nu. 51. Vocans filios ex legitimo matrimonio, is, qui admitti vult, quæ probare debet, tit.3.nu.157.fol.12.

Textus.

Textus in l. qui aliena, *§. interdum,* ff. de acquir. hæred. *in quo reperitur priuilegiatus tit.1.nu. 33. vsque ad nu.38.fol.5.* In l. quod certum est, C. de poss. hæred. instit. *dilucidatus, tit.2. nu. 59.* In l. sciendum, ff. de verb. sign. *quem heredem comprehendat, tit.4.nu.2.fol 54* In l. in animalibus, C. de legib. *candidatus à Decio, ibid.n.2.* In l. ex facto. §. fin. ff. ad Trebell. *dispositio an sit in regula, vel in exceptione, ibid. num. 81.* In l. fin. C. de Codicillis *refertur cum eius limitationibus tit.5.nu.141. fol.88.* In l. fæminæ, C. de second. nupt. *ad quæ bona extendatur tit.6.num.123. & 124. Quod in bonis mariti ibid.nu.125.* In auth. ex causa, C. Vnde Vir, & Vxor *est introductus similiter fauore maritis pauperis, & quæ sint articulanda, & probanda pro obtinenda quarta, ibid.nu.175.*

Transmissio.

Transmissio Theodosiana facilis ad fideicommissa tit.7.nu.51.fol 119. Transmissio quid tit.8. nu.4. fol.140. Duplex propria, & impropria, ibid. nu 5. Propria tres species, ibid. nu. 6 7. & 8. Impropria est, quando aliqua res fit ad alios transitoria, ibid.nu.9. Aut est naturalis, aut conuentionalis, aut legalis, ibid. num.10. Prima species est illa, quæ fit ratione, ut beneficio suitatis, ibid. nu.16. vsque ad nu.24. An habeat locum in hæreditate, quæ à statuto contrà ius ciuile defertur, ibid. n 26. Suitatis iura habent locum non tantùm in hæreditate paterna, sed etiam materna, ibid nu.28. cum suis limitationibus vsque ad num.38. Conceditur, etiam si succedatur contrà voluntatem testatoris, ibid. nu.40. Hæreditaria, & iuris sanguinis differunt tanquam excedens, & excessum, ibid.nu.61. Et in quo sint symbola nu.62. Iure sanguinis vt valeat, quæ requirantur, ibid. nu.63 & 64. Ex iure sanguinis in quo differat cum transmissione iuris deliberandi ibid nu. 72. vsque ad n.75. Transmissionis species subalterna quæ ibid.nu.67. vsque ad nu.101.

Tutor.

Tutores datiui, & legitimi vincuntur à testamentarijs tit.5.nu.4.fol.72.

V

Veniens.

V*Eniens iure communi præfertur venienti iure speciali, tit.5.nu.26 fol.74.*

Verbum.

Verbum, continetur, importat proprietatem, tit 4 n.18. fol.55.

Verbum recipitur debet scribi absque diphtongo, & eius significatio, tit. 1.nu.7.fol.3.

Verba mentis non autem è contra mentem verbis inseruire debent, tit.5 n.131.fol.84.

Vita.

www.ingramcontent.com/pod-product-compliance
Lightning Source LLC
Chambersburg PA
CBHW032140230426
43672CB00011B/2400
* 9 7 8 3 7 4 2 8 0 9 9 6 4 *